U0692816

第 十 卷
1924.1—1924.8

孙中山史事编年

主 编 桑 兵
副主编 关晓红 吴义雄

敖光旭 著

中 华 书 局

目　　录

1924 年(民国十三年　甲子)五十八岁 ················· 5059

　1 月 ··································· 5059

　2 月 ··································· 5139

　3 月 ··································· 5197

　4 月 ··································· 5267

　5 月 ··································· 5336

　6 月 ··································· 5411

　7 月 ··································· 5488

　8 月 ··································· 5572

1924年(民国十三年　甲子)五十八岁

1月

1月1日　庆祝元旦暨民国政府成立十三周年,并举行授勋典礼。

广州大元帅府举行元旦庆祝与民国政府成立十三周年纪念仪式,庆祝典礼于上午10时举行,出席者有大本营及政府机关高级职员百余人,先由李烈钧带领张开儒、林森、程潜、徐绍桢及各厅长向孙中山拜年,再由谭延闿、杨希闵、刘震寰、樊钟秀分率各师长等向孙中山三鞠躬,三呼民国万岁、孙大元帅万岁,孙中山及宋庆龄一一还礼。(《广州庆祝元旦》,上海《民国日报》1924年1月8日;《再纪元旦日之大本营》,上海《民国日报》1924年1月10日)

随后举行授勋典礼,奖励民国11年6月在观音山之役于孙中山住所反击陈炯明叛军的卫士,孙中山在典礼上提到:"革命军的力量,是和别种军队不同的,必要能以一当十,才算合格。用几百人可以敌几千人,那才算是本事。如果不能,便是大耻辱,便不算得是革命军。前年观音山的卫士,便是以一当百的革命军,所以值得本大元帅来奖赏。民国成立以来,我理想上的革命军,只有这次观音山的卫士足以当之。这种奋斗的精神,实在不可磨灭。"并呼吁:"从今天起,都应该恢复从前革命党的精神，以一当百，去同国贼奋斗，决计在今年之内，扫除军阀，统一民国。"(《大元帅颁发卫士奖牌训词》,《广州民国日报》1924年1月7日)

孙中山尚有感慨曰："自民国成立以后，革命党人精神似觉日形堕落。此次东江军事，陈炯明军队不及我军一倍〔半〕，尚未能迅速成功，岂非革命军不如前乎！"(《再纪元旦日之大本营》,上海《民国日报》1924年1月10日)随后孙中山向卫士授勋，并由宋庆龄为他们佩戴奖章，授勋者包括：黄惠龙、马湘、姚观顺等二十余人。(盛永华:《宋庆龄年谱(1893—1981)》上册，第225—226页)

△　颁授讨贼奖章执照予陈龙韬。(《颁给陈龙韬讨贼奖章执照》,陈旭麓、郝盛潮主编，王耿雄等编:《孙中山集外集》，第815页)

△　视察高师校运会，并赴南堤观剧。

下午2时，孙中山与宋庆龄在孙科等陪同下至广东高等师范学校视察校运会，受到该校校长邹鲁及全体师生欢迎，孙中山向师生发表演说。夕，孙中山赴南堤小憩俱乐部观剧，随行者有参军副官及卫士多名。孙由士敏土厂乘轮，至南堤登岸，态度雍容。是夕该俱乐部均尽力拍演。(《大元帅小巡纪》,上海《民国日报》1924年1月9日)

△　着广东省长预征新粮，并拟具清丈田亩章程。

广东善后委员会呈请催收旧欠并预征新粮，以助军饷，孙中山据此训令广东省长廖仲恺限期催收旧欠，预征新粮，并按照民生主义，参酌地方情形，拟具清丈田亩章程呈候核定实行。(陈锡祺主编:《孙中山年谱长编》下册，第1783页)16日，廖仲恺呈文孙中山，"值此旺征时期，若将来年新粮减收预借，则业户贪图利便，移纳预借之粮，不缴本年之赋，彼盈此绌，无俾库收。职厅悉心筹议，斯时预借新粮妨碍滋多，拟俟来春青黄不接之时，再行查察情形，妥定办法。清丈田亩一事，业经督令经界局拟具实施规则积极筹备，赶速进行"。19日，孙中山指令广东省长廖仲恺，预借新粮办法妨碍甚多，准如所拟办理。(《大本营公报》第3号，"指令"第76号)

1月2日　委派林国英为潮州善后委员会委员长①。(《委派林国英职务令》,《孙中山全集》第9卷,第2页)

△　训令军政部长程潜,着军政部拨款一千元予杨希闵归还架桥垫款,并言若款项不足,可就地取船材架设。(《给程潜的训令》,《孙中山全集》第9卷,第2—3页)

△　令卸任大本营宣传委员会委员长陈独秀更造计算书及单据粘存簿再予审核。

卸任大本营宣传委员会委员长陈独秀前曾呈送宣传委员会12年7月1日至12月10日开办费用计算书及单据粘存簿,请求准予核销。经审计局审查完毕,审计局长林翔将审查情况呈报孙中山,谓该计算书及单据粘存簿未将款项分列,与计算书格式不合,且内多缺乏单据者、有单据未贴印花税票者、有领薪收据未盖印章及印花税贴不足数者等,故应更造呈送再行审查。孙中山据此,于本日指令林翔,候令饬卸任大本营宣传委员会委员长陈独秀查照更造呈送来府再行发交审查。(《大本营公报》第1号,“指令”第2号)并训令陈独秀,即按照计算书格式更造呈送计算书及单据粘存簿再予审核。(《大本营公报》第1号,“训令”第1号)

△　指令兼广东全省船民自治联防督办伍学煜,所拟《广东全省船民自治联防总局暂行章程》十五条、《分局章程》十四条、《董事会董事选举暂行章程》十二条暨旗式、灯式,准如所拟试行。(《大本营公报》第1号,“指令”第1号)

△　指令东路讨贼军总司令许崇智,梁国一已明令追赠陆军少将并从优议恤。(《大本营公报》第1号,“指令”第3号)

△　朱卓文与陈策两部因捐税问题,于香山县发生军事冲突。

香山县议会议员林影等本日致电孙中山等称,直辖游击总司令

---

①　《国父全集补编》载有此任命状,全文为:“派状:派林国英为潮州善后委员会委员。此状。孙文。中华民国十三年一月二日。”参阅中国国民党中央委员会党史委员会编订:《国父全集补编》,第597页。

兼县长朱卓文弃职潜逃,并于元旦拂晓,亲率大队数百人潜入县城,袭击陈策所部军队,抢掠民家,商民损失逾百万,恳孙中山、廖仲恺予以严惩。(《香山议员通电》,《广州民国日报》1924 年 1 月 5 日)孙中山据此,令将陈策所部调回江门。4 日,朱卓文、陈策就香山冲突事件分别通电,朱卓文电称,海防司令陈策托名回防,绕袭歧城,率兵包围西亚乡,遇人便杀,事后并四处纵火,全乡四百余户,焚毁无余。陈策、陈庆云则辩解谓"军行所至,地方无扰,秩序如常",并表示遵从帅命,将香山驻军一律调回江门。(《朱陈因香山战事通电》,《广州民国日报》1924 年 1 月 7 日)嗣后,孙中山以陈策不遵命令,免陈策海防司令之职。有关朱、陈此次冲突,《中华民国史事纪要》记载如下:陈策以海防司令名义驻守香山,去年 12 月 22 日,孙中山令该部增援四邑、两阳,原防地交朱卓文部接防,但陈氏未即遵令,且因税项一事与朱卓文部发生冲突。本月 1 日,朱卓文率六百余人进入香山县城后,复为陈部侵入。("中华民国"史事纪要编辑委员会编:《中华民国史事纪要(初稿)——一九二四年一至六月》,第 41 页)

　　冲突发生后,朱卓文香山县长一职自不能继续担任,县长继任问题,遂随之发生,5 日《广州民国日报》载,"因帅令东路派兵开赴香山弹压,故继任县长,必择其与东路军方面有联络情谊者,方可胜任,而便合作,故迟迟未能发表,闻现尚在拟议中"。(《香山县长问题》,《广州民国日报》1924 年 1 月 5 日)至于孙中山所调赴香山之东路军,似为王懋功旅。据 1 月 8 日《广州民国日报》载:"香山朱陈两军发生冲突,帅座经去电切责朱陈息争,令各来省,静候解决。据是日晚某军官传出消息,谓帅座为图香山治安起见,特令调东路王懋功旅,协同'江固''永丰'等舰,出驻香山,以实力禁止纷争,兼防袁带等趁机扰乱。闻水陆等军,定于 7 日或 8 日起程前往。"(《帅令海陆军赴香山》,《广州民国日报》1924 年 1 月 8 日)

　　△　赵士觐就盐运使职,本日下午办理交接。

　　新任盐运使赵士觐携孙中山手令到署,下午办理交接。(罗刚编著:《中华民国国父实录》第 6 册,第 4517 页)5 日,赵士觐呈文孙中山报告接印视事日期。11 日,孙中山指令两广盐运使赵士觐,呈悉所报到任日期。(《大本营公报》第 2 号,"指令"第 36 号)

△ 滇军与湘豫军对峙。

孙中山日前特令湘豫两军派队填防白云山、瘦狗岭、观音山等处,寓有监视滇军之意。湘豫军奉令后经克日分派部队开往驻守。顷据滇军中人消息,谓滇军各将领对于孙中山此举亦似觉悟,故连日东江前敌部队纷纷退返石龙,有不愿再进之意。更由东江抽拨部队两千余人返省分往白云山、瘦狗岭等处驻扎,以与湘豫军对峙。(《滇军亦派队驻白云山》,《香港华字日报》1924 年 1 月 3 日)

1 月 3 日 任命林凤游为大本营参谋处军事参议。高家祺、胡盈川为大本营参谋处军事咨议。钟明阶为桂军第四军军长。(《大本营公报》第 1 号,"命令")

△ 澳门交涉员因失职被撤。

澳门洋务交涉事项,原设专员办理,现在该交涉员蔡章成,因有失职行为,"昨被卢交涉员及该处国民党员,向帅府控告,帅座已经查讯属实,故即下令将该员撤销"。(《帅令撤销澳门交涉员》,《广州民国日报》1924 年 1 月 3 日)

△ 滇军将领王秉钧等,因涉嫌私通北敌,被免去本兼各职,并遭通缉。

据 7 日《香港华字日报》载,滇军自逼粤军退出石龙后,即勒兵不进,外间多谓因款项问题,然孙中山疑因内部之不稳。未几而据探报,吴佩孚托滇省某武人,即前时曾代总司令者,向滇军接洽条件,且谓吴氏曾一度直接致电王秉钧等有所商榷。孙中山惟有严加侦查,调集湘军于白云山一带以防意外,未几又探报王秉钧直接复电吴佩孚,且已为该师第八旅长王汝为所截获,报告于孙中山。孙中山即决定一面捕拿王等,一面下免职查办令,惟事为王秉钧等侦知,乃相率赴港。孙中山以王汝为有举报之功,即擢其升任第四师师长职。孙中山以滇军既有此种情形,虑难完全可靠,又分其宠爱于湘军,但滇军以湘军战败来粤,并无甚战功可言,颇有不服之意。杨希闵即对人言,谓:"湘军为中山庶出之爱子,彼不过中山之私生子。"据某军参谋对访员谓:"大本营采取惩魁免从之手段处理第三军,免致牵累多人,以安反侧者之心,但为万全计,特密调湘军各将领于广州以监视滇军,如一旦发生异动,亦免牵动大局。"(《滇军王秉钧免职之内幕》,《香港华字日报》1924年1月7日)本日,孙中山以中央直辖滇军第三军总参谋长禄国藩、第四师参谋长吴震东、第四师师长王秉钧有私通北敌嫌疑,下令均免本兼各职候查,并任王汝为为中央直辖滇军第四师师长。(《大本营公报》第1号,"命令")5日,又令中央直辖滇军总司令杨希闵、第三军军长蒋光亮严拿王秉钧、禄国藩、吴震东,并通令所部引以为戒。(《大本营公报》第1号,"训令"第5号)同日,王汝为就升任滇军第三军第四师师长事向孙中山发电表感戴之情。(《王汝为就职之通电》,《广州民国日报》1924年1月8日)6日,滇军第三军军长蒋光亮以王秉钧、禄国藩、吴震东三人皆由其引荐,因通敌被严缉,特电述该三人通敌情形,并以失察自请处分。蒋光亮在电中称,王等三人只身来粤,蒋氏畀予今职,而该员等与曹、吴之密使李鸿祥暗通,得贿八万元,条件为:(一)通电不加入战斗。(二)助曹、吴统一政策。蒋氏谓曾劝诫王秉钧冀其自悟未果。(罗刚编著:《中华民国国父实录》第6册,第4523页)据广东省档案馆库藏海关档案载,王秉钧免职决定,系孙中山据蒋之请求所作,王之部下因此对蒋大为不满,并于12日在石围塘与蒋部发生冲突。(广东省档案馆编译:《孙中山与广东——广东省档案馆库藏海关档案选译》,第506—507页)

△　中央直辖第一师师长高凤桂呈请任命该师各旅团长,本日获准。

高凤桂前经任命为中央直辖第一师师长,随即奉命就职视事,呈报就职并启用印信日期,嗣后,又呈请孙中山委任该师各旅团长。本日,孙中山指令高凤桂,所请委任该师各旅团长应即照准,候颁令给状。(《大本营公报》第 1 号,"指令"第 4 号)翌日,又指令高凤桂,呈悉就职启用印信日期。(《大本营公报》第 1 号,"指令"第 6 号)

△　大本营财政部长叶恭绰以该部秘书郑文轩久旷职守,特呈请免其职务。本日,孙中山明令免去郑文轩秘书本职。(《大本营公报》第 1 号,"命令")并指令大本营财政部长叶恭绰,准免郑文轩本职。(《大本营公报》第 1 号,"指令"第 5 号)

△　据报,有刘凯冒称民党,在旧仓巷图强学校之侧某旧大屋内,组设谋乱机关,其表面伪名为辛亥革命同志会,以掩饰耳目。孙中山乃令公安局缉拿严办。(《破获逆党机关》,《广州民国日报》1924 年 1 月 4 日)

△　主持国民党临时中央执行委员会第二十二次会议。

国民党临时中央执行委员会第二十二次会议召开,由孙中山主持。讨论内容包括身处上海的廖仲恺电报选出湖南代表一事,但因有旅粤湘人提出异议,遂决定待廖仲恺返粤报告再作讨论。又议决答复美国三藩市总支部陈耀垣有关国民党改组之来函,略谓:"当俄国革命之初,实行共产制度时,确与吾党三民主义不同。至俄国现在所施行之新经济政策,即是国家资本主义,与吾党之三民主义相同,故非吾党学俄国,实俄国学吾党。"会议决议孙科、廖仲恺与谢英伯加快筹备国民党讲习所,并在广州选择合适学校开办。(陈锡祺主编:《孙中山年谱长编》下册,第 1784 页)

△　令每日发给李安邦所部给养费四十元。(《命发李安邦给养费令》,陈旭麓、郝盛潮主编,王耿雄等编:《孙中山集外集》,第 816 页)

△　杭州青年协进会、各省区公民代表大会通电支持孙中山收回关余。

1 日,杭州青年协进会曾致电孙中山,表示支持孙中山收回关税主权的行动。(《杭州青年协进会电争关余》,上海《民国日报》1924 年 1 月 3 日)本日,上海《民国日报》又载,各省区公民大会亦通电,表示愿为政府后盾,支持孙中山力争收回关余。(《各省区公民大会力争粤关余》,上海《民国日报》1924 年 1 月 3 日)又据报载,孙中山对收回关余一案虽积极进行,然外交团方面对之持冷静态度,孙氏极为焦急。闻已阴嘱谢某通告服务于外舰之华人,限半月内表示态度以示威,其有不表同情者,则科以抗主罪名。(《关余案最近消息》,《香港华字日报》1924年1月3日)

1月4日　大本营召开军政会议,讨论设立政府、出兵北伐、财政统一三大问题。

下午4时,与谭延闿、樊钟秀、杨希闵、刘震寰、李烈钧、程潜、张开儒、宋鹤庚等及各省代表在大本营召开军政会议,(《大本营对于时局之重要会议》,《广州民国日报》1924年1月5日)讨论三大问题:设立正式政府问题,出兵北伐问题,财政统一问题。组织正式政府问题方面,蒋光亮提到应继续护法事业,孙中山则认为曹锟等假借护法之名恢复国会,当下不应拥护国会,"现在护法可算终了,护法名义已不宜援用,因数年来吾人护法之结果,曹吴辈毁法之徒,反假护法之名,恢复国会。北京国会恢复之后,议员丑态,贻笑中外,实违反全国民意,今日不当拥护猪仔国会……今日应以革命精神创造国家,为中华民国开一新纪元"。经讨论后,议决组织正式政府,定名为建国政府。至于出兵问题,一致议决从速准备出兵,由军政部、参谋部及滇、桂、湘、粤各军总司令筹备,至于饷弹问题,议决由大本营财政委员会筹措。对于财政统一问题,孙中山认为各军所属占领之征收机关,应于一个月内交回主管财政机关接管。(《三大问题之解决》,《广州民国日报》1924年1月7日)军政会议后,孙中山又于大元帅府宴请各军政长官,并发表演说,指出会议决议进行之建国政府、出师北伐与统一财政三大问题,"实为民国以来之最大希望……吾人希望千万年后,亦将以此13年1月4日之会议留为大纪念日也"。(《建国北伐之决心谈》,《广州民国日报》1924年1月8日)

是日晚,又于广州官邸召集反直各方代表曲同丰、陈光远、赵杰、柏文蔚等四十余人,讨论组织建国政府以利北伐,公推孙中山为元首,并定于本年2月1日实行。后因恐有碍与段祺瑞、张作霖之合作,此案遂告搁置。本月间,孙中山曾撰《为讨伐曹锟贿选总统告国人文》，说明建国政府之任务为统一全国，发扬民治，修明内政，辑睦邦交，并首先进行北伐，实行武力推倒曹锟、吴佩孚①。（罗刚编著：《中华民国国父实录》第 6 册，第 4519 页）

△　与曲同丰密议对直、和陈等问题。

段祺瑞代表曲同丰自前月 27 日由沪抵粤后，即下榻于大本营，行踪极为秘密，连日屡经各要人邀请宴会，均辞却不去，迄今未尝离大本营半步，日唯与孙中山密议。闻一俟磋商妥协后，即行返沪。其来粤之原因，系因对直及和陈两问题。据谓直奉和议已不可靠，奉方已准备决裂，段祺瑞亟望孙陈言归于好，避免牵制，致不能出师北伐。（《再志曲同丰抵粤后之行踪》，《香港华字日报》1 月 4 日）嗣后，1 月 8 日，曲同丰被孙中山特任为北洋招讨使。（《大本营公报》第 1 号，"命令"）

△　令中央直辖西路讨贼军第一师停止在东莞、宝安开办经界事务。

中央直辖讨贼第一师长韦冠英，奉令驻扎东莞、宝安等属，以该部防地军民相处已久，故拟划出此两县设立东宝经界分局，并荐该部咨议褚德建任该分局总办。嗣后，韦冠英特函咨广东财政厅，请该厅加委褚德建为东莞、宝安经界分局总办，更以财政拮据之故，有"此事势在必行"之言，并云已饬令褚某带员实行开办。财政厅长梅光培因此呈文孙中山，将韦冠英所言具报，并请孙中山令行西路讨贼军刘总指挥转令韦师长饬下褚德建停止前往东莞、宝安开办经界事务。（《大本营公报》第 1 号，"指令"第 7 号）孙中山接呈后，于本日训令中央直辖西路讨贼军总司令刘震寰转令其下属第一师长韦冠英饬下诸德建停止在东莞、宝安两属开办经界事务，（《大本营公报》第 1 号，"训令"第 2 号）并指令广东财政厅长梅光培，所请令行刘总司令转饬韦师长停止派员开办东宝两属经界事务，准予令行刘总司令转饬遵照。（《大本营

①　《中华民国国父实录》谓告国人文或未公开发表。参阅罗刚编著：《中华民国国父实录》第 6 册，第 4519 页。

公报》第1号，"指令"第7号）

　　△　令不准提借挪用广东全省田土业佃保证照费。

　　应国立高等师范学校校长邹鲁呈请，训令军政部长程潜、广东省长廖仲恺，广东全省田土业佃保证照费为国立高等师范学校专用经费，令该部长、省长通饬各军、各行政机关，无论何项机关不得任意提借挪用，并着各县军警随时认真协助。（《大本营公报》第1号，"训令"第4号）同日，又指令国立高等师范学校校长邹鲁，已令行军政部、广东省长通饬所属严禁提借此项收入及认真协助。（《大本营公报》第1号，"指令"第8号）

　　△　指令大本营军政部长程潜，仍由该部饬令广九铁路赶将路轨车辆修理完好，速开客车，则人民交通既便，该路之收入亦自裕。（《大本营公报》第1号，"指令"第9号）

　　△　指令兼广东全省船民自治联防督办伍学熿，所呈拟将全省水面收入除支督办公署总分支局董事会经费外，以五成缴交政府，以五成举办学校、医院、巡舰等事，尚属可行。即赶将各项收费章程拟定呈核，将应行举办自治联防事项妥为规划，切实举行，务期事有实效。（《大本营公报》第1号，"指令"第11号）

　　△　日本地震，熊克武、刘成勋电请垫款震济。

　　熊克武、刘成勋致电孙中山，"日本地震巨灾，筹募尚需时日，兹由克武、成勋筹垫银五万元助赈，以二万元赈济日本灾民，一万五千元赈济我国侨商及各省留日学生，一万五千济川省留日学生"。（《大本营公报》第1号，"公电"）

　　△　任命财政委员委会及秘书长。

　　派叶恭绰、廖仲恺、郑洪年、杨西岩、伍学熿、赵士觐、孙科、梅光培、吴铁城等九人为财政委员会委员①。（《大元帅命令》，上海《民国日报》1924年1月9日）财政委员会成立后，拟设财政委员会秘书长一职，

----

　　①　据陈锡祺主编《孙中山年谱长编》下册第1785页"1月4日"条下有"大本营财政委员会正式成立，叶恭绰、廖仲恺等九人为委员"。故将"命令"发布时间暂定1月4日。

叶恭绰、廖仲恺当即呈请由财政部科长廖朗如兼任。（《大本营公报》第 2 号，"指令"第 37 号）孙中山遂于本月 10 日正式任命廖朗如为财政委员会秘书长,（《大本营公报》第 2 号,"命令"）并于 12 日指令财政委员会主席委员廖仲恺、叶恭绰,已另有明令任廖朗如为委员会秘书长。（《大本营公报》第 2 号,"指令"第 37 号）财政委员会成立后,由其主席委员叶恭绰、廖仲恺于 1 月 9 日呈文孙中山,呈报财政委员会于 12 年 12 月 30 日成立,即日启用关防,并拟具章程呈奉核准。孙中山于 12 日指令财政委员会,呈悉启用关防日期,所拟章程准予备案。（《大本营公报》第 2 号,"指令"第 39 号）另 1 月 6 日,大本营财政部长叶恭绰曾单独呈文孙中山,将所拟章程草案提交孙中山鉴核公布施行。嗣后,孙中山于 1 月 8 日指令大本营财政部长叶恭绰,准予施行所拟《财政委员会章程》。（《大本营公报》第 1 号,"指令"第 16 号）

1 月 5 日　复函国会议员,谓东北江肃清,即当出师北伐。

国会议员日前致函孙中山请愿北伐,孙中山特复函云,法律之在今日,已成军阀攘窃之资。非本革命之精神从事于建设,殆无摧陷廓清之望。东北江相继小捷,俟肃清残寇,即当移师北伐,以竟讨贼之功,而副同人之望。（《大元帅复国会议员函》,上海《民国日报》1924 年 1 月 5 日）

△　于大本营召集重要会议,并电廖仲恺、汪精卫返粤商议建国政府、北伐等事宜。

是日,孙中山在大本营召集重要会议,军政要人到六十余人,全体一致,决议组织正式政府,并正名为建国政府,即草定组织大纲六条,推孙中山为大总统,即日实行北伐,以湘、豫军为先导,出江西,对财政统一办法,亦有决议①。（《本社专电》,上海《民国日报》1924 年 1 月 8 日）下午,孙中山致电廖仲恺与汪精卫,着即动身回粤,商议建国政府

①　查其内容,似与 4 日会议内容一致,但上海《民国日报》此报道明言"大元帅歌日"在大本营召集重要会议,故似 5 日另有会议。

大纲事宜及筹划北伐。(《大元帅电召汪廖回粤》,《广州民国日报》1924 年 1 月 8 日)

△　汤廷光、姚雨平交接广东治河督办职务。

广东治河督办汤廷光另有任用,应免本职,派姚雨平为广东治河督办。派陈其瑗为财政委员会委员。(《大本营公报》第 1 号,"命令")此任命经明令公布,汤廷光即遵令于 15 日交卸广东治河督办职务,并将交卸日期呈报。(《大本营公报》第 2 号,"指令"第 64 号)姚雨平亦于 15 日到任就职并呈报就职日期。(《大本营公报》第 3 号,"指令"第 72 号)孙中山旋于 17 日指令汤廷光,呈悉所报交卸日期,(《大本营公报》第 2 号,"指令"第 64 号)19 日指令姚雨平,呈悉所报就职日期。(《大本营公报》第 3 号,"指令"第 72 号)

△　令杨希闵部交还联乡保卫团枪支。

广东省长廖仲恺前曾呈文孙中山,谓杨希闵部两次攻击增城县石滩、元洲联乡保卫团,并收缴枪支若干。本日,孙中山指令广东省长廖仲恺,候令行杨希闵转饬所部照数交还所缴枪支。(《大本营公报》第 1 号,"指令"第 14 号)同日,又训令杨希闵交还该部两次误击增城县石滩、元洲联乡保卫团所缴获全数枪支。(《大本营公报》第 1 号,"训令"第 6 号)

△　马伯麟致函向孙中山等报告长洲炮台各炮试验情形。(《马伯麟呈报试炮情形》,《广州民国日报》1924 年 1 月 5 日)

△　滇军因不满范石生及孙中山引湘军到粤,于前线勒兵不进。

报载东江军事最近尚无甚大变化。联军方面派别分歧,滇军自杨廷培被范石生刺毙,内部意见甚深,均谓"杨氏于东北两江迭次战事出生入死,屡立战功,今竟获斯结果,我辈还去打甚么仗"? 故有不愿再战之意。且因近来范石生为孙中山特别看待,杨希闵等心内愈觉不服,现联军中各部均有请范石生自己去打东江之表示,而孙中山引湘军到粤,未免分薄滇军权利,遇事又不能如前之一手抹过,此亦滇军所不喜,而为勒兵不进之一大原因。(《东江停顿中之两军情形》,

《香港华字日报》1924 年 1 月 5 日)

△　联军各部统属复杂,难以调动。

联军各将领均自视若天神,借口直隶大本营管辖,不受任何人指挥。不特一军之中各奉所尊,互分畛域,即一师一旅一团之内亦分为若干派,或只听团长之命,或直接旅长指挥,更或惟奉师长之命,其有纯须军长或中央始能调遣之者。其复杂混乱不统属之情状,实难以形容。孙中山"以各军毫无统率,互相倾轧,断然图功,拟俟许崇智返粤后,邀集各军长官开一军权统一会议,未知将来何以能统此一盘散沙之军队"。(《孙文之军权统一梦》,《香港华字日报》1924 年 1 月 5 日)

1 月 6 日　与美国公使舒尔曼(Jacob G. Schurman)会晤,谈及时局、关余等问题。

美国公使舒尔曼在伍朝枢、美国驻广州总领事詹金斯(Douglas Jenkins)及孙中山的政治顾问诺曼(Robert Norman)陪同下,与孙中山会晤,就关余案提出调解意见,倾谈近两小时。舒尔曼向美国总统柯立芝报告说:"两小时谈话的前十五分钟,孙氏对我谈起世界上压迫者与被压迫者——中、俄、德、印度等——之间的冲突,以及资本主义国家——包括美国——未来关系等,简直像一个疯狂的人。"对《京津泰晤士报》记者谈话时,舒尔曼亦称"重申尚无承认军政府之机会,孙先生意颇不悦"。据舒尔曼透露,孙中山亦提及"由美国人出面赞助,以便中国各方首领可以召集会议,以谋中国之和平"的建议。(陈三井:《中山先生与美国》,第 160—162 页)

对于孙中山此一建议,上海《民国日报》所载更为详尽,其报道云:在解决中国时局问题上,孙中山向舒尔曼表示,欲消除中国社会之各种问题,"必须移去中国现状之根本原因","中国必须和平,必须遣散各省军队,使彼等释甲回里,从事生产工作,全国乃可统一"。并言"美之地位,足以左右他国,又得中国人民信任。吾意美宜提议在上海或其他中立地点,召集一华人为主而列强代表得参与之会议,吾对此会议,必躬亲列席。他人苟以国福为先者,亦必与吾同"。舒尔曼回应,"美国向来对中国及他国内政取不干涉政策,恐美人舆论不赞成政府发起此种对华自大的举动"。孙中山答云,"不干涉中国内政,为在华会列强所一致赞同,但此不过一种空谈。试观今日有六国之战舰,泊于广州港内,阻吾人利用应得之关余,而将此关余付诸北京,乃犹云不干涉内政,实则不干涉内政其名,外交团控制中国如一殖民地,则事实也"。(《大元帅对美使解决时局谈》,上海《民国日报》1924年1月13日)

据《孙中山与共产国际》一书载,12日,美国《纽约时报》登载了孙中山与舒尔曼会见的消息,并表明美国"不准备援助中国任何一个派系"的态度。(李玉贞:《孙中山与共产国际》,第347页)显然,此一表态,意味着孙中山期待美国支持愿望之破产。

至于孙与舒所谈关余问题,据鲍罗廷忆述:孙中山向舒尔曼表示,即便他不得不同列强各国作战,也要武力取得关余。舒尔曼答应对于友好地解决向广州政府转交关余的问题提供帮助,只要将关余用于改善内河航行和航道,而不是用于军事需要。孙中山表示赞同,但他责备舒尔曼乃至列强对中国的不公正态度,批评列强与广州政府进行斗争,不承认属于中国的东西,而且不按照华盛顿会议的决议要求督军裁军,反而支持他们。此外,孙中山还提到美国应归还上海的美租界,作为美中友谊的诚意保证。后舒尔曼回到北京向公使团提出建议,但与北京政府商办后并无结果。([苏]亚·伊·切列潘诺夫著、中国社会科学院近代史研究所翻译室译:《中国国民革命军的北伐——一个驻华军事顾问的札记》,第72—73页)

△　黔军周西成的代表王度来广州谒见孙中山,商谈黔军入粤事,孙中山同意并委王度为四川讨贼军司令。但嗣后周西成并未率军入粤。(罗刚编著:《中华民国国父实录》第6册,第4523页)

△　指令杨希闵,除中央直辖滇军第二师及豫军直接由大本营分发外,其余奖金由该总指挥酌量分配给收复东江各军承领。(《给杨希闵的手令》,《孙中山全集》第9卷,第26页)

△　指定各省区国民党一大代表。

派定二十个省区中国国民党第一次全国代表大会代表。国内每省市代表六名，其中三名由孙中山指派，另外三名由各地推选。孙中山日前已派定北京、上海与广州之代表，本日再派定其余二十省区市的五十七名代表。名单如下：直隶：王法勤、于树德、张纯；湖北：詹大悲、田桐、刘成禺；江西：彭素民、萧秉章、王恒；安徽：张秋白、陈独秀、柏文蔚；江苏：茅祖权、刘云昭、狄侃；浙江：沈定一、杭辛斋、戴季陶；四川：谢持、杨庶堪、赵铁桥；云南：杨友棠、李宗黄、胡盈川；贵州：王度、李元著、周仲良；山东：张苇村、于观成、丁惟汾；山西：王用宾、刘孟训；陕西：焦易堂、于右任、路孝忱；奉天：宁武、朱霁青、杨大实；吉林：徐清和、李希莲、董耕耘；黑龙江：傅汝霖、田铭璋、乔根；河南：丁骞、刘荣棠、张善与；新疆：张凤九；甘肃：师世昌、张震枢；西藏：乌勒吉；蒙古：白云梯、恩克巴图、克兴额；广州市特别区：谭平山、孙科、吴铁城。福建与湖南的国民党全国代表大会代表，孙中山并未指派。

（陈锡祺主编：《孙中山年谱长编》下册，第 1788—1789 页）

△　抚河招抚使新编第一军军长钟明阶呈报已击败沈鸿英叛军，收复铺门、芙蓉两地。（《钟明阶电告击退沈逆》，《广州民国日报》1924 年 1 月 8 日）

△　组织建国政府之意甚坚，惟各军将领出于自身利害计，意见不一。

报载孙中山组织建国政府，各军中以谭延闿主张最力，杨希闵次之。盖谭氏因湘战败后欲借孙发展，杨是富有阅历之人，感于范石生、蒋光亮之跋扈，尤欲口头拥孙保存地位，故谭、杨之卖力，皆为自身利害计。惟范石生对于孙中山之称总统表示反对，要求以彼为广东省长为承认孙氏组织政府之交换条件。孙因此特于本日下午 3 时亲至江防司令部访范，范氏因孙突然而至，即由电话通请滇军杨、蒋各部长官，特在江防司令部设宴招待，并在席上会议。至范氏要求条件，闻除任范为省长不能办到外，其余皆有磋商之余地。（《孙文组织建国政府续闻》,《香港华字日报》1924 年 1 月 8 日)《广州民国日报》亦载,下午 4 时,孙中山乘坐电轮渡河,至海防司令部①,召请各军高级将领宴会,席间演讲军政问题甚详,各将领聆毕,一致赞成。直至 6 时,尚未散席,当时附近马路,皆派卫士队军警守备,颇为严密。(《大元帅召宴各将领》,《广州民国日报》1924 年 1 月 7 日)

尽管各军对于组织建国政府意见不一,但孙个人对此主张,似十分坚决。1 月 7 日《香港华字日报》即载,十一省客军云集,广州舆论多表反感。孙中山尝谓,"彼等愈反对我愈决议改组(建国政府),名正言顺,看他们尚有何词攻击客军"等语。"现闻所谓建国政府经大本营政务会议通过,但因孙文本身名称须与昨年之非常总统不冲突,尚待斟酌云。一说谓孙仍称大元帅不称总统。"(《建国政府又将产生》,《香港华字日报》1924 年 1 月 7 日)1 月 9 日《香港华字日报》亦报道,近日,有某外国人晋府面询孙氏建国政府情况,孙答谓确在进行中,无论何方反对,事在必行。(《建国政府组织之原因及其进行方略》,《香港华字日报》1924 年 1 月 9 日)

1 月 7 日 着省长任命李蟠为香山县长。(《着任李蟠职务令》,《孙中山全集》第 9 卷,第 27—28 页)

关于香山县长问题,据《广州民国日报》载,旅省香山公会曾就此呈请委任东江商运局长王棠为香山县长。(《香山公会请任县长》,《广州民国日报》1924 年 1 月 8 日)但此请并未得孙应允,本日,孙中山明令任命李蟠为香山县长。10 日,香山留日同学会主任刘若卿、中外通讯社郑志豪等致电孙中山等,恳请迅令香山县县长李仙根②早日就职。(《香山各界请新县长就职》,《广州民国日报》1924 年 1 月 11 日)

△ 孙中山好友、美国律师林百克回上海后,赞扬孙中山是"能为国民谋利之政治家"。(陈锡祺主编:《孙中山年谱长编》下册,第 1790 页)

---

① 应为江防司令部。
② 即李蟠。

△ 任命高培臣为中央直辖第第一旅旅长、廖刚为第二旅旅长。命薛履新为中央直辖第一师第一旅第一团团长、赵世杰为第二团团长、王竹山为第二旅第三团团长、张忠义为第四团团长。(《大本营公报》第1号,"命令")

△ 加拉罕致函孙中山,鼓动实行"土地改革",并劝告孙中山,即令少数人反对,也要彻底实现国民党之改组。(李云汉:《从容共到清党》上册,第205页)

△ 王秉钧因通敌被免职查办,滇军第四师官兵电请孙中山为王秉钧昭雪,滇孙关系趋于紧张。

据《申报》载,7日,滇军第四师长王汝为及全师官兵致电孙中山,谓王秉钧通敌,毫无实据,明系敌人反间,望查明昭雪。11日《申报》又载:广三路滇军王秉钧部,佳日(9日)早戒严,扣留客货车,不准开行,闻要求复王第四师长职。(《国内专电》,《申报》1924年1月11日)又北京《晨报》载,"港电滇军动摇,孙文令湘军监防,纷调东北江部队回省示威。孙文与谭延闿谋预防方法,谭献计,请滇军上级军官宴,尽擒之。不料消息早泄,届时滇军军官一律不到,孙计失败。又电,孙文4日令,滇军第四师长王秉钧私通北敌,免职查办。5日,王率队返省,占白云山及观音山,闻将请孙下野,并要范石生领衔"。(《滇军驱逐孙文》,北京《晨报》1924年1月8日)另据《申报》载,外界传闻,蒋光亮8日赴帅府会议,被孙扣留,但未知确否。8日晨,有大队湘军包围滇军胡思清之副官住宅,伤毙副官等五人,其原因系胡部7日突由横沥返省,指为通敌。胡部知不见容,即日集中石围塘戒严。(《国内专电》,《申报》1924年1月11日)

1月8日 任命柏文蔚为北伐讨贼军第二军军长。派范石生、朱培德、李福林、张国桢为禁烟会办,廖行超、夏声、王南微、周鳌山、罗桂芳为禁烟帮办。(《大本营公报》第1号,"命令")

△ 发表《形成反帝国主义联合战线》宣言,号召世界弱小民族共同反抗帝国主义。

报载,孙中山为抵抗八国之强权,于前日发表《形成反帝国主义联合战线》宣言,文曰:"世界弱小民族听者,兄弟、姊妹! 我等同在弱小民族之中,我等当共同奋斗,反抗帝国主义国家之掠夺与压迫。帝国主义国家,形成帝国主义联合战线,不但为压制中国自由运动及国民运动而奋斗,亦不但为压制亚洲弱小民族自由运动及国民运动而奋斗,且亦为压迫世界弱小民族自由运动及国民运动奋斗。帝国主义之英、美、法、日、意,各皆坚心毅力,与中国少部分著名的封建督军、破产的官僚、投机的政客,此三种人形成中国之军阀政客,买卖中国矣。彼等又助力反革命派,完成地方封建政治矣。彼等又将把持革命政府所应有之关余,束缚革命政府手足……广州政府现正与帝国主义国家相见,非以和平态度,而以剧烈态度,美、英、日、法、意之战舰,已驻广州省河,武装示威,汝等为中国正义而奋斗之时期已到矣。起! 起! 速起! 形成反帝国主义联合战线。"(《形成反帝国主义联合战线》,北京《晨报》1924 年 1 月 8 日)

　　△　准湘军总司令谭延闿所请,令军政部长程潜奖励南雄一役助筹军米之绅商。

　　湘军总司令谭延闿以南雄一役欠缺粮饷,而该县绅商曾攀荣等筹集军米以助军事,贡献莫大。特于本月 3 日呈文孙中山,请其准予颁授奖章,以示激劝。孙中山本日就此指令湘军总司令谭延闿,候令行军政部查照陆海军奖章令拟定应得奖章呈候核准颁给。(《大本营公报》第 1 号,"指令"第 18 号)并训令军政部长程潜,据湘军总司令谭延闿呈报,该县绅商曾攀荣筹集军米,巩固军心,使军队能够专心应战,驱除北敌,恳特颁奖章以示激劝。令该部长即便遵照办理。(《大本营公报》第 1 号,"训令"第 8 号)军政部长程潜奉令,乃于本月 24 日呈文孙中山,谓曾攀荣等,于此次南雄战役筹措军米万硕有奇,急公仗义,殊堪嘉许。核与陆海军奖章令第六条第一项内载事实相符,请分别授予一、二等奖章以示鼓励。孙中山旋于次月11 日指令程潜,准给与各等奖章予南雄筹措军米绅商曾攀荣等,

即由部制发,并咨湘军总司令知照。(《大本营公报》第 5 号,"指令"第 132 号)

　　△　令查缉劫掠客货车之匪徒。

　　1 月 4 日,管理粤汉铁路事务陈兴汉呈文孙中山,由省开上的第四次客货车在永利石场遭遇百余名匪徒强行劫掠,有匪首港江人宋广在内。查匪徒迭向本路行劫,若不严行查缉,地方难安。乞分令各军长官认真将本案赃贼务获究办。本日,孙中山指令陈兴汉,候令饬军政部通行各军一体严缉。(《大本营公报》第 1 号,"指令"第 17 号)并令军政部长程潜通传各军一体严缉,务获究办。(《大本营公报》第 1 号,"训令"第 9 号)

　　△　廖仲恺从上海返回广州,谒见孙中山,向其汇报沪上国民党改组情况与各界反应等。(陈锡祺主编:《孙中山年谱长编》下册,第 1790 页)

　　△　元老、太子两派争权,孙科中伤胡、廖等人。

　　报载粤中省长问题,实为元老、太子两派势力消长之一大枢纽。广东省长问题,自徐绍桢任后,资本派失败,元老派之廖仲恺、邹鲁遂取而代之。讵资本派不甘罢休,该派首领孙科乃于父前经常指责元老派,谓胡、廖、邹等向来把持广东政权绝无进步,且纵容私人盘踞各机关,致欧美各埠回国华侨皆无位置,何以结华侨欢心?时适建设部收管宁阳铁路,华侨对孙中山多表不满。孙科又在孙中山面前日骂胡、廖、邹之无用,孙中山由是对胡等颇有不信任之表示。(《省长问题之过去及现在》,《香港华字日报》1924 年 1 月 8 日)

　　1 月 9 日　令北江商运局,"按照北江商运局开办之始,已经本大元帅面为训诫,发起之人不得侵及粤汉铁路权利。乃闻该局今胆敢向铁路运商每车勒收费贰元,并设分局于车站之内,实属不合,着即撤去分局及停止收费,否则严办"。(《中山墨宝》编委会编:《中山墨宝》第 9 卷,第 208 页)

　　△　胡文灿被选为国民党一大代表,请由胡文耀暂代中央直辖西路讨贼军第十一独立旅旅长职务。

中央直辖西路讨贼军第十一独立旅旅长胡文灿电呈孙中山及各总司令，各军、师、旅，各机关，因被选举为国民党全国代表大会广东省代表，既致力于党务，恐于军事机宜，兼顾未到，特饬令该部独立营营长胡文耀暂摄该旅职务。（《胡文灿辞旅长职》，《广州民国日报》1924 年 1 月 10 日）

　　△　委派大本营参议田桐前往上海与各界接洽出师北伐与设立建国政府等问题。（陈锡祺主编：《孙中山年谱长编》下册，第 1791 页）

　　△　免去参军处上校副官宾镇远、吴文龙、吴靖等人，少校副官刘沛、张国森、高中禹、王应潮等人本职。（《大本营公报》第 1 号，"命令"）

　　宾、吴等人之免职，系由参军长张开儒 1 月 8 日呈中所请。孙中山本日明令发布，并于 10 日指令大本营参军长张开儒，已另有令将该副官宾镇远等免去本职。（《大本营公报》第 2 号，"指令"第 26、27 号）另，张开儒 8 日呈文中尚提到，"帅谕着将副官黎工伙以下差遣汪英以下四十三人免职，若即日全行撤去即办事无人，拟酌量先后分批裁撤，以维处务"。孙中山对张开儒此一请求亦于指令中予以批准。（《大本营公报》第 2 号，"指令"第 27 号）此次参军处多人免职，应即为执行该指令之故。

　　△　训令广东省长廖仲恺，据特派员邹鲁呈称，财政厅咨议廖韶光所请拨还之垫借款数系为事实，该省长即便转饬财政厅如数筹拨。（《大本营公报》第 1 号，"训令"第 10 号）

　　△　驻防军队违规搭车，孙中山严令禁止。

　　本月 3 日，新宁铁路总理陈宜禧呈文孙中山，驻防军队并未遵照呈准之《整顿军人搭车办法》，且有业经解散仍持军票搭车者，或有假冒军籍伪用军票者，种种情形比前有加。恳速予重申前令，责成驻防军队遵照办理，以肃军纪而维路政。孙中山接呈后，于本日指令陈宜禧，候令饬军政部转行驻防军队重申前令。（《大本营公报》第 1 号，"指令"第 21 号）并训令大本营军政部长程潜即转行驻防军队重申前令，责令切实奉行。（《大本营公报》第 1 号，"训令"第 11 号）

△　准予令行筹付各部局经费变通办法。

本月 5 日，大本营财政部长叶恭绰曾呈文孙中山，因财用匮乏，拟变通办法：军政部"永丰"舰、陆军测量局、陆军医院、虎门要塞司令部、第十七路游击司令部等系属于军事范围，拟请饬令军政部统筹支配。其余内政、财政、外交、建设、审计各部局，则由该部尽力设法筹措，酌量支付。是否有当，请察核训示。孙中山本日指令叶恭绰，所拟筹付各部局经费变通办法照准，即由该部转咨军政部查照。（《大本营公报》第 1 号，"指令"第 19 号）

△　大本营建设部长林森前将所拟《公司注册规则》呈请鉴核施行，经孙中山令修改第三条。林森遵令修改后，于本月 7 日再次呈请核定施行。本日，孙中山指令林森，此次改拟修正之《公司注册规则》第三条条文尚属于妥协，准如所拟施行。（《大本营公报》第 1 号，"指令"第 20 号）

△　准给连阳绥靖处处长何克夫假期一月。

连阳绥靖处处长何克夫于 1 月 3 日呈请辞职。本日，孙中山指令何克夫，该处长奔走国事历有年所，此次绥靖连阳守土御寇，殚思竭力，殊深倚畀，所请辞职，应毋庸议。（《大本营公报》第 1 号，"指令"第 22 号）何克夫以辞职未蒙获准，又于 15 日再次呈文孙中山，请给假一月以养病体。孙中山于本月 17 日准何克夫请假一月。（《大本营公报》第 2 号，"指令"第 63 号）

△　粤孙拟组建国政府，奉张允借款五十万元。

报载孙中山此次组织建国政府，原欲联合反直系各派以对抗直系，故当数月前黎元洪被逐出京，国会议员多数南下，谋在沪组织政府。孙中山即一面阻止本系议员南下，一面否认沪上名流所主张之委员制，以为自己组织建国政府。现广州表面上已有十三省大军，故孙中山坚持非定于一尊不可，而段祺瑞、唐绍仪各派则仍主采用委员制，盖段祺瑞等欲调和西南一致对直，孙则欲统一西南。孙中山日前派叶恭绰赴奉，即与此有关。叶氏赴奉之唯一任务系向张作霖商借三百万元,以副总统许以张氏,即在广东组织建国政府,由奉张担任入关攻曹。闻张作霖笑谓叶曰:"老夫无作总统野心,但攻直自不敢放弃。倘中山不弃,当以学良托诸中山先生。"盖隐示"副总统只配儿曹干也"。至三百万借款一事,闻张氏口头答应五十万,一说则谓张允介绍某国人借百万,但须有相当抵押品。滇军范石生本不赞成组织建国政府,经孙亲往疏通后,已有转圜。据范部传出消息,孙中山许与范氏之条件:(一)现已进行之番摊承商先将按头拨款五万元,一次给赏范部。(二)范部军队自官长以至兵士,按照正额给饷,范部军队赶速训练以备北伐,并有出师特别优先权。(三)服从命令或移驻郊外。(四)不得干预广东内政。(五)攻下云南任云南总司令。双方已口头答允,不日即由范通电表示拥戴。(《建国政府组织之原因及其进行方略》,《香港华字日报》1924年1月9日)12日,《香港华字日报》载,建国政府问题,闻张作霖五十万元助款业已汇到,不日即宣布成立,但若招致猪仔议员南下,则区区数十万元,必不足以供其敲诈,孙中山乃于政务会议席上斥责议员,决俟本月15日国民党开会广州,由各省代表出席解决国事,以党会代国会产出建国总统。(《拟以党会代国会产生总统》,《香港华字日报》1924年1月12日)

　　△　伍汝康卸两广盐运使职,孙中山令继续严查其任内办理盐商预缴现饷及补恤各程船损失一案。

　　本月5日,前两广盐运使伍汝康呈文孙中山称,于1月2日下午离职并交接完毕。本日,孙中山指令前两广盐运使伍汝康,呈悉所报卸事日期。(《大本营公报》第1号,"指令"第23号)伍汝康虽卸任,然其任内尚有办理盐商预缴现饷及补恤各程船损失一案尚未完结,该案经由孙中山发交两广盐务稽核所经理宋子文查办。本月,两广盐运使赵士觐呈文孙中山,报告宋子文查办情形。孙中山接呈,乃于本月10日指令两广盐运使赵士觐,伍前运使办理盐商预缴现饷并补恤各程船一案,既据该运使暨稽核所宋子文往复研究,窒碍甚多,自属实情,至该商所缴一万三千元有无另发准单,应俟伍前运使移交至日一并查明,仍将此案妥速议结，呈候核夺。（《大本营公报》第 2 号，"指令"第 25 号）至 4 月 22 日，孙中山尚有训令命盐务督办叶恭绰查办此案，（《大本营公报》第 12 号，"训令"第 171 号）嗣后 8 月 20 日，方由邓泽如将办理情形呈核。（《大本营公报》第 24 号，"指令"第 932 号）

　　1 月 10 日　邓家彦自德国来电云，即归国，请汇旅费，着财政委员会筹给二千元换英金汇往。着财政委员会筹给何雪竹出发费一万元。着财政委员会筹赔谭细船价一千二百元，黎顺船银七百五十元。（《命发何雪竹出发费谕》《批给邓家彦旅费谕》《提议筹赔船价谕》，陈旭麓、郝盛潮主编，王耿雄等编：《孙中山集外集》，第 817 页）

　　△　谭平山与鲍罗廷谈话，论及孙陈关系。

　　鲍：报上传闻已同陈炯明进行某些谈判，进行直接谈判，还是通过某人进行谈判，这我不知道。您是否知道这方面的某种确切的消息？

　　谭：这种议论早就有了。议论本身不是参与，而是干涉第三者——安福派的这件事。但这件事早就发生，而且毫无结果。您在的时候，这件事在一个半到两个月前就发生了。两个星期以前，在香港召开了陈炯明的将领会议，会上暴露了陈炯明同林虎和洪岗这两方面之间的分歧。陈炯明主张实行联邦制，而林虎及其他人认为我们只有两条道路：或者是公开投降北方，以便得到援助并向孙中山开火；或者就投降孙中山，以便停止战争。陈炯明既不赞成前一条路，也不赞成后一条路。他只愿实行联邦制，而既不愿屈服北方，也不愿屈服孙。因此，会议开得毫无结果。我们现在看到前线很平静，但实际上陈炯明在准备反攻。他还占领惠州和博罗及这整个地区。孙中山的联军也毫无信心去彻底击败陈炯明，因为陈炯明拥有较有组织的军队，他有三百名受到严格军训的军官，而孙中山没有这样的军官。

　　……

　　鲍又问：这个联合会①是否能有助于陈炯明和孙中山之间的

---

　　①　指军人联合会。

联合?

谭:不,它不能。(《谭平山与鲍罗廷的谈话》,《党的文献》1990 年第 5 期)

△ 派叶恭绰等与张作霖、段祺瑞之代表磋商军事计划及组织正式政府问题,伍朝枢对此进言。

孙中山于上年 11 月委派叶恭绰等赴沪、赴奉天联络各方,与张作霖、段祺瑞之代表磋商军事计划及组织正式政府等问题。张作霖赞同军事计划而不愿孙中山组织政府,奉天方面还指叶恭绰此行是"为孙中山运动元首"云云,并认为"中山愿让合肥",则"未尝不为苍生称庆"。是月,伍朝枢得北方同志来电,谓"建国军政府事,北方或不无误会"。伍虑及"人谓我食言失信"。故于是日"向先生进言,以为不宜用总统称号。望此议颇见采择"。建国政府之议,因为北方段、张等不赞成,广东方面胡汉民等人又"主缓进,仅视为有讨论宣传之必要,不愿其遽即实现",以致孙中山计划一直延宕未能实现成立。(陈锡祺主编:《孙中山年谱长编》下册,第 1791—1792 页)

△ 令整顿广韶电政。

7 日,湘军总司令谭延闿呈文孙中山,南雄至广州电报迟缓,原因有二:一由韶局电生缺乏且多疲玩。二由广韶线路年久失修。请严饬电政监督,对于北江一带极力整顿,以维电政而利军情。由于电报往来事关战局,孙中山极为在意,于本日指令湘军总司令谭延闿,呈悉所报南雄至广州电报迟滞贻误军情事,候令行电政监督认真整理。(《大本营公报》第 2 号,"指令"第 24 号)又训令广东电政监督何家猷,据湘军总司令谭延闿呈称,近日北方电报迟滞,有碍军情传递。令该电政监督切实整顿,于电生之勤惰,路线之通塞,尤须认真督察,遇有积压阻隔,应将各电生及工匠从严查究。(《大本营公报》第 2 号,"训令"第 13 号)虽孙中山本日已令何家猷整理,但广韶电线损坏事,嗣后仍历久而未有改观。至 2 月 1 日,湘军总司令谭延闿再次呈文孙中山,广韶电线损坏已久,曾呈请孙中山令行广州电政监督修理,旋奉第二十四号指令开:"仰候令行电政监督认真整顿可也。此令"等因在案。据该部驻韶陶副官电称,"广韶电局月余未通,致我军电报积压至七十余件之多,消息梗阻,贻误戎机,诚非浅鲜",恳饬赶紧修理。(《大本营公报》第 5 号,"指令"第 118 号)据此,孙中山 2 月 8 日复训令广东电政监督何家猷,广韶电局月余未通,消息梗阻,贻误戎机。令该电政监督从速修理,毋稍贻误。(《大本营公报》第 5 号,"训令"第 49 号)并指令谭延闿,已令行广东电政监督从速修理。(《大本营公报》第 5 号,"指令"第 118 号)

△ 令广东省长廖仲恺审查《民业保证条例》之是否可行。

训令广东省长廖仲恺,广东地方善后委员会呈称,《民业保证条例》经核准颁行有案,举报官产者尚源源而来,特议决委员提议之惩治妄报瞒承官产条例、省长公署发交李文恩等禀呈利弊案。该省长详加审查条例是否可行,并严行查禁李文恩等所陈变卖官产机构人员与地方串通舞弊情况。至于《民产保证条例》,前已由该会议决修改,应否设立中央银行与发行纸币,应俟保证费收有成效后再酌量办理。(《大本营公报》第 2 号,"训令"第 14 号)又将训令内容指令广东地方善后委员会①。(《大本营公报》第 2 号,"指令"第 28 号)

△ 杨西岩被任命为禁烟督办后,即将所拟《禁烟督办署章程》呈孙中山察核,并于 5 日得孙允许实行。(《大本营公报》第 1 号,"指令"第 13 号)本日,杨西岩复呈文孙中山,报告于本月 10 日设署任事并启用关防。嗣后,孙中山于 25 日指令杨西岩,呈悉所报就职并启用关防日期。(《大本营公报》第 3 号,"指令"第 87 号)

是月上旬 致密电国民党北京支部之民治社与某社,请派代表六人赴广州接洽党务。国民党北京支部收悉该电,特于 4 日在某大学第三院大礼堂开全体党员大会,到会者约千余人,选定谭仲达、李大钊、许宝驹、谭克敏等六人为代表,赴广州出席国民党党务大会。

---

① 原件日期不明,此对广东省长的"训令"的日期为 10 日,故"指令"应为 10 日。

（《国民党在京党员派代表赴粤》，《京报》1924年1月6日）

△　接见苏俄军事顾问小组成员，谈及驱逐帝国主义及其帮凶，并组建苏式军队的问题。

据切列潘诺夫回忆：瞿秋白、鲍罗廷、捷列沙托夫、格尔曼、波里亚克和切列潘诺夫到孙中山的官邸，得孙中山接见。"孙中山中断了同陆军部长程潜将军的谈话，向我们迎来。当他不拘传统的礼节，同我们握手的时候，使人感受到的不是令人拘谨的官场气氛，而是一种诚挚的温暖人心的友谊……孙中山在和我们谈话中，再三强调指出，中国独立的主要敌人是帝国主义，军阀等国内敌人全靠帝国主义的支持……孙中山说：'我们的首要任务是按照苏联式样建立一支军队，准备好北伐的根据地。'"（〔苏〕亚·伊·切列潘诺夫著、中国社会科学院近代史研究所翻译室译：《中国国民革命军的北伐——一个驻华军事顾问的札记》，第90页）

《黄埔军校史料（1924—1927）》一书中所载切列潘诺夫①回忆则作如下记载：1924年1月末，苏俄军事顾问小组（捷列沙托夫、捷尔曼、波良克和契列帕诺夫）在鲍罗廷介绍下与孙中山会面，契列帕诺夫回忆说：在这次谈话中，孙中山特别强调，"中国人民最恶毒、最强大的敌人是帝国主义。帝国主义者本着'分而治之'的原则。豢养中国军阀，唆使他们互相混战；各系军阀也只有依靠帝国主义才能存在"。"我们应该重整自己的国家，把帝国主义连同他们的帮凶——军阀一起驱逐出中国去。我们要按照苏维埃的军事制度来组织革命军队。要在南方建立北伐战略基地。你们在从国内驱逐帝国主义及其走狗的斗争中得到了丰富的经验，我们希望，你们能够把这些经验传授给我们的学员——革命军队未来的军官们。"（〔苏〕契列帕诺夫：《第一个苏联顾问小组来校》，广东历史博物馆编：《黄埔军校史料（1924—1927）》，第40页）

---

① 该书中作契列帕诺夫。

△　国民党第一次代表大会开会前夕，在一次讨论改组国民党和实现国共合作的问题时，国民党右派势力的某些代表人物在会上造谣污蔑共产党，妄图破坏国共合作，孙中山予以严厉斥责。他们中的某些人，以为宋庆龄年轻可欺，便去找她，想通过她影响孙中山，但遭宋庆龄严词拒绝。（盛永华：《宋庆龄年谱（1893—1981）》上册，第 227 页）

1 月 11 日　本月 9 日，孙中山委派廖仲恺陪同宋庆龄，由广州出发前往香港，迎接汪精卫与胡汉民回粤。10 日，宋庆龄离香港赴沪省亲。（陈锡祺主编：《孙中山年谱长编》下册，第 1791 页）本日，胡汉民、汪精卫、廖仲恺三人，由港到省，随即赴大本营谒见孙中山，报告一切①。（《汪胡廖返粤后之消息》，《广州民国日报》1924 年 1 月 12 日）

△　令通缉卷款潜逃之中国银行行长凌骥，并查封变卖该行地址物业，以偿公款。

7 日，两广盐务稽核所经理宋子文呈文孙中山，曾以税款十一万余元存于中国银行，以待提付军用。该行先设辞推诿，抗不支付，经去函质问，始知行长凌骥卷走公款匿藏香港，并由港密派员来省，令同行员邓公寿、谢文兴二人来省将文件契据等挟带逃港，即经追获。请令行通缉该行长归案究办，并令饬将该行地址物业查封，交中国银行监理官陈其瑗变卖，以偿公款而济饷源。（《大本营公报》第 2 号，"指令"第 32 号）本日，孙中山令中国银行监理官陈其瑗即将该行地址物业查封变卖以偿公款。（《大本营公报》第 2 号，"训令"第 17 号）又令大本营财政部长叶恭绰即便行文通缉卷款潜逃之中国银行行长凌骥归案究办。（《大本营公报》第 2 号，"训令"第 18 号）并指令两广盐务稽核所经理宋子文，已令财政部行文通缉并饬陈其瑗查封变卖该行地址物业以偿公款。（《大本营公报》第 2 号，"指令"第 32 号）

△　核准通过《民业审查规则》，并颁布施行。

12 月 11 日，广东地方善后委员会呈报拟设立民业审查委员会，

---

①　文中有"昨已由港到省"，据此定为 11 日。

并拟定《民业审查规则》,请察核备案。(《大本营公报》第2号,"指令"第29号)22日,善后委员会复呈请孙中山迅将审查规则核准颁行。(《大本营公报》第2号,"指令"第31号)本日,孙中山指令广东地方善后委员会,"组设民业审查会用意甚善,可准设立。惟查官产市产各有主管机关,清理变卖是其应有之权。该会审查结果用以备主管官厅之参考则可,若照拟呈规则第六条,不免侵及主管官厅权限,如虑官厅处分不当,尽可由当事人依法提起诉愿或行政诉讼,不必另定办法致涉分歧,今本此旨将原拟规则第六条酌加修改,随令抄发,其余各条原文尚妥。即查照妥缮,另文呈候核准施行"。(《大本营公报》第2号,"指令"第29号)同日,又指令广东地方善后委员会,所请迅赐核准《民业审查规则》已于该委员会前呈内明白指令。(《大本营公报》第2号,"指令"第31号)广东地方善后委员会奉令后,即将该规则遵令修改,并于19日再呈文孙中山,谓"委员会奉令将《民业审查规则》修正条文交第二十四次常会讨论,金以为案经核准自可依章受理审查事项,惟修正条例第六条附项事件决定后应由列席各委员即席将审查结果拟具声请书,交由秘书函送主管机关接受。委员等以为,本会系人民代表机关,对于主管官产市产官厅系属对等性质,似无声请之必要,拟将'声请书'三字酌改为'证明书'较为妥适,呈请帅座准予备案施行"。孙中山接呈后,于28日指令广东地方善后委员会,所改缮《民业审查规则》准如所拟施行,候令行财政部转咨广东省长分令该省官产市产各主管机关查照。(《大本营公报》第4号,"指令"第94号)同日,并训令大本营财政部叶恭绰,广东地方善后委员会所修正之《民业审查规则》,准如所拟施行,令该部长即便遵照办理。(《大本营公报》第4号,"训令"第43号)嗣后,《民业审查规则》于28日正式颁布施行。(罗刚编著:《中华民国国父实录》第6册,第4530页)

　　△　因中央银行筹备头绪纷繁,准给该行代收盐税总额千分之一为津贴手续费。

1 月 7 日，两广盐务稽核所经理宋子文呈文孙中山，现银行筹备时期，头绪纷繁，经理体察情形，为补助该行费用起见，应核给该行代收盐税总额之千分之一为津贴手续费。本日，孙中山指令两广盐务稽核所经理宋子文，所请中央银行代收盐税手续费准予备案。(《大本营公报》第 2 号，"指令"第 30 号)次日，两广盐运使赵士觐亦呈文孙中山称，自去年以来，中国银行提支手续费均照奉核准之数办理。现准稽核所咨称，应核给该行按照千分之一为津贴手续费，较中行提支之数实增一倍，核与奉准原案不符。稽核所以该行在此筹备时期头绪纷繁，为补助该行进行起见，特为加倍核给，致与原案未合，事关动支国税，具文呈请鉴查。(《大本营公报》第 2 号，"指令"第 55 号)由于赵士觐所请与宋子文 7 日呈文所述内容冲突，孙中山遂于 15 日指令两广盐运使赵士觐，前据两广盐务稽核所经理呈请津贴中央银行代收盐税，手续费准照千分之一核给，业经准予备案，即遵照办理。(《大本营公报》第 2 号，"指令"第 55 号)

△　《确定民业执照条例》经核准实行，后因查知该条例与《广东全省民产保证章程》互有抵触，故嗣后又令取消。

本月 10 日，广东财政厅厅长梅光培呈文孙中山，拟订《确定民业执照条例》十五条，以流通经济，划一契照为主旨。人民一经领照即为确定民业之保证，可以自由买卖，典当抵押。惟此项条例与现在办理官产市产等办法不无抵触，《确定民业执照条例》施行后，应即将举报官产市产等案盖行停止受理。是否有当，应具呈孙中山察核。孙中山收悉该呈，于本日指令广东财政厅厅长梅光培，所拟《确定民业执照条例》准予施行，仍候令行财政部并由部转咨广东省长知照。(《大本营公报》第 2 号，"指令"第 34 号)次日，孙中山又训令大本营财政部长叶恭绰，据广东财政厅厅长梅光培呈称，经与绅商商榷，酌拟《确定民业执照条例》十五条，以流通经济，划一契照。除指令准如所拟办理外，令该部即便知照并转咨广东省长知照。(《大本营公报》第 2 号，"训令"第 19 号)同日，并明令颁布《确定民业执照条例》。(罗刚编著：《中

华民国国父实录》第 6 册,第 4530 页)

　　嗣后,至本月 15 日,大本营财政部部长叶恭绰呈文孙中山,查广东财政厅长梅光培所拟《划一确定民业执照条例》十五条,核与《广东全省民产保证章程》大旨相同,二者同一性质。经于本月 14 日提出财政委员会会议,以该条例业经孙中山核准,自可毋庸讨论。惟与民产保证局之设不无抵触,自无两存之道,应如何办理以归划一财政之处,未敢擅便,合将《广东全省民产保证章程》及财政厅《划一确定民业执照条例》各一份呈请察核。据此,孙中山乃于本月 29 日指令大本营财政部长叶恭绰,广东财政厅《确定民业执照条例》与《广东全省民产保证章程》既有抵触,着将广东财政厅呈准之《确定民业执照条例》取消,即遵照转令办理。(《大本营公报》第 4 号,"指令"第 100 号)

　　△ 1 月 8 日,广东全省船民自治联防督办伍学煜呈文孙中山,拟暂阙总局先设分局,即查照《分局暂行章程》第二条,分局局长由督办权委。本日,孙中山指令伍学煜,准予先行开办分局并权委分局局长。(《大本营公报》第 2 号,"指令"第 35 号)

　　△ 各地表示拥护组织正式政府。

　　就组织建国政府一事,各地多表示支持及期盼。本日,出席国民党第一次全国代表大会的部分美洲代表谒见孙中山,表示侨民"渴望组织正式政府"。(陈锡祺主编:《孙中山年谱长编》下册,第 1793 页)南洋英属雪兰莪回国华侨亦致电孙中山等,请求"从速组织民意之政府,帅师北伐,歼彼逆凶,靖我内乱"。(《华侨电请建立政府》,《广州民国日报》1924 年 1 月 11 日)13 日,上海工商友谊会致电孙中山,请孙根据民意,即日组织国民政府,以维人心而解倒悬。(《工商会上大元帅电》,上海《民国日报》1924 年 1 月 29 日)14 日,中华海员工业联合总会广州总部亦电请孙中山顺应舆情,迅组建国政府,以靖内乱。(《海员联请速组政府》,《广州民国日报》1924 年 1 月 15 日)

　　△ 三藩市总、支部呈文孙中山,报告该总支部各科职员任期业

已届满,于去冬遵照新章程通饬各部选举 13、14 年职员,据票数选定各科职员,具表呈报,恳察核存案,给予任状,以重责成。(《三藩市总支部上总理呈》,环龙路档案第 06034 号)

△ 接见中共党员及一大代表,讨论建国大纲等问题。

据张国焘忆述,其与李大钊等人于 1 月 10 日左右抵达广州,第二天孙中山便在设于士敏土厂的大元帅府接待其与另外新到的十几位代表。孙中山将其亲笔拟订的《建国大纲》给张国焘等传观,并征询意见。张国焘问:"先生这个大纲第一条规定:'国民政府本革命之三民主义、五权宪法以建设中华民国',不知道在这种硬性的规定之下,是否允许其他党派存在?"孙中山听了张的话之后,不置答复,转而征询其他在座者的意见。叶楚伧表示,这一个大纲是经孙先生长期研究而写成的,其中一切问题必有妥善解决办法,我们如能详加研究,便可获得深一层的了解。李大钊先生表示待他详细研读之后,再行提供意见。随后,谈话内容便转到交换消息以及其他较次要的问题上去了。(张国焘:《我的回忆》第 1 册,第 315 页)

△ 王秉钧部围攻蒋光亮司令部,孙中山派樊钟秀率军进剿。

《东方杂志》云,11 日,王秉钧部要求孙中山收回查办王秉钧成命未遂,而围攻蒋光亮司令部。(《时事日志·中国之部》,《东方杂志》第 21 卷 4 号,第 154 页)据《广东军阀史大事记》①一书载,15 日,滇军第三军第四师呈孙中山及杨希闵,为王秉钧等辩解受贿案。孙中山谕候彻查。(《广东文史资料》第 43 辑,第 187 页)但《中华民国国父实录》一书又云:12 日,孙中山派樊钟秀率军进剿叛变之王秉钧部,王部残余旋投靠陈炯明。(罗刚编著:《中华民国国父实录》第 6 册,第 4530 页)

至于王秉钧部之呈文,北京《顺天时报》曾有所涉及,内容为:"据香港电讯,滇军易师风潮,尚未平息,滇军第四师各军官,已发出通

---

① 《广东文史资料》第 43 辑又名《广东军阀史大事记》。

电,略谓昨奉明令,四师长王秉钧通北敌着免职查办,全军不胜惶骇。王师长以百战余生,蒙此污点,非但受者难堪,即旁观亦为扼腕,望元帅主持公道,查明昭雪,免致将士寒心等语。现经李烈钧、廖仲恺等从中调停,未知能否就绪云。"(《多灾多难之大局》,《顺天时报》1924年1月14日)

1月12日　主持临时中央执行委员会第二十五次会议,出席会议包括胡汉民、谢良牧、汪精卫、孙科、冯自由、许崇清、徐苏中、吴铁城、谭平山等共十五人,会上由廖仲恺汇报上海国民党的党务进行状况。([美]陈福霖、余炎光:《廖仲恺年谱》,第236页)

△　不准设立全省联保治安会。

指令广东省长廖仲恺,呈悉所呈复邓宏顺请设立全省联保治安会窒碍难行一事。邓宏顺系海外华侨演说团主任,曾向孙中山呈请设立全省联保治安会,征收费用以期自卫而助饷需,孙中山令大本营秘书处将该呈发交省长廖仲恺详慎审查。廖仲恺奉令审查完毕,并于本月10日呈文孙中山称,设会筹办联保之事,用意非不可,惟此举窒碍极多,流弊颇大,且章程内所定各办法亦多滋扰难行,似不可行。(《大本营公报》第2号,"指令"第38号)据此,遂有本日孙中山复廖仲恺之指令。

△　1月8日,赵士觐曾呈请自本年1月7日起,凡各商配盐缴税及盐务征收各机关解款,均令于领到两广盐务稽核所联单后一律照交中央银行核收,存候提用,毋庸再交中国银行收管,以免混乱。本日,孙中山指令两广盐运使赵士觐,呈悉所呈令饬各商人及盐务征收机关解款交由中央银行代收事由,准予备案。(《大本营公报》第2号,"指令"第40号)

△　本月10日,禁烟督办杨西岩呈文孙中山,拟设立戒烟总所,查有陈鸢谔堪以派充戒烟总所所长,郑文华堪以派充制药总所所长。本日,孙中山指令禁烟督办杨西岩,呈悉所请委任陈鸢谔为戒烟总所所长,郑文华为制药总所所长事。(《大本营公报》第2号,

"指令"第41号)

　　△　指令广州市市长孙科,所呈1923年4月16日至12月所筹付大本营军费收支日计表准予备案。该军费收支日计表系本月9日由孙科呈孙中山鉴核。(《大本营公报》第2号,"指令"第42号)

　　△　准予发行有利支付券。

　　本月9日,大本营财政部长叶恭绰呈文孙中山,拟发行总额三百万元之有利支付券,并指定广东全省沙田登记费、民产保证费、印花税等项为还本付息基金,限二十五个月还清本息,并拟定《大本营财政部有利支付券条例》,呈请鉴核。本日,孙中山指令大本营财政部长叶恭绰,该部以粤省自军兴以来赋敛已烦,不宜再增苛细捐税,拟发行有利支付券总额三百万元,并指定全省沙田登记费、民产保证费、印花税等项为还本息基金,限二十五个月内还清本息。实于民无损,于公有济,其余条例规定亦尚妥协,应准如所拟施行。(《大本营公报》第2号,"指令"第43号)至2月15日,大本营财政部长叶恭绰复就有利支付券问题呈文孙中山称,发行有利支付券条例前经核准,亟应一面定期发行,一面遵令上紧劝募,业已另拟劝募办法提交财政委员会核议,至关于发行支付券一切手续应即根据条例详细规定以资遵守,并经该部拟定细则四十六条提交财政委员会议决在案,应将该细则抄附,呈报孙中山鉴核备案。2月19日,孙中山指令大本营财政部长叶恭绰,所拟《大本营财政部有利支付券发行细则》准予备案。(《大本营公报》第6号,"指令"第152号)

　　△　宋子文呈请颁给训令严禁各军擅提盐税,俾维税收。孙中山据此,已谕令军政部分咨各军,饬属一体知照。(《各军不得擅提盐款》,《广州民国日报》1924年1月12日)

　　△　拟设建国政府,并赴前敌督师。

　　日前孙中山在大本营召集会议,讨论组设建国政府,出兵北伐诸大计,现据大本营消息,该大计之筹备,已积极进行。孙中山拟定建国政府成立后,后方一切计划,布置定时,亦亲自出发,督率各军进取。至亲自出发时,建国政府职权,则暂委胡汉民代行代拆。(《大元帅将督师北伐》,《广州民国日报》1924 年 1 月 12 日)

△ 令查办兵士违纪选举。

饶宝书、桂玉麟等致函孙中山,去年 12 月 25 日起至本年 1 月 2 日止,在江西会馆内设选举筹备处,举办党员登记,期间违纪之事甚多。30 日,竟有建设部科员兼海军舰警备部队支队长邓惟贤部下兵士九人,冒充已死之罗志清等来处登记,为饶宝书揭发,不意彼等恃军强暴,拍桌索证,并声称邓支队长介绍之登记证擅敢扣留等。1 月 2 日,又有西路总部卫士连连长纪严等,督率兵士二十余人,强迫填发四十余人登记证章,因之全处秩序大乱。究应如何办理之处,呈请裁夺施行。孙中山批示"呈悉,着交吴铁城查办"。(《赣党员选举代表风潮》,《广州民国日报》1924 年 1 月 12 日)

△ 滇军反对统一赌饷,统一财政极为棘手。

报载孙中山欲统一财政,须先统一赌饷,但滇军始终反对,乃一面口头敷衍,实则自己开收白鸽票,由宝恒公司向范石生承办,月饷五万元,公礼四万元,批承广州全市水陆地段二十字有奖义会,由范石生、赵成樑、廖行超出名保护,口头赞成统一财政之杨希闵被排,不敢作声,故财政统一极为棘手。(《统一财政之棘手》,《香港华字日报》1924 年 1 月 12 日)

1 月 13 日 与《芝加哥报》记者胡特谈论关余问题、中国和平问题。

与《芝加哥报》远东记者胡特在广州谈话,提到"粤关之争,与外人关系尤为小事,将来大乱在后……华人素信任美,如美国宣告将在上海或他中立区,召集一和平会议,全国必响应之,各国必加入。或曰:美素不干涉中国内政,此计似难行。而不干涉之说,列强在华府会议均赞同。但此说乃一原理,今为关余,六国已派兵船驻粤,是助北京,即干涉之谓,于此可见事实与原理之不同矣。况以根本言,美之召集华府会议,当时他国亦有不愿加入者,幸人民均以为然,政府不得不从民意;而在政府着想,美国此举,实不啻间接干涉他国之内政。然则今之提倡中国和平会议,亦可谓与华会之议裁军备,同一命意。更进一步言之,为美求全计,如华人首先提倡,而请美及他国参与,则天下人皆不可以非之"。又曰:"今之中国舆论势力颇强,实比军力有加,如全国人民一致提倡,武人谁敢不加入!"(中国国民党中央委员会党史委员会编订:《国父全集》第 2 册,第 592—593 页)

△　赴高师礼堂,讲演民族主义之内容。

下午 2 时 40 分,孙中山来到国立广东高师大礼堂作三民主义演讲,主要讲述民族主义方面的内容,与会听讲者有党政要员林森、邹鲁、邓泽如、冯自由、谢英伯等及各党员、岭南大学、国立广东高师等校学生三千余人。至 5 时 15 分散会。(冯双编著:《邹鲁年谱》,第 172 页)

△　派黄仕强兼任禁烟督办署总务厅厅长、郑述龄为禁烟督办署查验处处长、高燕如为禁烟督办署督察处处长。(《大本营公报》第 2 号,"命令")

△　派杨宜生、俞智盦、吴季佑、刘薇卿、余浩廷、张世昌、郑以濂、高少琴、温竞生为禁烟督办署科长;郑廷选、杨桂邻、郑鸿铸、谢盛之、马武颂、张伯雨为禁烟督办署秘书。(《大本营公报》第 2 号,"命令")

此次任命,系由禁烟督办杨西岩于 1 月 10 日致孙中山呈中所请,其中秘书原定为四人,杨西岩以禁烟督办署开办伊始,事务纷繁,酌量增添两人。孙中山于本日发布任命后,复于 14 日指令禁烟督办杨西岩,已明令照准杨宜生等任科长及秘书等职。(《大本营公报》第 2 号,"指令"第 47 号)

△　滇军蒋光亮、王汝为两部于石围塘发生冲突,并焚毁广三铁路局。

第三军军长蒋光亮、第五师长胡思舜等于 13 日通电孙中山等,谓"卸任师长王秉均,奉帅令免职查办,咎有应得。继任师长王汝为受其利诱,煽动八旅士兵,自由移动,置大敌当前而不顾。帅令各军制止,亮等劝导,至再至三,均置若罔闻。竟于昨晚袭攻石围塘,妄杀军部无辜官佐数十人,焚毁广三铁路局,抢掠十余处,行同盗匪。舜等为维持国家纲纪计,为保护地方人民计,惟有谨遵帅令,先平内乱"。"倘有一线转机,何忍决然出此。邦人君子,谅其苦衷而鉴原之,幸甚。"15 日,王汝为在其致杨希闵之文中,对此事之解释则与蒋、胡之言迥然相异。其文略谓:"窃职部于 11 日夜回石围塘,甫登岸,即遭蒋部射击。职部兵士为自卫计,不得不以相当抵抗。蒋部见职部还击,一部分即载贵重物品先逃,一部分即由广三路局放火,掩护撤退。职师见火已燎原,不得不勇进救济,奈何火势凶猛,更兼内有炸弹发生,士兵不敢近火,直延烧至天明始熄。事后左右人民,金谓系前路局长(李志伟)所纵之火,显是毁灭历来侵吞款项行迹把柄之计。乃谓职师到后,方行失火,殊属不确。至第四师师长王秉钧,自奉帅令解职,即出香港,闻有人谓混迹职部,尤属无稽。"(《粤军滇军风潮之尾声》,《申报》1924 年 1 月 20 日)

　　至于双方在石围塘发生冲突之前因后果,广东省档案馆库藏海关档案有所记载:"昨日①午夜在石围塘发生战斗。战斗的双方是:滇军第四师和蒋光亮所属部队。蒋光亮中止了广三铁路交通,以阻止叛军(约三千人)回佛山。目前的风波主要是由于孙中山按照蒋的请求撤了王秉均之职而引起的。因此,王的部下要求蒋拿出足够证据来证明王是与北方敌人勾结。据说,驻扎在佛山和三水的滇军第四师部分士兵也为此采取行动,不过他们宣布仍效忠总司令杨希闵。据悉,孙中山已命令此处湘军协助蒋光亮平叛,并把叛军解散。目前广州市又宣布戒严令,情况似乎比以前更为混乱。"(广东省档案馆编译:《孙中山与广东——广东省档案馆库藏海关档案选译》,第 506—507 页)《广

---

　　① 该条载于 12 日下,故"昨日"指 11 日。需要指出的是,对于风潮发生之时间,根据蒋光亮、胡思舜等 13 日通电中"昨晚"一说,似为 12 日晚,嗣后大本营建设部长林森派员调查广三路焚毁,调查中所指亦为 12 日晚。但在王汝为致杨希闵文及《广州民国日报》报道中,则明言时间为"11 日夜"。

州民国日报》所载则与之不同,《广州民国日报》1 月 14 日报道:中央直辖滇军第三军第四师第八旅,日前由东江返省,希望往石围塘驻防。惟先为驻守石围塘之胡师戒备,故未获达目的。讵 11 日夜 11 时,发生战事。13 日午,尚在五眼桥方面激战。闻孙中山对此,大不满意,除令湘豫军及滇军第三军前往镇压外,并召杨希闵协商调解之法,当以第八旅为实争广三路及佛山方面截留之税款而起。为免除纷争,决议将之收归广东财政办理。(《滇军内部风潮之别报》,《广州民国日报》1924 年 1 月 14 日)此外,此次石围塘之战,广三铁路局被焚毁,嗣后亦有相应调查及处置。(《大本营公报》第 5 号,"指令"第 133 号)

1 月 14 日　于警团联欢会上发表演说,呼吁警察、商团携手合作。

下午 3 时,公安局柬请全市商团于高等师范学校之运动场,开警团联欢会。孙中山发表演说,大意以警团之力,虽足以维持一部地方,然国家大乱未已,则断无一市可独保全之理。并言"中华民国以人民为主人翁,异于帝国之专制,然纷扰不已,反不如清朝,何以人人皆愿为民国主人,而不愿为帝国蚁民,则其地位高卑之别也……不久将有革命党全国大会,即以广州为策源,将中国重新改造,今年实为开始大革命之时期,将留为历史上之大纪念。警察为政府官吏,商团乃人民结合,今日之会,为政府与人民相见之首日……革命成功之责任,在人民,在诸君,而非余一人之事也。故余今日希望诸君之一致合作,使革命终得成功"。(《警团联欢大会纪盛》,《广州民国日报》1924 年 1 月 15 日)

△　孙中山近以北伐出师在即,凡民党之中坚分子,莫不纷纷来粤,商陈大计,即旧日曾隶北洋军籍之重要人物,亦多推诚携手。从此时局发展,不难一日千里,特任命曲同丰为北洋招抚使,陈光邃为中央北伐讨贼军军长,柏文蔚为中央北伐讨贼军第二军军长,俾资号召,而利进行。(《北伐讨贼军之人物》,《广州民国日报》1924 年 1 月 14 日)

△　湖南旅粤代表选举发生舞弊,孙中山指定湖南代表。

湖南旅粤代表选举筹备处报告选举发生舞弊情事,经临时中央执行委员会第二十四次会议决议:"该省选举已发生舞弊,而大会日期已近,又不能再行选举,应将该省选举时所封存之票由本委员会定期开票,将所得多数者依次列出十二名,呈请总理选派。"嗣后,"总理将获票最多数十二人选派林祖涵、罗迈、邹永成三人,并同时由总理指派李执中、谢晋、刘况三人;至在湖南所选出之毛泽东等三人,照海外分部办理,准其列席,但有发言权,而无表决权"。("中华民国"各界纪念国父百年诞辰筹备委员会学术论著编纂委员会主编:《国父年谱》下册,第991页)

△　令财政委员会设法增拨每日三百元予朱培德部。(《命发朱培德经费令》,陈旭麓、郝盛潮主编,王耿雄等编:《孙中山集外集》,第818页)

△　四川讨贼军第二路总司令兼四川陆军第七师师长颜德基致电孙中山拜年。

电云:"腊鼓声催,驹光如驶。神奸盗国,久劳讨伐于六军,和气宁休,更庆维新于万象。巴山蜀水,指日肃清,楚雨燕云,克期奠定。钦德威之远播,与时俱臻;看鸿猷之丕施,偕春并茂。谨布贺悃,无任瞻依。"(《颜得基拜大元帅年》,上海《民国日报》1924年1月14日)

△　国民党全国代表大会因各省代表尚未到齐,故延期开会,但开大会之前,各项事宜,亟应准备。中央执行委员会特决议,15日起在惠州会馆先开谈话会,讨论大会各项准备事宜。(《国民党大会开谈话会》,《广州民国日报》1924年1月15日)

1月15日　召集大本营暨临时中央执行委员会联席会议,讨论发表同俄国结成统一战线之声明问题。

是日下午4时,在元帅府召集大本营暨临时中央执行委员会联席会议,出席会议者有胡汉民、廖仲恺、汪精卫、谭延闿、李烈钧、杨希闵、张开儒、孙科及鲍罗廷等。会上鲍罗廷提出问题:"你们说,具有敌对情绪的帝国主义列强的包围妨碍你们发表同革命的俄国结成统一战线的声明，而你们却又想用极端含糊不清的'国家和民族'这些提法来掩盖自己的想法。但是只要看一遍国民党的宣言就足以明了：你们是准备反对帝国主义的。民族和国家划分为被压迫的和压迫人的。你们打算同其中的哪些国家和民族携手前进呢？"

临时中央执行委员会"采纳了如下的说法：'国民党将民族革命运动置于本国广大人民群众的支持的基础之上，并同时认为，同其他被压迫国家的民族革命运动，以及与我党有着共同目的——为争取殖民地、半殖民地国家的解放而斗争的世界革命运动建立反对帝国主义及其在华势力的统一战线是必不可少的。'"

孙中山认为，上述提法在策略上不合时宜。他认为："朝鲜人、印度人和安南人只有一个主子，这毕竟比我们有许多主子分割要好得多。既然尚未取得中国的全国统一，尚未聚集力量回击在华的帝国主义者，就不能发表只指望得到英国工人运动或法国社会主义者和激进分子的不可靠的支持的声明。""如果说在关税冲突时香港总督得以阻止了英国外交部采取断然措施并从广州召回英国领事。那么国民党要是发表这份声明就会把一切事情都弄糟。""我完全赞同被压迫国家民族革命运动结成统一战线，但我认为现在把这一声明列入国民党新的行动纲领是不合时宜的。但等发表这种声明的时机一到，我无疑将赞成这个声明。"（［苏］亚·伊·切列潘诺夫著、中国社会科学院近代史研究所翻译室译：《中国国民革命军的北伐——一个驻华军事顾问的札记》，第 62—64 页）

△　苏联代表加拉罕致英文电孙中山，祝贺国民党一大召开。

文云"今日为国民党全国代表大会开会之期，兹以诚挚之意，庆祝我公与大会之成功。予深信国民党之事业，在公指导之下，实为中国人民之民族解放运动的最好希望。苏俄对于中国人民为民族自由与独立之勇猛奋斗，表示其友爱之同情，并致其同情与希望于我公。公须知：凡被世界帝国主义所压迫者，皆吾人之兄弟；凡为人民争自由者，皆吾人之同志。盖皆在一共同之奋斗中也。予兹致意于友爱

之中国人民,愿凡为革命奋斗者,皆能坚毅从事"。(《苏俄代表加拉罕致孙总理电》,中国国民党汉口档案第17140.1号)

△ 拟任魏邦平为广东省省长,已派人征魏意①。(《国内专电》,《申报》1924年1月16日)然魏邦平对于长粤一事,并不应允,特离省赴港以避。(《国内专电》,《申报》1924年1月17日)

△ 蒋光亮自觉难以控制第三军,便向孙中山提出辞职,并推荐驻粤滇军第五师师长胡思舜接替其职位。(广东省档案馆编译:《孙中山与广东——广东省档案馆库藏海关档案选译》,第507页)

△ 任命郑德铭为大本营内政部科长。(《大本营公报》第2号,"命令")1月12日,内政部长徐绍桢呈请以郑德铭充任该部第二局第一科科长。孙中山遂于本日发布任命,并于次日指令徐绍桢,已另有明令任郑德铭为科长。(《大本营公报》第2号,"指令"第56号)

△ 本月10日,管理粤汉铁路事务陈兴汉拟具《粤汉铁路暂定军人乘车规章》五条,呈请孙中山鉴核。本日,孙中山指令管理粤汉铁路事务陈兴汉,呈悉所拟《军人乘车章程》,候令行军政部分咨各军转饬遵照。(《大本营公报》第2号,"指令"第51号)同日,并训令军政部长程潜,管理粤汉铁路事务陈兴汉拟具《军人乘车章程》五条,令军政部分咨各军转饬所部一体遵照。(《大本营公报》第2号,"训令"第21号)

△ 指令大本营参军长张开儒,呈悉所报12年11月办公各费、12月各员出差旅费、12月弁兵服装等费及附列清册。该指令所称11月份办公各费及清册,系张开儒于本月11日呈中所述及所附。至所称12月份各员出差旅费及弁兵服装等费及清册,则为张于13日呈中所述及所附。(《大本营公报》第2号,"指令"第48、49号)

△ 核准公布《船民输纳自治联防经费章程》《查验枪炮章程》

---

① 此电讯后有"以上15日下午6钟",故发生时间应在此之前,具体日期实不确。

《发给旗灯暂行章程》。

本月8日,广东全省船民自治联防督办伍学煜将所拟《船民输纳自治联防经费章程》《查验枪炮章程》《发给旗灯暂行章程》呈送孙中山察核。本日,孙中山指令伍学煜,所拟《船民输纳自治联防经费章程》第八条,《查验枪炮章程》第四、第八、第九、第十等条,《发给旗灯暂行章程》第七条,均应稍加修改,即查照改缮另文呈送,并将未尽事宜另定施行细则颁布。(《大本营公报》第2号,"指令"第50号)伍学煜奉令后,即按指令将各章程加以修改,并于18日再次呈请孙中山核准。26日,孙中山指令伍学煜,所有该督办拟呈之《船民输纳自治联防经费暂行章程》《查验枪炮照暂行章程》《发给旗灯暂行章程》,既据前次指令逐一修正改缮呈核前来,应准如拟施行,仍由该督办将条文及收费数目明白布告各船民一体周知。(《大本营公报》第4号,"指令"第89号)伍学煜旋将修改后《船民输纳自治联防经费暂行章程》九条,《查验枪炮照暂行章程》十一条,发给《旗灯暂行章程》八条之条文及收费数目,布告各船民一体周知,并于本月29日呈报孙中山。2月6日,孙中山再指令伍学煜,呈悉所报遵令将章程条文及收费数目明白公布等情。(《元帅指令第109号》,《大本营公报》第4号,"指令"第109号)

1月16日 听取蒋介石报告访苏情形,坚持联俄联共政策。

蒋介石向孙中山口头报告访苏情形,孙中山认为蒋"对于中俄将来的关系,未免顾虑过甚,更不适于当时革命现实的环境",并深信此时只有使中国共产党人在国民党领导之下,受国民党统一指挥,才可限制其制造阶级斗争来妨碍国民革命进行。"如我们北伐军事一旦胜利,三民主义就可如期实行",何况苏俄"只承认本党为唯一领导革命的政党,并力劝其共产党员加入本党,服从领导,而又不否认中国并无实行其共产主义的可能"。故仍坚持其联俄联共的决策。(蒋中正:《苏俄在中国》,第19—26页)

△ 连日于大元帅府召集各方要人会议,继续讨论建国政府问题。

　　粤省组织建国政府,已由大本营原有各部分任筹备,最近胡汉民、汪精卫、廖仲恺等相继返粤,报告各方要务。连日,孙中山在大元帅府召集各要人,迭开重要会议,讨论建国政府总统产生之手续,"探闻中山意旨,以议会制度久为国人所非议,将来建国政府,无再选国会之必要,而第一届旧国会,又已鬻身于北,已等失贞之妇,南方更无再招其来之理,综此两因,将来建国政府之元首,由国民党全国代表大会选举,盖效法俄国苏维埃政府之组织,俄国以劳农专政,而建国政府,则以民党专政也。闻全国国民党大会,将于2月1日开会,同时选出元首,建国政府,即于是日成立,至将来建国政府政费,胥从叶恭绰向奉张借来之一百万支销。日昨先由大本营财政部拨五万元,为一切筹备要需,而筹备委员李烈钧、伍朝枢、徐绍桢、林森、郑鸿年、程潜等六人,顷已分别进行,将来之建国总统府,及各部衙署,闻将以现任大本营之士敏土厂改建,内阁之组织,拟设财政部、司法部、工商部、交通部、陆军部、教育部、内政部、海军部,公府内部则拟设高级幕僚处、参谋处、秘书处、参军处、拱卫处、会计处等,至于政体,逆料必采取总统制,盖中山素主张独裁,征诸其平日行事可知也"。(《广东建国政府之酝酿》,《申报》1924年1月20日)

　　△　关注海防司令交接事宜。

　　广东海防司令陈策应免本职,由冯肇铭代理。(《大本营公报》第2号,"命令")因陈策部与朱卓文部在香山冲突之事,孙中山以陈策不遵命令,为示薄惩,于本日下令免其海防司令职。("中华民国"史事纪要编辑委员会编:《中华民国史事纪要(初稿)——一九二四年一至六月》,第41页)据《申报》载,陈策不仅久未交待海防司令职务,更于17日在江门戒严。(《国内专电》,《申报》1924年1月20日)嗣后,21日,代理广东海防司令冯肇铭呈报,已于1月21日驰抵江门北街,即日接任视事。(《大本营公报》第4号,"指令"第112号)至22日,孙中山令陈策尽快办理海防司令移交工作。(陈锡祺主编:《孙中山年谱长编》下册,第1812页)26日,孙中山又就海防事务交接情况,分别接见并听取陈策与冯肇铭的汇报。(陈锡祺主编:《孙中山年谱长编》下册,第1820页)2月6日,孙中山指令广东海防司令冯肇铭,呈悉所报就职日期。(《大本营公报》第4号,"指令"第112号)

　　△　任命洪慈为大本营咨议。派许崇灏为财政委员会委员。派张福堂为禁烟帮办。(《大本营公报》第2号,"命令")

　　△　电令大本营参谋处转达前敌各军将领:无论何项军队不得自离前线,无论何军将领不得擅离职守。(《给大本营参谋处的命令》,《孙中山全集》第9卷,第73页)

　　△　令李济深,已许赣军李明扬在广西平南一带旧部由该部第一梯团长覃寿乔领入广东,肇庆、梧州等处,应准其通过。(《给李济深的命令》,《孙中山全集》第9卷,第73页)

　　△　着北江各军将领节制部下,不得勒索商人,阻留货物,致碍盐斤之销路,各货之流通。("中华民国"各界纪念国父百年诞辰筹备委员会学术论著编纂委员会主编、中国国民党中央党史史料编纂委员会编:《国父墨迹》,第221页)

　　△　令北江商运局以不得侵犯粤汉铁路权益为原则,修改所拟暂行章程及施行细则。

　　1月7日,北江商运局局长韦荣熙呈文孙中山,现拟订《陆运施行细则》十五条,《水运施行细则》十四条,呈请察核备案。再沿江各属繁盛之地本应择要设立分局,惟查组设分局颇觉耽延,拟体察情形,未设分局以前,先行设立驻某处商运办事处,由局委员主任责令筹设分局。本日,孙中山指令韦荣熙,日前经训令该局撤销在粤汉铁路所设分局,并令不得侵犯粤汉铁路权益在案,所有水陆运细则暨前经核准之暂行简章及护运方法,均应酌加修改另呈核准[1]。(《大本营公报》第2号,"指令"第57号)韦荣熙旋奉命修正所拟细则,并于1月24日将修正之《北江商运局暂行章程》呈送察核,孙中山嗣后于3月11

──────────

[1]　此"指令"无日期,但第56号与第58号"指令"均为1月16日,今据此酌定。

日指令韦荣熙,所拟暂行章程第二、第六两条文字尚应酌加修改以期明晰,已于原章内批明随令发还。即查照妥缮,另文呈候核准施行。(《大本营公报》第7号,"指令"第223号)

　　△　指令兼广东全省船民自治联防督办伍学熿,所拟《保澳团暂行章程》第十四条应加以修改,已直接核改登载公报,其余各案准如所拟施行。《广东全省船民自治联防保澳团暂行章程》共十九条,系由伍学熿于本月12日呈送孙中山察核。(《大本营公报》第2号,"指令"第58号)又本月9日,广东全省船民自治联防督办伍学熿将所拟《清查船民户口暂行章程》二十三条,呈送孙中山察核。本日,孙中山指令伍学熿,所拟《清查船民户口暂行章程》准如所拟施行。(《大本营公报》第2号,"指令"第59号)

　　△　大本营会计司司长黄隆生,前经孙中山批准,给假一月。本月3日,黄隆生呈请续假一月。本日,孙中山准黄隆生所请。(《大本营公报》第2号,"指令"第60号)

　　△　指令大本营内政部长徐绍桢,所呈《管理医生暂行规则施行细则》准予备案。(《大本营公报》第2号,"指令"第61号)

　　△　本日,禁烟督办杨西岩呈文孙中山,拟具《禁烟条例》二十二条,业经政务会议通过,请予核准施行。同日,孙中山指令杨西岩,所拟《禁烟条例》准予施行。(《大本营公报》第2号,"指令"第62号)

　　△　各地人民支持收回关余,外舰相率离粤。

　　顺德国民外交后援会致电孙中山等,称"关余款项,前经划归西南政府辖收,业有成案。讵北方军阀,嗾使外人阻止,调舰示威,欺藐已极。敝会联合团体,议决组织顺德国民外交后援会,为政府后盾,誓达收回关余为止。务望各界猛勇速起,以救危亡"。(《各界力争关余之不懈》,《广州民国日报》1924年1月16日)"计外舰之为关余交涉,来粤示威者,至多时二十四艘。后因我国民气激昂,不为所慑,而反奋起力争,列强之主张公理者,亦代南政府抱恨不平。美邦舆论,更彰明较著,贬其政府之外交失当,于是北京各公使及来粤各舰长,皆自知理屈,相率而去。查现留驻白鹅潭者,共有八艘,英国三艘,美国两艘,日意法各一艘。"(《外舰相率离粤》,《广州民国日报》1924 年 1 月 16 日)

1 月 17 日　令追赠滇军团长潘宝寿,并令外交部长照会外国领事以便其家属运柩回乡。

滇军团长潘宝寿于沈鸿英进攻广州之役中中弹身亡,滇军总司令杨希闵特于本月 14 日呈文孙中山,请孙援例给恤并发给护照照会外国领事,俾得其弟能运柩通行,骸归故土。(《大本营公报》第 2 号,"指令"第 66 号)15 日,孙中山明令追赠潘宝寿为陆军少将,并从优给恤。(《大本营公报》第 2 号,"命令")由于给恤一节,理当由军政部管理,照会外国领事,则属外交部事宜,故孙中山于本日分别训令外交部长伍朝枢和军政部长程潜。训令前者云,据滇军总司令杨希闵接获战死军官潘宝寿家属陈情,请援例给恤并发给护照,以便运送遗骸回云南江川安葬。令该部长即便查照发给护照,并照会沿途外国政府或领事官以免阻留。(《大本营公报》第 2 号,"训令"第 22 号)训令后者略谓,已故团长潘宝寿忠勇可嘉,应准予交部从优议恤,复候核夺,以慰忠魂。(《大本营公报》第 2 号,"训令"第 23 号)并于本日就训令内容指令中央直辖滇军总司令杨希闵。(《大本营公报》第 2 号,"指令"第 66 号)嗣后,29 日,大本营军政部长程潜据此呈文孙中山,查滇军故团长潘宝寿历战川粤,永矢忠诚,临阵捐躯,拟请准予追赠陆军少将,并照《陆军战时恤赏章程》阵亡第一表给予恤金。(《大本营公报》第 5 号,"指令"第 126 号)2 月 6 日,孙中山复令追赠潘宝寿为陆军少将,并照少将例给予恤金。(《大本营公报》第 4 号,"命令")至 2 月 8 日,孙中山指令程潜,潘宝寿已明令赠恤。(《大本营公报》第 5 号,"指令"第 126 号)

△　居正抵粤谒孙。(《国内专电》,《申报》1924 年 1 月 20 日)

△　令追赠并给恤湘军团长陈飞鹏。

军政部长程潜以湘军第三师五旅十团团长陈飞鹏转战湘粤,不幸病殁,特于本月 14 日呈请孙中山追赠陈飞鹏为陆军少将,并照恤赏章程第四表给予少将恤金。(《大本营公报》第2号,"指令"第65号)孙中山接呈后,于16日明令追赠陈飞鹏为陆军少将,并按少将例给恤。(《大本营公报》第2号,"命令")本日,孙中山就此训令湘军总司令谭延闿,准予追赠已故湘军团长陈飞鹏为陆军少将,并照少将例给恤。(《大本营公报》第2号,"训令"第24号)并指令程潜,准如所拟追赠并给恤。(《大本营公报》第2号,"指令"第65号)

△ 令东江商运局局长王棠会同湘军总司令谭延闿妥议前者所拟酌拨舰队保护米商并酌抽湘军给养费暂行简章。

本月14日,东江商运局局长王棠呈文孙中山,遵令缮具酌拨舰队保护米商并酌抽湘军给养费暂行简章,呈请鉴核。孙中山本日指令东江商运局局长王棠,候令饬湘军谭总司令会商该局长悉心妥议,具复核夺。(《大本营公报》第2号,"指令"第68号)并训令湘军总司令谭延闿,东江商运局局长王棠所拟酌拨舰队保护米商并酌抽湘军给养费暂行章程是否可行、于民食有无妨碍,及所收之款如何分派等问题,令该总司令会商该局长悉心妥议,具复核夺。(《大本营公报》第2号,"训令"第25号)

△ 准如廖仲恺所议,不准撤销香山田土业佃保证局。

本月14日,广东省长廖仲恺呈文孙中山,"香山县县长朱卓文呈请撤销香山田土业佃保证局。查田土保证局之设,原案声明业主加租,佃户霸耕,往往发生争讼,官厅处分讼事,悉以批约为断,因议设局,为租赁批约之保证,论其性质,固与经界两不相涉。按之事实,自与经界不妨并行,且此项收入系专拨国立师范学校。朱氏所请撤销,俟经界厘定后再行兼办田土业佃保证,碍难照行。理合录案呈明示遵,以便再行通令遵照,免生疑阻"。本日,孙中山指令广东省长廖仲恺,香山县长朱卓文呈请撤销香山田土业佃保证局碍难照准一事,准如所议办理,即转行遵照。(《大本营公报》第2号,"指令"第67号)

1月18日 亲书国民政府建国大纲二十五条付予孙科,并于其末记注:"右建国大纲二十五条,为今日再造民国必由之径,草成并书为科儿玩索。孙文。中华民国十三年一月十八日作于广州。"(罗刚编著:《中华民国国父实录》第6册,第4535页)

△　伍朝枢将宣布广州军政府为独立政府。(《专电》,天津《益世报》1924年1月18日)

△　报载广州关余问题之经过。

日本英文《告知报》载,广州海关问题,极关重要,盖此事不惟关系本国,并涉及列强,故各国一致反对。查此事之起源,因孙中山于去年9月5日致函广州领事团领袖,要求广州海关收入,除偿还有抵押之外债后,余数应归广州政府。又谓1919年及1920年至3月止,曾经允许广州政府分润,所有以后至今应得之关余,仍须照拨。孙中山因广东战事得手,遽即宣布攫夺关税之行为,北京外交团闻之大为震动。一面饬令外舰集中广州,一面联致两公函广州领事团,请其相机办理。旋由领袖领事答称,孙中山之要求分润关余一节,其赞成与否之权,非外交团所能解决之事。外交团之公函尚未送至广州,外轮示威之事,业已发生。孙中山又从事抵制英美货物之举,一面又求英美等国资本家出而援助,此事遂即日趋险恶。外交团以为此端一开,他省必效尤,则有抵押之外债,定受莫大之影响,故请广州直接与北京政府交涉,以期保障各种借款。(《外报述粤关问题之经过》,天津《益世报》1924年1月18日)

△　蒋介石于上海回到广州,本日晚抵省,旋即赴大本营晋谒孙中山,报告沪上各方对直情形及江浙近状,并闻许总司令本拟与蒋同行,适因事延滞。(《蒋介石昨已抵省》,《广州国民日报》1924年1月21日)

△　康有为到洛阳,怂恿吴佩孚攻孙平粤。(《本报特电》,《香港华字日报》1924年1月19日)

△　任命朱世贵为中央直辖滇军第四师师长。任命覃超、曾彦为大本营咨议。任命徐经训为大本营参军处上校副官。(《大本营公报》第3号,"命令")

　　△　令滇军总司令兼广州卫戍司令杨希闵取消经收娱乐捐、火柴捐、横水渡捐。

　　本月15日,财政委员会主席叶恭绰、廖仲恺呈请训令广州卫戍总司令部,即将经收娱乐捐(即影戏捐)、火柴捐、横水渡捐等一律取消,仍归主管机关办理。本日,孙中山据此指令财政委员会,候令行杨总司令遵照办理。(《大本营公报》第3号,"指令"第69号)并训令滇军总司令兼广州卫戍总司令杨希闵,即将所经收娱乐捐(即影戏捐)、火柴捐、横水渡捐等一律取消,仍归主管机关办理,并将遵办情形具复考核。(《大本营公报》第3号,"训令"第26号)

　　△　令西路讨贼军总司令刘震寰取消该部所委接管东莞沙捐清佃局人员。

　　本月15日,财政委员会主席叶恭绰、廖仲恺呈文孙中山,财政委员会本月14日第六次常会会议,准广东全省沙田清理处处长许崇灏提出,东莞沙捐兼清佃局,前经由处委任谭平前往办理。"嗣因莞城被陷,局员暂行退避,旋经我军克复,为西路讨贼军刘总司令震寰所部驻扎,遂由严兆丰师长委员接管。现正值本处奉令进行筹款,经本会讨论,议决由本会呈请大元帅训令刘总司令转饬严师长,将所委之员撤销。"本日,孙中山指令财政委员会主席叶恭绰、廖仲恺,候令行刘总司令转饬该师长遵照。(《大本营公报》第3号,"指令"第71号)并据呈所请,训令西路讨贼军总司令刘震寰,为统一财政起见,令刘震寰转饬严兆丰将所委之员撤销,仍将遵办情形具复察核。(《大本营公报》第3号,"训令"第29号)

　　△　报载某君与段祺瑞谈及粤省局势,段氏云孙中山在广东关起大门来打仗,若问其宗旨若何,却无从答复,如对之谓孙陈亟宜调和,同心合力以向外发展,则认为帮助陈氏,似此实不啻于自杀。"余虽向来主张孙陈宜合作,今亦不敢再作此种论调矣。"(《段祺瑞对于孙陈调和之意见》,《香港华字日报》1924年1月18日)

　　1月19日　召开中国国民党第一次全国代表大会预备会,并接见海外代表。

主持中国国民党第一次全国代表大会预备会议，决定大会之议事日程纲要，推定说明人。会上廖仲恺报告改组要点，并修改党纲、订定党章。据当时从加拿大返国出席大会之代表黄季陆追忆，孙中山曾对海外代表同志说："目前革命工作情绪低沉，需要新血刺激，所以这次党中吸收了更多的知识青年共同从事革命工作。"据黄季陆追述，孙中山于谈话中解释了接纳中共党员之目的："第一苏俄革命之后，对于中国侵略的威胁大见减少，同时他们需要人来同情支持他们国内的革命。第二……中国共产党无所发挥，不如吸收到本党来，共同为革命工作。"（"中华民国"史事纪要编辑委员会编：《中华民国史事纪要（初稿）——一九二四年一至六月》，第 127－128 页）

△　《字林报》19 日北京电云，孙中山重告安格联，称不日将宣布设立政府于广州，希望粤关税务司奉行政府命令。安氏身任各国所承认之北京政府官吏，未便作答，故置之不理，但此间多信广州不得复电，将另委新税务司，而各国军舰亦将因此致有重往广州之必要。（《粤政府再令安格联拔关余》，《申报》1924 年 1 月 22 日）

△　任命陈兴汉兼理广三铁路管理局局长，并不准其因流言而请辞。

任命陈兴汉兼理广三铁路管理局局长。（《大本营公报》第 3 号，"命令"）孙中山令陈兴汉兼理广三铁路后，外界流言纷起，陈兴汉乃于本月 31 日呈文孙中山，谓"粤汉干线事繁任重，殚心竭力已虑不胜，且自报章发表钧状以后，蜚语横生，多谓兴汉不宜揽占路权，致使其他有向隅之叹，故恳请收回兼理广三铁路管理局局长之任命"。孙中山于 2 月 6 日指令陈兴汉，该员办理路政著有成绩，此次兼任广三路局长原属为事择人，所请收回成命之处，着毋庸议。（《大本营公报》第 4 号，"指令"第 107 号）故陈兴汉仍继续兼理广三铁路。

△　令查办军人擅自封用车辆。

本月 16 日,管理粤汉铁路事务陈兴汉呈文孙中山,"有自称中央直辖讨贼第三军第一路游击第二梯团司令部副官梁绍贤,手持该部公函并封条四张,声称有军柴多辆已到连江口站,须速封车派赴运省等语。查军人串同奸商,借口军柴,包揽渔利,实属扰乱行车秩序。今该部竟更派条勒封,涉及路政,恳钧座察核,转令查究以维路务"。(《大本营公报》第 3 号,"指令"第 77 号)据此,孙中山于本日训令军政部长程潜,查军人封用车辆经定有限制办法令行在案,令该部长查明彻究。(《大本营公报》第 3 号,"训令"第 32 号)并指令陈兴汉,已令行军政部查究,即知照。(《大本营公报》第 3 号,"指令"第 77 号)

△ 用英文密电码向身在上海的宋庆龄拍发电报。(《致宋庆龄电》,陈旭麓、郝盛潮主编,王耿雄主编:《孙中山集外集》,第 492—493 页)

△ 本月 16 日,内政部长徐绍桢呈文孙中山,现任大本营财政部科长黄乐诚生母赵氏,输财济物,誉遍乡间,确符褒例,请题颁"懿行可风"四字匾额,以示褒扬。本日,孙中山指令大本营内政部长徐绍桢,准予题颁"懿行可风"匾额并给银质褒章予寿妇黄赵氏,以示褒扬。(《大本营公报》第 3 号,"指令"第 73 号)

△ 准两广盐运使赵士觐组织盐政会议,以集思广益,涤除积弊。

16 日,两广盐运使赵士觐呈文孙中山,自接任后检视旧案,省配销数之短,运库岁入之少,为历来所未有。12 年全年统计省配盐数仅七十二万余包,岁收饷数仅三百六十余万大洋。就省配比较,竟不及 11 年之半数。"查职署成案,民国以来成绩最优者,首推邹鲁一任。现在情形视邹任时相类,亟应仿其遗法组织会议,拟于职署内组织两广盐政会议,会议所得不关系于法规者,由运使经令公厅执行;如关系于法规者,仍呈奉大元帅核准行之。另呈上简章共十二条,呈奉核准。"本日,孙中山指令两广盐运使赵士觐,该使拟仿前任邹鲁旧法,于署内设盐政会议借收集思广益之效,准如所拟施行。即克日组

织成立,将应行整顿各事悉心讨论,务期积弊涤除。(《大本营公报》第 3号,"指令"第 74 号)

△　本月 17 日,财政部长叶恭绰呈文孙中山,大本营财政部第三局局长黄仕强现经禁烟督办署调用,所遗局长一职,拟请以该部科长张沛暂行署理,科长一职拟请以该部科员李载德署理。再黄仕强暂不开去底缺,仍以部令派兼第三局会办以资接洽。本日,孙中山指令大本营财政部长叶恭绰,呈悉遴员暂署该部局长科长等职情形。(《大本营公报》第 3 号,"指令"第 75 号)所谓黄仕强被禁烟督办署调用,似指其被派兼任禁烟督办署总务厅厅长一事。(《大本营公报》第 2 号,"命令")

△　蒋光亮致电孙中山称:"下月 1 日,将所管征收机关,完全交出,奉归政府。"①(《国内专电》,《申报》1924 年 1 月 21 日)

1 月 20 日　中国国民党第一次全国代表大会召开。

上午 9 时,中国国民党第一次全国代表大会在广东高等师范学校开幕,共出席代表一百九十八人②。孙中山致开幕词,指出,"今天在此开中国国民党全国大会,这是本党自有民国以来的第一次,也是自有革命党以来的第一次",是"中华民国的新纪元"。"以前反对革命的官僚也赞成革命,由此少数革命党就被多数官僚包围。那般官僚说:'革命军起,革命党销。'当时的革命党也赞成这种言论,于是大家同声附和,弄到现在只有军阀的世界,没有革命的成绩,所以革命党至今仍失败。这就是我们失败的大原因。今天大家都觉悟了,知

---

①　蒋氏另有一文字较长的通电致孙中山,载于 21 日《广州民国日报》。(《蒋光亮与报界一席谈》,《广州民国日报》1924 年 1 月 21 日)

②　关于大会代表总人数,尚存不同观点,包括一百九十六人、一百九十八人、二百人、二百〇一人等说法。出席大会的人数,则有一百五十六人、一百六十人、一百六十五人、一百八十九人、二百〇八人等说法。《孙中山文史图片考释》一书对此进行考证后,认为代表名额至少应为二百〇一名。至于出席代表,则开会期间略有变动,最多至一百七十五人,最少仅一百三十人,出席开幕式的代表则为一百六十五名。参阅余齐昭:《孙中山文史图片考释》,第 230-235 页;陈锡祺主编:《孙中山年谱长编》下册,第 1802 页。

道这话不对,应该要说:'革命军起,革命党成。'所以从今天起,要把从前革命精神恢复起来,把国民党改组……此次国民党改组有两件事:第一件是改组国民党,要把国民党再来组织成一个有力量有具体〔主义?〕的政党;第二件就是用政党的力量去改造国家……政党中最要紧的事,是各位党员有一种精神结合。要各位党员能够精神上结合,第一要牺牲自由,第二要贡献能力。如果个人能够牺牲自由,然后全党方能得自由;如果个人能贡献能力,然后全党才能有能力。等到全党有了自由,有了能力,然后才能担负革命的大事业,才能够改造国家。"(《中国国民党第一次全国代表大会·开会词》,荣孟源主编:《中国国民党历次代表大会及中央全会资料》,第3—6页)

会上,廖仲恺提议由孙中山指派主席团五人,孙中山指定胡汉民、汪精卫、林森、李大钊与谢持为主席团主席,获得一致通过,其后,孙中山主持通过大会会议规则及秘书处组织规则。(陈锡祺主编:《孙中山年谱长编》下册,第1803页)

下午2时继续开会,并演讲《中国之现状及国民党改组问题》,讲词云:"现在的问题是国民党改组问题。我们自办同盟会以来,有很大的力量表现出来,就是把满洲政府推倒。但推倒之后,官僚之流毒日益加甚,破坏虽成功,建设上却一点没有尽力。这十三年来,政治上、社会上种种黑暗腐败比前清更甚,人民困苦日甚一日,故多数反革命派即以此为口实而攻击革命党,谓只有破坏能力而无建设能力……故人民均急希望革命之能成功,视'革命'二字为神圣;成功后不能如其所期,顿使失望。此种事实,谁负其责?革命党不能不负其责……此次改组,就是从今天起重新做过……由今天起,按照办法条理,合全国而为一,群策群力,努力而行,则将来成功必定更大。此即为今后之第一大希望。此次改组,即本此意。改组之能成功与否,全凭各同志之能否负责联络与努力奋斗而定之。"

孙中山讲毕,提出"中国国民党第一次全国代表大会宣言案"交付审查,廖仲恺请求孙中山指定九人作为审查委员会委员,孙中山指派胡汉民、李大钊、王恒、茅祖权、恩克巴图、叶楚伧、于树德、戴季陶、黄季陆九人作为宣言审查委员。其间，孙中山因要仔细考虑指定宣言审查委员会委员，暂离会场，由胡汉民暂代主席，并委托林森向大会说明组织国民政府之必要。其后孙中山回到会场，对组织国民政府案进行说明，解释必须另立政府争取政局，不再谈及护法；而本次大会的目的分别是改组国民党与建设国家。"而于建设国家，尚有应研究之问题二：一，立即将大元帅政府变为国民党政府；二，先将建国大纲表决后，四出宣传，使人民了解其内容，结合团体，要求政府之实现。"同时强调应把党放在国上，以党建国。

随后，大会通过了《组织国民政府之必要案》。(《中国国民党第一次全国代表大会会议录》第2号，中国第二历史档案馆编：《中国国民党第一、二次全国代表大会会议史料》上，第8—17页)

△ 是日晚，在西濠酒店宴请国民党各省代表及外蒙古代表，并于席间发表演说。

演说略谓："我们这次革命是先讲方法，然后才去实行。以前革命因为没有好方法，所以不能大功告成。这次开全国代表大会，便是要定一个好方法……十三年以来，我们革命的智识进步，有了许多方法，旁边又有俄国的好榜样，此后革命应该要先求知，然后才去行。"又特别指出，外蒙古脱离中国后，屡受北洋政府攻打，仍执意要独立。但南方革命军未曾攻击过外蒙古，外蒙古却主动派代表前来，想联合成一个大民国，证明主义胜过武力，比武力更有效果。(《主义胜过武力》，黄彦编：《孙文选集》下册，第391—394页)

△ 令东路讨贼军总司令许崇智撤销派赴各县收粮委员，并将香山全县各项收入拨解该军。

本月17日，广东省长廖仲恺呈文孙中山，"钱粮关系正供，若改拨军部经收，则甲军开端，乙军效尤，不特财政无统一可期，即论征收亦大蒙影响。且现在广属各县指定按日派解省署之款，系奉帅座特令省署每日收入悉经指定拨充军饷，如将各县统归东路催收，则省署解款可停,即按日拨支各饷均无着落。现东路军队多已移驻香山,拟请将香山一县收入全数划出,拨解东路军部,其余各县仍照前派定数目照解省署核收,其余东路派赴各县收粮委员一律撤销"。孙中山据此,乃于本日指令廖仲恺,即转令广属各县仍照前次派定数目按日解交省署核收,以备拨充军饷,并令饬香山县县长将该县各项收入全行拨解东路军部,以期兼顾。(《大本营公报》第 3 号,"指令"第 78 号)同日,并训令东路讨贼军总司令许崇智即将派赴各县收粮委员撤销。(《大本营公报》第 3 号,"训令"第 34 号)

　　△　对于改组建国政府,国民党内存急进、缓进之两派主张。

　　报载此次国民党改组建国政府内部之派别,大体可分急进与缓进两派。林森、胡汉民等为急进派,其他如古应芬不特不赞成改组政府,对共产主张亦表怀疑,当然可称为缓进派。现此派颇占势力,凡从前民党中之稍稳健者皆属之,对于孙中山此举,除许崇智明电反对外,太子派之孙科闻亦不表同情。

　　至此次开会经费,原定每代表以由上海来广州为例,舟车费得在沪先领大洋六十元,抵广州后得再领港纸六十元,合共一百二十元,此一百零八名代表共支出舟车费一万二千九百六十元。又代表抵粤,每日每名得支领旅费拾元,以在会议期间之十天为限,计每名代表应支旅费一百元,住居旅店与否随便,因出席各代表多是旅居广东者,故不必入旅馆住宿,亦可得多领此一百二十元之舟车费及百元旅费也。旅费支出约一万零八百元。查此次国民党大会预算支出五万元,除支各代表舟车费、旅居费外,尚余二万六千二百四十元。20 日夕孙中山宴各代表于西濠约五千元,此外交际费及秘书处与会所一切陈设费、印刷品等预算以一万元为限,合计此五万金之支出,已所存无几。新政府现虽尚未成立,而各部人物闻已决定,若叶恭绰不返粤则由廖仲恺代财政部长,胡汉民若不任省长则增设两院,政制院以胡任院长,政史院界与汪精卫或古应芬,但以事事皆委任广东人,恐外省党员向隅,故谢持、杨庶堪、叶楚伧等均有候补院长之资格。

(《建国政府之产生难》,《香港华字日报》1924 年 1 月 28 日)

是月中旬　派林伯歧为特别代表,出席中国国民党第一次全国代表大会。(《给林伯歧特派状》,陈旭麓、郝盛潮主编,王耿雄等编:《孙中山集外集》,第 818 页)

据陈从之的忆述,孙中山与热心支持革命的暹罗华侨林伯歧见面时,孙中山紧紧握住林伯歧的手说道:"你是我的一个忠实同志,多年以来,我时时想见你,今天机会真好,真的见到你了。"孙问萧佛成说:"林伯歧是不是来出席全国代表大会?"肖答:"林是一个工人,又是一个文盲,没有资格当代表。"孙质问:"工人何以不能当代表?"(《与林伯歧等的谈话》,陈旭麓、郝盛潮主编,王耿雄等编:《孙中山集外集》,第 303—304 页)

△　提议将军政府改组为全国政府。

鲍罗廷记述,在一大会议召开前夕,孙中山提出把军政府改组为全国政府的问题。据廖仲恺说,提出这个问题的原因是英国外交使团在发生海关冲突时(即关余事件),强烈要求只同作为地方性的,而不是全国性的广州政府建立某种直接接触引起的。把孙中山的政府称作"地方性的",这件事令他勃然大怒,从那以后,他就决定把自己的政府改组为全国政府。一大召开前夕,鲍罗廷就此问题跟孙中山作了一次长谈,最后孙中山同意取消自己的决定,只限于由代表大会表示赞成有必要成立全国政府,并指示国民党在群众中进行有力的宣传鼓动工作,支持全国政府的口号。(《鲍罗廷的札记和通报》,中共中央党史研究室第一研究部:《联共(布)、共产国际与中国国民革命运动(1920—1925)》,第 439—440 页)

1 月 21 日　于代表大会上讲演"民生主义",要求新旧同志勿起暗潮。

上午,代表大会组织党务审查委员会,由主席林森指定谭平山、廖仲恺、谢持、孙科、张秋白、王法勤、彭素民、邓泽如、刘芦隐等九人为党务审查委员会委员。下午,孙中山于大会听取宣言审查委员会戴季陶、胡汉民报告后,讲演"民生主义"。

大旨谓:"本党多数同志,对于民生主义,向不甚留心研究,故近日因此主义而生误会,因误会而生怀疑,因怀疑而生暗潮……'民生'二字,为数千年已有之名词,至用之于政治经济上,则自本总理始,非独中国向无所闻,即在外国亦属罕见。数年前,有一位曾服膺马克思主义之学者,研究社会问题,发现社会上之生计问题,与马克思学说有不符合之点,乃将其著作公之于世,名之曰历史之社会观。其要点有云:'在今日社会进化中,其经济问题之生产与分配,悉当以解决民生问题为依归。'由此可见本总理所创民生主义之名词,至今已有学者赞同矣。由此亦可知'民生'二字,实已包括一切经济主义。诸君既能明白民生主义之真义,则新旧同志因误会、怀疑而生之暗潮,从此便可打消。"("中华民国"各界纪念国父百年诞辰筹备委员会学术论著编纂委员会主编:《国父年谱》下册,第995页)

△　准如大本营参谋长李烈钧所请,任命杨述凝为参谋处秘书。(《大本营公报》第3号,"命令")

△　训令两广盐运使赵士觐,查韶关吉昌庄等盐店八间,及船户袁兴福等私买未经缴税领照之盐斤,擅行运销,影响盐税前途巨大。该运使迅即派员前往曲江县府,将本案人犯卷宗提解回省严行讯办。(《大本营公报》第3号,"训令"第35号)

△　令财政委员会筹集一万六千元予滇军朱培德部。(《命发朱培德经费令》,陈旭麓、郝盛潮主编,王耿雄等编:《孙中山集外集》,第819页)

1月22日　国民党全国代表大会临时中央执行委员会提出《中国国民党章程草案》交付审查。

上午10时,全国代表大会开会,林森任主席。临时中央执行委员会提出《中国国民党章程草案》,由孙科说明后,交付审查。林森指定谢持、何世桢、谭平山、丁惟汾、廖仲恺、茅祖权、孙科、萧佛成、汪精卫等十九人为审查委员。下午2时,代表大会继续开会,林森出任主席,会议讨论"纪律问题"案。由胡汉明说明缘由。大会照原文通过。

随后讨论海关问题，汪精卫说明，大会无异议通过。（《中国国民党第一次全国代表大会会议录》第 6 号，中国第二历史档案馆编：《中国国民党第一、二次全国代表大会会议史料》上，第 26—31 页）

△　与张国焘晤谈，并预祝全国铁路工人代表大会成功举行。

据张国焘回忆，因他须赶回北京主持全国铁路工人代表大会，故托谭平山和李大钊分别向孙中山和大会主席团代为请假。孙中山知道他要提早离开广州，便约他晤谈。当晚 11 时，在西濠酒店夜宴后，晤谈即在大厅中举行。张氏告诉孙中山他在北京秘密举行全国铁路工人代表大会，非赶回去参加不可。"孙中山先生也不问我对大会有何意见，便欣然表示赞成；并说去主持铁路工人代表大会比出席这次大会还更重要而迫切，应当从速赶往，至于彼此见面交换意见，此后还有很多机会。于是我们握手道别。"当天深夜，孙中山派亲信送给张一封信，并附了两千银元，托他捐给铁路总工会，祝贺这次铁路工人代表大会的成功，并希望他个人的工作能够顺利发展。（张国焘：《我的回忆》第 1 册，第 320 页）

1 月 23 日　主席本日下午之大会，并通过大会宣言。

上午代表大会开会，讨论临时中央执行委员会提出之"出版及宣传问题案"，议决交付审查。随后组织宣传审查委员会，指定白云梯、李大钊、黄右公、胡汉民、叶楚伧、黄咏台、刘成禺、戴季陶与冯自由为委员。（罗刚编著：《中华民国国父实录》第 6 册，第 4548 页）又报载，当日到会旁听者有俄国二人及青年学生各报馆通信社多人。场上发言以胡汉民为最多，孙科则面向瓦顶含羞答答，古应芬自始至终数日来不发一言，邹鲁则避匿家中，伍朝枢、徐绍桢则坐于旁听之席似表示冷静之态，而万绿丛中两点红，即议场上有汪精卫夫人及廖仲恺夫人为之点缀。邓泽如不懂正音，苦苦求孙中山用粤语演讲，孙中山以粤人居少数，不允所求。（《国民党大会通过宣言案详情》，《香港华字日报》1924 年 1 月 25 日）

下午之大会由孙中山担任主席，由戴季陶、胡汉民说明大会宣言审查委员会之第二次审查意见,议决照二次审查报告通过。下午,大会代表公祭黄花岗七十二烈士。

在宣言审查委员会中,对于纲领中反帝国主义部分,争论最为激烈,经折衷后,将收回租界、收回海关、废除不平等条约等部分,代以概括词句,并将此部分纳入 30 日通过"国民党政纲"之"对外政策"内。(罗刚编著:《中华民国国父实录》第 6 册,第 4549 页)

据鲍罗廷记述,由于大会宣言草案受到部分国民党人反对,孙中山在宣言草案提交大会之前,曾一度决定取消这个宣言,代之以他本人为全国政府起草的纲领。并派人找鲍罗廷到秘书处商量。鲍罗廷质疑孙中山盼望从美国、英国或日本取得某种援助的想法属于幻想,并对孙中山说:"您面临着一种选择:是同帝国主义营垒中的两亿五千万人前进,还是同遭受帝国主义压迫的十二亿五千万人前进。"孙中山对鲍罗廷的意见表示赞同,谈话结束时,他握住鲍罗廷的手走下楼来,坐到主席的位置上,把《宣言》提交大会通过。(《鲍罗廷的札记和通报》,中共中央党史研究室第一研究部:《联共(布)、共产国际与中国国民革命运动(1920—1925)》,第 471—476 页)

孙中山于宣言通过后,发言说明宣言之旨趣:"现在本党大会宣言已经表决,这是本党成立以来破天荒的举动。但是我们表决宣言之后,大家必须依宣言而进行,担负此项实行责任。从前革命之所以均未收到好结果,原因在于我们同志负担责任未始终如一,不能贯彻革命主义。""此次我们通过宣言,就是从新担负革命的责任,就是计划彻底的革命。终要把军阀来推倒,把受压的人民完全来解放,这是关于对内的责任。"对外的责任,则是反抗帝国侵略主义,将世界受帝国主义所压迫的人民来联络一致,共同动作,互相扶助,将全世界受压迫的人民都解放出来。最后言及,"我们有此宣言,决不能又蹈从前之覆辙,做到中间又来妥协。以后应当把妥协调和的手段一概打消"。(《通过宣言后要担负彻底革命的责任》,黄彦编:《孙文选集》下册,第 399—400 页)

△　将《国民政府建国大纲》提交大会审议。

将《国民政府建国大纲》提交国民党一大审议,提出建国应分为军政、训政、宪政三步。(《国民政府建国大纲》,《孙中山全集》第9卷,第126－129页)又本日接受《东方时报》记者访问,称"建国宣言不日即当正式发表,条目悉载大纲中,阅者当知其详"。又问及关余问题,孙中山答谓:"此事纯为中国内政,外人无干涉余地,如外交团抗不交付,复以兵力威胁,不独为吾国民之辱,亦所谓自号文明国者可耻之事……西南政府自当坚持到底,非达到收回关余目的不止……现在英美意法等国,已将争先承认苏联,可知帝国主义,压迫弱小,万难适存,军阀专横,又何能久恃耶?"(《东方时报记者之粤游纪实》,上海《民国日报》1924年2月9日)

△　召见广州电话局局长黄桓,令为大本营装置军用无线电话,专为广州市传达命令之用。(陈锡祺主编:《孙中山年谱长编》下册,第1816页)

△　指令财政委员会筹给许卓然办事费两千元。又指令财政委员会十日内筹备一万元予蒋介石,作为军官学校开办费,交蒋介石收用。财政委员会议决:陆军军官学校开办费由左列各机关担任,限十日内交清。财政部五百元,省长公署一千元,市政厅两千元,公安局一千五百元,财政厅一千五百元,盐运使署一千五百元,沙田清理处五百元,禁烟督办署一千五百元。(《命发许卓然经费令》《命发陆军军官学校开办费令》,陈旭麓、郝盛潮主编,王耿雄等编:《孙中山集外集》,第819页)

△　与邹鲁谈论有关废除不平等条约问题。

据邹鲁回忆,某天孙中山在广东高等师范学校校长室问及他有关提出废除不平等条约的意见,邹鲁回答说:"这是合乎本党的主旨,很应该的。"接着孙中山问:"固然如此,但是你不怕各国压迫吗?"邹鲁回答说:"世界上一切事情,得其平然后才会安定。不平等条约固然不利于我,但有了这种不平等的事,大家都没有好处。所以目光远大的,不但不至于压迫,或者会有赞成的可能。"孙中山含笑说:"你算有胆量。"邹鲁反问:"难道有人不赞成吗?"孙中山说:"他们有点看不到,因此不免有些顾虑。"①(邹鲁:《邹鲁回忆录》,第108页)

△ 报载东江军事现又形势吃紧,杨希闵、刘震寰、刘玉山、范石生等亦蝉联出发。闻本日晚孙中山召集军事会议讨论,决定采用滇军主张,先行用兵东江,故各将领翌日即行出发至苏村、菉兰间。(《东北两江大战酝酿中之形势》,《香港华字日报》1924年1月26日)

△ 日本始终注目国民党一大的召开及其进程。

日本驻广州总领事天羽英二随时向外相松井庆四郎报告相关情况。天羽很关心孙中山的对外政策、联俄、联共和国民党内部两派斗争情况。他于大会闭会后,从国民党、孙中山对外政策之平等主义主张以及孙中山的演说、对列宁的悼念中,认为"广东政府已逐渐显然与苏俄接近""国民党已共产化"。其时,日本的宣传机器加紧攻击孙中山,指责孙中山"赤化""受骗",有的日人登门质问梅屋庄吉,梅屋泰然解释说,我相信孙中山所做的都是为了中国革命。(段云章编著:《孙文与日本史事编年(增订本)》,第664页。)

1月24日 派汪精卫为代表,提出将"厘订各种考试制度以济选举制度之穷"一条补入宣言内,得到大会通过。("中华民国"各界纪念国父百年诞辰筹备委员会学术论著编纂委员会主编、中国国民党中央党史史料编纂委员会编:《国父墨迹》,第222页)

△ 复电加拉罕,表达提携共进之期盼。

孙中山复电加拉罕,"北京全俄苏维埃代表加拉罕君,尊电敬祝全国国民党代表大会,情词恳挚,不胜感谢。本会目的在继续辛亥事业,以底于完成,使中国脱除军阀与夫帝国主义之压迫,以遂其再造。夫以积弱而分裂之中国,而自然之富甲于天下,实为亚洲之巴尔干,十年之内,或以此故而肇启世界之纷争,故为保障亚洲及世界之平和计,其最善及唯一之方,惟有速图中国之统一及解放。本会深信,全

---

① 李玉贞认为此次谈话可能在1月23日。

1924 年 1 月(民国十三年 甲子)五十八岁 /5119

世界之自由民族必将予以同情,而俄国人民来此先声,尤为吾人所感激,中俄两国人民行将共同提携,以进于自由正义之途"①。(《总理孙文复苏俄代表加拉罕电》,中国国民党汉口档案第 17140.2 号)

　　△　派蒋介石为陆军军官学校筹备委员长,筹备委员共七人:王柏龄、邓演达、沈应时、林振雄、俞飞鹏、宋荣昌和张家瑞。(中国第二历史档案馆编:《蒋介石年谱(1887—1926)》,第 140 页)派陈兴汉为财政委员会委员。派卢师谛为禁烟会办。派黄范一、阎凤冈、王心耕为禁烟帮办。准如禁烟督办杨西岩呈请,委派陈伯任为秘书。(《大本营公报》第 3 号,"命令")又派刘毅为粤闽湘军招抚使。派潘鸿图、李维珩为禁烟帮办。(《大本营公报》第 4 号,"命令")

　　△　令广东卫戍总司令杨希闵撤销所批联合公司承办省河横水渡捐一案。

　　20 日,广州市市长孙科呈文孙中山,近因附加横水渡捐,卫戍司令部批准联和公司罗有成承办,财政厅批准联安公司梁浩然承办,市财局则批准同益公司张伯平承办,以一捐务而有三公司。全体横水渡埠业不知何去何从,故连日将收得捐饷代为存贮,以为静候官厅解决。不料迄今数日,仍未见有解决办法,卫戍司令部批准之联和公司强健有力,索取急如星火,附加之新捐四文,连同警费一文,日前皆被尽数收去。另此项捐务现系开始创办,搭客多有不遵照给,计七日间已短收二百余元,亦要各横水渡埠业赔垫,迫得亦已如数赔垫。查省河横水渡捐依照公布条例,应属市政管理范围,早经该厅咨由财政厅饬属移交接管在案。请准令饬卫戍司令部迅将联和公司承案撤销,以清权限。(《大本营公报》第 3 号,"指令"第 81 号)孙中山据此,本日训令广东卫戍总司令杨希闵,省河横水渡捐依照公布条例应属市政管理,现在卫戍司令部及财政厅均有招商承办,并分立公司名目征收,有碍

---

　　①　原文稿未属日期,此日期系《孙中山全集》第 9 卷所定。参阅《复苏联代表加拉罕电》,《孙中山全集》第 9 卷,第 130—131 页。

财政统一。令杨希闵查照即将联和公司承办省河横水渡一案撤销，以符例案。(《大本营公报》第3号,"训令"第36号)并指令广州市市长孙科,准予令行广州卫戍总司令杨希闵查照撤销联和公司承案。(《大本营公报》第3号,"指令"第81号)

　　△　取消前令盐斤每包增抽军饷一元一案。

　　18日,两广盐运使赵士觐呈称,盐斤增抽军饷碍难遵行,省配盐斤向以运销北柜为最大宗,近年粤盐本重价昂,售价常比淮盐尤贵,若再增抽一元,则本愈重而价愈昂,销数必因之愈短。去年征税多系折成减收,而全年河兑之数只得七十余万包,省配之短为前清民国以来所未有。虽亦由地方多故,配运维艰,而各柜销路之困难已可概见。折成减收尚且短销如此之巨,若再增抽于额外,深恐现状亦难保存。所有盐斤增抽军饷一元一案,碍难遵行。本日,孙中山指令两广盐运使赵士觐,所有前令将盐斤每包增抽军饷一元一案准予取销,即遵照。(《大本营公报》第3号,"指令"第82号)

　　△　钟明阶派代表致电澄清重投沈逆之谣言。

　　钟明阶原系沈鸿英部署,后归义投诚,由桂军总司令刘震寰呈请孙中山任命为桂军第四军军长。本月3日,孙中山明令任钟为桂军第四军军长,(《大本营公报》第1号,"命令")次日,孙中山指令刘震寰,钟明阶已简任为桂军第四军军长。(《大本营公报》第1号,"指令"第10号)至近日,有传闻钟明阶投归沈逆,钟代表阳懋德特致电孙中山等称,"职军向为沈逆鸿英部属,自被暗通北敌,即与宗旨不合,前经通电脱离关系,称为广西讨贼军第二军,宣布独立,即在广西信都地方举兵反攻。适值帅令派马招抚使到梧,职军因与接近,向订条约,愿归节制,所称名义暂不更改,应候帅座命令而行。职军乃派懋德代表到粤,入觐帅座,面陈下情,请发委任关防,并向李、程两部长暨各总司令陈明一切。旋奉帅令裁编为桂军第四军,仍归马招抚使就近节制,以符前约。顷接职军秦秘书枚村函云,马使竟假钟军长名义,擅拟电稿,自行用印,勒令职部杨参谋长拍发,谓职军经该使新编第一军,不必改编,并请帅座收回成命。马使之前后异词,违反初意,代表真不得其解,谨此电陈"。(《钟明阶代表之通电》,《广州民国日报》1924 年 1月 26 日)

1 月 25 日　闻列宁逝世,宣布降半旗志哀,并致唁电加拉罕。

接到苏联领袖列宁逝世消息,于国民党一大上发表演说,指列宁为革命之模范,带领俄国后发先至完成革命,须学习列宁之思想及精神,建立一有组织、有力量之革命党。又解释将总理制改为委员制之原因,系为当前青年思想、人民程度,有所增高,无需再由自己一人担负革命。随后,孙中山宣布各行政机关将下旗志哀三日,且国民党一大亦休会三日,期间由其讲述民族主义。最后请鲍罗廷讲列宁平生为人,由伍朝枢翻译。其后即通过哀悼列宁案。(《关于列宁逝世的演说》,《孙中山全集》第 9 卷,第 136－138 页)广州市内政府大楼、轮船,包括孙中山的大本营上面都下半旗致哀,只有外国租界沙面没有下半旗。(《鲍罗廷给加拉罕的信》,中共中央党史研究室第一研究部:《联共(布)、共产国际与中国国民革命运动(1920－1925)》,第 405 页)

并发唁电致苏俄代表加拉罕,盛赞列宁为新俄国之创造人,其事业正为中国国民党全国代表大会之精神,本大会特休会三天以志哀悼。(《总理孙文复苏俄代表加拉罕电》,中国国民党汉口档案第17140.2 号)达林回忆,1 月 25 日,代表大会举行了追悼列宁的特别会议,孙中山讲了话。根据他的提议,以代表大会的名义发了唁电。([苏]C. A. 达林:《中国回忆录(1921－1927)》,第 147 页)嗣后,29日,加拉罕复电,感谢中国国民党哀悼列宁之丧。电文谓:"苏联政府谨遵列宁同志遗教,继续进行解放世界被压迫民族,特别是东方被压迫民族,而尤以中国国民党解放中国民族脱离帝国主义羁绊之工作,为世界被压迫民族解放之基础,以促进民治主义之大联合。"原电为英文,孙中山批示:"交中央执行委员会译出发表。"(罗刚编著:《中华民国国父实录》第 6 册,第 4562 页)

△　令驻西江五邑军队不得擅向征收机关提拨款项。

17日,广东财政厅厅长梅光培呈文孙中山,前奉令将西江财政交回财政厅接收管理,派委李榕阶为西江下游恩、开、新、台、赤五邑财政整理处处长,饬令将五邑征收正杂一切官款解厅拨用。现查近日征收机关非由军队截收,即由各军提取,财政紊乱,着手殊难。请饬下军政部、省长,令行五邑驻防各军队暨各县长,嗣后军队需支饷项伙食,必须核准有案,方予拨支,不得由各征收机关任意提拨。本日,孙中山指令广东财政厅长梅光培,候令行军政部转饬西江五邑驻防军队遵照办理。(《大本营公报》第3号,"指令"第83号)并训令大本营军政部长程潜,据广东财政厅长梅光培呈称,西江财政厅业经令交该厅接收,所有五邑驻防军队自不得径向该处征收机关提拨款项。令该部长转饬西江五邑驻防军队遵照办理。(《大本营公报》第3号,"训令"第37号)

△　令今后征收机关举办新税,章程条例需经财政委员会通过方准实行。

本月19日,财政委员会主席委员叶恭绰、廖仲恺呈文孙中山,本月14日该会第六次常会会议,财政部提出以后各征收机关举办新税,所有章程条例须交由财政委员会通过方准施行,免与其他机关所办税则有所抵触,经众讨论议决,请训令各征收机关遵照办理。据此,孙中山本日指令财政委员会主席委员叶恭绰、廖仲恺,准如所请施行,候令行财政部长及广东省长转行所属各征收机关遵照办理。(《大本营公报》第3号,"指令"第84号)同日,并分别训令大本营财政部长叶恭绰、广东省长廖仲恺,军政部长程潜,以后各征收机关举办新税,所有章程条例需交由财政委员会通过方准实行,免与其他机关所办税则有所抵触。令该部长、省长即便转饬所属各征收机关、各军事机关遵照办理。(《大本营公报》第3号,"训令"第38、39号)

△　19日,财政委员会主席委员叶恭绰、廖仲恺呈文孙中山,本月14日该会第六次常会会议,财政部提出凡一切军费须由军政部核

定,再行交议支配以昭划一一案,经众讨论议决,请训令军政部转行各军事机关遵照办理。本日,孙中山指令财政委员会主席委员叶恭绰、廖仲恺,所请将财政委员会议决财政部提出凡一切军费须由军政部核定再行交议支配以昭划一一案,候令行军政部转行各军事机关遵照办理。(《大本营公报》第 3 号,"指令"第 85 号)

△ 指令军政部长程潜,准如所议,追赠已故东路讨贼军营长梁寿恺为陆军炮兵中校,照例给少校恤金。梁寿恺原任东路讨贼军总司令许崇智第三支队第二营营长,前病故,许崇智以梁积劳病故,请追赠并给恤。嗣经军政部察核,梁寿恺于增城之役困守危城,不无微劳,理应追赠给恤。军政部长程潜遂于本月 17 日呈请孙中山援例追赠梁寿恺为陆军炮兵中校,并从优给恤,遂有本日孙中山给程潜之指令。(《大本营公报》第 3 号,"指令"第 86 号)

△ 黄明堂上年被任命为中央直辖第二军军长,本年 1 月 21 日,黄遵令就职,并呈报就职任期。本日,孙中山指令中央直辖第二军军长黄明堂,呈悉所报就职及启用印信日期。(《大本营公报》第 3 号,"指令"第 88 号)

△ 要求广州市政厅长汇旅费两千元。(《着广州市政厅长汇款令》,《孙中山全集》第 9 卷,第 142 页)

△ 着财政委员会筹给马伯麟修理长洲要塞要件费一千元。(《命发马伯麟要件费令》,陈旭麓、郝盛潮主编,王耿雄等编:《孙中山集外集》,第 820 页)

△ 中国国民党星洲分部部长符兆光、副部长崔霸东致函孙中山,日前奉到委任状,分部同人极端欣幸,于本月 24 日开全体大会讨论党务发展问题,并接受委任状,宣告就职视事。(《星加坡分部符兆光上总理函》,环龙路档案第 06048 号)

△ 粤省滇、湘、粤军彼此矛盾重重,互相牵制。

湘滇两军争持北江地盘,虽经调人奔走斡旋,孙中山居中处置,将湘、滇两军北江防地暂为划分,闻系以英德为界,英德以北为湘军

势力范围,英德以南为滇军驻扎防地。"在孙中山自问,则觉得如此
支配,已极公平,惟滇军则以原有防地分割于人,未免不服,苟有所借
口,则移防必有所不愿。是以赣南军事紧急,雄始留驻之滇军遂未移
动。最近北军入逼南雄,与湘、滇军一度接触后,两军又因防地问题
在雄始之间发生冲突,虽目下战事已告平息,然两军间之意见又日深
一日。粤籍军队鉴于现在形势,湘滇两军势力日趋膨胀,已形成反客
为主之景象,故梁鸿楷、李济深、郑润琦、陈策等力谋联合固结实力,
于是海陆军警联欢社成立于江门,其表面上因为联欢,而实际上目的
则在巩固西江及四邑之地盘,无论何项军队不使拦入。其策应之枢
纽则在于江门及肇庆两地,但西江为河流所经之地,非辅以舰队呼应
不灵,故陈策集中舰队于江门,不允交代。虽现时接替海防司令之冯
氏,原为陈军之参谋,仍究不若在自己手上为愈。日来李济深、梁鸿
楷、郑润琦等迭电大本营报告南路军事吃紧,催发子弹,其实南路军
事本无甚问题。盖粤籍军队早已决定广东人不打广东人。但其宗
旨,闻亦不因援助陈炯明,大约保全实力割据一方,坐观成败而已。
然在滇军之对付粤籍军队手段,恒用消极方法,即驱其出临前敌,如
有失败则在后方截缴其枪械。许崇智所部屡受此赐,所以弄到七零
八落之田地。目下粤籍军队为自保计,不得不出此手段。许部之出
驻香山,亦系乘此机会避开。"(《联军内部将来之趋势》,《香港华字日报》
1924年1月25日)

1月26日 令地方团防不得妨碍军队阻截逃兵。

谭延闿前曾呈文孙中山,"职部第五军司令部主任参谋余泽箴电
称,职团奉令派第二营开赴百顺、扶溪一带截阻逃兵,特先派副官一
员持函赴扶溪通知。讵该地团防竟实行抗拒,并将该副官等及第二
营之前站兵数名扣留。查仁化为通南雄,达曲江交通孔道,迩来唐生
智遣派奸徒多名,潜入我军防地勾引鼓惑,以致各军日来间有持械潜
逃情事发生。百顺、扶溪地方为南始经仁化入湘必由之地,故迭电该
军部队驻扎该地堵截在逃士兵。该地方人民不察内容,任意阻抗,请

令饬该县转令该地士绅,不得拒绝防军驻扎及通过"。(《大本营公报》第4号,"指令"第91号)孙中山接呈,即于本日训令广东省长廖仲恺,仁化一带有当地团防阻抗官军,妨碍阻截逃兵。令该省长迅饬该县长严令当地士绅团防不得阻抗军队。(《大本营公报》第4号,"训令"第40号)并指令湘军总司令谭延闿,已令行广东省长廖仲恺转饬该县遵照办理。(《大本营公报》第4号,"指令"第91号)

　　△　令缉拿监守自盗之军需处长杨少甫,临阵退缩之旅长朱泽民、团长季树萱。

　　据17日滇军第二军军长范石生呈,杨少甫充任江防司令部军需,旋兼第三师部军需处长,所有一切收入皆由该员经管。去年11月间军事吃紧之际,该员竟将存储公款席卷而逃,致杨前师长廷培愧对袍泽投河毙命。又第六旅旅长朱泽民临阵畏缩,复潜回省垣,将该旅7、8两月薪饷及9、10两月火食共十余万元,航政局烟酒公卖局收入七万余元,统计二十余万元席卷潜逃。又第十团团长季树萱于出发石龙时,临阵借病潜回省垣,私开杂赌得规约二十余万元。三人罪无可逭,亟应严缉归案究办,请察核通令严缉。据此,孙中山本日指令范石生,候令行各军民长官严缉究办。(《大本营公报》第4号,"指令"第92号)并训令各军总司令、广东省长、中央直辖各军军长,江防司令部军需兼第三师部军需处长杨少甫监守自盗,第六旅旅长朱泽民、第十团团长季树萱,临阵退缩,罪无可逭。令该总司令、军长、省长即转饬所属一体缉拿,务获究办。(《大本营公报》第4号,"训令"第41号)

　　另范石生在呈中称杨廷培系"愧对袍泽投河毙命",但《香港华字日报》曾载:滇军自杨廷培被范石生刺毙,内部意见甚深,均谓杨氏于东北两江迭次战事出生入死,屡立战功,今竟获斯结果,我辈还去打甚么仗? 故有不愿再战之意。(《东江停顿中之两军情形》,《香港华字日报》1924年1月5日)由此可见,杨廷培之死,或别有隐衷。

　　△　致函朱培德,谓务期即日从广州赶赴前方,努力杀贼,以挽

危机。(《中山墨宝》编委会编:《中山墨宝》第 8 卷,第 2—3 页)

△　北京各界民众五千人发起追悼列宁大会,在北京大学第三院大礼堂举行,马叙伦任大会主席,高君宇介绍列宁生平时谓,中国人"惟有孙中山先生庶几近之"。大会表决通过提议:电贺孙中山改组国民政府,并请其正式承认苏俄;电苏俄政府及列宁家属悼慰。(《遥祭列宁大会纪》,上海《民国日报》1924 年 1 月 30 日)

△　国民党法属安南总支部前总干事陈箇民带该埠各代表晋谒孙中山,面陈党务情形,并请孙中山照会法国政府,准侨越党部向其立案,开明办理。孙中山甚以为然,即席批交大本营法文秘书韦玉办理,并即会沙面法领事,并面由韦秘书电请巴黎法国国会议员,要求法政府准照办理。(《大元帅关心海外侨务》,上海《民国日报》1924 年 1 月 26 日)

△　李济深致电孙中山等称"准下月删(15 日)将西江财政,交回财厅"。(《国内专电》,《申报》1924 年 1 月 26 日)

△　国会护法议员同志会致电孙中山称,众议院议员杭辛斋,为革命先进,护法中坚。因积劳成疾,不幸于 1 月 24 日在沪病故,同人等不胜悲悼。应如何宣付国史,酌予抚恤,用彰贤德而励将来之处,伏维睿裁施行。孙中山命人赠送花圈,并题"忠贞谅直"之挽词。(《留沪议员电请褒扬杭辛斋》,上海《民国日报》1924 年 1 月 27 日)

△　复函苏联外交部长齐契林。

齐契林曾于 1923 年 12 月 4 日致信孙中山,本日,孙中山复函齐契林,函谓:"您说的完全对,我党的基本目的是要掀起中国人民的强大运动,一个革命的、建设性运动,为了达到这个目的必须进行组织和宣传。我们正在朝着这个方向努力奋斗;我们希望将来在中国作出你们党在建立新的国家观念和新的管理制度方面,所曾在俄国做过的一切……我欢迎您所提出的关于我们今后继续保持接触的主张。这不仅对于我们彼此间交换意见是必要的,而且对于我们在世界的斗争中能作的共同努力也是必要的。"(周谷:《孙中山与第三国际》,

第 251 页)

1 月 27 日 早上,鲍罗廷就一大宣言的修改问题,向孙中山宣读陈述书,请他注意到对宣言进行全面整理的必要性,并建议他审订从其内容中必然产生的新问题。鲍罗廷谓孙中山接受了全部修改意见,并将这些意见及相应指示交给了委员会。(《鲍罗廷的札记和通报》,中共中央党史研究室第一研究部:《联共(布)、共产国际与中国国民革命运动(1920—1925)》,第 476—479 页)

△ 与北京大学教授克拉克谈及民主共和及专制等问题。

《政治评论》刊文报道孙中山与北京大学教授克拉克见面的谈话内容,孙中山谓中国农民虽然没有知识,但不能与澳洲丛林中的土人、印度的山人或菲律宾人一例看待,因为中国文化已比他们高几百年。中国谦逊的农民有一种成熟的智慧(ripe intellect)。古时中国已经历民主,很有了解政治的能力。"在帝国管辖之下,人民未尝表示一种政治的兴趣,以及各种事体进行的流利。但是到了政府征税太苛,他们对于政治才表示一种厚浓的兴趣——强迫管理者允许他们的要求。在帝国管辖之下,这些人民也管理他们本地的事,一如他们管理家庭、协会和村庄的事。在这点看来,这种制度是极端的共和,他方面国家政府是绝对的专制。因此中国人民一部分使用共和,一部分受制于专制。"现时北京政府亦不独立,只是寄生在列强之下的政府,破坏共和。只要中国人民独立,就能建立民主共和国,又表明民主共和国建成后,孙中山就会下野。(《与克拉克的谈话》,《孙中山全集》第 9 卷,第 149—151 页)

△ 在广州国立高等师范学校礼堂演讲三民主义之民族主义。

内容为详细讲述三民主义中的民族主义。孙中山指出,在中国,"民族主义就是国族主义,中国人最崇拜的是家族主义和宗族主义,所以中国只有家族主义和宗族主义,没有国族主义"。中国自秦汉而后,都是一个民族造成一个国家。但是中国人不团结,因为中国人一向最崇拜宗族主义,没有上升到民族主义,只会为宗族卖力,不会为国族牺牲。"我们研究许多不相同的人种,所以能结合成种种相同民族的道理,自然不能不归功于血统、生活、语言、宗教与风俗这五种力。"而国家只要有武力征服就可以形成。外国国家多以武力形成,所以一国内有很多民族,也有是一个民族分为几国的,与中国不同。中国的民族,团结起来是世界上最大的,文明也有四千多年历史,本应与欧美各国并驾齐驱。但由于中国人不团结,因此任人宰割,所以必须提倡民族主义,团结中国。外国列强,民族不大,但由于能团结,所以能强大。日本能赶上西方列强成为强国,也是因为民族团结。随后,孙中山强调,"中国是全世界气候最温和的地方,物产顶丰富的地方,各国人所以一时不能来吞并的原因,是由他们的人口和中国的人口比较还是太少。到了一百年以后,如果我们的人口不增加,他们的人口增加到很多,他们便用多数来征服少数,一定要并吞中国。到了那个时候,中国不但是失去主权,要亡国,中国人并且要被他们民族所消化,还要灭种"。(《三民主义》,《孙中山全集》第9卷,第184—196页)

　　据郑彦棻的忆述,孙中山来校时,常在校门外步行入礼堂楼上的校长室。本来他的汽车可以经过学校的大操场,直驶校长室所在的大钟楼门前,但他总喜欢走一段路。他持着手杖进入大操场。到校长室略事休息后,随即步入礼堂,登上讲台。孙中山演讲时,并没有写好的讲稿,似乎只是准备了一些纲要之类,即席发挥。他的态度从容,声调铿锵,侃侃而谈,内容充实。(郑彦棻:《往事忆述》,第24页)据邹鲁回忆,孙中山每次到校,极少随从,只有王惠龙、马湘等三四个人。邹鲁为保安全,每次都在孙中山到校前,先查看全校警卫情况,孙中山到学校后照例进入校长室休息。有一次孙中山到校长室后邹鲁仍未归,等邹鲁回来,孙中山问他到什么地方去了,邹鲁照实回答后,孙中山笑道:"不必这样小心。民众对于我,都是很亲爱的。至于军阀,却没有这种胆量。"邹鲁答道:"先生的人格,任何奸恶见了,都要低头;不过这是我应尽的责任。"(邹鲁:《邹鲁回忆录》,第109页)

△　力求三民主义之演讲内容简洁易懂。

对于三民主义演讲稿,孙中山力求简洁易懂。据邹鲁忆述,其曾为读校三民主义演讲稿请教孙中山。邹鲁本对"何以说三民主义就是救国主义呢"一句增加了百余字解释,孙中山则将其改为"因为三民主义是促进中国之国际地位平等,政治地位平等和经济地位平等"等简单的句子。(邹鲁:《邹鲁回忆录》,第109－110页)有次读校民权主义时,邹鲁对其中一段内容产生了疑惑,便询问孙中山,而孙中山听闻后直接将该段删除,并解释说:"三民主义的学理虽然非常深奥,却要使凡识字的人,个个都能看得懂。这样,我的主义才能普及民众,然后始能望其实现。假使你都看不清楚,那末看不懂的人,就不知要有多少。所以全部删去。"邹鲁认为这就是三民主义的文字浅显的原因。(邹鲁:《邹鲁回忆录》,第110－111页)

孙中山之演讲,由黄昌谷、罗磊生当场笔记,整理后,经大本营秘书处人员誉正,由黄昌谷送交孙中山亲自审阅,为慎重计,常于修改后复交戴季陶、邹鲁等详细读校,仅邹鲁于民族主义讲词中提出少数补充意见。孙中山对所签注之意见,皆亲笔在原稿上修正,再命邹鲁读校后将修正文字再行呈阅,必至认为妥当乃止。孙中山对讲词内容力求应用通俗流行文词,意在使国人容易了解,所有引用之英文,皆从稿中删去。演讲稿整理妥当后,自1924年3月9日起,在《中国国民党周刊》以"孙文"名义分期发表。又认为周刊之字体颇小,为便于流传,再嘱印行十六开大字本。4月出版民族主义大字本,8月出版民权主义大字本,民生主义四讲之大字本则于12月出版。单行本刊行后,孙中山必再亲自阅读,有错立即修改。当时因《周刊》某期所刊载之讲词,有一二句系排印人擅自增添者,即令将负责人处分。孙中山北上之前,每有余暇即亲自修改三民主义之笔记讲稿。(罗刚编著:《中华民国国父实录》第6册,第4556页)

1月28日　全国学生总会致电广州国民党大会,"欣闻贵党召集全国代表大会,讨论党纲组织及对内对外诸问题,行见贵党精神日

益发扬光大,谨电驰贺"。(《学生总会电贺国民党》,上海《民国日报》1924年1月29日)

△　下午,代表大会通过《中国国民党总章》。(《中国国民党总章》,《孙中山全集》第9卷,第152—162页)

△　滇、湘、朱三军于黄沙车站设局加收盐税,引致盐商罢市,影响盐税收入,政府将无从给养各军,孙中山特着盐运使来商挽救之法。(《给湘军的命令》,《孙中山全集》第9卷,第163—164页)

△　令缉拿抗不交代并隐匿私发渔票之卸任香安局局长梅放洲。

本月23日,两广盐运使赵士觐呈文孙中山,据新委香安局局长陆志云呈称,卸任局长梅放洲抗不交代,且潜匿香安境内,继续私发渔票。请令行粤军总司令迅饬驻香行营就地查缉,务将卸香安局长梅放洲拿获归案讯办。(《大本营公报》第4号,"指令"第95号)据此,孙中山本日训令东路讨贼军总司令许崇智,香安局卸任局长梅放洲挟带关防离职,抗不交代,以致新任局长陆志云无从接事,关于公款公物等项不能收存保管,贻误良多,况复潜匿香安境内私发渔票,有害正税。查盐务行政最重统一,该总司令即严饬所部密为缉拿,务获归案究办。(《大本营公报》第4号,"训令"第44号)同日,又指令两广盐运使赵士觐,已令行许崇智严密缉拿务获究办。(《大本营公报》第4号,"指令"第95号)

△　令财政委员会提前向航空局发放经费一万元。着财政委员会筹给杂费一千元交庶务司收用。(《命发航空局经费令》《命发庶务司经费令》,陈旭麓、郝盛潮主编,王耿雄等编:《孙中山集外集》,第820页)

△　指定黄埔旧有广东陆军学校与广东海军学校为陆军军官学校校舍。(中国第二历史档案馆编:《蒋介石年谱(1887—1926)》,第140页)

△　广九铁路军车管理处处长王棠呈请查办擅自枪毙工人之官兵。

大本营军政部广九铁路军车管理处处长王棠呈文孙中山,工人袁登被滇军拉去充夫,苦求释放未准,竟在菉兰惨被枪毙。全体工人因生命危险,要求停工。"军车管理处一面电复石龙分处安慰工人,并派人安慰工团,务令照常开车。并派员亲赴总指挥部会商龚副官长,随由龚副官长急电石龙,请杨总指挥查办擅自枪毙工人之官兵,布告保护路工,以平众愤,毋任停工。幸省局工团深明大义,允许听候杨总指挥办理,允为暂时照常开车。"(《滇军枪毙工人之交涉》,《广州民国日报》1924 年 1 月 29 日)

1 月 29 日　提出并由戴季陶于国民党一大上宣读《感化并收容游民土匪提案》,建议对土匪与游民除惩服外,应设法加以感化及收容,使其即能获得从事于对社会有益的工作的机会。同时在军队中努力宣传,使其了解自身的地位,由反动兵力转变为革命军。提案经大会表决通过。(《感化并收容游民土匪提案》,《孙中山全集》第 9 卷,第 167—168 页)

△　以中国国民党代表大会主席名义电贺麦克唐纳就任英国劳工党首相。

电称:"中国于潜势上,实世界之最大商场,亟需机械工具,为经济上之发展,故深足资助英国劳工政府以解决种种经济问题……并希望此后英国之对华政策,不复援助军阀与反动派,而能予中国之民治主义与解放运动以自由发展之一切机会焉。"(《国民党电贺英首相》,《广州民国日报》1924 年 1 月 29 日)

△　黄季陆在大会上提议"采用比例选举制为本党政纲之一"案,惟未获通过。

据黄季陆忆述,孙中山在一次接见时问及近代政治学范畴内有何新学术,黄氏即以研究比例选举制心得报告。孙中山欣然着黄氏将所写之研究论文送阅。此后,黄氏数次面见孙中山时,均以此研究作为报告题材。孙中山曾对黄氏说:研究外国知识不仅要切实弄清底蕴,还应将研究结果切实运用到国内,尤要配合革命建国之需要。黄氏遂问及可否向大会提议,采用比例选举制为本党政纲之一。孙中山点头微笑说"好"。

29日,黄于大会提出此案,但未获通过。黄氏再去报告孙中山,孙中山说:这是由于你没有经验,不了解会场心理而召致失败,好在未被否决,下次大会仍须提出讨论。黄氏问何以系自召失败? 孙中山指出:"听说你在大会说明案由的时候,从古到今说了一个多钟头,既不是讲课,又不是说教,何必费掉如此冗长的时间使人感觉厌倦?"黄氏请问诀窍,孙中山说:"依我的意见,只要几句话,就可使大家无可反对。""你第一句话应当说:本党信奉的是三民主义。我想不会有人反对这句话。你第二句话应当说:三民主义当中,有民权主义,是不是呢? 我想也不会有人否认这句话。你第三句话应当说:要使行民权主义,必定要举行选举,是不是呢? 我想也不会有人提出异议。最后你再向大家说:比例选举制是最新、最进步和最能表达民权的制度。我想大家听了这番话之后,便不会坚决反对了,你说是不是呢? 因为你把话说得冗长噜嗦,使得大家厌烦,本没有问题的事倒反而发生问题了。"(黄季陆:《比例选举制案的争辩》,《传记文学》[台北]第4卷第2期)

　　△　令各军即时进剿。

令云:"奠定大局,已及时机,肃清东江,更宜速进。已令第一路联军总指挥杨希闵,督率各军,即时进剿,并已由参谋处函达联军总指挥部总参谋长周自得,转报分达。现对外展布,对内肃清,时机两好,正吾人达此目的之时,惟诸将领勉焉。"(《大元帅训勉各军》,《广州民国日报》1924年1月29日)

　　△　手令滇军总司令部,第二路联军各部移动开拔在即,所有以后湘粤边境卫戍事宜,应即责成滇军分兵担任[①]。(《滇军卫戍湘粤边境》,《广州民国日报》1924年1月30日)

　　△　任杨庶堪为省长,廖仲恺改任大本营秘书长。

蒋介石从苏联返回中国后,曾向孙中山捎去一个建议,任命杨庶

———————————

　　①　文中有"昨奉大元帅第十五号手令"之语,故暂作29日。

堪为广东省省长，孙中山接受其意见。（杨天石：《找寻真实的蒋介石：蒋介石日记解读》上册，第 123 页）本日，孙中山免去杨庶堪大本营秘书长职务，改任广东省长。又免去廖仲恺广东省长职务，改任大本营秘书长，令谭延闿在廖仲恺未到任前暂代秘书长一职。（《大本营公报》第 4 号，"命令"）谭延闿奉令，于 2 月 1 日呈报已于该日就职视事。2 月 15 日，孙中山指令谭延闿，呈悉所报就职日期。（《大本营公报》第 5 号，"指令"第 145 号）

△ 令大本营第七路司令赖天球淘汰土匪，约束部属。

23 日，中央直辖滇军总司令杨希闵呈文孙中山，"查土匪邓跳山现归大本营第七路司令赖天球收编，所有匪徒均编入营伍，迭次焚杀劫掳，但其挂大本营招牌，欲行查办，似非职局职权势力所能及，应否饬令该司令查办，请帅座衡核"。（《大本营公报》第 4 号，"指令"第 96 号）本日，孙中山训令大本营第七路游记司令赖天球，据中央直辖滇军总司令杨希闵呈称，南雄匪首邓跳山即林杨现经大本营第七路司令赖天球收编。所有匪徒均编入营伍，迭次焚杀。令该司令即将该部严行淘汰，认真约束，如再有不法行为，当严办不贷。（《大本营公报》第 4 号，"指令"第 45 号）并指令中央直辖滇军总司令杨希闵，已令饬赖天球将所部严行淘汰。（《大本营公报》第 4 号，"指令"第 96 号）另本月 20 日，第七路游击司令赖天球曾呈文孙中山称，"本部前因子弹告罄，已由三南退驻赣边。复因无衣无食，恳请迅赐先将伙食一项给发四千元，俾便驰往转发以救目前"。本日，孙中山指令大本营第七路游击司令赖天球，所呈伙食困迫，求即给发并长期拨款一事，着先将前日滥行收编者严加淘汰，再行呈请。（《大本营公报》第 4 号，"指令"第 101 号）指令中所指"滥行收编者"，应即为杨希闵呈中所言邓跳山等匪徒。

△ 着赵士北将琼山、罗定等处已决人犯减刑。

23 日，大理院长兼管司法行政事务赵士北呈文孙中山，"奉大元帅训令清理庶狱，以普惠泽。经查核，其情有可原应予减刑者共一百五十九名，依奉核定减刑办法逐一列册签注，拟请明令宣布减刑释放,俾免向隅,以副大元帅哀矜庶狱,普及惠泽之至意"。本日,孙中山指令大理院长兼管司法行政事务赵士北,准如所请将琼山、罗定等十七厅庭已决人犯减刑。(《大本营公报》第4号,"指令"第97号)

△　大本营参军处副官黎工伙准免于处分。

本月24日,参军长张开儒呈文孙中山,上校副官黎工伙,前因涉及代售印花税票一案,奉令将其扣押在案。据公安局长吴铁城调查,黎氏对于本案不认知情,已无嫌疑,拟请免予处分。据此,孙中山本日指令张开儒,副官黎工伙于伪造行使印花税票案既确无嫌疑,准免予处分。(《大本营公报》第4号,"指令"第98号)

△　本月22日,参军长张开儒呈文孙中山,少校副官朱全德迭接家书,催促回籍完婚,当即上呈假单一纸,日前又接家中来电谓"喜期已届,火速回家",请孙中山核准早日批下,并请将历月欠饷连单批发,俾得即日就道。本日,孙中山指令大本营参军长张开儒,准给副官朱全德长假回籍完婚。(《大本营公报》第4号,"指令"第99号)

1月30日　廖仲恺在一大会上提出《依法联署提案》,提议将收回租界、要求外国人在华服从中国法律、庚子赔款全划为教育经费三项列入政纲,孙中山发言赞成,并说自己曾两次提倡收回租界。(《对〈依法连署提案〉的意见》,《孙中山全集》第9卷,第175—176页)

△　任蔡元培为中央候补监察委员。

中央候补监察委员的提名,当孙中山在大会念出蔡元培为中央候补监察委员时,会场中立时有两种不同的议论,安徽代表张秋白当场提出询问。孙中山微笑着说:"你对蔡子民同志有误会,此事非片言能尽,我知道他最清楚,故我有此处置。"(黄季陆:《蔡元培先生与国父的关系》,《传记文学》[台北]第5卷第3期)嗣后,孙中山亲书国民党第一届中央监察委员名单。(《中国国民党第一届中央监察委员名单》,陈旭麓、郝盛潮主编,王耿雄等编:《孙中山集外集》,第821页)据《孙中山集外集补编》载,黄季陆亦曾向孙中山提出关于蔡元培出任中央候补监察委员的意见。孙中山很委婉地说:"蔡子民先生在北方的任务很重大,北

方的政治环境与南方大不相同,他对革命的贡献是一般人不易了解
的。本党此次改组,不提他参加中央亦不好,使他在中央的地位太显
著,对于他的工作反为不便,他不计较这些的,我希望他由欧洲回国
后,仍能到北京去工作。"(《与黄季陆的谈话》,郝盛潮主编、王耿雄等编:《孙
中山集外集补编》,第 376 页)

△　选举中央执行委员会,并发表大会闭幕词。

上午,国民党一大选举中央执行委员,主席孙中山提出:"中央执
行委员二十四人连本总理为二十五人,赞成这二十五人之人数者请
举手。"大多数举手通过①。(余齐昭:《孙中山文史图片考释》,第 239 页)会
议除选出中央执行委员外,另选出候补委员十七人。(《中国国民党第
一届中央执行委员名单》,《孙中山全集》第 9 卷,第 181 页)

据邓家彦忆述,民国 12、13 年间,其在德国主持党务,未参加国
民党改组工作。其据张知本告知,孙中山原欲提名其与邵元冲二人
为中央执行委员,而廖仲恺极力反对,遂改任其为候补委员。(郭廷以
等访问,谢文孙、刘凤翰等纪录:《邓家彦先生访问纪录》,第 17—18 页)

下午发表《中国国民党第一次全国代表大会闭幕词》,提出《中国
国民党第一次全国代表大会宣言》要立刻用为宣传材料,随后对宣言
的内容进行了介绍,并指出"因为见到从前的奋斗尚不充分,所以这
次要开大会,把全党来改组。从前奋斗不充分的原因,是由于没有办
法。从此以后有了办法,就要诸君担负责任,拿这个办法去替国人发
生一个新希望……从今以后拿了好办法去革命,便可一往直前,有胜
无败,天天成功,把三民主义、五权宪法宣布到全国的民众。在今年
之内,一定可把革命事业做到彻底的大成功"。(《中国国民党第一次全
国代表大会·闭会词》,荣孟源主编:《中国国民党历次代表大会及中央全会资
料》,第 6—11 页)

---

①　《孙中山全集》所列国民党第一届中央执行委员名单共二十四人,未将孙中山
本人列入。(《中国国民党第一届中央执行委员名单》,《孙中山全集》第 9 卷,第 180—
181 页)

△　旅沪川民自决会电贺国民党代表大会召开。

旅沪川民自决会致电孙中山称，"贵党手创民国，成败与共。今之善贵会者，盖即所以善吾国。遥维盛举，良用钦迟，敝会谨代表七千万川民驰电致庆，并敦请诸君殚精竭虑，共树远大"。又电云，"报载我公将于岭表组织正式政府，内以收拾人心，外以标扬正统。惟兹善举，允合时宜。敝会谨代表七千万川民促请我公奋迈进行，庶凶顽知所敛迹，列强得以归心也"。(《川民会上大元帅两电》，上海《民国日报》1924 年 1 月 31 日)

1 月 31 日　《中国国民党第一次全国代表大会宣言》正式发表。(罗刚编著：《中华民国国父实录》第 6 册，第 4565 页)

△　共产党员主持国民党组织、工人、农民部。

孙中山于本日主持中国国民党第一届中央执监委员会第一次全体会议。([美]陈福霖、余炎光：《廖仲恺年谱》，第 243—244 页)国民党第一届中央执行委员会分设八部，即组织部、宣传部、青年部、工人部、农民部、军事部、妇女部、海外部，后来又增设商民部与实业部。中央执行委员会确定各部负责人选时，中共最注重组织、工人和农民三部。不过，中共最初只推举谭平山为组织部秘书，冯菊坡为工人部秘书，林祖涵为农民部秘书，而不愿居任何部长名义。

当时八部中，孙中山本拟以共产党员林祖涵为农民部长，其他七部皆由国民党老党员担任，并以廖仲恺为组织部长。后因广东工人组织工作重要，且以广东党员担任其指导者为宜，故廖仲恺自愿担任工人部长，而由他转推谭平山为组织部长。因谭原本是国民党员，民国 9 年中共组织之初，廖仲恺指定他去参加中共。谭平山担任组织部长以后，就荐杨匏安为该部秘书，于是组织部就由共产党员主持。廖仲恺担任工人部长之后，以其兼职很多，部务皆交秘书冯菊坡办理，冯是共产党员，于是各地工会和总工会就多由共产党负责。林祖涵担任农民部长以后，推荐彭湃为秘书。他自己辞去部长职务，其后部长屡次更易，但部务始终由彭湃负责。其所设农民讲习所，也由共产党包办。孙中山当时致力于吸收革命青年加入国民党,并鼓励其参加基层工作。即如广州市党部,就是国民党忠实分子所组成。(蒋中正:《苏俄在中国》,第31—33页)

△ 指令修正《禁烟督办署章程》。

本月14日,大本营禁烟督办杨西岩呈文孙中山,拟请将原定《禁烟督办署章程》第四条第三项改为关于戒烟药专卖事项。又制药总分所原拟招商承办,日前经召集各会办、帮办会议,佥以未便商承,自应委派专员办理,一致议决并经另文呈荐所长在案,则原定《禁烟督办署章程》第八条"禁烟督办得于各省各县设立禁烟总分局"之下加"并制药总分所"六字以利进行。本日,孙中山指令禁烟督办杨西岩,查所拟《禁烟督办署章程》第五条规定督察处之职掌,其二款为关于缉获烟犯及处罚判决事项,核与《禁烟条例》第二十条移送司法机关审讯治罪之规定不符,应删削。并将同条第三、四两款改为二、三,以符顺序,其余准如所拟施行。(《大本营公报》第4号,"指令"第102号)

△ 任命周潜为潮梅守备司令。令财政委员会筹给李福林部军毡费一万五千元,筹汇上海事务所经费一万元(《给周潜任命状》《命发李福林军毡费令》《命汇上海事务所经费令》,陈旭麓、郝盛潮主编,王耿雄等编:《孙中山集外集》,第821、822页)

△ 王汝为部投降陈炯明。

驻东线横沥的王汝为直接管辖下的滇军第第八旅于本月28日投降到陈炯明一边去。据官方报道,该旅大约有三分之二的人投敌去了,剩下的已被遣散。蒋光亮日前回到广州,向孙中山报告了情况,并后悔对叛将王汝为两星期前在石围塘闹事采取了宽容的态度去处理。(广东省档案馆编译:《孙中山与广东——广东省档案馆库藏海关档案选译》,第509—510页)

是月 当国共合作问题正进行讨论时,宋庆龄问孙中山为什么需要共产党加入国民党。孙中山回答:"国民党正在堕落中死亡,因此要救活它就需要新血液。"(宋庆龄:《儒教与现代中国》,《宋庆龄选集》上

卷,第 178 页)

△　与邹鲁谈论国民党改组。

国民党一大改组党务时,邹鲁请教孙中山:"苏联之法,我国古有行之者。"孙中山说:"对的,洪杨时曾行之。"邹鲁知孙中山未明其意,便立刻申说:"非言主义,乃言组织。盖商鞅治秦,其法之密,与苏联等。以商鞅己身聪明,亦不能逃,至叹作法自毙;其重法不重情,于此可见。沿是非不并吞六国,但一夫揭竿,天下瓦解,不旋踵而亡。较之姬周向礼重情者,东周虽弱,犹赖诸侯尊王,延数百年之祚,究何以得其利,而无其弊乎?"孙中山说:"吾党之情感至重。同盟会以前之党员,亲如骨肉,勿论矣;即至现在党员数十万,散处国内外,仍能精神脉脉相通,共向革命,完全在情感。今日改组,应保持本党原来之情感,采取苏联之组织,则得其益而无其弊,直可驾苏联而上之。"由此可见孙中山对于改组之立场。(邹鲁:《邹鲁自述》,第 145 页。)

△　交际部长张秋白呈文孙中山,因国民党临时中央执行委员会在广州成立,上海交际部应取消。现印信文件及应行交代之事项,俱已结束完竣,并已将各项文卷移交总务部暂行保管听候孙中山令处①。(《交际部长张秋白上总理呈》,环龙路档案第 12034 号)

△　致函德国外交部,提出中德合作之计划。

函称:"德国要解除凡尔赛条约束缚,没有其他任何好的途径比较协助中国建立一支强大的现代化军队更佳的,如是中国可以为你们说话。你们应预先在远东准备一不可觉察的力量,以便一旦要你们援助时用。为实现这一计划,自需建立不可避免的首要事项,这就是经济和财政性质——这是计划的极主要主旨。"列举几个未来合作范围:一,双方基于平等利益开发在广西省东部富贺区、富川区、贺县煤矿、铁矿、锡矿。二,德国农业专家协助计划,并耕种广西土地、三、德国专家协助实现国家管制商业(包括价格、出口、入口)。四,德国

---

①　张秋白于 1923 年 12 月 31 日由上海呈文孙中山,孙中山收到此文具体时间不确。

政府可能的资本援助,或与德国实业家合作,以建设一巨大以德国为模范的现代化中国事业。倘若中国能获得德国政府和资本家参与工作,以合作进行调查、准备、实行上述四项工作,每一项工作可于四五年间完成。中德合作可以交通范围开始,例如基于互相利益,德国航空公司经营广州与四川航空交通。希望德国政府鼓励德国实业资本家来完成这几项工作,以赢得中国人民的信任。(吴相湘:《孙逸仙先生传》下,第 1548—1549 页)

2 月

2 月 1 日　函复国民党暹罗彭世洛分部同志暨卓承业、郭南唐等,已收到萧佛成与陈美堂带来的大函并港币九百拾元,已着中央筹饷会填发收据四十六张寄上。至于奖章,已令该筹饷会按照筹款章程赶速办理。诸君热心党务,迭次讨贼,卓著勋劳。既以党义奋斗于先,尤望以毅力坚持于后。今后党务之策划与饷项之运筹,仍请继续努力。(《复国民党暹罗彭世洛分部同志函》,《孙中山全集》第 9 卷,第 427—428 页)

△　任命刘光烈、周炯伯、吴景英、费行简、吴景熙、曾道、丁毂音为大本营咨议。(《大本营公报》第 4 号,"命令")任命王柏龄、李济深、沈应时、林振雄、俞飞鹏、宋荣昌、张家瑞为黄埔军校筹备委员,筹备处设于省城南堤二号,于 2 月 6 日正式成立。(《本校筹备之事略》,广东历史博物馆编:《黄埔军校史料(1924—1927)》,第 26 页)

△　中国国民党第一届中央执行委员会第一次全体会议通过对广东财政统一问题案。

理由:"广东为最高党部所在地,与全国革命有极大关系。目下广东政治、财政未能统一,亟应设法统一,使吾党革命根据地趋于巩固,方能全力以策全国革命之进行。"决议:"以中央党部名义建议于本党总理。"(《中国国民党第一届中执会第一次全体会议通过对广东政治财政统一问题案》,中国第二历史档案馆编:《中国国民党第一、二次全国代表大会会议史料》上,第105页)

2月2日　指令财政委员会,自2月起,每月向北伐讨贼军第一军军长陈光逵、第二军军长柏文蔚两部各发给办公费毫银一千元。着财政委员会筹给吴雅觉公费五百元,宋品三旅费五百元。着财政委员会筹汇上海事务所经费一万元。筹给李福林部军毡费一万五千元。(中国第二历史档案馆编:《中华民国史档案资料汇编》第4辑下册,第1201页)

△　任周亚南、刘伯英二人为咨议①。(《中山墨宝》编委会编:《中山墨宝》第9卷,第210页)

△　陈炯明致函致公堂全体人士,攻击孙中山。

函谓:"致公堂列位同志均鉴:粤自中山援引客军,卷土西来,炯明不忍蹂躏乡邦,毅然下野,耿耿此心,应为同胞共谅。不料中山入粤,暴政百出,烟赌遍地,捐借横施;农场学校,公然变卖;寺庙庵观,拆售殆尽;又霸鬻人民房屋,数至千家;强占耆老堂院,虐及无告;其他如铁路收管宁阳,干没华侨血汗;拉夫逼充前敌,实为刍狗劳工,我粤军将领哀此无辜,誓志澄清之。乃天不厌乱,战事延长,彼方骤增湘豫诸军,我军运输不继,粮食煞费筹谋。素仰同志诸公义侠爱乡,热诚救国,务请鼎力筹助军糈,则百粤生灵,共蒙幸福。陈炯明启。"(段云章、沈晓敏、倪俊明:《历有争议的陈炯明》,第492页)

2月3日　本日在广东高等师范学校大礼堂作民族主义第二次讲演,论及民族生存面临的进化力。

"世界中的进化力,不止一种天然力,是天然力和人为力凑合而成。人为的力量,可以巧夺天工,所谓人事胜天。这种人为的力,最大的有两种,一种是政治力,一种是经济力,这两种力关系于民族兴

_____

①　《大本营公报》1924年第4号载,此令日期为2月6日。

亡,比较天然力还要大。我们民族处在今日世界潮流之中,不但是受这两种力的压迫,并且深中这两种力的祸害了。"并指出,"中国民族如果单受天然力的淘汰,还可以支持一百年,如果兼受了政治力和经济力的压迫,则很难渡过十年。故在这十年之内,就是中国民族的生死关头"。"而自中国革命以后,列强知道用政治力瓜分中国必然引起反抗,所以他们现在重在用经济力来压迫我们。具体而言,包括海关、外国银行、运费、赋税、地租、地价、特种营业及投机事业等各方面的经济力压迫。""中国近来一百年以内,已经受了人口问题的压迫……现在又受到政治力和经济力一齐来压迫。我们同时受这三种力的压迫,如果再没有办法,无论中国领土是怎么样大,人口是怎么样多,百年之后一定是要亡国灭种的……故为中国民族的前途设想,就应该要设一个什么方法,去打消这三个力量。"(《三民主义》,《孙中山全集》第 9 卷,第 197—209 页)

据邹鲁回忆,在民族主义演讲期间,有一次孙中山问邹鲁,中国最大的祸患为何。邹鲁以孙中山"一是列强政治力的压迫;二是列强经济力的压迫;三是列强人口增加的压迫"之结论对答,孙中山便特别讲解了列强人口增加的问题,认为在列强人口增加的同时,中国青年反而在提倡独身、节育,不利于中国人口的增长,这是十分危险的。因此,有必要大力提倡《孝经》和孝道,使人们产生养儿防老的观念,以对抗列强人口增长带来的危机[①]。(邹鲁:《邹鲁回忆录》,第 110 页)

△　通令统一财政委员会接管财政办法。

办法为:(一)凡为各军一时权宜派员管理之财政收入机关,概由财政主管机关先行加委,所加委各机关,以后即应禀承各财政主管机关办理。另由财政主管机关,或先加派副员一名,于各收入机关,协助调查、稽核与整理一切事项。其暂时特别收入款项,另由财政主管机关特设机关管理之。各军管区权委之各财政委员,自加委后,应格

---

① 　具体时间不确。

外谨慎奉公,以后察看贤否,由各主管机关妥酌。(二)各军管区之财政,应由财政主管机关通盘筹划,除奉孙中山核定各军饷额遵令指拨外,其盈余仍由财政主管机关遵令办理。(《孙大元帅通令统一财政》,上海《民国日报》1924年2月14日)

△　准予发行短期手票五十万,并令各部队不得借机骚扰。

据大本营财政部长叶恭绰、广东省长廖仲恺呈称,广州地方善后委员会、广州总商会、广东善团总所、九善堂院联合致函称,经各界大集会会议决议,由其联合发行善后短期手票五十万,以各善堂院价值一百余万元产业为保证,契照由广州总商会储存,由广州市民产保证局交法定社团公推委员办理,规定保证局不收现金,专收此手票,以偿足五十万元为止。孙中山对此至为嘉慰,关于民产保证局既交由各法定社团办理,应即妥定便利办法,责成广州市长督饬妥迅进行。至一切官产市产,一律停止举报,其未办结各案,应即速行办结,以苏民困,财政部、广东省长分别转饬遵照。(《大本营公报》第4号,"命令")是日,又训令各军总司令、司令、军长、师长,据财政部长叶恭绰、广东省长廖仲恺呈称,年关逼近,军饷急需,拟发行短期手票五十万元以资救济。令该总司令、司令、军长、师长即便严饬所属部队,不得借机骚扰,以利推行。(《大本营公报》第4号,"训令"第47号)并指令大本营财政部长叶恭绰、广东省长廖仲恺,短期手票五十万应准发行,已如呈分令各军队不得借此骚扰。(《大本营公报》第4号,"指令"第104号)短期手票虽准予发行,但在使用上,仍困难重重,手票用于支付军饷,市面却并不支持,甚至多次发生流血冲突①。

△　准广东财政厅厅长兼筹饷局会办梅光培辞职,令财政部次长郑洪年兼代。

此前,广东财政厅厅长兼筹饷局会办梅光培曾呈文孙中山,谓"粤省频年用兵,库储久竭,近因内贼外寇勾结侵乱,大军云集,饷糈

---

①　参见2月5日条。

浩繁,言节流则挹注无方,言统一则群情多阻。伏乞钧座鉴查愚忱,俯准免去本兼各职"。(《大本营公报》第 4 号,"指令"第 105 号)本日,孙中山明令准广东财政厅厅长兼大本营筹饷总局会办梅光培辞去其本兼各职。并任命大本营财政部次长郑洪年兼代广东财政厅厅长、大本营筹饷总局会办。(《大本营公报》第 4 号,"命令")郑洪年奉令,于本月 11 日接任视事,并于同日呈报接任日期,孙中山接呈后,于 19 日指令郑洪年,呈悉所报接任视事日期。(《大本营公报》第 6 号,"指令"第 157号)

△ 令钦廉高雷招抚使,设署不得过于扩大。

派张启荣为钦廉高雷①招抚使。(《大本营公报》第 4 号,"命令")张启荣奉命赴任后,旋于本月 18 日在省暂设行署就职,启用关防,并于本月 21 日呈报就职日期,又将所有该署组织及办事简章,拟就成册,呈请孙中山鉴核。(《大本营公报》第 6 号,"指令"第 175 号)至 22 日,张启荣复呈请孙中山任命王鸿鉴为该署总务处处长、吴洪煊为该署军务处处长、孔昭度为该署参谋处处长、沈重熙为该署副官处处长,并言各员业经该署先行委派任务,乞准明令加委。(《大本营公报》第 6 号,"指令"第 180 号)孙中山据呈,于 26 日指令张启荣,该使专责在招致钦廉高雷各属敌军,使各该属军民闻风感化,毋抗义师。应在各该属相当地点,分派人员就近办理,毋须设立机关,尤不得在省会设置行署,致涉招谣。所呈组织简章,拟设参谋、军务各处,实属过于扩大,碍难核准。至在省会已设机关,应即一并撤销。(《大本营公报》第 6 号,"指令"第 175 号)28 日,复指令张启荣,所请加委王鸿鉴等人之事,须待招抚事宜卓具成效再行核办,所有呈请加委各节应毋庸议。(《大本营公报》第 6 号,"指令"第 180 号)

△ 派雷洪基、朱公彦为大本营出勤委员。(《大本营公报》第 4 号,"命令")

---

① 钦州、廉州、高州、雷州。

△ 任蒋介石为中国国民党本部军事委员会委员。(中国第二历史档案馆编:《蒋介石年谱(1887—1926)》,第140页)

2月4日 令设立国立广东大学,并任邹鲁为该校筹备主任。

令将广东农业专门学校、国立高等师范与广东法科大学合并,改为国立广东大学,并以邹鲁为国立广东大学筹备主任。(《委派邹鲁职务令》,《孙中山全集》第9卷,第433—434页)该校最初拟委马君武主持筹备工作,但因马氏婉辞,遂改任邹鲁为筹备主任。(罗刚编著:《中华民国国父实录》第6册,第4570页)邹鲁开始筹备工作后,又请聘汪精卫、胡汉民、廖仲恺、张继、蔡元培、吴稚晖、李石曾、蒋梦麟、胡适等三十五人为筹备委员。(易汉文主编:《中山大学编年史》,第2页)嗣后,孙中山于9日训令广东省长廖仲恺,国立高等师范、广东法科大学、广东农业专门学校,业经明令合并改为国立广东大学,并派邹鲁为国立广东大学筹备主任,该省长分别转饬各该校遵照,嗣后所有用人、行政悉由该筹备处主管办理。(《大本营公报》第5号,"训令"第52号)同日,训令邹鲁,该主任即日将各该校接管,从速筹备成立具报。(《大本营公报》第5号,"训令"第53号)廖仲恺奉令,即函知国立广东大学筹备主任暨分行各该校遵照,并于本月12日将遵办情形呈复。孙中山旋于20日指令广东省长廖仲恺,呈悉所报改组国立广东大学一案业经分行各该校遵照情形。(《大本营公报》第6号,"指令"第160号)邹鲁奉令后,于本月21日就职视事并启用关防,同日,并将就职启用关防日期呈报孙中山。26日,孙中山指令邹鲁,呈悉所报就职及启用关防日期。(《大本营公报》第6号,"指令"第174号)

2月5日 短期手票使用迭酿冲突,孙中山令妥筹办法。

短期手票经孙中山批准发行,但商户对手票信誉存疑。2月12日《香港华字日报》即载,孙中山因需款孔亟,发行临时手票五十万元,以资应付。惟商场鉴于历次纸币之祸害,咸不愿行使,连日市面,已骚扰异常。近日又各行多暂行罢市。(《三志孙文发行手票大风潮》,

《香港华字日报》1924年2月12日）自手票发行，更有因之引发商团与军人之流血冲突事。本日，滇军总司令兼广州卫戍司令杨希闵即呈文孙中山称，该部"警卫二团于4日请领薪饷，领获短期手票八百元。二连三排长蔡海清、三班长张升平两人，于午后6时徒手持票，至双门底品南茶店三元钱铺兑换旧钱，以资采买各物。讵该店主坚持不收，声称此系滇军伪造，彼此互相口角，该店主遽鸣笛召团。商团遽然开枪，竟将该排长蔡海清、班长张升平登时当场击毙。全团官兵睹此现象，愤不欲生。查商团巡街维持市面固属天职，然若非真有聚众抢劫或持械拒捕与不法滋事者，万不可轻率开枪致酿人命。况该排长蔡海清、班长张升平执政府颁发手票出街购物，属于正当行为，既系徒手，自然无能为力。对于此等事件，亟宜公平处理，严密防范，以镇军心而安闾阎"。（《大本营公报》第5号，"指令"第115号）孙中山据呈，于本月8日训令广东省长廖仲恺，据中央直辖滇军总司令兼广州卫戍总司令杨希闵呈称，其警卫二团二连三排长蔡海清、三班长张升平二人，行使短期手票采购货物与商人出现纠纷，被商团开枪击毙。另一排长李忍亦头部重伤。反复推察，此次冲突，若非寻私报仇，必系受敌运动，故意捣乱。诚如近来各方谍查侦探所报告，陈炯明极力运动商团，意图在省捣乱，不然桑梓地方，何致草营人命，令该省长认真查究。（《大本营公报》第5号，"训令"第48号）同日，又指令中央直辖滇军总司令兼广州卫戍总司令杨希闵，已令行广东省长认真查究。（《大本营公报》第5号，"指令"第115号）

　　6日，豫军讨贼军总司令樊钟秀亦因使用手票致冲突事呈文孙中山，呈谓："职部领到广州市善后短期手票二万元，内注明'市内一律通用，不得拒绝'字样，分发部属领用。今午后3点钟，总部伙夫在油栏门街采买肉食与合栈利肉店口角，商团兵丁帮助该店绑殴伙夫。第八连兵士薛中奎于今午在沙面购买食品，被团兵拉碎票纸并绑送第九区。查职部所领票币原系维持伙食，不但市面不能使用，商团反生欺诬，且近日竟有因使手票枪伤联军官兵事情。若不从速解决，恐

生他虞。"8日,孙中山指令樊钟秀,所请设法维持票币,已饬主管机关设法维持。(《大本营公报》第5号,"指令"第116号)

此两案发生后,孙中山于9日训令大本营军政部长程潜,据中央直辖滇军总司令兼广州卫戍总司令杨希闵呈称,商团因行使手票问题击毙该部排长蔡海清,又据豫军讨贼军总司令樊钟秀呈称,商团因干涉行使手票,绑殴其部属并扯拦纸票。令该部长即便会同各主管机关妥筹办法。(《大本营公报》第5号,"训令"第54号)

孙中山令军政部长会同主管机关妥筹办法的前一日,豫军讨贼军总司令樊钟秀再呈文孙中山,谓有无知兵士董福昌一名,在一德路公昌成海味店采买,因该店不肯使用手票致起口角。嗣后竟与店内之人互相开枪。该无知兵士至今尚未回部,是否被该店所困尚未可知。自愧带兵无力,除函请公安局转饬该商有无扣留兵士,设法饬令交出息事外,一面迅令所部将所有手票汇缴来部另法兑换,并布告商民,知照该军暂不行用手票采买物品,以维秩序。一俟该兵士董福昌回部,从严惩办。11日,孙中山指令豫军总司令樊钟秀,呈悉所报关于该部兵士董福昌因行使手票失踪暨布告该军暂不用手票以维秩序等情。(《大本营公报》第5号,"指令"第135号)

因迭次发生士兵因使用手票而遭商团枪击事件,主张将商团缴械之声亦开始出现。2月14日《香港华字日报》即载,商团因军队强用手票,轰毙滇军警卫团二命,寸性奇极力主张缴商团械,闻杨希闵呈帅府公牍,亦露此意。日前孙中山一见杨希闵晋府,即揭帽对杨曰:"如汝主张缴商团枪械以报仇,则我宁愿让位于汝,我即退出广州,不闻不问。"辞极愤激,杨氏答谓:"缴械系下级将领所请,仍可劝谕其不可如此。"可见孙中山对于处置滇军之为难。(《孙文处置军团仇视事之为难》,《香港华字日报》1924年2月14日)

2月6日 主持国民党中央执行委员会第三次会议。

出席会议的中央执、监委员以及候补执、监委员共二十五人。会议通过《海外党务方案》《各省党务进行计划案》《中央执行委员会及上海、北京、哈尔滨等执行部组织及预算案》等议案。其中《海外党务方案》议决中央执行委员会增设海外部,统辖日本、檀香山、香港、法国、加拿大、美国等十八个总支部的工作,会议推举林森担任海外部部长。(陈锡祺主编:《孙中山年谱长编》下册,第 1834－1835 页)《中华民国国父实录》一书载,本次会议上,通过上海、北京、哈尔滨三执行部之组织及预算。居正前已奉派为监察哈尔滨执行部党务,本月 2 日,居氏与所属代表在广州会议,李大钊谓居氏去哈尔滨意在贩卖毒品。考虑当前情势,孙中山令居氏等缓行,居氏旋离粤赴沪。(罗刚编著:《中华民国国父实录》第 6 册,第 4571 页)

△ 复函赵世炎,希望其将在苏所得有关苏俄革命经验与国内同志分享。

留苏赵世炎等人于 1923 年 11 月 30 日上书孙中山,孙中山本日函复赵世炎等称,"12 年 11 月 30 日手书诵悉,一切所论洞见症结,至为欣慰。关于本党改组问题,及政策问题,此次召集国民党全国代表大会通过宣言与章程,在宣言中列举政策,在章程中确定变更组织,均与手书所论略相吻合。要之,此后吾党同志,当努力于主义之宣传与实现,对于外国之帝国主义,及国内之专制主义余孽,务当摧陷而廓清之,筑国民党基础于民众利益之上,时时导引国民为民众利益而奋斗。凡此荦荦诸端,凡属党员,皆当身体力行。文甚望此次改组以后,本党之组织与纪律,能使党员一致,以猛向前进,则建设大业终当成就。本党此次改组,得力于俄国同志鲍尔汀之训导为多,鲍君本其学识与经验,以励本党之进步,成绩已著。诸兄现留俄国,于其革命主义之所以能彻底,及其党之组织与纪律,与其为国民利益而奋斗之方策,必多真知灼见,望时时以所心得饷之国内同志,俾得借镜,是所至□。至于来书,望文移驻沪上一节,揆之目前事,实有所未宜。粤中环境固未能猝即实现吾党之理想,然将种种困难次第解决,则亦未尝不可作为实行主义之发轫地。今正从事肃清东江,俟余孽荡尽,即当出师北伐,盖主义之宣传与障碍之扫除,当同时并行"。(《总理复

赵世炎书》,中国国民党汉口档案第30号)

△　广九铁路局长温德章着即免职听候查办,以陈兴汉兼代。
(《大本营公报》第4号,"命令")

△　令前敌各军通缉率部投降之王汝为。

1月28日,中央直辖滇军第三军军长蒋光亮呈文孙中山,"王汝为率十六团、十五团、第三营已离驻地,不知去向,想必投敌。除通令所属各师并电各友军转饬所属部队协缉,暨咨公安局侦缉王秉钧、王汝为党羽以防捣乱而维治安外,理合报请帅座通令追缉,务获究办"。(《大本营公报》第4号,"指令"第106号)孙中山据此,本日发布大元帅令,令云:"前因中央直辖滇军第四师师长王汝为横行畿辅,业经明令免职查办在案,兹据蒋军长光亮呈称,王汝为已率部降敌,罪无可逭,着前敌各军长官暨地方官吏一体严缉,务获惩办。"(《大本营公报》第4号,"命令")并指令蒋光亮,王汝为已明令通缉。(《大本营公报》第4号,"指令"第106号)

△　以石井兵工厂产量有限,驳回西路讨贼军师长严兆丰买枪申请。

本月1日,军政部长程潜呈文孙中山,"据西路讨贼军第二师严师长兆丰巧电称,石井兵工厂所制新七九步枪,拟备价购一千杆,新式水机关枪拟购四尊,恳部座代呈帅座转令该厂总办如数准备照给。至应先缴价几何及每日能领若干杆,由何月何日起流,恳电示祗遵。据此,理合备文呈请钧座核示"。本日,孙中山指令大本营军政部长程潜,查石井兵工厂每日造成枪械无多,严兆丰拟备价购领一节,碍难照准,即转饬知照。(《大本营公报》第4号,"指令"第108号)

△　指令大本营参军长张开儒,准给中校副官谷春芳病假一月。中校副官谷春芳获病累月,亟需修养治疗。参军长张开儒遂于本月1日呈文孙中山,恳请自2月1日起给中校副官谷春芳假期一月,俾资调理。本日,孙中山指令准予给假。(《大本营公报》第4号,"指令"第110号)嗣后,谷春芳假期届满,而病未痊愈,张开儒遂复呈请孙中山

准给长假，以便谷氏入院就医①。

△　1月29日，兼湘军总指挥、湘军第一军军长宋鹤庚呈文孙中山，于本月29日遵就本兼各职，并启用关防。本日，孙中山指令宋鹤庚，呈悉所报就职并启用关防日期。（《大本营公报》第4号，"指令"第111号）

2月7日　核收高等审判厅提俸充饷之款，并发给收据。

上月30日，广东高等审判厅长陈融呈文孙中山，据市政厅呈拟提薪充饷办法，饬将在事人员除月薪四十元以下免提外，其余超过四十元以上者，即将一月超过薪额提扣，分两个月扣清，借充军饷。已遵令执行，伏乞核收先行给据。并乞指令批回备案。本日，孙中山指令广东高等审判厅厅长陈融，该厅解来12年11、12两月所属各职员提俸充饷之款三千三百元，业饬会计司如数核收，并由该司发给收据。（《大本营公报》第4号，"指令"第114号）

△　以百货捐、盐税关系人民生计，令不可轻易加征。

上月22日，中央直辖滇军总司令杨希闵、湘军总司令谭延闿、中央直辖滇军第一军军长朱培德联名呈文孙中山，"拟设盐务局于广州负廓黄沙地方，凡盐商贩运盐斤行销大小北江，均须报由该局查验。并规定每盐一包，于正税外加抽护运附捐一元。又于韶关东西北税厂内附设百货税局，英德县属含洸地方设百货税分局，凡各商贩运载货物往来大小北江，均须报由各该局查验。并规定将各种货物于正厘外，估价抽收护运附捐2.5％，暂定抽至军事收束为止。所有设局征收事宜由谭延闿、杨希闵、朱培德等会委专员经理以专责成。收获之款即由谭延闿、杨希闵、朱培德均匀分配。理合备文连同拟定临时附加协饷总局合组大纲呈请鉴核备案"。（《大本营公报》第4号，"指令"第113号）闻杨、谭、朱等拟设局抽捐，两广盐运使赵士觐于1月26日致电孙中山表示反对，电云：现据盐业运

①　参见3月17日条。

商济安公堂研究公会邮代电称,各买客买下之盐纷纷退回,因黄沙设立临时附加协饷总局,每盐一包加抽一元,成本过重,迫得停办。查盐饷关系甚巨,滇湘军设局加抽护运附捐絮乱盐纲,影响税收,恳迅令饬取销。(《大本营公报》第5号,"公电")29日,广东财政厅长梅光培又呈文孙中山称,滇军总司令杨希闵、湘军总司令谭延闿、第一军军长朱培德拟在黄沙地方设立盐务局,于韶关东西北厂内附设百货税局,及英德县属含洸地方设百货税分局。查此事未奉孙中山令行到财政厅前,应否分饬各税厂遵照办理,请察核示遵。(《大本营公报》第5号,"指令"第124号)本日,孙中山指令杨希闵、谭延闿、朱培德,盐税加减属盐务行政范围,百货征税非可轻易附加。际此民力艰难,兵灾连年,尤宜体恤下情,以维持人民生计,所请设局抽收盐斤及百货临时附加捐着毋庸议。(《大本营公报》第4号,"指令"第113号)8日,又指令梅光培,湘军总司令谭延闿等于黄沙地方设立盐务局一案,前据杨希闵等呈请,已指令着毋庸议。(《大本营公报》第5号,"指令"第124号)9日,又以相同内容指令赵士觐。(《大本营公报》第5号,"指令"第127号)

△ 范石生得电,其父在滇被唐继尧害,范于本日在江防司令部设祭,孙中山亲到致祭。(《国内专电》,《申报》1924年2月10日)

2月8日 着总务部将中国国民党上海分部改为中国国民党上海第一分部,所有原分部各职员,一律照此名称按原职加委,其任期仍按当选之日计算。(《着上海分部更名令》,《孙中山全集》第9卷,第441—442页)

△ 着财政委员会提前发给黄埔军校开办经费六万元。着财政厅长发给湘军五军长旅费各一千元。令财政委员会筹拨上海议员旅费五千元。(中国第二历史档案馆编:《中华民国史档案资料汇编》第4辑下册,第1204—1205页)又着财政委员会筹给上海烈士家属特别费及每年支出家属学费,共七千五百四十元沪洋,财政委员会议决由财政厅担任拨付。(《命筹给上海烈士家属特别费和学费谕》,陈旭麓、郝盛潮主编,

王耿雄等编：《孙中山集外集》，第825页）

　　△　训令大理院长赵士北，据总检察长卢兴原呈称，该厅经费积欠逾四月，职员势将解体，而查大理院薪俸，已发至去年11月份，有借支者已借至1月份，同奉院委而待遇轩轾。令该院长按月务将司法收入尽数平均摊发厅院职员，俾资办公，切勿稍分厚薄，仍将遵办情形报查。（《大本营公报》第5号，"训令"第50号）

　　△　令粤桂两省各军长官勿再派员入广西各属境内收编土匪。

　　12日《申报》载，黄绍竑电孙中山，请制止各军在梧招兵。（《国内专电》，《申报》1924年2月12日）本日，孙中山训令大本营军政部长程潜，据广西讨贼军第一军总司令黄绍竑电称，各军收编散军，致土匪借为护符，相率受编。但匪性难驯，外恃军队之名，肆行劫掠之实，为害尤烈。令该部长即便转知现驻粤桂两省各军长官，勿再派员入梧州、郁南、浔州各属境内收编匪伙，以利该部剿匪安民。（《大本营公报》第5号，"训令"第51号）

　　△　兵站总监罗翼群请发薪饷欠款，孙中山令核准报销后，分别缓急酌发。

　　上月，前兵站总监罗翼群（徐伟代）呈文孙中山，"据兵站第一支部长张鉴藻呈称，职部前将欠发各员兵薪饷及向商号赊购菜食各款，共计未领者四千余元。支部收束既逾两月，每日均有数十名向职处恳求清发欠饷，借瞻室家清理债项。请帅座俯念各员兵艰困状况，将欠领之四千余元饬发，俾便清给各员兵欠薪、商号欠款"。本日，孙中山指令前兵站总监罗翼群，该部所欠发各薪饷欠款，应俟该部报销案核准后，再行分别缓急酌发。（《大本营公报》第5号，"指令"第119号）

　　△　令广东全省船民自治联防督办造册核销垫支经费。

　　1月26日，兼广东全省船民自治联防督办伍学煜呈文孙中山，"自去年12月15日就职视事，计至本月15日一月以来，所有职署开办费、经常费暨员役兵丁薪金，与夫订购船械、定制旗灯、印刷册照图表等费，约共支出银一万元正。现职署尚未有所收入，亦未领过公款,一切支出系由督办垫支。拟俟一旦有所收入,然后扣回”。本日,孙中山指令伍学熀,呈悉所呈12年12月下半月及13年1月上半月垫支经费数目,即造具清册呈候核销。(《大本营公报》第5号,“指令”第120号)

△　参军处副官葛昆山并无带逃枪支嫌疑,孙中山令准其充任副官原职。

上月26日,参军长张开儒呈文孙中山,据查,副官葛昆山并无带逃枪支嫌疑,再四思维,惟有去年大军集合石牌之时,暂代连长职位之排长樊国贞带逃枪支三十三杆,投入中央直辖第三军独立营杨营长部下充当连长,已由第三军将原枪清还二十一杆,此事与葛昆山无涉。又“葛昆山为东路第八旅旅长张民达所保荐,荐剡历述该副官革命成绩,及援赣、援闽、回粤诸役功勋,并有屡拟保升团长之语,足证该副官在该旅二营为有功无过之人”。据此,孙中山本日指令大本营参军长张开儒,既据查明该处副官葛昆山前在东路讨贼军第八旅第十六团第二营任内无带逃枪支一事,葛昆山应准充任该处副官原职。(《大本营公报》第5号,“指令”第122号)

△　令财政厅照案批驳江门东口会河厘厂商人冯耀南呈请收回成命案。

上月25日,广东财政厅长梅光培呈文孙中山,据原办江门东口会河厘厂商人冯耀南呈称,因承包年期未满,血本无着,请收回撤销成命。日前读五邑财政整理处李处长接事布告,凡属五邑征收机关,如无滥征、无苛扰、无舞弊事情发生者,仍准一体续办。该商并未有上项情弊,应在准予续办之列。查该商所陈各节别有衷曲,应否照案批饬,抑应如何办理之处,理应据情转呈孙中山察核。本日,孙中山乃指令广东财政厅厅长梅光培,案经核定,万难变更,原办江门东口会河厘厂商人冯耀南呈请收回成命一事,由该厅照案批驳。(《大本营公报》第5号,“指令”第123号)

△　上月28日,大本营财政部长叶恭绰呈文孙中山,奉前令,

派员于 1 月 25 日将宁波会馆管业契据等件,逐一点交蒋介石代表冯启民领收,立回收据在案。本日,孙中山指令大本营财政部长叶恭绰,呈悉点交宁波会馆契件情形。(《大本营公报》第 5 号,"指令"第 125 号)

△　不准蒋介石辞职,蒋径自离粤,孙中山、廖仲恺等电请蒋速归。

本日,蒋介石主持召开军校筹备委员会首次会议。10 日,会议议决在各省区招收第一期学员合共三百二十四名,另招备取生三十至五十名。嗣后,蒋介石于 2 月 21 日呈文孙中山及中央执行委员会,请辞陆军军官学校筹备委员长职务,未蒙批准即径自离粤。孙中山乃于 23 日委派廖仲恺代理黄埔军校筹备委员会委员长,由廖主持校务筹备会议,至 5 月 8 日,合共开会三十二次。(中国第二历史档案馆编:《蒋介石年谱(1887－1926)》,第 140－142 页)23 日,孙中山对蒋介石辞呈作出批示:"务须任劳任怨,百折不回,从穷苦中去奋斗,故不准辞职。"(《中山墨宝》编委会编:《中山墨宝》第 10 卷,第 119 页)并于 25 日,派邓演达前往浙江奉化劝蒋介石回粤复职,廖仲恺亦于是日电蒋促返。廖氏之电云:"党事讵可因兄而败,已代告假半月,来沪之军官学生,即请就近考验,事竣即归,择生(邓演达——引者注)来。恺,径。"26 日,中央执行委员会奉孙中山批示,亦复函促蒋介石回粤任职。(中国第二历史档案馆编:《蒋介石年谱(1887－1926)》,第 142－143 页)至 29 日,孙中山又电上海执行部转蒋介石,电文曰:"军官学校以兄担任,故遂开办。现在筹备既着手进行,经费亦有着落,军官及学生远方来者逾数百人,多为慕兄主持校务,不应使热诚倾向者失望而去。且兄在职,辞呈未准,何得拂然而行?希即返,勿延误。"(《致蒋中正电》,《孙中山全集》第 9 卷,第 526 页)

△　李烈钧致电总理,报告广州军事情况[①]。(环龙路档案第 02350 号)

---

①　仅有提要,无全档。

△　中央执行委员会呈文孙中山,本党鹤山分部长梁如山控告县长李一谔派兵窜同防军枪毙党员,捣毁案卷,抄抢银物一案,业于本月27日提出中央执行委员会第九次会议议决,此事应由政府办理,当据情转呈孙中山核办。为此,备文呈请察核办理。(《中执会呈总理》,中国国民党汉口档案第9447.2号)

2月9日　在大本营再次召集并主持统一财政会议。

会议议决对全省收入类目、总数、各军截留税收情况、各军真实人数等进行调查。孙中山忿然曰:"吾下命令将各军征收机关交回,竟置命令于不顾,成何体统! 彼辈(滇军——引者注)取之尽锱铢,用之如泥沙,而余则成为众怨之府,吾当有以处之。"(中国社会科学院近代史研究所中华民国史研究室编:《中华民国史资料丛稿·大事记》第10辑,第20页)

△　与清华大学学生谈话,谈及今后之革命奋斗、统一等问题,并勉励留学生勿当"亡国奴"。

与清华大学学生的谈话,施滉问及孙中山百年之后,谁能继续革命奋斗? 孙中山回答说:"国民党以前是靠一个人支持。现在改组之后是要拿党来活动。党所以能活动,是因为有纪律来维持。以前的革命党,分子大半是学生,因为学生的思想新,能了解革命意义,容易集合,殊不知病就在这个地方。他们以为革命的目的,既是求平等自由,他们自己便要自由,不听党的号令,不受党的约束,因为他们以为号令、约束是摧残他们的自由的。因此,革命党虽然是在一党,都是人自为战,并没有党的行动,所以不能不靠我一个人来支持。他们不知道,革命党所要求的是人民的自由、人民的平等,不是个人的自由平等。要替人民要求自由平等,便要牺牲自己的自由平等,服从党的命令,遵守党的约束,才可以群策群力,一致的与外敌奋斗。"

施滉问及国民党是否施行的是俄国的主义? 孙中山说:"否! 俄国是俄国,中国是中国。俄国有俄国的主义,中国有中国的主义。""俄国的革命所以成功,因为他的党有党的意志,党员都牺牲自己的自由来承受党的纪律。中国革命之所以失败,就是缺乏这一层。这是国民党现在所觉悟到而开始来取法的,也就是我十几年来所奋斗以求之的。"

何永吉问及统一的方法,孙中山回答说:"总要随机应变了,没有一定的方法的……世事变化不定,中国也许一两年内可以统一,也许一两日内可以统一,谁能知道? 当初的革命党,谁能想到他们竟轻轻易易的把一个清室推翻了? 我们只要认定目的,往前干去。"

在谈话中孙中山认为,美国以前是极进步的国家,现在反变得极退化了。并指出,"诸君要到美国念书,极要留意,稍一不慎就要被他们带坏。像现在的王正廷、顾维钧,这都是美国留学生,切不可学他们的样。还有,中国最初送出美的学生,大半都变成美国人,回到国来看见种种腐败的情形,不想法子改良,反开口闭口的 You Chinese 没有希望了……像这种亡国奴要他们何用"? 何又问及广州治安何时可恢复,孙中山回答,陈炯明打跑了,马上可恢复。至于何又问陈炯明何时能打下,孙中山只好敷衍着说大约两三个月。(《要取法俄国注重党的纪律》,黄彦编:《孙文选集》下册,第422—428页)

△ 令滇军第一师勿得违令擅提粤汉铁路附加军费。

上月25日,管理粤汉铁路事务陈兴汉呈文孙中山,"据韶州站电称,前奉滇军第一师司令部令,略以该附加军费须缴驻韶师部,勿得抗延。据此面谒钧座请示办理,准令饬该师长毋得干预路政。惟今日又据韶州站电称,现滇军第一师高副官带队到站,声称奉赵师长命令,附加军费须即解缴师部,无论如何不得抗阻。敝站迫得将韶站所收之附加军费陆百柒拾肆元壹毫陆仙强被提去。高副官声称,此后每日韶站所收之附加军费,仍须每日缴交师部,无得玩视,恳请钧座察核迅赐处理办法"。据此,孙中山本日指令管理粤汉铁路事务陈兴汉,"查粤汉路附加军费前经本大元帅于该管理呈内明白指令指定用途在案,所呈各情,仰候令饬滇军杨总司令转饬该第一师勿得违令擅提"。(《大本营公报》第5号,"指令"第131号)并训令中央直辖滇军总司令杨希闵,查粤汉铁路附加军费,前经孙中山指定用途在案,令滇军

杨希闵总司令转令第一师，勿得违令擅提，致紊财政。(《大本营公报》第5号，"训令"第55号)

　　△　令结束中央财政委员会。

　　1月25日，中央财政委员会筹备员郑德铭、邝明宽、黄旭升、罗雪甫呈文孙中山，现驻港委员以商务关系久未能到会，而寓省绅商亦未奉派委，所以成立之后未能依期开会，正拟呈请改组以促进行，而大本营财政部已有财政委员之组织，故呈请结束中央财政委员会，以收实事求是之益。本日，孙中山指令中央财政委员会筹备员郑德铭、黄旭升、罗雪甫、邝明宽，中央财政委员会应照所请收束归并办理。(《大本营公报》第5号，"指令"第128号)

　　△　上月21日，大本营禁烟督办杨西岩呈称，查该署为特任职机关，拟定各处来往公文属于特任职者彼此均用咨，属于简任职而非隶属该署者彼此均用公函。其隶属该署之简任职以下及虽非隶属该署而职在荐任以下者，即各县长及市政厅所属各局暨警区署长等，对于该署概用呈，该署行文则用令。似此一经规定，各机关有所遵循。所有拟定该署与各机关来往公文程序各缘由，是否有当，理应备文呈请鉴核。本日，孙中山指令禁烟督办杨西岩，应照公文程序，对于属特任职者用咨，属简任职以下不隶属该署者，均用公函，以符例章。(《大本营公报》第5号，"指令"第129号)

　　2月10日　本日在广东高等师范学校大礼堂，讲述民族主义第三讲。

　　孙中山在讲演中，说明了中国民族主义消失之原因。并提出，此后中国人如果有方法恢复民族主义，那么无论外国政治力和经济力怎样压迫，"我们民族就是在千万年之后，决不至于灭亡"。故孙中山倡导，"我们要能够抵抗强权，就要我们四万万人和十二万万五千万人联合起来"。要能够联合世界上受压迫的十二万万五千万人，就要提倡民族主义，自己先联合起来，推己及人，再把各弱小民族都联合起来，用公理打破强权。"强权打破以后，世界上没有野心家，到了那

个时候,我们便可以讲世界主义。"(《三民主义》,《孙中山全集》第 9 卷,第 210—220 页)

△　杨希闵呈请整理军队,切实编练。

中央直辖滇军总司令杨希闵呈文孙中山,"自逆党叛变,大元帅为鼓励人才,维系军心起见,对于统兵将吏,大抵依其人之资格地位,分授军师旅长各职,而其人数枪支之多寡,未遑考核,致有号称一军而人数枪支不足一旅者,号称一师而人数枪支不及一团者。希闵以为兵贵精不在多,就现有军队,切实编练,一面补充军实,清发饷项,则士饱马腾,咸怀进取之心。对内易言肃静,对外不难发展。请大元帅颁令并派专员会同各军将领,就各该部实额,按照军制,编成军师旅团营连,造册报部。其余之队号应即裁撤,编余职员亦予分别留遗,或由政府设一讲武堂,悉数收录,造就成材"。(《杨希闵整理军队主张》,上海《民国日报》1924 年 2 月 10 日)

△　禁烟督办署成立后,只验费一项已在八十万元以上,各军以此款系指定用以补助饷糈,现在每日伙食,时有不敷之虞,故特派代表,于 10 日联谒孙中山,请求责成禁烟督办将此款提出支配,以资救济。(《各军请求支配鸦片验费》,《香港华字日报》1924 年 2 月 12 日)

△　滇军多次发生通敌嫌疑,孙中山转垂爱湘军。

报载孙中山向倚重滇军,几全恃之以应付各方攻击者,滇军遂恃宠而骄,且迭次发生通敌嫌疑。及湘军返粤,孙中山乃转垂其爱于湘军,饬令暗中监视滇军行动,滇军因是遂怀不满,最近王秉钧、赵成樑两部,复实行离孙他去,其余内部多为摇动。孙中山更不能不预为防范,因命谭延闿酌调北江部队返省,拟先行解决滇军问题,然后再谋其他。本日谭氏已电调湘军三千人,乘粤路火车回省。(《孙中山檄调湘军回省》,《香港华字日报》1924 年 2 月 11 日)

△　任命黄玉田为大本营参议,每月薪俸五百元[①]。(《中山墨宝》

――――――――――

① 《大本营公报》1924 年第 5 号载,任命黄玉田为参议日期为 2 月 11 日。

编委会编:《中山墨宝》第9卷,第211页)

　　是月初　闻张作霖、段祺瑞、卢永祥等组成同盟,孙中山甚感不安。

　　据鲍罗廷的记述,孙中山从他在上海的代表叶楚伧那里得到张作霖、段祺瑞和卢永祥,在吴佩孚可能给予支持的情况下,为了夺取北京政权要组成一个日本式同盟的消息。在这之前,满洲督军和安福派的同盟也包括孙中山在内。可是现在看来日本已把他作为转向俄国和革命方面的"叛徒"而开除。"他跟我谈了我们从法律上承认他的政府的问题。我问他,新的同盟组成后,日本会如何对待他,是否会唆使上述同盟反对他,是否会在广州彻底镇压他。他这样回答:无庸置疑。日本把他从新的同盟中开除出去,使他如此不安,以致他吼道:'我要去日本,在那里我会搞清楚,所有这一切意味着什么!'"
(《鲍罗廷的札记和通报》,中共中央党史研究室第一研究部:《联共(布)、共产国际与中国国民革命运动(1920—1925)》,第431页)

　　2月11日　令各属军队不得截留禁烟督办所属各分局款项。

　　本月8日,禁烟督办杨西岩呈文孙中山,"职署开办以来,将各属分所陆续投承,并委员前赴各属赶紧开办。惟查各属军队异常庞杂,恐间有将收入款项截留之事发生,似于财政统一前途不无窒碍,故呈请大元帅明令各属、各军长官于职署所属各属分局所收入款项,毋得借词截留,俾早收财政统一之效"。(《大本营公报》第5号,"指令"第134号)孙中山收悉此呈,于本日训令中央直辖滇军总司令杨希闵、湘军总司令谭延闿、豫军讨贼军总司令樊钟秀、桂军总司令刘震寰、粤军总司令许崇智、中央直辖第一军军长朱培德、中央直辖第二军军长黄明堂、中央直辖第三军军长卢师谛、中央直辖第七军军长刘玉山、西江善后督办李济深,各属军队异常庞杂,恐间有将禁烟督办署所属各分局款项截留之事发生。该总司令、司令、军长毋得借词截留,并转令所属一体遵照。(《大本营公报》第5号,"训令"第56号)同日,又指令禁烟督办杨西岩,已令行各军一体遵照。(《大本营公报》第5号,"指令"第

134 号）

△ 任命蒋群为大本营参军。任命何应钦为大本营参谋处军事参议。任命陈应麟为禁烟帮办。准大本营参谋长李烈钧所请，任命楼守光与钟震岳为大本营参谋处秘书。（《大本营公报》第 5 号，"命令"）

△ 林森报告广三铁路局被焚毁之调查结果，孙中山令其悉心筹划，随时整理。

广三铁路局前因石围塘之军事风潮被毁，后大本营建设部长林森委派该部科长陈润棠、科员俞鸿进行调查，并于上月 31 日呈文孙中山称，广三铁路管理局前因军事风潮被毁，派科长陈润棠、科员俞鸿调查，报告谓 8 日有某部军队由九江回兵返省，意欲渡河进驻石围塘。至 12 日晚 11 时许，某部与某部互相击射，铁路局员、机工人等骤闻枪声，各自逃命。该处军队双方剧战约点余钟，驻守石围塘军队纷纷退却，某部遂入驻路局。是夜，枪声甚密，时约 2 点多钟，突然起火，烧至天明始自熄灭。路局全座焚毁净尽，案卷、账目、表册、契约等件悉遭销毁。现在交通虽已恢复，善后一切事宜尚须妥为筹划，且据该报告列陈该路办理腐败情形，若非力加整顿，于营业前途亦有妨碍。本日，孙中山指令大本营建设部长林森，整顿路政为该部长应有权责，悉心筹划，随时整理，勿任该路办理腐败，致营业交通两受妨碍。（《大本营公报》第 5 号，"指令"第 133 号）

△ 拟派专使赴英俄两国视察，并谋国际上之联络。（《本馆专电》，上海《民国日报》1924 年 2 月 13 日）

△ 沈鸿英通电称即将南下驱除孙中山。

电称："孙文盘踞广州，日啜商民脂膏，以哺十数省流寇，官产已尽，继以民产，房捐叠征，益以杂捐，鸦片公卖，粮食专卖，尤复不已，滥发军票，阳攫善产抵押，阴令兵士行使，导致扰乱商场，酝酿命案，张献忠之残忍，苏维埃之暴戾，兼而有之，呜呼，民财有限，欲壑难填，庆父不去，灾难未已，鸿英奉命开征，师次开运，不日分道南下，驱除此獠，我父老兄弟，共坚拒伪命。"（《沈鸿英通电》，《香港华字日报》1924 年

2月11日)嗣后,沈鸿英投诚,归顺广东政府。

　　△　北京政府接广州报告,谓孙中山与驻广州德国总领事现正磋商缔结商约,前日特由外交部向驻京德使博爱氏声明,该项商约绝对不生效力。(《外交部声明德粤商约无效》,《香港华字日报》1924年2月11日)

　　△　蒋光亮撤销在广三路附近经营之财政处,孙中山令财政部设法接管。

　　孙中山因财政未能统一,决定停止北伐。原定滇粤桂联军入东江平陈炯明,湘豫联军入赣北伐,因滇军据有省会及北江征收机关,税收极丰,又有大量烟赌各税,一旦尽赴东江,财源为湘军所夺,因此必欲湘军共同参加东江之战。湘军洞悉其情,坚持滇军将所占各征收机关交还政府,方能入东江作战。是日,滇军蒋光亮被迫通电宣布已于本月9日将该路在广三路附近经营财政之总机关财政处撤销。同日,湘军由北江返广州转东江。(中国社会科学院近代史研究所中华民国史研究室编:《中华民国史资料丛稿·大事记》第10辑,第21页)上海《民国日报》则载,滇军第三军军长蒋光亮在呈帅府之电文中称,所设财政处已于11日裁撤。(《本馆专电》,上海《民国日报》1924年2月14日)蒋光亮呈报交还广三路财政处后,孙中山将蒋呈发交财政部办理。12日,财政部长叶恭绰就此呈文孙中山,称已于本月8日会同广东省长,遵照统一财政委员会呈准接管办法,加委黄石为广三路附近财政处处长,并令行该处长除广三铁路局长已奉令委粤汉铁路总理陈兴汉兼理外,所有广三路附近一切财政应归广东财政厅直辖,一切收支数目,按旬列册详报财政厅汇转。蒋光亮部各军军费,暂由该处长以现在收入照旧拨付。原由广三铁路收入项下划拨之款,则由该处长与陈兴汉局长接洽。(《大本营公报》第5号,"指令"第148号)孙中山据呈,于18日训令统一财政委员会,据大本营财政部长叶恭绰呈报,遵批办理广三路附近财政统一一案,该委员会即查照办理。(《大本营公报》第5号,"训令"第62号)同日,并指令叶恭绰,已将原呈钞发统一财政委员会查照办理。(《大本营公报》第5号,"指令"第148号)

△　令财政委员会于海防舰队未改编以前,每日暂发伙食、公费等六百元。(中国第二历史档案馆编:《中华民国史档案资料汇编》第 4 辑下册,第 1207 页)

△　钟明阶致电孙中山谓,"连日与敌在紫洞、都蓬剧战,毙敌二百余,获枪数十,不难收复怀贺,请发饷弹"。(《国内专电》,《申报》1924 年 2 月 16 日)

2 月 12 日　于帅府举行庆祝南北统一十三周年纪念典礼,并发表演说。

大本营召集各部长、局长,省长与各军司令长官在大元帅府举行庆祝南北统一十三周年纪念典礼,孙中山出席并发表演说,略谓其对于纪念日抱无穷之感慨,当日在外洋提倡革命宗旨,"诸君个个心理上均非常之热,责任亦非常之重,均愿牺牲性命,陶铸共和,抛掷头颅,摧翻帝制"。而今日时局四分五裂,谈起革命事业为世诟病,前后大相径庭之原因,"在于当时人人只知革命应尽之义务,勇往直前奋斗,故小小七十二烈士可以亡广州。今日人人心理皆存发财升官思想,故极十余万之大兵不能收复惠州。前后得失,了如烛照。此后诸君因革命奋斗,当牺牲权利,革去私心。时存国家观念,改良政治,则民国前途之幸"。(《在南北统一纪念日庆典的演说》,《孙中山全集》第 9 卷,第 461—462 页)上海《民国日报》亦载:"大元帅昨在府,集军政长官五十余人演说,述时局艰辛,民生困苦,应各牺牲私利,为国效力。"[1](《本馆专电》,上海《民国日报》1924 年 2 月 15 日)

△　曲同丰抵津,述孙中山决抛弃建国政府主张,拟先造二十万英里铁路,便利民生,国事主由段一人主持。(《国内专电》,《申报》1924 年 2 月 12 日)

△　孙中山前往湘军操场演说军人要旨,历三小时之久[2]。(《本馆专电》,上海《民国日报》1924 年 2 月 14 日)

---

[1]　该电后署"十三日"之日期,文中有"昨"之字样,故应指 12 日纪念典礼。

[2]　该电后署"十二日"之日期,文中有"大元帅今晨十时"字样,故暂定为 12 日。

△　赵士觐呈报遵令组织盐政会议情形。

8日，两广盐运使赵士觐呈文孙中山，于1月28日延集顾问、参议、参事等员，并令该署之秘书、科长、执法官及一等科员，在署内召开两广盐政会议第一次成立会。因东路之惠、潮、梅属战区，西南之高、雷、罗、阳与钦、廉、琼、崖等地暂时均未能管及。运使职权所及之地仅西、北两江及广、肇两属。故欲增两广盐政收入，目前惟以回复西北两江及广、肇两属之销盐原状为最要。查西北两江、广肇两属11年销盐原状共一百三十八万余包，倘能回复运库，岁入达七百余万，视12年全省盐税仅三百余万已增一倍。"其他东西南路各属军队能肃清一属之逆氛，运署即回复一属之旧状。"所有遵令组织成立各缘由，应检同成立开会时运使宣言一通随文呈览。本日，孙中山指令两广盐运使赵士觐，呈悉所报遵令组织两广盐政会议成立日期及讨议宗旨事。（《大本营公报》第5号，"指令"第137号）

△　各将领反对组设政府，统一财政亦难以实现。

报载孙中山原定由民党代表大会选举总统，组设政府，李烈钧更提议克日出师北伐，讵各代表对于以上之事，均多数不赞成，尤以杨希闵反对最力。其理由以东江尚未肃清，全省九十余县，几去其三分之二，一旦组成政府，凡百费用，取给于是，虽善谋者不能为继。至出师北伐，尤属空言，盖对内倘未能发展，其对外可知，一般军人，正苦饷械缺乏，方竭力筹维之不暇。各将领闻之，均附和其说，国民党代表大会闭幕后，寂然无闻，组设政府之议，遂无形打销。孙中山一再下令统一财政，各军表面不得不勉为敷衍，现特造报预算书于财政当局，其所索饷糈，多于原册一倍，事事浮开，滥索无度。计全省财政收入，不足敷支三分之一，反不如就其原据之收入机关就近应支，较免啰嗦，统一财政之举，万难实现。（《组设政府与统一财政》，《香港华字日报》1924年2月12日）

2月13日　大本营财政委员会通电各军，请派员会同组织筹饷局，从速交出财政机关，以统一财政。（中国社会科学院近代史研究所中

华民国史研究室编:《中华民国史资料丛稿·大事记》第 10 辑,第 22 页)

△　训令各军不得干涉司法。

训令各军总司令、军长、西江善后督办,据广东高等审判厅厅长陈融呈称,有滇军第三军第七师武装军队数十人闯入广东高等审判厅,指名要求索交涉及民事诉讼被告潘少亭,其后复率队转往厅长陈融住宅围困。查军人干预司法迭经令禁,令该总司令、军长、督办严令禁止,通饬遵照,嗣后各军对于法庭处理诉讼事件毋得干涉,以维司法而肃军纪。(《大本营公报》第 5 号,"训令"第 57 号)

△　准由各军拨派士兵组织水路侦缉联合队。

18 日,大本营禁烟督办杨西岩呈请组织水陆侦缉联合队,专任缉私以杜奸商贩运。并经该署召集各会办、帮办会议组织办法,即席商定章程九条,亟应照案克日组织以利进行,并荐王继武出任队长,另呈上《水陆侦缉联合队章程》九条,呈请察核备案,并请准任命。近日,孙中山指令两广盐运使赵士觐,该督办署应设侦缉队拟由各军拨派兵士联合组织,办法甚是。所拟章程亦尚妥协,应准如所拟施行。查现在各军旅团长多尚未正式任命,王继武既堪胜队长之任,可即由该督办先行委用[①]。(《大本营公报》第 5 号,"指令"第 138 号)

2 月 14 日　北京政府内阁总理孙宝琦发起举行和平大会,分电孙中山等反直各派领袖参加,孙未置答复。(中国社会科学院近代史研究所中华民国史研究室编:《中华民国史资料丛稿·大事记》第 10 辑,第 22 页)

△　准大本营财政部长叶恭绰呈请,任命黄建勋为秘书。(《大本营公报》第 5 号,"命令")

△　准予修正并于广州市内施行《权度法》及其附属法令。

指令大本营建设部长林森,划一权度以杜侵欺洵属国家要政,而广州市乃政府所在地,尤为中外观瞻所系,应准如所请,将《权度法》

---

①　此"指令"无具体日期,但第 137、139 号"指令"日期分别为 2 月 12 日、2 月 14 日,故此令当在 12、13、14 中某一日,暂作 13 日。

《权度营业特许法》《权度法施行细则》及《官用权度器具颁发条例》，均定自民国 13 年 6 月 1 日于广州市区内施行，并将《权度法施行细则》第五十二条权度器具之暂准行用期限，定为于广州市区内得缩短为一年，以期首善之区积习先革、次第推行、渐及各省，即由部录令布告广州市民一体周知，并将应行筹备各事上紧筹备，以便届期实行。孙中山此指令，系据 1 月 10 日林森之呈文而发。其时，林森呈请划一权度，便民利用，建议先在广州市区施行权度法令，次第及于各省，并拟订权度法及其附属法令在广州市区内施行日期。（《大本营公报》第 5 号，"指令"第 139 号）嗣后，林森于本月 23 日再次呈文孙中山，谓《权度法》及其附属法令经孙中山察核在案，查此项法令系民国 4 年公布，该管机关名义与现时不同，条文内所用禀字亦于现行公文程式不合，拟将关于《权度法》及一切附属法令内"农商部"三字改为"建设部"，"禀"字改为"呈"字。孙中山于本月 28 日指令林森，准如所请将《权度法》以及一切附属法令内"农商部"三字一律改为"建设部"，"禀"字一律改为"呈"字。（《大本营公报》第 6 号，"指令"第 181 号）

△　令修正《商标法》及其施行细则。

上月 29 日，大本营建设部部长林森呈文孙中山，商标专用所以保障工商品物，商标注册所以保障商人私权，文明国家莫不定有专例。拟采仿商标专用主义，规定注册，严禁假冒。至外国人民呈请商标专用时，其有条约规定者依现行条约办理，以昭公允而便推行。并附拟订《商标法》四十条，《商标法施行细则》三十二条呈请鉴核。本日，孙中山指令大本营建设部长林森，所拟《商标法》及施行细则均尚妥协，惟此项法规未经议会议决，自应改称条例以符名实，即遵照将标题与条文内所用"法"字一律修改，缮写二份另文呈送，以待核准施行。（《大本营公报》第 5 号，"指令"第 140 号）

△　湘军总司令谭延闿日前召集其部下开会，阐明了孙中山要求他参加东江战役的原因，并向东线的部队发出了总动员令。据说

只留小部分人马在广州料理后方事务。(广东省档案馆编译:《孙中山与广东——广东省档案馆库藏海关档案选译》,第 510 页)

2 月 15 日　本月 11 日,军政部长程潜呈文,已故中校参谋白正洗不幸积劳病故。拟请准予查照《陆军战时恤赏章程》积劳病故例,给予中校恤金。本日,孙中山指令大本营军政部部长程潜,准如所议给恤已故滇军中校参谋白正洗。(《大本营公报》第 5 号,"指令"第 143 号)

△　派蒋介石视察兵工厂。

广东兵工厂近月来铸造枪械子弹,甚为忙碌,以应东江前敌联军急需,查该厂前时经费为十八万元,现只拨十二万元为该厂经费,而制造子弹,较前增加,15 日孙中山特派蒋介石前赴该厂参阅,是日下午到厂,厂长马超俊迎往参观厂内各部,蒋氏逐部细心考察,详为指示,后马超俊及各工人,在大堂请蒋氏演说,甚为欣忭,闻蒋氏返省后,即将该厂情形折呈孙。(《蒋介石检阅兵工厂》,《广州民国日报》1924 年 2 月 18 日)

△　大清银行清理处正式成立,孙中山准该处委员陈其瑗等委托广州市财政局代办测绘及发照事宜。

本日,大清银行清理处委员陈其瑗、宋子文呈文孙中山,遵于本月 11 日组织成立大清银行清理委员会,并启用关防。又另文呈称,前大清银行典入自置不动产业坐落四处,现当奉令清理投变,亟应重行勘测,以昭缜密。惟该处创办伊始,尚未置有测绘专员。再该行产业投变之后,应行发予管业给照,惟给照非由永久官厅发给不足以昭信用,故关于测绘及发照一切手续,呈请准予委托广州市财政局代办。19 日,孙中山指令大清银行清理处委员陈其瑗等,准如所请委托广州市财政局代办测绘及发照事宜。(《大本营公报》第 6 号,"指令"第 155 号)20 日,孙中山复指令陈其瑗等,呈悉所报启用关防及视事日期。(《大本营公报》第 6 号,"指令"第 159 号)

△　命梅光培办理造币厂事宜。

前财政厅长梅光培辞职后,已将任内各项手续,交代清楚,梅拟乘时稍事休息,惟孙中山以当此财政紧急之秋,正宜各人合力维持,日前特面谕梅光培,全力办理造币厂事宜,梅奉谕后,除向省中银业界殷商等继续接洽外,特于15日晚赴港,与港商妥筹巨款,及订购生银运省,以便该厂早日开工云。(《梅光培筹款规复造币》,《广州民国日报》1924年2月18日)

△　孙段张三角同盟秘密进行中。

孙段张三角同盟,"已久在秘密进行中,但孙派宣传空气,往往言过其实,故不得社会信用耳。兹查王揖唐已密派代表抵广州,且经与某访员会谈多次。据云仍未投谒孙中山,惟有静观粤局如何,然后进行。又据孙派某君云,三角同盟,原定计划,有孙正总统、张副总统、芝泉组阁,或芝泉不必出山,安福系可代行职务,但求中国统一早日实现而已。讵料粤事纠纷,孙陈局部问题,一年来不能解决,孙之实力,可以觇其梗概,遑论出师北伐,统一中原"。(《三角联盟之孙派最近消息》,《香港华字日报》1924年2月15日)

△　教育界传来消息,说政府打算把高等师范学校的校舍出卖,把农业专门学校的大楼改成未来的"建国政府"的总统府。广东高等师范学校、广东法科大学及广东农业专门学校将会成为一所大学,并迁往目前为"广州中学"所占用的古老的"广雅书院"。(广东省档案馆编译:《孙中山与广东——广东省档案馆库藏海关档案选译》,第600页)

2月16日　刘成禺、谢英伯、徐清和、冯自由等人集会反对共产党员加入国民党,孙中山召该四人讯问。

一大闭幕后不久,邓泽如、刘成禺、谢英伯、冯自由等数十人集会,反对共产党加入国民党,又准备了"警告书",警告李大钊不得"攘窃国民党党统"。"警告书"尚未发出,廖仲恺、李大钊与鲍罗廷等已向孙中山指名控告刘成禺、谢英伯、徐清和、冯自由四人,称他们不守党员纪律及挑拨国共恶感。

孙中山下令大本营秘书处提出下期会议拟革除党员冯自由、谢

英伯、徐清和、刘成禺四人,并传函四人到会场自行辩护。手谕曰:
"提出下期会议。拟革除党员四人:谢英伯、徐清和、冯自由、刘禺生。
着秘书通信传来会场,自行辩护。"(中国国民党中央委员会党史委员会编
订:《国父全集补编》,第 600 页)本日晚,孙中山召集刘成禺、谢英伯、徐
德和、冯自由四人讯问,严厉斥责他们反对改组国民党、扶助农工与
实施联俄联共的三大革命政策。据冯自由忆述:"2 月 16 日之夜,弟
等奉召赴大本营时,公且声言:'反对中国共产党即是反对共产主义,
反对共产主义即是反对本党之民生主义,便即是破坏纪律,照党章应
革除党籍及枪毙'等语。"(《冯自由致孙中山先生函稿》,《档案与历史》1986
年第 1 期)冯自由后来又忆述此事谓:"民 13 年 2、3 月间,邓泽如、刘
成禺、谢英伯、萧佛成、徐清和、张秋白、王祺、凌毅、方瑞麟、江伟藩、
谢良牧、冯自由诸人对李大钊等之开会警告。开会地点在广州太平
沙林宅。各省及华侨党员参加者五十余人,邓泽如为主席,通过警告
李大钊等不得利用跨党机会以攘窃国民党党统案。讵警告书尚未发
出,而廖仲恺、李大钊及俄人鲍罗廷等已向总理指名控告刘成禺、谢
英伯、徐清和、冯自由四人,谓为不守党员纪律及挑拨国共恶感。总
理乃定期在士敏土厂开中央执行委员会特别会议,召刘、谢、徐、冯四
人亲自讯问,鲍罗廷亦在旁观审。遂由刘等详细答辩……总理讯毕,
即宣告无罪。"(冯自由:《冯自由回忆录》上,第 468 页)

　　冯自由等人其后被迫写书面检讨进呈孙中山,孙中山阅后于 3
月 1 日致函国民党中央执行委员会:"通告各同志,刘成禺、冯自由、
徐和清、谢英伯四人之解释,本总理已甚满足,此事当作了息。但望
同志以后不得再起暗潮。如有怀疑,当来直问总理为是。"(《致国民党
中央执行委员会函》,《孙中山全集》第 9 卷,第 538 页)

　　鲍罗廷对讯问经过有如下记述:"2 月 16 日有四位老国民党员
被送交中央委员会裁决,他们被指控企图在党内组织小集团同左的
倾向,主要是同共产党人作斗争。作为辩解,他们需要证明自己与这
事无关。他们是怎样证明自己的'无关'呢? 一个说,他非常偶然地

参加了小团体的成立会议,随随便便就进去了,对那里发生的事也没有提出怀疑。另一个说,他们打算向孙报告会议的结果。一个表示不理解这种情况:共产党人甚至可以有自己的党,'而我们这些忠于孙的老国民党员,连开会都不行',等等。另一个站在孙面前。就像一个战士站在军事法庭面前一样,张着嘴,什么也说不出来。话卡在嗓子里,脸在抽搐,脸色发青。他们都否认自己有在国民党内组织什么'破坏性'小集团的想法。"(《鲍罗廷的札记和通报》,中共中央党史研究室第一研究部:《联共(布)、共产国际与中国国民革命运动(1920—1925)》,第447页)

△　致函苏联外交人民委员齐契林。

内容一则回答其上年 12 月 4 日的信,认为信中所言甚是,目前国民党正在这方面加紧工作,"希望逐步在中国实现贵党在俄国能做到的一切,以求建立一个新概念的国家和新的管理制度";二则对苏联得到唐宁街的承认表示"热烈祝贺",并言"贵国对于寇松主义的胜利势必令贵国外交再奏凯歌"。(李玉贞:《孙中山与共产国际》,第 443—444 页)

△　致电许崇智谓,"陈军早一日铲除,粤局即早一日奠安,吾弟岂能恝然? 电至速来"。(《孙文积极筹饷》,北京《晨报》1924 年 2 月 23 日)

△　特任蒋尊簋为中央军需总监。(《大本营公报》第 5 号,"命令")

蒋尊簋被任命为军需总监后,孙中山旋于 19 日训令各军,任命蒋尊簋为军需总监,商承军政部长统核整理海陆各军会计经理事宜,所有中央军需处章程并饷需出纳手续均经核定,除饬颁布外,特此通令各军,并饬所属一体遵照办理。理财为图治要务,并着一律规划妥办。(《给各军的训令》,《孙中山全集》第 9 卷,第 478—479 页)蒋尊簋奉命后,于 21 日就职启用印信,并于该日呈报就职日期,23 日,孙中山指令中央军需总监蒋尊簋,呈悉所报就职与启用印信日期。(《大本营公报》第 6 号,"指令"第 169 号)

△　追赠在广州遇害之华侨义勇团团长兼飞行队队长夏重民为

陆军少将并加中将衔,在济南遇害之第一师第三团团长王贯忱为陆军少将,均由军政部照章议恤。准中央直辖广东讨贼军第三师第五旅旅长李雄伟因病辞职,并任命巫崎继任。(《大本营公报》第 5 号,"命令")

　　△　虎门要塞司令廖湘芸曾呈文孙中山,"职部军队现驻虎门,所有虎门区内各项民政、财政机关,职部概未经管,皆系主管各机关委任。理合备文呈复,伏乞睿鉴"①。(《大本营公报》第 5 号,"指令"第 144 号)孙中山本日训令统一财政委员会,据虎门要塞司令廖湘芸呈复,虎门区内民、财两政向未经管。除指令外,合行钞发原呈,该委员会查照办理。(《大本营公报》第 5 号,"训令"第 60 号)并指令虎门要塞司令廖湘芸,已将原呈钞发统一财政委员会查照办理。(《大本营公报》第 5 号,"指令"第 144 号)

　　△　嘉勉李济深交还西江财政。

　　12 日,西江善后督办李济深呈报已于 1 月 15 日将所辖西江财政完全交还广东财政厅,由其派员接管,并经呈报在案。本日,孙中山指令李济深,候令行广东省长转饬广东财政厅将接管情形具报查核。(《大本营公报》第 5 号,"指令"第 146 号)并训令廖仲恺,西江善后督办李济深深明大义,业于 1 月 15 日将所辖财政完全交还广东财政厅派人接管。令广东省长转饬广东财政厅将接管情形具报查核②。(《大本营公报》第 5 号,"训令"第 61 号)

　　△　令颁发奖章予破案有功之公安局侦缉科长吴国英。

　　本月 14 日,内政部长徐绍桢呈文孙中山,据广州市公安局局长吴铁城呈称,该局侦缉课长吴国英等起获被掳人何文显、陈苏二人,且叠次破获掳劫重案多起,呈请照章给奖一案。核其事实与《警察奖章条例》第一条第十二款之规定相符。该侦缉课长吴国英曾受一等一级奖章,拟照《条例》第七条之规定晋给一等五星奖章,

---

　　①　呈文时间为 2 月,具体日期不详。

　　②　该"训令"日期不明,且相应"指令"日期为 16 日,此"训令"应亦为 16 日。

以示奖励。本日,孙中山指令大本营内政部长徐绍桢,广州市公安局侦缉课长吴国英准予晋给一等五星奖章。(《大本营公报》第 5 号,"指令"第 147 号)

2 月 17 日　以春风和煦,正利军行,特于本日在大元帅府召集各军总司令与军长举行军事会议,讨论各种方略。(《帅府又开军事会议》,《广州民国日报》1924 年 2 月 20 日)

△　本日讲述民族主义第四讲,着重论述民族主义与世界主义。

指出帝国主义即是用政治力去侵略别国的主义,这种侵略政策即为帝国主义。"当前,强盛的国家和有力量的民族已经雄占全球,他们想永远维持这种地位,所以天天鼓吹世界主义,谓民族主义范围太狭隘,其实他们主张的世界主义,就是变相的帝国主义和变相的侵略主义。我们受屈民族,必先把我们民族自由平等的地位恢复起来之后,才配得来讲世界主义。因为世界主义是从民族主义中发生出来的,要发达世界主义,必先巩固民族主义。"最后,孙中山还说:"世界主义在欧洲是近世才发表出来的,在中国,二千多年以前便老早说过了……我们以后要讲世界主义,一定要先讲民族主义,所谓欲平天下者先治其国。把从前失去了的民族主义从新恢复起来,更要从而发扬光大之,然后再去谈世界主义,乃有实际。"(《三民主义》,《孙中山全集》第 9 卷,第 220—231 页)

△　令调查各军枪支人马实数。

军政部咨行各总司令各军长云,"案奉大元帅令开,着军政部通令各军,将枪械人员,据实呈报,即将统一财政所收入之款,按枪数比例均分,如有虚报者,于点验查实后,加倍惩罚等因。当经敝部拟定枪械人马简明表式,咨请贵总司令军长,饬属填造咨复在案,兹为分配军饷,及将来点验起见,另行订定官兵花名清册式样,除应请贵总司令军长查照前咨函饬属迅将枪械人马简明填就咨复外,仍希饬属按照本咨所附花名清册式样,将所部官兵分别高级司令部、师部、旅部、团部、官佐士兵夫各为一册,每营共为一册,其他电信队卫生队各为一册,每册缮造两份,于 2 月 28 日以前送达敝部为荷"。(《调查各军枪支人马实数》,《广州民国日报》1924 年 2 月 20 日)

△　赴滇军大队部观礼。

12 时,滇军总部所办之干部大队成立,杨希闵特于是日午,亲赴大本营,请孙中山前往旧四标营盘该大队部观礼,并赐训词,各机关长官均有前往参观,车水马龙,东郊外是日极为一时之盛,"而滇军派出步哨,守卫森严,路人初不知为何事,继而该大队礼成,燃炮庆祝,闻者初颇惊疑为枪声,记者询之某机关中人始知其缘故"①。(《滇军干部大队成立》,《广州民国日报》1924 年 2 月 18 日)

2 月 18 日　令朱培德将省河筵席捐完全交市政厅办理,作为教育经费。

本月 9 日,财政委员会主席委员廖仲恺、叶恭绰呈谓,该会于本月 8 日举行第十五次特别会议,准省河筵席捐拨由教育厅、市政厅会同办理。捐额定为加一抽收,所有收入指定为省市教育经费。日前朱培德军长来厅面商,谓其前所批准承办之裕源公司系征收六厘,以二十二万为省教育费,四十二万为第一军费年饷,合计为六十四万元。今若由市政厅批办,该公司(现改称为永春公司)愿认缴教育费年至加六十万,仍认缴第一军费三十万,合计年饷九十万,请即通融照办。查该项捐务经指定专拨教育经费,若仍分缴军费,不特与原案抵触,且当此厉行财政统一之时,尤恐破例一开,难以善后。应否由财政委员会另指定别项收入,每月照拨付朱培德军费二万五千元(即全年三十万元),俾教育经费不致减少,财政统一不致有紊乱之虞,特呈请孙中山核准办理。(《大本营公报》第 5 号,"指令"第 149 号)本日,孙中山训令中央直辖第一军军长朱培德,据财政委员会主席委员叶恭绰、廖仲恺所请,令该军长将省河筵席捐完全交由市政厅办理,以作

---

①　本文为该报 18 日报道,内中有"昨日"字样,故酌定 17 日。

教育经费,至于该军长所需军费三十万元,由财政委员会另行妥筹办法维持,以双方兼顾。(《大本营公报》第5号,"训令"第63号)又指令财政委员会主席委员叶恭绰、廖仲恺,已令饬朱培德军长将筵席捐完全交由市政厅办理。(《大本营公报》第5号,"指令"第149号)

△　致函中国国民党库伦本部同志,谓中央执行委员会特派白云梯前往商办党务,盼推诚接洽,俾利进行。(《致中国国民党库伦本部同志函》,《孙中山全集》第9卷,第474—475页)

△　令筹设广东筹饷总局。

令市厅谓,义军云集,需饷自繁,原有收入特别收入机关,统应及时整顿,用裕饷源,而资展布,着设立筹饷总局,管理特别收入各款,即由统一财政委员会、军政部、各军总司令部,共同组织,公开办理,秉承妥办,此为维持各军,用宏局势起见,各有司各军,务当共济时艰,协求进步,特此令达,并着转饬所属一体遵照。(《公开处理财政之命令》,《广州民国日报》,1924年2月18日)此中所谓"着设立筹饷总局",似为统一财政委员会所请设立之广东筹饷总局,至20日,孙中山乃颁布命令,明令裁撤大本营筹饷总局,并特派范石生担任广东筹饷总局督办。(《大本营公报》第5号,"命令")

△　三藩市总支部总干事陈耀垣致电孙中山,所辖各部遵照选出民国13、14年各职员,现经造表报到者计有九十四起,呈请核准一律颁给任状。(《三藩市总支部上总理呈》,环龙路档案第06062号)

△　在大本营接受国闻通讯社记者访问。

国闻通讯社记者在当日下午特邀廖仲恺前往广州大元帅府拜谒孙中山,记者询问孙中山,目前最用力者为何事,孙中山回答:"现正以全力肃清东江战事。大致十天八天内,即可开始。"记者问次于此者为何事,孙中山云:"次于此者为财政统一,然亦非东江事毕后,不易实行统一财政及民政也。"记者问及东江成功,军事上作何进行,孙中山答曰:"当视福建情形如何,吾于闽南甚注意也。"记者追问是否有意出兵江西,孙中山提到:"果其能之,亦所愿也。"其后孙中山谈及中国全局问题,提到:"盖非有一坚实之政党,国事终不可为。我现在竭力造党,使民众得训练。然后吾人可以有组织的民众为后援。盖群众非受训练,将不知所辨别,而易为政客所颠倒。吾甚望各方面能助吾进行此事。"其后谈到组织国民政府事,提到:"确有是意,但须在造党有成,各省人均有觉悟之后,非目前即要实行也。"最后谈到英俄政治问题,谓"英国现在工党要人,多已不大相识。盖已十多年不到英国,以前相识之工党人物,大抵死去也。至俄国列宁虽死,可信于大局无大关系。盖彼党组织极为坚实,有民众为后盾,决不虞失败也"。(《大本营访问记》,上海《民国日报》1924 年 2 月 25 日)

2 月 19 日 令饬禁烟督办杨西岩、广东财政厅长郑洪年、广州市政厅长孙科,限三天内,赶筹巨款,拨支湘军饷需,以利出发东江作战①。(《帅令筹拨湘军出发费》,《广州民国日报》1924 年 2 月 20 日)

△ 令保护石厦灾民。

东路讨贼军总司令部训令所部云:"准联军杨总指挥公函开,案准军政部快邮代电,现奉大元帅发下黄县长文日代电称,现据职县石厦乡难民代表刘晃等邮电称,20 日晚,军队到乡不知如何误会,先向保卫团搜去枪支,连日分向住户搜掠净尽,焚毁室宇二百余间。该军至 29 日,始拔队他去,但大队虽去,仍有小队间日到乡,肆行骚扰,民乡男女八千余人,无家可归。据此,查石滩元洲石厦一带,此次战事发生,首当其冲,既遭逆军蹂躏于前,又被误会骚扰于后,哀鸿遍地,满目疮痍,情殊可悯。县长前者闻报,业经函请各军维持在案,兹据呈前请,除派员驰赴石厦元洲等乡,调查灾情,再行呈报外,仅先电陈察核,伏乞迅赐通令各军,一体力予保护,俾各该乡民,得以回家,不致流离迁徙,以拯余生而维民命等情,应请杨总指挥查照办理,并仰黄县长知照,部长程潜叩江印,等由准此。除分别函令外,相应函达贵总司令,烦为查照,转饬所属查照办理,等由准此,除分令外,合行

---

① 文中有"昨大元帅已令饬"字样,故酌定为 19 日。

令仰该□□即便转饬所属遵照,一体保护为要,切切此令。"(《令军队保护石厦灾民》,《广州民国日报》1924 年 2 月 19 日)

△ 大本营军政部奉孙中山发下增城石滩联乡保卫团总军单秀川等呈一件,请发给团枪,惟该部查得各厂库,现无存储此项团枪,因是无从发给,节经着手知照。(《请领团枪者慢》,《广州民国日报》1924 年 2 月 20 日)

△ 近日以江防事务,关系甚为重要,经饬令各江防舰队,赴各处梭巡,视察河道防务。现"江固"舰奉令巡视西江,先视察江门,定于 19 日启程前往。(《"江固"舰巡视西江》,《广州民国日报》1924 年 2 月 19 日)

△ 任命杨言昌为中央军需处参事,任命平宝善、余质民、卓恺耕担任中央军需处科长。(《大本营公报》第 5 号,"命令")

△ 令免收商团军械查验费,并令商团将枪支子弹等造册,交公安局存案给照。

训令广东省长廖仲恺,商团团长陈廉伯等呈称,商团召集全体同人开会,佥以商团为自卫机关,由全省商人组成,持有械弹不能以私有论,应免查验缴费。令饬广州卫戍总司令免予查验收费,并谕饬商团正副团长等,将所有枪支种类、号码、支数暨子弹数目造册,呈由广州市公安局存案给照,并随时受公安局检查以防流弊。除令公安局遵办外,令该省长即便知照。(《大本营公报》第 5 号,"训令"第 64 号)同日,训令广州卫戍总司令杨希闵,该总司令即便遵照免予查验收费。(《大本营公报》第 5 号,"训令"第 65 号)又训令广州市公安局长吴铁城,令该局长即便遵照办理,仍将遵办情形报查。(《大本营公报》第 5 号,"训令"第 66 号)

△ 勉励湖北讨贼军总司令淬励部属,以早定川局而进取武汉。

1 月 13 日,湖北讨贼军总司令孔庚呈文孙中山,遵令于 1 月 17 日在成都行营就职,克日躬率所部加入战线,务期会师武汉直捣幽燕之约得以实践。本日,孙中山指令湖北讨贼军总司令孔庚,现在川战方急,寇焰滋张。该总司令报国情殷,同仇敌忾。务即淬励部属,会合川军早定川局,进规武汉,尽军人之天职,期革命之成功。(《大本营公报》第 5 号,"指令"第 151 号)

　　△　指令大本营军政部长程潜,所拟《暂行陆军官佐士兵薪饷等级表》暨《暂行陆军军师旅团营连公费马干表》,准予施行,即由部录令通行各军一体遵办。《暂行陆军官佐士兵薪饷等级表》《暂行陆军军师旅团营连公费马干表》系军政部长程潜为划一军政章制而定,于本月 11 日呈送孙中山鉴核公布施行。(《大本营公报》第 6 号,"指令"第 153 号)

　　△　令将违犯烟禁人犯罚金六成充公,二成赏给线人,二成奖励出力人员。

　　15 日,禁烟督办杨西岩呈文孙中山,"严防流弊首重缉私,而缉捕侦查,端赖各线人及办事人员协同出力,是宜酌定奖赏方足以资鼓舞。查禁烟条例第十八条内载,缉获之烟土烟膏估价后分别充赏。而于罚金提赏尚无明文规定。兹拟凡缉获违犯烟禁人犯所科罚金除提六成充公外,以二成赏给线人,以二成奖励在事出力人员。是否有当伏候指令遵照"。本日,孙中山指令禁烟督办杨西岩,准如所拟,将违犯烟禁人犯所科罚金六成充公,二成赏给线人,二成奖励出力人员。(《大本营公报》第 6 号,"指令"第 156 号)

　　△　浙都卢永祥助饷百万。

　　浙督卢永祥,生平倾慕孙中山,此次对于北伐大计,极表赞同,特派代表何佩尧来粤。晋谒孙中山,陈述卢督远道致意,"现在伪庭曹贼,罪浮于徐酋,近复谬举吴佩孚为副座,实行其军阀侵略主义,祸及西南,绝对不能宽容。自当与众共弃,急盼帅座令饬各路军队,肃清东北两江逆患,并愿湘军总司令乘胜转战江西,会师汉上,浙省当源源接济枪械,并以诚意助饷一百万元,师行即汇,决不食言"。(《卢子嘉筹助北伐军饷》,《广州民国日报》1924 年 2 月 20 日)

　　2 月 20 日　下午 3 时,召集各军总司令及各军需主任,在大本

营开会讨论编定各军军额,核实军饷等重要问题。(《大本营之军费会议》,《广州民国日报》1924年2月21日)

△ 调军政部警备队集中省垣编练。

军政部警备队司令官刘国勋,前奉孙中山令,在各属召集旧部编练警备军二十四营,归部直辖,刻经编配完妥。孙中山以现在北伐在即,亟应调省集中编练,俾成劲旅,经军政部通令各军知照,惟事出仓促,尚未发给护照手令,致东西江部队不能开拔,现计该军在三罗西江各属,有兵五团,北江有兵一团,增城有兵两团。(《军政部警备队调省编练》,《广州民国日报》1924年2月20日)

△ 任命胡谦为北伐讨贼军第三军军长。李文炳为大本营咨议。派李纪堂为财政委员会委员。(《大本营公报》第5号,"命令")

△ 令将黄花岗一带划为七十二烈士坟园,并禁止附葬。

本月8日,林森、邓泽如、邹鲁、汪精卫、林直勉呈文孙中山,拟将黄花岗一带地方划为七十二烈士坟园,并请谕令各军民长官禁止附葬以崇先烈,嗣后无论何项有功之人,其遗骨概不得附葬烈士坟园界内。其在界内之民间旧坟,亦限定三个月内另行择地迁葬,以壮观瞻而表敬礼。(《大本营公报》第6号,"指令"第158号)孙中山收悉此呈,本日特训令大本营军政部长程潜、广东省长廖仲恺,准如林森、邓泽如、邹鲁等议,将黄花岗一带地方划为七十二烈士坟园,界内之民间旧坟,限定三个月内择地迁葬,令该部长、省长遵照办理,出示禁止附葬以崇先烈,并分行各军、各机关一体知照。(《大本营公报》第5号,"训令"第67号)同日,又指令大本营建设部长林森,已令饬军政部、广东省长会同出示禁止附葬,并转行各军各机关一体知照。(《大本营公报》第6号,"指令"第158号)至29日,广东省长廖仲恺呈文孙中山,"已遵第六十七号训令会同大本营军政部长办理出示禁止附葬,并令行各机关一体知照,理合将遵办情形具文呈复察核"。3月3日,孙中山指令廖仲恺,呈悉遵办林森等呈请禁止黄花岗附葬一案情形。(《大本营公报》第7号,"指令"第193号)

△　撤销大本营筹饷总局,任命范石生为广东筹饷总局督办,抽收全省防务经费。

本日,明令裁撤大本营筹饷总局,特派范石生担任广东筹饷总局督办。(《大本营公报》第 5 号,"命令")并训令范石生,"统一财政委员会呈请设立筹饷总局,并呈核所拟章程,业经核准令行在案。查年来抽收广东全省防务经费,原为不得已之举。现在大军云集,需饷更巨。不有切实整顿,平均分配,无以裕饷源而济时艰。除明令该员为筹饷总局督办外,令该督即便遵照,克日设局办理抽收广东全省防务经费事宜,务须切实规划,增多正饷"。(《大本营公报》第 5 号,"训令"第 68 号)21 日,又训令广东省长廖仲恺、大本营财政部长叶恭绰、大本营军政部长程潜,明令范石生为筹饷总局督办,并令该督办即便遵照克日设局办理抽收全省防务经费,令该部长、省长令行各军一体知照。(《大本营公报》第 5 号,"训令"第 70 号)范石生遵令于本月 26 日就职视事,设局开办,并于同日将就职时间呈报。孙中山则于 3 月 1 日指令范石生,呈悉所报就职视事及设局开办日期。(《大本营公报》第 7 号,"指令"第 190 号)

△　指令广东省长廖仲恺,所有关于广东各属强盗案犯,准予暂行援用 12 年 4 月 2 日五十九号训令,依军法办理,以戢匪风,余如所请办理,命即遵照。(《大本营公报》第 6 号,"指令"第 161 号)此指令系复廖仲恺上年 6 月之呈。

△　杨希闵呈报查办土匪在石龙车站附近学校掳人一案。

本月 17 日,滇粤桂联军前敌总指挥杨希闵呈文孙中山,"据外交部长伍朝枢称,美国教会人员到部报告,该会在石龙车站附近所设学校,日前忽被土匪掳去数人,请予令饬查起拿办。遵即通令所属各部队并分咨各友军派兵购线,踩缉匪踪,分别起掳拿办以申法纪,所有遵办情形备文呈请睿鉴"。本日,孙中山指令滇粤桂联军前敌总指挥杨希闵,呈悉所报美国教会在石龙车站附近设学校被匪掳去数人奉令查起缉拿遵办情形。(《大本营公报》第 6 号,"指令"第

163 号）

　　△　准长洲要塞司令添筑炮垒，并投变鱼雷，排废铁轨。

　　15 日，长洲要塞司令马伯麟呈文孙中山，"长洲为广东水上咽喉，地当要冲，年来人心奸险，内乱频仍，应亟添设重炮于公园鱼雷局中间高地，方免万一之疏虞。现查职部水鱼雷库存有新式十二生快炮一尊，大件尚属完备，只零件残缺，加以修理即可作用，惟是修理炮件及建筑搬运在在须费，预算约在一千零元。查有鱼雷局鱼雷排铁轨为旧日安放鱼雷之用，近来战术日精，鱼雷一项已等强弩之末，不堪作用。拟将该铁轨拆卸，投变借作修理、建工程等费，是否有当理合具文呈请察核令遵"。本日，孙中山指令长洲要塞司令马伯麟，准如所请添筑炮垒，并投变鱼雷，排废铁轨，以作修理建筑经费。（《大本营公报》第 6 号，"指令"第 164 号）

　　△　广东讨贼军第四军军长梁鸿楷呈文支持财政统一。

　　本月 17 日，中央直辖广东讨贼军第四军军长梁鸿楷呈文孙中山，查该军自成立以来，所有驻防地点各财政机关向不侵越，所需伙食首则给于大本营，次则由西江财政处支拨，现仍归五邑财政处供给，但食少兵多，拮据万状，"仰望统一有若云霓"，除转令所属遵照外，合将遵办情形呈复察核。本日，孙中山指令中央直辖广东讨贼军第四军军长梁鸿楷，呈悉所呈复遵办统一财政情形。（《大本营公报》第 6 号，"指令"第 165 号）

　　2 月 21 日　斥责滇军截取税收，并调湘军到省防范滇军。

　　召集大本营各部长及各军将领开会讨论财政与进兵东江问题，滇军将领无确切表示，孙中山斥责说："汝等不从命令，迭次战事均恣意索款，使我罗掘既尽，复卖公产，以致弄到民怨沸腾，集矢我身。今财政紊乱已极，东江军事不死不活，倘滇军不觉悟，我完全交湘军办理。"言时甚愤，闻湘军集中省垣，与此次会议有关①。（《快信摘要》，长

――――――――――

　　①　该内容载 22 日报纸，文中有"孙文昨召各部长各将领"，今据此酌定日期为 21日。

沙《大公报》1924 年 2 月 22 日)《申报》亦载,孙中山在大本营批评滇军截取税收云:"吾年前回粤,系徇滇军之请,彼滇军当时曾表示服从吾命令,余方决然返粤。今财政之糟,弄至如此田地,吾下令命彼辈将征收机关交还,竟置命令于不顾,成何事体?彼辈取之尽锱铢,用之如泥沙,而余则为丛怨之府,吾当有以处之。"翌日,北江方面,忽调湘军六千余人到省,一部分驻省垣西北郊,大部分以加入东江作战为名,集中石滩,堵扼前敌各部滇军之后路,说者谓此为孙中山以武力促进财政统一之表示。盖滇军此时,分戍于东江前线,故用湘军屯大兵于石滩,以防其反戈,一方面则严令驻省滇军,限日将征收机关交还。连日此间谣言甚炽,有谓滇湘军不日将行决裂。(《粤省将以武力统一财政》,《申报》1924 年 2 月 22 日)

又《中华民国史资料丛稿·大事记》一书在其 2 月 9 日条内载:孙中山在大本营再次召集并主持统一财政会议,议决对全省收入类目、总数、各军截留税收情况、各军真实人数与饷项等进行调查。会后,孙中山忿然曰:"吾下命令将各军征收机关交回,竟置命令于不顾,成何体统!彼辈(滇军)取之尽锱铢,用之如泥沙,而余则成为众怨之府,吾当有以处之。"(中国社会科学院近代史研究所中华民国史研究室编:《中华民国史资料丛稿·大事记》第 10 辑,第 20 页)二者究竟是同意屡言或是日期有误,尚不得而知。

△ 兼大本营筹饷总局总办廖仲恺、会办郑洪年应免兼职。准兼代大本营秘书长谭延闿所请,任命曾省三为大本营秘书处科员。任命乌勒吉为大本营咨议兼蒙文翻译官。(《大本营公报》第 5 号,"命令")

△ 令整饬军队。

军兴以来,各兵自行扩充兵额之事所在多有,游击、别动、支队等,名目繁多。其原因虽因战事两急,然实与国家预算及军政统一有重大妨碍。现统一财政进行时期,凡未奉核准前列各种名目之部队,统着一并裁汰,照枪支数目归并正式编制军队,以资整饬。又在统一财政进行时期内,无论何军不得扩充军队。令各军一体知照。(《帅令整理军队》,上海《民国日报》1924 年 2 月 21 日)此令内容似与中央直辖滇军总司令杨希闵之呈文有关。《申报》2 月 10 日曾载,杨希闵曾呈请按照部队人数枪支实额,编制部队,其余队号一律裁汰。(《杨希闵整理军队主张》,上海《民国日报》1924 年 2 月 10 日)

　　△　北京政府内阁讨论对粤办法。

　　讨论决定:"(一)派员入粤检查军队;(二)责成财政部拨援粤费;(三)对孙文决以武力统一;(四)宣慰粤商民。"(《时事日志·中国之部》,《东方杂志》第 21 卷 6 号,第 152 页)又外交部长王正廷为阻止苏联代表加拉罕南下前往广州,表示可先承认苏联,再开议中俄交涉案。(中国社会科学院近代史研究所中华民国史研究室编:《中华民国史资料丛稿·大事记》第 10 辑,第 25 页)

　　△　高雷两属人民请愿帅府,陈诉邓本殷糜烂地方,请速派兵征讨。(《广东文史资料》第 43 辑,第 189 页)

　　△　派员调处米业风潮,并派人订购白米运省接济。

　　米业风潮,未尽解决,市内因米粮缺乏,米价腾贵亦常,上等米每元六七斤,中等米每元八斤,下等米每元只十斤左右。一般贫民,痛苦万状,据大本营中人云,孙中山以米业风潮争持甚久,市民受害,极为悲惨,经饬员赴米业劳资两方调处,并派人赴安南、西贡、浙杭、芜湖等地,订购白米运省接济,日内即有白米数万包抵省,余可陆续运至,米商因而不能居奇抬高米价。(《大帮米粮将运抵省》,《广州民国日报》1924 年 2 月 21 日)

　　△　训令广东省长廖仲恺转饬广东财政厅长郑洪年,准虎门要塞司令部派员协助太平墟办事处征收税款,将收入拨缴五成接济要塞司令部伙食,取回印收抵解;其余五成仍饬解缴省库,以济军用。(《大本营公报》第 5 号,"训令"第 69 号)

　　△　福建泉州惠安公民以王永泉纵兵害民,致电孙中山等请求救援。

福建泉州惠安公民致电孙中山等称,"自王永泉军入泉以来,即纵兵殃民,奸淫劫掠,无所不为,致使居民迁徙,十室九空,鸡犬无声,炊烟断绝,死者无人收殓,生者不敢入门。近复委杨团长增福驻惠,强迫乡民种烟,按户科派重税,不种者加倍议罚。乡民无力完纳,杨以为有意抵抗,遂召军示威,乡民哗然奔逃。彼则架巨炮机关枪,乱轰横击,屠杀良民四千数百余人,焚毁屋宇千余座。斯时烟炎迷空,尸横遍野,地黑天昏,伤心惨目。杨氏犹毫不怜恤,更下格杀勿论之令。嗟我惠人,将同此尽。敢恳乞当道诸公,矜悯无辜,设法援救,无任戴德"。(《公电》,上海《民国日报》1924 年 2 月 21 日)

△　报载程潜与孙意见不合,请辞军政部长职①。(《国内专电》,《申报》1924 年 2 月 22 日)据《中华民国国父实录》一书载,3 月 8 日,孙中山不准程潜辞职。(罗刚编著:《中华民国国父实录》第 6 册,第 4597 页)程潜遂仍任军政部长。

△　湘军总指挥兼第一军长宋鹤庚,20 日来省,即谒谭延闿,随于 21 日午联同谭延闿赴帅府觐见孙中山,陈述东江军情,及请示进兵东江方略。(《宋鹤庚觐见大元帅》,《广州民国日报》1924 年 2 月 23 日)

2 月 22 日　在大本营召开军事会议,商定东江作战方案。

到会者有谭延闿、蒋光亮、范石山、吴剑学、杨希闵、刘玉山、鲁涤平、陈天太等三十余人,议决首先滇、粤、桂、湘各军聚集增城与石龙,一俟布置妥贴,即下总攻击,左、中、右三路同时进击,以 3 月 1 日起至 30 日止,一个月内肃清东江。其次限令高凤桂、何克夫、赵成樑等担任肃清北江边界逆军,限两星期竣事。再者严定赏罚,凡击毙敌军营长以上,分别奖给现金、升官级,活擒招降亦分赏有差。又严定军律八条,凡违令、抢劫、脱逃、通敌、泄漏、畏葸等,有犯者枪决不赦,各军长官均满意而散。(《联军大举克期肃清东江》,上海《民国日报》1924 年 3

①　该电讯后有"以上 21 日下午 7 钟",故至于 21 日条下。

月2日)又据上海《民国日报》载,东江总攻击,已定于日间开始,故一切饷糈养给,需款甚巨。孙中山日前特着盐运使赵士觐,勉筹款项,以便中央军需处发给各军,赵奉令后,经于21日筹得十万元,解交大本营转发军需处分别支配各军。(《盐运使筹军饷十万元》,《广州民国日报》1924年2月22日)又报载,孙中山复令两广盐运使赵士觐旬日内再筹二十万元,供各军出发东江讨贼之用。(《电讯》,上海《民国日报》1924年2月24日)

△ 任命谢远涵为大本营参议。任命林镜台为大本营咨议,每月薪俸贰百元。(《中山墨宝》编委会编:《中山墨宝》第9卷,第212、213页)

△ 训令代理广东海防司令冯肇铭,据广东全省警务处长吴铁城呈称,近来迭接报称莲花山、狮子洋一带海面,常有股匪出没,截劫外国商轮。令该司令即便遵照将该处段舰克日恢复,并加派巡舰常川梭巡,以护航行,而利交通。(《大本营公报》第5号,"训令"第72号)

△ 令财政部长叶恭绰查明因火酒取缔费致贩卖奥加可店铺观望不前,窒碍饷源一案。

本月19日,兼代广东财政厅厅长郑洪年呈文孙中山,据承办全省奥加可捐永裕公司商人李伯年呈称,广东全省烟酒公卖局所委代抽火酒(即奥加可)取缔费,尚未蒙撤销,以致各贩卖奥加可店铺观望不前,全体停业,于饷源大生窒碍。理应呈请察核,迅令烟酒公卖局遵照停抽,以免复叠而符统一,实为公便。本日,孙中山指令兼代广东财政厅厅长郑洪年,所请迅予烟酒公卖局遵照停抽火酒取缔费一事,此案日前据该厅呈请前来,当将原呈发交财政部核办去讫,复据呈各情,候令饬财政部迅予核明饬遵。(《大本营公报》6号,"指令"第166号)并训令大本营财政部长叶恭绰,查火酒取缔费尚未蒙撤销,以致各贩卖奥加可店铺观望不前,于饷源大生窒碍。令该部长迅予核明,具报查考。(《大本营公报》第5号,"训令"第71号)

2月23日 准兼代大本营秘书长谭延闿所请,任命陈似为大本营秘书处科员。(《大本营公报》第 5 号,"命令")

　　△　准两广盐运使赵士觐租用商轮巡缉。

　　本月 9 日,两广盐运使赵士觐呈文孙中山,有"澄清"商轮一艘,船身尚属坚固,大与一等巡舰相埒。当与该船主磋商,租赁巡缉,每日租银港币九十五元,其数并不为多,而于缉私裕收前途大有裨益。一俟该署将"隼捷""江顺"各舰修复及各军将所借各舰交还,即将此轮取消。业经与该船东梁志文租定,订明本年 2 月 5 日交船起租。此项租价,拟在盐税收入项下拨支。至于该轮官兵薪饷,则请在缉私经费项下支给。据此,孙中山于本日指令两广盐运使赵士觐,呈悉租轮巡缉暨支拨该轮经费及租项等情,并准予备案。(《大本营公报》第 6 号,"指令"第 167 号)

　　△　两广盐运使赵士觐呈文澄清财政委员会函称盐运使收入除缴军政部每日尚余四千元之说。

　　本月 19 日,两广盐运使赵士觐呈文孙中山,案准财政委员会函称,盐运使收入除缴军政部,每日尚余四千元,拟请由市政厅呈孙中山令指拨或转财政委员会办理。接阅之余,实深骇诧,已担负至每日九千余元之巨额,而更谓除缴解外每日尚余四千元。查该署 12 年 2 月至 10 月各月收入盐税总数平均计算,计每月平均之额仅约二十万元。再除稽核所及该署暨所属每月经费约支五万元,实得每月十五万元之平均额,先经编造各表呈报财政部在案。现该署每日担负至九千余元,即是每月二十九万余元,而所有经费仍未在数内,是较之去年平均额已增一倍有奇,而运销情形仍与去年同其梗塞。"即以目前负担之重,绵力已恐不胜,何敢再为增认致遭隔越。并恳令知财政委员会,嗣后无论何种款项暂勿加派职署分担,一面由其使设法整顿,俟运销稍畅、税收确有余存之时,即行呈报钧座,听候指拨用纾廑虑。所有误报余存巨款确非事实,据实呈明各缘由,理合备文呈请鉴察。"本日,孙中山指令两广盐运使赵士觐,呈悉误报其存巨款确非事实一事,准予备案。(《大本营公报》第 6 号,"指令"第 168 号)

△ 视察湘军驻地,并发表讲话勉励湘军努力奋斗。

孙中山前往广州城南黄沙驻地检阅湘军,并发表演说,讲述了三民主义的基本道理,并结合俄国情况,对三民主义在中国完全达到后的蓝图进行了设想,最后指出,"我们要担负起改造国家的大责任,便先要有奋斗精神,明白了三民主义,便能为主义去牺牲。我们要担负这样的大责任,做成这样的大事业,非有大志愿、大胆量和大决心不可"。并呼吁湘军变成以一敌百的革命军,共同担负救国救民的责任。(《对驻广州湘军的演说》,《孙中山全集》第9卷,第499—506页)下午1时,又于广州城北江村慰劳湘军,并发表讲话,谓"湘军纪律素严,名誉素佳,为国人所共知。希望湘军保持其向来之荣誉,俾军民得以相安。最要者厥为与是地民团及商团等和衷共济,共保地方治安,切不可发生误会。至讨贼救国为军人之天职,愿诸兵士为国努力"。(《大元帅北路劳军记》,《广州民国日报》1924年2月25日)

△ 自许总司令崇智赴沪养病后,所有东路前敌各军,均归张国桢指挥统率,其部队则集中于增城以至正果一带,担任左翼战务。现孙中山以湘军加入东江作战,东江联军兵力已加厚数倍,故将东路军各部转调两阳高雷,以期迅速肃清南路残军,使粤局内部同时解决,即进行北伐出师。(《东路部队将调赴两阳》,《广州民国日报》1924年2月23日)

△ 国民党全国大会代表刘百泉等呈文孙中山,"国民党本次改组,重在普通社会造工夫,而造普通社会工夫莫先于宣传事业。查有林君志华,本党之老同志,在上海普通社会交际颇广,兹者愿告奋勇,担任宣传事业,惟自己无名义,难资信仰,爰托百泉等介绍。拟请总理鉴其微忱,委以宣传之职。俾得为党效力,是否有当,理合具呈,恳祈鉴核"。(《刘百泉等上总理呈》,中国国民党汉口档案第16417.1号)

2月24日 举行追悼列宁大会,并主祭。

正午12时,国民党在广州第一公园举行追悼列宁大会。追悼会由廖仲恺主持,孙中山主祭。祭台上高悬孙中山手书的"国友人师"

祭幛。

哀词云:"茫茫五洲,芸芸众生。孰为先觉,以福齐民。伊古迄今,学者千百。空言无施,谁行其实？唯君特立,万夫之雄。建此新国,跻我大同。并世而生,同洲而国。相望有年,左提右挈,君遭千艰,我丁百厄。所冀与君,同轨并辙。敌则不乐,民乃大欢。邈焉万里,精神往还。天不假年,与君何说。亘古如生,永怀贤哲。"(《追悼列宁详情》,《广州民国日报》1924年2月25日)

　　△　在高师讲述民族主义,说明恢复民族主义之方法。

　　本日在广东高等师范学校大礼堂,讲述民族主义第五讲,主旨为说明恢复民族主义之方法。孙中山指出中国退化到现在地位,是由于失去了民族主义,如不想办法恢复,将来不但要亡国,或者要亡种。所以要救中国,先要想一个完善方法恢复民族主义。恢复民族主义方法主要有两种:"头一种是要令四万万人皆知我们现在所处的地位。我们现在所处的地位是生死关头。"第二种则是要有团体,要有很大的团体,通过借助中国坚固的家族和宗族团体,由家族和宗族观念,推广到国族主义。"大家如果知道自己是受压迫的国民,已经到了不得了的时代,把各姓的宗族团体先联合起来,更由宗族团体结合成一个民族的大团体,我们四万万人有了民族的大团体,要抵抗外国人,积极上自然有办法。"最后,孙中山说:"抵抗外国的方法有两种:一是积极的,这种方法就是振起民族精神,求民权、民生之解决,以与外国奋斗。二是消极的,这种方法就是不合作。不合作是消极的抵制,使外国的帝国主义减少作用,以维持民族的地位,免致灭亡。"(《三民主义》,《孙中山全集》第9卷,第231—241页)

　　△　派员赴各国宣传广州政府之政纲,并运动承认国民党政府。

　　报载孙中山与某外人谈话称"鄙人现已与伍朝枢商定,拟派干员数人分赴各国要求正式承认南方政府,俾免将来遇有重大交涉时,解决困难"。并据伍朝枢云,孙已派妥李璟赴英、刘士璧赴法、孙德裕赴义、吴承祖赴比,以上各员,专担运动各国承认之责。(《孙中山派员赴英俄法义比》,长沙《大公报》,1924年2月24日)《香港华字日报》3月26日亦报道,孙中山派李璟、刘士璧等人分赴各国宣传广州政府之政纲。(《食饭主义之广州政府近势》,《香港华字日报》1924年3月26日)

2月25日　派李福林为广东筹饷总局会办。(《大本营公报》第5号,"命令")

△　令各军不得在市内马路交通地点处决人犯。

本月22日,广州市市长孙科呈文孙中山,广州市区域内自军兴以来,军队林立,每有在马路交通地方处决人犯情事。前因有军人在禺山市场附近处决犯兵,当经卫生局呈报并由市长函准卫戍总司令部,分饬各师以后须提往郊外执行在案。现以日久玩生,各军队仍不免重蹈前辙。为保持观瞻并重人道起见,准通令各军,嗣后处决人犯,勿得仍在市内马路交通地点,以重市政,实为公便。(《大本营公报》第6号,"指令"第171号)据此,孙中山本日乃令各军事长官即便遵照并转饬所属,嗣后处决人犯勿得仍在市内马路交通地点,以重市政。(《大本营公报》第5号,"训令"第73号)并指令广州市长孙科,已令行各军长官转饬所属一体遵照。(《大本营公报》第6号,"指令"第171号)

△　禁烟督办呈请核准《禁烟总分局章程》,孙中山令酌加删改。

本日,大本营禁烟督办杨西岩呈文孙中山,现拟每省各设禁烟总局一所,其余各属或商埠市镇则体察地方情形,酌设分局,分别派员办理,共策进行,并拟具《禁烟总分局章程》二十二条呈请鉴核。孙中山收悉此呈,当即指令禁烟督办杨西岩,查所拟《禁烟总分局章程》第一、第六、第七、第九、第十、第十二、第十四等条,均应酌加删改。已于原章内逐条批明,随令发还,即查照妥缮,另文呈候核准施行。再广东省现为禁烟督办驻在地,省内各分局不难直接指挥监督,暂无设置必要。(《大本营公报》第6号,"指令"第170号)杨西岩旋将该章程遵令修改,并于28日再呈文孙中山,谓已遵令修正《禁烟总分局章程》,呈请察核,俾便公布施行。3月4日,孙中山指令禁烟督办杨西岩,所

修正禁烟总分局章程准如所拟施行。(《大本营公报》第 7 号,"指令"第 198 号)

2 月 26 日　准禁烟督办杨西岩所呈,免去罗桂芳帮办兼职,另派刘觉任为禁烟帮办。(《大本营公报》第 6 号,"命令")

△　令香山筹饷局将香山酒税交还有兴公司办理。

19 日,兼代广东财政厅厅长郑洪年呈称,香山县属酒税,前据有兴公司商人梁萱呈请承办,每年认饷额大洋捌万伍千元,两年为期,并先缴按饷一月,业经前厅长批准承办,定于本年 1 月 1 日开办。"查东路讨贼军前赴香山之时,曾奉订明只将钱粮拨充军饷,其余正杂各税概归职厅经收。现香山筹饷局不允交回酒税,乞请训令该军部转饬香山筹饷局迅将香山酒税交还梁萱办理,以符原案。"本日,孙中山指令郑洪年,东路讨贼军开赴香山之时既经制定专以该县田赋充饷,自不得动及其他税款。况现当统一财政之际,各属税捐尤不能任听驻军擅行截留,候令饬东路讨贼军总司令迅即转饬香山筹饷局将香山全属酒税交还有兴公司办理。(《大本营公报》第 6 号,"指令"第 172 号)同日,又训令东路讨贼军总司令许崇智,香山县属酒税前据有兴公司商人梁萱承办,嗣后据该商呈报,有利益公司告示称向东路讨贼军香山筹饷局承办香山全属酒税。令该总司令迅即转饬香山筹饷局,将香山全属酒税交还有兴公司商人梁萱办理,不得另招新商承办。(《大本营公报》第 5 号,"训令"第 74 号)

△　准将市桥口白蔗税减为每百把征银六钱。

本月 22 日,大本营财政部长叶恭绰呈文孙中山,"拟将白蔗一项每百把征税六钱,对于原定税率虽属略为变通,而实系为酌盈剂虚起见,似尚可行。惟事关减核税率,职部未敢擅便,理合备文呈请钧座察核"。本日,孙中山指令大本营财政部长叶恭绰,准如所拟将市桥口白蔗税减为每百把征银六钱。(《大本营公报》第 6 号,"指令"第 173 号)

△　与上海《民国日报》记者谈及财政、军饷、北伐等问题。

对于记者各问题,孙中山逐条赐示如下:财政问题,现在将各项财政机关逐渐收回,各军长官,皆随其有年,无不深明大义,大约至四月间必能完全统一。军饷问题,随财政统一而解决。以后筹饷局禁烟局两处月可得饷百万有奇,其他正税与盐税等,月可得约二百万,如顺利进行,军饷问题,不难解决。陈军盘踞东江问题,将调湘军全部加入作战,进攻计划已商议妥帖,料三月份必能肃清。北伐问题,势在必行,现在皖奉两方,亦已商量妥当,只要肃清东江,绝不停留,即行北伐。省长问题,杨庶堪不日接任。至有人怀疑国民党已改趋共产制度问题,孙中山云:"苏维埃政府已为英意所承认,列强皆有继起承认之趋势,则吾国亦何独不可。且本党民生主义中之'平均地权'意思已十分明了,实无再怀疑必要。吾党同志,无论新旧,无不精神一致,分裂云云,皆反对党捏造之词。"记者问及北京政府为何至今不承认苏俄,孙中山答:"凡我国有志之士,皆已认苏俄为同志,正不须欢迎曹家之承认。"最后孙中山问记者有关上海报纸对广东方面的意见或批评,记者答大都表示敬意。(《谒见大元帅时的谈话》,上海《民国日报》1924年3月3日)

　　△　令外交部长伍朝枢,据美国人奇叻由上海来函内称:3月6日偕同游历团七百人到港,分数日每日分班二百三十二人搭省港船来省,分日于下午2点钟往游华林寺、长寿寺、花塔以及大新街玉器等工场、织线等工场。请饬保护照料。(《给伍朝枢的手令》,《孙中山全集》第9卷,第514页)

　　△　连续两日主持大本营财政会议,两日(26、27日)均于下午3时在大本营召集各军总司令、各军军需官暨统一财政委员会委员等进行会议。会议内容为订定统一财政后各军饷糈筹划办法,以便由3月1日起重新分配。(《大本营之财政会议》,《广州民国日报》1924年2月27日)

　　2月27日　令各军克日开赴前线。

　　谕饬各军总司令速即分令各部,按照担任作战计划,克日开往前线,其三罗两阳方面,尤关系四邑西江治安,亦应赶速率队前往布置,庶不致有顾此失彼之虑①。(《帅令各军迅赴前敌》,《广州民国日报》1924 年 2 月 28 日)又命令谭延闿赶紧催促湘军出发东江。如有因领款未齐以致延滞者,应饬令军需处提先筹发,俾利戎行。(《给谭延闿的命令》,《孙中山全集》第 9 卷,第 519—520 页)广东省档案馆库藏海关档案则载:军方消息透露,在东江的护法联军打算在下星期之内向陈炯明军队发动一次总攻。孙中山命令手下的将官立刻把所有在广州的部队都派到东江去,准备参战。与此同时,陈炯明在博罗和河源的部队也在备战,并且加强了各路的兵力。(广东省档案馆编译:《孙中山与广东——广东省档案馆库藏海关档案选译》,第 512 页)

　　△　令提解不肯交代之鹤山县长李一谔。

　　新任鹤山县长蒋忠汉,自奉委后,屡次到县接事,均为县民所不喜。日前蒋复到该县,仍不能上任,蒋氏无法,即回省谒见省长,禀告情形,谓李一谔屡次违抗省令,廖仲恺当即亲往大本营谒见孙中山,请示办法,随由孙中山亲下一手令,提解李一谔,其文云:"鹤山县长李一谔,屡次违抗省长命令,不肯交代,此实目无法纪,形同割据,着李济深即将李一谔带到大本营讯问,切切此令。此亦绝不理民意如何之一事也。"(《孙文提解鹤山县长》,《香港华字日报》1924 年 2 月 27 日)

　　△　着广东全省烟酒公卖局取消批准合济公司试办火酒取缔费一案。

　　本月 21 日,兼代广东财政厅厅长郑洪年呈文孙中山,火酒捐前经该厅核准永裕公司商人李伯年,认缴第一年饷银六万六千元,递加至第三年饷银九万元,包征包解。现合济公司借词瞒局带收费用取巧提成,其影响于酒类税费者小,影响于额定捐饷者大。恳乞迅饬撤销带收费用,交回永裕公司照案办理。本日,孙中山指令广东财政厅厅长郑洪年,候令行财政部转饬广东全省烟酒公卖局即将批准合济

----

　　①　日期系根据报道日期与文中"昨"等字样酌定。

公司试办火酒取缔费之案撤销,仍交还永裕公司办理。(《大本营公报》第6号,"指令"第176号)并据此训令大本营财政部部长叶恭绰,广东财政厅厅长郑洪年呈请饬烟酒公卖局将批准合济公司试办火酒取缔费之案撤销,仍由永裕公司照案办理一事,查现值统一财政之时,火酒捐既经该厅核准永裕公司商人李伯年承办,自不能听他商向其他机关借名搀夺,致碍税收。令该部即行转饬广东全省烟酒公卖局即将批准合济公司试办火酒取缔费之案撤销,交还永裕公司办理。(《大本营公报》第6号,"训令"第75号)

△ 指令大本营建设部部长林森,所拟《商标条例》四十条暨施行细则三十二条准予施行。该条例及细则系林森于本月23日呈送孙中山核准。(《大本营公报》第6号,"指令"第177号)

△ 本日,明令追赠已故团长杜龄昌为陆军少将,照少将阵亡例给予恤金。(《大本营公报》第6号,"命令")并指令大本营军政部长程潜,杜龄昌已明令追赠陆军少将并给恤,李文彩准如所拟给予上校恤金。杜龄昌原系中央直辖滇军总司令杨希闵所部第二师八团团长,于进攻沈鸿英时力战捐躯。李文彩原为该军第三旅参谋长,转战东江致染瘴疾,病殁戎间。二人前由程潜于本月25日呈请追赠给恤,遂有本日孙中山之指令。(《大本营公报》第6号,"指令"第178号)

△ 谕令各军总司令转令各将领,不得私运烟土,阻碍禁烟进行。(《给各军总司令的命令》,《孙中山全集》第9卷,第519页)

△ 续西峰曾致函孙中山报告北方军情,计划攻取山西以为革命基地。孙中山批示:"待王用宾到后始答。着组安①问王用宾北方详情,拟答奖励,并约须待北伐时同心合力,以收最后之胜利。"(《批续西峰函》,《孙中山全集》第9卷,第523—524页)

△ 滇桂两军发生冲突,孙中山调湘军解决滇军第四师问题。

报载,孙中山个人,对于东江,确有积极进兵之意,原定进攻计划,

---

① 即谭延闿。

滇军担任中右两路。后以滇军内部分裂之形已成。第四师相率离防，致横沥茶山方面，仅有滇军李根沄、胡思舜两部，固守尚可勉强，进攻则力有不足。据广九铁路中人云，27日，横沥以上确有战事，闻非联粤两军接触，系滇桂两军冲突。盖滇军第四师不稳之说，喧传已久，于是孙中山调湘军一部，赶赴横沥，协同滇军第七师，以解决第四师问题。湘军大队，仍逗留广州，因孙中山无法应付此大宗之开拔费及开战费。(《两阳军事与东江战局之近势》，《香港华字日报》1924年3月3日)

　　△　中央执行委员会秘书处通告广州市区党部、特别区分部，奉孙中山谕，定于3月2日(星期日)下午2时在高等师范学校讲演民族主义，特约诸同志依期前往听讲，凡属党员经领有登记证者，持证入场，其未经领有登记证者即须向各区分部领取听讲券，凭券入场，听讲券由本委员会制定。即转知各区分部通告各党员届期持证前往，并稽核所属各区分部须领听讲券若干，克即携据到会领取。(《中执会秘书处通告(第十一号)》，中国国民党汉口档案第50号)

2月28日　电虎门廖湘芸司令，着即来省。(《中山墨宝》编委会编：《中山墨宝》第9卷，第214页)

　　△　接见上海工商友谊会的代表张炳荣。

　　本月24日，上海工商友谊会公推张炳荣为代表赴粤，并由其带呈童理璋致孙中山之函。张抵粤谒孙，并呈上童之函。(罗刚编著：《中华民国国父实录》第6册，第4586页)童函中请孙中山速兴义师，以奠邦基而维人心。并请就上海工商友谊会之发展、事业调查委员会之进行，赐以训诲。孙中山乃于函中批示："交中央执行部代答，奖勉之。"("中华民国"各界纪念国父百年诞辰筹备委员会学术论著编纂委员会主编、中国国民党中央党史史料编纂委员会编：《国父墨迹》，第501—502页)

　　△　令财政委员会筹给朱培德军队饷糈，以资接济。令财政委员会发给张兆基旅费三百元。(《命发朱培德饷糈令》《命发张兆基旅费令》，陈旭麓、郝盛潮主编，王耿雄等编：《孙中山集外集》，第827页)

△　暹罗访员函云，"本埠自经华侨宣慰员邢森洲先生历险惠临，宣布孙大元帅之爱民德意，宣传三民五权之福国利民主义，众侨胞大为感动，当即踊跃入党，达七十余人，组织分部，直接呈报总部注册，现则侨胞加入吾党，尚有争先恐后之势，而筹饷赞助大元帅讨贼北伐之事，宜亦讨论进行。闻邻郎埠自邢宣慰员向各侨胞勉励后，其分部亦成立有百余名同志，刻更准备进行捐款，助大元帅肃清百粤，统一中原矣"。(《暹侨踊跃赞助大元帅》，《广州民国日报》1924 年 2 月 28 日)

△　令迅即结束举报官产案件。

日前孙中山以近日停止举报官产，劝销手票一案，一般市民踊跃输将，极为嘉许，为体恤人民痛苦起见，拟令承办机关，将所有举报官产案件，迅即结束，并拟严饬所属，务须体孙中山勤恤民艰之意，毋得借端阻难，违法勒索，如有贱价批承及侵吞举报人奖金等事发生，亦当究办。(《迅速结束官产案件》，《广州民国日报》1924 年 2 月 29 日)又孙中山令行军政部军需处总监机关，以现在军需总监办事处业已成立，一切军饷，亟待统筹支配，所有财政现存之手票，概行移交军需总监处，至公安局每日劝销手票款项，着该总监会同财政部逐日向该局提拨应用，又军政部所有一切积欠各军军费，并着该总监处分别清算，刻日筹还。(《手票移交军需处》，《广州民国日报》1924 年 2 月 29 日)

△　香山县民致电孙中山，沙田自筹自卫，办理经年，不需要派军队护沙。广州沙田清理处派护沙队来香驻扎，恐生冲突，请饬令该司令暂勿派队，免惹纠纷。(《香山县人电拒军队护沙》，《香港华字日报》1924 年 2 月 28 日)

△　任命张继、谢持、居正、丁惟汾、茅祖权、王法勤、张知本为大本营参议。(《大本营公报》第 6 号，"命令")

△　准管理粤汉铁路事务陈兴汉续办附加军费三月。

27 日，管理粤汉铁路事务陈兴汉呈文孙中山，其于去年 11 月

12 日与滇湘两军代表会同商议,拟就其路每日售出客票原价加抽三成,货脚加抽二成,作为临时附加军费,并由 12 月 1 日起先行试办三个月,所得之款由滇湘两军暨职路分别派占各节,经孙中山批准办理。现计经届期满,惟军事尚未结束,需财孔亟,拟再请续办三个月借资挹注。本日,孙中山指令管理粤汉铁路事务陈兴汉,准如所请将临时附加军费续办三月。(《大本营公报》第 6 号,"指令"第 183 号)

2 月 29 日　准中央执行委员会所请,以曾醒为中央妇女部部长。(罗刚编著:《中华民国国父实录》第 6 册,第 4587 页)

△　日本公使澄清孙中山以粤省公产作抵,向日本台湾银行借款一事。

据外交界消息云,"政府以日前粤省孙文,拟将粤市公产向台湾银行抵押借款一事,急照会驻京日本公使芳泽,略谓近闻粤省孙文,欲以该省市公产,与贵国台湾银行商借债款一事,如不经北京政府承认,决无成立之理等语。闻日使接照后,特复函外部,内称贵政府来照,所云粤省孙文,以本省市公产作抵,向敝国台湾银行商借款项一事,经去电询问,确无此事,至外间所传各节,全系子虚"。(《日使否认孙文以粤市产抵借日款》,《香港华字日报》1924 年 2 月 29 日)

△　追赠已故前广州铁路局长简让之为陆军少将,并给治丧费一千元。(《大本营公报》第 6 号,"命令")据《孙中山集外集》载,该治丧费,已于 28 日令财政委员会筹给。(《批给简让之恤费令》,陈旭麓、郝盛潮主编,王耿雄等编:《孙中山集外集》,第 827 页)

△　令东路讨贼军总司令许崇智并案彻查前兵站总监罗翼群供给军需受人指摘一案。

前兵站总监罗翼群前曾呈缴该属交通局 12 年 9 月份、第三支部第三分站第一运输站 12 年 10 月份、第三支部第三分站第一派出所 12 年 9、10 两月份,第三支部第三分站 12 年 9 月 22 日至 11 月 5 日报销表册暨单据等件，请求核销①。本日，孙中山指令前兵站总监罗翼群，仰候将原件发交许总司令并案彻底查算呈复核夺。(《大本营公报》第6号，"指令"第184、185号；《大本营公报》第7号，"指令"第186、187号)同日，并训令东路讨贼军总司令许崇智，前兵站总监罗翼群因供给军需受人指摘，曾明令该总司令查办。嗣后前总监罗翼群造送所属各部、局、站、所、院、队各月份报销均发交该总司令查算在案。复据呈缴所属交通局12年9月份，第三支部第三分站第一派出所12年9、10两月份，第三支部第三分站12年9月22日至11月5日，第三支部第三分站第一运输站12年10月份报销表册暨单据等件，请予核销。令仰该总司令并案彻底查算明确，据实呈复核夺。(《大本营公报》第6号，"训令"第78号)

　　△　令褒扬新会节妇杨朱氏。

　　28日，内政部长徐绍桢呈文孙中山，有新会节妇杨朱氏，乃今大本营内政部次长、禁烟督办杨西岩之生母，现年七十有九岁。查节妇杨朱氏少年守节，至今年将八旬，核与《褒扬条例》相符，拟请孙中山题颁"节媲松筠"四字，并给予银色褒章一枚以示褒扬。本日，孙中山指令大本营内政部长徐绍桢，准如所请褒扬节妇杨朱氏，题颁"节媲松筠"四字匾额，并给予银质褒章。(《大本营公报》第7号，"指令"第188号)

　　△　初贝分部函请查办陈瑞云。

　　中国国民党初贝分部总务主任王明初等致信孙中山，"28日接到大本营秘书处颁下大元帅2月7日谕示，浏览敬悉，即敝部诸

---

　　① 据《大本营公报》记载，罗翼群共有四呈分送孙中山。除呈送其所属交通局报销表册的时间标注为23日，其他均为25日。不过罗呈送该交通局报销表册时间虽为23日，但该呈系大元帅"指令"第186号所附原呈，而"指令"第186号内容却系回复罗翼群所呈缴其所属第三支部第三分站第一派出所报销表册。原回复罗翼群呈缴交通局报销表册之"指令"为第184号"指令"，所附原呈则为呈缴第三支部第三分站第一派出所12年9、10月份报销表册。显是"指令"与原呈有所错乱，由于孙中山对四呈之"指令"内容一致，且均在2月29日，故在此为方便计，一并处理。

同志等早日寄上小款,以便我义军讨贼,区区之需,亦由邓泽如部长照名单给回收条,分送各同志收妥不误,希我大元帅喜怀为荷。惟敝部诸同志等,当去年双十节前数天,得华侨宣慰员邢森洲君抵埠,除各尽义务欢迎邢宣慰员,爱戴大元帅为国为党外,即将陈瑞云舞弊卖党之案件,呈为详报,伏乞大元帅对于陈案之下令查办,望勿延久,致生外洋各埠侨胞之误会,尤为吾党之障碍进行云云。敝部同志等,愿始终为我军讨贼之后盾,而利党务之进行。主义之伸张,统一全国共和为职志,倘国事内外,不论如何之处,想我大元帅时赐函示"。(《国民党初贝分部复总理函》,中国国民党汉口档案第9181.9号)

是月 一届全会秘书处致中执会函,"奉总理手谕,关于本党印刷品标点符号之使用,完全要中国圈点较为简单明了。近日以中国文字而用外国‘,’‘;’‘:’等号者,实在不通,吾党须戒而勿用。合行函知希为查照遵行,并转饬海内外支分部知照为荷"。(《一届全会秘书处致中执会函》,中国国民党汉口档案第23号)

△ 在大本营接见日人某君,与谈赤化、统一、北伐等诸多问题。

主要谈及以下问题:(一)俄之赤化运动决不深入中日,至于中俄关系,"俄国与中国,今为对等之国家。彼对于不平等条约,有共同之目的,诚为中国之友邦。其援助中国也,乃当然之事;中国之与提携也,亦不能不谓当然"。(二)三民主义渊源于孟子,更基于程伊川之说,绝非仿制他人之糟粕。(三)属望全国统一故与北段提携。孙指出,"欲统一中国,不能不借武力。既有武力统一之必要,不能不使南北武力提携之成立,此吾辈所以与北方段祺瑞等握手也"。(四)对吴佩孚、张作霖、冯玉祥、唐继尧、阎锡山等人作月旦评。(五)北伐之准备,由蒋介石主持黄埔,编练新军。(六)对于北伐能否进至长江以北问题,孙中山认为,"我辈之北伐,顺应大势,必然成功。且一旦占领长江,即暂时出持久态度,与段祺瑞一派提携,徐徐打开统一局面"。(七)关于国共关系,孙中山提到:

"国民党系我创立之民国唯一之政党,而共产党派则为赞成俄国列宁等主义之学者有志一派……"(八)关于中国之前途,孙中山认为,"对于中国前途,我辈并无悲观,但亦未敢作乐观。自前清溃倒以来,中国社会进步颇为显著"。(梁惠锦:《台湾民报中有关国父孙中山先生的记载》,黄季陆等:《研究中山先生的史料与史学》,第 557—565 页)

△　接见日本记者松岛宗卫,谴责日本蔑视中国,并表达拟向三井物产贷款三千万之意愿。

孙中山接见日本记者松岛宗卫时指出:"现在,日本国民有轻蔑支那国民的倾向,谩骂支那人为病夫,动则加以凌辱。"并谴责日本得意于眼前情势,因暂时现象而如此轻蔑、谩骂、凌辱中国。(俞辛焞:《孙中山与日本关系研究》,第 254—255 页)又谈到当时广东政府经济陷于极度困难之中,除借外债,别无它策,因此拟向三井物产贷款三千万元,以广东士敏土厂(帅府)作担保抵押。若如此日方仍不放心,还可以广东省内的矿山采掘权或者沿海渔业权作保,并讲到:"调查广东实情,切望从贵国贷得相当金额。"(李吉奎:《孙中山与日本》,第 550—551 页)

△　胡汉民和廖仲恺一起向孙中山进言:"我们中国民族实在太大,所以中国的民族革命一定要得到国际的联络和帮忙,我们中国民族自己对于民族革命当然负责甚重,而对于一般的弱小民族也要扶植起来。"孙中山不仅同意胡、廖二人的建议,并且接着把鲍罗廷请来,向其说明"拟组织一个主持国际活动,流通国际消息的机关"。(李玉贞:《国民党与共产国际》,第 298 页)

△　谕令邹鲁搜集材料,编成党史。

孙中山得知邹鲁等人在搜集黄花岗死难烈士史料,便对他说:"尽并搜集材料,编成党史。"邹鲁接谕后,立即着手收集材料,除了孙中山亲自送交的一部分珍贵资料外,还于《中央党部周刊》上刊登征汇党史材料广告,请中国国民党青年部与海外部联名发函海外,以广征集。复通过各种渠道收集材料,包括许多自述笔录,摘录很多书籍、报刊的相关内容,并且请二三十个学生帮忙,最后确定体例,分列章目,准备开始撰写。这些工作向孙中山请示后,孙中山"认为很好"。(冯双编著:《邹鲁年谱》,第 183 页)

　　△　令范石生释放马超俊。

　　据时任广东兵工厂厂长的马超俊回忆,某次孙中山命他拨发黄埔军校步枪五百支,机枪四挺。马氏因工厂所存枪支不足,遂连同护厂队之全部枪支,照数凑足拨发。此事为滇军第二军军长范石生探悉,派该军参谋长李宗黄,邀马氏到江防司令部,以枪毙威胁,要求他把黄埔军校的步枪即日取回,送到滇军司令部来,并扣押马氏。此事被厂内员工得知,大家以停工行动声援。孙中山闻讯,派邓彦华参军、黄惠龙侍卫长,向范石生交涉,惟范石生不允释放,仅准邓、黄与他见面。最后,孙中山派秘书长杨庶堪持手谕约同滇军总司令杨希闵往晤范石生,范始释放马氏①。(郭廷以、王聿均访问,刘凤翰纪录:《马超俊先生访问纪录》,第 61—63 页)

3 月

　　3 月 1 日　主持第一届中央执行委员会第十次会议,讨论讲习所相关问题。

　　出席者有中央执监委员、候补执监委员共十三人。会议讨论了中国国民党讲习所问题。议决讲习所地址在中央党部,每周讲两次,时间为星期一或星期二,星期四或星期五,均在下午 3 时至 5 时。孙中山每隔两周主讲一次,内容为三民主义及五权宪法,其他讲题有政治学大纲、经济学概要、国民党历史、各国政党状况、国民党组织及方

---

　　①　文中虽言黄埔军校,但据杨庶堪于 3 月 1 日就任广东省长,此前担任秘书长,故此事发生时间实应在黄埔军校筹备时期,即 1924 年 3 月之前。

略等。([美]陈福霖、余炎光:《廖仲恺年谱》,第247页)在本次会议中,孙中山提名以邵元冲筹备欧洲党务,刘兆铭(纪文)为其秘书,并先设党部于伦敦,再逐渐发展欧洲其他各国党部。此项提名顷获通过,并由中执会即行函知办理。(罗刚编著:《中华民国国父实录》第6册,第4587页)此外,中央执行委员会还推定叶楚伧为上海《民国日报》编辑委员会委员长,胡汉民、汪精卫、瞿秋白、邵力子为委员,并派林业明为民智印务公司经理。("中华民国"各界纪念国父百年诞辰筹备委员会学术论著编纂委员会主编:《国父年谱》下册,第1013页)

　　△　致电墨西哥总统,要求取消排华苛律。

　　墨西哥顺诺拿议院于1923年12月19日制定并通过排华新律六条,规定划定华人区域,迫华人与墨西哥人隔绝,否则就将华侨驱出境。旅墨华侨及中国国民党墨西哥支部麦兴华等,电请孙中山向墨国政府提出交涉,要求取消此苛律。故孙中山致电墨西哥总统阿卜里刚,交涉取缔排华苛例问题,并令广州政府外交部长伍朝枢去电抗争①。(《大元帅保护旅墨华侨》,《广州民国日报》4月15日)墨西哥总统后复电云:"孙逸仙博士:尊电悉。候查明当即如命办理,并祝康健。"(《墨国苛例有取销希望》,《广州民国日报》1924年3月25日)

　　△　致函范石生,责其阻扰裁撤江防海防。

　　报载,杨廷培被害后,范石生颇为各方集矢,孙中山拟削范兵权,将江防司令与海防司令合并,委冯肇铭为司令,改任范委之徐德,继杨为第三师师长,范极反对此议。(《国内专电》,《申报》1924年2月19日)为此,孙中山致函范石生,谓"海防江防走私盐及烟草,不得不将之裁撤,不图兄为中梗,不肯裁江防,而海防乃有借口,致我意不行。遂令私不能缉,匪不能靖。长此以往,必至江海不通,公私坐困也。

---

　　①　孙中山致阿卜里刚电仅署日期为"一日",并未明确究竟是3月还是4月,但3月25日《广州民国日报》刊载了阿卜里刚复孙中山电,故据此认定孙中山致电时间为3月1日而非4月1日。

务望兄放去江防,俾新组织得以早日成立"。(《中山墨宝》编委会编:《中山墨宝》第 8 卷,第 4—5 页)

△　上月 28 日,大本营内政部长徐绍桢呈文孙中山,寿民彭才德及妻韦氏均年登百岁,核其事状与褒扬条例尚属相符,拟请孙中山题给"寿域同登"四字,并给予银质褒章以示褒扬。本日,孙中山指令内政部长徐绍桢,寿民彭才德及妻韦氏准予题颁"寿域同登"四字,并给予银质褒章。(《大本营公报》第 7 号,"指令"第 191 号)

△　派杨庶堪为财政委员会委员,任命张翼鹏为大本营高级参谋。(《大本营公报》第 6 号,"命令")嗣后,杨庶堪又被任命为财政委员会主席委员。

△　受各方掣肘,杨庶堪本日始就广东省长职。

杨庶堪前被蒋介石向孙中山推荐任广东省长,孙中山采纳蒋之意见,于 1 月 29 日明令任杨庶堪为广东省长①。但广东各军云集,形势复杂,杨庶堪之任命,亦遭掣肘,据《孙中山与广东——广东省档案馆库藏海关档案选译》一书 2 月 15 日条载:未上任的广东省长杨庶堪不打算接任。因为他的任命受到了滇军的杨希闵和范石生等人的强烈反对。孙中山打算再任命胡汉民为省长,但此提议又遭到孙科市长的反对。孙科和胡汉民政见不同。据悉孙中山决定派孙科到俄国去,以避免政府内部可能会出现矛盾纠纷。因此,又风传广州市政府人员可能会有变动。(广东省档案馆编译:《孙中山与广东——广东省档案馆库藏海关档案选译》,第 511 页)故杨虽 1 月底即被任命为省长,但延至本日,始就职视事,并呈报视事日期。孙中山接呈后,于本月 5 日指令杨庶堪,呈悉所报就职日期。(《大本营公报》第 7 号,"指令"第 201 号)

△　任命蒋介石为黄埔军校入学试验委员会委员长,王柏龄、邓演达、彭素民、严重、钱大钧、胡树森、张家瑞、宋荣昌、简作桢为试验

---

① 参见 1 月 29 日条。

委员①。(《本校筹备之事略》,广东历史博物馆编:《黄埔军校史料(1924—1927)》,第28页)

△　复电张作霖,嘱勿为曹吴假和平所惑。

据《中华民国史资料丛稿·大事记》第10辑一书载,2月14日,北京政府内阁总理孙宝琦发起举行和平大会,分电孙中山等反直各派领袖参加,孙未置答复。(中国社会科学院近代史研究所中华民国史研究室编:《中华民国史资料丛稿·大事记》第10辑,第22页)北京政府内阁总理孙宝琦又派员赴奉天游说张作霖出席"和平会议",张作霖致电孙中山征询意见,孙中山复电云:"曹吴祸粤扰川,罪恶已极,今犹假托和平,愚弄天下。此间决定北伐,届期望同仇敌忾,共扫幽燕,幸勿为伪和平所惑,致隳士气。"(《电讯》,上海《民国日报》1924年3月4日)

△　令东路讨贼军许崇智部陈策、张民达各旅开赴恩平,进攻两阳。云南省议长殷诚章谒孙中山,表示滇民倾向,渴望整戈北伐。广东南路林俊廷派代表谒孙中山,表示"愿服从帅令,欢迎刘震寰回桂,助其统一桂局,驱逐陆荣廷"。又臧致平急电孙中山,谓潮汕人民多愿逐陈应义,请速乘机夹攻。(《电讯》,上海《民国日报》1924年3月4日)

3月2日　就国民党改组原因致函海内外同志,勉励党员精诚团结,勿再非议共产党加入国民党之事。

函谓"此次新章所订之组织方法,其意义即在从下层构造而上,使一党之功用,自横面言,党员时时得有团结之机会,人人得以分担责任而奋斗;自纵面言,各级机关完全建筑于全体党员之上,而不似往时之空洞无物,全体党员亦得依各级机关之指挥而集中势力,不似往时之一盘散沙。此种办法,在能自由办党之地固易获效,即在不能自由办党之地亦殊有活动之可能。本党之决心改组以此"。"俄乃以

---

①　据《大本营公报》载,该任命日期为3月20日。

六年之短期，划除根深蒂固之专制阶级，战胜其四围之帝国主义之恶魔……吾党自辛亥迄今垂十三年，国内军阀官僚之横暴日甚一日；国外帝国资本主义之侵凌日迫一日。以视乎俄，瞠乎其后，则俄诚足为吾党借镜之资，而亦当引为吾国互助之友。"又谓："有好造谣生事者，谓本党改组后已变为共产党。此种谰言，非出诸敌人破坏之行为，即属于毫无意识之疑虑。欲明真象，则本党之宣言、政纲俱在，复按可知。"至于社会主义青年团加入本党，"本总理受之在前，党人即不应议之于后。来者不拒，所以昭吾党之量能容物，而开将来继续奋斗之长途。吾党之新机，于是乎在"。（《就国民党改组原因致海内外同志书》，黄彦编：《孙文选集》下册，第 438—440 页）

△　本日讲述民族主义第六讲，说明恢复民族地位之方法。

孙中山指出，恢复民族精神，要有两个条件："第一个条件是要我们知道现在处于极危险的地位；第二个条件是我们既然知道了处于很危险的地位，便要善用中国固有的团体，像家族团体和宗族团体，大家联合起来，成一个大国族团体。"所以，能知与合群，便是恢复民族主义的方法。到民族主义恢复以后，便可以进一步去研究怎样才可以恢复我们民族的地位。"要恢复民族的地位，除了大家联合起来做成一个国族团体以外，就要把固有的旧道德先恢复起来。有了固有的旧道德，然后固有的民族地位才可以图恢复。"我们要学外国，是要迎头赶上去，不要向后跟着他。即所谓"后来者居上"。中国应立定"济弱扶倾"的志愿，将来到了强盛时候，便要把帝国主义来消灭，那才算是治国平天下。（《三民主义》，《孙中山全集》第 9 卷，第 241—254 页）

民族主义本日讲毕，孙中山在《民族主义》单行本序中谓："今民族主义适已讲完，特先印单行本，以飨同志。惟此次演讲，既无暇晷以预备，又无书籍为参考，只于登坛之后，随意发言，较之前稿[①]，遗

[①]　指 1922 年 6 月 16 日陈炯明叛变时所焚之稿。

忘实多。"（罗刚编著：《中华民国国父实录》第6册，第4589页）

据刘成禺《先总理旧德录》所记，孙中山谓："宁愿天下人负我，不愿我负天下人。天下人可以欺伪成功，我宁愿以不欺伪失败……历代以欺世伪术而得大业者，灭亡不及其身，及其子孙，此篡弑攘夺残民以逞者，可不惧哉！予之律己，对人无虚言，驭人无权术，一本诚率，人皆谅我，予一人已成功矣。"①（《与刘成禺的谈话》，陈旭麓、郝盛潮主编，王耿雄等编：《孙中山集外集》，第310—311页）

△　蒋介石致函孙中山，称离粤原因系对孙所用之部分人员不满，忧心广东乱局在于内忧。

蒋于函中称，自己"到粤月余，终日不安，如坐针毡"，"先生（指孙中山——引者注）洞识人情，知我尤深，回想当时景象，谅亦知中正今日忏悔之言，非出于妄乎"。并称孙中山所用之人，"身为军府僚属，而志在西南统帅者有之；暂且蜷伏一时，而谋竖独立旗帜者有之；至如为国为党而又为先生尽力者，殆无其人也"。故当今广东乱局，不在外患而在内忧也。信中并推荐胡汉民任广东省长，与许崇智通力合作，"不惟汝为有赖其补助，粤局可望稳固，即先生与汝为之间，皆有无穷之妙用"，最后答应回粤视事。（中国第二历史档案馆编：《蒋介石年谱（1887—1926）》，第144—147页）

3月3日　召集各军长官，暨统一财政委员，在帅府开财政会议，讨论极为周详，除责成筹饷总局总办范石生统筹防务经费外，特令指定禁烟督办、盐运使等各机关每日缴款若干，以解决财政之困②。（《财政会议后之进行》，《广州民国日报》1924年3月4日）

△　委梁鸿楷为南路总指挥，并调东路许崇智军加入协战。

许军以未曾领得开拔费，拟在省稍为逗留，俟大本营发给款项，始

①　陈旭麓、郝盛潮主编，王耿雄等编的《孙中山集外集》一书称，原文未署时间，据刘成禺谓，孙中山在广州讲演三民主义，"一日讲修身、治国、平天下"。因第六讲内容有"修身治国平天下"及"正心诚意"的内容，正与此件内容相符，故将日期标为1924年3月2日。

②　刊文日期为4日，文中有"昨特召集各军长官"之语，故酌定3日。

行出发。而梁鸿楷对于南路总指挥一职,亦有不愿干之意,故仍留滞于某埠。闻孙中山连日派员敦促梁氏,梁氏要求拨发现款二十万元以充战费。孙中山因湘军前此要求之四十万元现尚无着,故无力答允其请求,拟改委李济深为南路总指挥,梁鸿楷部下却对此大感不满,其由恩平退集新昌,即因此故。(《南路军事之近讯》,《香港华字日报》1924 年 3 月 3 日)

△　上月 29 日,财政委员会呈请加入新任广东省长杨庶堪为该会主席委员。本日,孙中山指令财政委员会,准如所请,简派杨庶堪为财政委员会主席委员。(《大本营公报》第 7 号,"指令"第 192 号)

△　广东台山县长刘栽甫赴帅府折呈孙中山,请求准予试办自治。孙中山在折面批词,略云:特许试办台山县自治事宜,着省长照此折所拟各条,咨行各军司令长官各财政主管机关查照,协助实行。

(《粤省戎马声中之民治》,上海《民国日报》1924 年 3 月 14 日)

3 月 4 日　梁鸿楷、李济深、杨锦隆、冯肇铭、卓仁机等致电孙中山,"请将五邑各项收入,概归财政处办理,其未核准各军,勿准在该处支饷"。(《国内专电》,《申报》1924 年 3 月 9 日)

△　以检查邮电报纸事宜未便停止,令军政部长程潜派员赓续办理。

上月 29 日,军政部长程潜呈文孙中山,去岁北江战事开始时,该部即派员专司邮政电信及报纸检查之责。计任用检查主任一名,检查员十余名,电报检查主任一名,检查员一名,报纸检查员四名。自北江战事开始以至于现今,军事进行迄未停止,以是未能将各检查事项停办。计自开办以来截至本月 29 日止,应支三水局检查员薪水津贴,广州市检查主任及检查员薪水津贴,洋共二万四千五百四十七元五角。此项开销在经费上本无着落,纯由其挪垫,现再无维持之力。恳请迅准令行他种军事机关或地方官,于本月 29 日以后派员接办各检查事项,并将二万四千余元之垫款发还。本日,孙中山指令军政部长程潜,现在军事尚未完结,所有检查邮电报纸事宜未便停止,应仍由该部派员赓续办理以一事权。至以前垫支各款及以后每月应支经

费,着核实一并开列呈候核明,交财政委员会拨给。(《大本营公报》第7号,"指令"第194号)

△　令两广盐运使,准将包庇走私犯人陈兆兰罚款一半充赏,余数拨充盐政会议经费。

本月1日,两广盐运使赵士觐呈文孙中山,本月4日,访闻有渔船百数十艘在东莞万顷沙一带,当饬广东盐警指挥官等乘坐该署租用之"福海"舰,驶往万顷沙一带验发渔票。该沙豪绅张仲慈、陈兆兰、刘锦泉等,勾通渔船,开枪抗拒。据农商维持会会董陈兆兰供认,抗拒之事系由局董张仲慈等所为,愿代缴罚款毫银一万元,另认销渔票银四千元。"查其所供尚知悔悟,应准从宽办理。此项充公罚款无关盐税收入,应由本署另款存储,听候拨用。现本署所设盐政会议经费无着,拟请即将此款拨用以资挹注。"本日,孙中山指令两广盐运使赵士觐,准如所请,将拿获包庇走私犯人陈兆兰罚款一半充赏,余数拨充盐政会议经费。(《大本营公报》第7号,"指令"第195号)

△　范石生于上月20日被任命为广东筹饷局督办,26日就职视事。旋于本月1日将所拟《广东筹饷总局组织大纲》二章凡十一条,并附职员名额、薪津费概算表一纸,呈送孙中山核准。本日,孙中山指令范石生,所拟《广东筹饷总局组织大纲》暨职员名额薪津表应准照办。(《大本营公报》第7号,"指令"第196号)

△　令审判烟犯仍由司法机关办理。

禁烟督办杨西岩呈文孙中山,查该署组织之初,拟订组织该署章程,业经孙中山核准在案。1月17日,复奉孙中山令批准《禁烟条例》,以严为处罚俾迅肃清。惟条例第二十条规定:凡本条例之罪犯,无论何人拿获,必须连同证物一并解由禁烟督办署或禁烟总分局移送司法机关,适用本条例之规定审讯治罪。查该署系奉孙中山令办理烟禁,若缉获人犯由司法机关审讯治罪,刑律已有鸦片烟治罪之规定。如指定须适用禁烟条例,似有以命令变更治律之嫌。查司法机关系适用普通法,如海陆军人犯罪,另有特别法规定。今既特颁禁烟条例,亦系特别法之一。况已设专署,似宜援例办理,既无侵越司法独立之权,又无命令变更法律之病。处理烟犯若由该署审判,则收效较为迅速,恳将条例第二十条"移送司法机关"六字删去,则该署组织章程第五条督察处之职掌第二款之规定,与《禁烟条例》第二十条并无抵触,请免去删削。"所有拟请修改《禁烟条例》及免删削《禁烟督办署章程》各缘由是否有当,理合恭折具陈,伏乞指令祗遵。"本日,孙中山指令禁烟督办杨西岩,审判烟犯仍应由司法机关办理,督办署章程第五条第二款应遵前项指令删去,至所请修正禁烟条例第二十条之处,应毋庸议。(《大本营公报》第7号,"指令"第197号)

△ 欲解决东江不生不死之局,拟以滇湘两军担任东江战事,并严令前方滇军不得返省。

《香港华字日报》本日载,东江局面,不生不死,孙中山目下固已日夜谋解决之方,军事上之筹划,颇为着急。闻兵力之支配,经已大略商定,即东江战事,以滇湘两军担任是也。日来湘军开赴石滩,东路张国桢等部相继返省,即为实行此计划之第一步。(《东南两路军事趋势》,《香港华字日报》1924年3月4日)虽欲东江战事以滇湘两军担任,然滇湘之间,不无隔阂,更兼统一财政正在进行,两军关系更为复杂。复据该报载,孙中山限以四个月内,实行统一财政,但滇军杨希闵、范石生、蒋光亮等始终未表同意。孙中山以滇军尚无将征收机关交出之诚意,特令湘军大队集中省垣,以监视滇军,又令蒋光亮军之一部,拉队北上,并严令前方杨、范两军,不得拉队返省。孙中山认定广州市以湘军为主力,滇军则认为不可靠。(《湘滇军争赌规之近况》,《香港华字日报》1924年3月4日)

△ 报载市政厅呈请取消粪溺捐,以符财政统一之旨。(《市厅呈请取消粪溺捐》,《香港华字日报》1924年3月4日)

3月5日 中央执行委员会秘书处致函滇军总司令杨希闵,奉孙中山谕,定于3月9日(星期日)下午2时在高等师范学校演讲民权主义,相应函请各军所属干部大队人员依时到场听讲,并请自行制

给入场券，俾资识别。(《中秘处致滇军总司令杨希闵函》，中国国民党汉口档案第 6 号)

　　△　令东路讨贼军总司令许崇智查算兵站收束总册。

　　上月 29 日，前兵站总监罗翼群呈文孙中山，将该部经理局经办 4 月至 10 月各月汇编收支款项数目，及负欠各部、局、院、队、站、所、商号各薪饷、经费、医药、货项等费，暨借出款项、长领未报计算核减各款，备文呈请察核。本日，孙中山指令罗翼群，候将原件发交许总司令并案查算明确呈复核夺。(《大元帅指令第 199 号》，《大本营公报》第 7 号)并据此训令东路讨贼军总司令许崇智，前兵站总监罗翼群呈报将经办各月汇编收支款项数目，及负欠各部、局、院、队、战、所、商号薪饷经费医药货等项暨借出款项、长领未报计算核减各款列具收束总册呈送前来。该总司令秉公查算据实呈复核夺。(《大本营公报》第 7 号，"训令"第 80 号)

　　△　在大本营召集各军将领开军事会议，商讨应付粤军反攻之对策，但滇军不愿负责。

　　报载粤军林虎、邓本殷等部预备大举反攻，孙中山遂于 5 日在大本营召集杨希闵、范石生、蒋光亮、刘震寰、谭延闿、朱培德、樊钟秀、李福林等开紧急军事会议商讨对策。杨、范、蒋等态度颇趋消极，毫无进战之心。杨在席上提出，此次战务若重开，滇军担任防守后方。孙中山见滇军不愿负责，极为忧闷，良久无言。谭延闿愤而责备说，滇军既不欲战，请立将截留之税饷交出，以为接济前敌各军伙食之需。会后孙中山召集孙科、杨西岩、吴铁城等到大本营开财政会议，讨论筹发湘军欠饷办法，故有日前限令各征收机关筹拨湘军北伐费五万元及特别给养费六万元之事。(《大本营最近之军事与财政两会议》，《香港华字日报》1924 年 3 月 10 日)

　　△　上月 25 日，孙中山曾任李福林为广东筹饷总局会办。(《大本营公报》第 5 号，"命令")但李福林似不愿兼任此职，故于本月 3 日呈文孙中山，请其收回委派为广东筹饷总局会办成命，俾得专心本职，

图报国家。本日,孙中山指令东路讨贼军第三军军长李福林,粤省自陈炯明叛变,兵祸经年,筹饷讨贼义应负责,该军长望重桑梓,所请收回广东筹饷总局会办成命着毋庸议。(《大本营公报》第 7 号,"指令"第200 号)

△　1 月 19 日,陈兴汉被任命为兼理广三铁路管理局局长,初以流言纷起,不愿任职,并呈孙中山请收回成命,旋经孙中山指令,所请收回成命着毋庸议①。陈兴汉乃于本月 1 日到局视事,并于同日呈文孙中山报告视事日期。本日,孙中山指令陈兴汉,呈悉所报就职日期。(《大本营公报》第 7 号,"指令"第 202 号)

△　2 月 29 日,统一财政委员会当值主席呈文孙中山,总干事蒋尊簋将干事会议草拟《统一财政委员会办事细则》,提出 2 月 27 日常会公同讨论并经一致通过。将按该办事细则十三条规定缮具全文,呈请鉴核备案。本日,孙中山指令统一财政委员会,所拟《统一财政委员会办事细则》准予备案。(《大本营公报》第 7 号,"指令"第 203 号)

△　此前,孙中山曾令大本营军政部长程潜将军政部所办后方勤务各交通机关交由大本营参谋处管辖。又令军政部长程潜将该部军车管理处及运输处,改隶中央军需处管理②。(《军车运输之管辖》,《广州民国日报》1924 年 3 月 8 日)

△　《广州民国日报》载,公安局奉孙中山令,派探拘传温雄飞到局讯办,旋据温雄飞开具申辩书,历述年来因谗畏祸与悔过投诚之苦衷,及此次来粤所受之任务。正拟办间,复奉孙中山谕,以温雄飞此次来省,系奉有某方附义来归之使命,即饬温雄飞出具悔过书,当堂省释。(《温雄飞无足轻重》,《广州民国日报》1924 年 3 月 5 日)

△　梧州、肇庆电请缓撤西江善后督办,孙不允。

报载梧州各界曾致电孙中山"请保留李济深西江督办梧州行署"。

---

①　参见 1 月 19 日条。

②　该文为程潜微日(5 日)所发,据程潜所言,对于前令,军政部已于昨"支"(4 日)日移交接管,并电达在案,"兹又奉大元帅令开",据此酌定"大元帅令"为 5 日。

(《国内专电》,《申报》1924年2月29日)然孙并未从其所请,于本日下令,裁撤李济深西江善后督办职,所有民财政概归省长办理。(《国内专电》,《申报》1924年3月9日)至3月18日,《香港华字日报》又载,肇庆城各界致电孙中山,请暂缓裁撤西江善后督办一职,仍留李济深办理善后事宜。(《肇城各界又挽留李济深》,《香港华字日报》1924年3月18日)

3月6日 中央执行委员会秘书处致函各军司令,奉孙中山谕,定于3月9日(星期日)下午2时在高等师范学校讲演民权主义,饬该委员会函约各界前往听讲。奉此相应函请各部查照,自行发给听讲券分派所属将校,各军官届时携券入场听讲,并请将制定听讲券两份,以一份寄高师校长邹鲁,以一份寄该会备查,以资识别。(《中执会致粤各军函》,中国国民党汉口档案第7号)

△ 令将省外各属筵席捐拨为教育经费。

是日,国立广东大学筹备主任邹鲁呈文孙中山,广东大学筹备期内,首须顾及经费,现省河筵席捐开办已有成绩,并专拨为七校经费。省外各属筵席捐自可援案办理,请将省外各属开办之筵席捐,以三分之二拨为国立广东大学经费,以三分之一拨为各该地教育经费,并作为定案,永久不得变更。(《大本营公报》第8号,"指令"第239号)孙中山据呈,当即训令财政委员会及广东省长杨庶堪,省河筵席捐改由市政厅招商承办,该款收入拨三分之二为广州中上七校经费,三分之一为市教育经费,以后所有省河筵席捐项下收入,不论承捐多少,均照此定案,永远不计变更。该省长、委员会遵照办理。(《大本营公报》第7号,"训令"第82号)至12日,孙中山又训令广东省长并各军总司令、司令、军长,据国立广东大学筹备主任邹鲁呈称,国立广东大学为最高学府,自应及时筹备经费以利进行,现拟开办省外各属筵席捐,并将该捐项以三分之二拨为国立广东大学经费,以三分之一拨为各该地教育经费,并由大学荐人由财政厅委任,随时分赴各属监提。请孙中山察核将此项省外各县筵席捐三分之二拨为国立广东大学经费,三分之一拨为各该地教育经费作为定案,永久不得变更,并通令广东省长及各军官转饬所属无论各机关各军队如何困难,不准截留。据此,除指令照准外,令该省长、总司令、司令、军长即便转饬所属一体遵照,对于此项筵席捐,永远不得截留挪用。(《大本营公报》第8号,"训令"第96号)同日,并指令邹鲁,已令行军民各机关一体遵照。(《大本营公报》第8号,"指令"第239号)

　　△　令各军不得直接向筹饷总局索款。

　　上月28日,广东筹饷总局督办范石生呈文孙中山,查禁烟督办署①开办历时,成绩尚未大见,而军队到署索饷者纷至沓来,几有应接不暇之势,对于进行发展诸多窒碍。范石生备员该署,深悉源委,实由设署之始即采取合议制度,以致议论庞杂,动多牵掣。又未经明定拨付用途,以致予取予求,与整理初意大相背驰。恳请孙中山特派专员,或常川驻局,或随时莅局稽核,以示大公。此应声请者一。"至局中收入,除遵照历次会议结果保全固有应得者照旧拨付以免纷更外,其新增收入应扫数解缴钧府支配,各军不得直接向职局索取,庶能切实整顿,增加收入。"此应声请者二。理应备文呈请鉴核,通令各军一体知照。本日,孙中山指令广东筹饷总局督办范石生,准如所请遴派专员莅局稽查,并令军政部转行各军不得直接向该局索款。(《大本营公报》第7号,"指令"第204号)次日,孙中山训令军政部长程潜,该部长转行各军,不得直接向筹饷总局索取款项。(《大本营公报》第7号,"训令"第85号)

　　△　4日,前兵站总监罗翼群呈文孙中山,据第二支部长陈灏呈称,该部于去年收束已久,积欠经费计共一万七千三百二十三元三毫三仙有奇,又在源记购还利轮借煤银一千四百三十元正,合计该银一万八千七百五十三元三毫三仙有奇。请孙中山察核,准予先行发给,以清手续。本日,孙中山指令大本营兵站总监罗翼群,兵站第二支部所欠发各款,应俟该部报销案审算核准后,再行分别缓急酌发。(《大

――――――――――

　　①　疑为筹饷总局。

本营公报》第7号,"指令"第207号)

△　本月3日,大本营军政部长程潜呈文孙中山,广东讨贼军第四军第一旅团长蔡炳南积劳身故,恳准以上校积劳病故例给恤。本日,孙中山指令大本营军政部长程潜,已故团长蔡炳南准照上校积劳病故例给恤。(《大本营公报》第7号,"指令"第208号)

△　2日,卸大本营会计司司长王棠呈文孙中山,前在大本营会计司任内,所有支付各宗军费薪饷等款,均系奉令办理报销,表册逐款声明。审计局以审查必须根据支付命令,自应逐案检送,除将支付命令粘存簿三本函送审计局查收,理应备文呈请孙中山鉴核。本日,孙中山指令卸大本营会计司长王棠,呈悉所报前在大本营会计司任内支付命令已送审计局事。(《大本营公报》第7号,"指令"第209号)

△　宝安县沙井乡民致电控诉虎门要塞司令廖湘芸纵兵勒索抢掠。

报载宝安县沙井乡人陈奋亮等致电孙中山等,谓宝安县属沙井乡,以养蚝为生,迭被虎门要塞司令廖湘芸勒索巨款,乡民等先后报效千余元。讵廖贪得无厌,复于月前派委声称再抽军饷万余元,民无力照缴,惨被廖司令于2月23日起,连日纵兵到塘,抢蚝口拘捕蚝船,拿押陈锦东等数十人,损失巨万。阖乡耆老百余人,匍匐虎门,请求保释,未邀允准。群情汹汹,恳请严令制止。(《宝安县人之电诉》,《广州民国日报》1924年3月6日)

△　派孔祥熙携贺品前往奉天为张作霖祝寿,(《张雨亭寿辰之贺礼》,《广州民国日报》1924年3月6日)又派外交部长伍朝枢赴沪公干,或将在沪稍为停留,即转往奉天,与张共商大计[①]。(《伍梯云首途赴沪》,《广州民国日报》1924年3月7日)嗣后,27日《广州民国日报》又载,孙中

---

①　《广州民国日报》3月7日报道谓"闻伍部长已于昨夕趁轮往沪矣",中国第二历史档案馆编《蒋介石年谱(1887—1926)》一书第147页则谓伍朝枢奉派出使奉天的日期为3月7日。

山电令身在上海的汪精卫为代表,赴奉天商榷一切,并顺为祝寿。
(《汪精卫衔命赴奉》,《广州民国日报》1924 年 3 月 27 日)

△　着财政委员会拨给高凤桂师三万五千元,滇军军饷一万元,湘军修理枪械款一万一千三百七十九元,广西总司令部临时费用二千元。(中国第二历史档案馆编:《中华民国史档案资料汇编》第 4 辑下册,第 1216 页)

3 月 7 日　接见到访广州的日本关东州警务局长中山佐之助、大连民政署长田中喜介。(段云章编著:《孙文与日本史事编年(增订本)》,第 666 页)

△　3 月 4 日,《广州民国日报》载,杨庶堪呈文孙中山,推荐萧萱任秘书长、代理政务厅长陈树人实任政务厅长。(《荐任萧萱为秘书长》,《广州民国日报》1924 年 3 月 4 日)孙中山准如所请,遂于本日任命陈树人为广东省政务厅厅长,10 日任命萧萱为广东省长公署秘书长。(《大本营公报》第 7 号,“命令”)陈树人、萧萱奉命任职后,分别致函杨庶堪,请其代呈就职呈文并表感戴之情,杨庶堪旋于 14、15 日分别将二人就职呈文转呈孙中山。孙中山于 18 日指令杨庶堪,呈悉所转呈政务厅长陈树人、秘书长萧萱呈报就职事。(《大本营公报》第 8 号,“指令”第 263、264 号)

△　将兵站总监所呈收发弹械报销表册发交军政部核明。

1 日,前兵站总监罗翼群(徐伟代)呈谓,“据职部经理局长徐伟呈称,已将 12 年 10 月份收入发出军械子弹月报表册各三份,总对照表三份,及单据粘存簿一本备文呈缴。职经复核无异,除指令并各抽存一本备查外,连同原缴月报表四本,总对照表二本,单据粘簿一本,转呈钧帅察核”。本日,孙中山指令前兵站总监罗翼群,仍候将原件令发军政部并案核明复夺。(《大本营公报》第 7 号,“指令”第 210 号)并训令军政部长程潜,兵站总监罗翼群呈缴该部经理局 12 年 10 月收入发出军械子弹月报表册前来,查此案前据造送 12 年 4 月至 9 月收发弹械报销表册当经发交军政部核复在案,10 月份对照表、单据等件仍发交军政部并案核明复夺,该部长遵照,逐一核明,呈复核夺。
(《大本营公报》第 7 号,"训令"第 84 号)

　△　中国国民党全国代表大会代表刘百泉等呈请孙中山为韩复炎八岁遗孤发起募捐。

中国国民党全国代表大会代表刘百泉等呈文孙中山,已故同志韩君复炎遗下八岁孤儿,衣食无靠,状极堪悯,刘百泉等特为发起义助捐,奈世风浇漓,率抱人在人情在之态,多口惠而实不至,迄今多日无丝毫效,迫不得已,爰恳孙中山以党魁资格于接见当局同志时善为说辞,请其慨解义囊,量予资助。俾得集腋成裘,以拯遗孤而慰先烈。
(《刘百泉等上总理呈》,中国国民党汉口档案第 8485.1 号)

　△　因报馆登载米潮会议情形,国民党华侨联合办事处华侨黄大汉等人殴打编辑,并派单诋毁,孙中山令将黄大汉等革除党籍,递解出境。

广州《现象报》致孙中山快邮代电,"因十余间报馆同登载米潮会议情形新闻一则,中国国民党华侨联合办事处华侨黄大汉等十余人,蜂拥入和平报勒交该访员底稿看阅,适有敝报编辑郭丽川自外入和平报,该华侨等即拥敝报编辑勒交该新闻稿,编辑答称访稿不能擅交与人看,必有正式公事始能呈验,该华侨大愤,随后发生冲突,黄大汉将编辑打伤。事发后,该中国国民党华侨联合办事处屡次散派传单诋毁。报馆为国家社会舆论机关,若为言论记载文字案,必归法庭审理,无论政府党界社团各机关皆不得直接干涉,今敝报编辑被打伤,此非私人法律问题,而为国民党附属机关藐视政府警察,派党员扰乱治安问题。而警察有保护治安之责,乃坐听该华侨等胁迫、殴打编辑,时逾一星期,未闻有惩办黄大汉之事。为此,迫切陈词,仰祈鉴核"。(《广州〈现象报〉致大元帅代电》,中国国民党汉口档案第 8757.2 号)嗣后,据《广州民国日报》3 月 15 日载,孙中山令广州市公安局长吴铁城将干涉新闻记载之华侨党员黄大汉、谢德臣等拘留。吴局长以黄、谢二人罪有应得,惟在党服务有年,故呈请将二人驱逐出境,革除党籍，以为党员不守纪律者戒，并免深究。（《黄谢拘留后之究竟》，《广州民国日报》1924年3月15日）《香港华字日报》对此亦有专门报道，谓华侨黄大汉、谢湘臣、朱文伯等人因不满共产党人，发生痛击郭某之事，嗣是且派数万传单，大骂《现象报》。孙中山下令公安局拘禁谢、黄等人。13日在省华侨二百余人于国民党支部讨论，议决前往大本营面见孙中山质问。华侨代表问何故严办黄、谢两人，孙中山答谓，彼入《现象报》擅行查稿不遂，又打编辑，当犯刑法。华侨谓孙中山既谈法律，应提出公诉，移交法庭办理，何以未经法庭审讯，私行科罚，有递解出境种种对待，最后孙中山谓谢、黄有罪，递解出境已属从宽发落。语毕，不准华侨发言，拂袖径入。（《民党赤化及其分裂之征象》，《香港华字日报》1924年3月26日）

至3月27日，孙中山又接到"中国国民党华侨联合办事处刘炎新等联合各团体呈请令行省释黄大汉、谢德臣等情"之呈，经批示曰"着公安局长从慎说明详报，并着国民党中央执行委员会饬令以上各团体取消各种名目，统一于国民党各区党部、区分部，以便进行而免分歧"。奉孙中山批示后，中央监察委员会移交公安局长吴铁城弹劾朱文柏、黄大汉、谢德臣三人审查案，经中央执行委员会第十八次会议决议永久革除三人党籍。（《批国民党华侨联合办事处等呈》，郝盛潮主编、王耿雄等编：《孙中山集外集补编》，第383—384页）

△　报载当天大本营召开军事调动会议，议决北江方面完全归滇军驻防，支配一切，湘军全队向东江发展。又因梁鸿楷、李济深、郑润琦等拒绝许崇智部向西江发展，乃有东西两路部队留驻广州之议，以疏通许崇智之意见，盼许氏早日返粤。盖因东路（粤军）与西路（桂军）两部，均欲在广州活动，且连日运队纷纷骚扰市面，东路为广东籍，或不致如客军不懂言语而误会滋事。桂军刘震寰近亦欲在广州发展，新设之桂军兵站部经已组织成立，与杨希闵宅为邻。此次军事会议议决，西路刘部，亦留驻广州，或亦含有调停杨、刘、许三部意味。（《大本营会议各军调防之决案》，《香港华字日报》1924年3月12日）

△　沈鸿英有条件投诚,孙中山急于收纳,但各军将领坚决反对。

据《中华民国史资料丛稿·大事记》第10辑一书载,上月29日,孙中山已允许沈鸿英悔祸输诚,并任命沈为桂军总司令,拨款二万元,子弹十万箱,助沈返桂。(中国社会科学院近代史研究所中华民国史研究室编:《中华民国史资料丛稿·大事记》第10辑,第29页)至本月3日,沈鸿英续派其戚邓士瞻来粤,会见孙中山及谭延闿,请示投诚后饷糈办法;又致书刘震寰,表示愿拥刘回桂收拾桂局。(《广东文史资料》第43辑,第191页)但对于沈鸿英归义问题,各军仍持反对态度。7日《香港华字日报》载,孙中山收纳沈鸿英问题,在酝酿期内,桂军之刘震寰、滇军之杨希闵等,各因其自身利害关系,反对态度异常坚决。孙中山之所以急于收纳沈鸿英,最大原因为陆荣廷之复起,假令其得志于广西,则西江一路将无安枕之日。滇、桂两军因此问题,对东江军事,颇持消极态度,孙以情势如此,恐滇军不可恃,乃急调湘军向中、右两路出发与粤军作战。(《沈鸿英归孙之经过》,《香港华字日报》1924年3月7日)11日,《香港华字日报》复刊文报道沈鸿英投孙之相互条件并前因后果,文谓:据沈鸿英全权驻省代表邓士瞻云,此次沈鸿英归粤,决心与吴佩孚斩断关系。附孙条件,沈氏要求孙中山接济军饷、子弹及补充兵额,孙中山则要求沈氏逐走陆荣廷。据消息云:沈军附孙,实为谭延闿所策划,谭氏盼望利用沈军牵制湘赵,亦预备粤、湘、滇军不幸而至决裂时,得一助手。孙中山要求沈军回桂,谭氏亦大表赞同,认为此举可打断湘桂之联合计划,间接可牵制湘赵。(《沈鸿英附孙之互相利用》,《香港华字日报》1924年3月11日)

3月8日　训令各军不得截留各属禁烟款项。(《帅令不得截留禁烟款》,《广州民国日报》1924年3月8日)又令东路讨贼军集中江门,听候出发。(《大军云集之新会现状》,《广州民国日报》1924年3月8日)

△　令中央直辖第七军军长刘玉山,三罗地方不靖,查中央直辖第七军,除现在东江部队仍应听受杨总指挥希闵指挥,其在省部队,

着刘军长玉山先行调赴三罗,协同肃清南路。(《刘玉山部队分别调驻》,《广州民国日报》1924 年 3 月 8 日)嗣后,乃发生刘玉山部被李济深、黄绍竑、郑润琦部缴械之都城事件。

　　△　为进行北伐讨贼,谕陈光远、柏文蔚、曲同丰、樊钟秀、高凤桂等将领筹划北伐,陈师鞠旅,准备入赣。(《柏高两部兵额之扩充》,《广州民国日报》1924 年 3 月 8 日)

　　△　令广州市公安局,代为征收业主租捐两个月,用以接济前敌军饷。(《军队竟欲抽收租捐耶》,《广州民国日报》1924 年 3 月 8 日)

　　△　指令禁烟督办杨西岩,所缮《制药总所章程》准予备案。《制药总所章程》,共二十一条,系制药总所所长郑文华拟具,禁烟督办杨西岩于本月 3 日呈孙中山察核。(《大本营公报》第 7 号,"指令"第 213 号)

　　△　令许崇智查核兵站总监罗翼群办理军需受人指责一案。

指令前兵站总监罗翼群,查前因该总监经理军需受人指责,当经明令许崇智查办。嗣据迭次造送所属各部、局、站、所各月份报销表册均经发交许崇智查算呈复各在案。复据呈缴交通局 12 年 10 月份、经理局 12 年 10 月份、第一支部第一分站 12 年 4 月份至 8 月份、第一支部第四分站龙冈办事处 12 年 10 月份、电信大队部 12 年 5 至 8 月份报销表册暨单据,又交通局储藏所 12 年 4 月份至 10 月份收发物品日报表暨单据请予核销,应将原件一并开单发还,即照单点收清楚,送许崇智查算明确呈复核夺。(《大本营公报》第 7 号,"指令"第 214 号)本日,又令许崇智将前兵站总监罗翼群所呈各项报表册据查算明确,呈复核夺,并将送达日期报查。(《大本营公报》第 7 号,"训令"第 87 号)

　　△　市政厅请令各军机关禁拉车夫充夫。

报载广州市政厅呈文孙中山谓,自军兴以来,车业冷淡,近复又加军费,营业益难。若军警拉夫,辄以车夫充数,诚为苦累,自应予以维持,设法制止。除令公安局禁止外,并呈孙中山通饬各军机关,日

后即有需用夫役,勿再强拉车夫补充,以资保护。(《禁拉车夫充夫》,《广州民国日报》1924年3月8日)

　　△　曲江商会请令驻韶军队调离,以平众怒。

　　曲江商会等致电孙中山等,"据韶城同乐酒楼司事关瀛投报,连日被驻扎本城□军①,强借用具,有借无还,损失难堪。现众情悲愤,各存停业避祸之心,各具誓与偕亡之志。请严令该军拔队离韶,以平众怒"。10日,曲江商会等复致电孙中山等,"现□军复架炮示威,民命愈危,群情愈愤,全城闭门避祸,乡团咸抱义赴救,若无完满解决,地方势将糜烂"。(《韶城绅商学界来电》,《广州民国日报》1924年3月12日)

　　3月9日　开始在广东高师礼堂系统演讲三民主义中的民权主义,本日主要讲述了民权主义的定义、民权的作用及民权的历史演进过程。

　　是日下午2时20分,孙中山在广东高师开讲民权主义第一讲。民权主义共为六讲,原计划每星期讲一次,但事实上并未做到。3月只讲完前三讲,后三讲在4月份,并于4月28日讲完。(陈锡祺主编:《孙中山年谱长编》下册,第1858页)

　　本日,孙中山在演讲中说,有团体有组织的众人就叫做民,有行使命令的力量,有制服群伦的力量,就叫做权,"民同权合拢起来说,民权就是人民的政治力量"。而政治,就是管理众人的事,"有管理众人之事的力量,便是政权。今以人民管理政事,便叫做民权"。"至于民权的作用,简单来说,是要维持人类的生存,包括保和养两件大事。而从人类历史的发展来看,人类为求保和养,便需要争,从最早的用气力与人争,到稍后的用神权与天争,再到用君权实现民族、国家之间的争,到了现在,是第四个时期,是国内人民用民权与君主相争。所以,现在世界潮流已到了民权时代,我们应该赶快去研究。"(《三民主义》,《孙中山全集》第9卷,第254—271页)

---

　　①　原文如此,时驻曲江军队应为豫军樊钟秀部。

△　于黄花岗为王昌举行葬礼,派邓泽如为主祭及宣读诔词。

1918 年 9 月 1 日,王昌于加拿大域多利城街头,击毙汤化龙,后引枪自决。次年灵柩运返广州,暂停永胜寺,后决定移葬黄花岗。本日举行党葬,上午 11 时下窆时,由邓泽如代表孙中山主祭,宣读诔词。下午 2 时,在第一公园设坛追悼华侨先烈王昌、李萁、钟性初、夏重民等六十三人。("中华民国"史事纪要编辑委员会编:《中华民国史事纪要(初稿)——一九二四年一至六月》,第 531—537 页)

△　训令许崇智,东江战事已由湘滇各军担任肃平,行将解决,南路各军亦经次第出发,惟查西江肇庆,地方重要,特令粤军总司令许崇智克日就职,即将该总司令部驻防肇庆,巩固西江。(《粤军总司令驻防肇庆》,《广州民国日报》1924 年 3 月 11 日)12 日,上海《民国日报》亦载,孙中山通令,着粤军总司令部驻肇庆,西江善后处长李济深驻梧州,严防陆荣廷窥梧。(《电讯》,上海《民国日报》1924 年 3 月 12 日)26 日,上海《民国日报》复云,孙中山指定高要、高明、云浮、郁南、开建、封川、罗定、新兴、德庆、恩平、新会、台山、开平各县为粤军许崇智军防地,总司令部驻肇庆。(《电讯》,上海《民国日报》1924 年 3 月 26 日)

△　接见张作霖之代表毛钟才。("中华民国"史事纪要编辑委员会编:《中华民国史事纪要(初稿)——一九二四年一至六月》,第 537 页)

3 月 10 日　至广州北郊白云山、燕塘等处慰劳粤军张民达旅,并发表演说。

在随员陪同下,前往广州北郊白云山、燕塘等处,慰劳粤军张民达旅等,并发表演说,勉励士兵为实现三民主义而奋斗,略谓"军队打仗要多钱,便不能算是革命军。要有多钱才打仗,那便是为钱去拼命,不是为三民主义去奋斗。要大家为三民主义去奋斗,变成革命军,便是要大家为三民主义变成敢死队"。(陈锡祺主编:《孙中山年谱长编》下册,第 1860—1861 页)

△　本日主持帅府会议,决定分兵三路,围攻惠州。湘军第一军宋鹤庚、第六军陈嘉祐分任中路、左路,桂军刘震寰任右路。连日湘

军赴东江者已数千人。左路在正果、中路在苏村,曾与敌军接触。
(罗刚编著:《中华民国国父实录》第6册,第4599页)

　　△　发表长文勉励国民党党员。

　　略谓:"所贵乎有党者,盖在结合国民力能自动之分子,结为团体,在同一主义之下,为一致之奋斗。其要义有三:(一)有主义;(二)有团结;(三)有训练。予前主张联俄,国人骇为险着,今英意两国已承认苏俄,美国舆论亦主张从速承认,彼资本主义极发达之国尚且如此。已陷于他人殖民地之地位者,尚何忍而惧与努力图谋解放被压迫民族之苏俄提携乎。好造谣者谓本党已变共产党,此实敌人破坏之策,本党宣言政纲俱在,一经复按,即可知悉。至于社会主义青年团,彼认为有共同革命之必要,欣然加入本党,来者不拒,正足以昭本党量能容物。在一团体以内,无分新旧,愿同志祛除臆说与疑惑,协力刷新,以达吾党远大之目的,并详细分析三民主义之原素。"全文长约二千字。(《电讯》,上海《民国日报》1924年3月12日)

　　△　任命杨虎为北伐讨贼军第二军第一师师长。(《大本营公报》第7号,"命令")杨虎原任办理海军事务,现受命为北伐讨贼军第二军第一师师长,以两职难以兼顾,遂于本月15日向孙中山呈请辞职,以便专心致力于北伐军旅事宜。(《大本营公报》第8号,"指令"第265号)孙中山呈悉杨虎所请,乃于18日明令准杨虎辞去办理海军事务本职,(《大本营公报》第8号,"命令")翌日,又指令杨虎,准予辞职。(《大本营公报》第8号,"指令"第265号)

　　△　准禁烟督办杨西岩所请,派陈鸾谞为戒烟总所所长、郑文华为制药总所所长。(《大本营公报》第7号,"命令")

　　△　将发行状纸之权交总检察厅,所得款项准拨充该厅经费。

　　2月,总检察长卢兴原以该厅经费欠逾四月,而大理院薪俸,已发至去年11月份,同奉院委而待遇轩轾,故将此情形呈报孙中山。孙中山遂于2月8日令大理院长赵士北按月将司法收入尽数平均摊发厅院职员,切勿稍分厚薄。(《大本营公报》第5号,"训令"第50号)惟虽有命令,但并无改观,故本日,总检察厅检察长卢兴原再次呈文孙中山称,迭次派员赴大理院并具呈请领经费,迄未奉大理院遵令拨给,困苦情形有加无已。而比阅广州市内各日报,载有大理院呈请将该厅范围缩小,以检察长兼任检察官,不另设专员等语。若果有其事,则于法律、事实两皆背驰。另查发行状纸,年前本归总检察厅办理,后由大理院发行。大理院既有讼费、律师证书小章等费,总检察厅则并无分毫收入,虽状纸收入每月亦不过四五百元,然得此尚可酌给职员薪水以资办公。恳请饬将发行状纸状面之权归总检察厅办理,所得款项拨充厅费。并请令饬大理院停止发行状纸状面,以归划一。(《大本营公报》第 7 号,"指令"第 216 号)孙中山呈悉所请,当即于本日训令大理院长赵士北,准如总检察长卢兴原所请,发行状纸状面之权归总检查厅办理,该院长停止发行状纸状面,以归划一。(《大本营公报》第 7 号,"训令"第 88 号)并指令总检察厅检察长卢兴原,该厅经费无着,拟请援照上次办法将发行各省厅庭状纸权仍归该厅办理,事属可行,应予照准,嗣后所有发行状纸状面即由该厅办理,该款并准拨充该厅经费。(《大本营公报》第 7 号,"指令"第 216 号)

惟赵士北对卢兴原所请并不赞同,遂于本月 13 日呈文孙中山,谓检察厅职权仅司国家检察事务,若徇其所请,不免破坏行政系统,且恐下级官厅相奉效尤,他部主管事务亦不免分裂。孙中山则于 19 日指令赵士北,查诉讼状纸从前虽由司法部制造,而发售则向归检厅经理。日前据总检察厅检察长卢兴原以该院迭次奉令分拨之款迄今未遵照拨付,以致经费无着,呈请将状纸该由该厅发行,孙中山以其于权限并无大絜而于该厅经费则甚有裨,故暂允其请,案经核定,碍难变更。该院应仍遵前令将民刑各项状纸一律停止发行,暂由总检察厅制发以归划一。俟财政稍裕再行另议。(《大本营公报》第 8 号,"指令"第 266 号)状纸发行权遂归总检察厅。

卢兴原奉令后,即将总检察厅发行状纸事令行各司法机关知照,并布告各诉讼人等知悉。旋于 27 日呈文孙中山，报告发行状纸情形，并连同改用民刑状面样式二张，呈请察核备案。孙中山则于 29 日指令总检察厅检察长卢兴原，呈悉所报遵令发行状纸日期，所附改用民刑状面样式准予备案。(《大本营公报》第 9 号，"指令"第 293 号)

　　△　令财政部派员审核军政部军需处发给各军各机关伙食给养收支情形。

　　6 日，军政部长程潜呈文孙中山，军需局自奉令改组后，所有以前经手收支事项，已饬前军需局长限期清理并呈报在案。惟该部经手发给各军各机关伙食给养，自去年 10 月 16 日起至本年 2 月 19 日止约四月有奇，其中收支情形若不彻底清理明白宣布，不足以昭大信而释责任。特为慎重起见，拟请指派财政部重要专员审查清理，俟清理完竣即将收支总数刊册公布。(《大本营公报》第 7 号，"指令"第 215 号)本日，孙中山训令大本营财政部长叶恭绰，据军政部长程潜呈称，该部军需处奉令改组，经手发给各军各机关伙食给养自去年 10 月 16 日起至本年 2 月 19 日止约 4 月有奇，其中收支情形需彻查清理。令该部长即便遴派专员前往审核清理，仍将遵办情形报查。(《大本营公报》第 7 号，"训令"第 90 号)并指令军政部长程潜，已令行财政部遴派专员审查清理。(《大本营公报》第 7 号，"指令"第 215 号)

　　△　令广东电政监督兼广州电报局局长何家猷对于电务认真整理，但不宜失之操切。

　　本月 5 日，大本营建设部长林森呈文孙中山，"查广东电政监督兼广州电报局局长何家猷接办未久，纷纷更动人员，不无近于操切，致招谤议。惟所任用之人，或系久于电界，或系当局保荐，皆有确实凭证，尚无引用逆党之事。麦炎生等奉公不力，咎有应得，不自悛悔，反行捏造事实，希图耸听，居心实属险恶。若不严令惩处，殊未足以遏嚣风。理合将调查情形缮具呈复，伏乞鉴核示遵"。近日，孙中山指令大本营建设部长林森，既据查明监督何家猷任用之人确非逆党，撤销各员又属咎有应得,自应免予置议。即转饬该监督以后对于电务,固当认真整顿,然亦不宜失之操切,用人尤应一秉大公,诚信既孚则怨谤自息①。(《大本营公报》第 7 号,"指令"第 220 号)

△　报载近日沈鸿英有一电致孙中山,请准该部开拔来省。滇桂军闻之,尤形反对,孙中山亦不欲沈部来驻,故电复沈鸿英,略谓前商条件,只允该部向广西发展,所请开拔来省一节,着毋庸议,以免发生误会。(《制止沈军开拔来省》,《香港华字日报》1924 年 3 月 11日)

△　陈光逵因母丧,电请辞职,孙中山慰留,并着高凤桂暂代北伐军军长。孙中山任郑里铎为钦廉招抚使②。(《电讯》,上海《民国日报》1924 年 3 月 12 日)

△　致电《孤星》旬刊主编安剑平,谓应广为宣传,以"吾党之主张,而尽言论之职责"。(《致安剑平电》,陈旭麓、郝盛潮主编,王耿雄等编:《孙中山集外集》,第 493－494 页)又本月,孙中山为上海大学校刊《孤星》题签报名③。(刘望龄辑注:《孙中山题词遗墨汇编》,第 301－302页)

3 月 11 日　指令大本营建设部长林森,所缮送《商标注册所暂行章程》,准予备案。《商标注册所暂行章程》系由林森于本月 6 日呈送孙中山鉴核备案。(《大本营公报》第 7 号,"指令"第 221 号)

△　令兵工厂厂长马超俊,速将莫荣新前在香港订购之大批制枪制弹机械备价运省,扩充兵工厂为北伐准备械弹。(《电讯》,上海《民国日报》1924 年 3 月 13 日)

△　报载桂军将领陆云高,近因与陆荣廷微有意见,故派代表曾廷柱来粤,请求孙中山接济饷械。(《陆云高代表抵粤》,《香港华字日报》

①　该"指令"日期不详。但第 216、221 号"指令"日期分别为 3 月 10、11 日,故此令日期亦当在此二者之一。酌定为 10 日。

②　2 月,张启荣被任命为钦廉高雷招抚使,3 月 22 日《大本营公报》云"琼崖招抚使郑里铎辞职照准"。由此观之,此处钦廉招抚使似应为琼崖招抚使。

③　该题词载 1924 年 3 月 25 日《孤星》刊头。

1924年3月11日）

△　着代理海防司令冯肇铭即率"江固"并同式各舰来省候命。
（《中山墨宝》编委会编：《中山墨宝》第9卷，第215页）

△　报载孙卢张反直三角联盟破裂。

孙中山与奉张津段浙卢，以同抱反直之观感，故有三角同盟，为倒直运动，讵事至今日，终以各人利害之关系，感情渐破，最近而孙氏自尊之态度，已露出马脚。"段张卢三氏，原有极厚之势力，亦不肯轻居人下，宁能许孙氏之自尊，同盟之局，遂以破裂矣。破裂原因：（一）孙组织所谓建国政府，为段张所不喜。（二）孙召集共产党于广州，恐有异项行动。（三）孙迁延一年，粤事依然纠纷，本身问题，尚不能解决。（四）先后据南来代表之报告，孙在粤一切举动已失民望。"（《三角同盟破裂与粤局之潜变》，《香港华字日报》1924年3月11日）又报载，曲同丰与孙中山商谈时局后，本月7日偕张作霖代表杨大实离开广州，本日抵沪，将赴津晤段、张商谈。（罗刚编著：《中华民国国父实录》第6册，第4601页）

3月12日　任命覃振为大本营参议。宋鹤庚兼讨贼第二路联军军政执法长。（《大本营公报》第8号，"命令"）着秘书长、大理院长、各部长、省长、市政厅长、公安局长筹议设立专一禁烟人犯裁判所，并拟条例。（《中山墨宝》编委会编：《中山墨宝》第9卷，第217页）

△　林定中等致函孙中山，陈述郑里铎、王鸿庞种种劣迹[1]。（中国国民党汉口档案第9748.1号）

△　本月8日，财政委员会主席委员叶恭绰、杨庶堪呈文孙中山，军政部函请将该警卫团每日应领军费贰佰元分配拨付，查此项摊款业已移请中央军需处查照办理。呈请令行中央军需处遵照办理。本日，孙中山指令财政委员会，候令中央军需总监查照办理。（《大本营公报》第8号，"指令"第238号）并训令中央军需总监蒋尊簋，据财政委

---

①　仅有提要，无全档。

员会主席叶恭绰呈称,查警卫团每日应领经费二百元,已移请中央军需处查照办理。该总监照拨该项经费。(《大本营公报》第8号,"训令"第95号)

　　△　撤销东、北江商运局。

　　东、北江商运局成立后,均被指责有违令勒收情事。先是大本营财政部据报,北江商运局、小北江护商事务所越界苛抽柴税,财政部长叶恭绰即呈文孙中山,请其令该商运局、护商事务所严行禁止[1]。(《大本营公报》第7号,"指令"第205号)孙中山收悉该呈,于3月6日训令北江商运局长韦荣熙,柴薪为民生日用所必须,不容苛取病民,令该局长即行停止在广州市沜塘口内及黄沙河面勒抽柴艇费。(《大本营公报》第7号,"指令"第83号)并指令叶恭绰,已令饬北江商运局停收柴艇费用,至于小北江护商所,则由财政部转令停抽,并谕知原具人、告商民周知。(《大本营公报》第7号,"指令"第205号)3月7日,两广盐运使赵士觐亦呈文孙中山,谓黄埔河面附近,有东江商运局兵舰勒缴保护费,恳即令商运局转饬所属,嗣后对于程船出入准予豁免征收,俾恤商艰。(《大本营公报》第7号,"指令"第234号)3月11日,孙中山乃训令东江商运局长王棠,查商运局定章原为保商而设,若拦途勒收保护费,与原定宗旨不符。该局长即便禁止勒收,以维程运而恤商艰。(《大本营公报》第7号,"指令"第93号)并复两广盐运使赵士觐,候令行东江商运局严行禁止。(《大本营公报》第7号,"指令"第234号)

　　本日,中央直辖滇军总司令杨希闵呈文孙中山称,北江向设有护商统领部,各商等遵缴护费,数年以来相安无事。现复巧立名目添设商运局,木排迭剥重抽。查该木商等迭遭战事,所受影响不少,近复河水暴涨冲散,损失亏损尤巨。若言保护,该师已设护商统领专任其责,各商等所称商运局无设置之必要亦系实情。请饬令撤销北江商

---

　　①　该呈具体日期不明,但大元帅相应"指令"在6日,故该呈应在6日之前。

运局。(《大本营公报》第8号,"指令"第246号)孙中山据此,当即令将东江、北江商运局均即裁撤。(《大本营公报》第8号,"命令")14日,北江商运局局长韦荣熙呈报,北江商运局已遵令于本月14日裁撤。(《大本营公报》第8号,"指令"第255号)东江商运局长王棠则称,因手续既有未清,商情亦难平允,请将撤局期限延展一月。(《大本营公报》第8号,"指令"第248号)15日,孙中山指令王棠,要求遵照前令即行撤局,不允展限日期。(《大本营公报》第8号,"指令"第248号)同日,孙函复杨希闵,称已明令撤销北江商运局。(《大本营公报》第8号,"指令"第246号)17日,孙又指令韦荣熙,呈悉所报北江商运局遵令撤局日期。(《大本营公报》第8号,"指令"第255号)

东江商运所撤销后,其原办公地址,后经拨供商标注册所与权度检定所使用。(《大本营公报》第13号,"指令"第420号)北江商运局虽于3月14日即已撤销,但因账务尚未结束,其关防印章,延至7月28日方始核销。(《大本营公报》第21号,"指令"第815号)

△ 陈黄佩琴请赐川资。

陈黄佩琴致函孙中山夫妇,"先夫陈铁民去冬被推举为第七区分部秘书,不料偶患恶症腹胀脚肿,病数月,典借俱穷。曾二次呈禀恳孙总理、宋夫人赐助药费二百元,至今未蒙批示,先夫病势日重一日,已于本月7日身故。未亡人黄佩琴流落于此,目下山穷水尽,欲归不得,拟即与夫同殉,但念家姑年登七旬,门衰祚薄,膝下无依。故哀恳大总统、宋夫人发慈悲之心,赐川资二百元,俾得回家侍养家姑,稍尽妇职"。(《陈黄佩琴致总理函》,中国国民党汉口档案第8486.1号)

△ 令滇军第一师师长赵成樑将批准鸿源公司承抽广东粪溺出口捐之案撤销。

财政委员会主席曾呈文孙中山,谓该会2月28日第十九次特别会议,市政厅提议,接滇军第一师师长赵成樑来咨称,由该部批准鸿源公司抽收广州市粪溺出口捐,请厅备案。金以为此项田料所关,未可加征,请孙中山令行滇军总司令部转饬将此项捐务撤销①。孙中山据呈,于本日指令财政委员会,候令行滇军总司令转饬撤销。(《大本营公报》第 8 号,"指令"第 237 号)并训令中央直辖滇军总司令杨希闵,据财政委员会呈称,滇军第一师赵成樑称,由该部批准鸿源公司抽收广州市粪溺出口捐。财政委员会以为,此项田料所关,未可加征。查现正谋财政统一,日前经明令不许各军长官擅行征收各项杂捐致絜纲纪,令该总司令即行转饬赵成樑遵照将批准鸿源公司承抽广东粪溺出口捐之案撤销。(《大本营公报》第 8 号,"训令"第 94 号)

有关此案,广州市市长孙科亦于 8 日曾呈文孙中山,据卫生局呈称,中央直辖滇军第一师司令部布告,现准鸿源公司陈华拟具章程,抽收粪溺出口捐以助军饷。查其抽捐办法,大致粪船每载重二万斤以下抽三元,猪粪、水粪、便溺各有等差。前裕农公司认饷承办田料捐,蒙孙中山批准取消在案。现在事同一律,恳请颁明令取消,并勒令将省河东、西、南水面分局刻即解散,以便运输而免骚扰,并赐令滇军总司令转饬赵成樑,立刻撤销批准鸿源公司承捐案。13 日,孙中山指令广州市市长孙科,准予令行滇军总司令转饬撤销,即知照。(《大本营公报》第 8 号,"指令"第 240 号)并训令滇军总司令杨希闵,据广州市师长孙科呈称,滇军第一师师长赵成樑准鸿源公司承办省河粪溺捐一事,前经令饬撤销在案,现该公司业已开抽。令该总司令即便转饬赵成樑迅将批准鸿源公司承捐案克日撤销。(《大本营公报》第 8 号,"训令"第 97 号)

3 月 13 日　与日本《东方通信》记者谈论承认俄国问题。

孙中山在交谈中,略谓"北京政府承认劳农俄国,与英、意等国之承认无异,非吾人所得而干预。但与吾等主义政策合一,其亲密关系,一如兄弟之劳农俄国,其承认范围日见扩大,吾人殊表欢迎。俄

---

① 呈文日期不详。

国政府与吾等既有兄弟关系,似无再求互为形式的承认之必要"。记者问及俄人在广东之活动,有无抵触北京政府提出之中止赤化宣传条项,孙中山回答说:"俄国政府派加拉罕驻北京,派波耳比引驻广东为正式代表,固认北京政府与广东政府为对立者也。中止赤化宣传,仅限于北京政府势力范围内,在广东自无抵触之可言。"(《劳农与中国如兄弟》,《顺天时报》1924 年 3 月 15 日。)

△　海军内部形成陈策派、林若时派。

任命林若时为广东海防司令。(《大本营公报》第 8 号,"命令")林若时奉命后,于 26 日在黄埔就职视事并启用印信,并于 27 日将就职日期具文呈报孙中山,孙中山旋于 31 日指令林若时,呈悉所报就职及启用关防日期。(《大本营公报》第 9 号,"指令"第 299 号)林若时虽被任命为广东海防司令,但据 14 日上海《民国日报》载,12 日广州电云:海军推陈策为领袖,宣誓拥护孙中山,生死不渝。(《电讯》,上海《民国日报》1924 年 3 月 14 日)此中可见海军内部形势颇耐人寻味,嗣后更据《香港华字日报》载,海军内部形成陈策派、林若时派,且以陈策派人数居多。(《海防内部之暗潮》,《香港华字日报》1924 年 4 月 18 日)

△　令滇军第三军勿征收佛山房捐。

本月 6 日,兼代广东财政厅长郑洪年呈谓,据南海县长李宝祥呈称,佛山房捐原属指定赔还洋款之用,向系按月由佛山各警所收缴县署汇解。自去年驻佛滇军纷纷将各警官更换,县长经将捐册提回,由县派员前往收缴。该军兵士持枪追逐,迫不得已暂行停收,侯统一财政后再行补征。今该军遽然布告开收,查各属征缴房捐原为汇拨洋款起见,自不能任意截收。惟该军需处布告内称:"本处现经奉大本营财政会议议决,改组成立统一财权"等语。究竟应否暂任征收,由孙中山明令交回县办转解之处,请赐指令该厅,俾得转行遵照。本日,孙中山指令郑洪年,候训令该军长遵照办理。(《大本营公报》第 8 号,"指令"第 242 号)同日,训令滇军第三军军长蒋光亮,据兼代广东财政厅长郑洪年呈称,该军军需筹备处在佛山地方布告征收房捐。查财政统一方积极进行,该军长深明大义,力为提倡,佛山房捐自应照章由南海县公署征收报解。令该军长令饬该筹备处遵办,并将办理情形报查。(《大本营公报》第8号,"训令"第98号)有关此事,4月3日《香港华字日报》亦有专门报道,该报载:孙中山据代广东财政厅长郑洪年呈报,谓滇军第三军军需筹备处,在佛山地方布告征收房捐,现进行财政统一,佛山房捐自应照章由南海县公署征收报解,以清手续而明系统,孙乃训令滇军第三军军长蒋光亮,令饬该筹备处遵办。(《令蒋光亮勿收佛山房捐》,《香港华字日报》1924年4月3日)

△　本月8日,大本营军政部长程潜呈文孙中山,现任大本营高级参谋陆军中将林震逝世,拟恳准予照"中将积劳病故例"给恤。(《大本营公报》第8号,"指令"第241号)11日,孙中山明令准予优恤林震。(《大本营公报》第8号,"命令")本日,孙中山指令大本营军政部长程潜,已故大本营高级参谋陆军中将林震准照陆军中将积劳病故例给恤,已予明令发表。(《大本营公报》第8号,"指令"第241号)

△　5日,孙中山曾令各军长官不得擅行征收各种杂捐,并云有敢犯者军官免职治罪,奸商承办者没收产业并从严治罪。(《大本营公报》第7号,"命令")本日,孙中山又因各军藐视功令,滥批捐务者为数不少,特谕令广东省长杨庶堪,除惩办滥承捐务之奸商外,并将滥批捐务之军队查明,以凭究办。(《严办滥承捐务之奸商》,《广州民国日报》1924年3月13日)

△　令中央直辖第一军军长朱培德率部防守连阳。(罗刚编著:《中华民国国父实录》第6册,第4601页)又令财政委员会筹给姚雨平部队解散费五千元,接济何成濬伙食费六千元。(中国第二历史档案馆编:《中华民国史档案资料汇编》第4辑下册,第1218页)

△　葡人军警越境树立电杆,香山公民、香山公会电请严重交涉。

香山下恭镇全体公民代表二千余人致电孙中山等称,2月27日,葡人突派武装军警越境,沿途掘地树立电杆,安设电话,拟由澳门通至前山梅溪乡一带。查澳门经界,久未划妥,葡人迭乘我内乱,肆意侵吞。盼请提出严重交涉,以挽国权。(《香山人电请对葡抗议》,《广州民国日报》1924年3月13日)18日,又有广州香山公会就此电请孙中山等就葡人越境竖立电杆事件作出严重交涉,以挽国权而重领土。(《香山公会之对葡要电》,《广州民国日报》1924年3月19日)

△ 中央执行委员会秘书处通告各报馆、通讯社,奉孙中山谕,3月16日(星期日)下午2时仍在高等师范学校讲演民权主义,饬该委员会函约各界前往听讲,奉此,除分函外,相应备函连同听讲券一张送请查收,并希于券上填明各报馆、通讯社名称及持券人姓名,加盖馆或社团章,依时携券入场,以资识别。(《中秘处致各报馆通讯社函稿》,中国国民党汉口档案第53号)

3月14日 致电天津段祺瑞贺其六十寿辰。电谓:"大寿伊迩,跻介无缘。特派郭君泰祺来津,代致贺忱,不胜遥祝。"(《为段贺寿电一束》,《顺天时报》1924年3月16日)

△ 13日,军政部长程潜呈请追赠阵亡之卫戍司令部副官长洪锡龄为陆军中将。(《大本营公报》第8号,"指令"第251号)本日,孙中山明令追赠已故广州卫戍总司令部副官长洪锡龄为陆军中将。(《大本营公报》第8号,"命令")并于翌日指令大本营军政部长程潜,洪锡龄已明令追赠陆军中将,并准照中将阵亡例给恤。(《大本营公报》第8号,"指令"第251号)

△ 令各军不得在河面设立机关征收各种捐费。

训令大本营军政部长、财政部长、广东省长、广州市公安局长及各军总司令、司令、军长,自接到命令三日后,所有省河及各属河面,除船民自治督办所属机关外,其余各擅立之机关,一律勒令取消,如有违犯,军法从事。该部长、司令、省长、总司令、局长迅饬所部一体遵办,仍将办理情形呈复查考,并由省长署录令出示晓谕,俾众周知,其余省城内外各独立军队由军政部通行遵照。(《大本营公报》第8号,"训令"第99号)翌日,东路讨贼军第三军军长李福林就此呈文孙中山称,该军所驻防地,向无在河面到处设立机关,征收往来船只各种杂捐费情事,即苛细、杂捐、杂赌亦素严密查禁。18 日,孙中山指令李福林,呈悉所报该军所驻防地向无在河面到处设立机关征收各种捐费情事。(《大本营公报》第 8 号,"指令"第 261 号)

△　训令广东省长、广东筹饷总局总办、湘军总司令、滇军总司令,查广东筹饷总局业成立,所有与防务经费性质相近各种收入,自应由该总局办理。所有各军先后批准广州八十字有奖义会承商宝恒、利源、天利各公司,着即一律撤销。(《大本营公报》第 8 号,"训令"第 100 号)

△　本月 8 日,两广盐运使赵士觐呈报,据广东省长廖仲恺呈请,拟请将香山一县收入全数划出拨解东路军部,其余各县分饬照解省署核收,其东路派赴各县收粮委员一律撤销。查前令核准拨解许崇智者,系指香山县各项收入而言,并非各机关悉归许崇智派员管理。况香安督缉局专为查缉私盐屏蔽省配而设,并非征收机关,当然由运署直接派员经管。想因许崇智于该局性质未甚明了,致有误会。除明白咨复外,理应具文呈请孙中山察核。本日,孙中山指令两广盐运使赵士觐,呈悉所报香安督缉局专为查缉私盐屏蔽省配而设并非征收机关,应由运署直接派员经管情形。(《大本营公报》第 8 号,"指令"第 244 号)

△　令招抚使撤销在省所设机关,即赴各当地办理招抚事宜。

孙中山现以招抚使或招抚委员设置,原为办理当地招抚事宜而设,循名核实,自应亲赴各属实行招抚。乃近查广东省招抚使或招抚委员中,有早经奉委迄未出发者,且自行设立使署,借为招摇之具者。故谕大本营秘书处,"除有以招抚使署名义来呈,概不置批外,并即转知各招抚人员,立将机关裁撤,即日赴当地实行办理招抚事宜"。(《招抚使不得在省设署》,《广州民国日报》1924 年 3 月 14 日)

△　报载师府前令财政厅转商土制丝品行锦纶堂等,筹借军饷

十五万元,财政厅长奉令催缴,特派秘书陈敬寿与各行商董订定借约,将十五万元转缴大本营以济军饷。(《委员会守提土丝品行借款》,《香港华字日报》1924年3月14日)

3月15日 孙中山致电胡汉民,促偕蒋介石回粤。4月14日,蒋介石偕许崇智赴粤主持黄埔军校,胡汉民仍留沪[1]。(蒋永敬:《民国胡展堂先生汉民年谱》,第304页)

△ 洪兆麟部军心涣散,三个营投降湘军鲁涤平部。洪兆麟急派代表李炳荣来省,请谭延闿恳求孙中山,从速收容。(《广东文史资料》第43辑,第192页)

△ 令海防司令冯肇铭派出"江汉""江固""宝安""新安"四舰,会同大本营特派之军队,扫清河道,如有勒收保护费情事,无论何军,一律拘拿严办。自此次扫清之后,永远不准再有巧立护商名目,擅收护费[2]。(《大元帅派舰肃清河道》,《广州民国日报》1924年3月16日)

△ 11日,大本营财政部长叶恭绰呈文孙中山,该部官制原设一厅三局,计简任官四员,荐任官十五员。现拟改为一厅两局,设简任官、参事局长各两员。除局长系有专职外,拟不设厅长,只设科长三人分掌厅务,并派参事兼管,又改设荐任参议十员,视事务上之需要,由部分派各厅局办事,或令其主管及助理特别事务,秘书三人仍照原额。原设委任官仍照原案暂不定额,由部酌委。本日,孙中山指令大本营财政部长叶恭绰,所拟修正官制除参议名目应改为佥事外,余均准如所拟施行。(《大本营公报》第8号,"指令"第247号)

△ 国民党中央执行委员会举行第十四次会议,秘书处提出推派人员,组织各军军队党团案,议决推派杨希闵组织滇军军队党团,

---

① 据《香港华字日报》载,许崇智与蒋介石抵粤时间为21日,据许崇智回粤后呈中所言,其抵粤日期为4月22日。(《许崇智回粤与南路军事两问题》,《香港华字日报》1924年4月25日;《大本营公报》第13号之大元帅"指令"第438号)

② 日期据报载日期与文中"昨日下令"等语酌定。

谭延闿组织湘军军队党团，樊钟秀组织豫军军队党团，刘震寰组织西路讨贼军军队党团，许崇智组织东路讨贼军军队党团，朱培德组织中央直辖第一军军队党团，卢师谛组织中央直辖第三军军队党团。

（《国民党派员组织军党团》，《香港华字日报》1924 年 3 月 20 日）

△　孙中山电饬东江前线各军长猛攻惠州城。

电谓：“惠州古称天险，历来并无失守，此迭次猛攻，转伤士卒，□由本帅无谋，累及军士□劳，良用恻然。惟念逆贼一日不除，则军士一日不安，国家一日不靖。此次经军事会议决定变更作战计划，三路进兵，利用左右包抄之策，故左右翼军队人数比中路为较多，而其责任亦较重。各军长统兵有年，深谙军略，各兵士久历戎行，深明大义，当此孤军深入，间道并行，兵贵神速，相机应变，善用乡导，广行搜伏，本其忠勇，出以精明，各军士等务宜同心一德，为国复仇。破城杀贼，在此一举，再造邦家，于斯是赖！庶几勘定南疆，从事北伐，使民国无匕之惊，士民享升平之福。大功垂成，幸共勉之，有厚望焉！”[1]（《孙陈两军相持之现状》，长沙《大公报》1924 年 3 月 27 日）

3 月 16 日　本日讲述民权主义第二讲，阐明自由之真谛。

孙中山在演说中说，自由与民权是同时发达的，所以讲民权便不能不讲自由，民权的来历是因为争自由之后才有的。欧美人民最初的战争是为自由，自由争得之后，学者才称这种结果为民权。但是，欧洲国情与中国不同，“我们革命党向来主张三民主义去革命，而不主张以革命去争自由，是很有深意的”。“中国人民自古以来都有很充分的自由，是自由太多。所以自由不可用到个人上去，要用到国家上去，用到个人上，就成一盘散沙，用到国家上，国家才能强盛。我们用三民主义的口号和法国革命的口号来比较，法国的自由和我们的民族主义相同，平等和我们的民权主义相同，博爱则和我们的民生主义相通。”（《三民主义》，《孙中山全集》第 9 卷，第 271—283 页）

---

①　此为 3 月 15 日广州通讯。

　　△　大本营财政部改组部务并修正官制。

　　大本营财政部长叶恭绰因财政部改组部务和修正官制①，原案内各职员为新职制裁缺者自应一律免职以符新制，而新职制中职位自应加以任命。职是之故，叶恭绰本日连发两呈致孙中山，一呈请免职，一呈请任命，前呈内容为："原任本部总务厅厅长陈其瑗现署本部总务厅厅长，原任第一局局长杨子毅现署第一局局长，原任本部科长李景纲现任第二局局长，李承翼原任第三局局长，黄任强现署第三局局长，原任本部科长张沛及现任本部科长徐承燠、黄乐诚、张麟、邬庆时、罗继善、朱景丰、沈欣吾、鲍鑠、廖朗如、梅放洲，现署本部科长李炳垣、李载德等，应请准免本署各职。现任秘书黄建勋已请简任为本部参事，应准免去秘书本职。"（《大本营公报》第9号，"指令"第269号）后呈内容为："请以现署总务厅厅长杨子毅、现任秘书黄建勋拔为本部参事。荐任现任科长沈欣吾为秘书。现署第一局局长李景纲简任赋税局局长。本部泉币局局长，请以现任第二局局长李承翼简任。至本部佥事十员，现任本部科长徐承燠、李炳垣、张麟、梅放洲、邬庆时、罗继善、黄乐诚、廖朗如、鲍鑠、朱景丰等堪以荐任。"（《大本营公报》第9号，"指令"第270号）孙中山据此，于18日明令将叶恭绰所请免职之人免职，（《大本营公报》第8号，"命令"）于20日按叶恭绰所请进行任命。并于同日指令叶恭绰，陈其瑗、杨子毅等已分别明令任免。（《大本营公报》第9号，"指令"第269、270号）

　　△　以中央执行委员会主席名义发布中国国民党第二十四号通告，要求党员严守纪律。

　　通告云："凡属党员，只有服从党之行动，而无党员个人之自由；只有以本身之能力贡献于党，以达党之目的，断不能反借党之能力以谋党员个人之活动。盖党之成功，即党员个人之成功……凡属党员之任职于党政府下之军政、民政、财政各机关者，无论任职之大小，皆

_____

　　①　参见3月15日条。

须明了本身之置身仕途,乃为希望达到党之目的而从政,非为希望达到个人之目的而从政。"所有国民党员,尤其是任职党员必须做到:严守本党主义,实现本党策略,与民同甘苦。并谓"革命期间须先有所牺牲,以为取得成功之代价"。(《通告第二十四号》,陈旭麓、郝盛潮主编,王耿雄等编:《孙中山集外集》,第547—549页)

△　何成濬奉孙中山命率部从厦门突围,向南攻取漳州。(罗刚编著:《中华民国国父实录》第6册,第4605页)

3月17日　免杨西岩禁烟督办职,派邓泽如接任。

禁烟督办杨西岩着即免职,特派邓泽如为禁烟督办。(《大本营公报》第8号,"命令")是日,又训令禁烟督办邓泽如,着该督办即日前往视事,认真考察,剔除弊端,切实办理,所有章程未尽妥善之处,并着分别修正呈候核夺。(《大本营公报》第8号,"指令"第103号)杨西岩之免职,似与蒋介石有关,据闻,孙中山屡催蒋介石回粤,蒋在致孙中山、廖仲恺等人函中,屡陈对财团把持粤中财政之不满,并指出"财团不去,则财政无人可办","如果哲生此后仍欲庇护财团,执迷不察,而孙先生必以哲生信用财团为是,此非财团误大局,实乃哲生害大局",所谓财团,即指太子派之杨西岩等人。本日,廖仲恺电催蒋介石从速行,电文中亦谈及此事,文曰:"先生(指孙中山——引者注)切盼展(指胡汉民——引者注)及兄归,兄所欲去者,亦已去矣。至于根本改革,民政当与军政同时并举,且必君子道长,始能望小人道消。又学校建筑及筹备各事,因兄不在,弊端滋生。"(中国第二历史档案馆编:《蒋介石年谱(1887—1926)》,第148—152页)其中所谓"兄所欲去者",应即指杨西岩。

对于杨西岩免职并由邓泽如接任之因由,《香港华字日报》亦有报道,3月18日,《香港华字日报》刊载《禁烟督办行将更动之内幕》一文,文中言杨西岩出任禁烟督办后,因公烟收入仍多为滇军占据,禁烟督办不能全行专利,该署收入无几,"孙中山时有撤换杨氏之意,惟湘滇两军各欲乘势争夺禁烟督办之位。孙文新近宠爱湘军,本欲委鲁涤平兼任。讵滇军聆此消息,大加反对,大有盾以武力之势,孙文恐两军因此决裂,故改用面面俱到之邓泽如接充此职。"(《禁烟督办行将更动之内幕》,《香港华字日报》1924年3月18日)嗣后,本月26日,孙又改任鲁涤平为禁烟督办,由此可见,《香港华字日报》此报道确非无根游谈。

杨西岩被明令免职后,于20日呈文孙中山,请孙催促新任禁烟督办邓泽如尽快到署履新。(《大本营公报》第9号,"指令"第281号)据此,孙中山于24日训令新任禁烟督办邓泽如,现禁烟督办署一切事务均已结束,听候移交,令该督办克日就职以重要政,仍将就职日期报查。(《大本营公报》第9号,"训令"第118号)并指令杨西岩,已令催新任克日就职。(《大本营公报》第9号,"指令"第281号)嗣后,又发生查办杨西岩之事①。

△　任命谢晋、刘况、萧崇道为大本营咨议。(《大本营公报》第8号,"命令")

△　准将伤毙店伙之肇事弁兵枪决。

本月13日,豫军讨贼军总司令樊钟秀呈称,韶关兵士肇事伤毙店伙一案,查明盖因所部长官对于士兵平日不能严加约束,临时又未到场弹压所致。建议将该管各长官免职留任、图功赎罪外,并枪决马弁李书纪、惩办副兵王文彬。(《大本营公报》第8号,"指令"第253号)本日,孙中山训令军政部长程潜,据豫军讨贼军总司令樊钟秀呈报,韶关兵士肇事伤毙店伴一案,已电示将肇事弁兵分别枪决,并将该管各长官免职留任,图功赎罪。令该部长查照。(《大本营公报》第8号,"训令"第104号)并指令豫军讨贼军总司令樊钟秀,处理办法甚是,已交军政部查照。(《大本营公报》第8号,"指令"第253号)

△　广东高等检察厅、广东全省警务处均请将警监学校归其管辖,孙中山令广东省长核办。

广东高等检察厅检察长林云陔前曾呈文孙中山,广东公立警监

---

①　参见3月31日条。

专门学校原由广东公立监狱学校改组,民国2年经司法部令饬归高等检察厅办理。去年5月大理院兼管司法行政事务处始改为改委潘元谅为校长。"查潘元谅任事以来办理不善,培植人才苟非得当。请准予查照成例,该校校长仍由职厅任免。"[①]本日,孙中山指令林云陔,所请将广东公立警监专门学校校长归该厅任免一事,候令行广东省长核议复夺。(《大本营公报》第8号,"指令"第256号)是日,并训令广东省长杨庶堪,现广东高等检察厅检察长林云陔呈请将广东公立警监专门学校拨归省高等检察厅直接管理,日前据总检察厅呈请该校拨归该厅管理,当经原呈发交该省长核办去讫。令该省长即行并案核察,具复酌夺。(《大本营公报》第8号,"训令"第106号)

嗣后,19日,广东全省警务处处长、广州市公安局局长吴铁城亦呈请将警监学校拨归警务处管辖,改办广东高等警察学校,规复警察教育,养成有主义的警务人材,并拟由警务处派委筹备主任一员规划一切,以便从速改组。由于关于警监学校管辖归属事已令广东省长办理,故孙中山接吴铁城呈文后,于21日仍指令吴铁城,候令行广东省长核议复夺。(《大本营公报》第9号,"指令"第277号)并于该日训令广东省长杨庶堪,广东全省警务处处长吴铁城呈请将警监学校拨归该处管辖,改办高等警察学校,规复警察教育,以养成有主义的警务人才,并拟由该处派委主任一员规划一切。查此案前据总检察厅、广东高等检察厅呈请将警监学校拨归管辖,均经令行该省长议复在案,复据呈前情,令该省长遵照并案核议具复酌夺。(《大本营公报》第9号,"训令"第113号)

△ 中校副官谷春芳前曾请假一月,以养病体,然假满病未愈。本月15日,参军长张开儒呈文孙中山,谓中校副官谷春芳因病未愈,拟入院就医,请给长假以便调治。本日,孙中山指令大本营参军长张开儒,准给中校副官谷春芳长假医病。(《大本营公报》第8号,"指令"第254号)

△ 华三祝致函孙中山,设立西北通讯社事,祝濒行时曾由邹鲁

---

① 《大本营公报》此呈无日期。

介绍建议于中央执行委员会,但时过半月而音信杳然,请孙中山饬知该会速令交本党上海执行部照办。又,"高旅长峻已与刘逆振华宣战,高君于讨袁护法诸役皆首倡大难,兹又先他军而起,至堪嘉尚。惟现闻部、澄、白三县有失守之说,果而,诚影响于陕局至重,则其他诸军必与高君一致讨贼可断言也,是陕战恐先大战而起"。(《华三祝致中山先生函》,中国国民党汉口档案第 932 号)

　　△　派员调查勒收往来船只护费各机关后,下令所有拦河收费机关,一律停止。

　　着各该军长官,即日派员协同公安局长、海防司令,解散各勒收机关。(《帅令解散勒收机关》,《广州民国日报》1924 年 3 月 17 日)至 19日,又训令广州市公安局长吴铁城,查近有不肖之徒,借各军名义在省河拦河滥事收费。令该局长迅予讯明所获各犯,将为首之人犯严行承办,其余胁从之辈应即按律处置。该局长会同海防司令随时巡察,如遇此等行为,立即查拿究办。(《大本营公报》第 8 号,"训令"第 108 号)

　　△　旅沪湖南同乡会致电孙中山等,沈鸿英、马济之军队,归赵恒惕担任军饷,无法可设,使其部下宾步程为水口山局长,与洋商接洽,秘密将湖南水口山矿山抵押,以作北军饷项。闻现已与洋商接洽妥当,将水口山各矿,抵押洋商安利英洋行等十一家,共押洋一千一百万元。盼孙中山及湘军将领,出兵驱逐,以救乡邦。(《湘人反对赵氏卖矿电》,《广州民国日报》1924 年 3 月 17 日)

　　△　广东海军同人呈文孙中山,谓前广东海防司令陈策将有离粤赴沪之举,请孙体察群情,重新起用。(《海军拥戴陈策为领袖》,《广州民国日报》1924 年 3 月 17 日)

　　△　日前听闻孙中山得接沪电,财政部长叶恭绰抱恙甚重,特电沪询问,并以近日东江战事,行将结束,军需万急,财政整理,亟待臂助,并拟急电叶氏,如病势稍痊,迅即回粤办理财政统一事宜。(《帅座电慰叶恭绰》,《广州民国日报》1924 年 3 月 18 日)

△　报载滇军将领杨廷英、朱泽民等致电孙中山，谓师长杨廷培为范石生暗害后，事隔数月，未有究办范石生之罪，请将范氏依法办理，并觅出杨氏尸体另行营葬，以伸国典而慰忠魂。（《滇军将官请惩办范石生电》，《香港华字日报》1924 年 3 月 17 日）

3 月 18 日　任欧阳豪为大本营咨议，派韦冠英为广东筹饷总局会办。准代理大本营会计司长黄昌谷所呈，任命文任儒为大本营会计司收入科主任。（《大本营公报》第 8 号，"命令"）

△　派张翼鹏为湘边宣慰使。（《大本营公报》第 8 号，"命令"）张翼鹏旋于 20 日在广州太平沙设处就职，启用关防，并于 26 日呈报视事日期。孙中山于 29 日指令张翼鹏，呈悉所报设处就职及启用关防日期。（《大本营公报》第 9 号，"指令"295 号）

△　为维盐业，令各军勿骑封盐船。

本月 15 日，两广盐运使赵士觐呈文孙中山，北江车运盐业同和堂陈致诚等禀称，省河军队众多，名目庞杂，或借军骑封故意留难，或冒军强封希图讹索，是军是匪，辨别无从，盼赐维持给照保护。查该船户等现请给照保护，流弊滋多，未便照准。惟所称军队封用盐船，妨饷碍运自属实情，亟应据情转请孙中山通令各军转饬所属一体保护，免予封用。本日，孙中山指令赵士觐，候令行军政部分令各军遵照办理。（《大本营公报》第 8 号，"指令"第 262 号）并训令军政部长程潜，据两广盐运使赵士觐呈称，月来每有借军骑封盐船，或借词开差，或无地驻扎强将驳船封用。令该部长迅饬各军转饬所属一体保护，免予封用，以维盐业而顾饷源。（《大本营公报》第 8 号，"训令"第 107 号）

△　本月 14 日，大理院长兼管司法行政事务赵士北呈报所拟《坟山特别登记章程》三十五条，并派员克日开办，以期保障坟地、弭讼息争。本日，孙中山指令大理院长兼管司法行政事务赵士北，所呈拟《坟山特别登记章程》准予备案。（《大本营公报》第 8 号，"指令"第 258 号）

△ 指令卫队长卢振柳，呈悉所缴卫士姓名清册。该卫士姓名清册系卢振柳于本月 13 日呈送。(《大本营公报》第 8 号,"指令"第 260 号)

△ 着大本营财政部长叶恭绰印制统一收条,并通令各财政机关及各县长、各关卡,凡对人民收款,应发给一律收条,以便稽查。(《统一财政之统一收条》,《广州民国日报》1924 年 3 月 18 日)

△ 华洋各方迭向孙中山报告,东莞、番禺交界及莲花山黄埔一带地区,时有土匪为祸,派李福林为东莞、番禺、顺德三邑临时剿匪司令,剿匪区域内军民人等,如有通匪确据,着该司令随时究办。并令现驻该区域内之刘玉山、卢师谛、徐树荣各部按令调防,以利剿匪之进行。斗门附近及虎门至大产关一带,统责成剿匪司令会同张国桢、廖湘芸协力兜剿①。(《剿匪司令之权限》,《广州民国日报》1924 年 3 月 19 日)

△ 在大本营召开会议,参加者有李烈钧、杨希闵、杨庶堪、谭延闿、蒋尊簋等五十余人,会议决定积极进行北伐、派舰队援助福建臧致平部等事②。(《电讯》,上海《民国日报》1924 年 3 月 20 日)

△ 令财政委员会,筹拨紧急费二万元交许崇智接济闽南各部队。筹拨何成濬部六千元。给湘军每日给养六千元,由 3 月 19 日起至 4 月 7 日止共二十日之款,提前分作一、二次交足。(中国第二历史档案馆编:《中华民国史档案资料汇编》第 4 辑下册,第 1221 页)

△ 批广九铁路代理总工程师石托勒敦来函,令财政委员会发给工费五千元,财政委员会议决由财政厅拨付。批黄焕记煤炭费收据,着财政委员会提前筹给黄焕记煤炭费三千七百余元。(《批石托勒敦来函》《批黄焕记煤炭费收据》,陈旭麓、郝盛潮主编,王耿雄等编:《孙中山集外集》,第 831、832 页)

△ 奉孙中山面谕,中国国民党发出第二十三号通告,声明国民

---

① 日期据刊文日期与文中"昨大元帅训令各军"酌定。

② 该电讯为"19 日广州电",内中又有"昨"等字样,故酌定为 18 日。

党改组后所有各种组织,皆照该党总章办理。凡所有冠以"中国国民党"字样等团体,而总章未有规定者,均应即日取消。以后如有组织此项团体之必要时,应由所在地之最高党部直接组织并指挥之。党员不得假借名义自由行动,如敢故违,应即执行纪律,从严惩办。(《中国国民党重要通告》,《广州民国日报》1924年3月18日)

△ 令滇军杨希闵将小北飞来庙造弹厂交予湘军。

报载滇军入粤后,占据小北飞来庙造弹厂,并由杨希闵派其副官长夏声任厂长,所造子弹专供滇军使用,雇用工人已达四百余名。湘军虽然在大沙头设有造弹厂,但规模甚小,实未足供给全军使用,故谭延闿请求将飞来庙造弹厂改由湘军接办,已得孙中山允许,前日下令杨希闵,饬将此厂交与湘军,杨希闵召集范石生、蒋光亮会议数次,决议严行拒绝,并增派军队守卫工厂。(《湘滇军互争造弹厂》,《香港华字日报》1924年3月18日)

3月19日 国民党中央执行委员会第十五次会议,讨论通过农民部制定的《农民运动计划案》

该计划案的要点是:先要有精密的团体组织,然后才有农民的运动,应组织的团体是:(一)自耕农协会;(二)佃农协会;(三)雇农协会;(四)农民自卫团。根据以上要求,于成立国民党区党部的地方,设立一个总括农民联合会;在成立区分部的地方,设立各协会。在各农民协会成立的地方,设立如下组织:(一)农民夜校;(二)农民冬期学校;(三)农民演讲团。随后,由孙中山以大元帅命令颁行由其审定的《农民协会章程》。《章程》对组织农民协会的目的、会员的条件、组织机构、组织纪律、会员权利义务等等都作了详细规定。(段云章、沈晓敏编著:《孙文与陈炯明史事编年(增订本)》,第776—777页)

△ 任命王用宾、谭惟洋为大本营参议[①]。(《大本营公报》第8号,"命令")派李国恺为大本营出勤委员。(《大本营公报》第9号,"命令")

---

① 《孙中山集外集》认为任命王用宾为大本营参议的时间为3月18日,参阅陈旭麓、郝盛潮主编,王耿雄等编:《孙中山集外集》,第830页。

△　17日，大本营内政部长徐绍桢呈文孙中山，琼山县第八区永都图耆民王开清年登百岁，例合褒扬，恳请题颁"共和人瑞"四字匾额，并给予银质褒章。本日，孙中山指令大本营内政部长徐绍桢，寿民王开清准予题颁"共和人瑞"四字匾额并给予银质褒章，由该部转发承领。(《大本营公报》第8号，"指令"第267号)

△　电促许崇智、蒋介石速回粤。

电云："东路尽调回省，湘军集中东江，日内开始向潮、梅进攻，乃高凤桂忽又投北，北江告急，省中东路部队无人主持，望兄等速回，维持大局，幸甚。"[①](中国国民党中央委员会党史委员会编订：《国父全集》第3册，第944页)24日《香港华字日报》载，高凤桂因所部饷项支拙，向孙中山辞职，并发出通电："数月以来，饷项无着，兵士除随身之衣服，外无长物，俨同乞丐，迫不得已，出此下策，将入粤官兵，仍送还赣省，凤桂则解甲归田。请派得力部队来南雄布防，凤桂当竭力要求两星期间，赣军不犯粤境，俾得妥为戒备。"(《南雄始兴失陷之证实》，《香港华字日报》1924年3月24日)因孙中山致许崇智、蒋介石之电中有"高凤桂忽又投北"之说，故辞职之电应在孙中山致电许崇智、蒋介石之前。

3月20日　训令广东省长杨庶堪，着该省长于4月1日起，在该市征收租捐一月，以该款之半在市外建筑兵房，俾居军队。余款拨交国立广东大学，用作开办与购置经费[②]。(《建筑兵房与筹备大学》，《广州民国日报》1924年3月20日)

△　令组建广东省警卫军。

---

①　《总理遗墨》第3辑中记载，3月18日，孙中山电令上海许崇智、蒋介石，谓"省中东路部队无人主持，望兄等速回维持大局"。究竟是孙18、19连发两电，或是本为一电，尚不确。参阅谭编《总理遗墨》第3辑，转引自陈锡祺主编《孙中山年谱长编》下册，第1866页。

②　《大本营公报》载，3月20日大元帅"训令"第112号："现在各军云集，需款孔殷。着广东省长迅令广州市政厅长于四月一日起在该市续征租捐一月，听候指拨用途，仰即遵照办理。"《广州民国日报》所载训令与此训令似非同一，但内容可视为包含，故不另列。参见大元帅《大本营公报》第9号之大元帅"训令"第112号。

　　此前,孙中山曾面谕广州市公安局长吴铁城,着即将东路讨贼军第一路司令所部军队改编为广东省警卫军,由粤军总司令节制指挥。地方有事故时,得由省长调遣之,并派德国陆军少校穆赖尔担任训练。吴铁城奉谕后,即与穆赖尔拟具广东警卫军编制、饷章等呈孙中山核夺。本日,《广州民国日报》刊载大元帅令,内容为准吴铁城所请办理警卫军各项事宜。(《广东省警卫军之规复》,《广州民国日报》1924 年 3 月 20 日)24 日,孙中山又任命吴铁城为广东省警卫军司令。(《大本营公报》第 9 号,"命令")至 26 日,孙中山又令将广东省警卫军归广东省长节制调遣。(《大本营公报》第 9 号,"训令"第 119 号)

　　△　本日下午,发出东江总攻击令,着前敌各军三路开始进攻。(《总攻击东江命令已下》,《广州民国日报》1924 年 3 月 22 日)

　　△　令广东省长审核《整顿江防原附加军费以济饷需办法》。

　　训令广东省长杨庶堪,据李丽生等呈拟《整顿江防原附加军费以济饷需办法》,并请饬由筹饷总局会同该省长筹议施行。查各军沿江设卡抽收船捐以及保商护运种种名目,经严令一律取销,此后整理水陆各项税捐,事属财政范围筹饷总局权限所及。该商等所呈各节是否可行,应由该省长悉心规划,呈候核夺。(《大本营公报》第 9 号,"训令"第 110 号)

　　△　17 日,大本营财政部长叶恭绰呈文孙中山,整理广东省银行纸币委员会发行整理纸币奖券第二期较第一期销数尤少,以现在情形观察,此项奖券似难畅销。该会议决将奖券暂行停办,并请由财政部派员兼管该会事务。事属可行,当由该部遴派部员前往兼管,该会各项事件先行结束,此后整理纸币应另筹办法,惟每星期仍由该会各委员开会一次,以备该部咨询。本日,孙中山指令叶恭绰,呈悉所报整理纸币奖券结束情形及由部派员兼管委员会事务。(《大本营公报》第 9 号,"指令"第 268 号)

　　△　本月 15 日,大本营财政部长叶恭绰呈文孙中山,广东造币分厂总办梅光培称生银供不敷求,价格飞涨,前后四月来源缺

乏,不得不将厂务仍旧停顿,免受束缚,并请辞去总办一职以符名实。查铸币关系綦重,该总会办等接事后因故不能开工自系实情。现正由该部另行设法筹备,所有联商公司合约拟即由部通告暂停,该厂职务重要,拟俟该部筹款有着再行遴员接办,现拟仍由部派委保管委员先行妥为保管,除技工外,并将原派员司一律解散,其差役等亦汰弱留强,酌予裁减,并准该总会办辞职。本日,孙中山指令叶恭绰,呈请停止履行联商公司合约、准予造币厂总办会办辞职、由部派员保管并裁节经费各节,准如所拟办理。(《大本营公报》第 9 号,"指令"第 273 号)

　　△　令各军禁止擅收柴捐。

　　据《广州民国日报》载,广州绅商曾致电孙中山等称,各江运柴,多被军人勒抽,奸棍抗令抽捐,显属蔑法害民,乞飞电制止。(《电请严禁苛捐》,《广州民国日报》1924 年 3 月 18 日)又广州柴商代表郑芷源、赖仲明曾面谒孙中山,得孙应允,所有车运柴薪,每卡照原价二十吨三等七折收费,并特派军队克日扫除各私设收费机关,以救济柴荒。(《大元帅救济柴荒》,《广州民国日报》1924 年 3 月 19 日)本日,《广州民国日报》又载,孙中山令各军禁止擅收柴捐,令云:"木柴为民生必需之品,柴商系小额资本之商,自受军队勒索,柴价飞腾……况财政统一,早经三令五申。似此无艺征求,不独妨碍商民,抑且蔑玩政令。着各军立即转饬所部,限文到之日,将后开各费一律撤销。倘敢违抗,除派队毁销机关,准将收税人就地正法外,并将各该主管长官惩戒。"(《大元帅令禁擅抽柴捐》,《广州民国日报》1924 年 3 月 20 日)又 19 日,管理粤汉铁路事务陈兴汉呈文孙中山,已于本月 18 日将运柴车费准减三分之一。"惟柴荒原因非常复杂,职路此次减收车费之后,仍请严令驻防各军毋得重叠索费,方而收效。至于柴商方面,亦愿随同减价,不敢居奇。"本日,孙中山指令管理粤汉铁路事务陈兴汉,呈悉办理广东地方善后委员会等暨柴行代表赖星池等呈请救济柴荒一案情形。(《大本营公报》第 9 号,"指令"第 276 号)

△　陈友仁函复香港《士篾西报》记者,谈孙中山对于社会主义、中苏关系及军官学校等问题之意见。

陈友仁函谓:"盖以历史上的原因,及地理上的实况,中俄两国不得不互相往来,看其或为友邦抑为敌国耳。俄皇时代是为敌国,今苏俄时代则可以为友。孙逸仙博士之对苏俄政策,大概基此理由。""孙博士现设立陆军学校一所,其用意系使陆军官佐得受正当的新式训练。倘孙博士对于兵额贵精不贵多的政策为是,则此种训练系属必要之事,亦无烦苏俄代表之协助也。至孙博士对于公用事业国有的主张,已详见所著《建国方略》一书(该英文本在英美两国刊行),自接见苏俄代表后,亦无重要的改变也。""孙逸仙博士对于社会问题,从人类福祉上着想,以为依据社会主义组织的政府,可减轻人生的穷苦与罪恶,而且令人的生活合乎人道,日趋于上。然此亦只以社会服务者的资格立言。若以政府领袖的资格立言,彼则未尝拟于广州或广东省内之任何区域,以实施社会主义为其政策上之最急目的也。香港之敌党报纸,曾登载各种新闻,谓广州于四月一日实行共产,其日期颇堪寻味(西洋习俗以四月一日为愚蠢日,朋友中于此日各以游戏手段互相愚弄为戏),此无稽谰言,实不值一哂也。"[1](《孙逸仙氏意见的表示》,《广州民国日报》1924 年 3 月 22 日)

△　旅沪山西各界同乡会致电孙中山等谓,"广州山陕会馆,乃两省公产,陕人□□□,垂涎此项公产,诱捕商人阎介卿,夺其红契,任意处分,变卖得款数万元。本会会长谷思慎受托调查,□老羞成怒,拘谷氏至司令部,多方恫吓,恳请制止强暴,保全产业"[2]。(《旅沪山西同乡会来电》,《广州民国日报》1924 年 3 月 20 日)

△　万里洞支部长黄仲衡等呈请严惩陷害党员之温亚兴。

万里洞支部长黄仲衡、总务科卢演群呈文孙中山,"附逆党员乘荷政府严防本党之际,屡次密告本党于荷政府,荷政府素仇本党,多

---

[1]　此文转载自 3 月 20 日香港《士蔑西报》,故时间应更在此前。
[2]　文中"□"为原文所有。

方搜查。近复有党员温亚兴,公然首名诬告本党于荷政府,妄指罗君四维为过激,荷政府不由分辨,严令罗君克日出境。幸仲衡为侨生兼办荷人矿工事务,乃得优容罗君,因为生计所迫,暂在星洲勾留。查温亚兴假公济私,今复背叛本党,陷害党员,非严加惩办恐本党党员侨居海外者人人自危矣,迫得呈请总理备案,俟温亚兴回国后再饬焦岭县严拿承办,以维党纲"。(《万里洞支部长黄仲衡等上孙总理函》,中国国民党汉口档案第 12244.1 号)

△　杨希闵拟辞东江前敌联军总指挥职,湘军将领不赞成谭延闿接任。

报载自杨希闵表示消极态度,提出辞去东江前敌联军总指挥职后,孙中山对于继任者之选择,已极费踌躇,经派员向杨希闵、范石生两人征求意见,并挽留杨氏。惟杨、范两人俱谓最近东江联军形势,已与日前不同,此职以湘军人员担任为合,态度颇为坚决。孙遂拟以东江属湘、北江属滇、西南属许,委谭延闿兼任东江前敌联军总指挥。谭氏于是召集湘军军长宋鹤庚、鲁涤平、谢国光等商议,宋等颇不赞成,谓将来战事胜负,现在尚无把握,若一旦允为继任,孙中山必催促进战,当此湘滇军问题未解决前,暂时仍以拖延为佳。(《湘滇两军问题之近讯》,《香港华字日报》1924 年 3 月 20 日)

△　北京政府向英、美两使交涉孙中山将广州造币厂及各种机器卖给英美商人一事。

报载日前北京政府接驻港特派坐探急电报告,谓孙中山令孙科将广州造币厂及各种机器全数卖与英美商人一事,前经电陈在案,并请与英、美公使交涉。近探孙中山又令孙科秘密与英、美商人接洽,并已议定成交日期,请政府速与驻京英、美两使交涉。闻北京政府接电后,已于日前函达外交部,向英、美两使严重交涉。(《孙文变卖造币厂》,《香港华字日报》1924 年 3 月 20 日)

△　面谕海防司令林若时,着将海防种种事务,极力整顿,所有向来抽剥商船各种名目,一概立即取销。自后商船在西江一带,无论

经过何军防地,如有人勒收经费者,当由海防司令部呈报帅府,以便察核办理①。(《大元帅关心民瘼》,《广州民国日报》1924 年 3 月 24 日)

3 月 21 日　批准林森提案,派朱赤霓为南洋总支部长②。(一般档案第 052/94.1 号)

△　南洋华侨驻粤代表陈瑞云致函详述邢森洲祸乱南洋党部,请孙查办,邢森洲呈文辩白。

南洋华侨驻粤代表陈瑞云致函孙中山,"瑞云与邢森洲素无仇怨,事缘民国 11 年间,中国国民党庇能支部例行选举,乃邢森洲不度德不量力,觊觎非分运动支部长,由此激成公愤,经众开会,立将邢森洲革除,通告总部及各机关在案。其种种罪状,南洋各报均有登载,众人共见共闻。揆森洲之抱恨瑞云者,因彼时瑞云躬任庇能支部党务科科长,不受森洲运动。迄今钉恨在心,竟乘势尽力破坏,幸得各同志照见肺肝,不为煽惑。惟宋卡分部部长邢治濡,系森洲同宗昆季,遂误听森洲之诡计,即将宋卡该分部津贴,瑞云代表赴沪之川资,及驻粤之经费均不汇来。俾瑞云在沪时,暂挪总部费用为旅费,需用之款不得早日清还,以致上海总部乃将瑞云汇上宋卡分部党金误作还欠,尽数扣除。至证书延搁者,以事论之,实因宋卡分部自误,非瑞云办事之不善也。宋卡分部前后委派瑞云为赴沪及驻粤代表,业经函电报告各机关在案,事实昭然,倘若同志证书延搁,何以先无来函,直向代表经手是问。俾可正当解决,以清手续,而忽教唆该分部以鬼祟行为,私函上诉总部及广东支部。差幸事实显然,人物各证具在,水落石现,伎俩难巧,无所设施,然若非依法查究,实治虚坐,则奸人为恶愈甚,而社会人士亦无从明了,瑞云名誉攸关,迫得沥陈,恳请察核,准予传案究实,以雪污蔑之谣,而维素来之誉"。(《南洋华侨驻粤代表致总理函》,中国国民党汉口档案第 9181.8 号)

---

①　后文有"林若时奉命后,当于昨廿一在江门履新",故该令在 21 日之前,暂定为 20 日。

②　陈锡祺主编《孙中山年谱长编》下册第 1873 页则认为时间为 3 月 30 日。

5 月 13 日,邢森洲亦致函孙中山,就陈瑞云所述加以辩白,函云:"森洲于民国 11 年 1 月 1 日经庇能支部选为正部长,当时陈瑞云亦列席,被选为党务科主任。及经森洲自行致函,向主席许瑞廷(旧部长)辞职,诸同志开会一致挽留,而陈瑞云亦列席赞同,当经主席许瑞廷付表决通过,森洲故勉任部长职务。庇能支部全体职员同志并陈瑞云实已承认森洲为部长,有案可查。森洲当因决意赴英属七州府鼓吹党务并北伐事宜,遂于 3 月 30 日将支部长职务交代副部长许瑞廷执行,而赴太平吧等十七埠,尽其为党为国义务。至森洲回,庇能支部已为陈瑞云所把持,他人不能过问。现据陈瑞云函呈被森洲诬蔑,其中措辞称邢森洲运动部长激成公愤等泛语,殊无根据。陈瑞云妨害党务、手段阴险,若稍优容任其狡辩,借图规避,其如党律党誉何? 其如党务前途何? 而森洲含莫白之冤亦痛不欲生矣。伏念钧座顾重党务,明察秋毫,准予查核惩办,以除党蠹俾慰海外众同志入党救国之热心,而利党务前途之发展,亦白森洲被谋陷之冤。"(《党员邢森洲呈总理函》,中国国民党汉口档案第 9181.10 号)

△　谕令各军总司令、高级军官,如查确有私卖枪械图利等情,严行究办,以肃军纪。(《严究军官领枪图利》,《广州民国日报》1924 年 3 月21 日)

△　派范石生为财政委员会委员。(《大本营公报》第 9 号,"命令")

△　16 日,东路讨贼军总司令许崇智呈文孙中山,已遵令转饬各部队不得截留税厘加二之款。本日,孙中山指令东路讨贼军总司令许崇智,呈悉所报已遵谕转饬各部队于厘税加二之款不得截留。(《大本营公报》第 9 号,"指令"第 275 号)

△　报载据军界消息,驻英德之谢国光所部湘军第三师第八旅部队,前奉谭延闿命令调往东江,要求开拔费及饷银若干,始允成行。孙中山无力支付,该旅伙食费每人每日只有铜仙七枚。是以全队八百余人,携带枪支逃往南雄,孙中山闻报,即电驻韶湘军派队前往截击。(《联军内部风潮之险恶》,《香港华字日报》1924 年 3 月 21 日)

3 月 22 日　钦廉高雷招抚使张启荣着即免去本职,琼崖招抚使郑里铎辞职照准。(《大本营公报》第 9 号,"命令")张启荣被免职后,于28 日呈文孙中山,已于本月 25 日奉令卸去本职,停止进行招抚事宜,应将卸职日期备文呈报,并附呈此次办理招抚事宜用去垫支各款清册,请准予报销拨给归垫。孙中山于 4 月 3 日指令张启荣,前呈遵令卸职缴销关防并开列用款清册乞准报销拨还一事,因此项用款未经奉令核准,所请予报销拨还之处碍难照准,清册发还。(《大本营公报》第 10 号,"指令"第 312 号)

△　饬令当局调查市内驻军之地点与人数,以便计划,一俟租捐征收有着,即行开始建筑,悉将市内军队移出郊外,其原驻各处者,则概行禁止开拔来省。(《军队移驻郊外之准备》,《广州民国日报》1924 年 3 月22 日)

△　着西路讨贼军师长严兆丰撤销所征东莞各属护沙费,令东莞沙捐清佃局收入五成拨为严兆丰师军费,五成解交沙田清理处。

本月 20 日,财政委员会主席委员叶恭绰、杨庶堪呈称,财政委员会于本月 13 日举行第二十一次特别会议,以严兆丰等征收东莞县各属护沙费有越权限,恳请孙中山迅令刘震寰转饬该军立即取消东莞沙捐,东莞沙捐清佃局收入划拨五成为严部军费,余五成实行解处。(《大本营公报》第 9 号,"指令"第 279 号)本日,孙中山训令西路讨贼军总司令刘震寰,据财政委员会主席委员叶恭绰、杨庶堪所呈,令该总司令即便转饬严兆丰立将该军征收东莞各属护沙费取消,并饬总办卢民魁将东莞沙捐清佃局收入划拨五成为严部军费,余五成仍实行解交广东全省沙田清理处。(《大本营公报》第 9 号,"训令"第 115 号)并指令财政委员会主席叶恭绰、杨庶堪,准将东莞沙捐清佃局收入五成拨为桂军严兆丰师军费,五成解交沙田清理处。已令行刘震寰分别转饬遵照办理。(《大本营公报》第 9 号,"指令"第279 号)

△　指令中央直辖滇军总司令杨希闵,少将参谋长周自得已明

令任命为中将参谋长。此任命系本月 20 日杨希闵呈中所请,孙中山亦于 20 日明令给予任命,本日指令回复。(《大本营公报》第 9 号,"指令"第 280 号)

△　下午 1 时至 2 时半赴广州颐养园慰问在此养病的东征联军总指挥杨希闵和桂军总司令刘震寰,共同商讨东江作战计划。(《大元帅慰问两总司令》,《广州民国日报》1924 年 3 月 25 日)

△　大本营召开军事会议,讨论东江总攻击问题。

滇桂两军要求须先发军饷两月,方允出战。以滇桂军现在东江中、右两路前线而论,发给两个月军饷,需款四十余万,但滇桂军发饷,湘军亦不能向隅,至少亦须给一个月。以湘军现时出发东江的三万人计算,给一个月共需款三十万,合计非八十万元不能应付,因此尚须设法筹划。(《大本营讨论军饷问题》,《香港华字日报》1924 年 3 月 25 日)

△　23 日为邓铿死难两周年纪念日,孙中山饬市公安局备办酒席致祭,并制花圈,题"虽死如生"四字。(《邓故上将二周纪念》,《广州民国日报》1924 年 3 月 22 日)

△　报载据大本营某要人所云,沈鸿英代表邓士瞻已代沈氏领款二万元,子弹五万发。沈氏有书函致孙中山,惟说得极为隐约。现孙中山要求沈氏通电就援桂总司令职,并表示明了态度,但沈氏态度审慎。最近滇军拨给沈氏子弹十万发,由沈氏缴回银一万元,此事亦由邓士瞻接洽。(《沈鸿英投孙近讯》,《香港华字日报》1924 年 3 月 22 日)

△　中央执行委员会秘书处通告广州市区党部,奉孙中山谕,3 月 23 日下午 2 时仍在高等师范学校演讲民权主义,饬该会函约各同志依时出席听讲,希即转知所属各区分部党员赴会听讲,所有听讲手续照前办理。(《中执会致各区党部通告(第二十七号)》,中国国民党汉口档案第 55 号)

3 月 23 日　全省船民自治联防事宜开办后,少有成效,孙中山令撤销广东全省船民自治联防督办职位。

本月 17 日,孙中山曾训令广东省长杨庶堪、海防司令林若时、广东地方善后委员会,全省船民自治联防事宜开办以来,尚无成效,所定办法①有无流弊,应由广东省长、海防司令会同广东地方善后委员会详细调查呈复,即遵照。(《大本营公报》第 8 号,"训令"第 102 号)本日,广州公安局长吴铁城呈请孙中山令行船民自治联防公署,对于省河船艇之曾纳警费及牌照费者,概免再收自治联防经费,以免酿成风潮。孙中山据此,于 27 日指令广州公安局局长吴铁城,候令行广东省长会同海防司令、广东地方善后委员会并案确查妥议呈复核夺。(《大本营公报》第 9 号,"指令"第 287 号)同日,又训令广东省长杨庶堪、海防司令林若时、广东地方善后委员,查抽收广东全省船民自治联防经费章程虽经呈奉核准,但前因其开办已久,尚无成效,恐所定办法不免滋弊。业经令行广东省长会同海防司令、广东地方善后委员会详细调查呈复核夺在案。据广州公安局长吴铁城呈称,省河各船艇已在该局暨市用局缴纳警费及牌照费,若再令行负担自治联防经费,办理自多阻碍,究竟此种情形是否仅限于省河为然,及应否免收之处,令该省长、司令、会遵照会同并案确查妥议,从速具复核夺。(《大本营公报》第 9 号,"训令"第 121 号)嗣后,至 4 月初,伍学熿以开办不力,自请辞职,孙中山准其所请,并令将广东全省船民自治联防督办之职位一并裁撤②。

△ 《广州民国日报》载孙中山"素以俭德耐劳闻于世,近鉴于侈风日靡,一般肉食者,无不养尊处优,一步出门,即汽车飞驰,行人辟易,故欲矫此积习,非先以身率众不可。昨星期六日③,赴高师演讲,特摒去车从,徒步至该校,随卫者只副官三数人,如大元帅者,固足为世风,亦深得古人为政之法矣"。(《大元帅徒步赴高师》,《广州民国日报》

① 原"训令"中并未明言该"办法"究竟为何,但据大元帅"训令"第 121 号推测,该"办法"应指"抽收广东全省船民自治联防经费章程"。
② 参见 4 月 9 日条。
③ 孙中山 23 日星期日在高师演讲,此处似应为星期日。

1924 年 3 月 25 日）

3 月 24 日　至黄沙滇军师部，并发表演说。

下午 1 时许，偕副官、卫兵到广州黄沙滇军第二师师部。师长廖行超率众迎接，孙中山在师部操场发表演说，略谓革命事业三十余年来至有今日，为一班国民谋幸福，不惜牺牲无量数之性命财产。此次兴师讨贼，愿诸君各尽其职志，以除元恶，而竟讨贼之初衷。(《孙大元帅训勉滇军》,《广州民国日报》1924 年 3 月 26 日）又本日，孙中山由大本营乘小轮赴石围塘，闻系滇军蒋光亮军长设筵请宴。(《大元帅赴石围塘纪》,《广州民国日报》1924 年 3 月 26 日）

△　嘉勉番东顺三邑临时剿匪司令李福林奋勇得力。

本月 21 日，番东顺三邑临时剿匪司令李福林呈文孙中山，于本月 19 日下午 7 时，亲率徐树荣、王若周等出发，20 日拂晓分三路向麻涌、均城、大盛等乡附近匪巢进剿，捕获嫌疑犯人黄庆灯、雷九跻、谭就等四十一名，起出被掳人邓灿堂、陈文甫等二十三人，执获长短枪二十一支，炸弹十三具，子弹百余颗。同时在大盛乡附近河边拿获匪徒郭世机、陈九、陈添、何兴等四名，搜获伪旗一面，委任状数张。为清除隐患起见，令王若周所部一团留驻大盛乡，令徐树荣酌派部队分驻莲花山一带。其起获被掳人等，已即日传属领还。本日，孙中山指令番东顺三邑临时剿匪司令李福林，该司令奉令剿匪，督队进攻，获犯起掳多名，并夺获枪械甚多，实属奋勇得力，深堪嘉许，所获枪弹准如所请留部备用。(《大本营公报》第 9 号，"指令"第 282 号）

△　命财政委员会酌量补给林树巍部伙食费每日七十元。着财政委员会筹拨潘正道公费一千元。(《命补给林树巍部伙食费谕》,陈旭麓、郝盛潮主编，王耿雄等编：《孙中山集外集》,第 832 页）

△　致函郑洪年，谓"豫军今日领不到给养费，望财政委员会格外注意，现在军需总监每日有几许收入，能否对此军先为发给，并望与筹饷局酌量速筹解决方法"。财政委员会议决由筹饷局在该局筹解现款一万元项下拨五千元，先交豫军领用。(《致郑洪年函》,陈旭麓、

郝盛潮主编,王耿雄等编:《孙中山集外集》,第 423 页)又致函财政委员会,谓"前令指拨赵杰所部每日给养一百元,至今尚未领得,着财政委员会指定何处领取。"(《致财政委员会函》,陈旭麓、郝盛潮主编,王耿雄等编:《孙中山集外集》,第 424 页)

△ 胡谦致电孙中山,新城现架浮桥,方本仁有来庾消息。(《国内专电》,《申报》1924 年 3 月 27 日)

△ 廖仲恺电请蒋介石等回粤,孙中山允解散财团。

本日廖仲恺致电上海的胡汉民,电文曰:"转介石(蒋介石——引者注,下同)、汝为(许崇智)、季陶(戴季陶)兄:择生(邓演达)归,告先生(指孙中山)以介石不归之故,深致唏嘘。请兄等即行,以免先生加受一重精神上痛苦。盼复。"(中国第二历史档案馆编:《蒋介石年谱(1887－1926)》,第 152 页)又本月间,孙中山曾与邓演达等谈话谓:"当此时局,最好同志尚且不谅其苦,同志不同负责而归责任于首领,不以困难自任而以困难责人,诸兄如此,则国事、党事尚复何望?"(《与邓演达等的谈话》,陈旭麓、郝盛潮主编,王耿雄等编:《孙中山集外集》,第 311 页)又《孙中山年谱长编》一书载,本月 22 日,孙中山曾听取邓演达汇报关于赴浙江奉化挽蒋介石回粤情形后,与邓氏晤谈,"允解散财团,刷新党政。此后共图大业,诸同志应各负责"。(陈锡祺主编:《孙中山年谱长编》下册,第 1869 页)至于此两次记载是否为同一次谈话,尚无法断定。

△ 孙中山接受日本广州新闻社的访问,谈论对北京政府同苏联关系正常化所持态度。

孙中山说:"北京政府是否承认苏俄,与我(南方)政府毫无关系。这只是苏联与北京政府间的外交关系问题。对此我不能发表什么个人意见。加拉罕到北京之前,苏联政府就已经表明了对我(南方)政府的态度。这种态度与对待北京的态度是截然不同的。至于我的政府对俄国的态度,那么迄今为止在这方面没有任何改变,也没有任何理由去改变现状。"记者问及广州政府是否已经单方面承认苏联的问题,孙中山说:"苏俄与我的政府间的关系十分友好,就像两兄弟的关系,并不需要那些承认之类的形式上的做法。"①(李玉贞:《孙中山与共产国际》,第433—434页)

3月25日　张作霖派杨大实赴粤调查广州政府实行共产及对奉方与反直各政策是否变更等问题。

杨大实前与曲同丰一起离粤②,近日,又被张作霖派赴广州。闻系因奉系首脑张作霖听闻广州政府实行共产及对奉方与反直各政策,有所变更,特派杨大实来粤调查,并与孙中山磋商讨直计划。孙中山答谓:"粤中实未施行共产,对奉对直政策,亦未变更。"杨大实对此极为满足,并函复奉张③。(《奉张代表杨大实抵粤》,《广州民国日报》1924年3月26日)31日《香港华字日报》则载,孙中山屡次派人赴奉,向张作霖商借军饷,尝言"张作霖若不借款于我,我可请俄罗斯起兵攻打奉天"。此虽或一时戏言,讵为张作霖留粤代表所闻,向张氏报告,张氏遂派杨大实到广州调查。据闻张作霖谓去年有白俄万余人来奉天避难,经奉天多次交涉,资送返国,未抵莫斯科,已被谋杀殆尽,故张作霖嘱杨大实来粤,并邀徐清和从速离粤,免被陷害。(《张作霖代表来粤详情》,《香港华字日报》1924年3月31日)次日,《香港华字日报》又载,伍朝枢奉孙中山之命会见张作霖,请求协助粤省军饷三百万元,为张氏婉拒。(《伍朝枢使奉失败续讯》,《香港华字日报》1924年3月26日)

△　报载某日有某外国人欲到大本营晋见孙中山,经投刺多次,孙不得已乃予接见。该外国人问孙中山此次在粤研究什么主义,孙中山冲口答曰:"食饭主义。"随即匆匆拂袖而入。记者评论说:"盖孙文大意以广东财政如能统一,军饷支配公平,各军队不致因军饷冲突,地方乃安。今欲广州太平,当先研究妥善之食饭问题。"(《食饭主义之广州政府近势》,《香港华字日报》1924年3月25日)

---

①　据《孙中山与共产国际》一书,时间应在24日前后。
②　参见3月11日条。
③　日期据报道日期及文中"昨"字样酌定。

△　航空局之飞机队,奉到孙中山令,准备各种航空军用品,以俟联军攻击时,协同出发云。(《飞机队预备出发》,《广州民国日报》1914 年 3 月 26 日)

3 月 26 日　香港某些报纸散布广东将于 4 月 1 日实行共产之谣言,国民党中央执行委员会发布文告辟谣。

略云:"共产主义之是否等于洪水猛兽,本党固亦不与一般以耳为目者同下断语。惟若辈以其心中龌龊不堪之思想解释共产主义,更以其所谓主义解释国民党之政纲,从而鼓惑国民,扰乱舆论。其手段之奸险,尤为可诛。""当知世间一切新发现之思想或主义,苟能在日光底下,与世人共相研究者,决无危险,决非可怖。吾国民果能了解此□,则凡假'共产党'一类之名辞,思欲于鼓惑人心、诬陷国民党者,其术立穷。"又申明国民党此次改组,以苏俄革命党为师法,旨在救济中国,非必实行共产。(《国民党中央执行委员会宣传部辟谣》,《广州民国日报》1924 年 3 月 26 日—4 月 3 日)

△　据说在东江战线联军中,风传滇、湘两军的将领不和。鉴于这类谣传会动摇军心,孙中山派了几个官员到石龙去调查此事,把造谣者逮捕法办。(广东省档案馆编译:《孙中山与广东——广东省档案馆库藏海关档案选译》,第 515 页)

△　本月 17 日孙中山曾命令免去杨西岩禁烟督办职务,由邓泽如接任。本日,孙又准邓泽如辞禁烟督办职,转派鲁涤平为禁烟督办。(《大本营公报》第 9 号,"命令")并于是日训令禁烟督办鲁涤平,应将署中诸部及分局根本改组,切实整理。所有原设会办、帮办名目,应即撤裁。(《大本营公报》第 9 号,"训令"第 120 号)嗣后,孙中山于 31 日明令撤销禁烟督办署会办、帮办各职。(《大本营公报》第 9 号,"命令")鲁涤平奉令后,于 30 日到署就职并呈报就职日期。4 月 4 日,孙中山指令禁烟督办鲁涤平,呈悉所报就职日期。(《大本营公报》第 10 号,"指令"第 322 号)

△　派潘文治整理海军"飞鹰""福安""舞凤"三舰事宜。(《大本

营公报》第9号,"命令")

　　△　指令大本营军政部长程潜,在广州遇害之华侨义勇团团长兼飞行队队长夏重民准追赠陆军少将加中将衔,在济南遇害之第一师第三团团长王贤忱准追赠陆军少将。已故少校参谋梁达道准予追赠陆军步兵中校,并照中校阵亡例给恤。(《大本营公报》第9号,"指令"第283、284号)其中对夏、王之追赠,为程潜于22日呈中所请,(《大本营公报》第9号,"指令"284号)对梁之追赠,系程潜于24日呈中所请。(《大本营公报》第9号,"指令"第283号)

　　△　以张贞战功卓著,又扩充军额甚多,日前特令赶制军装数千套,拨给该部领用。(《帅令接济张贞军装》,《广州民国日报》1924年3月27日)

　　△　决定提倡各县设立民团,并得备价向兵工厂领枪,古应芬等将任为全省民团总办。(《电讯》,上海《民国日报》1924年3月28日)

　　△　据闻,广州中央执行委员会已向莫斯科提出每月补助经费五万,经由高级经济会议通过,每月补助执委会经费二万五千元,又通过广州军官学校补助费二十五万元,盖该学校以六个月为一期,即得领此二十五万元之补助。国民党举行追悼列宁大会后,接到苏俄一万余元的援助。(《食饭主义之广州政府近势》,《香港华字日报》1924年3月26日)

　　△　粤省盐政,久已窳败,现运使赵士觐,特拟切实整顿,经拟具引盐公卖计划,晋谒孙中山面陈一切,孙中山令悉心考察,务求推行尽利。(《实行引盐公卖》,《广州民国日报》1924年3月27日)

　　3月27日　寄汇北京支部经费电,电文曰:"兹由广东银行汇一万元,支代表三月份薪水及公费,每人二千,共八千,又北京支部月费二千元,以后当每月照汇。收到复。"[1](《寄汇北京支部经费电》,《孙中山全集》第9卷,第660—661页)

---

　　①　原电无年份。按北京支部1924年国民党一大后得名,故酌定为1924年。——原注

△ 昨湘军总司令谭延闿晋谒孙中山,请示机宜并请指拨款项,孙中山手谕广州市政厅即日拨现款二万元,交湘军领收。(《湘军请拨作战费》,《广州民国日报》1924 年 3 月 28 日)

△ 着财政委员会迅即筹拨毫洋一千零八元,由军乐队长吕定国具领,制发该队服装六十套。(《命筹拨军乐队服装费令》,陈旭麓、郝盛潮主编,王耿雄等编:《孙中山集外集》,第 833 页)

△ 北京政府拒签中俄协议,苏俄代表拟与南方孙中山政府签约。

中俄协约条文,经由苏俄政府修正,派遣代表送请北京政府签字,北京政府对于此项协约,本已隐示赞同,嗣恐不利于直派之武力政策,遂为之拒绝。"俄代表鉴于北京空气,知难与谋中俄国民幸福,惟南方政府孙中山为中国之革命大家,将来必能本此三民主义,贯彻革命目的,而促使中俄国民之乐利,因在保定致电此间,详述北京政府不予容纳之真相,并拟将此项协约送诸中华民国之革命政府签字等语。孙中山接电后,大为注意,当即饬将该电全文译出,以备讨论云。"(《苏俄与我革命政府》,《广州民国日报》1924 年 3 月 27 日)

△ 准予施行《银毫出口护照条例》。

24 日,大本营财政部长叶恭绰呈文孙中山,近来据报,有逆党奸商等私运大宗银毫出口,希图扰乱市面金融,并流布种种谣言。粤省丝茧为出产大宗,茧商下乡收茧须现银毫以为交易。当此造币厂尚未开铸,市面银毫渐少之时,若非酌予限制出口,不独茧商收茧将感困难,即乡民售茧亦受影响,且限制银毫出口,俾免流往敌方,实有藏富于民之意。故该部权衡缓急,订立《银毫出口护照条例》,仍于限制输出之中容有利便商民之意,且照费所入亦可补国帑,请照准即予施行。本日,孙中山指令大本营财政部长叶恭绰,《银毫出口护照条例》准如所拟施行。(《大本营公报》第 9 号,"指令"第 285 号)

△ 令湘军军长谢国光,据陈嘉祐电,龙华、永清先后克复,何以正果、麻蚌方面战事失利,其中情形,未据详报,事关军务,岂容不实

不尽。着该军查明电复,并即日率队驰救。(《东江连日剧战》,北京《晨报》1924年3月27日)

　　△　令闽军开往广东边区,协助攻取潮汕。

　　何成濬22日致电孙中山,谓本日午前10时克漳州,请急攻东江,免洪兆麟部回扰。杨化昭今晨由马巷攻同安,陈国辉占惠安。(《国内专电》,《申报》1924年3月27日)何成濬于19日克复漳州,孙中山闻报,除去电嘉奖外,并令省财政厅,迅即拨款接济闽南讨贼军何成濬部。财厅奉令后连日筹集巨款,转解该部[①]。(《帅令拨款接济何成濬》,《广州民国日报》1924年3月24日)上海《民国日报》28日亦载,26日广州电,大本营日前召开会议讨论闽南形势,决定派员赴闽,宣布孙中山德意,犒慰各军。并指示何成濬、张贞进攻潮汕方略。(《电讯》,上海《民国日报》1924年3月28日)又据闻,孙中山以闽南战事颇占优胜,亟应再为筹划,期早日肃清战事,出师潮梅。特任杜起云为闽南讨贼军第一师师长,令统率旧部,会同各义军奋力杀敌,助联军收复东江。(《杜起云在闽南组军》,《广州民国日报》1924年3月29日)嗣后,孙中山乃下令闽南各军,除闽军留驻对付泉州敌军外,其余闽南各自治军及东路讨贼军全部开往广东边区,克日攻取潮汕地区,以截东江之后路。(《帅令闽南军进取潮汕》,《广州民国日报》1924年4月7日)《香港华字日报》则载,因闽南臧致平等形势颇佳,粤军颇有难于应付之象,由是孙中山急欲进军东江,现经与湘滇军磋商就绪,给予现款二十二万元,当可出兵。闻此款于五日内即可筹出。(《东西两江风云之趋势》,《香港华字日报》1924年3月27日)

　　△　报载近日拟定作战计划,决定以湘、滇军担任东江,以桂军许军担任西路,桂军刘震寰、刘玉山、陈天太三部,亦以桂局发生变化,急欲乘机达其回桂目的。盖陆荣廷被北京政府任为广西督理后,近日催促马济回桂,压迫沈鸿英驻桂部队,其计划即先统一桂省,然

　　①　两文所载关于何成濬克复漳州时间,均为原文所标示时间。

后率兵东下。孙中山闻报后非常焦急，又刘震寰、刘玉山等人深感陆荣廷难以应付，遂联络沈鸿英和林俊廷以图解决桂局问题。据有知其内容者言，他等相约逐去陆荣廷后，则平分桂省地盘，至如何平分，则尚未有具体办法。（《西江战云之酝酿》，《香港华字日报》1924 年 3 月 27 日）

3 月 28 日　令驻石龙各军认真保护当地无线电站及其职员安全，以利传达军情。（《帅令保护无线电站》，《广州民国日报》1924 年 3 月 29 日）又令驻新塘之湘军克日开赴前线①。（《帅令湘军开赴前敌》，《广州民国日报》1924 年 3 月 29 日）

△　为奖励湘军士气，发给湘军军长宋鹤庚、鲁涤平、谢国光、吴剑学、陈嘉祐部毫洋一万五千元，以示犒赏。（《大元帅拨款奖励湘军》，《广州民国日报》1924 年 3 月 28 日）

△　为座驾大南洋浅水电轮装置无线电。

大南洋浅水电轮，为孙中山出巡前敌之座驾船，一切设置，均应完备，关于消息传递，尤应迅速，故孙中山特着无线电局在该轮装置无线电，以便出巡前敌时，传授各军机宜，该局奉令后，业令该轮停泊于长堤无线电局前之码头，着工匠妥为装置，工程快将完妥，闻孙中山以东江联军已开始进攻，日间或即乘坐该轮往前敌指挥一切。（《大南洋装置无线电》，《广州民国日报》1924 年 3 月 28 日）

△　令解散水陆侦缉联合队。

令财政委员会即日解散原设之水陆侦缉联合队，原由各军选送军士即令归队。（《大本营公报》第 9 号，"训令"第 122 号）财政委员会遂遵令将解散水陆侦缉联合队，原由各军选送士兵一律送还本军归队案提交 3 月 31 日第二十五次常会讨论，议决照案录送新任禁烟督办鲁涤平办理，即经录送鲁涤平查照在案。财政委员会并于 4 月 2 日将遵办情形呈报孙中山。孙中山据此，于 4 月 4 日指令财政委员会主

---

①　日期据报纸日期与文中"昨日"等字样酌定。

席叶恭绰及杨庶堪，呈悉录令送由鲁涤平遵令解散水陆侦缉联合队之事。(《大本营公报》第10号，"指令"第323号)至4月10日，财政委员会主席委员叶恭绰、杨庶堪又将鲁涤平遵令解散水陆侦缉联合队情形呈报孙中山，孙中山旋于12日指令财政委员会主席叶恭绰、杨庶堪，呈悉解散禁烟督办署水陆侦缉联合队情形。(《大本营公报》第11号，"指令"第349号)

　　△　本月26日，中央军需总监蒋尊簋呈称，恤金葬埋费系临时费用，在战时此项支付定必日有增益，若不筹拨的款，实难应付，请示应如何办理。本日，孙中山指令中央军需总监蒋尊簋，现当战事时期，恤金、葬埋支出必多，若无专款难资应付各节，尚属实情，究应如何筹拨的款及规定支付手续之处，候酌定后另行饬遵。(《大本营公报》第9号，"指令"第289号)

　　△　指令大本营建设部长林森，所缮送《权度检定所暂行章程》准予备案。该章程共计十二条，系由林森于本月26日呈送孙中山备案。(《大本营公报》第9号，"指令"第290号)

　　△　国民党选举，党员反对拍照。

　　报载国民党宣布章程，取消广东支部，变为省区党部省部之组织，由总理指派二十九人，由党员选出七人为省党部委员。投票人须拍照，交中央执行委员会收执，然后发选举票，引起一般党人反对。现选举期近，拍照领选举票者百无一二，且多数声言任由出党。廖仲恺等指反对拍照最力者，为某社中人，故孙中山传某社中人到大本营谈话，谓"予为总理，所立之法，党人应要遵守，否则可以违背党纲论，置诸于法"。言时声色俱厉，各人无言而退。(《国民党人反对映相选举》，《香港华字日报》1924年3月28日)

　　△　报载东江联军右翼滇军胡思舜部在土塘、横沥等处被粤军所败，时胡思舜尚在广州，湘军亦前后受敌。大本营接到前方报告后，孙中山再次到大沙头颐养园，与杨希闵磋商，杨希闵碍于孙中山情面，允为扶病出发。闻杨氏对其部下军官云，此次出发，亦只为保

守防地之计,若下总攻击之令,则非发给军饷,诚恐各兵士未允前进。

(《东江战讯与杨希闵出发》,《香港华字日报》1924 年 3 月 28 日)

△　报载大元帅府因拟任命林树巍为警卫司令,将警卫队予以扩充,改队长名义为司令,原有警卫从一百六十人拟增至八百余人,共一千人,一俟编配完备,再增多一千人。原任卫士队长卢振柳已请辞另任别职。又据太平洋社云,大本营秘书一席,本由谭延闿兼代,但谭氏亦向孙中山请辞,并请以胡汉民为继。孙中山再电沪促胡氏返粤就职,胡氏以沪事尚未办妥,一时仍难返粤。(《帅府近事两志》,

《香港华字日报》1924 年 3 月 28 日)

△　加拉罕多次公开表示,若北京政府不肯承认苏联,他将到广州同孙中山会晤,并致电孙中山,"北京军阀专图私利,中俄邦交难臻妥洽,愿移一切档案来粤,与帅开诚办理"。(《电讯》,上海《民国日报》1924 年 3 月 30 日)

3 月 29 日　令各军不得将铁路员司工役拉充夫役。

27 日,管理粤汉铁路事务陈兴汉呈文孙中山,"近日又发生拉夫情事,职路工役竟有被湘滇军拉充夫役,几费唇舌方得释回,恩转饬各军机关一体遵照,嗣后如遇职路证章之员司工役,请勿误拉,俾得安心服务,免碍运输"。据此,孙中山本日指令陈兴汉,候令行各军长官遵照办理。(《大本营公报》第 9 号,"指令"第 291 号)又训令各军总司令、司令、军长,据管理粤汉铁路事务陈兴汉呈称,近日又发生该路员司工役被拉夫情事,该总司令、司令、军长即转饬所属,嗣后遇有该路证章之员司工役请勿误拉,免碍运输①。(《大本营公报》第 9 号,"训令"第 124 号)

△　下达支配各军饷费办法。

办法为:"所有联军总指挥部每日应领银一千元、滇军给养每日应领银四千二百三十元、联军军医处每日应领银八百八十元、直辖第

---

①　此"训令"无具体日期,但相应"指令"于 29 日发出,据此酌定"训令"为 29 日。

七军每日应领银七百元、豫军总司令部每日应领银二千四百六十元，以上五项共银九千二百七十三元，自本月廿四日起，着筹饷总局按日直接拨付。""所有东路总部每日应领银一千九百二十、直辖第三军每日应领银二百廿七元、东路第三军每日应领银四百元、直辖第一军每日应领银八百六十元，以上四项共银三千四百零七元，自本月廿四日起，着由沙田清理处按日直接拨付，其余饷由中央军需处发款。"（《支配各军饷费办法》，《广州民国日报》1924 年 3 月 29 日）

△ 26 日，军政部长程潜呈谓，海防司令部于甘竹、容奇等处勒收保护费，业经行迅予撤销在案，现再饬代理广东海防司令冯肇铭遵照即日撤销。本日，孙中山指令大本营军政部长程潜，呈悉遵令饬海防司令撤销甘竹、容奇等处抽费机关情形。（《大本营公报》第 9 号，"指令"第 292 号）

△ 报载许崇智部呈控张国桢刻薄寡恩、虐待下属，请予查办。（《许崇智部呈控张国桢》，《香港华字日报》1924 年 3 月 29 日）

△ 孙中山拟亲赴石滩督战。

报载，孙中山日前下达手令，饬杨庶堪、郑洪年、孙科、赵士觐等，务于本月 30 日前，将分任筹措之款，解交大本营，逾限以贻误戎机论罪。孙中山以杨希闵近日虽已出发迎敌，惟恐杨氏对湘军不能指挥如意，战事一开，必将各自为战，复蹈去年石龙一役之覆辙，必须赴前线指挥一切，或可冀湘滇两军勠力赴战，故决议亲自出发石滩，并偕谭延闿同行。（《孙中山严令各机关筹饷》，《香港华字日报》1924 年 3 月 29日）

△ 中央执行委员通告，奉孙中山谕，3 月 30 日下午 2 时仍在高等师范学校演讲民权主义，饬该会通告各同志并函约各军军官依时出席听讲。（《中执会通告（第三十号）》，中国国民党汉口档案第 56 号）

3 月 30 日 本日下午讲述民权主义第三讲，阐明平等之真谛。

本讲原定 2 月 23 日举行，因事改期，21 日中央执行委员会通告曰："3 月 30 日（星期日）下午 2 时，仍在高等师范礼堂讲演民权主

义。"(罗刚编著:《中华民国国父实录》第 6 册,第 4615—4616 页)

在演讲中孙中山分析了平等的起源,认为平等并非如欧美革命学所说,是天赋于人。相反,人类本来就不平等,而专制帝王更加剧了这种天生的不平等,所以便有了革命的风潮来打破这种不平等。"我们所讲的民权平等,是要人民在政治上的地位平等。在中国,三民主义能够实行,便有自由平等。"所以,"我们革命不能够单说是争平等,要主张争民权。如果民权不能够完全发达,就是争到了平等,也不过是一时,不久便要消灭的。我们革命主张民权,虽然不拿平等做标题,但是在民权之中便包括得有平等"。"世界之人类其得之天赋者约分三种:有先知先觉者,有后知后觉者,有不知不觉者⋯⋯这三种人互相为用,协力进行,则人类之文明进步必能一日千里。天之生人虽有聪明才力之不平等,但人心则必欲使之平等,斯为道德上之最高目的,而人类当努力进行者。"要调和三种人使之平等,则聪明才力愈大者,当尽其能力服千万人之务,造千万人之福。全无聪明才力者,亦当尽一己之能力,以服一人之务,造一人之福。"照这样做去,虽天生人之聪明才力有不平等,而人之服务道德心发达,必可使之成为平等了。这就是平等之精义。"(《三民主义》,《孙中山全集》第 9 卷,第 283—299 页)

△　撰《三民主义自序》。

孙中山在广东高等师范学校讲毕民族主义后,把修改后之讲稿交宣传部付印,并亲自撰写序文,全文如下:"自建国方略之心理建设、物质建设、社会建设三书出版之后,予乃从事于草作国家建设,以完成此帙。国家建设一书较前三书为独大,内涵有民族主义、民权主义、民生主义、五权宪法、地方政府、中央政府、外交政策、国防计划八册。而民族主义一册,已经脱稿;民权主义、民生主义二册,亦草就大部;其他各册,于思想之线索,研究之门径,亦大略规画就绪,俟有余暇,便可执笔直书,无待思索。方拟全书告竣,而出而问世。不期 11 年(谨按原稿笔误写为 10 年)6 月 16 日,陈炯明叛变,炮击观音山,竟将数年心血所成之各种草稿,并备参考之西籍数百种,悉被毁去,殊可痛恨！兹值国民党改组，同志决心从事攻心之奋斗，亟需三民主义之奥义，五权宪法之主旨，为宣传之资。故于每星期演讲一次，由黄昌谷君笔记之，邹鲁君读校之。今民族主义适已讲完，特先印单行本以饷同志。惟此次演讲，既无暇晷以预备，又无书籍为参考，只于登坛之后，随意发言，较之前稿，遗忘实多。虽于付梓之先，复加删补；然于本题之精义，与叙论之条理，及印证之事实，都觉远不如前。尚望同志读者，本此基础，触类引伸，匡补阙遗，更正条理，使成为一完善之书，以作宣传之课本；则其造福于吾民族、吾国家，诚未可限量也。民国13年3月30日孙文于广州大本营。"（罗刚编著：《中华民国国父实录》第6册，第4614—4615页）

　　△　与香港某电报通讯社访员谈及国民党与莫斯科政府关系问题、共产问题等。

　　《京津泰晤士报》载，孙中山素有倾向共产政府之态度，故苏维埃政府，前日于派加拉罕为驻京全权代表外，特派某氏为驻粤全权代表。日前有香港某电报通讯社访员经陈友仁介绍见孙，叩以此事之真相。孙称，彼数年来，直接或间接颇有与莫斯科政府来往，盖就历史及感情而言，俱有来往之价值。苏维埃所派驻粤之代表，实与其派驻伦敦之商务代表无异。但外间所传孙有暗受莫斯科政府之助款，孙则极力否认之。该访员问孙，果有试行共产政府之意否？孙答曰，共产政府，以工人就社会问题设想，可以平均贫富，减除犯罪，使生命较近于人类，诚有试行之必要。但以彼为政府之领袖，则此类主张，不论在粤或在他部，一时上不敢采择。（《粤孙否认共产政府之谈话》，《顺天时报》1924年3月31日）

　　△　报载梁鸿楷致电孙中山请维持军食。电谓各军移驻江门后，该军火食，每日短少五百元。（《国内专电》，《申报》1924年3月30日）

　　△　刘玉山奉孙中山令调赴三罗，与李济深、黄绍竑、郑润琦发生冲突。

　　刘玉山之第七军前奉孙中山令，调赴三罗，然该部之进驻，为李济深、黄绍竑、郑润琦等拒绝,遂屡起冲突。本日,李济深、黄绍竑、郑润琦等与第七军陈天太部,于都城发生战事。此次战事之发生,早见端倪。先是《香港华字日报》28 日刊文分析李济深、刘玉山部之冲突。文谓:李济深自孙中山驱陈后,持反抗客军主义,据西江地盘,以谋对付,并与梧州的黄绍竑互通声气。去冬孙中山所委之抚河招抚使马晓军,在梧招兵筹饷,黄绍竑无不在后掣肘,马晓军向孙中山投诉。孙中山召开多次秘密会议,想出以许崇智压制李氏的办法,下令李部调到肇庆。李济深不肯通电裁撤督办署,孙中山遂下刘玉山移师三罗之令。李氏在梧州大开会议,坚拒刘玉山部入驻三罗。23 日孙中山接到来电,知西江情势严重,本欲一意孤行,催刘军前进,后因得报高凤桂师降敌,南雄告急,臧致平又催促孙中山出兵以牵制陈军援漳,遂决议对李氏取和缓手段,谕陈天太部相机前进,不可操切。(《西江李刘冲突之经过详情》,《香港华字日报》1924 年 3 月 28 日)至 30 日交战前,双方亦均有电致孙中山。3 月 29 日《申报》载,刘玉山致电孙中山,谓该部集中都城,正拟进驻郁南县城。讵郑润琦部昨晚忽到,强欲进驻,两军杂处,恐滋纠纷,乞令郑部离郁。(《国内专电》,《申报》1924 年 3 月 29 日)李济深等则在此前电称:刘部进驻都城,即将防务经费截收,并将郁南财政分处征存饷项,强行提取,交涉无效。且纷纷渡江,分赴封川长岗等处,任意占驻,分向商店勒缴巨款。除派员驰赴严行交涉外,恳请迅赐严令禁止,免滋事端①。(《纪刘玉山李济深两电》,《广州民国日报》1924 年 4 月 3 日)本日战事发生后,李济深等又致电孙中山等称,第七军陈天太部,日前开驻都城,派员截收防务经费,强提郁南财政分处饷项,并擅调部队,占驻封川、长冈等处,惊扰商民,迫不得已,于本日将该部分驻都城等处枪械,尽数围缴,立予解散。(《李济深等之电报照录》,《广州民国日报》1924 年 4 月 2 日)

　　△　通令石龙石滩至省城,均装军用电话。并谕各军长,着留防

---

① 该文未提及双方武力冲突之事,故此电应在 3 月 30 日之前。

石龙石滩各军,30日前尽赴前敌。(《电讯》,上海《民国日报》1924年4月1日)

△ 令臧致平节制闽南民军。(《电讯》,上海《民国日报》1924年3月24日)3月31日《广州民国日报》载,孙中山电令何成濬,"漳州已下,闽局正事发展。为事权统一计,所有留闽讨贼军及各民军部队,应由和斋(臧致平——引者注)兄直接指挥调遣"。请传令各部遵照。(《帅令统一闽南军事权》,《广州民国日报》1924年3月31日)

3月31日 古应芬指摘杨西岩办理不善。

据《大本营公报》载,杨西岩被免职,系被人指控办理不善,流弊甚多。经财政委员会查明,并无实据,故查办杨西岩案,自应撤销。(《命令》,《大本营公报》第9号)又据报载,杨西岩被查办一事,据闻为古应芬所为。盖过去杨西岩运动革命,在某埠设机关六处,孙科与古应芬之经费,专靠杨氏接济。杨氏接济孙科多于古应芬,后者大为不满。后古应芬在孙中山面前极力指摘杨西岩,又自行拟备查办令,请孙发表,此实为本案发生之一大原因。(《查办杨西岩之内幕》,《香港华字日报》1924年3月31日)

△ 或因孙中山令禁烟督办署改组①,自杨西岩被免禁烟督办职,禁烟督办署亦有大批人员或请辞,或由杨西岩请免,孙中山均予照准,并于4月1日、3日指令杨西岩,已明令准免、辞职。免职及准予辞职人员包括:禁烟督办署总务厅长黄仕强,禁烟督办署秘书马武颂、张伯南、陈伯任,科长杨宜生、俞智盦,禁烟帮办周鳌山;查验处处长郑述龄、验制科科长余浩廷、牌照科科长郑以濂、专卖科科长张世昌、会计科科长吴季佑、执法科科长温竞生、侦缉科科长高少琴、收缴科科长刘薇卿、制药总所所长郑文华等。(《大本营公报》第10号,"指令"第304、305、314、315号)

△ 李济深在肇庆自划防线,拒绝别军进入。

---

① 参见3月26日条。

报载传言李济深对粤军有表示好感之处,近为孙中山所知,孙一面促李济深赴梧州,并设粤军总部于肇庆,催许崇智回粤,一面派刘玉山部陈天太入广利,又派刘震寰部之第二独立旅陆兰培分驻西南三水。日前李济深在肇庆独立,据确切消息,李并未正式宣布独立,但已自划防线,不论何样军队,不得入侵肇庆。西南三水陆兰培与滇军李根沄,已于 26 日互相轰击,三水因而戒严。(《肇庆无形独立》,《香港华字日报》1924 年 3 月 31 日)

△　决定重新在石龙成立他的司令部,以便可以亲自指挥前线战斗。联军的进攻似乎由于缺少统一指挥而受到限制。滇军的杨希闵仍拒绝执掌陆军总司令一职。(广东省档案馆编译:《孙中山与广东——广东省档案馆库藏海关档案选译》,第 516 页)

△　令各军不得强行保释所拿获勒收行水之匪徒。

27 日,广东地方善后委员会当值委员黎泽阎、陈森、陆杏村呈文孙中山,"前经广州市公安局严行查办并拿获沿途勒索之暴徒多人,各军长官受人欺蒙,任意保释,似此长奸纵恶,殊足妨碍治安。委员等既有所闻,经于 3 月 20 日第卅五次常会提出讨论,众议呈请帅座令行地方官吏,将此等横行匪类尽法惩治,并严令各军队不得强行保释"。孙中山据此,于本日指令广东地方善后委员会,候令行军民长官通饬办理。(《大本营公报》第 9 号,"指令"第 298 号)并训令大本营军政部长程潜、广东省长杨庶堪,据广东地方善后委员会当值委员黎泽阎等呈称,"治安之要,首在交通,勒索取财显干法纪,今查假冒军队勒收行水之案到处皆是,以至百货停滞,商旅戒途。前经广州市公安局严行查办并拿获暴徒多人,诅各军长官受人欺蒙,任意保释,似此长奸纵恶,殊足妨碍治安"。令该部长、省长即便通令各军将此等横行匪类尽法惩办,并严令军队不得强行保释。(《大本营公报》第 9 号,"训令"第 126 号)4 月 3 日《广州民国日报》亦刊载了孙中山对军政部长、广东省长此训令。(《帅令严办勒收行水者》,《广州民国日报》1924 年 4 月 3 日)

△　28 日,广东省长杨庶堪呈报遵令解散征收来往船只捐费各

机关情形。本日,孙中山指令广东省长杨庶堪,呈悉遵令转饬所属解散征收来往船只捐费各机关情形。(《大本营公报》第9号,"指令"第297号)

△　下午,西路讨贼军总司令刘震寰谒见孙中山,请示进兵东江计划。(《刘震寰请示进兵计划》,《广州民国日报》1924年4月2日)

△　训令大本营军政部长程潜及财政委员会,立即通令各军保护广州八十字有奖义会,以卫饷源。(中国第二历史档案馆编:《中华民国史档案资料汇编》第4辑下册,第1053页)

△　函示财政委员会,朱培德部七日领不到给养费,望代为设法维持,财政委员会奉函即拨给五千元。又令财政委员会筹商滇军兵站每日应领之四千元,指定切实机关按日拨付。(中国第二历史档案馆编:《中华民国史档案资料汇编》第4辑下册,第1228—1230页)

△　广州美国华南联合会(American Association of South China)秘书长汤姆生致函美国国务卿:"在1921年5月19日给阁下的函中我们曾对当时以孙中山为首的'事实上的南方政府',指出其许多令人可以赞美之处。但这个'事实上南方政府',已于1922年6月孙氏被迫离粤后不再存在。孙氏于1923年3月回来广州,以大元帅的名义,重行领导现今的广州政府。我们想指明我们1921年函中所赞美的是当年的孙政府,而不是1923与1924年的孙政府。"(段云章、沈晓敏编著:《孙文与陈炯明史事编年(增订本)》,第777页)

△　电令在沪之戴季陶速来广州辅佐党务。(《许戴来粤之近讯》,《广州民国日报》1924年3月31日)

是月　与黄季陆谈论发表收回租界主张之事。

黄季陆忆述他曾问过孙中山有关在民元上海法租界尚贤堂发表收回租界主张的事情。孙中山提到,"我对于此项主张不只发表过一次,当时外国人固然觉得不安,就是我们的同志,也颇以我的言论易引起外人的反感为虑"。并指出,辛亥以前一般从事革命的同志最忌讳的事,便是怕被人把革命误会为排外的义和团,引起国内同胞的恐惧和外人的干涉。但"其实在我内心的筹画,列强终将不会轻易听任我们革命的成功,甚至要予中国革命以阻挠与干涉"。"外交关系我们的成败很大,要免于这些困难,势不得不因应他们。""但是现在的情势与以前已经大不相同了,所以我们要谋国家的自由独立,便不得不把真正妨碍中国自由独立的帝国主义作为我们今后奋斗的目标。""十几年前之所以没有把反帝国主义的主张高喊出来,就是因为辛亥革命后同志们的心已经涣散,信仰也已动摇。现在本党改组,我们强化组织、坚定信仰,所以今后行之必易。"(《与黄季陆的谈话》,郝盛潮主编、王耿雄等编:《孙中山集外集补编》,第387—390页)

4月

4月1日 接见中央直辖第七军军长刘玉山,听取刘玉山陈述部下陈天太部队与李济深、郑润琦、黄绍竑等军冲突之始末后,孙中山饬令参谋长电令李济深、郑润琦、黄绍竑制止战争,静候解决。(《刘玉山晋谒帅座》,《广州民国日报》1924年4月2日)

△ 苏联顾问鲍罗廷致电孙中山,请国民党注意中俄交涉。

电谓:北京内阁所否认之协议,包括中国国民党之外交政策,取消前俄与中国所立侵夺中国主权之各种条约,取消租界及领事裁判权,承认中国在蒙古之主权,准定中国有监管中东铁路之权等。"此协定系本诸中国国民党(1月23日)在广州大会所决定之外交政策,而为中国民族主义之一大胜利也。革命进行中之俄国,已与邻邦之争自由者,互相携手。中国得此可谋脱离半殖民地之第一步。此协约经俄提出,而北京内阁竟拒绝之……先生之民族主义,恐为此种不利于国之行为所阻碍,此为重要之事,尚希贵民党加以注意焉。"(《鲍罗廷电告中俄交涉》,《广州民国日报》1924年4月1日)嗣后,孙中山特致电回复鲍罗廷,谓北京政府不能代表中国,须待合于民意之政府成立

后,中俄方能提挈进行。(《电讯》,上海《民国日报》1924年4月3日)

　　△　将滇军干部大队教官杨焕新之条呈发交大本营参谋处,条呈内"详言造成国家军人必先统一军事教育"。(《统一军事教育》,《广州民国日报》1924年4月1日)

　　△　下令免除大理院长兼管司法行政事务赵士北本兼各职,改派吕志伊任大理院长并兼管司法行政事务。(《大本营公报》第10号,"命令")

　　日前赵士北对于中国国民党,有司法无党之语,该党以此事不仅系赵之个人问题,特将该项问题提出于中央执行委员会第十八次会议讨论。并议决,"党国、党政府之下,除特别专门技术外,无论何种官吏,皆须入党,然后可以受党之指挥,而实行其党纲。赵既不明此义,绝难望其遵守本党之政纲行事,应请大元帅免去赵之本兼各职"。嗣由孙中山核准,已明令发表任吕志伊为大理院长兼管司法事务。(《赵士北免职之真相》,《广州民国日报》1924年4月3日)

　　△　委任鲁涤平、宋子文为财政委员会委员。(《中山墨宝》编委会编:《中山墨宝》第9卷,第220页)

　　△　严办奸商瞒承捐税。

　　3月27日,广东地方善后委员会当值委员陆杏村、黎泽闿、陈森呈文孙中山,近日各项税捐仍有奸商混向各机关瞒请承办,委员会前议所有捐项属于中央者应由财政部主持,属于全省者应由财政厅主持,属于广州市者应由市政厅主持。拟请明令颁布,如有瞒请承办情事即将该奸商尽法惩办。(《大本营公报》第10号,"指令"第306号)本日,孙中山训令财政部长叶恭绰,据广东地方善后委员会呈报,广东省内有奸商藐法,向别机关瞒请承办各项税捐,絮乱财政。军队擅抽杂捐,早经明令禁止,并声明奸商承办者,一体从重治罪。至原有各项税捐,自应由各主管机关主持,有奸商敢向别机关瞒承者,事与向军队承办杂捐无异,应一律严惩。令财政部长布告禁止,并通行军政各机关遵照。(《大本营公报》第10号,"训令"第129号)并指令广东地方善后委员会,已令行财政部布告禁止，并通行军政各机关遵照。（《大本营公报》第10号，"指令"第306号）财政部长叶恭绰奉令后，即布告严禁瞒承捐税，同时咨行军政部及令饬广东财政厅转饬所属一体知照，并于本月8日将遵办情形呈报孙中山。孙中山于11日指令叶恭绰，呈悉所报严禁奸商瞒承捐税情形。（《大本营公报》第11号，"指令"第339号）

4月2日　亲笔手书《国民政府建国大纲》二十五条赠宋庆龄。

落款为："民国十三年四月初二日写于广州大本营　为贤妻庆龄玩索　孙文。"（《中山墨宝》编委会编：《中山墨宝》第1卷，第32—60页）

△　因中央直辖第三军卢师谛部与桂军刘震寰部在宝安发生冲突，卢部枪械被缴，孙中山令刘震寰妥为办理，交还枪械，并惩罚肇事军官。（《帅令交还卢部枪械》，《广州民国日报》1924年4月4日）

△　赔偿封用遭焚之法国轮船。

法商志利洋行自置麻奢轮船，前被兵站部封用，并移交滇军杨希闵部差用，忽于本月5日1点钟时候，在石龙附近之龙叫被火焚毁。法国领使要求饬赔偿船价二万元与法商志利洋行。此款仅就船价而言，并未要求赔偿损失。军政部长程潜特于29日呈文孙中山，谓法国领事之要求理由充足，应予允准，但须申明俟政府财政充裕时方许履行，至于损失一项则未便允许。恳请核准迅予指令下部，以便答复法领事。本日，孙中山指令军政部长程潜，准如所请向法商赔偿船价两万元。（《大本营公报》第10号，"指令"第310号）

△　洪承德呈文孙中山，组织兵士党团，应由各军长提倡，并加派同志居中劝导，方不至横生误会。不过信仰主义分程度之深浅，真能了解本党主义者，不待总理三令五申，自应服从党纲尊重总理，又何有今日之现象。此次组织兵士党团实属紧要，刻不容缓，应催促各师各军克日组织①。（《洪承德上总理呈》，中国国民党汉口档案第430号）呈

---

①　该件由孙中山批示"着中央执行委员会接洽"，并经大本营秘书处于4月9日3时送交中国国民党中央执行委员会。批示日期不详。

中所谓"兵士党团"，或即为国民党中央执行委员会第十四次会议上，秘书处所提议组织之"军队党团"。(《国民党派员组织军党团》，《香港华字日报》1924 年 3 月 20 日)

△　刘玉山、李济深等就都城战事通电。

中央直辖第七军军长刘玉山电云：该军奉帅令南征，出发三罗，集中都城候命。30 日拂晓，不知何故，为黄绍竑、郑润琦、李济深三部，合派大队，数路前来围攻，"江固""广安"各舰，复由水面发炮助射。"敝军放弃都城，突围冲出。所有都城军、师、团各部长官暨其眷属，均为黄等俘掳严禁，视同敌人，尚未释放。行李辎重、军实轮船，概为劫掠，复借口敝军截收防务经费，冒称已奉大元帅命令，围缴敝军枪械，公然布告。复据探报，郑润琦又派大队，将敝部原驻罗定之游击司令叶式其及各支队长官等，扣留围缴枪械。请大元帅迅即派员驰往，严令制止追击，择定敝军集合地点，以为收容候命之所。并命将现驻三罗被押之游击司令叶式其等长官释放，先后所缴去之军械，一概发还，掳去之官长，及其眷属暨辎重轮船，一概分别保护送回，以表示倾向我政府诚意。"[1](《纪刘玉山李济深两电》，《广州民国日报》1924 年 4 月 3 日)嗣后，刘玉山再次通电报告都城事件经过，并恳请孙中山迅颁明令，组织军法会审，调黄、李、郑等来庭质讯明白，从严惩治，俾敝将来，而遏乱萌。并责成速将陈天太及各职员士兵等，安全保护来粤，免被残害，并将先后缴去枪支辎重轮船，限日如数送回[2]。(《刘玉山之通电》，《广州民国日报》1924 年 4 月 7 日)

李济深、郑润琦之通电则云[3]："第七军陈天太部，日前开驻都城，派员截收防务经费，强提郁南财政分处饷项，并擅调部队，分赴封川、长冈等处占驻，骚动商民。本部一面派员交涉，讵该军长官，不服

----

① 《香港华字日报》于 1924 年 4 月 4 日亦载有此次通电，内容大致相同，惟文字有所删削，该报谓此段文字为"刘玉山第贰次通电"。

② 此电与前电末尾均有"呈叩冬印"字样，按"冬"为 2 日，似为同日发出，但内容有别。究竟是同一日连发两电或是其中别有偏误不得而知。

③ 李济深等多次通电，内容均大同小异。

理劝。据郁南县长报称,第七军向商店勒缴巨款,迫缴枪支。该军于18 日夜,焚贝水墟商店七家,该墟筹办平粜局所存米食数万斤付之一炬。本日本部将该部分驻都城等处枪械,立予解散。区区苦衷,谅邀钧察。"①(《都城战事之李郑通电》,《香港华字日报》1924 年 4 月 3 日)

又据报载,东江战事尚未开始接触,粤军主守,联军取攻,但联军中桂军二刘既急于回桂,纷纷调回西江。日前陈天太部被围击,二刘大怒,将在东江桂军一律调回省,以为应付西江计,滇军与湘军不睦,亦无意于进攻,只靠湘军兵力,殊形不足。故日前孙中山商调驻省之莫雄、张民达两旅往东江助战,"惟彼等不允出发,谓俟许崇智返省,由许主持,现不能越级受命",孙中山据此已有电沪催许返粤主持东江战务。"但一般推测,许前既上滇军之当,早已意冷心灰,此时断不肯回粤。"(《许部粤军不允赴东江作战》,《香港华字日报》1924 年 4 月 2 日)

至于孙中山对都城战事之反应,3 日《广州民国日报》载,都城事件后,孙中山电令李济深、黄绍竑、郑润琦、刘玉山各守原防,听候解决。被拘留人员应先释放,并交还所收枪械。(《帅令西江军队息争》,《广州民国日报》1924 年 4 月 3 日)

4 月 3 日　令广东省长公署通缉赖世璜,因此人聚众扰民,妨阻义师,故下令褫夺官职,着各军各机关一体严拿。(《通缉赖世璜之命令》,《广州民国日报》1924 年 4 月 3 日)

△　前以海防司令部经费,向由江门财政厅拨给,近日突然短交,故令财政厅长郑洪年"务望严责照数交足",本日,郑洪年据此致电江门李财政处长,要求江门财政厅按日照数解足。(《财政厅催解江门海防费》,《广州民国日报》1924 年 4 月 7 日)

△　任命黄家齐为大本营参军处中校副官。(《大本营公报》第 10 号,"命令")

---

① 　该电并无具体日期。

△ 马超俊呈请训练民团。

上月 29 日,广东兵工厂长马超俊呈文孙中山,现地方警察未遍设,军队又为国防之用,故训练民团最为重要。各县县长每月应派委熟悉军事人员分赴各乡,施以军事教育,并"因势利导,宣传吾党三民主义"。至于枪弹,各县民团来厂请领,须有程序,故拟具《民团备价请领枪弹暂行细则》,恳请孙中山饬广东省长转令所属一体遵照。孙中山于本日指令照准,(《大本营公报》第 10 号,"指令"第 313 号)并令省长杨庶堪转饬所属一体遵照办理。(《大本营公报》第 10 号,"指令"第 132 号)

△ 令各军不得在电报线路挂搭电话,并着军政部就西人拟设省港水线、以彼国兵舰无线电传递省港电报事提出交涉。

建设部长林森呈文孙中山,据广东电政监督兼广州电报局局长何家猷称,因广港线阻断太久,寄报转港太迟,以致外人啧有烦言。日来港中宣传西人议设省港水线及以彼国兵舰无线电传递省港电报。如果成为事实,有害国体,且与粤省电政前途绝大打击。故呈请孙中山饬令外交部预为交涉制止,并通令各军对于电报线路认真维持,不得挂搭电话用线,以期报务通畅,兼资随时修理俾免外人借端侵害国权电政。孙中山本日指令林森,候分别令行外交部及各军长官遵照办理。(《大本营公报》第 10 号,"指令"第 317 号)并据呈训令各军长官杨希闵、谭延闿、樊钟秀、刘震寰、许崇智、梁鸿楷、朱培德、黄明堂、刘玉山、卢师谛、李明扬、柏文蔚、胡谦、路孝忱等遵照转饬所属,嗣后各处电报线路禁止挂搭电话,以维电政而利交通。(《大本营公报》第 10 号,"训令"第 133 号)又令军政部长程潜向外交团严重制止,仍将交涉情形具报核办。(《大本营公报》第 10 号,"训令"第 134 号)

△ 令大本营粮食管理处督办赵士觐依式另造计算书。

上月 14 日,大本营粮食管理处督办赵士觐呈文孙中山,因大本营粮食管理处奉命裁撤,特将经管款目编造收支四柱总册一本、开办报销分册、一个月份支出分册各一本,连同单据粘存簿二本暨关防一颗、小章一颗呈缴核销。该收支报销各总分册经孙中山发交审计处审查,审计处长旋呈复审计结果,谓该单据表册数目尚无浮滥,惟格式与定式不符。本日,孙中山指令审计局长林翔,前大本营粮食管理处督办赵士觐造送之开办费、开支经常临时各费数目清册既经审查尚无不合,自应准予核销,候令饬依式补造支出计算书两份呈送备案。(《大本营公报》第 10 号,"指令"第 318 号)同日,又训令前大本营粮食管理处督办赵士觐,所造送收支四柱总册、开办费报销分册等请予报销,经大本营审计局审查,格式与定式不符,故应依式另造开办费及经常临时费支出计算书两份补送备案。(《大本营公报》第 10 号,"训令"第 136 号)

△ 廖仲恺电复蒋介石,谓军校经费不缺,请即赴粤。

3 月 30 日,蒋介石曾电询廖仲恺:"兄言军校月款已妥,是否政府另有指定,如徒藉该款,则仍不可靠,请详复。其余管理及军需等事,统希留意,并总其成。"本日,廖氏复电谓:"陷(30 日)电悉,军校款,弟不问支出,兄亦不问来源。经费不乏,尽可安心办去。惟请即来,先生近多感触,亲信者不宜离去也。"(中国第二历史档案馆编:《蒋介石年谱(1887—1926)》,第 157—158 页)

△ 着财政委员会筹给董福开新编军队饷项两万元。命财政委员会照表列数目,支给豫鲁招抚使署每日需用伙食公费。令财政部筹给会计司经费一万元。着财政委员会通饬各财政机关,自 4 月 1日起,每日将所收各款悉数解交该会,公决分配。(《批拨给董福开饷项谕》《命发豫鲁招抚使署经费令》《命发会计司经费令》《给财政委员会的手令》,陈旭麓、郝盛潮主编,王耿雄等编:《孙中山集外集》,第 835—836 页)又致函财政委员会,要求设法赊米以给西路军出发。令财政委员会筹给会计司经费一万元,筹拨刘觉民公费一千元,筹给朱培德所部开拔连阳费四千元。(中国第二历史档案馆编:《中华民国史档案资料汇编》第 4 辑下册,第 1232—1233 页)

△　应广九铁路外国工程师请求,令军政部严禁各军骚扰铁路交通,并由军政部分咨湘、滇各军总司令示禁。(中国第二历史档案馆编:《中华民国史档案资料汇编》第4辑下册,第1506页)

△　美国新闻记者儒特女士,来粤游历,讲演巴海的主义。闻儒特女士,中午12时曾携带美国必智市长及该国工商部介绍函,晋谒孙中山,陈述其关于世界和平之意见,并希望孙中山以中国和平民族的领袖地位,指挥世界和平之运动。孙中山极为嘉许,畅谈至一时之久,始握手约再会而别。(《美国女记者之游粤》,《广州民国日报》1924年4月4日)

4月4日　出席广东第一女子师范学校校庆纪念会,并发表演说。

孙中山在演讲中指出,十三年前汉人推翻满洲人的帝制是几百年来的大事,汉人从此不再是奴隶。师范学校的学生毕业之后,"是去教人的,是为国家培养人才的。培养人才,就是学师范者的任务。诸君要能够达到这种任务,便先要知道自己是生在什么时候,在这个时候是应该做什么事业"。做人最大的事情是要知道怎样爱国,怎样可以管国事。经过革命以后,大家都可以问国事。"推究大家可以问国事的来历,还是由于我们主张三民主义,实行革命的原故。所以大家要问国事,便要明白三民主义,明白三民主义和实行三民主义,便是诸君对国家应该负的责任。"随后,孙中山介绍了三民主义及其内容,并表示,希望"大家听了我的话之后都变成革命党,宣传三民主义,要中国富强,和英国、美国并驾齐驱"。至于三民主义的用法,孙中山亦指出,"简单言之:民族主义是对外人争平等的,民权主义是对本国人争平等的,民生主义是对贫富争平等的。明白了这样的道理,大家就明白,中华民国是大家的家产。如果做师长的女子都不明白理家事,这个家产的前途便没有希望"。最后,孙中山总结道:"今天我到贵校来讲话,就是希望大家先明白共和,自己明白了之后还要去宣传,要诸君的父兄家人和一切亲戚朋友都明白,都来赞成共和,都

来欢迎共和。"(《在广东第一女子师范学校校庆纪念会的演说》,《孙中山全集》第10卷,第18—32页)

△　中央执行委员会秘书处通告,奉孙中山谕,4月6日下午2时仍在高等师范学校讲演,饬该会通告各区依时赴高师听讲,手续照前次办理。(《中执会通告(第三十二号)》,中国国民党汉口档案第61号)

△　前往石围塘检阅滇军蒋光亮部,并发表长达三小时的演讲,演讲指出民国13年以来,无日不处纷乱之中,推原其故,实由革命不彻底。欲谋中国太平强盛,必须贯彻革命,而革命须倚仗军队。因此要将滇军组织成党军,令全军都具有革命思想,努力于革命事业。寄望将士本于革命精神,为党为国服务。(《大元帅阅兵之讲演》,《广州民国日报》1924年4月7日)

△　孙中山以闽南各县,已入政府范围,故闽省最高军政人员,亟应由政府特派,特于本日任命方声涛为福建省长兼闽省民军总司令。(《方声涛长闽省军民》,《广州民国日报》1924年4月7日)据《申报》4月9日载,方声涛拟辞省长职。(《国内专电》,《申报》1924年4月9日)

△　核准《取缔广东全省奥加可暂行章程》。

3月30日,财政部长叶恭绰呈称,永裕公司承办取缔广东全省奥加可捐,迁延至今毫无头绪,且惹动各种风潮。查抗议均由"捐"字而起,今欲实行取缔,可实行奥加可类印花税,定为每奥加可一百斤贴奥加可类印花税票二元。印花税原属国税范围,自普通以及于烟酒爆竹等印花税皆由该部办理,奥加可类印花税事同一律。当令行广东财政厅即将永裕公司承办广东全省奥加可捐一案撤消,另由该部订定《取缔广东全省奥加可暂行章程》妥办。各缘由理应备文连同章程呈报察核备案。4月4日,孙中山指令财政部长叶恭绰,如呈备案,章程收存。(《大本营公报》第10号,"指令"第320号)

△　3月31日,大本营审计局长林翔呈文孙中山,"钧帅发下卸建设部长兼代理财政部长邓泽如呈送建设部、财政部开办费计算书、

收支计算书,经查,计算书各数尚无浮滥,应准予核销"。本日,孙中山指令大本营审计局长林翔,应照准,候指令建设部、财政部分别遵照。(《大本营公报》第 10 号,"指令"第 321 号)同日,又训令大本营建设部、财政部,卸任之建设部长兼财政部长邓泽如所呈交有关两部门开办费及收支计算书并无浮滥,准予核销,令两部部长查照,并行知邓泽如知照。(《大本营公报》第 10 号,"训令"第 138 号)

　　△　吴铁城自 3 月 24 日被任命为广东省警卫军司令。(《大本营公报》第 9 号,"命令")随于 4 月 1 日就职启用印信,并呈报视事日期①,本日,孙中山指令吴铁城,呈悉所报就职及启用印信日期。(《大本营公报》第 10 号,"指令"第 324 号)

　　△　陈天太部陈述都城事件,并请惩处李济深、黄绍竑等。

　　报载"都城事件后,陈天太部秘书宋某逃回广州向刘玉山诉说遇阻情形。刘着宋某向孙中山报告此事,宋往大本营见孙,请其主持一切。孙对之并无多言,只谓我现亦无法可设,尔辈想要我怎办。宋谓,刻下残部尚无所归,请下令制止黄、李、郑勿再追击,并指定地点收容。孙谓去电已两日。至请指定地点收容一层,可速缮正式呈文来,方有话说"②。(《陈部在都城解散以后》,长沙《大公报》1924 年 4 月 16 日)6 日,中央直辖第七军全体官兵致电孙中山,谓"黄绍竑、李济深、郑润琦部于 29 日黄昏,先将我军向驻罗定之游击司令叶式其及支队长扣留,乘机迫缴枪械。复于卅拂晓,联合'江固''广安'各舰,向我都城部队明攻暗袭。我军弃都城突围而出。黄、李、郑等即先令民团伏击,并矫称大元帅令,来缴枪械。乞大元帅整饬法纲,从严惩处"。(《第七军官兵之通电》,《广州民国日报》1924 年 4 月 8 日)

　　叶式其经释后,即赴省向孙中山面陈一切,据 11 日《广州民国日

_____

　　①　该呈所署时间为 4 月,日期不确,但孙中山复吴铁城呈日期为 4 月 4 日,故此文日期在 4 月 1 日至 4 月 4 日之间。

　　②　汤锐祥认为该谈话之日应为 4 月 4 日,参阅汤锐祥编注:《护法时期孙中山轶文集》,第 122 页。

报》载,驻罗定城之第七军游击司令叶式其,日前因都城战事影响,被卷入漩涡,为驻防军第三师郑部派队缴械,并将叶捕去,押留师部,旋奉孙中山电令,着将捕获刘玉山军人员,尽行开释,郑润琦奉此,日前经将叶式其释放出境,开现已附搭港梧轮船来省,向当道面陈一切情形云。(《叶式其已抵省》,《广州民国日报》1924 年 4 月 11 日)

4月5日　任命方鼎英为湘军第一军第一师师长,张辉瓒为湘军第一军第九师师长,戴岳为湘军第二军第二师师长,谭道源为湘军第三军第三师师长,王得庆为湘军第三军第六师师长,吴家铨为湘军第四军第四师师长。(《大本营公报》第 11 号,"命令")

△　召开秘密会议,讨论中俄交涉问题。

4 月 5 日,孙中山、廖仲恺、杨庶堪、孙科、吴铁城、谭平山、蒋介石、邹鲁等召开秘密会议①,讨论应付中俄交涉问题。"不日即有重要宣言发表,大约即否认北京政府,谓其不足以代表国民公意,而以南方政府名义,正式承认俄国,并由共产党某君传出消息,谓外蒙古代表时在广州,孙中山已承认外蒙古独立,惟独立伊始,保无不被帝国主义之侵略。赤俄苏维埃政府,素以反对帝国主义,正好由其暂为扶助,乃北方军阀犹欲侵略蒙古,吾人为伸张正义计,自当一致反对。但为吾党与俄国关系计,则又深感北方政府之力争蒙古,若中俄协议一成则赤俄自当正式承认北方政府为中国正式政府,自不好意思再与南方往还,赤俄接济吾党款项,必遭一大打击。今既协议中断,则赤俄自更协助吾党进行,故自大元帅以下,无不以为吾党最好之机会,吾党于京沪方面,极力鼓吹不应收回蒙古,明以见好于赤俄,暗则阻止协议之复活。吴佩孚所以屡次电请北方政府复议者,亦深恐中俄交涉一断,赤俄必援助吾党人以活动,彼固非与俄人有何种关系,亦并非亲俄派也。"(《粤政府会议中俄交涉详志》,《香港华字日报》1924 年 4 月 9 日)

---

①　4 月 5 日蒋介石尚未返回广州,此部分内容可能有误。

4月6日　以原驻南雄、始兴之滇军,兵力薄弱,特令豫军总司令樊钟秀速派部队增防南雄、始兴一带。(《帅令豫军协防南始》,《广州民国日报》1924年4月7日)

△　谢持呈请孙中山延见庄仲皋。

谢持文孙中山,"庄仲皋君,名庶管,艰苦奋斗之同志也。虽今年始正式入党,然在北京办《时言日报》十余年,以尽力宣传民党主张之故,被系狱遭缉捕者,非止一次矣,其家财亦耗于办报,而仰服钧座有如迷信,老病穷险而志不扰,今特南趋广州,敬谒钧座,借聆训示,以遂其倾仰之忱,而成其未竟之志。庄同志之为人,海滨知之,除另函述庄君与本党之关系,寄由海滨转呈外,特专函介绍恳赐延见"。(《谢持上大元帅呈》,中国国民党汉口档案第16502.1号)谢持于"另函",专述庄仲皋与国民党之关系及其为人,并夸赞庄仲皋,"似此老而益壮之同志,且不恤以贫病之身航海而南,以一谒先生为快者,务望优遇而温慰之,则兴起者不止庄同志一人"。(《谢持上大元帅呈》,中国国民党汉口档案第16502.2号)

4月7日　致函泰戈尔,希望能亲自迎接。

致函印度文学家泰戈尔,希望在泰戈尔抵华时,能获亲自迎接之殊荣,并盛赞泰戈尔"我将欢迎的您,不仅是一个曾为印度文学增添光辉的作家,而且还是一个在辛勤耕耘的土地上播下人类未来福利和精神成就的种子的杰出劳动者"。(《致泰戈尔函》,《孙中山全集》第10卷,第40页)由于是时已下令向陈炯明发动总攻击,时局正趋紧张,故未便强挽泰戈尔来穗,孙中山乃着秘书代为表示:"中国之生命中心在北京,因此印度代表人士的任务,当自北方始,所以请泰戈尔不必费事去广州,我当尽早北上,与诗人相见。"泰戈尔乃于本月12日由港抵沪,旋游西湖与南京再至北京,并往游山西。惟孙中山北上后,终未能与泰戈尔聚晤。(罗刚编著:《中华民国国父实录》第6册,第4621—4622页)

△　主持中央执行委员会议,决定组织厦门市党部,直属福建省

党部,不归思明县管辖,并于鼓浪屿、厦门港、禾山等地设区党部。缘于上月 16 日,何成濬协同臧致平军自厦门反攻闽南,22 日收复漳州,形势一振,于是有驻厦门之党组织升格之议。(罗刚编著:《中华民国国父实录》第 6 册,第 4622 页)

△ 着财厅、市厅、运使于本月 10 日以前,预发湘军十日经常给养六万元,特别给养三万元,该三机关每日所担任中央军需处之款,准自本月 7 日起暂行停付。(《命暂行停付湘军给养费令》,陈旭麓、郝盛潮主编,王耿雄等编:《孙中山集外集》,第 836 页)

△ 令收回被各军借用之盐运使缉私舰。

3 月 31 日,两广盐运使赵士觐呈文孙中山,缉私舰被各军借用,为盐税收入日细原因之一。经各前盐运使及运使任内迭次呈请孙中山令饬各军交还在案,嗣奉大本营参谋处函知已电令各军克日交还,嘱派员接洽,但滇军蒋军长光亮称请将"平南"舰暂留运兵,俟驻扎九江军队运回省城即行交还,西江善后督办使则称"定海""江平""福海"三舰已饬舰队主任招桂章令其克日集中江门与运署派员接洽。现据招桂章函称,前垫支接收各舰运动费及购回舰内机件费等相关费用,现交还缉私舰消息传播,各债权人恐各舰移归政府而归款延宕,纷纷向同人呈情,故特函请早日派员携足款项来江接收。该主任函开各款应否准发,呈请孙中山鉴核并派员收回"平南""定海""江平""福海"各舰。本日,孙中山指令赵士觐,擅留运使署巡舰妨碍缉私殊为不合,未予处罚已属从宽,该舰队主任所称发给垫支之处未便照准,所有各舰候令参军处派员会同海防司令饬舰前往收回,交该使接管。(《大本营公报》第 10 号,"指令"第 325 号)并训令海防司令林若时、大本营参军长张开儒遵照办理。(《大本营公报》第 10 号,"训令"第 140 号)

△ 令各军总攻陈炯明,但湘滇军互相推诿。

孙中山趁洪兆麟赴闽南,下令东江各军总攻陈炯明。是日,各军遵令分三路长驱直进,中路滇军攻博罗,右路桂军攻樟木头,左路湘军攻响水、龙门。(中国社会科学院近代史研究所中华民国史研究室编:《中华民国史资料丛稿·大事记》第10辑,第52页)又《香港华字日报》载,据大本营传出消息,孙中山现议定之作战计划,拟乘粤军抽调部队回救闽南之际,一鼓而下惠博,然后再分两路前进,一趋河源老隆,以逼梅县,一向海陆丰,以攻潮揭。前经下令前方各军,定期本月1日开始攻击,嗣又改期2日,惟是日前方仍未遵令前进。孙中山电鲁涤平、宋鹤庚查询,据复湘军与杨希闵商议作战方略,并约于2日三路同时发动,但杨氏以中右两路布置未妥,须再待三数日后方能大举,是以左路未便单独进行。孙中山遂电促杨希闵,杨氏又以是日中路之滇军,均已准备进攻,且有小部分已迫近苏村,但拨入中路共同作战之湘军,仍按兵不动。谓该军长官尚未赶至前线指挥,迫得中止前进。孙中山知两军意见犹未尽泯,乃互相推诿,一方面派某要人向两军长官疏通,一面复下令限于五日内开始总攻击。此令下后,两军能否遵照执行,刻尚未能预知,但截至4日,大本营依然未接到各路动作之报告。(《东江战事尚未开始》,《香港华字日报》1924年4月7日)

△　湘滇两军于增城石滩因误会发生冲突,要求孙中山查明处置。

报载联军内部,派别既多,因权利关系,久已彼此猜忌,各存械斗之心,故时因小事即起冲突,最近湘滇两军于增城之冲突即其一例。事缘数日前,有湘军辎重一批,由石滩运赴增城,时有滇军朱世贵部为前导,辎重居中,湘军在后,由石滩起程不远,辎重队即被袁虾九率队袭击,袁部搬运辎重而去,但未及搬去而遗弃路上者尚多。前方滇军朱世贵部闻警,立刻回兵援救。及抵步见辎重狼藉,来攻者已不知去向,押护辎重之湘军亦无影踪,遂相率将湘军辎重检拾,未几后方湘军来援,见滇军收拾辎重,以为来攻者属于滇军,因早怀猜忌之故,当堂围攻滇军朱部,虽经滇军将官解释,依然将朱部围困,最后双方派员到孙中山面前,要求孙中山派员详查真相,公平处置,现在虽未至再发生冲突,然彼此感情则愈坏。(《湘滇军冲突与东江战局》,《香港华

字日报》1924 年 4 月 7 日)

　　△　令财政委员会发还卸任海防司令冯肇铭垫款一万二千四百四十九元六角,筹给闽南何成濬部三万元以应急,又筹给何成濬部队军费二万五千元、李明扬部给养费十日及出发费五千元,筹拨航空局飞机运费及飞机师旅费八千元,无线电局购买电机款港币九千元。(中国第二历史档案馆编:《中华民国史档案资料汇编》第 4 辑下册,第 1235—1236 页)

　　4 月 8 日　接见从上海抵穗的戴季陶。戴氏本日电胡汉民,谓:"本日谒先生,请汝为、介石兄即来。"翌日又电谓:"诸事待决,请促介兄于删(15)日前到。"(中国第二历史档案馆编:《蒋介石年谱(1887—1926)》,第 158 页)

　　△　任命朱和中为大本营秘书,月俸五百元。(《中山墨宝》编委会编:《中山墨宝》第 9 卷,第 221 页)任命陈荣贵为广东兵工厂审验处处长。(《大本营公报》第 11 号,"命令")

　　△　令将烟犯送法院依法审判。

　　本月 3 日,广东高等检察厅检察长林云陔呈谓,查鸦片烟罪原属刑事范围,向来各机关对此项犯罪人一律送由法院办理。自禁烟督办署成立后,既以"厉行烟禁,潲除烟毒"为宗旨,发现此项犯罪人当日见其多,若非陆续送由法院科断究,恐不足以收禁烟之实效。遂呈请饬令禁烟督办署嗣后对于犯鸦片烟罪人,务须随时照章送由法院办理,以重法权而明统系。孙中山接呈,乃于本日指令广东高等检察厅林云陔,候令行大理院长兼司法行政事务转行各级法院一体知照。(《大本营公报》第 10 号,"指令"第 326 号)并训令禁烟督办鲁涤平、大理院长监管司法行政事务赵士北,禁烟督办之设,原为厉行禁烟起见,所有缉获烟犯,应送法院依法审判,以重法权,令饬禁烟督办遵照办理。其原颁禁烟条例中与现行刑律抵触者,饬由该督办查明呈请修正。并令大理院长监司法行政事务转行各级法院一体知照。(《大本营公报》第 10 号,"训令"第 141 号)奉此令,11 日,禁烟督办鲁涤平呈文孙中山,"查鸦片烟罪原属刑事范围,向来各机关对于此项犯罪人一律均送由法院办理。惟职接办未久,暂无刑事发生,至人民之旧有鸦片烟瘾者一时本难戒断,未便即予严拿送请法院治罪。据禁烟条例第四条之规定,责由本署核定减瘾办法勒限戒断,业经订定牌照限制吸食,并销售本署所制戒烟药料,期收禁烟实效,似无侵越法权之虞。其原颁禁烟条例与现行刑律有无抵触,一俟查明呈请修正。在条例未修正以前,本署遇有关于刑事之项发生,暂用禁烟条例第二十条之规定"。18日,孙中山指令鲁涤平,呈悉所修正《禁烟条例》。(《大本营公报》第11号,"指令"第367号)

△ 褒扬李福林解散新塘至大缆尾一带私立勒收保护费之机关时办事认真。

上月19日,孙中山以新塘至大缆尾一带有军队私立机关勒收保护费,特训令东路讨贼军第三军军长李福林迅行解散该项机关并严办首要。(《大本营公报》第8号,"训令"第109号)李福林奉令后,即于3月27日督率罗团长家驭暨长兵乘驾"霞飞"兵轮,将沿河新塘以上之南江,新塘下之东洲、米场、西洲、南洲、南冈口等处勒收保护费机关一律解散。本月3日,李福林特将遵办情形呈报孙中山,至孙令严办首要一节,李福林则于呈中称,"当到各处机关时,所有勒收保护费党羽纷纷先逃,无从弋获。惟于南洲拾得旗帜二面,系书'中央直辖第三军第一路第一独立支队第六统领秦'及同衔'第一营营长吴'等字样"。并言,现自大缆尾溯江而上至江南一带,所有勒收保护费机关悉经解散无遗。本日,孙中山褒扬李福林称,该军长此次奉命解散新塘至大缆尾一带私立勒收保护费之机关,未及旬日即办理完竣,具见办事认真,殊堪嘉尚,仍督饬所部随时留心稽查,毋任故态复萌,贻祸商旅。(《大本营公报》第10号,"指令"第327号)

△ 下令禁止擅拉夫役,故意违犯者照军法枪决。(《电讯》,上海《民国日报》1924年4月10日)

近日广州出现军队借名拉夫,实则公然行勒索之事。近数日来广州后方滇军纷纷向东江出发,惟此次军队拉夫,与前颇异。午间所拉者,多属下流苦力工人,早晚所拉者,则不拘中等下等,即穿长衣者,或亦不免。所拉中等以上之人,明知其不能充当苦役,不过借为勒索之计,所勒之款,或一百数十元不等,最低度者亦一二十元。闻近日被勒缴款释出之人,及现仍留押者之家人,纷纷向公安局呈诉,公安局从 1 日至 5 日止,收受此等呈词,已有三十余件之多。吴铁城初亦不信,及详细访查,确有其事,遂大为震怒。适是日滇军第七师师长李根沄由前方返回广州,因事与吴氏面商,吴氏向李氏陈述,李氏答允查明办理。吴铁城随即到大本营谒见孙中山,请由公安局派游击队至该部,救回被拉之人,孙中山以为如此办法,恐该部军人起而抗拒,必至发生冲突,故不允吴氏所请,只允下一严厉之命令,饬令该部立即将被拉之人释放,当即面谕秘书李某起草命令。(《拉夫勒赎之异闻》,《香港华字日报》1924 年 4 月 8 日)

　　△　杨希闵致电孙中山,该部 7 日向敌进攻,已抵大降墟苏村一带,9 日定有接触,其准日内前往指挥,恳饬大南洋轮船来石龙应用。(《国内专电》,《申报》1924 年 4 月 11 日)

　　△　湘、滇两军因互不信任,俱不愿进战。

报载孙中山"自决定以湘军全力任东江战事后,湘军遂蝉联到省,给费开拔,及抵东江,孙氏即下令进攻,讵知湘军之尤赴东江,目的非在进战,实则志在借此劫持孙,要索饷项,故抵石滩、增城一带,即日日向孙索款,以为作战之交换条件,有钱打仗无钱不打仗之传单,则湘军营盘,到处皆见。况粤军方面有洪兆麟之湘籍部队,以省界关系,鼓吹湘人不打湘人之论,湘军军心因此为之动摇。闻洪兆麟部之招致湘军方法,不外动之以金钱,即携械来投者,给枪价每支七十元,另每名发饷叁月,现款三十元。闻前后投入洪部者,已有千余人。故孙中山、谭延闿二人,亟欲东江战事爆发,俾减少湘军变化之机会。2 日士敏土厂召开紧急军事会议,孙、谭等以湘军既为金钱所动,自当用金钱政策挽救,但虑发款之后,依然不战,故决定不发饷项,只规定巨额之奖金,攻下某地,赏款若干,务使经战事之后,始可得款。此款之来源为此次第四个月之租捐,已即席指定为奖金之用,无论如何断不变更。湘、滇两军作战之任务,亦于是日订定,除增城一路全由湘军担任不计外,其余苏村菉兰一路、横沥常平一路,俱决定以滇军任前锋。若滇军占得城邑或险要,即行停止,借资休息,改由湘军任追击。不料滇军方面,因湘军与洪兆麟部有同籍关系,早呈不稳状态,单独进战,以湘军任后方策应,事极危险,对军事会议之结果,仍表示不满,且提出条件,如果真欲进攻东江,须先由湘军进战两日,观其有无别项举动,滇军始行加入。湘军则借口于王秉钧、王汝为投入粤军,湘军单独进战,万一滇军发生异举,湘军将陷于危境,力持滇军任前锋之议,目下双方相持,犹未解决。最近大本营日言实行某日总攻击,实欲借以制造空气,鼓吹进战之论调,俾转移兵士之心理,希望总攻击之实现而已"。(《湘滇互相推诿之东江战事》,《香港华字日报》1924 年 4 月 8 日)

4月9日 下令李明扬部迅速开往新丰、连平、和平驻守,以兜截陈炯明败军,并防卫地方。(《令李明扬兜剿陈军》,《广州民国日报》1924 年 4 月 9 日)

△ 《申报》本日载,陈天太拟由港赴沪,谒许崇智商讨复仇办法。杨希闵致电孙中山,"请转令李、郑、黄发还所缴陈天太械"。(《国内专电》,《申报》1924 年 4 月 9 日)翌日,《广州民国日报》则谓,"陈天太抵省,即向帅座面陈一切,并请帅座惩办黄李郑各人,发还所缴枪械。倘枪械不能发还,请在兵工厂按数目拨交,以恢复实力,共同讨贼。闻帅座对于该项意思甚为容纳"。(《陈天太请拨还枪支》,《广州民国日报》1924 年 4 月 10 日)

△ 据报道,鉴于联军战场上统一指挥的重要性,孙中山和谭延闿决定四天内前往东线会合。(广东省档案馆编译:《孙中山与广东——广东省档案馆库藏海关档案选译》,第 517—518 页)

△ 因船民困苦,令撤销全省船民自治联防督办职位。

3 月,孙中山以全省船民自治联防事宜开办以来,尚无成效,曾令广东省长、海防司令会同广东地方善后委员会审查全省船民自治联防所定"办法"有无流弊。4 月 1 日,地方善后会致电孙中山,谓前奉令调查船民自治联防事宜,据货船协会总部会长黄耀等称,"近有所谓自治联防,勒收经费,或百余元,或数十元。船民不能负此重担,其无设立之必要。恳请下令撤销该暂行章程。经本会常会会议讨论后,所言尚属实情。乞赐睿察,应否明令撤销船民自治,以恤民艰之处,出自钧裁"。(《善后会请撤船民联防》,《广州民国日报》1924 年 4 月 2 日)至 2 日,兼广东全省船民自治联防督办伍学熀呈请辞职,并言船民自治联防开办数月,成效未彰之原因为,"征收护费之机关既架屋而叠床,同隶政府之水警复左牵而右掣",以致阻力横生,流言蜂起。(《大本营公报》第 10号,"指令"第 328 号)3 日,广东省长杨庶堪亦将奉命调查之结果呈报孙中山,谓据政务厅长陈树人调查,现行章程分船艇种类,按船身长短征收经费,岁有定额,由数元以至二百数十元。一般舆论以为船民最苦,终岁劳动所得几何?即就省河而论,如航政局,如公用局,如水上警区,莫不征费,而常泊处有埗租,寄水处有更钱,固已民不堪命,联防自治当再添一沉重负担。闻货船协会、盘运货船公会、驳载总工会各团体,已合词呈请善后委员会转请取消。(《大本营公报》第 11 号,"指令"第334 号)4 日,孙中山明令准伍学熀辞去所兼广东全省船民自治联防督办一职,并如广东地方善后委员会及廖仲恺所请,撤销船民自治联防督办职位。(《大本营公报》第 10 号,"命令")本日,孙中山指令伍学熀,已明令准辞去该兼职,同日并有令将该职位裁撤,即遵照赶将任内经管款项及一切事宜结束清楚,呈报察核,缴销关防。(《大本营公报》第 10号,"指令"第 328 号)次日,孙中山又分别指令广东地方善后委员会、广东省长杨庶堪,已明令撤销广东全省船民自治联防督办。(《大本营公报》第 11 号,"指令"第 333、334 号)

　　△　复禁烟督办鲁涤平,已明令派雷飙为总务厅厅长、缪笠仁为督察处处长,并存两人履历。该任命系鲁涤平于本月 3 日呈中所请。(《大本营公报》第 10 号,"指令"第 329 号)孙中山于 4 日发布。(《大本营公

报》第 10 号,"命令")

　　△　传陈天太部赴西江别有所图,孙中山对都城战事已置之不理。

　　报载陈天太余部退入桂境,当战事爆发时,刘玉山曾派其参谋长往晤刘震寰,拟请刘震寰代向孙中山陈说,刘震寰拒不会面,盖刘氏因所部在宝安与卢师谛部冲突,将卢部缴械,亦大为孙氏所不悦。(《帅令交还卢部枪械》,《广州民国日报》1924 年 4 月 4 日)"某日刘氏派员请孙中山发给伙食,孙氏大发牢骚,谓叫汝辈去打陈炯明,攻战经年,打一惠州城都不下,今缴自己一家的军队的械,又何等本领,既有此本领,尽可自己去觅食,何苦来问我!某员大碰钉子而退,若贸然再代刘玉山说项,必为孙氏申斥,此刘氏所以不允所托也"。"当李、郑、黄与陈天太部激战时,数日来孙氏心境尤为忿懑,逢人便骂,故是时无人敢向孙氏谈及此事,未几孙氏得各方报告,谓刘玉山之调陈天太赴西江,并非意在向南路作战,其目的实在取梧州,与沈鸿英联合,向桂省发展。"至是孙氏心意转变,谓:"我叫刘玉山调兵南征,彼竟蓄谋返桂,与沈鸿英联合,今既被李济深等缴械,可谓咎有应得。""现在孙对此事已置之不理,不过为敷衍刘玉山计,表面上不得不下一止斗令,并下一着李济深等交还刘玉山军械令,实际上交与不交,孙氏亦无可无不可,故西江事件,即就此以不了了之。"(《西江风潮之尾声》,《香港华字日报》1924 年 4 月 9 日)

　　△　大本营外交部长伍朝枢呈文孙中山,据新会古兜善后事务所所长梁少琦、赵卓臣卅电称,驻扎岩门、古兜善后保卫团中队长梁国勋于俭日(28 日)率兵船四艘游弋航道,于台属海晏海面瞥见贼轮一艘,经枪战后将其截获,并拿获匪徒二名,起获被虏人十名。查该轮系德国显利士洋行之"沙碧近"轮,前被匪骑去,应发还原主以昭体恤,特呈文恳孙中山核明。本日,孙中山指令外交部长伍朝枢,已电令新会县长查照办理。(《大本营公报》第 10 号,"指令"第 330 号)

　　△　法商"罗封"轮船为军队强劫而去,令遇到该轮即扣留发还。

上月 25 日，军政部长程潜呈文孙中山，法国领事称智利洋行"罗封"轮船为军队强劫骑去后，改名为"飞鲸"，又名"飞捷"，将在梧州发卖，声明如三日内不能将该轮发还，则我政府应完全负责，不特需赔偿该轮之价值，更需赔偿该轮无理受封后之损失。请令饬广西讨贼军第一军黄总指挥及梧州海关监督一体知照，如遇有上列名号之轮船行驶即予扣留，以便发还具领，免酿交涉。（《大本营公报》第 10 号，"指令"第 331 号）据此，孙中山于本日令饬广西讨贼军第一军总指挥黄绍竑及梧州海关监督戴恩赛，如遇到该轮，即予扣留以便发还具领，免酿交涉①。（《大本营公报》第 10 号，"训令"第 142 号）并指令大本营军政部长程潜，已照准令行黄绍竑及戴恩赛，遇到"罗封"轮船即扣留，发还法商智利洋行具领。（《大本营公报》第 10 号，"指令"第 331 号）

△　近有广东土痞及匪类成群，投入滇湘军内假为护符，四出骚乱。令广州卫戍总司令及广州市公安局，遇此匪徒即拘解严惩，并分令各军嗣后不得收编此项民军，如已收编，亦须严加约束或解散。（《严惩借军骚扰之帅令》，《广州民国日报》1924 年 4 月 11 日）

△　伍朝枢对奉张声明孙中山政府有关时局之主张。

报载伍朝枢奉命出使奉天，为张作霖祝寿。伍氏离奉时，对孙中山政府有关时局的主张，有如下声明：（一）西南政府决定实行革命，以除军阀祸国根株。（二）西南政府尊重民权，不采中央集权制。（三）西南政府不采联治制结合各省，但各省因促成统一加入合作，若不违背民生主义，无论是否自治省份，西南政府自当一律欢迎，不分省界及党系。（四）西南政府，一俟内部底定，即大举北伐，以定国是。（五）西南政府决不借用外债，以重国民负担。（六）西南政府对于外交主张平等，反对侵略主义，尊重弱小民族。报道亦谓"汪精卫年来奔走奉方，在奉则言孙中山赞成张作霖主张，在粤当必言张作霖服从

①　此令日期不确，但复程潜令为 4 月 9 日，故此令亦应为 4 月 9 日。

孙文主义,若伍朝枢不来奉天斩钉截铁,声明孙文政府之真态,张氏犹以为汪之言为确也。闻张氏近日对其顾问曰:'原来汪精卫是骗我的!'其感想若何,可以概见"。(《伍朝枢去奉之秋波》,《香港华字日报》1924年4月9日)

4月10日　批刘培寿等人快邮代电,指明往事不咎,只问明柏文蔚今后对于联省主张如何。(《批刘培寿等快邮代电》,《孙中山全集》第10卷,第50页)

△　特令广州市政厅筹款九万元、盐运署筹款六万元、财政厅筹款五万元,合共为二十万元,于日内凑足解交湘军总部,以转发左路湘军,俾得速收复河源,解决东江军事①。(《帅令迅筹前敌军饷》,《广州民国日报》1924年4月11日)又令各征收机关,自4月1日起,所有收入款项,须按日解交财政委员会统计支配。(《帅令统一收入机关》,《广州民国日报》1924年4月10日)

△　何成濬臧致平克复漳州后,陈炯明甚为惊恐,亟图反攻。孙中山亦特别注意,除饬何臧依所定方略进行外,所有饷糈问题,大元帅府方面,亦极力筹划。(《大元帅关心闽南军事》,《广州民国日报》1924年4月10日)

△　令核准每日加拨豫军伙食费六百一十五元,着财政委员会筹给。该会奉令后,以高凤桂部项已退出粤境,无庸供给,故将之转给豫军。(《高凤桂饷额改给豫军》,《广州民国日报》1924年4月10日)

△　本月4日,禁烟督办鲁涤平呈文孙中山,嗣后凡款项收入,除该署单简开支外,无论多寡,拟按月赍报帅府。对于外来拨款,一概不负支配之责。庶财政能归统一,而整理不致分心。至前督办任内,闻尚有已经奉拨未曾发放之款,为数甚巨,应请通令一律调销,以后之收付方免分歧。据此,孙中山本日令鲁涤平,即咨催前任杨西岩赶紧造册连同各项交代,由该督办核明转报来府,以凭通令取消。未

---

①　日期据报纸日期与文中"日昨"字样酌定。

通令前,有持从前拨款命令向该督办署支款者,准其止付。所有该署收入,除留该署开支外,应悉数造报,听候指拨。(《大本营公报》第 11 号,"指令"第 332 号)

　　△　5 日,参军长张开儒呈称,该处少校副官方孝纯,近年长在病中,任事未能。恳请核准辞职,俾得一意休养。本日,孙中山指令张开儒,准参军处少校副官方孝纯因病辞职。(《大本营公报》第 11 号,"指令"第 335 号)

　　△　雷飙于 4 日被孙中山正式任命为禁烟督办署总务厅长,5 日,禁烟督办鲁涤平以将赴东江督战,特呈请准将督办职务暂委总务厅长雷飙代拆代行。本日,孙中山指令鲁涤平,因将赴前线督战而拟暂委总务厅长雷飙代行督办职务一事,准予备案。(《大本营公报》第 11 号,"指令"第 337 号)

　　△　着广东筹饷总局督办范石生垫给"永丰""广北"两舰,并陆战队官兵饷项一个月一万一千一百元,又令吴铁城发给订货款沪洋五千元。(中国第二历史档案馆编:《中华民国史档案资料汇编》第 4 辑下册,第 1238－1239 页)

　　△　苏联代表伊凡诺夫致电孙中山,告以苏方拟将中俄交涉案卷携粤进行协商,与大元帅府先行互相承认。(中国社会科学院近代史研究所中华民国史研究室编:《中华民国史资料丛稿·大事记》第 10 辑,第 53 页)

　　△　报载云浮县东南区十五堡联团总局董重兴致电孙中山,"鄙邑盗匪甲于他属,去年底,奉军政部警卫第一师派员来县招编,今各股匪在六都集合数月,尚未开拔,以致寻仇劫杀之案,时有所闻。商民惶骇,莫知所指。恳饬该师克日将新招匪帮,速移别处,否则勒令解散,从严剿办,为鄙邑留一线生机"。(《云浮县民之呼吁声》,《广州民国日报》1924 年 4 月 10 日)

　　△　陈天太就都城事件再次通电,孙中山不闻不问。

中央直辖第三师长陈天太再就都城事件致电孙中山,李济深等捏称陈部焚掠贝水,强迫商民,欲加之罪,肆情诋诬。政府法令纪纲,关系綦重,请孙中山从严究治,以肃军令。所有此次奉令出征,因死伤各士兵,皆执戈卫国,百战健儿,纵未立功,亦有积劳,剧遭此祸,殊甚悯惜,合并恳请加以恩恤,俾振作士气而存正谊。(《陈天太之陈情表》,《广州民国日报》1924年4月11日)另《香港华字日报》载"陈天太自都城全军覆没后,刘玉山迭次通电,冀将孙中山激动,及引起各军之愤,替自己复仇,无奈粤中各军,多是在城门观马斗之态度,刘氏反被各军轻视,只得孙中山发一形式上责骂李、黄、郑三人之空电,终莫奈李济深等三人何也。在孙中山方面,复因东江军事未定,而西江李、黄、郑三人,又素有不稳之状,今三人已成三角同盟,且李、郑系粤军旧部,黄又可依附林虎或陆荣廷,若办之过激,则恐生变,加以陈天太此次全军被缴械,亦属咎由自取,故对于此事,索性不问不闻,免多一方面纠纷。然李济深等,以近日沈鸿英又奉孙命回桂,集中贺县昭平一带,初有欲约陈天太合力夹击梧州之消息,今知陈部全军覆没,将进至苍属东安乡之部队撤回官潭,现沈氏窥梧动作,仍筹备不懈,诚恐届时与沈部发生战事,则又复受抗命之嫌,遂用密电请束孙中山,故有大本营参谋长李烈钧庚电发表,以为将来拒沈袭梧之张本,且表示西江防地,系其三人之私有物,不许别军越过,故李烈钧之庚电内幕,实因号令不行于江西上游,诚恐别军谋侵西江地盘,蹈陈天太之覆辙,不啻将孙氏面子扫地,且闻沈氏蓄意图梧,亦以防止沈氏冒命出扰西江上游"。(《孙文不敢穷究李黄郑罪状》,《香港华字日报》1924年4月16日)

　　△　沈鸿英电告进军计划。

　　电谓:"鸿英虞(7日)抵八步,邓右文、陆云高鱼(6日)占灌阳,现向蒋家岭兴安追击。邓瑞征与敌在葡萄墟激战,瑞师抵阳朔督战。何师杨、沈两旅庚(8日)由平乐出发,取道修华出柳州,断敌后路,何师准真(11日)由平乐出柳州,派沈荣光青(9日)由八步赴平乐策应,希转各军知照。梧州方面,宜同时并举,收夹攻效,请电梧军队与敝军一致动作,至武城抵梧相助。"(《国内专电》,《申报》1924年4月17日)

△　孙中山积极筹备突击东江。

报载孙中山严令各军出防东江,一月以来,运兵运械,石龙军事,非常忙迫。杨希闵、刘震寰经孙中山多次之疏通,许以特别权利,亦经允赴前方,孙固欲乘闽南有事,突击东江粤军,其原因尤以臧致平 9 日致孙之急电,有云限期一个月内,会师潮梅,东路何成濬拟分一部民军出平和、韶安等语,不过何部实力有限,臧氏来电告急,实亦无可讳耳。闻孙中山与滇军订明条件,东江胜后,省城后方地盘,仍予滇军,可照旧管收各税收机关,并电阻许崇智返粤,以酬滇军效命于东江之功。现张国祯在省议会前高搭欢迎许崇智牌楼一座,久未拆去。(《联军进兵东江之确耗》,《香港华字日报》1924 年 4 月 10 日)

是月上旬　时盛传沈鸿英将会再度背叛孙中山,报载孙中山曾与谭延闿谈话谓:"据我看,这消息也未必便靠得住。如果沈鸿英真个再叛,那么沈实在不是个人,但他果然和陆荣廷联络,我惟有一打而已。"沈鸿英得此消息,嘱其代表邓士瞻向孙中山与谭延闿辟谣。孙与谭延闿磋商后答复:"冠南要辟谣,只消急刻回桂和陆荣廷打几仗,谣言不辟而自息,态度不表而自明。如其不是这样实行去做,态度既不明了,谣言又何能止戢。"[①](《沈鸿英回桂逐陆报捷电》,上海《民国日报》1924 年 4 月 22 日)

4 月 11 日　派古应芬、戴季陶、曹受坤、杨宗炯、陈国榘、何启沣、陆巨恩为法制委员会委员。("中华民国"各界纪念国父百年诞辰筹备委员会学术论著编纂委员会主编、中国国民党中央党史史料编纂委员会编:《国父墨迹》,第 229 页)法制委员会嗣后于本月 18 日就职,并选出戴季陶为委员长。戴季陶于同日以法制委员会委员长名义向孙中山呈报法制委员会就职日期。25 日,孙中山指令戴季陶,呈悉所报就职及启用关防日期。(《大本营公报》第 12 号,"指令"第 394 号)

---

①　《孙中山集外集》认为该谈话之日期应为 4 月上旬。(陈旭麓、郝盛潮主编,王耿雄等编:《孙中山集外集》,第 312 页)

△ 令各军不得在省城招兵。

各招抚使在省招兵,所招之兵多属莠民,在省城屡滋事端。孙中山乃令广州市公安局长吴铁城派军队前往,分别解散。并令豫鲁招抚使赵杰、粤闽湘军招抚使刘毅、抚河招抚使马晓军遵照解散,嗣后不得在省城招兵。(《大本营公报》第11号,"训令"第143、144号)翌日,又训令中央直辖滇军总司令杨希闵、湘军总司令谭延闿、豫军讨贼军总司令樊钟秀、桂军总司令刘震寰、东路讨贼军总司令许崇智、中央直辖广东讨贼军第四军军长梁鸿楷、中央直辖第一军军长朱培德、中央直辖第二军军长黄明堂、中央直辖第七军军长刘玉山、中央直辖第三军军长卢师谛、北伐讨贼军第二军军长柏文蔚、北伐讨贼军第三军军长胡谦,各招抚使各军长在省城招兵,多属莠民,屡滋事端。已令广州市公安局长吴铁城派军将在省所招军队分别解散,各总司令、军长转饬所属一体遵照,嗣后不得在省招兵。(《大本营公报》第11号,"训令"第150号)后4月20日《广州民国日报》又载,孙中山复令各招抚使不得在省设署办事,借势招摇。(《两招抚署将改办事处》,《广州民国日报》1924年4月20日)

△ 令滇军撤销在连阳小北江一带所设抽收军费机关。

本月4日,广东地方善后委员会当值委员罗燕平、陈其瑗、黄焕庭呈文孙中山,"据连阳小北江一带公民全体代表陈必正、杨汝威等呈称,此次军兴,各队之云集连江口站者,一遇小北江货到,无论出口入口,勒收费用纷至沓来,明目张胆,商民敢怒而不敢言。更有中央直辖滇军第一独立旅旅部士兵,近竟借口军用紧急,复在连江口车站张贴布告,硬将小北江出入口货每值百元勒抽军费五元,商民以其苛抽变本加厉,议决停办停载。不料迄今多日,停罢者自停罢,抽收者自抽收,呼吁无闻。乞即令行广东省长滇军蒋军长查明,分别撤销以苏民困"。据此,孙中山本日指令广州地方善后委员会,候令行蒋光亮军长转饬立即撤销,并候行财政部转咨广东省长知照。(《大本营公报》第11号,"指令"第340号)同日,并训令中央直辖滇军第三军军长蒋光亮、财政部长叶恭绰,据广东地方善后委员会呈报,连阳小北江一带公民全体代表呈称,军队云集连江口站,遇小北江货到,无论出口入口勒收费用,中央直辖滇军第一独立旅更张贴布告设厂勒抽军费,致使商民裹足,百货腾贵。该军长转饬立即撤销,该部长即便转咨广东省长知照。(《大本营公报》第11号,"训令"第146号)

据《广州民国日报》载,嗣后,连县商会会长莫灿庭等再次呈报,称小北江仍有军队重征货物之机关,孙中山乃将该呈发交大本营秘书处转令军政部查明严行制止。(《谕禁小北江勒索机关》,《广州民国日报》1924年4月17日)另据《大本营公报》载,广东地方善后委员会当值委员陈其瑗、黄焕庭据莫灿庭等呈中所云,特于18日呈请孙中山严令连阳小北江一带防军,立将重抽机关即日撤销,以恤商困而维民生。孙中山收悉该呈,即指令广东地方善后委员会,候饬由省长查明禁止①。(《大本营公报》第11号,"指令"第369号)并训令广东省长杨庶堪,令迅即查明重抽机关为何军所设,传谕该军裁撤。如敢违抗,即商该管上级官或呈请由孙中山派队往撤,并拿办该违令军官。其各埠勒收更钱,亦由省长查明禁止②。(《大本营公报》第11号,"指令"第437号)4月25日,中央直辖第四师师长朱世贵呈文孙中山,报告严禁该部重征小北江货物情形。孙中山接呈后,于5月1日指令朱世贵,所呈严禁所部重征小北江货物情形,系属服从命令体恤商艰,殊甚嘉许,仍随时饬属认真办理,毋便日久玩生,有碍商业。(《大本营公报》第13号,"指令"第416号)另4月29日,朱世贵复呈文孙中山,前有令命立将各私设之护商机关即日解散撤销,如再抗违,即将主要人拿解惩办。查此项机关该部早经遵令撤销在案,除再通行所属一体严禁并

---

① 此令并无日期,但第368号"指令"和第370号"指令"均署日期4月18日,故此件亦应为18日。

② 此令无日期,但第166、168号"训令"均为18日发出,故167号"训令"亦应在此日。

呈复滇军总司令部外,理应备文呈报察核。5月6日,孙中山亦再次指令中央直辖滇军第四师朱世贵,呈悉所报已撤销护商机关。(《大本营公报》第 13 号,"指令"第 437 号)

△ 本月 8 日,大本营军政部长程潜呈文孙中山,湘军总司令谭延闿以所部第一军第九师所属第二游击司令部副官长兼第三支队长舒用之,于本年 1 月 6 日在溆城被捕惨杀,请追赠陆军步兵上校。补充营长张鲁才于去年 11 月 6 日与敌激战阵亡,又第三支队第一营营长李刚于 9 月 12 日穷追敌人被捕溺毙,又第三支队第二营营长祝鼎新于 9 月 10 日饮弹身亡,均请追赠陆军步兵中校。又补充营连长庄金榜于 10 月 16 日在沅属三仙湖被击毙,请追赠陆军步兵少校,并均请从优给恤。经查核,舒用之等与《战时恤赏章程》阵亡例尚属相符,拟请均如所请追赠并按级给恤。本日,孙中山指令军政部长程潜,准追赠已故湘军所部支队长舒用之等为陆军步兵上校等级并按级给恤。(《大本营公报》第 11 号,"指令"第 338 号)

△ 中央执行委员会致函各军司令,奉孙中山谕,4 月 13 日下午 2 时仍在高等师范学校讲演,饬令该会函约各军军官及通告各区同志前往听讲,除通告外,相应函请各部查照,自行制发听讲券分给所属将校,各军官届时携券入场听讲,所有入场手续照前次办理。(《中执会通致滇湘各军司令函》,中国国民党汉口档案第 10 号)

△ 董方城、包惠僧呈陈国民党今后对海外工作应注意之点六条。

董方城、包惠僧在缅甸为英政府驱逐回国,4 日,孙中山曾致函国民党中央执行委员,要求为董、包二人安排职务。如党中无事可安排,则在各行政机关为他们安排事务,以免赋闲。(中国国民党中央委员会党史委员会编订:《国父全集》第 3 册,第 944—945 页)本日,包惠僧、董方城二人呈文孙中山,报告在仰光被驱逐之原因,并陈国民党今后对海外应注意之点共六条:(一)宜注意宣传,而宣传方面尤宜注意报社主笔之遴选;(二)宜令宣传部多作宣传本党主义及政策之时论文,寄往海外本党各机关报；(三)对海外特别热心国事及党务者，请总理酌予匾额或其他文件，用资鼓励；(四)宜设法介绍品粹学优，富有教授经验之士赴海外作教员，以便灌输本党主义于华侨青年；(五)宜派得力分子赴海外负组织责任，并将改组理由说明；(六)宜设法与各国殖民政府交涉，请其勿干涉华侨对于祖国之政治活动。(《包慧僧董方城上总理呈》，中国国民党汉口档案第4415号)

△ 广东善后委员拟具征收轮渡加二军费办法，呈请孙中山察核，令财政委员会迅速筹议执行①。(《将征收轮渡加二军费》，《广州民国日报》1924年4月12日)

△ 大本营外交部正副部长伍朝枢、郭泰祺由上海返回广州，旋即向孙中山报告与张作霖、段祺瑞接洽之一切情形。(《孙夫人昨日返省》，《广州民国日报》1924年4月12日)

△ 杨希闵、刘震寰等致电告捷。

联军最近各路进展顺利，捷电频传。是日，杨希闵、刘震寰分别致电孙中山，杨电云："接我军左翼总指挥杨民由博罗来报，我左翼滇军第二军全部及第四师直辖顾旅于10日拂晓向博罗开始攻击，敌人顽强抵御，经我军奋勇进击，敌人死伤甚多，敌渐不支，遂分向汕尾、惠州方面溃退。我军遂于是日午前11时完全占领博罗，夺获枪弹甚多，现在分途追击中，预计三日内即可联合左翼军会攻惠州。右翼军亦于10日进驻樟木头矣。查敌军自去秋肆威东江以来，经此一战，敌胆已寒，乘胜进逐，惠州指日可下。"刘电谓："我军蒸(10日)晨拂晓由横沥出发，向樟木之敌进攻，上午10时行抵老虎隘。逆贼王汝为、钟景棠、练演雄及林虎所部一团，共约三千余人，先已布置埋伏，经我五师前队猛烈冲出，敌遂退至天秤架小径口斜坑一带高地，并筑有永久工事，恃险顽强抵抗。经我军围攻激战二小时，敌势不支，纷纷溃退，于午后1时，即将樟木头完全占领。王逆汝为所部投降二百

① 日期据报纸日期及文中"昨奉帅座批示"酌定。

余人,毙其八旅参谋长吴光华、十四团长陈文波、营长冼晋荣,其余残部即向清溪、井龙方面逃窜。林、钟、练各部纷向平湖惠州方面溃逃,现正饬队追击中。"

翌日,谭延闿、刘振(宝安县长)亦有捷报传来,谭延闿电称:"据总指挥宋鹤庚报告,响水之敌,被我一二两军压迫,已向柏塘方面窜去,响水墟完全占领。我军正向柏塘追击,同时第四军驱逐横河之敌,第五军扫除龙华前面之敌,向河源前进,准侵日(12)齐向河源进攻。临电又据报告,我军已过柏塘。"刘振则谓其"随同西路黎师长鼎鉴、谭旅长启秀进攻宝安,经将固戌、西乡次第克复。练逆向深圳方面溃退,现在跟踪追击。"(《粤省东江战讯》,《申报》1924年4月20日)

4月12日　为贯彻革命主义,通电全国学、农、工、商共同奋斗。

大意谓:中国国民党为救国之政党,为中国主权、为青年国民利益、为全体国民脱离军阀压迫而奋斗。革命的青年为中国唯一之希望,当在本党旗帜之下,干青年之事业。中国之复兴,当出于青年之奋斗。农民之生活,五十年来日见苦痛,中国不革命,农民方面实无〔发财〕机会,农民不参加革命,不能速□发财机会之来。工人失业日多,工人当参加革命,以促其成功,工人为本党之基础,本党之奋斗,乃为发展实业而奋斗,为工人利益而奋斗,工人当与本党共同奋斗。商务日见凋落,外货日见充斥,革命之不成功,则此现象长此不减。本党为主权而奋斗,即为保护国民,贸易而奋斗,商人实为党之主力军,商人当与党共同奋斗。本党革命成功之日,即商务发展之日也。(《孙文致全国学农工商之通电》,《顺天时报》1924年4月13日)

△　手书《国民政府建国大纲》二十五条。宋庆龄在文尾题跋:"先生建国大纲二十五条,实为施行三民主义、五权宪法之基础,而图国家长治久安之至道也。兹特将先生亲笔稿付石印,以供先睹之快,并作民国开创之宝典焉。"("中华民国"各界纪念国父百年诞辰筹备委员会学术论著编纂委员会主编、中国国民党中央党史史料编纂委员会编:《国父墨迹》,第230—244页)

△　特任叶恭绰兼任盐务督办。任命郑洪年兼任盐务署署长。委派张汉为海军委员。《大本营公报》第 11 号，"命令"）嗣后，兼盐务督办叶恭绰、兼盐务署长郑洪年分别于 16 日呈报已于 14 日就职。21 日，孙中山亦分别指令兼盐务督办叶恭绰、兼盐务署署长郑洪年，呈悉所报就职日期。《大本营公报》第 12 号，"指令"第 377、378 号）

△　令豫军加入南路作战，受南路粤籍军官反对，乃改派豫军出发东江，加入中路。

孙中山以东江战事，着着胜利，日前特令豫军樊钟秀迅速率部下主力军队加入南路作战，先收复阳江、阳春，再进军高州、雷州。（《豫军加入南路作战》，《广州民国日报》1924 年 4 月 14 日）15 日，孙中山又令财政部筹给豫军樊钟秀部开拨费一万元，并拨给无烟子弹、机枪子弹共三十箱，以助出发南路。（《樊军南征之近闻》，《广州民国日报》1924 年 4 月 18 日）至 22 日，滇军总司令杨希闵电呈孙中山，请令调豫军樊钟秀全部移调东江，进攻潮汕，肃清东江陈军。（《请调豫军赴东江》，《广州民国日报》1924 年 4 月 24 日）另樊钟秀部加入南路，受江门粤籍各军反对，并联派冯竹贤赴省谒孙，谓西江五邑各军足以肃清两阳，无劳别军加入，请收回调樊钟秀军赴江门令，孙不准。李济深 20 日赴江门布防，梁鸿楷亦将由港回江，樊军前队日前虽抵江门，惟未敢上岸，恐蹈陈天太覆辙。（《国内专电》，《申报》1924 年 4 月 22 日）孙中山不久又令豫军樊钟秀部从江门克日调回广州，返原防候命。（《豫军暂缓南征》，《广州民国日报》1924 年 4 月 24 日）嗣后，孙中山乃调豫军樊钟秀部全部出发东江，加入中路作战。（《豫军将加入攻惠》，《广州民国日报》1924 年 4 月 28 日）至于孙中山改调樊钟秀部出发东江之原因，《广州民国日报》称，系因"许总司令旋省，帅座以南征负责有人，无需豫军加入，业明令该军缓发"。（《豫军将加入攻惠》，《广州民国日报》1924 年 4 月 28 日）但据《香港华字日报》载，此举似被逼无奈[1]。

---

[1]　参见 4 月 24 日条。

　　△　本月9日,李福林呈文孙中山,于本月8日遵令派队捕拿获著匪彭彦、简标、简锡(混名"大针板")、简成(混名"大旧成")、简普文(混名"猪仔")、陈夭仔等六名,另嫌疑犯人屈为、曾纪成等六名。查各匪供词确凿,直认不辞,因简锡受伤已重,未便久延,于本月9日提出讯实。匪犯彭彦、简标、简锡、简成、简普文、陈夭仔等六名,验明正身,派队押赴河南宝冈地方宣布罪状,依法枪决。本日,孙中山指令李福林,候令行军政部查照备案。(《大本营公报》第11号,"指令"第341号)并训令军政部长程潜即便查照备案。(《大本营公报》第11号,"训令"第147号)

　　△　核定广东兵工厂厂长马超俊呈缴之预算书。

　　大本营审计局局长林翔呈谓,奉孙中山发下广东兵工厂厂长马超俊呈缴12年4、5、6等月份支出预算书各两件,查该厂预算书内官长薪水及厂长公费,均未照军政部订定饷章计算。据报,该厂自厂长以及各员司之薪水照十足支给,此事系由前厂长朱和中呈奉孙中山面准。至公费一节,朱和中接事之初,正当沈鸿英蹂躏该厂之后,头绪纷繁,又值军事倥偬,不时晋省,故每月总开报公费四百元,以免烦琐,此事亦经朱和中报告孙中山在案。又查包工工资栏内照该书备考核算,少计捌角捌分。惟属预算,似无庸议。本日,孙中山指令审计局长林翔,所呈准予核定备案,候令军政部转饬该厂知照。(《大本营公报》第11号,"指令"第343号)并训令军政部长程潜,广东兵工厂长马超俊造呈之12年4、5、6等月预算书,准予核定备案,令该部长转饬该厂知照。(《大本营公报》第11号,"训令"第149号)

　　△　令不得再向粤汉铁路派担款项,以便该路进行维修。

　　本月10日,管理粤汉铁路事务陈兴汉呈文孙中山,粤汉铁路机车损坏,霉锈不能行驶者实居多数,现虽有少数勉强可用者,机件亦多亏损,至沿路枕木日久未换尤多,以致脱钩出轨之事迭见发生。此皆由铁路负担过重、乏款修理所致,为维持现状免有贻误,请转发财政委员会,仍照前案酌予停提路款,俾得稍购材料、从速择要修理免生危险。并请饬下财政委员会,嗣后无论何项机关、何部军队不得再向粤汉铁路派担款项,俾得暂维路务以利交通。本日,孙中山指令管理粤汉铁路事务陈兴汉,候令行财政委员会遵照。(《大本营公报》第 11 号,"指令"第 347 号)并训令财政委员会,据管理粤汉铁路事务陈兴汉呈称,粤汉铁路机车损坏不能行使者居多,枕木废烂更致脱钩出轨之事迭见发生,该委员会停提路款俾得维修,并令嗣后无论何项机关何部队均不得再向该路派担款项。(《大本营公报》第 11 号,"训令"第 152 号)

△ 令沙面电报局拨款清偿积欠电费。

本月 3 日,广东电政监督兼广州电报局长何家猷呈谓,"香港大东大北公司函谓,广州电报局如不将 1 月 2 月所欠水线费,于本年 4 月 10 日前付清,大东大北公司将自本年 4 月 11 日起,凡由电报局交来转往各处之报,其水线费须逐日付现,并将敝公司应付贵局之转报费扣留,直至所欠各数清偿为止。查职处为全省电政总汇机关,现政府府库匮乏,职处亏累日积月深,局中职员应支薪水亦已积欠数月。请帅座迅拨巨款,或交财政委员会决议饬由各机关月拨的款维持,以免外人借口干涉"。本日,孙中山指令何家猷,该局欠大东、大北两公司电费,饬由沙面电报局拨款清偿,余俟财政充裕再行筹拨。(《大本营公报》第 11 号,"指令"第 344 号)

△ 9 日,大本营军政部部长程潜呈谓,中央军需处处长蒋尊簋等呈请追赠故江苏招讨使讨逆军总司令韩恢为陆军上将,故江苏陆军第六师师长兼参谋长伏龙为陆军中将。经查核与《陆军战时恤赏章程》阵亡例规定相符。拟请准予追赠韩恢为陆军上将,伏龙为陆军中将,均照阵亡例给恤。(《大本营公报》第 11 号,"指令"第 345 号)11 日,孙中山明令追赠韩恢为陆军上将,伏龙为陆军中将,均照阵亡例给恤。(《大本营公报》第 11 号,"命令")本日,孙中山指令军政部长程潜,韩恢等已明令准予赠恤。(《大本营公报》第 11 号,"指令"第 345 号)

△ 指令建设部长林森,其与内政部所拟之《广州市权度检查执

行规则》十四条,除第六条句末应稍加修改外,均准如所拟施行。该规则由建设部会同内政部拟定,并由建设部长林森于本月9日呈报核准。(《大本营公报》第11号,"指令"第348号)

△　伍学熿辞去全省船民自治联防督办职务后,又于本月10日呈请辞去财政委员会委员职务,(《大本营公报》第11号,"指令"第350号)本日,孙中山明令准财政委员会委员伍学熿辞职。(《大本营公报》第11号,"命令")

△　张作霖代表张识尘等抵达广州,向孙中山转达张作霖盼孙尽快北伐之意。(陈锡祺主编:《孙中山年谱长编》下册,第1883页)

4月13日　演讲民权主义第四讲,强调国家富强根本要解决民权问题。

孙中山云:"所讲的题目,就是欧美人民在近来两三百年之中所争得民权多少,和他们的民权现在进步到什么地方。"孙中山指出,书报中对欧美民权的介绍,事实上有很多是不对的。"照主张民权的人看,他们所得的民权还是很少。当时欧美提倡民权的人,想马上达到民权的充分目的,所以牺牲一切,大家同心协力,一致拼命去争。到了胜利的时候,他们所争到的民权,和革命时候所希望的民权两相比较起来,还是差得很多,还不能达到民权的充分目的……十多年来,我国一般文人志士想解决中国现在的问题,不根本上拿中美两国的国情来比较,只就美国富强的结果而论。以为中国所希望的,不过是在国家富强;美国之所以富强,是由于联邦,中国要象美国一样的富强,便应该联省;美国联邦制度的根本好处,是由于各邦自定宪法、分邦自治,我们要学美国的联邦制度变成联省,根本上便应该各省自定宪法,分省自治……这种见解和思想,真是谬误到极点……欧美革命的目标本是想达到民权……后来发生许多事实,证明普通人民的确是没有知识、没有能力去行使充分的民权……所以民权的这个问题,在今日还是很难解决。我以后对于民权主义还要再讲两次,便把这个问题在中国求一个根本解决的办法。我们不能解决,中国便要步

欧美的后尘;如果能够解决,中国便可以驾乎欧美之上。"(《三民主义》,《孙中山全集》第 9 卷,第 299—314 页)

△　接见国民党籍国会参议员王用宾。

王氏进以首都革命之策,力劝孙中山北上主持。约定后王返天津布置。5 月间,王氏报告进行情形谓:"北京布置已经有了很好的成绩,军队赞同的很多,力量也是很大,中央革命马上可以发动。"但延至 10 月 19 日,距首都革命发动前之四天,孙中山始任命王为军事委员,直军慰问使。至首都革命既成,王致函谢持,主张孙从速北上。11 月 11 日,孙应邀北上前夕之讲演中,曾追述王氏于 4、5 月间发动首都革命与大本营接触之经过。("中华民国"史事纪要编辑委员会编:《中华民国史事纪要(初稿)——一九二四年一至六月》,第 800 页)

△　致函范石生,望其将军队迁出广州市。

函谓:"为人民安居乐业计,为军队改良进步计,城市之内,无论何军,皆应该迁出,方为根本之图。此事务望兄率先提倡,为他人模范,则前途乃有希望。自讨陈以来,人民苦矣,而政局则更为一落千丈。教育、行政、司法,皆以无经费而日就腐败,此诚目击心伤之事。若军人能日就范围,渐上轨道,则此等一时之痛苦,当可忍受。若在此根本策源之广州,犹不能使人民有一日之安,而任军队长此横行,则诚无可救药矣。所谓挂单军队,俱挂有力者之单,故非兄率先作则,使一切皆离城不可,幸于此留意为望。"(李殿元:《新发现孙中山文稿及其研究》,第 25 页)

△　国民党党员孙镜亚检举李大钊等"违反党纪承认北京政府",孙中山在其呈文上批示:"着中央执行委员会查明有无其事,另行酌夺。"中执会即函请中央监察委员会审查。监察委员遂将其他检举中共人士的文电,一并提交 8 月间之中执会第二次全体会议处理。(李云汉:《从容共到清党》上册,第 300—301 页)

△　各军迭传捷报,孙中山欣慰不已,遂复电嘉奖前敌各军将官,勉励各军乘胜追击,歼灭敌军残部。又因收到湘军谭延闿克复险

要之捷报,复电嘉勉谭延闿、宋鹤庚等部将士,勉励可先竟肃清东路之功。(《大元帅电嘉前敌将官》,《广州民国日报》1924 年 4 月 14 日)据 4 月 16 日《广州民国日报》载,孙中山迭接东江三路前敌捷报,除电令嘉奖外,并饬会计筹措巨款。孙中山拟于日内赴东江前敌,犒赏慰劳各军将士。(《帅座将赴东江劳军》,《广州民国日报》1924 年 4 月 16 日)

△ 令财政委员会,无论如何,对于西路军刘震寰部给养费,务与各军同一看待,即日筹拨,以利戎行。(《帅令筹拨西路军费》,《广州民国日报》1924 年 4 月 15 日)

4 月 14 日 令赖天球司令率分驻澄江的第二、三旅开往和平警戒,相机兜剿退却的叛军①。(《帅令赖天球开赴和平警戒》,《广州民国日报》1924 年 4 月 15 日)

△ 令查明并撤销西江一带所设各护商机关。

3 月 22 日,广州各商埠柴杉竹行致电孙中山等称,"省城护商机关,业经大元帅明令解散,而沿河兵匪勾结之护商队,为祸尤烈。请大元帅暨秉国诸公,迅下明令,着予取消,若有阳奉阴违,请由省派队解散,以苏民困。前阅省报,已有明令派李军长福林,为番顺东清乡督办,而于贼匪最猖獗之南、三两县,独付缺如,请明令李军长一并举办,以除匪患"。(《柴杉竹行吁陈苛捐电》,《广州民国日报》1924 年 3 月 24 日)本月 2 日,滇军第二军军长范石生亦就此呈文孙中山,据广州各商埠柴杉竹行代表何德、霍亦衡等称,各埠近年来盗贼猖獗,河道梗塞,所有放运排张迭被掳勒打单。政府无力保护,商民饱受痛苦,曾组织商团沿河自卫,但军兴以来秩序大乱,商团被军队缴械解散,军队以沿河防地为利薮,纷纷设立护商机关,扣留货物,勒交行水,而匪势猖獗未闻剿办。请予援照省城先例,撤销沿河保护费用以苏民困,并请孙中山明令清乡除匪患。(《大本营公报》第 11 号,"指令"第 336 号)4 日,孙中山训令军政部长程潜,前据广州各商埠柴行、竹行代电称,军

---

① 文中有"大元帅昨令赖天球",据此酌定日期为 14 日。

队、土匪设卡抽费,民不堪命。令该部长查照通令各军一律禁止,以苏民困。(《大本营公报》第 10 号,"训令"第 139 号)至 9 日,广东地方善后委员会当值委员林木生、易子庄等又就柴杉竹行代表所称各节呈文孙中山,并言,地方善后委员会于 4 月 3 日第三十九次常会提出讨论,经众议决据情代达,请孙中山下令将沿河护商强收保费各机关刻日撤销,以利交通而维商业。(《大本营公报》第 11 号,"指令"第 351 号)10日,孙中山指令中央直辖滇军第二军军长范石生,已下令军政部撤销护商机关。(《大本营公报》第 11 号,"指令"第 336 号)本日,孙中山指令广东地方善后委员会,候令行广东省长查明办理。(《大本营公报》第 11号,"指令"第 351 号)同日,并训令广东省长杨庶堪,据广东地方善后委员会呈报,西江一带商人长期为盗匪、军队所扰,又有军队以收保护费为名剥削商人。令该省长即行查明各护商机关分别是何支军队所设,传喻该军官即日裁撤。如敢违抗,即商请其上级或呈请由孙中山派队勒令撤销并拿办违令军官。其匪徒勒收行水,应如何剿办,饬由省长督饬地方团警商同防军协力妥办。(《大本营公报》第 11 号,"训令"第 154 号)

△　训令各军,现方作战时期,凡在前方将领不得搁置职务,擅自旋省。(《帅令各军注重职守》,《广州民国日报》1924 年 4 月 14 日)

△　本月 1 日,大理院院长兼管司法行政事务赵士北因有司法无党之言论而被免职,由吕志伊接任,吕奉命于 8 日就职,并于 10 日呈报就职日期。本日,孙中山指令大理院院长兼管司法行政事务吕志伊,呈悉所报就职日期。(《大本营公报》第 11 号,"指令"第 352 号)

△　前全省船民自治联防督办伍学煜呈报卸任并请发还垫款。

广东全省船民自治联防督办一职,本月 4 日经由孙中山明令裁撤,10 日,前全省船民自治联防督办伍学煜呈报,"已遵令于本月 10日撤署,除分令省河分局及船民董事选举监督即日收束外,理合将撤署日期呈报帅座察核。所有职署及分局垫过数目,拟俟收速完竣,分别造册,再行呈报备核"。本日,孙中山据此指令伍学煜,呈悉所报撤署日期。(《大本营公报》第 11 号,"指令"第 353 号)翌日,伍学熀呈文称,船民自治联防经费支收减抵,督办实垫毫银一万七千八百一十四元九毫二先,呈孙中山察核。(《大本营公报》第 13 号,"指令"第 421 号)并于同日又呈孙中山,谓已遵令将垫过署局经费另文列册报销,并将关防文件等物缴府收存。24 日,孙中山指令兼任广东全省船民自治联防督办伍学熀,呈悉所缴关防等件。(《大本营公报》第 12 号,"指令"第 386号)至 5 月 3 日,孙中山又指令伍学熀,所有该卸督办垫支各款,应俟将该署报销案审核后再行筹还。(《大本营公报》第 13 号,"指令"第 421号)

　　△　国民党中央执行委员会第二十一次会议,准谭平山辞去常务委员之职,由彭素民接任。(中国社会科学院近代史研究所中华民国史研究室编:《中华民国史资料丛稿·大事记》第 10 辑,第 56 页)

　　△　陈兴汉呈请严禁医院军士擅取公物。

　　管理粤汉铁路事务陈兴汉呈文孙中山,谓"铁路附近后方病院,近以病愈而未出院之军士,常向职路各厂,擅取公物及客货品。迩来军士结队联群,分向厂仓拮取煤柴铜铁等。明目张胆,任便取携,迫得关锁仓闸,俾避其锋。讵仍毁销破闸,呼啸掠逃,昼夜为常。长此不已,不特铁路材料什物将荡然无存,且客商视为畏途,车利实蒙影响"。恳请孙中山察核。(《军士擅取公物》,《广州民国日报》1924 年 4 月 15 日)

　　△　令市厅、财厅筹款,以便湘军应付东江战事。

　　湘军总司令谭延闿呈请拨发薪饷,孙中山即发交财政委员会讨论办理,令由禁烟督办署项下拨给谭延闿湘军士兵一月薪饷十万元。(《帅令拨发湘军薪饷》,《广州民国日报》1924 年 4 月 14 日)又据《香港华字日报》载,"联军迟迟不敢前进,滇、湘两军意见日深,对于战事,互相推委,滇军以前每战必索巨款,现湘军亦师此智,连日派专员到大本营索饷三十万元,限五日交给,声明若不照发,则东江战事,可专让有后方纳养之滇军一手经理"。孙中山不得已于 9 日"令市厅、财厅、运署分筹二十万元,限五日交纳,并商请湘军不必坚持三十万之数。财厅等奉令后,即赴大本营向孙中山诉苦,谓现在各种收入,俱为驻军截留,官产市产俱已卖尽,亦难筹此巨款。孙中山谓,我不管你们怎样筹法,总之你们必须于五日筹得此数,方可来见我说话。现市厅急抽租捐,令警察逐户追索。孙中山又商诸中央执行委员会,暂行借垫党员所得税,委员会称现在党员居重位者多暗持反对,征收成绩,极不易佳,现只有名无实,难以济急"。(《东江战局与财政问题》,《香港华字日报》1924 年 4 月 14 日)

4 月 15 日　视察石井兵工厂。

下午 1 时 20 分,与宋庆龄视察石井兵工厂。陈友仁、朱卓文、黄昌谷、黄惠龙、张国元、马湘及卫士二十余人随行。约 2 时 30 分抵达工厂时,厂长马超俊率众列队举枪欢迎。孙中山稍作休息后,由马超俊带领巡视机厂、弹厂、审验处,视察工人操作,又详询生产情况。机匠据实禀告:工厂每月可制水旱机关枪、七九马克沁机关枪多挺。每日能出步枪四十支,子弹三万余发。孙中山甚为嘉奖。4 时 30 分,孙中山到礼堂茶会。离开石井兵工厂后,又视察槎头的广东无烟弹药厂,观看试爆时,"各人多伏地面听,大元帅屹立不动",晚 7 时返抵大本营。(《帅座视察兵工厂详纪》,《广州民国日报》1924 年 4 月 17 日)

△　佛山商会黄颂陶致电孙中山,佛山七十二行商,因筹备处附加渡船加二,印花加二,炮竹印花加四军费,及征收保护出入货物船艇费,酿成罢市。该会劝止无效,迫得电请维持。(《佛山罢市风潮之续闻》,《广州民国日报》1924 年 4 月 15 日)又南海全属炮竹商业联合会长罗焕文致电孙中山等,滇军第三军自驻扎佛山所属以来,异常骚扰,对于各炮竹店尤甚。近日改设之军需筹备处,更为变本加厉。凡各制造炮竹店户所用完饷硝磺及贴印花之炮竹类,仍任意检查,勒令附加军费,种种威逼,不胜枚举。现商罢于市,工辍于场,乞速维持,以救民命。(《佛山炮竹商吁请免捐》,《广州民国日报》1924 年 4 月 16 日)

△　任命曾镛为中央军需处运输处处长。(《大本营公报》第 11 号,

"命令")

△　准将广东司法收入留作维持司法及改良监狱等项之需。

10日,广东高等审判厅厅长陈融、广东高等检察厅检察长林云陔呈称,"现财政厅积欠司法经费极巨,高地审检四厅仅借讼费、登记费各项收入稍资维持,而外属厅庭因经费问题有停顿之势,维持现状已感困难。至吾国监狱不良,久已为世诟病。前者华盛顿会议议决撤销领事裁判权一案尚须派员来华实地调查,若不亟图改良,不独贻笑邦交,且于撤去领事裁判权一案亦大有妨碍。请准查照旧案,将粤省一切司法收入概留作维持粤省司法及改良监狱等项之需,不准提作别用"。本日,孙中山指令陈融,候令行大理院长及广东省长查照备案,仍咨高检知照。(《大本营公报》第11号,"指令"第354号)并训令大理院长吕志伊、广东省长杨庶堪,广东高等审判厅厅长陈融、广东高等检察厅检察长林云陔呈报司法经费不足,请将广东司法收入留作维持司法及改良监狱等项之需。令该大理院长及广东省长查照办理。(《大本营公报》第11号,"训令"第155号)

△　中央宣传部发出《征集民国元年孙中山先生关于钱币革命的电文》,谓"这一个电报是孙总理关于货币政策自己起草的文字,各同志们如有保存的,请抄惠寄本部为盼"。(《征集民国元年孙中山先生关于钱币革命的电文》,《广州民国日报》1924年4月15日)

△　因西路各军一齐前进,而给养尚未充分,着财政委员会统筹兼顾,设法接济。(《命接济西路各军给养赀令》,陈旭麓、郝盛潮主编,王耿雄等编:《孙中山集外集》,第841页)

△　邓士瞻致电孙中山,谓接沈鸿英电,各部队包围桂林两昼夜,邓右文在北门外缴敌枪百余,沈恩甫在六塘缴敌枪百余,邓瑞征设行营于军桥。(《国内专电》,《申报》1924年4月20日)

△　报载自大本营改委鲁涤平兼任禁烟督办后,卖烟收入即完全为湘军所有,滇军对之极形不满,近闻滇军第二师师长廖行超已在

西关杉木栏自设一烟膏专卖所,并出示布告,谓上下西关及黄沙等处,俱属该师防地,暂将烟牌照费拨充军需。禁烟督办署稽查以廖氏公然侵夺该署权限,据情报告鲁涤平,鲁氏日前已向廖交涉,请将所设烟膏专卖所撤销,以免影响税收,惟廖置之不理,鲁氏迫得转商诸孙中山,孙亦谓此事甚为棘手,不易解决。(《滇军在西关设立烟膏专卖所》,《香港华字日报》1924年4月15日)

△　湘军总指挥致电孙中山,报告进军情况

电谓:"我军于蒸(10日)克复响水,于寒(14日)晚克复河源。惟冀第一联军从速攻下惠阳,直趋海陆丰以收夹攻之效,则老隆紫金之敌当亦不难歼灭矣。"(《大本营公报》第12号,"公电")

△　令朱培德戍守连阳。

据《中华民国国父实录》载,3月13日,孙中山令中央直辖第一军军长朱培德率部防守连阳,(罗刚编著:《中华民国国父实录》第6册,第4601页)又于4月3日令财政委员会筹给朱培德部开拔连阳费四千元。(中国第二历史档案馆编:《中华民国史档案资料汇编》第4辑下册,第1232—1233页)嗣后,朱培德奉命派部队赴连阳,本日《广州民国日报》载,朱培德呈报孙中山,已遵令派该部赵参谋长德恒驰往接收连阳防务,据该参谋长电呈,已于支日(4日)接收清楚。(《朱培德呈报接收连阳防务》,《广州民国日报》1924年4月15日)

4月16日　训令军政部长程潜,该部官制可行,但因财政紧绌,按月暂先发二万元,由财政委员会交军需处转给备用,军政部长应妥为分配,撙财济用。(《帅令筹给军政部经费》,《广州民国日报》1924年4月16日)

△　上海国会议员办事处经费告竭,曾请孙中山拨款接济。孙中山准如所请,于前日电汇二千元,日间再续汇二千元。(《大元帅资助国会议员》,《广州民国日报》1924年4月16日)

△　应孙中山要求,鲍罗廷和加拉罕致电莫斯科,提出给广州派五十名军事工作人员,其领导者须是有战斗经验的人。(《鲍罗廷在中

国的有关资料》,第 297 页)

　　△　手令不得擅押民事犯①。(《毋擅押民事犯》,《广州民国日报》
1924 年 4 月 17 日)

　　△　训令滇、湘、豫、桂、粤各军总司令及各军军长,据中央直辖
滇军第五师师长胡思舜代电称,各护商机关撤销后,有悬挂军队旗帜
之小轮强拖货船勒收旗费,经过沿河厘卡更恃强直驶绝不遵章纳税。
该总司令、军长即便转饬所属一体遵照,不得再有包揽货船、抗纳厘
税之事。(《大本营公报》第 11 号,"训令"第 157 号)

　　△　14 日,大本营内政部长徐绍桢以香山古镇乡寿妇邓苏氏年
登百岁,例合褒扬,特呈请题给"百龄人瑞"四字,并给予银质褒章以
示褒扬。本日,孙中山指令内政部长徐绍桢,准如所请褒扬寿妇邓苏
氏。(《大本营公报》第 11 号,"指令"第 356 号)

　　△　拨给沈鸿英子弹二十万发。

　　沈鸿英来电报告克复富川、平乐、全州、阳朔等二十县,现前队离
桂林只五十里,"恳求大元帅发给大批子弹解桂,以济急用,而便达到
逐陆(荣廷)肃桂目的"。孙中山此次批示,发子弹二十万发,饬军政
部转令兵工厂马超俊即日配足,饬沈之驻省代表领去,派兵员转解韶
关,交沈军自行输送入桂。(《批沈鸿英报捷来电》,陈旭麓、郝盛潮主编,王
耿雄等编:《孙中山集外集》,第 841 页)《广州民国日报》亦载,孙中山据沈
鸿英呈,令拨粤造子弹二十万发,克日运解往桂,以济沈军。(《帅令拨
弹接济沈军》,《广州民国日报》1924 年 4 月 17 日)

　　△　湘军总指挥宋鹤庚电呈军情。

　　电谓:接鲁军长,方、张两师长报告:"(一)河源已于寒(14 日)晚
克复。(二)敌军陈修爵部沿江绕道溃退,李易标、黄业兴之一部沿东
江向石公神墟退却,又一部尚盘踞河源、龙江北岸一带高地,仍有节
节抵抗之势。(三)我第一军已下牛坑,拟肃清回龙,渡河驱逐盘踞该

---

　　①　据报纸日期与文中"昨特下手令"酌定。

河北岸高山之敌,我第二军现正搜索河左侧附近高山,并拟渡河驱逐残敌,第三军拟即由双头渡河截击石公神及东江东岸之敌,第四军现已进驻柏塘杨村。"(《大本营公报》第11号,"公电")

△ 报载大本营副官传出消息,谓"粤军林虎所部集中河源一带,现调回新降之滇军王汝为部为前锋,由和平连平乘虚直捣北江,驻韶滇军,多已为杨如轩、杨池生所运动,此路应请注意"等语,孙中山因此一面特令赖天球火速赴连平布防,暂取守势。一面令增城湘军分一部取道从化,转赴北江布防,以免为粤军所乘。(《东江进战中之北江形势》,《香港华字日报》1924年4月16日)

4月17日 重申禁止收编土匪为军。除已由政府核准给有名义者外,所有各军对于土匪未收编不得再收,已收编者亦要缴械遣散。(《重申禁编土匪之帅令》,《广州民国日报》1924年4月17日)

△ 谕令财政委员会每日筹给各军医药费一千元。(《筹给各军医院医药费》,《广州民国日报》1924年4月18日)

△ 准予核销大本营会计司各单据表册。

大本营会计司司长黄隆生前曾呈缴该司12年9月份杂役工饷册及工饷收据,经帅令发交大本营审计局审查,嗣后,审计局长林翔于本月12日呈文孙中山称,经审查,数目尚属核实,拟请照数准予核销。本日,孙中山指令大本营审计局长林翔,应照准,俟令行大本营会计司遵照转知。(《大本营公报》第11号,"指令"第357号)并训令大本营会计司,黄隆生所呈缴9月份杂役工饷册及工饷收据到局,查数目尚属核实,应予照准核销。(《大本营公报》第11号,"训令"第159号)

又黄隆生所呈之12年9月20日起至12月7日止计算书表、单据簿、对照表等件,经审计局审查,单据相符,数目亦无错误。惟该司职员9月末旬及10月份11月份薪俸均系全支,未照帅令折成发给。故林翔呈称,可否准其核销,请孙中山核示祗遵。本日,孙中山又指令大本营审计局长林翔,照准,已令行大本营会计司遵照。(《大本营

公报》第 11 号,"指令"第 361 号)

△　林森、邓泽如、廖仲恺等呈文孙中山,"模范监狱系逆党龙济光所造,既不适用,且地点荒僻,已成废所,故请将模范监狱有用之地拨充烈士坟园"。孙中山乃令饬大本营秘书处咨行广东高等检察厅厅长林云陔查明。(《改建烈士坟园之规划》,《广州民国日报》1924 年 4 月 17 日)

△　准将民刑各状售费改征银毫,并略增数目。

3 月,总检察厅检察长卢兴原以大理院不遵令拨给经费,特请孙中山将大理院状纸发行权转交总检察厅办理,经孙中山批准后,总检察厅遂开始发行状纸,惟自发行状纸以来,收入仅得百元,较昔锐减。本月 3 日,卢兴原再呈文孙中山,谓状纸收入锐减,推原其故,一因地方不靖,各属厅庭多不能照常来厅领用。二因交通梗塞,各当事人多不敢如常诉讼,所以状纸售额大不如前。益以铜元低,折纸价奇昂,于状纸收入大受影响,现拟将民刑各状售费改征银毫,并略增收数目,民事等状每套征收毫银八角,刑事等状每套征收毫银四角,各属厅庭领用状纸改为以总售额之半领用,其余半额则留为该厅庭经费。据此,孙中山本日指令总检察厅检察长卢兴原,准予备案。(《大本营公报》第 11 号,"指令"第 362 号)

△　令财政委员会速筹汇孙本戎部军费一万元、张贞部军费五千元。(中国第二历史档案馆编:《中华民国史档案资料汇编》第 4 辑下册,第1245 页)

△　国民党中央执行委员会第二十二次会议,通过工人部提出的《工人党团组织通则》,组织广州市青年工人俱乐部草案,并决定彭素民担任中央农民部部长。(中国社会科学院近代史研究所中华民国史研究室编:《中华民国史资料丛稿·大事记》第 10 辑,第 58 页)

△　令"江顺"等四舰赴东轰惠城。(《国内专电》,《申报》1924 年 4月 20 日)

4 月 18 日　组织法制委员会,并与委员会成员讨论组织该委员会之目的。

上午10时,与法制委员会成员古应芬、戴季陶等,在大元帅府谈组织该委员会之目的:第一,审查广东各机关的组织条例,整理行政系统、改善行政组织。将来审查时应要求各机关的人列席,以求事实明了并贯彻理论。第二,审订一切现行法律,修改与民国建国精神违背之处,令之同时适合于革命时期行使与国家人民需要。第三,审定法院编制和司法行政组织,要除去弊端,又要便民,以确立司法尊严,并完成司法效用,也要制定考试通则和法官律师考试的专则。谈至11时结束。下午各委员亦举行谈话会,讨论进行方略。同日,以法制委员会责任重大,加派廖仲恺、吕志伊、林云陔、陈融为委员①。(《法制改革之帅座政见》,《广州民国日报》1924年4月19日)18日,正式任命廖仲恺、吕志伊、陈融、林云陔为法制委员会委员。(《大本营公报》第12号,"命令")

△　闽南讨贼军总指挥何成濬电呈孙中山,请求接济军费进攻潮梅。孙中山令交财政委员会办理,该会特别会议决议,拨银一万两,由财政厅拨给四千元,市厅拨给三千元,筹饷总局拨给三千元。(《帅令拨济闽南军费》,《广州民国日报》1924年4月18日)

△　联军围攻惠州,英商被困城中,孙中山令总指挥、总司令放行并保护出境。

联军围攻惠州,英商亚细亚火油公司有代表一人名符鲁士特,被军队困于惠州,前欲乘该公司"广西"号电船由河道离开,但被军队枪击,不得已折回。广州英领事就此致函伍朝枢,请准该员出境。伍朝枢据此,于16日呈文孙中山,请电令前方军官即予放行。孙中山收悉所请,于本日指令外交部长伍朝枢,所请电令前方官军即予放行英商符鲁士特,候电令前方各军长官遵照放行。(《大本营公报》第11号,"指令"第370号)嗣后,据《广东民国日报》载,孙中山据报,乃令饬杨希闵刘震寰转饬所部,如见该电船由惠州下驶,立予放行,并妥为保护出境。(《帅令放行英商电船》,《广州民国日报》1924年

―――――――――
①　文中有"昨日午前十时"之语,日期据此酌定。

4月19日)26日《广州民国日报》又载,孙中山致电石龙西路行营主任彭寿山转刘震寰,谓英商亚细亚火油公司前两日乘电船"广西"号离惠时遭军队枪击,不得前进。令刘震寰转饬所部如见该船由惠州下驶,立予放行,妥为保护出境。(《保护外商之帅令》,《广州民国日报》1924年4月26日)

△ 准赵士觐辞两广盐运使职,并令邓泽如接任。

据《广州民国日报》载,两广盐运使赵士觐曾于上月31日赴帅府晋谒孙中山,面请孙准予辞职。但孙慰留,并面谕着赵无论如何,应勉为其难,赵请辞无功而返。(《赵运使辞职之挽留》,《广州民国日报》1924年4月3日)本日,孙中山明令免除赵士觐两广盐运使之职,并令邓泽如接任。(《大本营公报》第11号,"命令")至21日,赵士觐又呈请辞去财政委员会委员职务。23日,孙中山指令赵士觐,准辞财政委员会委员职。(《大本营公报》第12号,"指令"第382号)

△ 任命李翊东、郑校之为大本营技师,每人月薪贰百元①。(《中山墨宝》编委会编:《中山墨宝》第9卷,第223页)

△ 15日,东路讨贼军第三军军长李福林呈谓,去年12月25日,有匪首黄国在省河地面纠党骑劫法商安澜泰轮船□至坭塘海面,经该部军队截回,当场格毙黄国、黄明二名,拿获匪党何海山、周访、罗忠、马式四名。查本案同日由法国领事函解获匪何瑶、吕利达、黄沛、周球等四名。呈请孙中山令行军政部军法处,立将劫匪何瑶、吕利达、黄沛、周球等四名尽法惩办,以重邦谊而靖地方。(《大本营公报》第11号,"指令"第372号)据此,孙中山本日训令军政部长程潜依李福林呈中所请遵照办理,(《大本营公报》第11号,"训令"第168号)并指令李福林,已令行军政部按法惩办。(《大本营公报》第11号,"指令"第372号)

△ 12日,大本营审计局局长林翔呈文孙中山,代理大本营会

---

① 据《大本营公报》载,正式明令发布对二人之任命为21日。参阅《大本营公报》第12号之"命令"。

计司司长黄昌谷呈转该司庶务科 12 年 10 月份经办各项数目册、单据簿等件到局,除购置物品栏内绒台布一张、交际栏内宴客上菜两项支出原单上未有铺章,未便准予核销外,其他核算数目、单据尚无错误,拟请准予核销。又查庶务科为会计司所统辖,关于经常支出,应由该司按照计算书格式编造方符手续。既分开,暂予审计,嗣后应统由该司长汇编,俾免分歧。(《大本营公报》第 11 号,"指令"第 366 号)本日,孙中山训令会计司司长黄昌谷,据审计局长林翔呈称,会计司司长黄昌谷呈转该司庶务科 10 月份经办各项数目册、单据簿等到局,查所报之数除绒台布、宴客两项原单未有铺章,不予核销,且经常支出应由司长汇编,余皆可。该司长遵照。(《大本营公报》第 11 号,"训令"第 366 号)并指令大本营会计审计局长林翔,呈悉,已令行大本营会计司准予核销。(《大本营公报》第 11 号,"指令"第 366 号)嗣后,6 月 21 日复呈文孙中山,谓数目册单据簿内,交际栏内宴客上菜二十五份,毫银一百二十五元,绒台布一张,毫银一元四角。前因单据未盖铺章,未便遽予核销,并经呈请核准在案。函送铺章到处,业经该处详核无误,拟请予以核销。7 月 4 日,孙中山指令林翔,准予核销会计司庶务科 12 年 10 月份表册单据。(《大本营公报》第 19 号,"指令"第680 号)

△ 陈天太恳请辞职,刘玉山请孙中山慰留,孙中山指令云:呈悉,该部师长陈天太,频年转战,迭著勤劳,军事方殷,依畀有切。所请辞职之处,着毋庸议。(《大元帅慰留陈天太》,《广州民国日报》1924 年 4月 18 日)

△ 12 日,财政委员会以该会第二十七次议决报告案内有记录错误,特呈请孙中山准予更正,本日,孙中山指令财政委员会,准予更正备案。(《大本营公报》第 11 号,"指令"第 371 号)

△ 孙中山厉言决不能再启用陈策。

报载,海军内部自陈策免职后,暗潮迭起。近大本营迭接探报,据称某某等舰,拟乘东江有事之际,集中某地,为某方响应。大本营方面,闻已着着防备。查海军内部,现分两派:一为陈策派、一为林若时派。以陈策派人数较多,且较占势力,因陈策由海军学生出身,而对于孙党,又确曾立功,故党羽颇大,凡海军系之失势者皆归之,且陈策本为孙中山之骄子。此次因与朱卓文争香山防地免职,实由朱卓文女公子之力,因孙中山对陈策地位,初时本欲为之保存,朱卓文虽通电向孙中山大发牢骚,仍无如之何,后由朱小姐亲赴大本营谒见孙中山,力言非去陈策无以服众,一面又亲托孙夫人代为打点,故陈策遂不得不免职。迨免职令下,孙中山恐陈策不允交代,因又特以海防司令一席,畀诸陈策之参谋长,以为过渡。日前海防复有易人之议,陈派复欲再拥陈策上场,由某舰长朱某亲往大本营谒见孙中山,请求起用陈策,朱某尝被通缉,由陈策代请孙中山取销,故拥陈尤力,但孙中山极不以为然,当时朱等言毕,孙中山即厉声曰:"你们尚拥陈策吗? 今日的陈策'唔打得'。"又云陈策可往港澳作富家翁去了,后复坚决言曰:"陈策至少十年内不能起用。"言时声色俱厉,朱等知事不可为。此一幕排陈运动,表面上遂宣告闭幕,实则陈派仍甚活动,故海防司令虽易人,然江门一舰队,黄埔一舰队,仍自遥遥对峙。(《海防内部之暗潮》,《香港华字日报》1924 年 4 月 18 日)

4 月 19 日　传檄惠州城内陈炯明叛军应尽快弃暗投明,可予容纳。(《大元帅之讨逆檄》,《广州民国日报》1924 年 4 月 21 日)

△　致电湘军总司令谭延闿转前敌总指挥宋鹤庚及各军长鲁涤平、谢国光、吴国学、陈嘉祐,嘉许湘军克复河源,传谕全体将士一直往前,消灭残敌。(《大元帅勉湘军将领电》,《广州民国日报》1924 年 4 月 21 日)

△　驻梧桂第五军长黄绍竑,奉孙中山令派队参加南路作战。(《准备南征之忙迫》,《广州民国日报》1924 年 4 月 19 日)

△　因石龙成为前敌中枢,电务极繁,但石龙电报局经费不足,积欠甚多。特训令广东电政监督何家猷迅予设法维持,免误戎机。(《大本营公报》第 11 号,"训令"第 169 号)

△　本月 16 日,禁烟督办鲁涤平荐任吴家麟、张彀、彭耕、彭国

钧、龙廷杰、朱谦良、钟忠等七员为禁烟督办署科长,谭柄鉴、朱剑九、郑鸿铸、鲁岱、刘汲之等五员为禁烟督办署秘书。本日,孙中山指令鲁涤平,准吴家麟等任禁烟督办署科长、秘书等职。(《大本营公报》第 11 号,"指令"第 374 号)嗣后,孙中山于 23 日发布任命。(《大本营公报》第 12 号,"命令")

△　17 日,参军长张开儒呈请以上尉差遣郑继周出任副官之职。本日,孙中山指令张开儒,准升参军处上尉差遣郑继周补少校副官。(《大本营公报》第 11 号,"指令"第 375 号)并于 23 日正式发布任命。(《大本营公报》第 12 号,"命令")

△　中央执行委员会致函各军司令,奉孙中山谕,4 月 20 日下午 2 时仍在高等师范学校讲演,嘱该会函约各军军官及通告各同志前往听讲,除通告外,相应函请各部查照,自行制发听讲券,分给所属将校各军官,届时携券入场听讲,所有入场手续概照前次办理①。(《中执会通告》,中国国民党汉口档案第 11 号)

4 月 20 日　本日讲述民权主义第五讲,指出解决民权问题的方法,是把"权"与"能"分别。

孙中山在演讲中指出,"我们近来实行革命,改良政治,都是仿效欧美,我们为什么要仿效欧美呢? 因为看见了欧美近一百年来的文化,雄飞突进,一日千里,种种文明都是比中国进步得多"。但是,民权问题在外国政治上至今没有根本办法,所以外国的民权办法不能做我们的标准,不足为我们的师导。但我们要解决民权问题,虽不能完全效仿欧美,却可借鉴于欧美,参考欧美以往的经验、学理。"我们革命主张实行民权,对于这个问题,我想到了一个解决的方法,我的解决方法,是世界上学理中第一次的发明。我想到的方法就是解决这个问题的一个根本办法。我的办法就是象瑞士学者近日的发明一样,人民对于政府要改变态度,近日有这种学理之发明,更足以证明

---

①　另有专函致各区,参见中国国民党汉口档案第 58 号。

我向来的主张是不错。这是什么办法呢？就是'权'与'能'要分别的道理。""欧美人民现在对于政府持反对的态度,是因为权与能没有分开,所以民权的问题至今不能解决……欧美学者现在只研究到了人民对于政府的态度不对,应该要改变,但是用什么方法来改变,他们还没有想到。我现在把这个方法已经发明了,这个方法是要权与能分开。讲到国家的政治,根本上要人民有权;至于管理政府的人,便要付之于有能的专门家。把那些专门家不要看作是很荣耀很尊贵的总统、总长,只把他们当作是赶汽车的车夫,或者是当作看门的巡捕……无论把他们看作是那一种的工人,都是可以的。人民要有这样的态度,国家才有办法,才能够进步。"(《三民主义》,《孙中山全集》第9卷,第314—333页)

△　报载,自国民党改组后,孙中山规定每星期日,必到高师演说。"初时听者尚众,迄后逐渐减少,今日则学生党人,亦且掉头不顾。听众只有三百名红边帽黄衣裤丘八,查此三百人为滇军干部大队,即月前杨希闵因滇军下级干部死亡殆尽,特挑选养成者,故其服装整齐,精神颇有可观,每星期日,均奉命来校听讲。"(《孙中山学吴佩孚练兵》,《香港华字日报》1924年4月23日)

△　核定《陆海军审计条例》十五条。(《大本营公报》第11号,"法规")限令驻广州市区之军队,七日内一律分赴各路,或市外各属扼要驻守。(《帅令市区驻军赴前线》,《广州民国日报》1924年4月20日)

△　广州航空局局长陈友仁呈称,该局迭被外省兵闯入窃机件,孙中山乃饬令各军制止①。(《国内专电》,《申报》1924年4月22日)

4月21日　本日主持中央执行委员会第二十三次会议,指定广州市党部执行委员、监察委员候选人。

指定广州特别市党部干部及执行委员候选人为:孙科、马超俊、吴铁城、邓慕韩、方瑞麟、伍智梅、黄季陆、陈兴汉、邝达生、潘歌雅、曾

---

①　后有"以上20日下午8钟"等语,故时间酌定为20日。

西盛、覃超、徐苏中、阮啸仙、罗迈、叶素志、赵锦雯、唐允恭、唐云翔、谢良牧、陈安仁、梁龙、高冠天、林黄卷、邓青阳、吴荣新、陈其瑗等二十七人。监察委员候选人为：黄隆生、刘芦隐、赵士觐、林云陔、古应芬、陈树人、邓演达、张民达、范其务等九人。(罗刚编著：《中华民国国父实录》第6册，第4633页)

　　△　任命郑洪年兼任广东财政厅厅长。派邓泽如为财政委员会委员。(《大本营公报》第12号,"命令")

　　△　以现值军事时期,对于后方运输,不能不调派得力部队保护,故自石龙以下直达省城,由东路第三军军长李福林派队保护,石龙以上铁路沿线,则派中央第三军长卢师谛负责。大本营参谋长李烈钧奉大本营面谕,通令各军,请饬所属遵照。(《帅座关心广九路运输》,《广州民国日报》1924年4月23日)

　　△　本月17日,大本营内政部长徐绍桢呈文孙中山,南海县节妇陈钱氏守节数十年,贞节不逾,教子成人,常存慈爱,复捐助巨资俾充善举。核其事状,与现行褒扬条例第一条第二五六各款相符,拟请题颁"懿德贞型"四字,给予银质褒章,并恳加给褒辞以示优异。本日,孙中山指令内政部长徐绍桢,准如所请褒扬节妇陈钱氏,褒辞由内政部代撰给领。(《大本营公报》第12号,"指令"第376号)

　　△　令财政委员会,发给特别费一千二百元,交孙科支给;提前垫给无线电局三千元的经费;速筹五千元交军政部,转饬兵工厂先制子弹五万颗,发给广西沈鸿英部;筹给会计司特别费七千元;指定收款机关,按日担任拨付杨希闵总指挥行营公用杂费一千元;筹给姚雨平收束军费五千元;筹给佟君旅费五百元。(中国第二历史档案馆编：《中华民国史档案资料汇编》第4辑下册,第1246－1247页)令财政委员会筹拨滇军兵站军费,财政委员会决议,着筹饷局拨支滇军总部经费七千元、兵站部八千元,并另由租捐项下拨付二千元。(《拨给滇军兵站经费》,《广州民国日报》1924年4月21日)令财政委员会筹给佟君旅费五百元、发给黄骚特别费一千元,又各机关经费停发甚久,着财政委员会

每日酌量接济,以示体恤。(《命发佟君旅费令》《命发黄骚特别费令》《命发各机关经费令》,陈旭麓、郝盛潮主编,王耿雄等编:《孙中山集外集》,第843—844页)

△　吴铁城呈文谓,香新顺河面水路复杂,盗匪出没,查草鞋洲素为盗薮,请电饬督县假舰剿办。(《吴铁城请会剿草鞋洲匪》,《广州民国日报》1924年4月25日)

△　李根沄致电孙中山,"惠城内逆军军实充足,我军原拟皓(19日)攻惠,因水涨难渡,故改期。俟施行总攻后,惠城难下,恳颁令进攻海陆丰,直捣潮汕,断逆后路"。(《李根沄之攻敌主张》,《广州民国日报》1924年4月23日)

△　准杨希闵辞去总指挥之职,并令市厅筹款解交湘军司令部。

报载联军日言胜利,但杨希闵竟有辞去总指挥之举。查其原因,实缘湘滇两军,意见甚深,不能合作。盖湘军战线,即去年许崇智之路线,以地理论,许军当然熟于湘军,一日战事发生,湘军恐难支持。杨希闵虑受湘军牵动,故决意辞职以让谭延闿。又关于前方粮食问题,杨氏不肯负责,湘军讨饷甚急,是亦促成杨氏辞去总指挥之一因。(《杨希闵辞总指挥之内幕》,《香港华字日报》1924年4月21日)又报载,杨希闵近以前方湘军,不服从其命令,于15日由石龙乘专车返省,向孙中山辞联军总指挥职,孙氏亦知湘滇军之不协,杨氏断不能指挥如意,现东江战事又以湘军为主力,左路既完全由湘军担任,中路亦分兵参加,自应以湘军长官任总指挥较为妥当,倘仍向杨氏敷衍,诚恐湘军不肯再为卖力,遂决议准许杨氏辞职。岂料前方滇军闻讯,又大不甘服,纷纷拍电反对,且按兵不动,是以连日东江前敌战事消息复趋沉寂。孙中山以前方滇军既不肯再进,更不得不专倚赖湘军,乃力促谭延闿出发督师,而谭氏又要求拨给现款十万元,俾携往前方犒赏湘军,必俟此款到手,方肯出发。孙中山即与孙科商量,令于市库内设法拨给,惟孙科颇有为难之意,对其父谓目下市库收入短绌,一时骤难筹此巨款,孙中山拍案怒斥,限令于三日内筹足,解交湘军总司令部,并谓如逾限不能照解,以后勿再来见我,孙科遂不敢再言,懊丧而退,闻 20 日业已解送三万元与谭,余数日内亦可照拨。(《谭延闿索钱出发记》,《香港华字日报》1924 年 4 月 21 日)

4 月 22 日　邓泽如前经任命为两广盐运使,孙中山以东江战事正殷,筹措饷糈,刻不容缓,特面谕新任两广盐运使邓泽如"赶行接任,极力整理,以裕收入"。邓奉谕后,于本日下午,到任视事。(《邓泽如之履新》,《广州民国日报》1924 年 4 月 22 日)并于次日呈报遵令接印视事日期。25 日,孙中山指令邓泽如,呈悉所报到任视事日期。(《大本营公报》第 12 号,"指令"第 395 号)嗣后,邓泽如为专心整顿盐政,特于 28 日呈请辞去大本营参议一职。(《大本营公报》第 12 号,"指令"第 411 号)30 日,孙中山明令准邓泽如辞参议职,(《大本营公报》第 12 号,"命令")

△　许崇智提出五项建议,云愿回粤,本日返抵广州。

《中华民国国父实录》谓许氏在沪时,曾以请求书交由李鸿基(子宽)先返粤面呈孙中山,提出建议五项,大意为:(一)愿回粤任粤军总司令,统一粤军。(二)要蒋介石为粤军总司令部参谋长。(三)粤军驻地之财政,交粤军总部统一整理,以六个月为期,归还中央。(四)请任胡汉民为广东省长。(五)广东兵工厂交粤军总司令管辖。李鸿基自述曰:"我持此请求书即返广州,面呈孙总理,所请各点,大部分许可,唯蒋介石任粤军总部参谋长,须面询蒋,我当往询,承蒋先生许可。孙总理又说:'广东兵工厂交陆军部管辖较妥,可免滇、桂军反感。'我得孙总理指示,与蒋先生付嘱,迅赴上海,古湘芹(应芬)、宋子文两位,亦持孙总理亲笔信到沪,许总司令即遵回粤,我随同返。"①(罗刚编著:《中华民国国父实录》第 6 册,第 4633—4634 页)

本日,许崇智抵广州。《申报》载,孙中山以中、东路部队无人主持,迭电促许崇智返粤。(《国内专电》,《申报》1924 年 4 月 20 日)许崇智乃于本日抵粤,又报载,粤军总司令许崇智返省后,迭与孙中山会议,

---

①　当时蒋介石不在广州,有关询问蒋介石允任参谋长一事是否属实,尚不确。

对于粤军编配军饷、南路军事问题，已定有具体计划。（《南路将领欢迎徐崇智》，《广州民国日报》1924年4月26日）嗣后，许崇智于5月2日呈文孙中山，谓病已稍痊，业于4月22日返抵广州，即日到部照常视事。（《大本营公报》第13号，"指令"第438号）5月7日，孙中山指令东路讨贼军总司令许崇智，呈悉所请销假并到部视事日期。（《大本营公报》第13号，"指令"第438号）

△　严令广州市公安局长吴铁城，着即派出委员协同警兵沿门催收租捐，限期解缴，毋得妨碍要需。（《帅令严催租捐》，《广州民国日报》1924年4月22日）

△　广东筹饷总局督办范石生呈请由合德公司陈必有等承办广州市河北一带，西关水陆警界范围内一切什赌，以一年为期，每天纳正饷银一千元、公礼一百元、另缴按饷五千元。孙中山令准予备案，并令军政部长程潜通行各军一体保护，以卫饷源。（《帅令保护杂赌》，《广州民国日报》1924年4月23日）

△　滇军总司令杨希闵，乘坐专车返省，亲向孙中山报告战事经过。（《杨希闵因公返省》，《广州民国日报》1924年4月23日）

△　前两广盐运使伍汝康卸任后，其补恤程船一案仍未查清[1]，本日，孙中山训令盐务督办叶恭绰，卸两广盐运使伍汝康办理补偿程船损失一案，并未查确，轻率补偿，有违向章，碍难照准。所有折发二万零六百二十元准单，着由盐务署责成伍汝康如数缴还，至该卸盐运使借词恤商，含混其中，有无情弊，由盐务署令饬两广盐运使严行查办。该督办遵照并转饬办理。（《大本营公报》第12号，"训令"第171号）

△　17日，广东省长杨庶堪呈请销去"代理"字样，明令任郑洪年兼任广东财政厅厅长。本日，孙中山指令广东省长杨庶堪，已有明令任命。（《大本营公报》第12号，"指令"第379号）

△　廖湘芸致电孙中山，以无伙食发给之故，请辞虎门要塞司令

---

[1]　参见1月9日条。

职。(《国内专电》,《申报》1924年4月27日)

4月23日　接受日本驻广州通讯社记者访问,谈论对美国通过排日移民法案之观感。

美国上院通过排日移民法案后,日本驻广州通讯社记者为此事走访孙中山,孙中山发表谈话称:"此在日本毋宁视为最良之教训,须为黄种色人而觉醒之绝好机会。""日本以前过于倾倒白人种之势,对于白色民族少所顾虑。余企图亚细亚民族之大同、团结已三十年,因日人淡漠置之,遂未具体实现以至今日。使当时日本表示赞同,想不至如今次受美国极端的屈辱……余此际所望于日本者,忍受耻辱,退而静谋亚细亚民族之大结合,俟黄色人种之团结完成,然后讲求对于此次屈辱之方策,斯日本民族之愤激庶不徒劳,而有圆满结果之一日。"[1](段云章编著《孙文与日本史事编年(增订本)》,第666—667页)

△　致电嘉勉西路讨贼军总司令刘震寰并各将领,谓"迭接捷音,殊深嘉慰,安良除暴,在此一举。务望努力奋斗,协竟全功。前途之事至重也"。(《帅座嘉勉西路将士》,《广州民国日报》1924年4月26日)

△　任命陈敬汉、杨志章兼盐务署秘书。(《大本营公报》第12号,"命令")此任命系大本营财政部长兼盐务督办叶恭绰呈中所请,孙中山于本日发布任命,并于本月30日指令财政部长叶恭绰,已明令任陈敬汉等兼盐务秘书。(《大本营公报》第12号,"指令"第408号)

△　令各军撤销市内所设各机关,并移驻郊外。

下午1时,发布命令,略谓"近日广州市内劫杀之案,屡见迭出,多系不肖军人所为。查军民杂居,易生纷扰,复机关林立,流弊丛生。自今以后,凡有防地之军队,着即回原防,原驻市内之滇军第二师各部移驻西郊之西村、江村、新街一带,滇军第二军各部移驻东郊燕圹、

---

①　段云章编著之《孙文与日本史事编年(增订本)》第666页称,此谈话原刊于日本《东京朝日新闻》1924年4月25日,注明谈话时间为4月23日。《孙中山全集》第10卷则根据《广州民国日报》发表日期,将时间定为4月30日。(《与日本广东通讯社记者的谈话》,《孙中山全集》第10卷,第134—135页)

石牌、东浦一带。未有指定防地之军队,军、师以上者可在市上设司令部或办事处、留守处,部队则应自行择地移驻郊外。其他一切游击、别动、先锋、警卫、警备、梯团、支队、某路某纵队等非正式编制军队,除广东省警卫军及经大元帅特许者,无论所属何军,永远不准驻扎市内设立机构。已驻市内者限十天内迁出并撤销机关。逾限即请卫戍总司令部、公安局长会同分别缴械解散"。(《限期各军移郊之帅令》,《广州民国日报》1924年4月24日)

　　△　应禁烟督办鲁涤平所请,通令各军长官严令所属,不准再有私设烟馆、私售烟膏、包庇未领牌照之人吸食烟药等行为,违者军法从事。(《通令不准包庇私烟》,《广州民国日报》1924年4月23日)

4月24日　复函吴忠信,谓解决国是,全在吾人努力。此间刻正并力以除东江余孽。拟俟粤境肃清后,一方整饬内政,以粤省树建设之始基;一方出师北伐,以期早日讨平国贼。届时,皖、奉系及国内各有力分子"如能奋起,以与吾党合作,则尤大局之幸"。(《复吴忠信函》,《孙中山全集》第10卷,第111—112页)

　　△　驻五邑粤军第四军军长梁鸿楷、东路军总指挥张国桢等对广东筹饷总局接收五邑财政处持有异议,并呈文孙中山表示反对。本日,孙中山电复梁鸿楷等云,防务统一,系筹饷局专责,该军长等勿庸干涉,至从前每日抵承若干,现批商承若干,应饬督办范石生查明核夺,至该饷收入局时,自应拨还支配给养。(《大元帅复梁鸿楷等电》,《广州民国日报》1924年4月28日)

　　△　令中央直辖第二师师长兼顺德县长周之贞将拘留乡民提解广州。(《帅令提解桑麻乡民来省》,《广州民国日报》1924年4月24日)

　　△　准拨广东土丝台炮经费为陆军讲武学校经费。

军政部长程潜前奉命办理教导团及陆军讲武学校,因讲武学校经费欠缺,故程潜于17日呈文孙中山,报告办理情况,并请将土丝台炮经费明令指定作为陆军讲武学校常费,不足者则由其另行筹补。孙中山收悉该呈后,本日指令程潜,准如所请将土丝台炮经费每月拨九千元为陆军讲武学校经费,候即令行财政委员会转行广东财政厅照办①。(《大本营公报》第 12 号,"指令"第 385 号)并训令财政委员会,准以广东土丝台炮经费每月拨九千元为陆军讲武学校经费,直至该校归并军官学校止,该委员会即便转行广东财政厅遵照办理。(《大本营公报》第 12 号,"训令"第 177 号)据《孙中山集外集》一书载,财政委员会 29 日决议,该经费"财政厅另筹,不必由土丝台炮经费项下拨"。(《命发陆军讲武学校补助经费令》,陈旭麓、郝盛潮主编,王耿雄等编:《孙中山集外集》,第 848 页)

△　21 日,财政委员会主席委员叶恭绰、杨庶堪呈请将廖湘芸所委虎门护沙局长杨王超撤销,仍由该处东莞护沙费征收委员照案收拨。(《大本营公报》第 12 号,"指令"第 388 号)本日,孙中山训令虎门要塞司令廖湘芸,令即撤销其所委虎门护沙局长杨王超。(《大本营公报》第 12 号,"训令"第 180 号)并指令财政委员会主席委员叶恭绰、杨庶堪,所呈照准,已令行廖湘芸遵照。(《大本营公报》第 12 号,"指令"第 388 号)

△　邓泽如呈报解除广东支部长职务缘由。

广东支部长邓泽如呈文孙中山,"猥以樗栎菲材,谬承重寄,滥竽一载,党绩毫无,上无以报知遇之恩,下无以促群众之德,抚躬自问,负咎实多,徒以大义所在不敢引退。令幸本党改组,市党部将告成立,负责有人。职正可乘时告退,以让贤能,且中央执行委员会早已直接陆续派员赴各县分部改组,则职部实无存在之必要。兹谨于本月底解除部长职务,并停止办公,除分函各县分部知照外,理合将解除职务,停止办公缘由备文呈报察核,谨呈总理孙"。(《邓泽如上总理呈》,中国国民党汉口档案第 2478 号)

△　令财政委员会,速筹二万元交福建省长方声涛代表苏苍转汇,即筹给许卓然急用费二千元,筹给东路军军衣五千套。(中国第二

---

①　此"指令"无日期,但从相应"训令"来看,应在 24 日。

历史档案馆编:《中华民国史档案资料汇编》第4辑下册,第1249页)

　　△　四邑粤籍联军实力阻止豫军加入南路。

　　报载孙中山任樊钟秀为南路总指挥,克日出驻江门,指定黄明堂、梁鸿楷,亦受樊氏指挥,李济深、梁鸿楷、郑润琦等,一面联电大本营,请即收回成命,又派第四军参谋长冯竹贤向孙中山陈述樊军不能向南路进展之原由。孙中山大骂冯氏,谓"命令不能朝令夕改,且樊军出发,早已由朱卓文设法支拨开拔费,我亦预知你们必来啰唆,你若不服,就与樊钟秀打过,你们可缴佢枪械"。冯氏返回江门复命,并促许济赴沪,请许崇智返省主持一切。刻下江门已即宣布戒严。凡江门以上河道,不准别军过。(《西江风云紧急续志》,《香港华字日报》1924年4月24日)又报载,豫军调赴南路,为当地防军反对,向孙中山提出抗议,惟孙中山以命令既下,不肯收回,并促樊钟秀部开拔。该军遂于19日先遣第一批开赴江门北街,四邑粤籍联军得悉孙氏不允收回成命,决定采用断然手段,以实力阻止豫军。豫军在省准备移动之际,李济深即回肇庆布置防守,梁鸿楷亦从香港返回江门。20日豫军到达北街未敢登岸,派员与江门方面驻军疏通,往返数次而未有成果。豫军以不能入江,电孙文去电李、梁制止。李、梁两人态度坚决如故,孙中山恐牵起绝大风波,调解更难,故特着豫军暂行返回广州,徐谋解决。(《豫军谋获四邑地盘之失败》,《香港华字日报》1924年4月24日)次日,《香港华字日报》又载,梁鸿楷派人谒见孙中山,得悉孙中山不肯收回调遣樊钟秀部的成命后,大为惊骇,召集李济深、郑润琦、张国桢、杨锦龙、林若时、梁若谷等开会商讨对策,随即联名致电许崇智,促其出而主持,电文内有"粤籍军人只得此五邑西江等处为立足地,若再容客军侵占,我欲求一席地,而不可得"。许崇智与蒋介石于21日到省后,即赴大本营晋见孙中山,广东籍各军官,亦纷纷到省谒见许氏。李济深因孙中山有令刘震寰所部李海云、林树巍两师移驻肇庆之说,故坚请许氏速饬所部东路军进驻肇庆,并在肇庆组织粤军总司令部。为抵抗豫军及西军之计,闻许氏谒见孙中山时,亦反对豫军加入南路,拟请将豫军改调东江,当时孙中山以命令既下,未便更改,只允饬令豫军暂勿进驻江门,直由水道开往阳江。至于权限问题,孙中山允许取消樊氏节制南路各军之议,统一由许氏指挥调遣,但许氏仍坚持撤回豫军加入南路之命令,大约日前豫军由江门调回,亦为许氏反对之结果,闻许氏日间即亲赴江门,与南路军官磋商防务。(《许崇智回粤与南路军事两问题》,《香港华字日报》1924 年 4 月 25 日)

△　中央军需处欠薪日久,各军伙食给养等费所得各不相同。

报载日前中央军需总监蒋尊簋面谒孙中山请辞,虽未核准,然该处职员积欠薪水日久,连日纷纷向蒋氏请求发给,蒋氏亦无法解决。自该处停发各费后,东江前敌各军,所有伙食给养等费,皆由各军后方办事处自行供给,除向各机关领取外,各自设法筹垫,故前敌联军伙食给养等费极不平,查其中大略情形,伙食一项,滇军兵士每人四毫,湘军中下级军官,每人每日约可得六毫至八毫,兵士每人三毫,刘震寰所部西路军最少,中下级军官,仅日得三、四毫,兵十每人二毫,至于刘玉山、卢师谛等部,或则完全无着,或则兵士每人仅日得一毫至一毫半不等。现时前敌各军,未能一致进行者,未始不由于此。孙中山现拟亲赴东江督师,固欲借此振作士气,亦为调和各部意见之故。已由副官黄惠龙,将出发各事,妥为布置,孙中山将携同李烈钧或程潜随行,谭延闿则因目疾稍愈,尚须休养,能否随同出发,尚属未定。(《东江前敌联军进行参差之原因》,《香港华字日报》1924 年 4 月 24 日)

4 月 25 日　任命李铎、杨友棠为大本营军政部参事,王恒为大本营军政部审计局局长。(《大本营公报》第 12 号,"命令")

△　派张民达兼理盐务缉私主任。(《中山墨宝》编委会编:《中山墨宝》第 9 卷,第 224 页)张民达奉命后,于 5 月 1 日设处视事,启用关防,并呈报就职日期。5 月 7 日,孙中山指令兼理盐务缉私主任张民达,呈悉所报就职及启用关防日期。(《大本营公报》第 13 号,"指令"第 440 号)另两广盐运使邓泽如亦曾于 5 月 8 日向孙中山呈报张民达就职日期,孙中山则于 5 月 12 日指令邓泽如,呈悉所报两广盐务缉私主

任设处视事并启用关防事。(《大本营公报》第 14 号,"指令"第 464 号)

　　△　中央执行委员通告,奉孙中山谕,4 月 27 日下午 2 时仍在高等师范学校讲演,饬该会通告各同志并函约各军将校依时出席。(《中执会通告(第四十五号)》,中国国民党汉口档案第 60 号)

　　△　令滇军杨总司令希闵,所有何克夫选拔之部队,着即调赴东江,受杨总指挥服务,其直辖第一军在东江部队,着即调赴连阳,照前命部署。(《军队陆续出发助战》,《广州民国日报》1924 年 4 月 25 日)

　　△　训令西路讨贼军总司令刘震寰,该路军第三师师长黎鼎鉴等逾权滥委宝安县护沙局长、宝安全属沙捐兼清佃局长等职,不独累乱章制,且破坏财政统一,令该总司令转饬黎鼎鉴等将所派人员克日撤委,并令饬所属嗣后不得再侵夺各行政机关。(《大本营公报》第 12 号,"训令"第 183 号)

　　△　17 日,财政委员会主席委员叶恭绰、杨庶堪呈文孙中山,据永春公司呈报,滇军第三军军需筹备处将芳村花地三五眼桥二十四乡筵席捐招商承办强制抽收,请令行蒋光亮转饬该处停止抽收。本日,孙中山指令财政委员会,省河水陆筵席捐既经指定全数拨充省市教育经费,芳村花地自不能例外,候令行滇军第三军军长蒋光亮将核准福利公司承收广州市芳村、花地等处筵席捐之案即日撤销。(《大本营公报》第 12 号,"指令"第 391 号)

　　△　准将广东航运附加军费处改为"大本营财政部广东航运保卫处"。

　　18 日,大本营财政部长叶恭绰呈文,目下军需紧急,亟应早日设处开办整顿江防附加军费以裕饷糈。该处原定名为广东航运附加军费处,惟军费字样只就狭义而言,且附加名称尤恐商民易滋误会,不若改为"大本营财政部广东航运保卫处",则其义较广,且商民深资保卫,自必踊跃输将。特备文呈请鉴核。本日,孙中山指令财政部长叶恭绰,准如所请设立广东航运保卫处,并委黄石等为监督等职。(《大本营公报》第 12 号,"指令"第 396 号)叶恭绰奉命后,即令饬航运保卫处遵照帅令,撤销航运附加军费,并于次月 7 日将遵办情形呈送孙中山鉴核。次月 14 日,孙中山指令叶恭绰,呈悉所报撤销航运附加军费情形。(《大本营公报》第 14 号,"指令"第 472 号)

△　下令撤销北江重抽出入口货物机关,名目地点包括："连江口车站各局;大本营商运局;湘军护运局;湘军放行票;连、阳、英、清护商队;护商特别费;滇军朱司令、李统领保商办事处;连阳绥靖处附加费;青连各局;连、阳、英、清护商费;英德、连阳绥靖处附加费;含光各局;滇军第一统领护商费;滇军第一统领检查费;湘军第三军护运局;连阳绥靖处含光附加费,并所有经过每埠每船每次勒收各更钱,一律禁止。"(《令禁北江大都收费机关》,《广州民国日报》1924 年 4 月 26 日)

△　派周自得为广九铁路护路司令。通令各军将住在沿路车站各官兵一概撤退,并严禁各官兵,不得干涉行车事宜。(《中山墨宝》编委会编:《中山墨宝》第 9 卷,第 225 页)嗣后,孙中山又令各军长官,谓广九铁路保护全由护路司令周自得负责,其余各军除办理作战后方勤务事宜,得于交通辐辏点酌驻军队办理要公外,应一律撤退。各军撤退时期,由护路司令周自得通报办理。(《周自得负护路全责》,《广州民国日报》1924 年 4 月 30 日)

△　着航空局长陈友仁迅派飞机队移站博罗,侦查协攻惠城,所需之款,已饬财政委员会赶筹。(《飞机全队移进博罗》,《广州民国日报》1924 年 4 月 25 日)此后,4 月 28 日《广州民国日报》载,孙中山再函示航空局长陈友仁,催促其派飞机队往博罗助战。所需款已另饬财政委员会赶筹。(《飞机队积极助战》,《广州民国日报》1924 年 4 月 28 日)

4 月 26 日　本日下午 2 时继续讲述民权主义第六讲,介绍各种政权、治权。

演讲指出:"在我们的计划之中,想造成的新国家,是要把国家政治大权分开成两个:一个是政权,要把这个大权完全交到人民的手内,要人民有充分的政权可以直接去管理国事。这个政权,便是民权。一个是治权,要把这个大权完全交到政府的机关之内,要政府有很大的力量治理全国事务。这个治权,便是政府权。"而政权,即民权主要有选举权、罢免权、复决权、创制权四个政权。"人民要怎么样管理政府,就是实行选举权、罢免权、创制权和复决权;政府要怎么样替人民做工夫,就是实行行政权、立法权、司法权、考试权和监察权。有了这九个权,彼此保持平衡,民权问题才算是真解决,政治才算是有轨道。"(《三民主义》,《孙中山全集》第 9 卷,第 334—355 页)

△　面谕海防司令林若时,自后各军借用军舰,非由孙中山下令,不得擅借。(《非由帅令不准借舰》,《广州民国日报》1924 年 4 月 26 日)

△　训令大本营军政部,通令各军切实保护五邑赌商,以维五邑防务经费。(《令保护五邑赌商》,《广州民国日报》1924 年 4 月 26 日)

△　市内驻军,不日概调外属,孙中山为顾念各属人民计,拟再发明令,责成驻防各该所属地方之军队,担负防地内一切治安,并同时饬由省署通令各属地方官,协力维持。(《帅座注意外属治安》,《广州民国日报》1924 年 4 月 26 日)

△　19 日,财政委员会主席叶恭绰、杨庶堪呈文孙中山,该会本月 15 日第二十九次常会会议,盐运使赵士觐提出维持盐税办法,议决由该会呈请孙中山明令维持。本日,孙中山指令财政委员会,候令军政部转令中央直辖第一军朱军长所部王师,立将在北江一带所设抽收盐斤费用机关悉数撤销,并通行各军不得加抽盐斤附捐及保护查验等费,以恤商艰而维正税。(《大本营公报》第 12 号,"指令"第 398 号)同日,并令军政部长程潜即便遵照办理。(《大本营公报》第 12 号,"训令"第 186 号)

△　准予核销卸大本营会计司长王棠所呈计算书表册,并令另缮一份呈候备案。

12 日,大本营审计局长林翔呈文孙中山,"钧座发下卸大本营会计司司长王棠 12 年 2 月起至 9 月 20 日之计算书等件,及更正 12 年 4、5、6、7 等月份临时支出计算书、单据簿、附属表、收支对照表等件到局。兹贵局因审查手续必须根据支付命令，自应逐案检送。查支出计算书内支出各款有奉手令者，有奉训令者，有由秘书处或参军处函知者，有由广东省长署或广州市政厅拨兑者，有拨付各机关经费及伙食费者，细核数目尚属相符，自应请予核销。请令饬该司长另缮计算书、收支对照表各一份，迳呈钧府备案"。（《大本营公报》第 12 号，"指令"第 399 号）据此，孙中山本日训令大本营会计司，卸大本营会计司长王棠呈送各计算书表册，经审计处审查，各月支出核对相符，可予核销。令该司长查照转知该卸司长知照，并分别另缮各月计算书、收支对照表各一份呈候备案。（《大本营公报》第 12 号，"训令"第 187 号）并指令大本营审计局长林翔，已令行大本营会计司查照转知。（《大本营公报》第 12 号，"指令"第 399 号）

△　10 日，财政委员会主席叶恭绰、杨庶堪呈文孙中山，坟山税契已奉谕撤销，坟山登记事同一律，特呈请孙中山令饬大理院将坟山登记案一并撤销。孙中山据此，本日指令叶恭绰等，应照准，候令行大理院遵照办理。（《大本营公报》第 12 号，"指令"第 400 号）并训令大理院监管司法行政事务吕志伊，据财政委员会主席叶恭绰等呈，坟山登记与坟山税契事同一律，应予取消。该院长即便遵照办理。（《大本营公报》第 12 号，"训令"第 188 号）

△　李福林呈请枪决匪犯。

21 日，东路讨贼军第三军军长李福林呈称，拿获借名投军纠党勒索之匪徒冯标、黎咸等，请孙中山察核应否将该匪等发还犯事地方就地枪决，以儆效尤。本日，孙中山指令东路讨贼军第三军军长李福林，匪犯冯标、黎咸，胆敢伙党行劫，并敢拒捕，实属不法，自应按照军法处以枪决。（《大本营公报》第 12 号，"指令"第 401 号）李福林奉令，乃于 4 月 28 日将冯标、黎咸验明正身，派队押回犯事地方执行枪决。并于该日将日期呈报察核备案。5 月 5 日，孙中山指令李福林，呈悉所报枪决匪犯冯标、黎咸日期。（《大本营公报》第 13 号，"指令"第 431 号）

△　派萧其斌赴上游，与某部接洽，已行。（《国内专电》，《申报》

1924 年 4 月 27 日）

4月27日　以东江战事行将结束，筹划北伐，势不容缓。特致电上海胡汉民，命其即日来粤赞襄大计。(《大元帅电召胡汉民》,《广州民国日报》1924 年 4 月 28 日)

△　迭据前方报告，以将士围攻惠城，劳苦备至，特变更攻城方法，调运炸爆轰烈战品，以攻惠城。特令广东兵工厂厂长马超俊、航空局长陈友仁、长州要塞司令马伯麟等，进行试验。经马等报告，孙中山令克日运输炸爆轰烈战品赴东江。(《实行轰炸惠州城》,《广州民国日报》1924 年 4 月 29 日)

△　安徽党员张秋白控告柏文蔚叛党，孙中山谓往事不问，只需柏答复今后对联省自治主张如何。

安徽党员张秋白，前控告柏文蔚叛党，谓其罪状多端，且称卢师谛等可资作证。25 日，卢师谛等为此呈文孙中山，谓张秋白等控柏文蔚案内，该呈词所称卢师谛等可资作证一语，按之事实迥不相符①。(中国国民党汉口档案第 12144.2 号)本日，安徽党员张秋白、凌毅等呈文孙中山称，"秋白等控告柏文蔚叛党，罪状多端一案，既据文蔚砌词答辩，并令其部属朱镜清等捏诬秋白及毅等种种劣迹，秋白及毅等对于此种污蔑，认为有请求彻查之必要，且对其答辩及所提出之反证，亦认为绝无充分之理由与价值，特此仰恳总理暨中央党部务即严密彻查。果文蔚、镜清等还讦秋白及毅等各节属实，秋白及毅等愿受极严厉之制裁。设为文蔚、镜清等砌词捏诬，则秋白及毅等名誉不足惜，而党中有森严之纪律，断不能任人捏诬抵赖，破坏善良党员在党内外之信用与名誉。况此案关系本党之威信与荣誉，至为重要，万不可含混判决，致令双方或任何一方沉沦冤狱，方足以昭大公，而示绝无偏袒任何一方之嫌疑。为此，伏祈总理暨中央党部容纳秋白及毅等此种合理之请求，从速传令两造到场，当面对质，以明真相，而凭裁判，实不

---

①　仅有提要，无全档。

胜感激待命之至"。(《安徽党员张秋白等上总理呈》,中国国民党汉口档案第 12211 号)

翌日,国民党中央执行委员会第二十五次会议,孙中山于会上与柏文蔚就其被控案谈话,称往事不问,只要柏文蔚答复其对联省自治主张如何。柏文蔚答,"文蔚是军人,政治上无多研究,联省自治以前既未主张",以后亦不主张。孙中山称答辩可满意,强调国民党改组就是要划除前错。改组以前之事,可以不问。只要以后服从国民党主张,柏案可了。(《与柏文蔚的谈话》,《孙中山全集》第 10 卷,第 130-131页)孙中山对柏文蔚被控告一案之态度,早已明确。10 日,孙在批复刘培寿等人代电时,便指出,往事不咎,只问明柏文蔚今后对于联省主张如何。(《批刘培寿等快邮代电》,《孙中山全集》第 10 卷,第 50 页)4 月30 日之《广州民国日报》,又载有徐谦就张秋白、柏文蔚事致孙之呈文,文谓:"见张君秋白等印刷件,有攻击柏君烈武之举。烈武于军事,在皖可称人才,此次既承任北伐军第二军军长,正当督责进行,至前事如何,无显著之事实,亦非有确实之证明,似可令两方化解意见,勿使北方军阀称快。"(《徐谦上大元帅书》,《广州民国日报》1927 年 4 月 30日)

5 月 6 日,又有安徽逃亡党员苗树德等快邮代电上总理,为柏文蔚辩白,其代电云:"前有署名安徽逃亡党员刘培寿等,假借多数同学名义,对安徽党员柏文蔚多所指责,按其电文内容,全与事实不符,学生等信义攸关,不能不为总理暨委员诸公声明之。随后详述刘培寿等电文与事实不符者共八点,并指刘培寿等如此捏造事实,污蔑同志,实属违背党德,且于此军事行动时期,直接固为攻击柏君个人,间接即影响北伐大计,其罪无可逭,恳总理暨中央执行委员会、中央监察委员会严加处分,开除党籍以肃党纪。"(《安徽逃亡党员苗树德等上总理等代电》,中国国民党汉口档案第 12214 号)

4 月 28 日 国民党广州特别市党部选出吴铁城等九人为执行委员、阮啸仙等五人为候补执行委员、陈树人等三人为市党部监察委

员、邓演达等三人为候补监察委员。(中国社会科学院近代史研究所中华
民国史研究室编:《中华民国史资料丛稿·大事记》第10辑,第62页)

△　着广东无线电总局组织前敌无线电队,赶速出发。(《无线电
队今日出发》,《广州民国日报》1924年4月28日)

△　谕令省署,台山县自治,只能经理地方财政,凡属国库、省库
之征收机关,不得妄引条例,致碍财政统一。(《关于台山自治之帅示》,
《广州民国日报》1924年4月28日)

△　致电石龙行营,谓英领事对英国炮舰掠去行营运输处电
轮“电泰”号一事极为道歉,已令该舰克日将“电泰”号交还,现派后
方勤务股潘股长来广州,会同交通局曾局长向英领署收回该船,并
拨予交通部应用①。(《英舰交还“电泰”电船》,《广州民国日报》1924年4
月29日)

△　任命戴季陶为大本营参议,月薪三百元。邹若衡为大本营
咨议,不支薪。(《中山墨宝》编委会编:《中山墨宝》第9卷,第226页)

△　任命廖朗如为大本营财政部参事,陆仲履为佥事。(《大本营
公报》第12号,“命令”)此任命系为大本营财政部长叶恭绰于4月26日
呈中所请,孙中山本日正式任命,并于5月3日指令叶恭绰,已任命
廖朗如为参事,陆仲履为佥事。(《大本营公报》第13号,“指令”第424号)

△　令滇军廖行超部一律退离广州市区,转赴西郊一带择要扼
守。(《滇军准备移郊》,《广州民国日报》1924年4月28日)

△　近日对于教育之刷新,尤为注意,但整理教育,非钱不办,
然粤省自军兴而后,省库收入寥寥无几。除已举办之筵席捐,指定
拨充教育经费外,不敷之数,现仍在筹议中。又闻孙中山对于承办
省河以及各属筵席捐之按预饷款及月饷,均须尽数拨充教育经费,
不得移作别用,至驻防军队或有截留强收筵席捐情事,即行严予惩
办,以维教育经费之独立。(《帅令注重教育救国》,《广州民国日报》1924

---

①　日期系根据报纸日期与文中“昨日”字样酌定。

年4月28日）

4月29日　令财政委员会自5月起，每月拨给陆军军官学校经费三万元；着该会首先维持海防司令部每日经费，不得一日欠缺；着提前给路孝忱部给养费十五日，以备出发前方；着筹给滇军杨希闵部架设电话等费二千元。（中国第二历史档案馆编：《中华民国史档案资料汇编》第4辑下册，第1252页）

△　中央直辖军第二军军长黄明堂呈文孙中山，广东电政，腐败不堪，帅令有查办之举，迄无整顿之方，查有前交通部长唐元枢，系电政大学专科毕业，应请简命为广东电政监督，兼广州局长。（《黄明堂荐用唐元枢》，《广州民国日报》1924年4月29日）

△　坪石商会请取消百货捐关卡。

报载坪石商会致函孙中山等，谓坪石近年土匪出没，兵燹频仍，入驻之中央直辖第一军第一师，近又设卡抽收百货捐，货物值百抽二五，各商要求商会会长邓锡光，转请司令部取消不允，竟被扣留数日。近又有奸人串通军人承办曲江全属水陆出口鸡鸭蛋捐，以裕源公司名义，在韶州车站设卡抽收。盼请体恤商艰，取消裕源公司，并电令第一军克日取消百货捐关卡，以苏民命。（《坪石商会请免百货及蛋捐》，《香港华字日报》1924年4月29日）

△　甄刘氏呈文孙中山，详陈其夫甄怀玉奔走革命十有余年，于去年五月间被县警备队营长程登荣诱捕用刑，杖毙后更复枪决，以图掩人耳目，特请削除程登荣党籍，以明是非而惩凶恶。（《甄刘氏上大元帅呈》，中国国民党汉口档案第15744.1号）

△　两下各军迁郊外令，志在博人民同情，速缴第四月租捐，因此项至今只收得十万，惟各军无迁驻意。（《国内专电》，《申报》1924年4月29日）

△　令路孝忱率所部山陕军加入东路，并派飞机随路前往。（《电讯》，上海《民国日报》1924年5月1日）

4月30日　任梁海秋为盐务署秘书。（《大本营公报》第12号，"命令")

△　26日,军政部长程潜呈文孙中山,东路讨贼军前敌总指挥何成濬以该部参议王守愚于本年1月在广州身故,请追赠陆军中将并从优抚恤。核与《陆军战时恤赏章程》第六章事实相符,拟请准予追赠陆军中将,并照中将积劳病故例给恤。本日,孙中山指令程潜,已有明令追赠给恤。(《大本营公报》第12号,"指令"第405号)

△　下手令于财政委员会,着财政委员会务要首先维持海防司令部每日经费,不得一日欠缺。(《维持海防司令部经费》,《广州民国日报》1924年4月30日)

△　电令杨希闵总指挥,肃清东江,业饬两路联军协力进行,节节均获胜利,前进渐远,部署宜周,残敌负隅,并应同时剿办。即着豫军总司令樊钟秀,迅率所部,协同第一路联军,前往肃清海陆丰沿海地区,作战受杨希闵指导。南路匪患,仍着南路各军会剿。(《捷电频传之东江联军》,上海《民国日报》1924年5月11日)

△　令参谋长李烈钧出发前方,协同策划一切。(《李烈钧运筹决胜》,《广州民国日报》1924年4月30日)

△　令广州市政府与德国沙美博士襄办市政。(《洋员襄办市政》,《广州民国日报》1924年4月30日)

△　湘军总司令谭延闿据该军总指挥宋鹤庚电报,逆军据守新丰河北岸高地,职在所部挑选敢死队一千人,冒险渡河,击溃逆军,殊堪嘉许。请转呈孙中山,酌给赏金。湘军总司令谭延闿当即转呈孙中山核准照发。(《发给湘军敢死队奖金》,《广州民国日报》1924年5月1日)

△　孙中山以总商会所筹之款,亟应如期拨回,特饬令筹饷局于收支项下,拨出十五万元,以代总商会所筹之款,如不足数,由财政厅分期拨足,并谕饬总商会知照。(《令拨回商会所筹之款》,《广州民国日报》1924年5月1日)

△　27日,长洲要塞司令马伯麟呈谓,现值东江未尽肃清,为

整顿台伍、勤慎教练起见，再四筹维，亟应恢复总台部、设总台长以资督率，并委前大元帅府秘书李思汉为长洲要塞总台长，请孙中山察核备案。本日，孙中山指令长洲要塞司令马伯麟，所请委任李思汉为总台长乞备案一事，准予备案。（《大本营公报》第 12 号，"指令"第 406 号）

△　本月 7 日，大本营军政部部长程潜呈谓，据警卫团团长王邦吉呈称，少校团附刘振寰积劳成疾，不幸病逝。拟请照《陆军战时恤赏章程》第十七条第四表之规定，以少校赠恤。本日，孙中山指令军政部长程潜，呈悉，照准。（《大本营公报》第 12 号，"指令"第 407 号）

△　令六年前公布之《国籍法》依然有效，准予修改《施行细则》。

17 日，内政部部长徐绍桢呈文孙中山，广东全省警务处处长吴铁城以民国元年所颁《国籍法》，至今应否适用等问题呈文该部。查西南护法政府成立以来，凡民国 6 年国会解散前所公布之法律，于国体无抵触，非明令废止者均认为有效，历经援用有案。此项《国籍法》系参照各国国籍法折衷审订，尚属完密，自可认为有效。惟条文中"内务部"字样与现行官制名义不合，应改为"内政部"，《施行细则》中有时间规定与现状不符，故需修改。其余各节查核尚可适用。如批准，拟再由部录令咨复广东省长转行警务处遵照办理。本日，孙中山指令内政部长徐绍桢，《国籍法》系六年前公布，自属有效。《施行细则》准如所拟修改。即由部咨复广东省长转饬警务处遵照。（《大本营公报》第 12 号，"指令"第 409 号）

△　准禁烟督办署成立水陆巡缉队。

24 日，禁烟督办鲁涤平呈文孙中山，前奉孙中山令将水陆侦缉联合队即日解散。"惟查目下奸人私运鸦片者比比皆是，甚至假借军队名义包揽把持，肆无忌惮。兹已成立水陆巡缉队一队，定名为大本营禁烟督办署水陆巡缉队。为节省开办费起见，咨准抽拨湘军第二军驻后方留守士兵七十名，暂归水陆巡缉队队长指挥调遣，一俟积弊稍清，遣归原队。"本日，孙中山指令禁烟督办鲁涤平，准如所拟办理。

（《大本营公报》第12号，"指令"第410号）

是月　派大本营出勤委员赵西山赴西北，传谕陕军同志及各军将领，迅速协同一致，讨贼救国。（中国国民党中央委员会党史委员会编订：《国父全集》第4册下，第1126页）

5月

5月1日　出席广州市工人代表大会并演说，号召工人组织大团体，学习俄国工人，做国民的先锋。

本日，广州市工人代表大会及广州工人纪念"五一"国际劳动节大会在东园同时举行①。国民党中央工人部长廖仲恺主持大会。国共两党负责人谭平山、彭素民、戴季陶、徐苏中等十余人陪同孙中山出席会议。中午12时，孙中山到会，下午1时开始作长篇演说。（陈锡祺主编：《孙中山年谱长编》下册，第1898页）

大意略谓"中国工人今天庆祝这个纪念日，最要紧的是，要知道中国工人现在所处的是什么地位。要知道中国工人现在所处的什么地位，便先要知道中国国家现在所处的是什么地位。中国现在是世界中最贫最弱的国家，受各国的种种压迫，所处的地位是奴隶的地位。中国现在所处的这种奴隶地位，比较各国殖民地的地位还要低得多"。因为后者只做一个强国的奴隶，中国是世界列强的奴隶。今天这个工人大会，要有意义，就要"从今日起立一个志愿，组织一个工人大团体"，联合起来去同资本家抵抗，想方法抵抗外国的经济压迫。"外国每年通过与中国通商，从中国抢五万万元以上，我们要把这抢劫的五万万，不允许外国人通过关卡运回本国，便先要争回海关的管理权。要争回海关管理权，便先要和外国交涉，取消一切不平等条

---

①　一作在太平戏院，参阅上海《民国日报》，1924年5月5日。

约。要达到这个目的,就要有大团体,当前中国,工人就有大团体。所以工人可以作全国人的指导,作国民的先锋,到最前的阵线上去奋斗。"

而工人结成了大团体,就要"担负抬高国家地位的责任。如果不能担负这个责任,诸君便要做外国的奴隶"。"要抬高中国国家的地位,便先要中国脱离了外国经济的压迫。中国工人受资本家的压迫,对资本家宣战;外国工人也是受资本家的压迫,也是对资本家宣战。现在中外的工人都是一样的作战,所向的目标都是一样的敌人,所以中外的工人应该联成一气……不过要像英国、俄国的工人担负国家的大责任,根本上还要有一种办法。我的三民主义和五权宪法,便是这种根本办法……诸位能够服从我的主义,奉行我的办法,就可以和英国、俄国的工人一样,在社会上占最高的地位……诸君能够奉行三民主义,赞助我的革命,才不是空开了这个庆祝大会。"(《中国工人要结成大团体打破外国经济压迫》,黄彦编:《孙文选集》下册,第 457—464 页)

△　任命王家琦为大本营参军。(《大本营公报》第 13 号,"命令")

△　拨原东江商运局办公地点移供商标注册所暨权度检定所使用。

4 月 26 日,大本营建设部长林森呈文孙中山,商标注册所与权度检定所尚无适当地方办公。查广东省立银行停办后,该行场所经为航空局、东江商运局等各机关借用,现东江商运局取消,请将该局原用后楼一所拨供商标注册所暨权度检定所以资进行。查商标注册、权度检定两项均奉孙中山核准施行,自应急觅相当地方设立机关奉行职务。广东省立银行地点适中,交通便利,于施行权度检查及商人注册颇见适宜。该银行后楼地方原系东江商运局所用,现在该局既经取消,移供使用似属尚无窒碍。本日,孙中山指令林森,准予拨广东省立银行场所一部,设立商标注册所、权度检定所,候令行财政部转饬广东省立银行知照。(《大本营公报》第 13 号,"指令"第 420 号)并训令大本营财政部长叶恭绰,准大本营建设部长林森呈请,拨原东江商运局所用原广东省立银行办公地点作为建设部设立商标注册所暨权度检定所之用,该部长转饬广东省立银行遵照。(《大本营公报》第13号,"训令"第195号)

△ 程潜呈请给恤东江激战阵亡各官兵。

4月4日,大本营军政部部长程潜呈谓,滇军总司令杨希闵呈报第三军军部少将副官长萧学智、中校副官黄璠、中校参谋郑有福、少校副官陈自修等四员前在东江激战时阵亡,拟请各照原级追晋一级以慰英魂等情到部。经查与《陆军战时恤赏章程》第二十条之规定尚属相符,拟请将该副官长萧学智追赠中将,中校副官黄璠、中校参谋郑有福均赠上校,少校副官陈自修追赠中校,并照阵亡例以赠级给恤。4月9日,大本营军政部部长程潜又呈请追赠湘军第二军第二师第六团团长黄钟珩为陆军上校,并照上校阵亡例议恤。本日,孙中山指令大本营军政部长程潜,已明令追赠滇军第三军军部阵亡副官长萧学智等中将等等级并给恤,准如所请追赠湘军故团长黄钟珩上校并给恤。(《大本营公报》第13号,"指令"第414、415号)又4月28日,军政部长程潜呈请追赠中央直辖滇军已故营长王春霖为陆军中校,已故排长李春和为陆军中尉,并照阵亡例议恤。本日,孙中山指令大本营军政部长程潜,准如所请追赠已故滇军营长王春霖为陆军中校、李春和为陆军中尉,各照阵亡例给恤。(《大本营公报》第13号,"指令"第417号)

△ 训令顺德县长周之贞,查近来马宁一带劫案迭出,令饬该县长于文到后一星期内,将顺属海陆盗匪剿办肃清,并将经过情形随时呈报、毋得延误。(《限期肃清顺属盗匪》,《广州民国日报》1924年5月1日)

△ 胡汉民嘱蒋介石向孙中山托请出任广东省长。

报载胡汉民乘蒋介石返粤之便,嘱咐其向孙中山托请出任广东省长一职。据报蒋介石对孙中山说:"胡为粤人,省长一职,当胜于川籍之杨沧白。"但此言极不合孙中山口味,欲厉声骂蒋,适在座某君以蒋负气赴沪数月,不宜又令失欢,乃以手示意于孙中山,孙乃收口,谓杨庶堪尚无过处,不便又予更动,再问蒋氏胡汉民确肯进粤否? 蒋介石谓:"确肯,并托我……"孙中山随即谓:"如展堂肯返,当以大本营秘书长畀之。"(《粤京宫庭争宠记》,《香港华字日报》1924年5月1日)

△　欲设法促滇军进战。

报载联军再向东江进击,滇军因预料必将失败,故不愿进战,刘震寰部亦进而不攻。孙中山电令中、右两路急进,杨希闵虽定于27日挥兵攻打惠阳,岂料事过数日仍无动静。孙中山对此颇形着急,闻已决定两种办法应付:其一是迅筹巨款,接济前方,议定攻城夺地冲锋陷阵之最优赏格,务使各军见利而战。其二是檄调得力部队,开往东江,名为协助,实则布驻后方监现,使彼等不能不战。现拟调张民达、莫雄两旅及豫军大队同往东江,即为此意。记者评论谓查第一办法,所靠者为租捐一项,惟缴纳者仍属寥寥。至监视方面,张民达、莫雄两旅及豫军一部,是否有此能力,尚属疑问。(《进而不攻之东江联军》,《香港华字日报》1924年5月1日)又报载,大木营传出消息,近日因军事失利,大本营召开秘密会议筹商对策,熊克武、石青阳代表皆列席。其一议案决定以广东三府,供革命党前后之试验,所有各省败军,仿谭延闿前例,悉数招入粤省,计石青阳部有五六千人,熊克武部有七八千人,臧致平、何成濬部亦有数千人,合共二万余人,加上湘、滇各军,可与北方抗衡,并命财政部筹款接济四路军费。(《孙文拟迎四路败军入粤》,《香港华字日报》1924年5月1日)

△　滇军反对许崇智就粤军总司令职。

报载许崇智由沪回粤后,对于南路军事之进行,已磋商就绪,并收回豫军加入南路作战之成命。广东籍各军队,因对付客军,表面上皆一致拥戴许氏,促其早就粤军总司令职。梁鸿楷虽不欲许部侵占四邑权利,近亦表示竭诚拥戴之意。惟滇刘等军,仍然反对许氏就职,孙中山以多次电召许氏返粤,许氏返粤后却未能就职,未免令其灰心,连日已派人向各方面极力疏通,谓许氏只任粤军总司令,此为粤省内部之事,无非欲将广东军从新改编,以统一军权,请友军勿再反对。(《许崇智尚未就职粤军总司令之原因》,《香港华字日报》1924 年 5 月 1 日)又据军界消息,日前李济深与梁鸿楷,联拒客军入境,孙中山有意使刘震寰抽调东江大军,平定李、梁二人。幸许崇智回粤,力排众议,风潮始暂告平息。(《许氏回粤后之军事要闻》,《香港华字日报》1924 年 5 月 1 日)

5 月 2 日　出席岭南大学黄花岗起义十三周年纪念会,并发表演说①。

本年 5 月 2 日,系农历 3 月 29 日,为黄花岗起义十三周年纪念日。孙中山当晚出席纪念会并发表演说。孙中山谓:"诸君今晚在岭南大学盛设筵席,开黄花岗的纪念会。我对于诸君是有无穷希望的。诸君现在求学时代,便知道纪念黄花岗的七十二烈士,此时的志向,当然是很远大。推到将来毕业之后,替国家做事,建功立业,前程更当然是无可限量。何以由于这个纪念会,便知道诸君的前程是很远大呢? 诸君今晚为什么要来纪念黄花岗的七十二烈士呢? 就当时的事业说,七十二烈士所做的事是失败的,不是成功的。十四年前的今日,是七十二烈士为国流血的一日,是革命党惨淡悲歌的一日。所以这个三月二十九日,就是七十二烈士为革命事业失败的一日……我们现在所纪念之一点,不是在他们当时事业的成败,是在那一般烈士当时所立的志气。七十二烈士在当时立了甚么志气呢? 我们虽然不能立刻知道他们的志气,但是他们由于失败,便断头流血,牺牲性命,由此便可以知道他们的志气,最少的限度是不惜身家性命,不管权利幸福,要做一件失败的事……革命党不过是几百人,用几百人去打几万人,那般烈士知道要得什么结果呢? 就当时敌我众寡过于悬殊的情形相比较,那般烈士在事前明知道是很危险的。既是明知道那件事极危险,他们还是决心去做,可见他们的用心是很苦的,立志是很

---

① 余齐昭则根据《南大与华侨》《南大青年》等刊物认为,孙中山出席岭南大学黄花岗起义纪念会并发表演说的时间应为 1924 年 5 月 1 日晚。参阅余齐昭:《孙中山文史图片考释》,第 250—253 页。

深的。他们为什么用心要这样的苦呢?因为看见了当时的四万万人处在满清专制之下,总是说满清的皇恩浩荡、深仁厚泽,毫不知道被满清征服了两百多年,做了两百多年的奴隶,人人都是醉生梦死。这些人民的前途之生存,是更危险的。因为看见了这种种族危险,所以明知结果是失败,还要去做。所存的希望是什么呢?就是以身殉国,来唤醒一般醉生梦死的人民。要四万万人由于他们的牺牲,便可以自己觉悟,大家醒起来,为自己谋幸福。所以,七十二烈士为国牺牲,以死报国,所立的志气就是要死后唤醒中国全体的国民……所以我们今天来纪念,就是纪念他们当时的志气,纪念他们以死唤醒国民、为国服务的志气。七十二烈士在辛亥年三月二十九日想唤醒国民、为国服务,虽然是死了,但是由于他们死了之后不到五个月便发动武昌起义,推翻满清,打破专制,解除四万万人的奴隶地位。这就是七十二烈士以死唤醒国民、为国服务的志气,达到了目的。我们今天来纪念他们,便应该学他们的志气,更加扩充,为国家、为人民、为社会、为世界来服务……七十二烈士有许多是有本领学问的人,他们舍身救国,视死如归,为人民来服务的那种道德观念,就是感受了这种新道德的潮流。诸君今晚来纪念七十二烈士,要知道不是空空的来纪念,要学他们的志气,尤其要学他们的道德观念。诸君要学他们的道德观念,是从什么地方学起呢?简直的说,就是要从学问上去学起。诸君现在求学的时候,便应该从今晚学起,爱惜光阴,发奋读书,研究为人类服务的各种学问。有了学问之后,便要立志为国家服务,为社会服务。像七十二烈士一样,虽至牺牲生命亦所不惜。切不可用自己的聪明能力去欺负人类,破坏国家,像那些无道德的官僚军阀之行为。并且要步七十二烈士的后尘,竭力去铲除这些防止国家社会中新道德之进步的大障碍,才是黄花节的真纪念。并望诸君把这个纪念记在心头,永远的勿忘。"(《学习七十二烈士舍身救国的志气》,黄彦编:《孙文选集》下册,第465—468页)

　　△ 致函棉兰同志,谓由廖仲恺转来大函,备悉一切;并由撞打

银行电汇来荷币二千零八九五盾,该港银一千四百五十九元,已交中央筹饷会进数,着该会主任邓泽如填发收据付上,以昭信实。今后党务之策划,与饷项之运筹,仍请继续努力。(《致棉兰同志函》,《孙中山全集》第10卷,第157—158页)

　　△ 派张开儒主祭黄花岗烈士,宣读祭文。

　　祭文曰:"维中华民国十有三年五月二日,海陆军大元帅孙文遣参军长张开儒致祭黄花岗七十二烈士之莹前曰:炎黄代祖,汉族中熠,张我义声,实起西南。百夫同力,风激霆迅,以我血肉,迥兹劫运。志则以申,身则同命,求仁得仁,抑又何恨。在清末造,神州倾否,厨俊云兴,前仆后起。斗智为怯,角力已穷,歼厥渠魁,庶几有功。维此珠江,犬羊所窟,中贵恣睢,莫敢先发。壮哉先烈,因此阳九,虎穴衔力,仇牧殒首。杀气连云,元精贯日,武昌继之,遂夷清室。当其壮往,脱然生死,及其成功,一瞑不视。迨遭至今,中原鼎沸,群盗犹张,夫岂初志。予亦有言,知难行易,以寡敌众,乃克攸济。桓桓诸公,百夫之特,愿起九原,化身千亿。风云犹壮,岁月如新,抚往思来,倏及兹辰。东山之阡,新宫翼然,昔时血骨,今日山川。士女济跄,荐羞醹酒,匪曰报功,惟以劝后。"(罗刚编著:《中华民国国父实录》第6册,第4640—4641页)

　　△ 训令大本营军政部长程潜,广东筹饷总局督办范石生、会办韦冠英呈请保护裕成公司商人承办河北及河面防务费。令该军政部长即便通行现驻省城各军转饬所属一体保护,以重饷源。(中国第二历史档案馆编:《中华民国史档案资料汇编》第4辑下册,第1056页)

　　△ 香山工会联合会执行委员长黎保全致电孙中山等,第四商团枪伤及拘捕工人,请迅令香山县长查明严办。(《黎保全上孙大元帅电》,中国国民党汉口档案第10719号)

　　△ 特任蒋介石为陆军军官学校校长,兼粤军总司令参谋长。("中华民国"各界纪念国父百年诞辰筹备委员会学术论著编纂委员会主编、中国国民党中央党史史料编纂委员会编:《国父墨迹》,第245—246页)蒋介石奉

命后，即于本月12日就陆军军官学校校长职，启用印信，并于同日将就职日期呈报孙中山。孙中山旋于14日指令蒋介石，具悉所报就职及启用关防日期。（《大本营公报》第14号，"指令"第473号）至粤军总司令参谋长职，因军校事务繁忙，迁延至6月19日，方始就职。（《蒋中正就职呈》，《广州民国日报》1924年6月23日）

△　传惠州水涨，联军停止进攻，系敌方散布谣言。孙中山日前电杨希闵刘震寰，指示攻惠方略①。（《电讯》，上海《民国日报》1924年5月5日）

5月3日　交秘书长办理张静江等事手谕，内容为：一，张静江不必辞委员；二，其侄任为参议，月薪叁百元②。（中国国民党中央委员会党史委员会编订：《国父全集补编》，第602页）

△　4月28日，军政部长程潜呈文孙中山，前赣军独立旅长蔡锐霆、少校参谋蔡康国、上尉副官蔡炳间及蔡怒飞等父子兄弟相率殉国，请追赠蔡锐霆为陆军中将，蔡康国为陆军步兵中校，蔡炳间、蔡怒飞为陆军步兵少校，经查核事实相符，呈请明令发表。（《大本营公报》第13号，"指令"第422号）据此，4月30日，孙中山明令追赠蔡锐霆为陆军中将。（《大本营公报》第12号，"命令"）本日，孙中山指令程潜，蔡锐霆已明令追赠陆军中将，余并准如所议追赠给恤。（《大本营公报》第13号，"指令"第422号）

△　令两广盐运使署准办北柜官运及北江银行，但不得发行纸币。

4月15日，两广盐运使赵士觐呈文孙中山，经盐政会议讨论，粤盐欲实行由官专卖，就事势方面应以整理常务为先决问题，就办理方面当以造就人才为根本计划。而择地先办官运又为造就专门人才之根本计划。查盐运使现时职权所及之销场，最宜办官运者莫如北柜。

---

①　此为"3日广州电"，文中有"昨电"之语，故酌定为2日。
②　张人杰之侄为张乃燕，后曾任江苏省教育厅长及在南京之东南大学校长。东南大学乃国立中央大学之前身。参阅罗刚编著：《中华民国国父实录》第6册，第4642页。

官运一事,倘办理得法,可助北伐之成功。惟倘无银行以补之,计划仍艰于运用。故盐政会议有临时组设北柜官运及北江银行之提案,旋复将审查结果并提会议逐项表决,经十余人之心力,三十余日之时间,议成决案共一十五条,为该案组办之纲要根据,具呈孙中山核准。本日,孙中山指令两广盐运使赵士觐,所呈拟办北柜官运及北江银行各节尚属可行,惟不得发行纸币,以杜流弊,着新任运使审核办理。(《大本营公报》第13号,"指令"第425号)

　　△ 4月26日,叶恭绰呈文孙中山,刘园产业系因刘学询积欠公帑而收归国有。彭贞元称以债权觲轕未清,请令饬财政部查明清划、秉公核办。查南美公司股东那文函请证明刘园产业业由该公司缴价具领,完全与彭贞元无涉。彭贞元只与交通银行有涉讼觲轕,当时刘园产业属于交通银行管业,故得间接假扣押以为抵偿损失之担保,今该部因该产主刘学询积欠公帑,将刘园产业收归国有,该部自有处分其产业之权,已与前案无涉。至广东交通银行虽已停业,而交通总行依然存在,彭氏如欲追偿损失,自可径与该行直接交涉,该部未便受理。本日,孙中山指令大本营财政部长叶恭绰,呈悉未便受理彭氏追偿损失案情形。(《大本营公报》第13号,"指令"第426号)

　　5月4日 因肝疾遽发,原定三民主义讲座延期。

　　上月26日,已讲完民族、民权主义,预定自本日起续讲民生主义,但因本月1日自晨至晚演讲五场,致肝疾遽发,本日之演讲延期。("中华民国"史事纪要编辑委员会编:《中华民国史事纪要(初稿)——一九二四年一至六月》,第913页)邹鲁《国父讲演三民主义经过》一文记述,"民族、民权两主义在4月26日讲完之后,总理对我说:'民族、民权两主义已经讲完,今后要讲民生主义,但民生主义的理论,比民族、民权都深奥,我对民族、民权两主义,可以随便演讲,但对民生主义,却不能不要充分时间准备一下,所以我想停讲若干时日,把民生主义讲演的大纲拟好后,再继续讲。同时你对于有关这类书籍,也须研究一下,读较时才更便利些。'至5月30日,国父应上海《中国晚报》之请而制成录音片之讲述中,谓民生主义也要讲六次或八次不定。但民生主义之演讲实延至本年 8 月 3 日方开始演讲第一讲,连续于 10 日、17 日、20 日讲第二至第四讲,此后旋因视师韶关及北上而未竟。国父虽有意于北上后在京继续将民生主义讲毕,亦因病发而终未如愿。”
(罗刚编著:《中华民国国父实录》第 6 册,第 4644 页)

△　令赵成樑释放翁源县检察官田曦。

翁源县检察官田曦被北伐军第二军军长柏文蔚委为第二旅长,饬招收旧部,滇军师长赵成樑以其招编土匪、私立招兵机关,将田押解韶关讯办,并呈请孙中山应如何发落。孙中山据赵呈文,发出第 427 号指令[①]谓:“呈悉。田曦既奉有柏军长委任,又查无招募土匪确据,自应免予置议。仰即遵照释放可也。”(《帅令释放翁源检察官田曦》,《广州民国日报》1924 年 5 月 31 日)赵成樑奉命后,于 5 月 7 日将田曦提案开释,并于本月 13 日呈文孙中山称,已遵大元帅第 427 号指令,将田曦开释,请查核备案。孙中山则于 16 日指令赵成樑,呈悉提释田曦日期。(《大本营公报》第 14 号,“指令”第 486 号)

△　各校学生呈请收回教育权。

“圣三一”学校学生呈文孙中山,恳请对于被压迫侮辱之同学,赐予维持,对于此种奴隶教育,严加取缔。(《粤“圣三一”学生呈大元帅文》,上海《民国日报》1924 年 5 月 4 日)14 日,中华民国学生联合会总会电呈孙中山,谓接广州学生联合会来函,得知“圣三一”学潮一切情形,不胜愤慨。帝国主义文化侵略,实较政治侵略为尤险。此电达,请求收回教育权。(《学生总会请收回教权》,《广州民国日报》1924 年 5 月 22 日)嗣后,国立广东高等师范学生会亦呈文孙中山称,“圣三一”学生因争集会自由权,遽遭英籍校长之拒斥,加以辱诋。为此特吁请孙中山立刻

---

①　该报纸报道并未明言此为第 427 号“指令”,但根据《大本营公报》大元帅“指令”第 486 号内容,此“指令”为第 427 号“指令”无疑。第 426、428 号“指令”发出时间分别为 5 月 3 日、5 月 5 日,故第 427 号“指令”发出日期应为 5 月 3 日至 5 月 5 日之间,故暂置于 5 月 4 日之下。

严重交涉,将外人在中国教育权,正式收回。嗣后无论何国,不许在中国领土内施设此种奴隶式教育,以愚弄国民。(《进行中之收回教权》,《广州民国日报》1924年5月24日)据上海《民国日报》6月5日载,高师学生会除致函孙中山请收回教育权外,另有函致"圣三一"学生,内容略谓,高师学生会除一面电请孙中山,"迅速收回外人在华教育权外,敢竭绵薄,随诸君子后,以打破文化侵略者之阴谋,振我中华民族之精神"。该报道又云,"圣三一"学潮发生后,该学生积极反抗,不克成功,即行消极退学,以图抵制,但学业因此荒废,故暂入执信与高师两校,而其运动,并未终止,且再接再厉。(《广州反抗教育侵略运动》,上海《民国日报》1924年6月5日)

5月5日 任命林翔为大本营审计处处长。准大本营参谋长李烈钧所请,任命温挺修为大本营参谋处上校参谋。(《大本营公报》第13号,"命令")

△ 发还惠济义仓绅董原有番禺、香山两属田产。

上月4日,广东省长杨庶堪呈文孙中山,据政务厅长陈树人案呈,惠济义仓原为备荒而设。去年粤省军兴,由广东全省官产清理处处长梅光培悉将仓产收归官有、变充军饷,乃一再编投,无人过问,不惜贬价求售。迨陈树人代行省长职务,总以国家军饷、地方公产两能顾全为宗旨,与该仓绅董商酌,属令报效军饷十五万元,即将该仓原有田产收回发还管业。呈请明令准予永远管业,嗣后无论任何机关不得借端没收,以维地方公产,并饬内政部立案施行。本日,孙中山指令广东省长杨庶堪,惠济义仓绅董既将认缴军费十五万四千元如数缴足,其原有番禺、香山两属各沙田自应准予永远管业,候即令行内政部立案。(《大本营公报》第13号,"指令"第428号)同日,并训令内政部长徐绍桢,惠济义仓绅董既遵劝谕筹缴巨款,尚属好义急公,其原有番香两属各沙田产经已悉数发还,准予永远管业。令该内政部长遵照立案。(《大本营公报》第13号,"训令"第198号)

△ 令广东公立警监专门学校仍归广东高等检察厅管辖。

3月份,总检察厅检察长卢兴原、高等检察厅检察长林云陔、广东全省警务处处长吴铁城均呈请将广东公立警监专门学校拨归其管理,经孙中山将该案发交广东省长议复。4月29日,广东省长就此呈文孙中山,谓该校系属省立,由高等检察厅管辖已逾十年,似无移转管辖之必要。所有任免校长、整顿校务诸事,自可照案,仍归高等检察厅办理。(《大本营公报》第13号,"指令"第434号)孙中山据此,特于本日训令总检察厅检察长卢兴原、广东高等检察厅检察长林云陔,经广东省长杨庶堪详加察核,该校系属省立,由高等检察厅管辖已逾十年,根据成案,似无须拨归高等检察厅办理。令广东公立警监专门学校照成案仍归广东高等检察厅管辖,即行遵照办理,毋再争执。(《大本营公报》第13号,"训令"第201号)同日,并指令广东省长杨庶堪,所请应予照准。候分别令行总检察厅、广东高等检察厅遵照。(《大本营公报》第13号,"指令"第434号)

△　4月28日,东路讨贼军第三军军长李福林呈文孙中山,格毙著匪何声,拿获匪兄何锦元,特呈报孙中山察核备案。本日,孙中山指令东路讨贼军第三军军长李福林,所报格毙著名匪首何声,准予备案。(《大本营公报》第13号,"指令"第429号)

△　本月1日,大本营军政部长程潜呈文孙中山,请将永济库上盖变卖,并准将价款拨充讲武学校及海珠修缮费用。本日,孙中山指令程潜,准如所请办理。(《大本营公报》第13号,"指令"第430号)

△　中执会决议补助北京《民生周刊》、汉口《大汉报》、太原《晚报》,并接收《香港晨报》为党报。

本年4月30日,邹鲁致中央执行委员会函云:"北京《民生周刊》,系吾党北大学生所组织,专从事宣传吾党主义者,奋斗一年,成绩卓著,但经费支绌,应予维持方能继续,计常费月须二百十元一角七仙,扩充费三百五十元,拟请照拨,如何,请公决。"会议决定:"《民生周刊》,自本月起每月照给常费二百十元,汇由北京执行部发给,其扩充费,俟本会财力充裕时,再行核定。"该周刊系去年春间创刊,由巫启圣(字玉言——引者注)任总编辑。之后,孙中山于本年12月4日北上抵天津,巫启圣复参与国是,不遗余力,孙中山嘉其为党国致力,特亲核月拨补助费五百金,以示奖励。(罗刚编著:《中华民国国父实录》第6册,第4644-4645页)

　　△　以战事未毕,着取消5月5日总统就职庆祝活动。

　　民国5年5月5日孙中山就任非常大总统,每年此日均有集会活动。以现战事未毕,特着广州市公安局转饬各团体停办5月5日之总统就职庆祝活动。(《帅座不尚虚文》,《广州民国日报》1924年4月30日)惟各界仍筹备典礼,并推举代表入府庆祝,孙中山将有激励同志努力救国之演说。(《电讯》,上海《民国日报》1924年5月6日)原计划在广州之庆祝会,虽被制止,但沪上庆祝会,依然照常,于本日上午10时在莫利爱路孙宅举行,到会者三百余人,由胡汉民主席并致开会词,张继亦作演说。("中华民国"史事纪要编辑委员会编:《中华民国史事纪要(初稿)——一九二四年一至六月》,第923页)

　　△　前广东兵工厂厂长钮永建抵广州谒见孙中山,请示长江军情。(《钮永建抵省》,《广州民国日报》1924年5月5日)

　　△　谭延闿等呈文孙中山,请孙允许由沪来粤投考军官学校未蒙录取之各学生能即日入校肄业,以广造就而宏人才。(《谭延闿等为考生请命》,《广州民国日报》1924年5月5日)

　　5月6日　任命陶勉斋为内政部科长。(《大本营公报》第13号,"命令")

　　△　令追赠给恤滇军总司令所部军官赵连成、赵商民。

　　上月29日,军政部长程潜呈文孙中山,滇军总司令杨希闵以所部中校营长赵连成阵亡,请予追赠陆军上校并给恤,警卫队少校队长赵商民江防会议时被弹穿双目,以致失明,请提前从优给恤。经查核,事实相符,似应均予照准。至所请提前发给阵亡赵连成一次恤金一千元,阵伤赵商民年金四百五十元俾资回籍一事,恳令饬中央军需处筹拨发给以清手续。(《大本营公报》第13号,"指令"第436号)本日,孙中山训令中央军需总监蒋尊簋,赵连成、赵商民准予追赠并给恤,至所请提前发给阵亡赵连成一次恤金一千元,阵伤赵商民年金四百五十元俾资回籍一节,令该总监即便查照筹给。(《大本营公报》第13号,"训令"第203号)并指令大本营军政部长程潜,已令行中央军需处查照筹给滇军营长赵连成恤金、队长赵商民年金。(《大本营公报》第13号,"指令"第436号)

△　报载西江善后督办李济深,以分扎高明之某部,动辄借端启衅,图占友军防地,于西江各属治安,大有妨碍,电请孙中山立命迅将西江防军撤离,以免滋事。(《李济深请撤离西江军队》,《香港华字日报》1924年5月6日)

△　大本营据报,陈炯明派党人入省运动军队,连日公安局拿捕多人。(《电报》,《时报》1924年5月8日)

5月7日　派军队拿捕行同盗贼之陆领。

据筹饷总局督办范石生呈称,陆领队伍在官山行同盗贼,贻害地方,并捣毁承饷公司,擅将驻防军队缴械。本日,孙中山就此训令番东顺剿匪司令李福林迅派队伍驰往剿办,协同范石生办理,务将陆领拿获究办。(《大本营公报》第13号,"训令"第204号)据《广州民国日报》载,嗣后孙中山又训令中央直辖第一混成旅旅长何克夫即便协同李福林,将陆领协拿究办,其部众悉行缴械,以儆凶顽而肃军纪。(《派何克夫协拿陆领》,《广州民国日报》1924年5月16日)

△　廖仲恺请孙令叶恭绰、郑洪年加入国民党。(《电报》,《时报》1924年5月8日)

△　李福林呈报剿办马宁河面劫匪情形,请准备案。

本月3日,东路讨贼军第三军军长李福林呈文孙中山,近日在马宁附近河面撞见"西盛""东意"匪轮沿海图劫,经枪战后,匪徒纷纷凫水而遁,致未弋获,当将"西盛""东意"截获回省。"西盛"向系与人拖运货物,后被匪徒劫掳而去。现既截获,即将"西盛"发回原主。查近日匪徒骑掳商船,借势在海面横行,四出截劫来往商船,为航商大患。

除令该部李旅长饬属赶紧设法巡缉并查明"东意"轮船船东听候发落，理应备文呈请孙中山发交军政部备案。本日，孙中山指令李福林，呈报剿办马宁河面劫匪情形，准予交部备案。(《大本营公报》第13号,"指令"第439号)

　　△　染病，数日不见客。

　　7日起，略有感冒，此后数日不会客。(《电讯》，上海《民国日报》1924年5月14日)但据《香港华字日报》所载，孙中山于6日前已然患病。该报报道：6日，记者前往沙面，晤某国医生，询以孙中山病状。据云孙中山染脑炎症，已有十多年，日久已成顽疾。近日自染斯症，不特不见客，饮食亦少进口，终日抱头呻吟。他不能离开广州，仅在大元帅府静养。但常以战事为虑，虽投以药石，病仍未减。5日及6日两天，病情反觉沉重，但亦不致大碍。至聘请医生，共有四人，轮流诊脉。但非出十日外，不能痊愈。(《再述孙中山病状谈》，《香港华字日报》1924年5月9日)

　　5月8日　致电上海胡汉民促即回粤。电谓："近头痛，医言须静养。惟事繁，非兄来助不可，请即返，并电船期。"(《胡汉民决不愿于省长》，《广州民国日报》1924年5月29日)

　　△　着财政部按月拨款补助大理院经费。

　　4月30日，大理院院长兼管司法行政事务吕志伊呈称，"查赵前任曾援徐前大理院院长兼管司法行政事务时成例，呈请按月由财政部拨款七千元以资补助，蒙赐批交财政部酌拨在案，恳请再颁明令，责成财政部如数照拨，俾得按月具领，撙节支销，俾资维持"。本日，孙中山指令大理院院长兼管司法行政事务吕志伊，所请令饬财政部依照成例，每月拨给该院经费七千元各节，应予照准。候令行财政部遵照筹拨。(《大本营公报》第13号,"指令"第448号)并训令大本营财政部长叶恭绰，"据大理院院长兼管司法行政事务吕志伊呈称，该院每月预算经费不足，查其前任赵士北曾援徐前大理院院长兼管司法行政事务时成例，呈请按月由财政部拨款七千元以资补助，恳再颁发明令

责成财政部如数照拨。所请应予照准,令该部长遵照办理"。(《大本营公报》第 13 号,"训令"第 206 号)

△ 令各军不得包庇开设杂赌。

筹饷总局督办范石生、会办韦冠英以杂赌祸人至烈,特于本月 3 日呈请孙中山通令各军严行禁止,并约束所部不得包庇开设,以清赌祸。据此,孙中山本日指令范石生、韦冠英,查杂赌为害甚于洪水猛兽,亟应严行禁止,务绝根株。候令行各军长官严约所部,不得有包庇开设,以清赌祸。(《大本营公报》第 13 号,"指令"第 449 号)并训令中央直辖滇、湘、粤、桂、豫等各军总司令杨希闵、谭延闿、许崇智、刘震寰,第一、第二、第三、第七军军长朱培德、黄明堂、卢师谛、刘玉山,北伐讨贼军第二、第三军长柏文蔚、胡谦,豫军讨贼军总司令樊钟秀及山陕讨贼军司令路孝忱等谓,杂赌为害甚于洪水猛兽,亟应严行禁止,务绝根株。令该总司令、军长、司令即便转饬所部一体遵照,嗣后不得有包庇开设杂赌情事。倘敢故违,定干严究。(《大本营公报》第 13 号,"训令"第 207 号)

△ 1 日,法制委员会委员长戴季陶呈文孙中山,该会议定《处务规则》二十一条、《会议规则》十二条,缮正二份,备文呈报察核备案。本日,孙中山指令戴季陶,所呈送《处务规则》《会议规则》准予备案。(《大本营公报》第 13 号,"指令"第 441 号)

△ 3 日,大本营军政部长程潜呈文孙中山,请予追赠东路讨贼军总司令许崇智所部第一旅参谋长周朝宗为陆军少将,并按阵亡例从优抚恤。(《大本营公报》第 13 号,"指令"第 444 号)本日,孙中山明令追赠周朝宗为陆军少将,并照例从优给恤。(《大本营公报》第 13 号,"命令")又于本日指令大本营军政部长程潜,周朝宗已明令追赠陆军少将,并照例从优抚恤。(《大本营公报》第 13 号,"指令"第 444 号)

△ 4 月 30 日,大理院长兼管司法行政事务吕志伊呈报与前大理院长兼管司法行政事务赵士北咨交接收情况。本日,孙中山指令

大理院长兼管司法行政事务吕志伊，呈悉所报接收情形。(《大本营公报》第13号，"指令"第445号)

△　本月2日，东路讨贼军总司令许崇智以该部东江前敌总指挥张国桢请求辞职，且东江作战现由友军担任，东江前敌指挥一职无留存必要，故呈请将东江前敌总指挥一职撤销。孙中山接报，于本日指令东路讨贼军总司令许崇智，所报撤销东江前敌总指挥一事，准予备案。(《大本营公报》第13号，"指令"第446号)

△　本月3日，大理院长兼管司法行政事务吕志伊呈请将广东高等审检厅、广州地方审检厅司法收入及登记费均以五成解交该院，以便通盘筹划。孙中山据呈，于本日指令吕志伊，粤省司法收入各款，前经令准广东高等审判厅、高等检察厅全数留作维持粤省司法及改良监狱等项之需，并令行该院及广东省长查照在案。所请将广东高等审检厅、广州地方审检厅司法收入及登记费均以五成解交该院各节，应毋庸议。至该院不敷经费，业据另呈令行财政部照数按月筹拨。(《大本营公报》第13号，"指令"第447号)

△　本月5日，广东省长杨庶堪呈称，"香山各界代表张伯荃等呈请令行将派委顺绅充任东海十六沙局长一案收回成命，仍由该邑办理，前经帅座批示，沙田清理处要旨在清理漏税而裕饷源。至于前已定案而办有成效之自护团体，诚不必多事改更而滋流弊。着省长饬该处长慎之为要。同日，香山县议会议长杨吉暨各团体等联名邮电同前情，此事既奉批，自应凛遵办理，除训令广东沙田清理处照办外，理合呈复查核"。本日，孙中山指令广东省长杨庶堪，呈悉所办张伯荃等呈请令行将派委顺绅充东海十六沙局长收回成命一案情形。(《大本营公报》第13号，"指令"第451号)

△　3日，大本营审计处处长林翔将接收刘前任[①]移交情形呈报察核。本日，孙中山指令大本营审计处长林翔，呈悉所报接收刘前任

---

①　即刘纪文一任。

移交情形。(《大本营公报》第 13 号,"指令"452 号)

△　本月 3 日,大本营财政部长兼盐务督办叶恭绰呈文孙中山,"职部官制第八条第二项关于盐税事项归赋税局掌管,因盐务署已成立,所有盐政自当划归职署掌管,故拟修正第八条第二项,将'盐税'二字删去,用符制度"。本日,孙中山指令大本营财政部长叶恭绰,准如所拟将该部官制第八条第二项"盐税"二字删去,以符制度。(《大本营公报》第 13 号,"指令"454 号)

△　指令大本营内政部长徐绍桢,所呈《管理药品营业规则》《检查药品规则》准予备案。该规则系由徐绍桢于本月 3 日呈报孙中山察核备案。(《大本营公报》第 13 号,"指令"455 号)

△　本月 5 日,大本营军政部长程潜呈文孙中山,查经理局 12 年 4 月至 10 月收发各项子弹及各军领取数目尚属相符,均应准予核销。本日,孙中山据此指令大本营军政部长程潜,前兵站部经理局收发械弹数目,既经该部长核明尚无不符,自应准予核销。即转行知照。(《大本营公报》第 13 号,"指令"457 号)

△　广西总司令沈鸿英致电孙中山催发饷弹。

电谓:"桂林天险,急切未下,5 日用地雷轰城,未炸开,敌死守待援,无退意。谭浩明、陆福祥援军已过柳州,由中渡超出永福、古化,距桂仅数十里。事机甚迫,英 6 日由六塘亲赴苏桥督战,迭将永福、古化之山原、金竹、枫木各要隘克复。"(《国内专电》,《申报》1924 年 5 月 21 日)5 月 9 日《香港华字日报》则载,沈鸿英与陆荣廷战事失利,沈氏先后派出邓某陈某来粤,向孙中山领取饷械,陈某抵粤后,寓于长堤某酒店,日赴大本营请求发给饷弹,孙中山则日推一日,半月之久,尚未领得,沈则多次致电陈某催促,陈某迫得持同沈电,与孙中山交涉。孙中山向兵工厂及主要造弹厂,多方搜罗,仅得子弹两万发,陈某谓数量太少,无以复命。孙中山再向公安局及旧日军械总局所存旧子弹,即废坏不适用者,亦拉杂充数,始凑足五万发。(《再志沈军败退详情》,《香港华字日报》1924 年 5 月 9 日)

△　陈际熙呈文孙中山，因决计赴美游学，对于清乡事务，再难负责。除再电请廖湘芸接收请辞外，合亟奉闻。(《陈际熙辞虎门清乡职》，《广州民国日报》1924 年 5 月 13 日)

△　闽南杨汉烈呈文孙中山等称，"近日厦门报纸，忽载汉烈就福建讨逆军后路游击总司令伪职，系奸人捏造，远道误传。特电声明，并希鉴察"。(《闽方最近之杂讯》，《广州民国日报》1924 年 5 月 20 日)

△　李烈钧称惠州天险不可以兵力胜，孙中山甚为不喜。

报载李烈钧失势之经过，谓"自滇军入粤以来，杨希闵、范石生、蒋光亮联合排去张开儒后，李氏欲与三人接治，编滇军为滇湘赣粤桂五省联军，李氏自任总司令，加上李氏手下无兵，此议初发，且有人向李氏恐吓，急须离开广州，否则将惹滇军对待，于是他借口收编洪兆麟部，乘'永丰'兵舰抵汕。后许崇智兵败汕头，李氏逃至上海，以黎元洪代表的身份返回广东。适值蒋介石出使莫斯科，李烈钧被委大本营总参谋长。最近大本营会议，关于惠州总攻击协议案，李谓以惠州之天险，城垣之坚固，以兵力胜之，决为不可能之事，应当重视河源。此主张大为湘滇各主战派所不喜，孙中山亦不喜纳是说，以李氏有懈军心，不应创此异议，谭延闿更谓李胆怯。加以蒋介石返粤，屡在孙中山前讲李氏坏话，东江两月来战报，多未经参谋处核阅"。(《粤京宫庭争宠记》，《香港华字日报》1924 年 5 月 8 日)

△　令财政委员会，筹济闽军总司令臧致平毫银一万元，由党务委员会江董琴具领转汇；发给福建省长兼民军总司令方声涛两万元，交该省代表苏苍转汇；筹措毫银十万元，陆续汇济广西总司令沈鸿英部；筹拨沈总司令子弹费一万五千元交兵工厂厂长；发给法制委员会开办费两千元；转饬担任航空局开拔费各机关，务须按照数目依期拨给。(中国第二历史档案馆编：《中华民国史档案资料汇编》第 4 辑下册，第1259—1261 页)

5 月 9 日　广州铺底维持会在商团第九分团开会，要求革命政府取消统一马路两旁业权办法，否则实行全城罢市。(中国社会科学院

近代史研究所中华民国史研究室编:《中华民国史资料丛稿·大事记》第 10 辑, 第 69 页)

△　特派廖仲恺为驻陆军军官学校中国国民党党代表,并准将该校在广州南堤之筹备处改为驻省办事处。(中国第二历史档案馆编:《蒋介石年谱(1887—1926)》,第 164 页)廖仲恺奉命后,于 12 日就职视事,启用印信,并呈报就职日期,孙中山于 14 指令廖仲恺,呈悉所报就职及启用印章日期。(《大本营公报》第 14 号,"指令"第 474 号)

△　任命何克夫为中央直辖第一混成旅旅长。(《大本营公报》第 13 号,"命令")何克夫受命后,于本月 21 日启用印信,就职视事,并将就职日期呈报孙中山。27 日,孙中山指令中央直辖第一混成旅旅长何克夫,呈悉所报就职启用关防日期。(《大本营公报》第 15 号,"指令"第 526 号)

△　命威远、沙角炮台退还非法所征,并令今后不得滥征。

粤海关税务司巴尔以"民渡"等轮于本月 14 日由港启行返省时,至沙角地面,忽被威远炮台驻兵额外非法征税一事,致函广东省长杨庶堪,请其饬令交还所收款项。杨庶堪收悉该函,于本月 5 日呈文孙中山,请孙令行各威远炮台长官查禁勒收船费,并饬将收过款项交还,以符明令而维税收。孙中山据呈,于本日指令杨庶堪,谓威远、沙角两炮台胆敢借口火食不足,擅向往来船货勒收费用,实属显违禁令,贻害商旅。候令行军政部查明遵办。(《大本营公报》第 13 号,"指令"第 459 号)并于同日训令军政部长程潜,令该部长即饬该炮台长官将收过款项退还,并严令以后不得再行滥征,如违即予拿办以肃军纪。(《大本营公报》第 13 号,"训令"第 208 号)

△　西路讨贼军第三师第六旅旅长兼广九铁路警备司令官冯启民呈文孙中山,其于本月 9 日在深圳该军防地就任广九铁路警备司令兼职,督率该军沿路部队,认真保卫地方,清除奸宄①。(《冯启民任

---

①　呈文日期不详。

广九路警备》,《广州民国日报》1924 年 5 月 12 日)

　　△　江门商团与工人发生冲突,工人代表会、江门商团公所请严办商团。

　　工人代表会主席廖仲恺暨代表三百人呈文孙中山,"查广东油业及江门商团,仇恨工人,借端伤杀,围困工会,拷打无辜。经敝会决议,一致力争,务必达到下列五条最低目的:(一)赔偿损失;(二)抚恤伤毙;(三)限制商团自后不得干涉工人行动;(四)电请国民革命政府,保护工人,成立工团军,以保工人行动之自由;(五)依法严惩江门油业东行及商团,以为惨杀劳工者戒"。(《工人代表会之通电》,《广州民国日报》1924 年 5 月 12 日)新会工会联合会亦呈文孙中山等称,江门市五一纪念日,工人全体巡行庆祝盛典,群呼国民革命,打倒资本主义,列队游行。下午 2 时散会后,至 4 时,忽闻油业工会惨被全市商团围困,开枪冲入,现该会办事人失踪。该商团围困数小时,搜索数次,复在街上凡见工人,便盘查搜索,身上有油业工会襟章者,便拿回商团私刑拷打。国民党江门市党部筹备处派代表询问警厅,警厅向该商团严重交涉,始将被拿之数十人交军警联合查处,商团捏造工人打伤路人,由警厅转解新会司法分庭处理。现全市工人群情愤激,议决全市罢工,以谋对待。(《江门工人罢工之邮电》,《香港华字日报》1924 年 5 月 10 日)嗣后,江门商团公所又致电孙中山,报告江门五一劳动节商团与工人冲突之起因,该电载 5 月 12 日之《香港华字日报》,电谓:"本埠工会巡行,间有无知乡愚,看至油榨工人,或以油榨鬼为言者,激动该工人忌讳,遂群起围殴,一埠之内凡十数起,其有奔入就近之铺避殴者,该工人闯入铺内,追殴逮捕,毁烂物件,抢掠财物,并拘去商团人员及商伴多名,商团到该工会提出交涉,该公会不肯交出,迫得将该滋事工人廿一名带送驻江陆海军警联合办事处,转由江门警察解送新会分庭,以候法律解决。商团私刑拷打而灭尸等均为莫须有之辞,盼大元帅、省长等饬令军警联合办事处等秉公办理,以昭公道。"(《江门商团电陈油工肇事原因》,《香港华字日报》1924 年 5 月 12 日)

△ 委任陈箇民等二十二人为潮汕善后委员。(《电讯》,上海《民国日报》1924 年 5 月 11 日)

△ 汪精卫在京运动国民党政府与俄国代表签约。

沪报于 4 月下旬,登载汪精卫由沪返粤各节,但粤中未见汪氏。据记者在京友人函称,某日汪氏与其妻陈璧君抵京,每出必夜行,往见俄国代表加拉罕多次,闻系全权代表孙中山签约……孙中山的条件有二:一为苏俄允借广东军饷百万,二是承认孙中山的政府。当中俄协约谈判未停顿前,加拉罕言南下与孙中山提携,以要挟北京政府,即与此有关。后孙中山以军饷紧急,遂乘此机会,特派汪精卫秘密入京。现汪氏夫妇已返沪。(《汪精卫秘密入京与加拉罕立约》,《香港华字日报》1924 年 5 月 9 日)

△ 报载此次联军之败,杨希闵任前敌总指挥,职责所关,事后乃电告大本营,中有"范、蒋两部,若能同心合力,尚可取胜敌人"等语。(《杨希闵电告东江战败情形》,《香港华字日报》1924 年 5 月 9 日)

△ 报载当天晚上,据大本营电话,谓孙中山病势仍剧,拟迁赴岭南学校新之医院休养。闻该校医嘉医生,力主孙中山离开大本营休养,因大本营设在士敏土厂内有烟突,每日放出炭气,极不适宜于病人呼吸。(《孙文病状近志》,《香港华字日报》1924 年 5 月 12 日)

△ 令胡谦所部北伐第三军,集中韶关,候令加入东江。(《电讯》,上海《民国日报》1924 年 5 月 10 日)

5 月 10 日 本月 1 日,令将大本营审计局改为大本营审计处。(《大本营公报》第 13 号,"命令")本月 6 日,大本营审计处处长林翔呈文孙中山,已将大本营审计局改为大本营审计处。奉令于 6 月 6 日就职,并启用印章。本日,孙中山指令大本营审计处处长林翔,呈悉改处暨启用印信日期。(《大本营公报》第 13 号,"指令"第 460 号)

△ 中央执行委员会通告,本次星期日三民主义演讲暂停。

本日中央执行委员会通知,本月 10 日下午 5 时,准邹鲁来函内开,奉孙中山谕:星期日(5 月 11 日)讲演暂停,俟定期后再行通知。(《中执会通告(第五十一号)》,中国国民党汉口档案第62号)此次三民主义讲演暂停之原因,系因孙中山患病。此外,孙中山原拟出发东江督师,以调和各军意见,并振作士气,(《东江前敌联军进行参差之原因》,《香港华字日报》1924年4月24日)亦因本次患病而推迟。(广东省档案馆编译:《孙中山与广东——广东省档案馆库藏海关档案选译》,第521页)

　　△　胡汉民等呈请中央设置图书室及编辑丛书办法,以阻瞿秋白所提译印《列宁文集》之议案。

　　4月3日,上海执行部曾对戴季陶所提议搜集三十年来各种文献加以编印,决议照办,并推戴至粤向中央接洽,深获孙中山同意,并允拨五千元作开办费。("中华民国"史事纪要编辑委员会编:《中华民国史事纪要(初稿)——一九二四年一至六月》,第954—955页)《从容共到清党》一书云:国民党上海执行委员会第七次会议中,建议搜集三十年来中国政治、经济、教育、文学及社会思想等各种文献,上海、广州各备一份目录及预算,由沪编制,经决议照办,并推戴季陶至粤接洽。戴氏于4月上旬晋谒孙中山时提出报告,孙即同意允拨五千元为编辑费用。(李云汉:《从容共到清党》上册,第280—281页)旋中国国民党中央在办法上有所变易,指示采用瞿秋白提议组织委员会编辑《列宁文集》,经戴季陶修正加入编译俄国法制。胡汉民等悉此,本日以上海执行部常务委员名义,向中央执行委员提出设置中国国民党图书室及编辑办法,以抵消瞿秋白之提议。其中关于编辑丛书之种类为,"(一)政治、经济之著作可与本党政纲相发明者;(二)记载俄、德、法、美等国革命及各弱小民族反抗运动之历史;(三)研究革命与社会进化原理之书籍;(四)可以鼓舞革命精神之文学小说;(五)系统记载时事问题之专著。胡汉民等之此提案成立后,瞿秋白等之计划遂告搁置"。("中华民国"史事纪要编辑委员会编:《中华民国史事纪要(初稿)——一九二四年一至六月》,第954—955页)

　　△　中央军需处一贫如洗,孙中山准蒋尊簋辞职。

报载,孙中山为统一军饷起见,特设中央军需处,任蒋尊簋为总监,所有关于军饷之收支,均归该处管辖,初时收入,尚有四万余元,但至三月底竟再无收入。该处每日发给各军给养费,至少亦需三万余元。该处月余无丝毫收入,处内保险箱、桌椅均已变卖支付职员薪金伙食。(《中央军需处果一穷至此耶》,《香港华字日报》1924 年 5 月 10 日)蒋氏无力维持,迫得呈请辞职。据 4 月 24 日《香港华字日报》曾载,中央军需总监蒋尊簋曾面谒孙中山请辞,虽未核准,然该处职员积欠薪水日久,连日纷纷向蒋氏请求发给,蒋氏亦无法解决。(《东江前敌联军进行参差之原因》,《香港华字日报》1924 年 4 月 24 日)本月 3 日,蒋尊簋再次呈请辞职。(《大本营公报》第 14 号,"指令"第 498 号)《香港华字日报》更报道,蒋尊簋曾于本月 4 日通电辞职。(《中央军需处果一穷至此耶》,《香港华字日报》1924 年 5 月 10 日)至本月 20 日,孙中山始明令准中央军需总监蒋尊簋辞职。(《大本营公报》第 14 号,"命令")

△　传陈炯明军迫近石龙,孙中山据报,即饬豫军樊钟秀、山陕军路孝忱所部约千余人,兼程出发东江作战,山陕军于 7 日开抵石龙,会合各军,磋商作战计划,而陈军于 6 日午忽然折回平湖深圳一带村乡扼要据守,但两方军队,进退均无剧战。(《东江战讯另志》,《香港华字日报》1924 年 5 月 10 日)

△　联军各将领召开军事会议,讨论东江战事。

报载联军各将领,于当日假座南堤小憩,开军事会议,列席者滇军总司令杨希闵、湘军总司令谭延闿、军政部长程潜、西路军总司令刘震寰、豫军总司令樊钟秀、中央第三军长卢师谛等,首由杨希闵发言,谓东江战事,久未收效,原因有二:一,饷械缺乏,致军心散乱,而无斗志。二,陈军势力,愈战愈雄厚。以上两项问题,如何策划对付之,其不敢主,请列位指导一切。讨论结果如下:一面请政府令饬财厅及市财局,限一星期内,筹集一百万,解赴东江,分发各军粮饷。一面激励部队,奋勇杀敌,务期一鼓荡平东江逆氛。(《联军将领会议志》,《香港华字日报》1924 年 5 月 15 日)

△　与杨希闵、谭延闿、李烈钧等商议进兵东江计划。报载钟荣光调和孙、陈关系，孙中山政府籍调和抽收和平捐。（段云章、沈晓敏编著：《孙文与陈炯明史事编年（增订本）》，第785页）另《中华民国史资料丛稿·大事记》一书13日条载：黄居素发起调和孙中山、陈炯明运动，并邀汪精卫、吴稚晖共同进行。（中国社会科学院近代史研究所中华民国史研究室编：《中华民国史资料丛稿·大事记》第10辑，第71页）

5月11日　据帅府消息称，孙中山日前因感受暑热，致令政躬违和，服药已告痊愈。现迭接东江战报，每日与谭延闿、杨希闵两总司令，李烈钧参谋长等商议进攻东江计划，并电令联军克日前进。下午，召伍朝枢入府谈论外交问题，叙谈甚久，并拟日内接见普通宾客。（《大元帅政躬痊愈》，《广州民国日报》1924年5月13日）

△　据报告，高州敌军司令赖飞、统领陈弼球等，率兵侵入泗仑七堡地方，沿途劫掳焚杀掳人，孙中山特令第三师长郑润琦帅师迎击，限日扫除具报。（《令郑润琦帅师进攻泗仑》，《香港华字日报》1924年5月12日）

△　令许崇智迅速就职，接收防地财政。

《蒋介石年谱》一书载，孙中山令改编粤军，整顿饷务。（中国第二历史档案馆编：《蒋介石年谱（1887—1926）》，第165页）据5月13日《广州民国日报》载，孙中山训令粤军总司令许崇智，查粤军各部队，亟应切实改编整理，该总司令迅速就职，并遵照前令，克日遴派委员接收粤军现驻各防地财政，彻底整理，以裕饷糈。俟整理就绪后，听候明令转交财政厅接收，以符财政统一本旨。除令广东省长知照外，即遵照。（《帅令促许崇智就职》，《广州民国日报》1924年5月13日）

5月12日　广东造币厂监督黄骚另有任用，应免本职。派梅光培为广东造币厂监督。（《大本营公报》第14号，"命令"）嗣后，梅光培于21日到厂视事，接收前任监督黄骚移送关防及监督小章各一颗，并于同日向孙中山呈报就职日期。孙中山旋于23日指令广东造币厂监督梅光培，呈悉所报就职视事日期。（《大本营公报》第15号，"指令"第

509 号）

△　杨希闵前日与刘震寰在飞鹅岭商定各种进兵计划,即返广州向孙中山报告一切。(《杨希闵未回前方原因》,《广州民国日报》1924 年 5 月 12 日)

△　任命陈宏毅为"福安"舰长、伍自立为"舞凤"舰长。(《大本营公报》第 14 号,"命令")此任命系整理海军"飞鹰""福安""舞凤"三舰事宜潘文治于本月 7 日呈中所请,经本日明令公布,孙中山旋于 5 月 14 日指令潘文治,已明令任命陈宏毅为"福安"舰长,伍自立为"舞凤"舰长。(《大本营公报》第 14 号,"指令"第 469 号)

△　令妥为保护并接待来粤之法国飞行家杜爱西,主持欢迎会并与之合影。

训令广东省长杨庶堪、大本营军政部长程潜、大本营外交部长伍朝枢、航空局局长陈友仁,查法国飞行家拟来广州,前由驻粤法领事函致广东省长请予保护。现据该外交部长呈称,该飞行家已由印度起程,不日抵粤,应由军政部长迅速转知各军队,于该飞机经过防地时妥为保护,并由外交部航空局分别查照,妥予接待。(《大本营公报》第 14 号,"训令"第 210 号)5 月 13 日《广州民国日报》亦有关于此事之报道,内容略为,孙中山令军政部转饬各军事机关云,查法国飞行家拟来广州,前由驻粤法领事函致广东省长请予保护。现据外交部长呈称,该飞行家已由印度启程,不日抵粤。应由军政部长迅转知各军队,于该飞机经过防地时,妥为保护。并由外交部航空局分别查照,妥为招待。(《帅令保护法国飞行家》,《广州民国日报》1924 年 5 月 13 日)嗣后,据上海《民国日报》载,法国飞行家杜爱西到来后,孙中山曾与其合影。(《孙先生之健康》,上海《民国日报》1924 年 5 月 25 日)又据《中华民国史事纪要》载:18 日下午 1 时,法国空军中尉杜爱西驾飞机由香港飞抵广州,广东各界举行盛大欢迎会,杜爱西由法国驻广州领事陪同与会。时孙中山抱病中,为澄清外界近日流传孙中山病笃之谣言,特亲自出面主持此会。13 日曾有路透社记者某,竟造谣孙中山已因脑炎逝世,德国各大报于 14 日刊出此一消息。翌日德报虽更正,而各方仍有猜疑,于是借此揭露路透社之报道不实。("中华民国"史事纪要编辑委员会编:《中华民国史事纪要(初稿)——一九二四年一至六月》,第 977—978 页)杜爱西抵粤后,于大沙头下站,经航空局招待一切,21 日,驻粤代理法国领事嘉聘格特致函外交部长伍朝枢,请代向孙中山道达法国政府谢忱,伍朝枢遂于本月 24 日将法国领事原函转呈孙中山。(《大本营公报》第 15 号,"公文")

　　△　欧阳洪烈拐带公款,临阵潜逃,孙中山令各军严缉。

　　滇军第三军军长第七师第二十七团团长欧阳洪烈,缺额蚀饷几及百名之多,并将团部火食公款,席卷而逃,投效北敌。第三军军长蒋光亮特分令各属各部队,从严侦缉,并呈请孙中山转令各军饬属从严侦缉,务获究办①。孙中山接报,于本日指令蒋光亮,候令饬军政部通行各军一体严缉,务获究办。(《大本营公报》第 14 号,"指令"第 463号)并训令大本营军政部长程潜,欧阳洪烈身膺重职,临阵潜逃,拐带公款,罪大恶极。乃不知革面洗心,竟敢投效北敌,谋为不轨,实属罪无可逭。令军政部即便遵照通行各军一体严缉。(《大本营公报》第 14号,"训令"第 211 号)

　　△　任周自得为广九铁路护路司令。

　　4 月 25 日,周自得被任命为广九铁路护路司令,周自得奉令后,乃于 5 月 6 日就职并启用印信。随将就职日期具文呈报。本日,孙中山指令周自得,呈悉就职及启用关防日期。(《大本营公报》第 14 号,"指令"第 462 号)周自得虽被任命为广九铁路护路司令,但受各军之掣肘,其势力亦不能及于广九全路。《香港华字日报》即载,广九铁路自恢复通车后,孙中山即任命滇军总部参谋长周自得为护路司令,然联军内部派别甚繁,周氏之势力实不能及于全路,该路车费之收入,尤为各军所觊觎,故目下该路自广州至深圳共分为五段,各据一段以抽

────────────

　　①　孙中山复该函之"指令"5 月 12 日发出,故该件日期在 5 月 12 日之前。

军费,往日直通车仅收一元一毫,慢车收一元七毫半,今则连车费计共需三元五毫,货脚与厘费俱收双倍。乘搭该路火车者,莫不叹息言之。(《广九路通车后之近状》,《香港华字日报》1924年5月31日)

△　中央执行委员会致函孙中山,据墨西哥支部函报,余毓绪通敌及谋杀同志,请予革除党籍一案,业经中央监察委员会认为,罪证确凿,应适用总理制,由孙中山决定,应备文呈请孙中山鉴核施行,俾得转复墨支部同志知。(《中执会上总理函》,中国国民党汉口档案第4760号)

△　在帅府召集会议,谭延闿、杨希闵、范石生、杨庶堪、许崇智等人出席,约历三小时,讨论肃清东江及北伐各计划。(《电讯》,上海《民国日报》1924年5月14日)

△　广州市移军郊外复成画饼。

报载"广州市移军郊外一事,传之日久,事实上早料难以办到,但各团体对此极表欢迎,屡促孙中山实行,孙氏以此言既出,不便食言,且为联络舆情,亦须略事敷衍,乃下令与军政部转咨各军办理。但各军意见不一,强有力者,拒不听令,弱无能者,意存观望。近则首先反对者,即滇军军长范石生,曾上呈孙氏,谓郊外旧有营房,多已颓坏,觅地修整,动需多时,且费巨款,现军事吃紧时期,似未便迁驻。记者评论谓:移军郊外,又成画饼"。(《移军郊外之命令不行》,《香港华字日报》1924年5月12日)

△　呈请任命林振雄为军校管理部主任,周骏彦为军校军需部主任,俞飞鹏为副主任,宋荣昌为军校军医部主任,张崧年为军校政治部副主任,邓演达为军校教练部副主任兼总队长,张家瑞为军校中文秘书,梁广谦、钱大钧、胡树森、陈继承、顾祝同、文素松、沈应时、陆福廷、严重、王俊、刘峙为教官。(中国第二历史档案馆编:《蒋介石年谱(1887-1926)》,第165页)

5月13日　苏联代表加拉罕就中俄交涉停顿事发出敬告中国国民之宣言,严斥帝国主义干涉中俄谈判。(中国社会科学院近代史研

究所中华民国史研究室编:《中华民国史资料丛稿·大事记》第10辑,第71页)

△　广东财政厅长郑洪年上呈孙中山,谓奸商图利串军提取税款,拟以军法惩处。孙中山指令郑洪年,刻正力谋财政统一,嗣后该厅经管各项税款,除核准留充军饷外,自应一律解厅,以供支拨。如有奸商贪图折扣,擅将税收拨交军队,该厅自可严加查察,随时呈请惩办。(《禁奸商截饷之帅令》,《广州民国日报》1924年5月13日)

△　通告广东省长及各军总司令,已分别派员办理东江各属安抚事宜①。(《派员办理东江安抚》,《广州民国日报》1924年5月14日)

△　林俊廷、申保藩拟各派代表晋谒孙中山,正式表示输诚真意。(《林申已决意输诚》,《广州民国日报》1924年5月13日)

△　令财政委员会由5月起,每月拨陆军军官学校经费三万元。财政委员会议决,由公安局在租捐项下筹拨一万五千元,财政厅筹拨五千元,市政厅筹拨五千元,筹饷总局筹拨五千元。特函达市厅查照,市厅准此,已令行财政局知照。(《帅令分担陆军校费》,《广州民国日报》1924年5月13日)

△　接见甫抵广州之邵元冲,询海外近况。

邵元冲奉孙中山电召,本日返抵广州,孙中山于病中立即接见。据邵元冲《总理学记》追述当时情形云:"13年夏(5月),余归自海外,时总理卧病帅府(5月21日始移白云山养病),外间颇有不讳之说,闻余至,即欣然延见,询问学业及海外近况,竟至忘倦。临去,又约时为之讲述欧美劳工运动数次,其劬学不倦,如此。"(罗刚编著:《中华民国国父实录》第6册,第4648—4649页)

△　派胡汉民等兼任黄埔军校政治教官,汪精卫授党史,胡汉民授党义(三民主义),戴季陶、邵元冲授政治、经济各课程。(中国社会科学院近代史研究所中华民国史研究室编:《中华民国史资料丛稿·大事记》第10辑,第71页)

――――――――

①　日期据报纸日期与文中"昨经通令各军及省长"之语酌定。

△　报载许崇智返粤后，杨希闵即以电话询问孙中山，谓许氏回粤，究因何事，连日召集会议，是何用意，孙中山以主持南路军事对。（《东江相持中之南路变化消息》，《香港华字日报》1924年5月13日）

△　《香港华字日报》与《广州民国日报》刊文报道孙中山病状。

报载，广州城军政界人士10日下午，忽谓孙中山病势已重，初由机关中互相传述，渐次而全市各界，一时人心大为浮动。后记者叩之大本营接近人等，则否认是说，惟谓孙中山12、13两日，脑炎疾势，骤转沉重，体热增至百度，西医视为棘手，现徐绍桢、林森、廖仲恺、杨庶堪各要人，一早一夜，皆到大本营问候病体二次。闻是日孙氏于午前，脑痛大作，知觉顿失，左右人等慌忙电报各要人，奔集救援，后仍无事。另有专访员谓传说孙中山因病沉重，竟致失口，不能言语至夜后，孙科及其亲信各人到寝室省视，闻各医生皆束手不敢下药，连日孙氏父子，均不见客，外间谣言，因此而盛。（《孙中山病势沉重中之传说》，《香港华字日报》1924年5月13日）《广州民国日报》14日所载则与此不同，该报云："帅座于前星期偶感风寒，稍觉头痛，11日业已完成平复。经纪昨报，兹得大本营参军处确实消息，帅座政躬12日已饮食如常，精神恢复。故凡因公而有接见之必要者，均得谒见。计昨日黄监督因事晋谒一次。是日下午3时，又晤大本营侦探长李天德。且亲自批阅文件，惟医生仍请静养。"（《帅座政躬康健如常》，《广州民国日报》1924年5月14日）

5月14日　派邵元冲、刘芦隐、黄季陆为法制委员会委员。（《大本营公报》第14号，"命令"）

△　本月9日，大本营内政部长徐绍桢呈文孙中山，万宁县节妇李吴氏自二十六岁夫死守节，迄今五十五岁，媚守已三十年。侍翁姑以孝，抚儿女以慈，拟请题颁"节媚松筠"四字，并给予银质褒章以示褒扬。新会县节妇伍梁氏自二十三岁死夫守节，现年八十岁，守节五十八年，事姑尽孝，抚孤成名，妇道母仪，一身两尽。拟请题颁"节孝可风"四字，并给予银质褒章。本日，孙中山指令大本

营内政部长徐绍桢，所请各节，均照准。(《大本营公报》第14号，"指令"第467、468号)

△　本月8日，番东顺三邑剿匪司令李福林呈文孙中山，"匪首莫鬼王忠带同党羽数十人，潜回新基乡图劫，致为我军生擒。已派员严密讯供，伏乞发交军政部备案"。本日，孙中山指令李福林，呈悉该部旅长王若周捕获行劫日本"大图丸"、瑞典"斯兰"等轮案内著匪莫鬼王忠等情，该旅长缉捕勤能，至堪嘉慰。所请交部备案，应予照准，仍饬所部将在逃余匪紧缉务获。(《大本营公报》第14号，"指令"第470号)

△　顺德商会致电孙中山等，顺德出品全赖蚕桑，渡船久停，交通断绝。乞速维持，以苏民困。又顺德沙头柴商投称，该行运柴，沿途已受重抽，今复被驻防"电兑"舰勒抽旗资，乞撤销。(《顺德商会之两盐电》，《广州民国日报》1924年5月16日)

△　以豫军经已出发，不日即行大举攻敌，关于各路进行，自应同时兼顾，孙中山特谕参谋处饬知各军将领，克日遄返前敌，以资督率。(《帅令各将领速返前敌》，《广州民国日报》1924年5月14日)

△　各报纷传孙中山死讯，帅府复电辟谣。

《香港华字日报》本日载：孙中山此次脑病剧发，拒绝来宾，医生制止与人谈话，故外间种种推测，有谓孙中山已死去者，伍朝枢、郑洪年、徐绍桢、许崇智、谭延闿、杨希闵等各人，分日到府亲谒问候。据医生谓脑部溢血，即俗言为偏瘫，又曰患头风，其病源亦系忧劳过度所致，应当静养，此医生所以禁其见客也。据大本营传出消息，孙得病于5月1日劳动节，由西瓜园演说返府后，是晚即脑病剧作，电促胡汉民返粤。查孙中山病情，非长期休养，必不易痊愈，日前又有人言孙氏勉强扶病见客，因孙中山于剧病中，曾有继任问题的准备。(《粤京宫庭争宠记》，《香港华字日报》1924年5月14日)因谣言流传，廖仲恺本日在致国民党上海执行部电中，述党中经费琐务，并询胡汉民行期，未免上海执行部受谣言之影响，特于电末附"先生安，勿念"五字。

（《昨日所得孙先生平安消息》，上海《民国日报》1924 年 5 月 16 日）又据本日上海《民国日报》载，香港《德臣西报》造谣，传孙中山噩耗，各方纷纷电询孙中山起居，"今日合肥亦来电探问。帅府已分别复电辟谣，帅病已愈，虽医士嘱勿过劳，但帅仍照常批阅文件"①。（《电讯》，上海《民国日报》1924 年 5 月 16 日）至 16 日，《香港华字日报》又云：《士蔑西报》载，接羊城专访 14 号来函，谓孙中山患病已愈，逝世之说不确，据市政厅交涉局两署职员谓，孙氏因办事过劳，精力衰竭，且于劳动节日，赴公众大会三次，连续演说至七小时之久，翌日即觉不适，孙夫人急召德医林美路到诊，林美路命病者完全休息，并劝其暂时不可办事及见客，孙氏与外人隔绝，约历一星期之久，以致谣言喧传，甚至广州领事团，亦恐孙有不测之虑。直至两日前，李福林往访日本领事，告以孙病略愈，能接见有重要事情就商之官员，此为外交界首次接到之可靠消息。访员今日晤德医林美路，据谓孙病已愈，前两日复理政务。（《孙中山死讯之各方消息》，《香港华字日报》1924 年 5 月 16 日）

此外，本日，德国柏林各报因误信孙中山"突以脑炎逝世"而发表哀悼文字，称"孙中山为中国革命党首领"，"在目下之中国，还未有其比"，"他之目的，是要使四万万人口之中国统一"，"在世界革命史上，中国革命史上，没有方法使不与孙逸仙博士之名相连接"。5 月 15 日，各大报据《泰晤士报》消息更正孙中山病逝之谣传。（《路透社谣传孙先生后柏林舆论》，上海《民国日报》1924 年 6 月 21 日）

△　嘱宋庆龄致信鲍罗廷，促鲍早日返粤。

宋庆龄致信鲍罗廷，内容略谓："孙博士要我写信给你并敦促你早日回广州，因为有许多问题要和你商量。他说你和加拉罕先生延长在北京的停留时间是无补于事的，因为这样做不会有什么好结果。""孙博士相信我们最好先开始在这里的群众中做好工作。这肯定会比较容易，因为这里的人民对我们很友好。我们在这里得到的

①　此为"15 日广州电"。

好结果将于日后在广州得到反映。"(宋庆龄:《致鲍罗廷》,《宋庆龄书信集》上,第34—35页)

△　报载孙、陈复和消息。

北京政府派唐宝谔、关澄芳赴汕头,请粤军赞成统一。陈少白前已赴汕运动陈、孙调和,现邹鲁亦有代表加入运动。段祺瑞亦派诸辅成及某君来汕请粤军与段一致行动。至粤军里面,亦分三派:一为赞成和平统一者,一为有条件和孙者,一为仍自树一帜者。现各派纷集汕头,各伸己说。陈炯明个人尚无定见。(段云章、沈晓敏编著《孙文与陈炯明史事编年(增订本)》,第790页)

5月15日　任命李济深兼梧州善后处处长。(《大本营公报》第14号,"命令")并指令梧州善后处处长李济深,着将原西江善后督办舰务处所辖各巡舰,交由盐运使署缉私主任张民达接管①。(《李济深辖舰移交盐署》,《广州民国日报》1924年5月16日)

△　宋子文电宋庆龄,询示孙中山状况。本日上午10时20分接复电云:"中山疾已愈,转告亲友勿念。"(《昨日所得孙先生平安消息》,上海《民国日报》1924年5月16日)

△　李福林呈请枪决莫朗洲、莫苏、莫鬼王忠。

本月9日,剿匪司令李福林呈文孙中山,已将暂投湘军之巨匪陈保祥撤查核办,并捕获要匪莫苏、莫朗洲。(《大本营公报》第14号,"指令"第475号)10日,李福林将匪首莫朗洲、莫苏、莫鬼王忠三名,派队押往河南宝冈地方执行枪决。并于11日呈文孙中山,请准备案。本日,孙中山指令李福林,莫苏、莫朗洲等既系著名要匪,照军法处以枪决,办理甚是,准予备案,(《大本营公报》第14号,"指令"第476、477号)另陈保祥一名,究系胁从,抑系首要,并应由该司令查明②。(《大本营公

―――――――――

①　日期据报纸日期与文中"昨奉大元帅指令"之语酌定。

②　原令未署日期。按大元帅"指令"第474号、476号,发令日期分别为5月14日和15日,故此令日期应为14日或15日。按本令所说"该司令按照军法处以枪决,办理甚是",而孙中山批复李福林呈请将莫苏等人枪决为15日之476号"指令",故此令应为15日。

报》第 14 号,"指令"第 475 号)至 19 日,李福林再度呈文孙中山称,据番东七约局局长陶铸查明,陈保祥入营当差,勇敢过人,尚无为匪情事,请予录用,已于 5 月 12 日发交王旅长若周充当线兵,以观后效。孙中山旋于 22 日指令李福林,呈悉省释陈保祥情形。(《大本营公报》第 15 号,"指令"第 500 号)

△ 撤销取消坟山登记一案,准赓续办理。

上月,财政委员会以坟山登记与坟山契税事同一律,坟山税契既奉帅谕撤销,故坟山登记案亦应一并撤销,并以此呈请孙中山令饬大理院撤销坟山登记,孙中山据此,于 4 月 26 日令大理院撤销该登记。大理院长兼管司法行政事务吕志伊受命后,以坟山登记与坟山税契范围及性质迥别,无撤销之必要,故于本月 12 日呈请准予将坟山登记赓续办理。本日,孙中山指令大理院长兼管司法行政事务吕志伊,坟山登记性质既与税契有别,且开办已久,人民尚属乐从,准如所呈赓续办理。即以所收登记费拨充该院经费,借资补助。(《大本营公报》第 14 号,"指令"第 478 号)

△ 粤闽湘军招抚使刘毅呈文孙中山,因精力稍疲,旧疾复至,近数日来渐不能支,恳予辞职①。孙中山指令照准。(《大本营公报》第 14 号,"指令"第 479 号)并已于 14 日颁布命令准刘毅辞职。(《大本营公报》第 14 号,"命令")

△ 各方探求孙中山逝否确讯。

报载孙中山死讯,已轰传多日,至 14 日下午始得羊城快讯,称孙氏系于当日早 4 点半钟逝世,而本港银业界及各大商庄,亦接有同样消息,至西报方面以《商务日报》宣布最早,《德臣西报》所记略同,惟《士蔑西报》则谓曾派员赴省调查,未得确实报告。又有人于 14 日下午发电广州询问,至夜深尚未得复,但广州电讯必经检查而发,即有孙死确讯,亦必不能由电报传达也。传说河南某棺木店,奉命特造约值

---

① 辞呈并无月份,仅标示日期为 15 日。

一千四百元之棺一具,惟报界访员,往询该店东,彼极力否认其事。
(《孙中山逝世之中西消息》,《香港华字日报》1924 年 5 月 15 日)又北京孙阁会议,孙宝琦询各阁员,曾得孙中山逝世确耗否,各员均无法证明,卒议由陆部电致驻香港侦探切实查复。(《电讯》,上海《民国日报》1924 年 5 月 16日)而广州政府为辟除孙中山已死之谣言,陈友仁特致电路透社,谓:"孙中山先生逝世之说,完全不确。孙于两星期前劳工节日向数处会议演说,因劳不豫,今已痊愈。"①(《电讯》,上海《民国日报》1924 年 5 月 17 日)

又《香港华字日报》载,"孙中山此次脑病剧作,早已有人传其死去,连日旅粤外侨亦有奉其政府训令,亲到大本营探听真相。大本营职员,亦知外间多谓孙氏逝世,即如电报传译室之电报生,亦因各埠纷纷来电询问而忙个不了。据帅府某君言,本日,孙中山坐于办公室,身穿鼻烟色羽纱企领西装,白绒裤,有一来宾入室会晤,孙氏只一点头,并未与语。查孙氏病状,月之 8、9 等日,热度至高,且孙氏向来有多少肾脏病,今次之病,胃口先减,不欲食物,有劝其抽烟数口者,虽尝试吸,但不能用力吸去,故亦无甚效果。孙氏平素好饮葡萄酒,医生禁止孙饮,又曾着人往港买金山橙,送橙者亦云曾到帅府,知孙氏未死。据云今天孙氏之热度已退,已能起身,但其脑尚乍痛乍止,医生仍制止孙氏不可动作,以静养脑部,惟孙氏决于 18 日出席惠州会馆中央委员会,借此表示其病已痊愈"。(《再述孙文最近之病状》,《香港华字日报》1924 年 5 月 17 日)

　　△　因病情严重,大本营开重要会议讨论孙不测后应付时局问题。

　　孙中山死耗哄传,省中几无人不谈,所以公安局要禁人谈讲此事,侦探陈龙韬报告,亦谓河南北酒楼茶居,无人不谈此事。大本营方面,只是否认孙中山未死,公安局亦只禁人讲孙中山已死,而并不将孙中

---

　　①　同报还刊出大本营顾问井上氏谈话,称"先生所患系流行性感冒,热度已经恢复至平常,须静养"。

山病状报告,于是人心愈疑惑,以为孙中山如有不测,关于主帅之继任、各军之处置、省地治安之照料,实为莫大之问题。孙中山旬日以来,已不见客,即军政界要人,亦多不能见,于是外人以孙中山病状,询之军政界要人者,彼亦囫囵曰孙中山未死而已,此又惹起人疑之一因。又自 10 号下午,孙中山忽而晕去,知觉顿失,其左右人即电邀各军政要人,急赴救视后,孙中山死耗,实已由此纷传,而连日省中各地,更加紧戒严,亦为人心疑惑所由起,至 14 日,遂有孙中山已于某日死去之访函。(《孙文之病状及死耗纷传之由来》,《香港华字日报》1924 年 5 月 16 日)又据报,大本营连日召开重要会议,表面上云因东江军事问题,而其内容,则实因孙中山病危,设有不测,以后如何应付时局。闻孙中山极属意于许崇智,将来联军海陆军大权,亦交由许氏掌握,闻已面谕谭延闿照此意预草命令,当以此提出会议时,湘军总司令谭延闿首先赞成,豫军樊钟秀、第七军陈天太等,亦一致附和,闻杨希闵对许氏仍持反对态度。(《大本营连日重要会议之所闻》,《香港华字日报》1924 年 5 月 15 日)

5 月 16 日　在大本营接见日本东方通讯社社长樱井氏,与谈美国排日案及中国时局约一小时。樱井氏出语人,谓孙中山精神如常,无复病态。又杨庶堪省长今午前至帅府,与孙中山谈要政,历一小时余始出。杨辞职说无稽,母病早愈,请假赴沪亦打销①。(《电讯》,上海《民国日报》1924 年 5 月 18 日)

△　令广东电政监督何家猷,维持石龙电报局,免误戎机。(《帅令维持石龙电局》,《广州民国日报》1924 年 5 月 16 日)

△　本月 13 日,大本营军政部长程潜呈文孙中山,航空局为军事飞行而设,所有一切组织及法制当然在陆军范围内,欲组织临时审判处亦应依照陆军刑法执行,似无庸另订军律。惟该部前所拟陆军刑法草案尚未奉孙中山明令公布,则该局暂定军律亦属可行,但必须改为航空局暂行军律,俟陆军刑法公布即将此律撤销。本日,孙中山

————————

①　此为"16 日广州电"。

指令大本营军政部长程潜,《航空局暂行军律草案》既据审查暂属可行,该部长即转饬该局查照施行。(《大本营公报》第14号,"指令"第482号)

△ 将台山县民产保证事宜移交台山县署接管。

4月10日,财政委员会举行第二十八次特别会议,局长李纪堂提议取消台山县长横揽属内各征收机关,并附意见书案,经决议录案呈请孙中山核办。财政委员会主席委员叶恭绰、杨庶堪遂于4月16日将该案及该会决议情况呈报孙中山。本日,孙中山指令财政委员会,为事实上便利计,国税亦无妨委托地方代收。据台山县县长刘栽甫拟呈整顿自治办法,虽将国税、省税征收之权划归县属掌管,而所收税款仍应分别照解。原文第三条规定尚属明晰,果能明定考成,责令妥办,则于国库、省库之收入并无所损,而于该县自治裨益实多。案经特允,自应暂令试办,以观成效。即咨由广东省长转饬全省民产保证处李处长,按照特许台山自治办法第三条,将该县民产保证事宜移交县署接办。(《大本营公报》第14号,"指令"第487号)又本月1日,财政委员会主席委员叶恭绰、杨庶堪呈文孙中山,查该会第二十八次特别会议议决民产保证李纪堂局长提议取消台山县长横揽属内各征收机关,又第三十一次常会会议议决沙田清理许处长崇灏请将台山县原拟自治办法审查修正案,由沙田清理处将章程修正,呈请省长公署核办,理应查案并照录省长原咨呈请孙中山核明办理。本日,孙中山指令财政委员会,咨由广东省长转饬全省田土业佃保证总局,将台山田土业佃保证事宜,迅即按照特许该县试办自治办法第三条,移交县署接管。(《大本营公报》第14号,"指令"第488号)

△ 豫军不愿开拔,南路军士哗变。

报载东江中左右三路联军相继失败后,粤军因林虎未返,依然采取守势,孙中山仍谋进攻,增调豫军至右翼,以期最后之一掷,无奈豫军不允与滇军合作,不肯开拔,经孙中山再三苦苦疏通,豫军始于13日分批出发。孙中山原令豫军开往平湖集合,进攻淡水,岂料豫军并非有心作战,开抵石牌即下车不肯再进,目下豫军留于该处者约二千余人。而南路军事突呈紧张,盖因梁鸿楷所部第七、八两团发生异动。两团原为陈炯明时代所训练的队伍。刻下传来消息,两团已携械投往阳江,与南路粤军一致行动。四邑防军已即日下令戒严。闻该团变节后,仍有百余人逃回台山,孙中山饬林树巍星夜回防,率部向恩平方面进发,防范南路粤军来攻,闻林氏奉令后,已于昨日返回江门,转回防次。查林部仅五六百人,全属新编之众,枪械窳劣,料其未必敢于前进。(《南路军事之剧变》,《香港华字日报》1924 年 5 月 16 日)

　　△　逝世之说,经各方面证明不确,已病愈并开始办公见客。

　　报载因孙中山死讯传出,刻下省垣人心颇为摇动,商团加紧戒严,前敌各重要军官,亦已纷纷返省,前昨两日滇军蒋部纷纷由东江调回。孙科、吴铁城等久已留在大本营,日来重要军官,俱有颓丧之色。据省署某职员传出消息,谓孙中山脑病,日前已闻省长说及,至此时如何,虽省长亦不知,因大本营已不轻许人入,即入亦不能直接见孙中山,故非由大本营直接宣布外,外间极难证实。据报汕头接得孙中山病故之讯,林虎、洪兆麟等以为是进兵机会,已电前线预备反攻,并将闽南调回之师立即动员,约 4、5 月间可抵前线,然后约同三路大举反攻。(《孙文病重中之粤军要闻》,《香港华字日报》1924 年 5 月 16 日)据报,"孙中山之病情,以 8、9、10 等日最剧,11、12 等日,似有转机,13 日且能起身,而仍昏昏失常,至 14 日则云可见客,但仍未有客见之,盖仍卧于室内,但言语之间,往往证出其未复常性,而外间谣传其死,实亦因其前日曾经晕去失口之故。又欧美各国政府,均有电来询问,旅粤外侨,调查孙氏之起居,亦可见孙氏之生死关系世界视听。又陈少白于前日曾入见孙中山,遽问以孙陈调和事,陈少白以为可乘机进言,言未完,孙中山已捶床大骂,左右急止陈氏勿再多言,故询之民党,亦谓孙中山病状,尚未得谓之已安也"。(《孙文之病状及死耗纷传之由来》,《香港华字日报》1924 年 5 月 16 日)又报载,"孙中山病故之消息,以 14 日喧传最盛，中西大商号银行界等均接有同样之消息，惟亦有谓系与广州政府积有嫌怨之程某，将消息送交洋行方面发表者。驻港之孙党要人伍某等，闻孙氏病故消息，即于 14 日晚派孙氏之副官马骧晋省调查真相，至昨晚接马氏专人送到快信，谓孙实未死。又孙党要人陈少白，适 14 日由广州来，据说其离开广州前，曾亲晤孙氏，孙之死讯，当系不确"。(《孙中山死讯之各方消息》，《香港华字日报》1924 年 5 月 16 日)

又本日孙中山健康状况，据上海《民国日报》云：孙中山现甚康健，每日阅图及研究学说时间，均在六小时以上，批阅公文及接阅各方报告时间，则四小时左右，起居饮食如常。连日军政要人及各方代表与新闻记者来谒，均亲自接见。法制委员会戴季陶因恐有人误信谣言，日前曾致函《晨报》，为间接之辩正，略谓孙中山于 13、14、15 等日，均亲自校正民权主义演讲稿，及准备民生主义演讲资料。又据大本营消息，孙中山特定于 17 日上午游览白云山①。(《广东各要人最近之言动》，上海《民国日报》1924 年 5 月 23 日)长沙《大公报》亦载，孙中山逝世之说，经连日所得各方面之证明，已完全不确，并且病愈而办公，由办公而渐次见客，可见其与平素无异样也。16 日，东方社记者由郑洪年介绍，而会孙中山，孙氏纵谈时局，与平素无异，绝不似病中人，但因病后，不免现多少衰落之模样。(《中山接见东方社记者》，长沙《大公报》1924 年 5 月 24 日)

5 月 17 日　12 时偕夫人宋庆龄游览广州白云山，顺道检阅张国桢师，下午 4 时安返大本营。(《电讯》，上海《民国日报》1924 年 5 月 19 日)

△　中央直辖广西讨贼军第一军长杨愿公呈文孙中山等，"近以梧州财政局停止伙食，处境益困，无术维持，除已函请李处长直接统辖改编外，所部官兵，拟请酌给川资，分遣回里"。(《杨愿公通电辞职》，《广州民国日报》1924 年 5 月 20 日)

---

①　由于文中提及 13、14、15 日孙中山之行为，又有 17 日拟游白云山之说，故日期应为 16 日。

△　陈友仁致电香港《土蔑西报》澄清孙中山之死讯不确,马超俊致电孙中山呈辟谣之法。

报载记者谒见陈友仁,查证有关孙中山逝世之谣言,陈友仁谓孙中山曾患微恙,现已痊愈,孙中山认为无须见客证明其非死,陈友仁以本人名义,致电香港《土蔑西报》,澄清孙氏之死讯不确。另据报德国医生林美路,于一星期前,已不复为孙氏理病。又马超俊曾致电孙中山,意谓若孙中山逝世之说不确,亟宜辟谣。并献辟谣之法有三:(一)由孙氏函请西报派员赴粤面晤。(二)由孙氏函请香港各报,联举代表赴粤面晤。(三)孙氏巡视广州市,并到地方团体集众会晤。(《孙逸仙死耗存疑之西讯》,《香港华字日报》1924年5月17日)又有胡汉民关于孙中山近况之消息,《香港华字日报》记者友人在香港遇到胡汉民,据胡氏所言,此次返粤,磋商善后问题,其友问及孙中山逝世之消息时,胡云病重则有之,至言已逝世,则尚未有电至,或系谣传耳。至8时胡氏偕其眷属、随员六人相继下电轮登岸,闻是晚即转乘船返回广州。(《胡汉民由沪返粤》,《香港华字日报》1924年5月19日)

5月18日　北京政府曹锟为争取陈炯明所部叛军,发表叶举、林虎、洪兆麟之任命。当时广东虽为革命政府所在地,陈炯明仍踞东江一隅,曹锟为争取陈炯明所部叛军,本日,特任命叶举为广东省长,并派林虎督理广东军务善后事宜,另任命洪兆麟为潮梅护军使。(《政府公报》第2931号,5月19日)

△　胡汉民由沪返抵广州,往大本营谒见孙中山报告情况。(《胡汉民已抵省》,《广州民国日报》1924年5月19日)

△　训令广东省长,关于粤军现驻各防地财政整理事宜,业于本月11日分令该省长遵照在案,应责成粤军总司令切实规划、迅速办理。限本令到达后两个月以内,一律整理就绪,交由广东财政厅接收管理。庶整理可期敏捷统一①。(《整理粤军防地财政》,《广州民国日报》

---

①　日期系根据报纸日期与文中"昨训令广东省长"之内容酌定。

1924 年 5 月 19 日)

△　精神已完全复原,连日接见中外新闻记者及各军政要人甚多。(《电讯》,上海《民国日报》1924 年 5 月 20 日)

5 月 19 日　派程潜、林翔为财政委员会委员。任命谢无量为大本营特务秘书。(《大本营公报》第 14 号,"命令")

△　令各炮台免予检查缉私巡舰。

盐务缉私署原有缉私巡舰十四艘,现仅存"安北""江顺""横海""操江""福海""定海""江平""隼捷"等舰及缉私主任拨用之"飞鹏",共计九艘。正当缉舰缺乏之际,又遇私销泛滥之时,缉私一事,最贵神速。一有阻滞,则走私船只难免稍纵即逝。而运使署巡检经过各炮台,尚需查验,不免错失良机,以致近日盐税收入寥寥无几。鉴于此,两广盐运使邓泽如特于本月 14 日呈请孙中山通令各炮台,嗣后遇有运署缉私巡舰经过炮台,一律免予检查。如遇戒严时期必须查验,并请从速验放。本日,孙中山指令两广盐运使邓泽如,所请通令各炮台免予检查缉私巡舰,候令行军政部通令各炮台一体遵照。(《大本营公报》第 14 号,"指令"第 492 号)并训令军政部通令各炮台,遇有两广盐运使署缉私巡舰经过炮台,一律免予检查。如遇戒严时期必须查验,并请从速验放,庶利缉私而免贻误。(《大本营公报》第 14 号,"训令"第 221 号)

△　将出巡各县,大本营事务,委总参议胡汉民暂代行。(《电讯》,上海《民国日报》1924 年 5 月 21 日)

△　报载近因中西各报误载孙中山逝世之说,竟有人致谏词到府吊讣哀悼,15 日许世英致电大本营吊讣,电文中有"我公(指孙中山)壮志未成遭天殒"之句,"殒"字竟误译作"诛"。孙中山委派之驻美外交委员马素亦来电慰问。(《误传孙文死耗之余波种种》,《香港华字日报》1924 年 5 月 19 日)

5 月 20 日　在大本营接待来访的美国费城《公录报》及《纽约晚邮报》驻远东通讯员诺尔氏。

诺氏在所拍电报中称:"彼(中山)之答语明澈而机警,彼表示不少之精神与目的,可知彼决非一失望的领袖……彼身体不甚健,但其部下觉彼经两星期之强迫休养后,精神业已恢复。彼以恒被误引彼之发言为憾,而对于讹传其死亦颇愤愤。"就孙中山对诺氏发表之言观之,可知其对北京政府之态度,"绝未稍形软化,即对列强亦然。盖其称北京政府之存在,完全为列强承认之结果"。(《西报纪孙先生谈片》,上海《民国日报》1924 年 6 月 1 日)

　　△　派罗镇湘为大本营军事委员。(《大本营公报》第 14 号,"命令")

　　△　令各军不得包庇私盐。

16 日,两广盐运使邓泽如呈文孙中山,"近日缉获私盐数起多系军队包庇。日前准两广盐务缉私张主任民达来署面商,嗣后如有此等重大案件,除将案内私盐船只仍照章没收办理外,所有人犯拟即径送军政部军法处从严讯办。是否有当未敢擅便,特具文呈请鉴核"。本日,孙中山指令邓泽如,候令行军政部知照并通行各军申诫。(《大本营公报》第 14 号,"指令"第 495 号)同日,又训令军政部长程潜,军人包庇贩私,大为盐法之害,应准如两广盐运使所请,令该部即便知照并通行各军申诫所部慎勿以身试法。(《大本营公报》第 14 号,"训令"第 224 号)

　　△　本月 17 日,大本营财政部长叶恭绰呈文孙中山,广东造币分厂总办一职查有劳勉堪以派充,会办一职查有蔡炳堪以派充。本日,孙中山据此指令大本营财政部长叶恭绰,所报委任劳勉为广东造币分厂总办,蔡炳为会办,准予备案。(《大本营公报》第 14 号,"指令"第 496 号)

　　△　两广盐运使邓泽如以时局艰难,经费短绌,特将该署内外经费分别暂行核减以期撙节度支,并于 15 日将核减经费情况呈报孙中山察核备案。经费饷糈,为政府主要困难,邓泽如此举,颇受孙赞誉,孙乃于本日指令邓泽如,所请将署内外经费核减之事,至堪嘉许,准予备案。将来地方平靖,仍准由该运使体察情形,随时呈明规复,以

符旧制。(《大本营公报》第 14 号,"指令"第 497 号)

△　军官学校校长具呈孙中山,请发给粤造长枪五百八十杆、手机关枪十二挺,子弹配足,以俾军校生练习实弹射击。经孙中山批准,并令行兵工厂长马超俊,着即赶速将上述各枪如数配足,提前凑足发给该校领用。(《军官校清领械》,《广州民国日报》1924 年 5 月 21 日)

△　西路军总司令刘震寰从飞鹅岭返省,谒见孙中山"禀报前方军情,并请示作战方略"。(《刘震寰昨早返省》,《广州民国日报》1924 年 5 月 21 日)

△　死耗传出,联军迭出变故。

报载孙中山死耗,本由军政界传来,其所以不胫而走之故,闻因当时不许杨希闵等觐见,其时孙中山猝失知觉之讯传出,重要人物如杨希闵,竟不获接见,故一般中下级要人,十九皆谓孙氏已死,社会方面,自然轰传远迩。在此讹传中,联军出现三个变故消息:(一)柏塘方面密电,谓湘军第五军陈嘉祐部,因此有两团兵士闹饷哗变,挟械投降陈军。(二)中路密电,谓刘震寰军自滇军发生内部问题,表示不战后,军心已受牵动,现闻广州恶耗,已将多数军队调回宝安集中,以防后方发生变故。(三)石龙密电,是处原驻有湘军第七路第三梯团第三支队,现闻孙中山消息,亦携械哗变,已由鲁涤平飞电石龙一带友军,就近堵截,以免动摇根本。(《孙死讹传中之联军变故》,《香港华字日报》1924 年 5 月 20 日)

△　杨愿公欲扩张势力,为李济深、黄绍竑等所解散。

报载禁烟督办鲁涤平,在梧州设立禁烟检查所,实行抽收烟土捐。查此次鲁氏之举,为杨愿公主动。因杨氏久欲扩张势力,迭为李济深、黄绍竑所阻,乃屡求孙中山接济,后复商于孙氏,请孙氏用大本营禁烟总办之名义,在梧设立检查分所,孙氏无法,迫得一试,遂着鲁涤平用禁烟总办名义,委杨氏之参谋长吴中柱为梧州分所主任。杨氏甫贴上抽捐告示,黄绍竑即通电反对,并派员通知杨部,如不克日撤销检查分所,恐有对不往的举动。吴氏遂于 15 日假用烟商呈请的名义,取消检

查分所，以为下台之阶。(《梧州黄杨争烟利之活剧》,《香港华字日报》1924 年
5 月 20 日)本日《香港华字日报》又载，李济深、黄绍竑、郑润琦曾电请孙
中山取消在西江驻守之马晓军、杨愿公两部，无奈孙中山绝无复电。
且见孙氏病笃，将来倘有不测，在粤各军，必发生内部变化，若不趁马
杨羽翼未丰时剪灭之，将来必为外军的内应，因此黄绍竑与李济深秘
密商议，决意先解决杨部。16 日黄氏派兵解散杨愿公司令部，收编杨
部军队，至于马晓军方面，因马氏允许改编，故答应待商妥后进行。
(《黄绍雄〔竑〕又缴杨愿公部军械》,《香港华字日报》1924 年 5 月 20 日)

△ 上海泰晤士报云，孙中山近曾下令、以后凡中国人欲入他国
国籍者，须先依法取得中国政府之准许。入籍之后，并须于六个月内
呈报中国政府，否则其人仍被视为中国公民。(《帅令限制出籍》,上海
《民国日报》1924 年 5 月 20 日)

5 月 21 日 致电嘉勉沈鸿英。

电谓:"迭接来电，曾经电复，应办之事均经饬办。兹得庚电，
备悉贤劳。吾兄为大局除障碍，为桑梓谋幸福，热诚若此。文主持
中枢，固乐为之筹策，俾得早告成功者。需用饷弹，除已饬解运者
外，再饬续办。陆逆①已摧，如兄毅力持久必能克之。嗣后奠定桂
局，微特足弭鄙人西顾之患，从此两粤一家，更觉有裨益于大局也。
非惟盼望，亦所赖耳。"(《孙文病起后之治军》,《顺天时报》1924 年 5 月 31
日)

△ 移居白云山养病，大本营事务由胡汉民代理。(毛思诚编纂:
《民国十五年以前之蒋介石先生》,转引自广东省立中山图书馆、广州市社会科
学院、中山大学图书馆编:《黄埔军校史料汇编》第 3 辑第 55 册,第 39 页)

《香港华字日报》对此报道更为详细，其刊文谓:据可靠消息，孙
中山日前确曾命驾赴白云山，随行者有宋庆龄、许崇智、古应芬、孙科
等人，特非前往游玩风景，乃移居于该山之安期仙祠(即新郑仙祠)以

---

① 指陆荣廷。

养病耳，盖孙氏所患系脑膜炎病，若能静养，或可冀其日有起色。故狄克博医生极力主张孙氏离开大本营，其所持理由：第一，以大本营设在士敏土厂，厂内机声轧轧，况其烟突放出之炭气，于病人之呼吸尤不相宜。第二，孙氏为联军主帅，日中部属之来大本营请谒者不少，虽谓已拒绝接见，然此不过对于普通来宾及下级将官而言，若居高级目为视疾而来者，实不能一一拒绝，杨希闵连到三次是也。宋庆龄以其言之成理，孙科亦赞成此说，遂奉孙中山迁居于白云。至孙中山最近之病状，外间传其神经大为变乱，未免言之过甚，然其为脑病，神经之略有变异，则无能为之讳，故自移居白云后，所有大本营日行公事，暂交由谭延闿代拆代行，及18日胡汉民抵省，即命完全交由胡氏便宜处理，不必请示。(《孙中山移居白云山养病》，《香港华字日报》1924年5月22日)

　　△　特谕饬大本营参谋处电令粤军第三师师长郑润琦，分兵进剿罗定县境内之叛兵吕春荣残部。(《帅令郑润琦进剿逆军》，《广州民国日报》1924年5月22日)

　　△　本日，《广州民国日报》载，孙中山着大本营参谋长李烈钧，电催黄绍竑督率所部往攻南宁。(《帅令黄绍雄〔竑〕进攻南宁》，《广州民国日报》1924年5月21日)次日又载，孙中山饬令黄绍竑即进攻南宁，协助沈军收拾桂局。(《李宗仁太不量力》，《广州民国日报》1924年5月22日)22日《香港华字日报》亦载，李烈钧致电黄绍竑，谓奉孙中山令，着黄氏即行督率所部，进攻南宁，肃清西江上游各地。(《令黄绍雄〔竑〕进攻南宁》，《香港华字日报》1924年5月22日)

　　△　任命彭介石为大本营参议。(《大本营公报》第15号，"命令")

　　△　陈独秀在《向导》登载《汉口之党狱》一文，谴责直系军阀在汉口逮捕国民党人。

　　文谓："最近改组后的国民党和党魁孙中山先生为中华民族独立奋斗的精神与决心，已渐渐得着全国民众的同情。卖国媚外的直系军阀见了眼红，遂一面在香港、北京制造传播中山先生逝世的消息，一面在汉口大捕其国民党党部人员。他们这样倒行逆施,爱国的民众应该对他们更加一层深的憎恶,因为得罪国民党人其罪小,摧残为中华民族独立解放运动的国民党其罪大。摧残为民族独立解放运动的国民党,实际上便是帮着外人压迫中华民族。"(陈独秀:《汉口之党狱》,《向导》第 66 期)

　　△ 着财政委员会,拨给东路讨贼军第七、八旅出发费五万元;筹给许卓然款三千元,交江董琴收转;筹拨大本营技师杨子嘉两千元;自 5 月份起,务要每日筹给大本营会计司经费三千五百元。(中国第二历史档案馆编:《中华民国史档案资料汇编》第 4 辑下册,第 1269－1273页)

　　△ 《广州民国日报》刊文述孙中山患病原委经过,澄清孙中山逝世谣言。

　　"日来外间对于帅座此次偶尔抱恙,发生种种惊人谣言。外埠报纸,宣传尤甚。盖完全莫明真象,以讹传讹。或者故意造此种谣言,另有作用,亦未可知者耳。两星期前,帅座稍觉身体不适。即请德医卢美霖诊视。据云完全系用脑过度,只须静养一二星期,即可恢复原状。静养时期,完全杜绝见客。此外间谣言,所由来也。现医生所限日期已过,帅座之病,业已痊愈,精神亦经恢复。现已照常办公,不过时间较少耳。此次因帅座微恙,谣言继起,全属无稽。特记原委经过,以明真相。"(《帅座抱病原委及经过》,《广州民国日报》1924 年 5 月 21 日)

5 月 22 日　派黄昌谷为财政委员会委员。(《大本营公报》第 15号,"命令")

　　△ 令取消百货捐并鸡鸭蛋捐。

　　本月 16 日,财政委员会主席委员叶恭绰、杨庶堪呈请孙中山令饬滇军第一军军长朱培德查案取消百货捐并鸡鸭蛋捐。本日,孙中山指令财政委员会,由朱培德查明禁收呈报查核。(《大本营公报》第 15号,"指令"第 504 号)同日,又训令中央直辖第一军军长朱培德,"据财政委员会呈称,本月 12 日第三十七次常会会议准财政厅函请提议取

消百货捐并鸡鸭蛋捐。饬令朱军长转饬王师长均即遵迻令将百货捐
停收，捐卡裁撤。至裕源公司在韶州车站设卡，抽收出口鸡鸭蛋捐，
究系该军核准，抑系向其他军队瞒承，并令由该军长查明禁收，并将
遵办情形报查"。(《大本营公报》第15号，"训令"第228号)

△　16日，大本营审计处处长林翔呈文孙中山，代理大本营会
计司司长黄昌谷所呈报12年12月8日起至13年2月底止收支表
册、对照表单据簿，支出经查尚属相符，拟请予以核销。收入项经该
司长来函声明漏列，已代为更正。恳孙中山令饬该司长嗣后收支款
项应照计算书格式编造。(《大本营公报》第15号，"指令"第505号)本日，
孙中山训令大本营会计司长黄昌谷，所呈12年12月8日起至13年
2月底止收支各表册单据，经审计处审核尚属相符，准予核销。嗣后
该司收支款项应照计算书格式编造，以资划一。(《大本营公报》第15
号，"训令"第229号)同日，并指令大本营审计处处长林翔，已令行会计
司知照。(《大本营公报》第15号，"指令"第505号)

△　东路讨贼军第三军第四路第二营营长黄居正，因在来往新
塘、麻涌渡上失去驳壳枪二支，诬捏新塘荣安泰商店有窝匪嫌疑，迫
令该店司事何黎、外柜何树泉书立一〇八〇元银单一纸。李福林查
明此案，乃于本月19日呈文孙中山，拟将该犯官提出军前正法，并通
告各部队知照，特备文请予察核并发交军政部备案。本日，孙中山指
令东路讨贼军第三军军长李福林，所报枪决营长黄居正，准予交军政
部备案。(《大本营公报》第15号，"指令"第499号)

△　参军处少校副官杨泰因赴前方收容队伍，请辞参军处副
官职。

参军处少校副官杨泰，前投北伐军第一师，担任前方收容队伍，
扩充北伐势力，副官本职难以兼顾，特于本月6日向参军长张开儒请
辞，张开儒旋于次日呈文孙中山，请求准予杨泰辞职，并将存薪发给，
以偿还债务。(《大本营公报》第15号，"指令"第502号)惟多日未蒙批示，
至19日，张开儒复呈文孙中山，谓杨泰已将前方各事布置有绪，因未

敢远离致受停顿,不得已再具报告,务恳准予辞职。(《大本营公报》第15 号,"指令"第 501 号)据此,孙中山乃于 21 日明令准杨泰辞职,(《大本营公报》第 15 号,"命令")并于本日指令张开儒,准少校副官杨泰辞职,所存薪金,应俟财政充裕陆续补发。(《大本营公报》第 15 号,"指令"第501、502 号)

△　许崇智就粤军总司令职。

本日,粤军总司令许崇智于东门省议会粤军总司令部举行就职典礼,誓词曰:"余誓以至诚服从大元帅,尽忠职务,以期绥靖粤事,谋大局之安宁,图民生之乐利,谨誓。"(《许崇智就总司令职详情》,《香港华字日报》1924 年 5 月 24 日)许崇智就职后,旋于本日将就职启用印信日期呈报孙中山,并在呈中表示"恪遵命令,整顿三军,枕戈待命"。26日,孙中山指令粤军总司令许崇智,呈悉所报就职及启用印信日期。(《大本营公报》第 15 号,"指令"第 521 号)据《香港华字日报》载,许崇智愿意就任,系得孙中山许以特别待遇,其条件如下:一,饷械问题,拟先筹拨粤军,然后接济各军。二,驻防问题,粤军驻防城市要区,力任保护治安之责,各军一律调之出发前敌。三,予许氏以监视各军行动之特权。(《胡许回粤后之政潮又起》,《香港华字日报》1924 年 5 月 23 日)

△　勖勉沈鸿英,告"饷弹已发,当再饬筹济,陆逆势已摧败,得兄毅力坚持,必能奠定桂局"。(《电讯》,上海《民国日报》1924 年 5 月 24日)

△　近日见报载英兵入藏,殊为愤慨,拟从四川将领中择一能员,率兵西向,迅将"番人侵占各县屯,尽行恢复,所有驿站交通,一律重行整顿,切实从事抚绥夷民,以保汉商,以杜外人窥伺"。(《大元帅关心藏事》,《广州民国日报》1924 年 5 月 22 日)

5 月 23 日　令虎门要塞司令、江防司令协助禁烟督办署设所办理检查鸦片事宜。

本月 20 日,禁烟督办鲁涤平呈称,拟在各交通要道设所检查鸦片。特选派干员前往虎门地方设所开办,恳请令行虎门要塞司令官廖湘芸查照，认真协助，俾策进行。本日，孙中山指令禁烟督办鲁涤平，候令行虎门要塞司令饬属查照协助，以利进行。(《大本营公报》第15号，"指令"第506号)同日，又训令虎门要塞司令廖湘芸，据禁烟督办鲁涤平呈称，虎门为港澳必经要道，自应从速设立鸦片检查所，以杜私运而清流毒，特选派干员前往虎门地方设所开办。令该司令转饬所属查照协助，以利进行。(《大本营公报》第15号，"训令"第230号)

又鲁涤平呈文谓，禁烟首在杜绝来源，此前曾呈请于各处交通道路设立检查所认真查缉，经孙中山批准。惟广州水陆西自梧州，南自广州湾皆为烟土输入要地，欲于各要隘施以检查，不有兵舰认真协助，实难从事。特又呈请孙中山令饬江防司令暂拨兵舰，协助办理检查事宜。孙中山接呈后，指令照准，并令广东省长转饬江防司令酌拨兵舰。廖仲恺奉令照办，并于本月21日将办理情形呈复孙中山，本日，孙中山指令广东省长杨庶堪，呈悉该省长饬江防司令酌拨禁烟督办兵舰一事。(《大本营公报》第15号，"指令"第508号)

△　令广东省长筹拨款项办理革命纪念会事宜。

20日，革命纪念会临时干事主任林森呈文孙中山，民国2年邓慕韩、孙寿屏、邓泽如、潘达微、陆秋露、邓子瑜、何克夫、陆文辉等发起革命纪念会。顷值中国国民党改组、广东支部结束，森与诸同志筹议，即借支部地址设办事处，并接收其器具，重兴会务，现根据原案继续办理，期竟前功，以扬先烈。呈请察核恳准备案，并饬广东省长拨给款项俾资进行。(《大本营公报》第15号，"指令"第511号)本日，孙中山指令革命纪念会临时干事主任林森，所呈继续办理革命纪念会祈备案并饬广东省长拨款等情，准如所请，候令行广东省长查照原案，筹拨的款，继续办理。(《大本营公报》第15号，"指令"第511号)并训令广东省长杨庶堪查照原案筹拨的款，继续办理革命纪念会。(《大本营公报》第15号，"训令"第232号)杨庶堪受命后，即查照原案，该革命纪念会，前经核准拨给十万元，已拨二万元建筑黄花岗先烈坟墓，尚有八万元未发。杨遂于6月3日呈文孙中山，现革命纪念会同志函请拨给该款项,自应照办,令行财政厅照案筹拨,呈复孙中山察核。10日,孙中山指令杨庶堪,呈悉遵办令行财政厅照案筹拨革命纪念会款项情形。(《大本营公报》第 16 号,"指令"第 567 号)

△　准建设部加收电话用费以供建造坟园之需。

21 日,建设部部长林森呈文孙中山,七十二烈士坟园修造工程,需费甚巨,而国帑空虚,又未便停止不办,再四筹维,只有增加电话用费,拟自本 6 月 1 日起,每一电话机,每月加收费大洋一元,由电话局经收,解交建设部收存,专供建造坟园之需,所有该项收入项目,由其随时另案造册呈报核销①。(《林森请修烈士墓》,上海《民国日报》1924 年 6 月 2 日)本日,孙中山指令大本营建设部部长林森,准如所拟办理。(《大本营公报》第 15 号,"指令"第 507 号)

△　20 日,大本营审计处处长林翔呈文,孙中山所发下卸大本营审计局局长刘纪文呈送 12 年 4 月起至 9 月止收支计算书,经审查,表簿核数相符,请准予核销。其欠发薪俸等项因款未领到,故无收据未便核销,应俟该款补发后再行饬令补送收据另案核销。(《大本营公报》第 15 号,"指令"第 510 号)本日,孙中山训令卸大本营审计局局长刘纪文,所呈送审计局 12 年 4 月起至 9 月止收支各书表,准予核销。其欠发各款,俟财政稍裕再行拨发。(《大本营公报》第 15 号,"训令"第 231 号)并指令大本营审计处处长林翔,呈悉,已令行该卸局长知照。(《大本营公报》第 15 号,"指令"第 510 号)

△　广东省长杨庶堪受许崇智、蒋介石等排挤,请假离粤赴沪省亲。

本日,广东省长杨庶堪呈文孙中山,拟请给假一月赴沪省亲,所有省署公务由政务厅长陈树人代拆代行。27 日,孙中山指令广东省长杨庶堪,准如所请,给假一个月,省署公务由政务厅长陈树人代拆

---

①　根据《大本营公报》第 15 号之大元帅"指令"第 507 号,林森呈文时间为 5 月 21 日。

代行。(《大本营公报》第 15 号,"指令"第 528 号)杨庶堪虽以省亲为名请假,但据《香港华字日报》载,其离粤原因,别有隐衷。据载,许崇智素有兼任广东省省长之意,返粤以后,遂积极进行,并大倡粤人治粤之说,予杨庶堪以打击。杨因湘军在东江多次失利,声威大减,对政局上之主张,已不若前此之激昂。故当其接得沪电谓母病垂危,即乘势向孙中山请假,孙氏不允,亦不坚请,且为维持其地位计,力辩无请假事,亦无辞职事。欲谋省长一职而活动者,又力言杨氏已提出辞呈。许崇智抵粤之初,有谓许氏谋总司令兼省长,未几因各方空气不佳,即许氏所部,亦有劝许不宜兼任省长者。资本派(指孙科一派——引者注)对胡汉民向持反对主义,故 22 日又有许氏兼任说复活之讯。据省署消息,21 日杨庶堪确已不在省署办公,已即日以省亲为名去沪。(《粤海政局变化之开幕》,《香港华字日报》1924 年 5 月 23 日)又有报道云:杨庶堪早前称母病辞职,惟当时湘军极力保护,谓东江军事方殷,政局不宜变动,滇军亦忌许氏兼任省长,故亦表示反对。忽然胡汉民全权代理大元帅职权,暗使人直问杨氏何时赴沪,杨氏决定离粤。至于省长一职,暂由政务厅长陈树人代表,胡汉民本欲兼任,惟现在大本营职务颇繁,故尚未定。(《杨庶堪离粤消息》,《香港华字日报》1924 年 5 月 23 日)5 月 26 日《香港华字日报》复言,杨庶堪去职,涉及许崇智与蒋介石等的排挤。22 日蒋介石呈文孙中山、中央执行委员会等机关,谓有中伤主客各军之要人,非立即驱逐出境,不足以维系地方,矛头直指杨庶堪。杨氏携此电报到大本营谒见孙中山,并提出辞职,孙中山劝勉其勿灰心,余未多语,因孙患脑病,医生戒多言也。杨氏出而语人,谓"粤人治粤本属应该,蒋介石排我,即许崇智排我,我不离粤,蒋介石当离粤,二者必居其一"。(《元老太子派争广州政权志》,《香港华字日报》1924 年 5 月 26 日)

　　孙中山之说法则与此不同,据北京《晨报》载,粤籍谋议员,接到先生复电一则,报告其近状及对于时局之意见:"敬电悉,微恙已痊。和陈一节,羌无故实。现汝为(许崇智——引者注)、展堂(胡汉民——引者注）业已抵省，余定日内前赴东江督师。沧白（杨庶堪——引者注）赴沪，纯为策应川黔军事，省政暂由树人代行。承注甚感，特此致谢。"（《孙文口中之粤事》，北京《晨报》1924 年 6 月 2 日）

△　是日上午偕夫人宋庆龄乘电船游览石门，午刻在金山寺品茶。陪同者有林森、古应芬及参谋、副官多人。海防司令林若时派出巡舰在黄竹岐、石门江面拱卫。（《大元帅游玩石门》，《广州民国日报》1924 年 5 月 24 日）

△　拟偕李烈钧赴石龙督师，已饬在石龙预备行营，大本营事务将委胡汉民暂代主持。（《电讯》，上海《民国日报》1924 年 5 月 25 日）

△　《向导》刊出陈独秀《国民党左右派之真意义》，公开划分国民党为两派。

本日出版之《向导》第六十二期，刊载陈独秀此文，文谓："将来国民党左右派之不同的观念，即不同的出发点究竟是什么？我们可以说：采用革命方法的是左派，采用妥协方法的是右派；两方的观念不同，出发点不同。两方所采用的方法与具体政策，便自然不同了。左派的观念与出发点，是忠诚的要贯彻国民主义，对于任何列强与军阀，终以群众的反抗为目的，而不肯出于根本的妥协；右派的观念与出发点，是急于党的胜利，甚至于是急于个人地位的成功，主张在与列强或军阀妥协之下，靠少数人的武力与权谋，获得若干政权。这是将来国民党左右派之真意义，照这个意义，左派乃是真的国民党真的国民主义者，右派乃是抛弃了国民主义，实际上可以说不算是国民党了……"（陈独秀：《国民党左右派之真意义》，《向导》第 62 期）

文中公开将国民党划分左、右派的政策，据云源自鲍罗廷，政策之初衷或是为反对国民党内的妥协分子，以推动国民革命。但在部分国民党人看来，左、右派的划分难免造成国民党党内纷争。其后叛离中共而投靠国民党的周佛海事后在《逃出了赤都武汉》一文中，对此更"大加挞伐"，大肆诬蔑。其中称："鲍罗廷告诉我们的策略，最重要的就是把国民党分做左、右两派。他把当时的中央党部当作左派的机关,把广州市党部当作右派的机关,使这两级党部暗中互相排挤……"虽然周佛海出于投靠国民党的目的而添油加醋以投其所好。但当时国民党对中共及鲍罗廷此一政策,确实多有不满,以致不久即促成中国国民党中央监察委员提出检举国民党内中共党员之弹劾案。(罗刚编著:《中华民国国父实录》第 6 册,第 4652—4653 页)

　　△　"永丰"舰长请指定拨款机关发给伙食及饷银。

　　"永丰"舰长欧阳琳呈文孙中山,职舰自厦门驶入珠江,新旧欠饷历七个月之久。日来气候不正,士兵相继患病,业已三分之二,既苦医药乏资,对于各铺户每多赊欠。近被中央军需处积欠伙食至四千元,现时改由财政部所领之伙食,仅以七成发给。拟请指定拨款机关,按日摊给伙食及饷银,每月分三十日领数。又中央军需处积欠之数,恳令交财政部克日清付。(《"永丰"舰长请维持饷食呈》,《香港华字日报》1924 年 5 月 23 日)

　　△　外报载,孙中山患病与河源左翼湘军大败有关。

　　报载"孙中山此次脑病剧作,据国民党接近孙氏之某君云,经过此次危险,或希望不再复发,否则极为棘手。上海某外报谓孙中山得病原因,与河源左翼湘军之大败有关。孙中山因河源之败,特开联军军事会议,谭延闿在席上请议处分,言时声泪俱下。席上之许崇智、杨希闵、樊钟秀、路孝忱、李福林,面面相对,默无一言,是会议决下列四项:(甲)前线之湘军败兵残部,赶快收容,厚集兵力于增城之一路,以阻粤军乘胜进攻。(乙)中右两路克期进击,以解左翼粤军之围,牵制粤军不能向右翼发展。(丙)所有留驻省城后方之零碎部队,均尽行输送前线,以增前方兵力。(丁)急令各机关筹集军饷,输送前敌。当每次会议之际,孙中山发言必多,此次孙中山未发一言,露一种伤心愤情状,迨听谭延闿陈情,孙氏怒气乍涌,有似骤失知觉,故孙氏实得病于会议席上"。(《孙文得病之外报记载》,《香港华字日报》1924 年 5 月 23 日)

△　汪精卫为调和孙陈而运动。

报载国民党某重要党员传出消息,谓汪精卫见东江长此相持,向外极难发展,在沪已与吴稚晖等联合为调和孙陈之运动,汪氏拟不日返省,亲向陈炯明方面疏通。谓陈自东江起事以来,绝未骂过孙中山,而孙中山虽恨陈炯明,但彼能容一沈鸿英,岂不能容一陈炯明,自谓极有把握。某党员极力反对,谓"孙陈二人,闹到如此地步,死人无数,若复言和,怎样对得往人民,即不为双方人格计,亦当为吾党主义计,汪君早知今日,何不当初劝阻改道回师"。(《汪精卫调和孙陈又闻》,《香港华字日报》1924年5月23日)

5月24日　饬军政部、卫成总司令部、公安局等克日派员调查各军移防郊外情形,详为报告。(《派员调查移军郊外状况》,《广州民国日报》1924年5月25日)嗣后,上海《民国日报》6月8日载:各军总部与公安局,执行孙中山命令,本日起,促各军一律迁出郊外。(《电讯》,上海《民国日报》1924年6月8日)

△　督办李济深呈报办理杨愿公部改编前后经过各情形。(《改编杨愿公部之呈报》,《广州民国日报》1924年5月29日)

△　与邵元冲谈论考试制度各问题。

邵元冲于午前9时至帅府谒孙中山,询以考试制度中各问题。孙中山谓,"组织可采用院长制,并设副院长一,以为佐之,另设一参议机关,以计划考试事务及选任考官事,至考试条理〔例〕实行后,甄别现任官吏办法,宜先后〔从〕简任以下办起,首试以三民主义,继乃试以专门学术"。(王仰清、许映湖标注:《邵元冲日记》,第10页)

△　外报著论推崇孙中山之人格功业。

孙中山不豫消息传出,外报评论纷起。英文日本《告知报》在社论中谓,孙中山若死,不但为中国之损失,且为世界之损失。"中国政局混乱已极,彼若果死,未必有甚大影响,但中国失一最大领袖,失一政治上最大道德力,失一中国从来道德理想威权之代表者。"(《西报推崇中山之正论》,上海《民国日报》1924年5月24日)

△　电谢议员问病。

电文曰："上海环龙路44号转国会议员通讯处诸君鉴:宥电悉,微恙已痊,承注甚感,特电致谢。"(《孙文电谢议员问病》,《香港华字日报》1924年5月24日)

5月25日　令许崇智统一粤军财政,许决设西江财政处、五邑香顺两分处,直隶总司令部,各将领已纷纷交还。(《电讯》,上海《民国日报》1924年5月27日)

5月26日　广东省长杨庶堪布告取消统一马路业权办法。(中国社会科学院近代史研究所中华民国史研究室编:《中华民国史资料丛稿·大事记》第10辑,第75—76页)

△　令财政委员会筹拨已故广州卫戍总司令部副官长洪锡龄恤金。

22日,广州卫戍总司令杨希闵(总参谋长周自得代)呈文孙中山,已故广州卫戍总司令部副官长洪锡龄为国捐躯,身后萧条,其老父亦去岁病殁停柩,家庭无资殡葬。其老母年近古稀,尚在倚闾而望,所遗寡妻、弱子无所依倚。现该叔父及寡妻闻耗到粤静候月余,其情甚属可悯,呈请孙中山饬部照中将阵亡例迅颁恤金,给该故员家族具领,俾赡孤寡而慰忠魂。本日,孙中山指令杨希闵,候令财政委员会迅予筹发已故副官长洪锡龄恤金。(《大本营公报》第15号,"指令"第515号)并训令财政委员会,据广州卫戍总司令杨希闵呈称,已故广州卫戍总司令部副官长洪锡龄为国捐躯,身后萧条,令该委员会迅予照数筹交恤金予杨总司令转给承领,并将筹拨情形报查。(《大本营公报》第15号,"训令"第235号)

△　因许崇智查办兵部站舞弊之案久未据复,特令审计处接手彻查。

13日,东路讨贼军总司令许崇智呈文孙中山,据查办兵站委员会委员长许崇灏所报,该兵站部舞弊之端甚多,先将查明米煤两项造册随文呈请查核。并请转令该前总监罗翼群迅将前经查办委员加盖图记久延未缴之各种流水簿据全数呈缴转发审计,彻底审查以儆官邪。本日,孙中山指东路讨贼军总司令许崇智,候令饬罗前总监翼群迅将前经查办员加盖图记之各种流水簿据全数呈缴,以昭核实。(《大本营公报》第15号,"指令"第518号)同日,又训令前兵站总监罗翼群,为方便总司令许崇智查办前兵站总监部暨所属各局有无舞弊,该前总监即便将前经许崇灏派员加盖图记之各项流水簿据,克日检齐呈缴来府,以凭转发审计处彻底查算。(《大本营公报》第15号,"训令"第236号)该案实际上早在23日之前,便已由孙中山令大本营审计处接手办理。《大本营公报》载,23日,大本营审计处处长林翔呈文孙中山,据孙中山训令,前因兵站总监罗翼群供给军需,受人指责,当经明令交许崇智查办,嗣许崇智令迄今久未据复,故饬令许崇智速将表册单据检齐,转送该局彻查。查此项各报销表册及单据尚未准许崇智移送到处,俟送到时,当遵照办理。本日,孙中山特指令大本营审计处处长林翔,呈悉所呈复奉令查算前兵站总监罗翼群,俟许崇智将此项表册移送到处,当遵照办理情形。(《大本营公报》第15号,"指令"第523号)

△　20日,禁烟督办鲁涤平呈文孙中山,将组织大纲之第八条遵令改为,关于违反禁烟之行政处分及移送法庭事项,定为督察处第二科职掌。办事细则即根据大纲规定,凡属于行政范围者,由该署直接审讯处分。其属于司法范围者,即行照案移送法庭,俾于尊重法权之中仍于禁烟行政前途不至于发生障碍,所有遵令改拟组织大纲及办事细则各缘由,应备文呈请察核备案。本日,孙中山指令禁烟督办鲁涤平,如呈备案,大纲暨细则存此。(《大本营公报》第15号,"指令"第516号)

△　指令大本营军政部长程潜,准如所请给予已故西路讨贼军营长韩贵庭、营长钟汉荣恤金。韩贵庭原系西路讨贼军第四旅第二营营长,钟汉荣原系西路讨贼军总司令刘震寰部第一团第二营营长,两人均积劳病故,经由军政部核查,与《战时恤赏章程》相符,故由程

潜于5月18日、1月19日分别呈请以积劳病故例给予少校恤金。（《大本营公报》第15号，"指令"第517、520号）本日，孙中山分别指令准予给恤。

△　复函日本友人宫崎民藏，"偶撄微恙，早经告愈"。（《大元帅复宫崎民藏函》，《广州民国日报》1924年5月27日）

△　任命樊钟秀为东路军作战右翼总指挥，樊受命后，即率部加入东江前敌。

豫军总司令樊钟秀奉命出发东江，加入右翼作战，豫军现已陆续出发，孙中山为便利指挥起见，特任命豫军总司令樊钟秀为东路军作战右翼总指挥，并令即日督率所部，进取海陆丰。（《樊钟秀任右翼总指挥》，《广州民国日报》1924年5月27日）上海《民国日报》28日亦载：孙中山委樊钟秀为右路总指挥，偕胡思舜进攻海陆丰。（《电讯》，上海《民国日报》1924年5月28日）"樊钟秀受命后，于艳（29日）通电，奉帅令，授东路作战军右翼总指挥职，钟秀谨于陷（30日）奉部加入东江前敌。"（《快信摘要》，长沙《大公报》1924年6月8日）

△　报载政学系巨子李根源，近有来粤消息，闻李根源之来粤，实由李烈钧从中拉拢。李氏向孙中山说项，孙氏听从其说，电召李根源来粤。李氏已电其弟李根沄来粤。（《李根源来粤之所闻》，《香港华字日报》1924年5月26日）

△　报载近日联军作战失利，孙中山催促杨希闵、范石生、胡思舜、刘震寰等赶回前线以便指挥，并有决定亲赴石龙督战之说，大本营事务，交胡汉民代拆代行。22日胡氏已迁入士敏土厂居住。孙中山本欲与杨希闵等同赴石龙，使彼等无可推诿，惟最后未有成行。杨希闵等对东江作战任务，态度久消极，许崇智大倡排除客军之议，杨氏等人日夜会议，图谋对付。（《东南两路战局之近势谈》，《香港华字日报》1924年5月26日）

5月27日　商团设立联防总机关，孙中山为了解商界实情，任命和炉时为政府商业顾问。

本月 26 日，广州全市七十二行被商团正团长陈廉伯等煽惑签字反对马路统一业权案，("中华民国"史事纪要编辑委员会编:《中华民国史事纪要(初稿)——一九二四年一至六月》，第 1015 页)本日，广东全省一百零八埠商团代表在广州商团总公所召开"联防会议"。会议通过商团军联防章程等，决定设立联防总机关，举陈廉伯为总长，邓介石、陈恭受为副长，冼澄宇、李颂韶等为参事员。(华字日报馆编:《扣械潮》第 1 卷，第 2 页)本日，孙中山为了解商界实情，特任命和炉时为政府商业顾问。("中华民国"史事纪要编辑委员会编:《中华民国史事纪要(初稿)——一九二四年一至六月》，第 1015 页)

△　与邵元冲、张民达等步游白云山名胜。

据邵元冲追述:"某日(27 日)，总理约群游白云山，既抵山寺，庭中有泉一泓清冽，因顾谓张师长明达曰:'若知何谓生水，何谓熟水，何以试验之乎?'张谢不知。总理乃命人挹水一器，取皂荚和水揉之泡沫渐稠。告张曰:'凡以皂荚揉于水能作泡沫甚多者，此熟水也，饮食良。不能作泡沫者，生水也，不宜饮。'其遇事诲人谆谆，每多如此。"(罗刚编著:《中华民国国父实录》第 6 册，第 4653 页)

△　任命顾忠琛为北伐讨贼军第四军军长。萧养晦为大本营咨议。(《大本营公报》第 15 号，"命令")顾忠琛受命后，于 6 月 9 日就职启用印信，并呈报就职日期，孙中山于 12 日指令顾忠琛，呈悉所报接收任状印章及就职日期。(《大本营公报》第 17 号，"指令"第 582 号)

△　令审计处查明兵站卫生局舞弊情形。

16 日，东路讨贼军总司令许崇智呈文孙中山，查前兵站卫生局购入卫生材料，价目既多浮冒，各项开支复生弊窦，朋比为奸，尤应迅饬审计局严行查究以儆官邪。所有续查卫生局舞弊情形，送呈察核。孙中山据报，本日指令许崇智，候令审计处继续彻查明确，据实呈复，以凭究办。(《大本营公报》第 15 号，"指令"第 524 号)并训令大本营审计处处长林翔，据许崇智呈称，查前兵站卫生局购入卫生材料，价目既多浮冒，数量又复参差，其发给各军卫生药品本已啧有烦言。而对各

项开支,殊多弊窦。令该处彻查明确据实呈复,以凭究办。(《大本营公报》第 15 号,"训令"第 239 号)

△ 22 日,大本营审计处处长林翔呈文孙中山,遵查广东兵工厂厂长马超俊呈缴 12 年 7、8、9 等月份支出预算书到处审核,查该厂各月预算书包工工资一节,照备考栏核算少计八角八分,惟属预算似无庸议,其余均与旧案相符,拟请准予备案。本日,孙中山指令林翔,既据核实与旧案相符,应准予备案。候令行军政部转令广东兵工厂长知照。(《大本营公报》第 15 号,"指令"第 529 号)同日,又训令大本营军政部长程潜,据大本营审计处处长林翔呈称,广东兵工厂厂长马超俊所缴 12 年 7、8、9 等月份支出预算书经审核,准予备案,令仰该部转令兵工厂长知照。(《大本营公报》第 15 号,"训令"第241 号)

△ 令禁烟督办署削减开支经费预算。

本月 17 日,禁烟督办鲁涤平将本月份支出预算及前任、本任职员名额、薪饷比较分别造具书表,备文连同书表呈送孙中山察核。本日,孙中山指令鲁涤平,查所赍预算比之杨前督办西岩任内开支之数每月减少一万余元,殊堪嘉许。惟当财政困难之时,一切支出不能不减益求减。查内、财两部,每月开支经费均不过万元之数。该督办署规模不能比之更大,查表列办公费一项,月支八千余元,亦觉稍多。将预算表发还,再自行酌减。以薪饷、办公费合计,每月不超过一万五千元为度。另造全年预算表呈候核定,按月照支。(《大本营公报》第15 号,"指令"第 525 号)

△ 指令大本营军政部长程潜,准如所请,给予已故湘军营长尹忠义恤金。尹忠义原系湘军总司令谭延闿所部第五团第二营营长,于始兴一役重伤殒命,由谭延闿呈请从优给恤,经军政部查核,与《陆军战时恤赏章程》第二章阵亡第三条第二项事实相符,嗣由军政部长程潜于 1 月 19 日呈请以阵亡例给予少校恤金。(《大本营公报》第 15 号,"指令"第 527 号)本日,孙中山准程潜所请。

△　本月18日，大本营军政部长程潜呈文孙中山，西路讨贼军总司令刘震寰所部第三支队第二统领潘国熙等或积劳病故，或杀敌身亡，拟请准予查照《陆军战时恤赏章程》分别给恤，该统领潘国熙准以积劳病故例给予中校恤金，副官司令兼统领陈桂廷准以阵亡例给予上校恤金，营长刘震模准以阵亡例给予少校恤金。又湘军总司令部军务处少校处员郑传瀛奉命出勤，惨遭不测，情殊堪悯，拟请准予查照《陆军战时恤赏章程》因公殒命例给予少校恤金。本日，孙中山指令大本营军政部长程潜，准如所议给恤。（《大本营公报》第15号，"指令"第530、531号）

△　24日，大本营会计司长黄隆生呈请核准免去大本营会计司长本职，并简任代理司长黄昌谷补实该职。（《大本营公报》第15号，"指令"第532号）本日，孙中山明令准会计司司长黄隆生辞职，任命黄昌谷为大本营会计司司长，（《大本营公报》第15号，"命令"）同日，并指令大本营会计司司长黄隆生，已有明令准免本职。（《大本营公报》第15号，"指令"第532号）

△　23日，大本营财政部长叶恭绰呈文孙中山，该部先行设立中央税捐整理处从事整顿，至该处对外行文仍以该部名义行之，拟请简任黄仕强为中央税捐整理处处长，张沛为副处长，以专责成。（《大本营公报》第15号，"指令"第533号）本日，孙中山明令任命黄仕强为中央税捐整理处长，张沛为中央税捐整理处副处长，（《大本营公报》第15号，"命令"）并指令大本营财政部长叶恭绰，准如所请设处整理税捐，已另有明令简任黄仕强为中央税捐处处长，张沛为副处长。（《大本营公报》第15号，"指令"第533号）

△　明令各属各军长官认真维护禁烟督办署所委之局长及承商等办理禁烟事宜，毋碍进行。（《统一禁烟权之帅令》，《广州民国日报》1924年5月28日）

△　党员阮渭樵、杨宝韶呈文孙中山，"近日港沪各报，妄传钧座凶耗，致令中外震动，人心惶惶，殊堪痛恨。窃以该宣传部长戴季陶，

对于此次绝大危险之谣言,应负相当之责,谨依本党总章,即请总理依法惩戒,以重纪律"。(《阮渭樵等上孙总理书》,《广州民国日报》1924 年 5 月 27 日)

△ 病愈。(毛思诚编纂:《民国十五年以前之蒋介石先生》,广东省立中山图书馆、广州市社会科学院、中山大学图书馆编:《黄埔军校史料汇编》第 3 辑第 55 册,第 45 页)

△ 着财政委员会,筹济闽南军总司令臧致平部毫银一万元、许卓然部三千元,均交江董琴具领转汇。每月发给"永丰"等舰饷伙总额一万五千二百〇一元,以三十日计,每日匀发五百六十七元,交该舰长按日具领。又训令财政委员会:中央银行行长宋子文呈称,财政部准裕广银号发行兑换券,与该行代理金库特权有抵触。暨侵该行权限,饬会确实查明呈复核夺。(中国第二历史档案馆编:《中华民国史档案资料汇编》第 4 辑下册,第 1274—1277 页)

5 月 28 日　任命杨泰峰为大本营咨议。(《大本营公报》第 15 号, "命令")

△ 令顾忠琛不得滥招军队。

顾忠琛于日前被任命北伐讨贼军第四军长,为防止其滥招军队,本日,孙中山特训令顾忠琛,"近来组织军队,每务铺张,徒有虚名,甚或破坏社会秩序,影响国家纪律。现大军云集,国帑支绌,给养无出。该军长受任伊始,应力矫此弊。除筹有切实办法详陈核准外,不得广招军队,徒事虚浮。应从切实编练入手,先于都市以外之地设一教练大队,次第扩充,以植党军基础。所有一切设施,仍应随时呈候核夺"。(《大本营公报》第 15 号,"训令"第 244 号)

△ 审定筹饷总局《组织大纲》暨《办事细则》。

本月 23 日,筹饷总局督办范石生呈文孙中山,"查职局成立之始,鉴于禁烟署多头政治之不良,复承训示,谆谆以勿蹈禁烟署故辙相勉,是以草拟《组织大纲》共十一条,规定全局人员办事权责,呈准施行在案,现会办韦冠英于此项条文请加修正,呈请衡核"。本日,孙中山指令广东筹饷总局督办范石生,所请修改《组织大纲》第六、七、八等条,增加"会办"字样,应予照准。第五条无庸修改,即查照缮正呈候公布。《办事细则》并照签呈各条更正缮呈备案。(《大本营公报》第15号,"指令"第534号)范石生受命后,即将该《组织大纲》按令修改,并于6月3日再次呈报孙中山备案。孙中山于6月10日指令广东筹饷总局督办范石生,修改之该局《组织大纲》暨《办事细则》,准予备案。(《大本营公报》第16号,"指令"第568号)

△　17日,中央直辖滇军第三军军长蒋光亮呈文孙中山,"查滇军第三军军需筹备处将芳村花地三五眼桥二十四乡筵席捐招商承办,前据福利公司承办,经批准在案。嗣据该商呈称该处捐务原为省河永春公司批承。当查,该处所收款数既属无多,照承办地点与永春公司范围抵触,已令将该福利公司撤销,交还永春公司办理,伏乞鉴核施行"。本日,孙中山指令中央直辖滇军第三军军长蒋光亮,呈悉所呈停收三五眼桥花地芳村等处筵席捐情形。(《大本营公报》第15号,"指令"第535号)

△　本月26日,参军长张开儒以前"江固"舰舰长严宽办理勤能,置散可惜,特呈请任命为参军处少校副官。(《大本营公报》第15号,"指令"第536号)27日,孙中山正式任命严宽为大本营参军处少校副官。(《大本营公报》第15号,"命令")本日,孙中山指令大本营参军长张开儒,已明令照准。(《大本营公报》第15号,"指令"第536号)

△　22日,大本营军政部长程潜呈文孙中山,查中央直辖广东讨贼军第四军所部第一旅第二团中校团附兼补充营营长尹正揆临敌殒命,核与《陆军战时恤赏章程》第二章第一项事实相符,拟请准予追赠陆军上校并照上校阵亡例给予恤金。本日,孙中山指令大本营军政部长程潜,准如所请,追赠故团附尹正揆陆军上校,并照例给恤。(《大本营公报》第15号,"指令"第537号)

△　26日,大本营游击军司令李安邦呈文孙中山,"现安邦所部谨遵奉钧令自行收束,即将大本营游击军名义取消,听候粤军总司令

许明令编配。呈请察核备案"。本日,孙中山指令李安邦,呈悉此令。
(《大本营公报》第 15 号,"指令"第 538 号)

　　△　22 日,粤军总司令许崇智呈文孙中山,"奉令即以西江、五邑、香顺等十九县属为范围,设立西江财政整理处。兹查有江维华才守兼优,经验亦富,堪以充任西江财政整理处处长。李基鸿材具干练,办事精详,堪以充任该处副处长。呈请大元帅察核"。本日,孙中山指令粤军总司令许崇智,应随时严饬接办西江各属财政人员认真整理。(《大本营公报》第 15 号,"指令"第 539 号)

　　△　谕外交部次长郭泰祺、航空局长陈友仁、交涉员傅秉常等,即向美领事交涉美商罗拔洋行毁约强提制造枪械机器案。

　　前桂系莫荣新督粤时,曾与美商罗拔洋行订购大帮制造枪械机器之合同书,并预交一百万元。粤军驱逐莫荣新后,政府认合同有效,续交款一百四十万元。是年 4 月,广东兵工厂厂长马超俊奉孙中山令赴香港,与罗拔洋行洽谈将此批制枪械机器运回兵工厂配用事宜。双方议定:广东政府再交款三十万元,此批机器即可提出运回。不料 5 月 4 日,罗拔氏单方面毁弃合同,为图厚利与另一美商改立合同,雇日轮"高知丸"强行提运该批机器。孙中山获悉,即面谕外交部次长郭泰祺、航空局长陈友仁、交涉员傅秉常,立向美驻沙面领事进行严重交涉。(《美商强提机器之交涉》,《广州民国日报》1924 年 5 月 30 日)29 日,孙中山听取外交部次长郭泰祺关于交涉美商强提机器案的汇报,极愿此案和平解决,以敦睦邦交友谊。(《交涉强提机器案续纪》,《广州民国日报》1924 年 5 月 31 日)

　　△　新会商会、新会城总商团呈文孙中山等,县属匪氛滋炽,商旅戒途,百货运输,极感艰难,民食日用,断绝时虞,益以沿河冒军苛抽,民不堪命。查船艇由江门载货,运经文昌沙、松排、三贤祠、西河厘厂侧等处,滥抽重剥。请迅饬县立行解散冒军勒抽各机关,以利交通而苏民困。(《新会商会为商民请命》,《广州民国日报》1924 年 5 月 28日)

△　李烈钧编纂《大元帅戡乱记》，孙中山令赴日考察日本政治状况。

大本营参谋长李烈钧着手编纂《大元帅戡乱记》，由参谋处、参军处征求信史，以求速成。（《电讯》，上海《民国日报》1924 年 5 月 30 日）据上海《民国日报》载，"大本营参谋处参谋长李烈钧呈文大元帅，请假两个月。关于参谋处所办事宜，拟由各科主任直接秉承胡总参谋汉民办理，李于假期内，专在大沙头以太花园编纂《大元帅戡乱记》，现正向各军事机关搜集材料，着手编辑。又大元帅以日本为同种同文之国，其举动措施，关系吾国至巨，久欲派员专赴日本，考察日本政治状况，且将本政府施治下之情况，切实令其朝野了解。因李烈钧参谋长，声望遐著，于日本朝野，尤为知名，且历年研究日本政治军事，最为详尽，故帅座特派赴日，以最短时间，完成此项任务，至其在旅行期间，关于参谋长之职务，则拟暂由秘书长谭延闿兼。闻李已奉到明令，现正从事搜集考查文件，物色随行人物，一俟准备完竣，即行首途"。（《李协和编戡乱记》，上海《民国日报》1924 年 6 月 2 日）次日，李烈钧语往访之日本某通信记者，略云："美国大总统忘却人类的良心，为自己生存上之便宜，迎合无法国会之意旨，竟签字于新移民案，此为顾理治氏个人计，又为标榜正义之全美国计，殊属可惜。要之，今日以后，我等东洋民族应永久记忆美国戴假面具之所谓正义人道者。孙中山于美国国会通过排日案之际，益痛感东亚中日两国民有团结之必要。现在中国，为国民的提携，足以代表中国与他国民结合者，舍孙氏外，别无适当人物。孙氏本此主义，致力于国民相互之提携。故命予前往日本云。"（《李烈钧衔中山命赴日》，长沙《大公报》1924 年 6 月 6 日）

5 月 29 日　训令大本营外交部长伍朝枢，据台山县县长刘栽甫呈称，现县属横湖乡建筑碉楼，设置团兵，该乡华侨特由外国购买电射灯一盏付回，以为碉楼瞭望之用。惟路经关卡，须受查验，电射灯乃系应税之军用物品，应凭大本营驻江办事处护照放行。念该电射灯系由热心华侨购自外洋，为团务之急需，以作办团自卫之用，自应予免税，以示奖劝。令该部即便饬知该管税务司查验放行。(《大本营公报》第15号，"训令"第245号)

△　26日，财政部长叶恭绰呈文孙中山，"拟发行短期军需库券，并拟定条例制定本息基金，条例草案交财政委员会核议，报告到部，并经职部征集各军需同意，均乐予承受。理合钞附该库券条例呈请钧座鉴核公布施行，至基金一项，无论何项军政要需均不得挪借移用，以示维持"。本日，孙中山指令大本营财政部长叶恭绰，发行短期军需库券条例准如所拟施行。(《大本营公报》第15号，"指令"第542号)

△　任命卢兴邦为东路讨贼军留闽第一师师长，孙本戎为东路讨贼军留闽第二师师长兼一、二师总指挥，委派粤军总司令许崇智兼任江海警委员长。(《闽南讨贼军之大联合》《江海警委员长之改委》，《广州民国日报》1924年5月29日)许崇智受命后，于6月10日就职启用关防并呈报就职日期，6月16日，孙中山指令江海警委员长许崇智，呈悉所报启用关防日期。(《大本营公报》第17号，"指令"第596号)

△　令恢复暂停之大本营政务会议，是日会议，有谭延闿、程潜、徐绍桢、林森、陈树人、古应芬等人出席，胡汉民为主席。(《大本营恢复政务会议》，《广州民国日报》1924年5月30日)

△　病势复剧，本日未起床。

报载财政某要人每日进大本营谒孙中山，直抵床前请安，闻上月28日孙中山病势又略剧，急电孙科返府，是夕孙中山精神大不如前。因系某人送来水果等物，仅食少许，即觉不妥，至29日并未起床。但孙中山素来好动，凡有人来问候必勉强起身，与人谈话，经医生制止多次，彼亦不欲示人以弱。惟29日则并未起床，热度较往日略高，外间所传种种虽不尽可靠，但孙中山之病日轻日重，确是实情。(《孙中山最近之起居谈》，《香港华字日报》1924年6月2日)

△　集贤工会、轮船工会及机器工会等为美商提机器案上呈孙中山。

呈谓:"29 日,日本'高知丸'轮船载有小吕宋黑人六十四名,竟闯进货仓,任意将机器搬运,此种举动,实违背世界工人互助之本意。工团等愤激莫名,准备作最后对待,顾我政府地位,尚未巩固,恐惹出国际交涉,是以未敢暴动。近两日内该吕宋人纷纷将机器搬运落船,未闻政府有所表示,工团等愤懑填胸,集议先行将日本各大火船苦力工人,一律停工抵制,以为政府后盾,听候解决。"(《美商提取兵工厂机器大交涉》,《香港华字日报》1924 年 5 月 31 日)

5 月 30 日　接见上海《中国晚报》沈卓吾,作留声制片讲演,号召国民梦醒,立志拿革命的主义去救国,以求中国与列强并驾齐驱。

据《广州民国日报》载,孙中山精神已完全复原,30 日下午 4 时,特由大本营乘坐电轮至南堤,赴南堤小憩,与各要人有所叙谈。又闻是日上海《中国晚报》沈君卓吾,因由沪带到留声机之传声器,及音片多件,并技师人等来广州,即请孙中山在南堤小憩演说,开始收音,孙中山演说至一小时之久,精神奕奕,毫无倦容。(《大元帅赴南堤小憩》,《广州民国日报》1924 年 5 月 31 日)陪同孙中山赴南堤者,有孙科、黄季陆等人,沈卓吾将此次演说制成留声机录音片六片,其中四片为普通话,两片为粤语。(尚明轩:《宋庆龄年谱长编》,第 136 页)

孙中山遗音唱片之讲词内容如次:

第一片

"诸君:我们大家是中国的人。我们知道中国几千年来,是世界上头一等的强国。我们的文明进步,比各国都是先的。当中国顶强盛的时代,正所谓千邦进贡,万国来朝。那一个时候,是中国的文明,在世界上是第一的,中国是世界上头一等的强国。到了现在怎么样呢? 现在这个时代,我们中国是世界上顶弱顶贫的国家。现在世界上,没有一个能看得起中国人的,所以现在世界的列强,对于中国都是有瓜分中国的念头,也是由近来各国共管中国的意思。为什么我们从前是顶强的国家,现在变成这个地步呢？这就是中国我们近来几百年,我们国民睡着了。我们睡了,就不知道世界他国进步的地方。我们睡着的时候,还是以为我们几千年前是这样的富强的。因为睡着了,所以我们这几百年来文明就是退步,政治就是堕落,所以变成现在不得了的局面。我们中国人,在今天应该要知道我们现在这个地步,要赶快想想法子怎么样来挽救,那末我们中国还可以有得救；不然,中国就是成为一个亡国灭种的地位。大家要醒！醒！醒！醒！”

第二片

“今天中国安危存亡,全在我们中国的国民睡还是醒。如果我们还是睡,那末就很危险。如果我们能从今天就醒起来,那么中国前途的运命,还是很大的希望。现在世界的潮流,都是进到新的文明。我们如果大家能醒起来,向新的文明这条路去走,我们才可以跟得到各国来追向前去。那么,要醒起来,中国才能有望。为什么呢？怎么样说法呢？就是我们能醒起来,我们大家才有思想,有动作,大家才能立一个志来救这个国家。大家能知道这一件事,中国就是不难来救的。今天我们来救这个中国,要从哪一条路上走呢？我们就是要从革命这条路上去走,拿革命的主义来救中国。拿革命的三民主义,就是民族主义、民权主义、民生主义,这个就是所谓三民主义。民权主义,就是拿中国要做到同现在列强达到平等的地位；民族主义,就是从国际上列在平等地位；民权主义,就是要拿本国的政治弄成到大家在政治上有一个平等的地位,以民为主,拿民来治国家；民生主义,就是弄到人民生计上、经济上的平等。那么这个样的三民主义,如果我们能实行,中国也可以跟到列强来进步,不久也可以变成一个富强的新中国。”

第三片

“诸君：今天听到我的话,大家想中国再恢复我们从前几千年的强盛不想？如果大家想的,就是要大家立志。要立志,大家就要研究这个三民主义。三民主义,我近来在广东高师学校每个礼拜讲一次,每次讲到两点多钟。民族主义,我讲了六个礼拜才讲完。民权主义,也讲了六个礼拜才讲完。不久再来开始讲民生主义,大概也要讲六个礼拜、八个礼拜说不定的。三个三民主义讲完后,我将演词刻了单行本。现在民族主义已经出书了,民权主义,不久也要出书了;将来民生主义讲完,也是一样刻单行本出书,来广传到中国各省。望诸君要留心找这个书三民主义的三个演讲,来详详细细来研究! 其中很多新思想,很多新发明,是中国人从前没有听过的。这个演说,我以为是很有趣味的,望诸君要买这个书来看! 看过之后,就要留心详详细细来研究。如果能把三民主义来详细来读过,详细来了解,那么,诸君就懂得怎么样来立志救中国。既已懂得之后,把三民主义来宣传到大家都知道,令大家都立志来救中国,那末中国就很快的可以变成一个富强的国家,与列强并驾齐驱了。这就是我所望于诸君的。"

第四片

"现在我还要同革命党来讲几句话。大家知道,中华民国是革命党牺牲流血,推翻满洲才来造成的。现在这个革命事业,是把官僚武人破坏了,所以革命建设不能彻底成功,所以我们革命党,在中国还要担负很重的责任。现在头一个地步,就是要把我们革命党的三民主义,来宣传到一般的国民能知道。第二个责任,我们的革命党还要学从前革命先烈这个样,来牺牲性命,要舍身来救国,要为中国前途来奋斗,要把自己的力量,要来努力进行,学从前真革命先烈这个样,不好学革命成功后的这个假革命党,借革命来图一个人的私利,借革命这条路来做终南捷径,来升官发财。自从革命成功后,这个假革命党充满全国,来冒革命之名,所以把革命的成绩都破坏了,往往令国民不知道革命党是做什么事。所以国民看到现在这种假革命党,以为这种就是革命的人才。我们真革命党,现在要担一种很大的责任,就是要彻底,要把这种假革命党来排除。我们对于国民,要表示我们的道德,种一种革命的精神,令国民大家知道真革命党，是为国牺牲的，是来成仁取义的，是舍性命来救国的。只要把奋斗精神来感动国民。令国民知道是非，知道真假，知道真革命党是真心为国家的，令一般国民跟我们来革命，中国才有救呢。"（《应上海〈中国晚报〉所作的留声演说》，《孙中山全集》第 10 卷，第 236—239 页）

△　何成濬收拾残部由闽来粤。

据《民国十五年以前之蒋介石先生》一书载，18 日，兴泉永前敌指挥之何成濬，为王献臣等所败，孙中山电令其收拾残部由闽来粤。（毛思诚编纂：《民国十五年以前之蒋介石先生》，转引自广东省立中山图书馆、广州市社会科学院、中山大学图书馆编：《黄埔军校史料汇编》第 3 辑第 55 册，第 38 页）嗣后，何成濬率部绕赣南抵粤北翁源。（《东方杂志》第 21 卷第 12 号，第 154 页）翁源县长因此于 28 日致电孙中山，谓有臧致平、何成濬两军之一部，约五六千人，计沁日（27 日）可抵南径。俭日（28 日）可抵苦瓜营，艳日（29 日）可抵坝仔墟。（《国内专电》，《申报》1924 年 6 月 3 日）孙中山接电后，于本日致电滇军总司令杨希闵[1]，电谓："杨团长、段县长[2]艳电悉。臧部过境，应代办粮秣，妥为招待。臧总司令、何总指挥[3]是否同行，应即探询，并将该部官长姓名详询具报。特此电达，仰即转电该团长、县长遵照办理可也。"（《帅令探询臧何行踪》，《广州民国日报》1924 年 6 月 2 日）孙中山虽令翁源县长"代办粮秣"，但闽赣军队人数不少，翁源粮食有限，代办亦成问题，故至 31 日，翁源县长段克鉴以此呈文孙中山，"兹查闽军何部约二千余人，苏部一千余人，赣军董部一千余人，统计三部约六千余人，已于 28 日全部抵墟子，每日需用军米不下万斤。职县素称贫瘠，县库早经告匮，一切费用，须贷诸商民，供给一二日，已属竭蹶万分，多驻数日，即有缺食之概。事关

---

① 　1924 年 5 月 29 日，翁源方面传闻臧致平部将由闽退入该县（后未入境，绕道出赣），杨、段即呈文滇军总司令杨希闵，询"应否准其入境"。杨将电转呈孙中山，这是孙中山给杨希闵的指示电。

② 　即滇军第一师补充旅第二团长杨效钧、翁源县县长段克鉴。

③ 　东路讨贼军留闽总指挥何成濬（又作粤军东路总指挥）。

军糈,未便因循。应如何办理,伏候电令祗遵"。(《何部抵翁之详情》,《广州民国日报》1924 年 6 月 5 日)

△　着大本营军政部,转令东、西、北三江防军,即将护商加抽各机关一律撤销。(《令撤销三江加抽机关》,《广州民国日报》1924 年 6 月 2 日)

△　各军高级长官,前因筹划再次总攻击各计划,乃联翩返省会商。现孙中山以各种计划,经会商就绪,特谕饬大本营参谋长李烈钧,即令各军总司令、军长返回前线,指挥各军乘时大举反攻,以免敌军久延残喘。(《高级将领之联席会议》,《广州民国日报》1924 年 5 月 31 日)

△　朱淮主张一面合围惠州,一面直捣海陆丰,进窥潮汕。

长沙《大公报》载,廖行超致电孙中山,"请趁敌援漳未回师,我联军宜联为一气,一面合围惠州,复以大兵直趋海陆丰"。(《快信摘要》,长沙《大公报》1924 年 6 月 10 日)廖行超此主张,6 月 3 日之《广州民国日报》载之甚详,该日报载,中央直辖滇军第二师长廖行超呈文孙中山,据前敌指挥朱淮电称:"联军以协同一心,用混战之法,避实击虚,直捣海陆丰,进窥潮汕,早定东江等情,通电请示,谅荷明鉴。又若候敌人援漳回师,恐将前功尽弃,复摇根本。当此时机,宜一面合围惠州,复以大军直取海陆丰,进攻潮汕。应如何进趋之处,仍候帅座示以方略。"(《廖行超之军事主张》,《广州民国日报》1924 年 6 月 3 日)关于廖行超所陈朱淮之进兵计划,据《申报》载,朱淮此前似已呈文孙中山,此次不过再为强调。(《国内专电》,《申报》1924 年 5 月 27 日)嗣后,朱淮赴省"向师府总座请示机宜"。(《朱淮返省请示机宜》,《广州民国日报》1924 年 6 月 8 日)

△　近未接东江前线新消息。为加速攻陷仍在包围中的惠州城,孙中山已发布最新训令,任命练孝生为惠州卫戍司令,以协助攻打该城。(广东省档案馆编译:《孙中山与广东——广东省档案馆库藏海关档案选译》,第 523 页)

△ 本月 28 日,财政部长叶恭绰呈文孙中山,因财政部直接之收入有限,近来担任军费为数日巨,所有大理院经费每月七千元一款,实已无款可拨,拟请准予免筹以轻负担。本日,孙中山指令大本营财政部长叶恭绰,仍应酌核情形筹拨,以维司法。(《大本营公报》第 15 号,"指令"第 544 号)

△ 26 日,大本营财政部长叶恭绰呈文孙中山,"财政部与商人东华公司订立合同承办广东造币厂,前已将承办该厂始末情形暨所订合同面陈钧座并蒙批准在案,旋由钧府秘书处将批准合同封送到部即日施行,理合抄录原合同呈请备案"。本日,孙中山指令叶恭绰,准予备案。(《大本营公报》第 15 号,"指令"第 545 号)

△ 命令江防司令徐德,加派浅水炮舰两艘,克日驶赴东江河面,认真监察。"如查明系冒外商轮来往,希图侦我军情,及接济敌军有据者,应予将轮扣留,人则拿解究办。"①(《派遣炮舰监察敌轮》,《广州民国日报》1924 年 6 月 1 日)

△ 湘军总司令谭延闿,本拟即赴前敌督战,因孙中山留商要政,暂缓前往东江。(《电讯》,上海《民国日报》1924 年 6 月 1 日)

△ 召集政务会议,议决三要案。

胡汉民,谭延闿,杨希闵,程潜,徐绍桢,邓泽如,林森,伍朝枢,郑洪年,陈树人,孙科,吴铁城,张开儒,古应芬,郭泰祺等均列席,议决要案:(一)发行军需库券。以印花税及造币厂余利担保。支配方法,由军政财政两部谈妥,呈请孙中山公布。(二)军政部提案点验军队,照原案通过。(三)每星期四开政务会议例会一次。(《电讯》,上海《民国日报》1924 年 6 月 2 日)

△ 愿和平解决美商擅提制造军械机器案。

报载,28 日,孙中山据兵工厂长马超俊报告,美商罗拔洋行雇用日轮"高知丸"及吕宋人,赴白蚬壳广兴安兴货仓擅提兵工厂订购制

---

① 该文中有"该部奉此,卅日已派遣某两舰,驶赴东江矣",故孙中山下令日期应在 30 日之前。

造军械机器等情,经派外交次长郭泰祺、交涉员傅秉常、航空局长陈友仁等,赴美领事署提出抗议,严重交涉。29日,郭等与美领事交涉,请令制止美商搬运机器,美领事允候解决,并提出两项要求:(一)请将监视日轮"高知丸"之军警撤回,以和平解决。(二)请谕令各工人在此案未解决前,不可强下"高知丸"提回搬落之机件。郭氏返回大本营,将交涉情形报告孙中山,孙中山亦极愿和平解决。30日,粤海关监督傅秉常已知照税务司,谓此项交涉案未解决前,不得私放日轮"高知丸"出口。(《外商强提兵工厂机器交涉续讯》,《香港华字日报》1924年6月2日)嗣后,善后委员会呈文孙中山称,"美商啰弻洋行,雇用日轮强提机械,不特违背国际主权,抑且有辱国体。现在全粤人民,同深愤激。善后委员会为人民代表机关,自应呈请政府严重抗议,以维国体。经一致议决全体通过,乞饬令外交部交涉署,严重抗议,据理力争,以维国体"。(《各界力争机器交涉案》,《广州民国日报》1924年6月5日)又有各公团联名呈文孙中山,认为美商罗拔洋行偷运机器事,侮国侵权,请孙中山严重抗议。(《电讯》,上海《民国日报》1924年6月7日)

5月31日 北京政府外交部长顾维钧与苏联全权代表加拉罕正式签订《中俄解决悬案大纲》十五条及《暂行管理中东铁路协定》十一条等文件。("中华民国"史事纪要编辑委员会编:《中华民国史事纪要(初稿)——一九二四年一至六月》,第1045—1065页)

△ 接臧致平电,系由闽商转,中有29日会同何成濬部,由九溪渡太史河,进攻沙县,甚为得手等语。(《臧致平进攻沙县》,《晨报》1924年6月1日)

△ 派杨瑞亭、李子英为大本营出勤委员。派胡谦为财政委员会委员。(《大本营公报》第15号,"命令")

△ 令潘文治为海军练习舰队司令,整理"福安""飞鹰""舞凤"三舰。

任命潘文治为海军练习舰队司令。(《大本营公报》第15号,"命令")

并训令粤军总司令许崇智,现将"福安""飞鹰""广海"三舰编为海军练习舰队,由潘文治统带,着归该总司令节制调遣。(《大本营公报》第15号,"训令"第250号)又训令"舞凤"舰舰长伍自立,着"舞凤"舰归大本营差遣。(《大本营公报》第15号,"训令"第251号)至6月4日,孙中山又令潘文治,所有"福安""飞鹰""舞凤"三舰整理事宜,仍着该司令监管。(《大本营公报》第16号,"训令"第263号)同日,又训令许崇智,前经拨归大本营差遣之"舞凤"舰,现尚在整理时期,着仍由潘文治统率,听该总司令节制。(《大本营公报》第16号,"训令"第264号)6月7日,潘文治正式就职并呈报就职视事暨启用关防日期。12日,孙中山指令海军练习舰队司令潘文治,呈悉就职及启用关防日期。(《大本营公报》第17号,"指令"第576号)

　　△　顺德县商会呈文孙中山,大良米业穗和堂,由港运谷米二万回县,以济民食,于沁日(27)日在香属横□鸟珠河面,被海盗用火船三艘,截劫一空。恳速移营缉起,以安商旅。(《顺德商会请缉劫米海盗》,《广州民国日报》1924年6月4日)

　　△　下午,召许崇智到府,筹商各项计划,纵谈数钟之久。(《帅座召许面授方略》,《广州民国日报》1924年6月2日)

　　△　令进攻东江各路军官——谭延闿、杨希闵、刘震寰、刘玉山、范石生、蒋光亮、樊钟秀等,"克日督率所部,分途进取"[1]。(《联军三路并进之声势》,《广州民国日报》1924年6月1日)

　　△　电沪叶楚伧询北京政府捕张国焘等情形。

　　张国焘为国民党中央候补委员,杨子烈为张密友,均系共产党员并从事活动,上月21日,北京政府派军警逮捕共产党,该二人皆被捕,杨发行之《新民国》亦被禁。本日,孙中山电询在沪之叶楚伧,叶翌日复电云:"世(31日)电悉,国焘、杨子烈等未释,程克(北京司法总长)主交法庭,《新民国》禁发行,杨即发行人。"(罗刚编著:《中华民国

──────────

① 日期系根据报纸日期与文中"昨经谕知"之言酌定。

国父实录》第 6 册，第 4661 页)嗣后，中国国民党为北方政府军阀逮捕北京张国焘，汉口刘芳、杨德甫等人发表告国人书，申明国民党第一次全国代表大会通过之宣言与章程与"过激主义"绝非同物，国民"当知军阀此举，非仅向中国国民党而挑战，乃向中国国民而挑战"。本党党员愿"以国民之前驱自任，前仆后继，猛进而不已"。(《中国国民党敬告国民》，上海《民国日报》1924 年 5 月 31 日)

△　滇湘等将官逗留省垣，不愿进战，孙中山拟发行国库券解决饷需问题。

报载最近孙中山因东江粤军大有反攻之势，屡催杨希闵、刘震寰返防，实行进兵，讵两人逗留广州，迄不为动。闻杨、刘等非绝对不愿战，但以许崇智回粤，力谋排拒客军，心滋不悦，更不欲再战，致蒙损失，予许氏可乘之隙，加以日来孙中山筹拨饷弹，源源接济湘军，独于滇桂付诸阙如。据闻杨、刘日前向孙中山提出要求，非筹给一百万元，不肯进兵。孙氏遂试图发行国库券一百万元，由资本派(指孙科一派——引者注)集资组织广裕银号代理金库，以为发行之枢纽，决定先发行二十四万元，以观商场之反应，随后陆续发足一百万之数。"惟询银业中人，则我辈商人，受纸币之亏累，已达极点，使无现金，随时兑现，则决不相信，若强逼行用，亦惟有停止交易而已。"(《东江战事停顿与财政问题》，《香港华字日报》1924 年 5 月 31 日)

又据《香港华字日报》载，"杨庶堪之离粤，系胡汉民等为自任省长而逼迫①。胡汉民、许崇智迫走杨庶堪后，本欲不客气自行上台，滇军首先表示反对，胡许因有此忌而不敢，但恨滇军益深。现孙中山病仍未愈，大本营各事俱由胡汉民主持，胡见各军按兵不动，知其留在省垣监视，于己大有不便，遂向孙中山进言，谓北方与陈军方积极日夜谋我，而滇湘等将官不思进战，万一陈军确于 6 月 1 日反攻，前

---

①　参见 5 月 23 日条。

敌皆无将领主持,即原防亦难以固守。孙闻言大怒,即招各军将领进府大骂。后滇军探悉胡汉民在孙前进言,滇军某军长即致一长函于胡氏,函中历述滇军在粤之战绩,谓若无滇军之力,岂容诸军安居广州,前闻其有谋遣吾军回滇之议,回滇本无不可,惟请将三个月军费一百二十万,克日拨来。胡氏接函后,颇为吃惊,即赴粤军总司令部找许崇智商议,蒋介石等亦在坐,密谈甚久"①。(《联军最近之内讧》,《香港华字日报》1924 年 6 月 4 日)

　　△　广州政客假借孙中山名义为发财捷径。

广州阔人政客,事事假借孙中山名义,为发财捷径,如最近滇桂军之争广九铁路护路权即为一例。"滇军参谋周自得,自奉命任护路司令后,仅得一纸委任状,即自行就地筹款,大招流氓千余名,编成护路团。近又向省署交涉,沿广九路之东莞、增城、宝安三县知事,须由周氏自行委任,以便统一路权。西路军刘震寰,认为滇军侵及已身利益,亦自委冯启民为广九路警备司令,假借孙中山之命令对付周自得。另全省私铸银毫机关计有三十余处,凡假名制弹厂,及随营制弹厂,均为军人私铸银毫机关,所铸银毫银质在六成之下,造币厂即欲鼓铸图利,亦必不敌各私厂之获利,此亦系造币厂停铸之其中一个原因。"(《利用大元帅命令之发财捷径》,《香港华字日报》1924 年 5 月31 日)

　　是月　叶剑英被委任为黄埔军校教授部副主任,掌管军事理论的学科教育。(杨祥伟、潘苍石:《黄埔前后的叶剑英》,中国人民政治协商会议全国委员会文史资料研究委员会编:《第一次国共合作时期的黄埔军校》,第187 页)

　　△　向吴廷康询问列宁逝世后苏联情况。

1924 年 5 月,《中俄解决悬案大纲协定》后,吴廷康又一次在广州会见了孙中山。孙中山表示深刻理解苏联和中国政府缔结友好条

---

　　①　文中有"万一陈军确于 6 月 1 日反攻"之语,故所叙各事,应在 5 月底。

约的目的及其重大的历史意义。孙中山详细询问了列宁逝世后苏联的政治和经济情况,尤其是经济恢复工作的进展、农民生活的改善等。令他最感兴趣的是吴廷康关于苏联外交的介绍。孙中山认为苏联基本上打破了国际上的孤立状态而得到许多国家的承认,是一件好事。(李玉贞:《孙中山与共产国际》,第 434 页)

6 月

6 月 1 日　孙科、黄季陆等人煽惑国民党中央执行委员会,提出"制裁"共产党活动案。("中华民国"史事纪要编辑委员会编:《中华民国史事纪要(初稿)——一九二四年一至六月》,第 1071－1072 页)

△　谕谭延闿、杨希闵、刘震寰、刘玉山、宋鹤庚、鲁涤平、范石生、蒋光亮、樊钟秀、许崇智等,北伐势在必行,东江务速限期肃清。现谭杨刘许等会商,决请刘震寰,樊钟秀督桂豫两军,以全力由右翼猛攻,宋鹤庚、鲁涤平、谢国光、吴剑学、陈嘉祐各部,路孝忱陕军,及粤军张民达一部分。各以全力出新丰,直捣老隆,与闽讨两军会合,共同肃清潮梅。(《电讯》,上海《民国日报》1924 年 6 月 3 日)

△　国民党党立军官学校本日正式开学。

国民党党立军官学校,于本月 1 日开始授课。因学生体格、操练动作都很差,故须有一个月预备教授,使学生能在开学之先得到许多基本军事知识,军事教练上的基本动作,亦可以纯熟不少。6 月 1 日,学校正式开学,每日孙中山及国民党中央干部诸人,均须到校,孙中山将有长时间之训诰演讲,现校中正在以全力准备一切。(《国民党军官学校将正式开学》,上海《民国日报》1924 年 6 月 3 日)

△　联军各自为战,河源湘军、广九路之滇军先后败退。

联军此次进兵东江,彼去此来,全是接防式,未打一仗,未发一矢,长驱直入,三路并进。"一般人批评东江战事,多以联军深入重地,后方首尾不能相顾,为联军危,今则河源之湘军一败,广九路之滇军又败矣。自东江陈炯明军先行退去,联军中路进至博罗,左翼达到河源境界,右翼至龙岗墟。联军将领,遂在孙文面前夸耀其战绩。而孙文有此好帮手,自然卖尽公产:百物抽捐,以养此外江丘八,亦觉快意。更有一事,足以联军快意者,番摊公司经已满期,该公司虽获厚利,各股东亦决意退办,以取回按批十万元。苟非减饷,即让与他人接办。亦以战事无常,不欲提心吊胆,以赚此恐慌钱也。而孙政府日日宣传胜利,一面大唱联军攻飞鹅岭,一面自己制造新公司,自批自投,而挟持原裕成旧公司。今裕成公司,加足日饷一万一千五百元,公礼四十万,原日之按批十万元,亦不必取回。照旧续约,各手续经已办妥矣。乃接办之翌日,即有陈军分三路反攻之警耗传来,经已打得湘军左荆右棘,且是惟有向后退之一路而已。败耗传至省城总部,谭延闿自悔上了杨希闵的大当。亦明知地势困难,担任左翼。此左翼湘军大败之真情也。滇桂两军,则尚在苏村博罗之间,并未进攻惠城。而杨坤如部,且时由惠城南门突出,向博罗城轰击。惠城后方,则由叶举担任守城,陈军与滇军三朱(朱淮、朱世贵、朱培德)遇,迎头痛击,滇军又沿土田而退苏村云,此亦前数日事也。而省中尚有人沿途大卖今已攻克惠州城之传单。而陈军亦非大举反攻,不过出而扰联军之后。更使不能进惠州耳。右翼广九路之一战,尤为惊人耳目者。前两日广九路之战,忽然而起。练演雄部,大队由龙岗反攻,沿平湖直趋,联合铁路附近之民军,蜂起在滇军阵后夹攻。胡思舜部先退,李根沄不支,被陈军夺去火车头一架,车辆六卡。即滇军第七师李根沄部之座驾行营云。查陈军之机器工,烧煤工均随营协助,故战时可以随时开去车辆也。广九路经此一战,客车直通云云,更无期矣。查此路以滇军第三军为主力,昨李根沄、周伯甘等,急电来省石围塘第三军总部,促运饷运械接济前方。杨希闵据报,拟即遄返石龙总指挥行营,自固后方。闻此次联军败绩之总因,是各自为战,并无统一知兵大员指挥。是以一闻枪声,则拼命逃走。连日已有湘滇军之败兵返省,据其所述,大元帅能发饷,又即可战一战云。但一般滑稽批评,以此次陈军反攻,在联军批承番摊之翌日,大本营要人,捏了一额汗。若战事发生早一日,联军败讯传来省城,必影响于番摊公司。此虽凑趣之言,亦战事声中之可述者。又近日孙军前方暗潮,日趋剧烈,滇军方面,则三迤子弟,曾在前敌会议,欲退出东江,由湘军独负全责,至回师之后,则一说宁愿北伐,一说愿坐镇广州后方。此虽未有公开主张,然前敌部队,已有不肯作战之暗示。故日来滇军各师长,如胡思舜李根沄等,皆相率回省而不去。致劳战地部曲发电为之促驾,皆于此事有关。连日杨希闵范石生蒋光亮,在省会议谋挽救之法。"(《孙军内讧与陈军反攻》,北京《晨报》1924年6月1日)

△ 唐继尧近以马济之兵,业已入桂,深恐沈鸿英一旦失败,马济之兵乘胜进窥滇边,牵动云南后方。现特与孙中山、沈鸿英两方协商结果,决由剥隘方面,出兵四梯团,沿白邑以攻邑宁牵动桂军老巢,使陆高两部首尾不应,而沈军得以直扑柳平以定桂局。(《唐继尧准备援桂》,北京《晨报》1924年6月5日)

6月2日 苏世安抵省,谒孙中山,报告闽讨两军战事经过,及现在夹攻潮梅形势甚详。(《电讯》,上海《民国日报》1924年6月3日)

△ 清远绅商学界致电孙中山等,县属花会奉令禁绝,民困昭苏,合邑欢感,电谢。(《清远各界电谢禁绝花会》,《广州民国日报》1924年6月5日)

△ 各军长官纷纷返省,要求先发军饷,而孙中山于军饷无法应付。

报载孙中山于卧病之中,因闻各军旅长以上均返省,特召各军长赴府面诘,何故按兵不动,擅自返省,其言大意谓:"余屡发命令催促你们三路进兵,左翼已抵河源,中路右翼均无动作,汝等应乘春夏之交,肃清东江,乃返省城避暑,否则战地之热气逼人,长此久戍戎行,热气熏蒸,交六七月,则行军不利,各为国家前途计,为自已〔己〕计,亦当下一决心为要,今日特召各位进来,请各抒战守伟见,及问何故按兵不动之原因。"各军官均默默无言,约数分钟之久,有某军长谓:"吾人返省城系支领军饷,倘能领得伙食,立即遄返前方,下令进攻。"孙中山厉色驳斥说:"有钱然后开仗,此非真正为国家出力,但诸君肯先返防,军饷壹层,我自有法,断无不为前方将士竭力筹划。"各军官恐孙中山病中怒气,更易伤神,各以目示意,唯唯而退。据省报宣传谓某某军官次第返防,系因此故,其实各重要将官,多仍卧于私邸。(《孙中山最近之起居谈》,《香港华字日报》1924 年 6 月 2 日)另文又载,联军方面以粤军大有反攻之势,大本营迭请滇、桂两军各将领克日遄返原防,协同湘豫两军进兵,乘粤军准备未妥,先发制人。讵杨希闵、范石生、蒋光亮、刘震寰竟置若罔闻,经再三催促,杨等无可搪塞,乃要求发军费一百万元,目下省政府已入僵态,无法应付,故杨等迄今未允出发,孙中山因此极为焦急,日前特召许崇智、谭延闿、胡汉民、邹鲁、廖仲恺、郑洪年、张开儒等入府,筹商解决方法,据闻各人均面面相觑,无结果而散。(《东江战局之近势》,《香港华字日报》1924 年 6 月 2 日)

6 月 3 日　派刘侯武协办安南党务并致函安南同志。

函曰:"兹派刘侯武君到越,与同志诸君接洽,共图党务之进行;除中央执行委员会指导各节外,特附数言,敬祝进步。"(中国国民党中央委员会党史委员会编订:《国父全集》第 5 册,第 516 页)

△　广州特别市党部执行委员会首次会议,推定常委及各部部长。

本日,国民党广州市党部执行委员会举行第一次会议,推定黄季陆、方瑞麟、陈其瑗为常务委员,孙科长组织部,吴铁城长宣传部,马超俊长工人部,陈兴汉长实业部,陈其瑗长青年部,伍智梅长妇女部。(罗刚编著:《中华民国国父实录》第 6 册,第 4662 页)

△　令各行政机关裁减开支。

训令财政委员会，"查整理财政，当求收支适合。况现在前方作战，需款正殷，罗掘俱穷，尚不足以资供养，自非将各行政机关竭力撙节，以裕度支不可。查自军兴以后，各行政机关一切开支视前不啻倍蓰，其冗员之多，不问可知，即克日裁减。其民国 10 年以前已成立之机关，应参照该年度预算切实减除，不得超过。其成立于 10 年以后者，亦应力加节省。限本月 10 日以前，将所拟定减省之数呈请核夺，不得玩延"。（《帅令各机关减政》，《广州民国日报》1924 年 6 月 4 日）

△　令何成濬在翁源县属休息待命。

孙中山以何成濬部，间关远道，至为劳瘁，特令该部在翁源县属暂事休息待命。（《帅令何军在翁源待命》，《广州民国日报》1924 年 6 月 4 日）并致电杨希闵、赵成樑，何总指挥所部现抵翁源，业令即在该地暂事休息，饬驻在军队一体知照。（《帅令何军在翁源待命》，《广州民国日报》1924 年 6 月 4 日）何成濬所部遵令在翁源县待命，何部董福开 3 日抵省，谒孙中山。报告由闽至赣转入翁源经过。孙中山甚为嘉许，嘱董传谕慰劳全军，并饬给军衣三千套，犒赐酒肉甚多。据董所述，臧致平、杨化昭等部入赣后，连克贵溪、铅山、广丰等县，计程已达浙境。（《电讯》，上海《民国日报》1924 年 6 月 6 日）又闻，何成濬 7 日乘车抵省到大本营，谒孙中山，惟左右谓孙中山病体初愈，不宜以失意告知，令彼不欢。何言求孙中山给一防地，左右允代达，何即退。（《快信摘要》，长沙《大公报》1924 年 6 月 16 日）据《广州民国日报》载，陪同何成濬晋谒孙中山者尚有师长苏士安、中队司令叶尧平等。（《何成濬抵省谒帅座》，《广州民国日报》1924 年 6 月 9 日）上海《民国日报》则载，何成濬 8 日抵省，谒孙中山，孙奖勉甚至。（《电讯》，上海《民国日报》1924 年 6 月 12 日）此间究竟是连续两日谒见，或是报道有误，不得而知。

据上海《民国日报》7 日载，孙中山令何成濬、董福开、苏世安各部，加入左翼，助湘军夹攻潮梅。（《电讯》，上海《民国日报》1924 年 6 月 7 日）《广州民国日报》10 日则报道，孙中山通饬各军，粤军东路总指挥何成濬所部,间关来粤,盛暑跋涉,自宜择地休养,已令暂驻江村、新街一带整饬待命。除令发外,即饬属一体知照。(《何部暂驻江村之帅令》,《广州民国日报》1924 年 6 月 10 日)上海《民国日报》12 日亦载:孙中山令粤军东路总指挥何成濬,所部暂驻江村新街一带,待命加入东江。(《电讯》,上海《民国日报》1924 年 6 月 12 日)孙中山虽有令何部驻江村一带,但据《时事新报》载,滇军赵成樑不欲何成濬部驻江村,扼驻后方,已返省向孙中山交涉。(《电讯》,《时事新报》1924 年 6 月 14 日)又《香港华字日报》载,闽南民军何成濬、苏世安、董福开等部,自在闽南战败后,无地栖止,及抵翁源,复为滇军所拒,不肯将地盘让其驻扎,何成濬迫得亲自晋省,谒见孙中山,请求指定驻防地点,孙中山遂令开往清远县属之源潭等处暂驻。顷据大本营传出消息,谓日来前方频频告急,代行帅权之胡汉民日前已指令许崇智,差调何、苏、董三部绕道从化,转赴增城,协同湘军进攻河源,惟三部各下级军官及兵士,抵粤后并未给发军饷,要求拨给薪饷三个月,始肯拔队,现胡欲以孙中山名义,饬令市政厅从速筹拨。(《闽军要求发饷始赴东江》,《香港华字日报》1924 年 6 月 18 日)

11 日上海《民国日报》对此有详细连续之报道,兹录如下:"前传臧致平部万余人,已抵粤之翁源境,风声所播,阖境滕欢,兹得确实消息,抵翁源之军,实为东路讨贼军留闽总指挥何成濬所部,约有军额八千左右,臧致平部杨化昭部,则已预备由赣境渐次绕道入浙联络何成濬,且已派代表驰赴河源,与宋鹤庚总指挥商夹攻陈军之策,翁源县长已有正式电报来省报告此事,帅座得报,大为欣慰,分令杨希闵谭延闿许崇智杨庶堪(陈树人代)等妥为招待,何部旅长董福开,且已于 2 日晚,由韶关乘专车来省,3 日午刻驰赴大本营,谒见大元帅。大元帅以何军间关数千里,奔苦来粤,其劳苦奋斗,实堪嘉尚,特发军衣三千套,犒赏毫洋五千元,酒肉五十担,送往翁源,一面令财政委员会,兵工厂,速筹饷弹接济,闻大元帅意,拟与杨谭两总司令商妥后,除一部会同湘军,在左翼施行夹攻外,其他何臧大部,饬令稍事休养,一俟饷弹充足,即向赣边进展。"(《何成濬部抵翁源后进止》,上海《民国日报》1924年6月11日)嗣后,孙中山饬令何成濬、苏世安、董福开三部,归许节制。(《快信摘要》,长沙《大公报》1924年6月21日)

　　△　滇粤桂联军前敌总指挥杨希闵呈文孙中山,据石龙行营该部参谋主任卢启泰俭电称,英国兵舰行驶东江,非止一次,事前概未通知。近且在白沙堆不服检查,更发生击毙第二军排长一员,伤士兵数名。既有济敌之嫌,尤觉损伤国体。请饬外交部向英驻广州领事严重交涉。(《请交涉外舰违法呈电》,《广州民国日报》1924年6月5日)

　　△　诘责高等审判厅厅长陈融不能督促属员入党。

　　报载,高审厅长陈融强迫属员入党,然属员遵令入党者,仍属寥寥无几,可见司法界中,欲实行党治,原非容易。该厅于25日发薪之期,先期已接到国民党中央执行委员会公函,请于发薪时将党员应征收之所得税代为扣除。该厅共有职员百余人,仅征得税款三十余元。中央执委会面达于孙中山,请孙中山以国民党总理名义,向陈融严行诘责,谓其不能督促属员入党,陈融被诘责后,面谕地审厅长陆嗣曾,于30日发放5月份薪水时,无论厅中各职员曾否入党,凡月薪在五十元以上者,一律按照党员征收所得税条例,在应领薪水内代为扣出。下月高审厅亦照地审厅做法,代为扣去职员所得税。(《司法实行党治之不易》,《香港华字日报》1924年6月3日)

　　△　准杨庶堪辞去广东省长职。

　　3日上海《民国日报》载,孙中山对省长问题,仍主留杨庶堪。(《电讯》,上海《民国日报》1924年6月3日)3日《广州民国日报》则云:自杨省长庶堪告假赴沪后,一时省长问题,竟有传说纷纭,孙中山对省长问题之态度如下:以贤能与否为进退,不以省界范围为束缚。杨庶堪长粤数月,成绩如何,久为社会人士所洞知,固无待言,当杨氏起程返沪时,对孙中山曾有表示辞职之意。惟孙中山以当此粤局尚未统一之际,内部不宜多事更张,故对杨极力挽留,并对人言"沧白做得好好的,何故态度又变消极,致省长又生问题,殊非目前所宜"云云。

（《省长问题之各方态度》,《广州民国日报》1924 年 6 月 3 日）上海《民国日报》6 月 8 日又载:各方对省长问题,均主挽留杨庶堪,孙中山将派员赴上海,促杨即回任。(《电讯》,上海《民国日报》1924 年 6 月 8 日）惟杨庶堪抵沪后,又致电孙中山力请辞职,词意异常恳切。(《电讯》,上海《民国日报》1924 年 6 月 14 日）孙中山旋于本月 12 日明令准杨庶堪辞省长职,并任廖仲恺为广东省长。(《大本营公报》第 17 号,"命令"）

又孙中山致函许崇智,嘱其与蒋介石斟酌办理（杨庶堪辞广东省长事）。据《蒋介石年谱》一书载,杨庶堪辞去广东省长职务,与蒋介石向孙中山进言有关。(中国第二历史档案馆编:《蒋介石年谱（1887－1926）》,第 179 页）

△　孙科因罢市风潮受各方攻击,传言谓其欲辞职。

《时事新报》本日载,孙科因罢市风潮,向孙中山辞职出洋,孙有允意。(《电讯》,《时事新报》1924 年 6 月 3 日）长沙《大公报》亦载,孙科因此次罢市风潮,受各方攻击,孙中山权将孙科撤换,以邹鲁继任。一说林云陔有望。公安局长吴铁城,亦将撤换。(《快信摘要》,长沙《大公报》1924 年 6 月 3 日）廖仲恺得省长后,某要人又向孙中山提出更易市长问题,力指孙科庸愚。元老派得寸思尺,竭九牛二虎之力,以谋市长,而其机关通信社又代元老派宣传,且谓系孙科决心辞职。孙科特向各报更正,且大骂某社造谣。(《广州军政两界杂闻》,《香港华字日报》1924 年 6 月 17 日）孙科嗣后亦并未辞职。

△　大本营拟组织最高行政委员会管理政府。

现在大本营各部调度,拟事改正,以各方面要人为委员,而以孙中山兼任委员长,组织一种名为最高行政委员会之政府,目下正就其组织方法,从事协议。(《粤大本营之改制消息》,长沙《大公报》1924 年 6 月 11 日）据云,此建议似为孙中山之秘书古应芬所呈,但遭到各军首领的反对,他们认为,此委员会将使政府处于更为复杂的状态。(广东省档案馆编译:《孙中山与广东——广东省档案馆库藏海关档案选译》,第 523 页）后因孙中山对最高行政委员会之主张亦表示不赞成,该建议遂作罢。

（《快信摘要》，长沙《大公报》1924年6月24日）

6月4日 国民党中央执行部派农民部秘书彭湃赴广宁县调查农民运动情况。18日，彭湃向中央广东区委员会农民运动委员会阮啸仙等报告，谓该县已成立八个区农会，会员达六万之众。（中国社会科学院近代史研究所中华民国史研究室编：《中华民国史资料丛稿·大事记》第10辑，第83页）

△ 任命孙统纲为广东讨贼军别动队司令。（《大本营公报》第16号，"命令"）嗣后，孙中山又令孙统纲，"查东江逆军，迭经我联军痛剿，其势已穷，该司令所部卒伍均生长惠属，历战经年，地形熟悉。着即统率全部，归湘军谭总司令节制调遣，协助我左翼军作战，努力杀贼"。（《孙统纲归湘军节制》，《广州民国日报》1924年6月10日）

△ 令广九铁路不得留拦经粘贴禁烟督办署检验证或检查所已征收检验费的戒烟药原料。

上月30日，禁烟督办鲁涤平呈文孙中山，请令行广九铁路护路司令周自得转饬所属知照，如在车站查有戒烟药原料经粘贴该署检验证或检查所已征收检验费，应即验明放行，毋得留难拦阻，别生缪轕，并令就近维护协助共策进行。本日，孙中山指令鲁涤平，呈悉，准如所请办理，候令军政部转饬广九铁路护路司令遵照。（《大本营公报》第16号，"指令"第557号）同日，又训令大本营军政部长程潜，据禁烟督办鲁涤平称，现广九铁路护路司令周自得已在广九车站设稽查处，令该部长令行广九铁路护路司令周自得，如在车站查有戒烟药原料，经粘贴禁烟督办署检验证或检查所已征收检验费，立即验明放行，毋得留难拦阻。（《大本营公报》第16号，"训令"第261号）

△ 令缉拿挟嫌诬控，居心捣乱之粤军司令部三等军需正杨鲲。

5月30日，粤军总司令许崇智呈文孙中山，"职部三等军需正杨鲲呈控前福莆仙平善后处特派员李基鸿款目不清一案，现查已撤三等军需正杨鲲，挟李处长基鸿未令其经手购办军用物品之私嫌，辄敢砌词控告长官，复不待职部处置，一面径尔直呈钧处并另行擅发传单,一面又离职他去不负责任。经令该军需正限期回部备询,复敢抗命,迹其行为,实属挟嫌诬控,居心捣乱,应即通令缉拿归案讯办"。本日,孙中山指令许崇智,呈悉此令。(《大本营公报》第 16 号,"指令"第552 号)

△　以东江战事急待解决,未免军饷竭蹶,特令各收入机关迅为赶筹,源源报解,俾得转发前方,庶使行者居者得各展其力。(《帅令赶筹东江军费》,《广州民国日报》1924 年 6 月 5 日)

△　胡汉民以孙中山名义召集各军长官召开军事财政会议,杨谭刘等各军司令向孙中山报告进军东江计划。

孙中山以下文武长官,以东江不肃清,北伐终难实现,对东江战局不能不力谋肃清,4 日下午 2 时,曾由胡汉民,以孙中山名义召集杨希闵、谭延闿、刘震寰、刘玉山、朱培德、许崇智等人,开军事财政大会议,提出军饷问题、促进肃清东江问题、省长问题、扩展市政问题、市库券发行问题、南路问题、减政充军饷问题、统一财政问题。5 日晚间,许谭杨刘四总司令,复在可园开重要会议,6 日趋帅府贺节时,由杨谭两人面告孙中山,循序实行。(《大元帅府军事财政大会议》,上海《民国日报》1924 年 6 月 12 日)6 日,《广州民国日报》亦载,联军各将领杨谭刘各总司令,赴大本营谒见孙中山,报告肃清东江战事计划,孙中山极为嘉许,旋面促各总司令,于节后出发。(《联军将领节后出发》,《广州民国日报》1924 年 6 月 6 日)

△　报载孙中山病势,时轻时重,据大本营极可靠之消息,谓孙中山转患吐血症,食量大减,日中只食牛奶两杯,鸡蛋四五只,医生常不离左右,并禁其接客及办事。自赴南堤及召见各军长后,劳神费气,病势又增,故此数日间,概不见客及视事,大本营一切事务,仍由胡汉民主持。(《孙中山病状之近讯》,《香港华字日报》1924 年 6 月 4 日)

△　陈独秀在《向导》上发表《杨德甫等冤杀与国民党》一文,谴责军阀官僚捕杀国民党人。

文谓:"近日上海各报电传,5 月 13 日在汉口被捕之国民党党员工人杨德甫、周天元、罗海澄、黄志章、许白昊五人及律师刘芬,确于5月26日由汉口解赴洛阳。27日晨,由吴佩孚亲自审问数语,即将杨等五个工人绑出枪毙,惟刘芬因湖北省议会电保,尚在押候讯。

"他们被捕杀的罪名,据《申报》5月29日汉口通信说:'军署系先得沪探密电,谓杨受粤孙密令,纠集党徒回鄂,图结工人起事,故军署饰令稽查处逮捕,而工党之狱遂起。又据萧耀南所给湖北教育厅密令说:案准府军事处据沪探称,此间过激党禀乘孙文,联络苏俄,实行共产主义,派遣党徒,分往内地。'

"原来杨德甫等是奉孙中山的命令回湖北实行共产主义而被杀,世界奇案冤案,莫过于此! 第一,孙中山并未在他政权所及之地鼓吹共产主义,何以能够派人到湖北实行共产主义? 第二,杨等五人加入了国民党和在汉口党部担任职员,这都是事实。然周、罗、黄、许四人并未到过广东见过中山,杨德甫去年虽见过中山,新近个人由上海回汉口,哪里有什么受密令纠集党徒之事。而且中山先生即有密令图鄂,怎么会给关系很浅的党员杨德甫! 第三,爽直的工人们,他们加入了国民党,向人直言不讳,杨德甫素好大言,又不择交,声称受命来鄂,因此招祸,这都是意中的事。然而说他是过激党回鄂想行共产主义,则未免太冤了,因为杨德甫、周天元在上海在湖北都曾极力反对过激党反对共产主义。极力反对过激党反对共产主义的人,竟以过激共产运动之罪名而被杀,世界上奇案冤案岂有过于此者!

"可是军阀官僚们所视为过激之内容和我们大两样,例如马联甲所谓教育已经过激,平民教育更是过激,则全国教育界都是过激党,何况工人杨德甫! 更何况革命老祖孙中山!

"军阀官僚们眼中心中的孙中山国民党,始终抱定三民主义努力革命,实在'过'于'激'烈,实在是北洋旧势力唯一的敌人;国民党改组后,他们更忍无可忍,所以一面增加兵力压迫川、湘、闽、粤,一面在北京、汉口大捕党人。"(陈独秀:《杨德甫等冤杀与国民党》,《向导》第 68 期)

6月5日　刘玉山电孙中山,"职军粮无隔宿。适奉杨总指挥第二期作战,命职为左翼军总指挥,惟自顾粮草欠缺,空言指挥,实难负责。恳帅给发饷费及子弹"。(《国内专电》,《申报》1924 年 6 月 12 日)

△　再令北伐第一、三、四军军长柏文蔚、胡谦、顾忠琛,自后一律严禁收编土匪,如被查出,概行解散。倘有组织而未成军者,准先行设立一教练大队于都市外从事训练,以植基础,而备效用,概禁止滥编匪队,贻患闾阎。(《在申禁编土匪之帅令》,《广州民国日报》)1924 年 6 月 5 日)

△　撤销广九铁路军车管理处,严禁广九铁路勒收运费、军费。

命令大本营军政部,撤销广九铁路军车管理处。(《帅令撤销军车管理处》,《广州民国日报》1924 年 6 月 9 日)嗣后任命护路司令周自得兼任管理军车事宜。(《周自得接军车后情形》,《广州民国日报》1924 年 6 月 16 日)本日,又训令桂军总司令刘震寰、广九铁路护路司令周自得,广九铁路各站仍有勒加运费、军费情事,令该总司令即严饬所属克日将广九路附加运费、军费等名目取消,并严查所属有无在各站加收附捐并勒加运费情事。嗣后无论何项军队,均不得擅行加收各费。(《大本营公报》第 16 号,"训令"第 265 号)刘震寰奉命后,于本月 11 日呈文孙中山称,已遵孙中山训令,对该军于广九铁路如有抽收附加运费军费情事限令克日取消,嗣后如有事故发生,该军一切不负责任。14 日,孙中山指令西路讨贼军总司令刘震寰,呈悉遵令取消抽收广九路附加军费等情。(《大本营公报》第 17 号,"指令"第 592 号)

△　准予核销广东兵工厂所呈缴之购买无烟药单据。

上月 30 日,大本营审计处处长林翔呈文孙中山,"广东兵工厂12 年 5 月收支计算书单据薄经审查,支出计算书内购买无烟药之花费未缴原铺单据,经该厂函答,谓因该厂被盗,无烟药无法生产,不得已购买。而无烟药系违禁品,卖者姓名住址均不得而知,故并无单据粘存。所答虽属实情,但无单据与审计手续不甚符合,应否准其核销请帅座查核示遵"。本日,孙中山指令林翔,应准其核销,候令行军政部转饬该厂长知照。(《大本营公报》第 16 号,"指令"第 559 号)并训令大本营军政部长程潜,据大本营审计处处长林翔呈称,兵工厂购买无烟药缺乏单据一事,准予核销,该部长即便遵照转饬知照。(《大本营公报》第16号,"训令"第266号)

△ 训令大本营军政部长程潜,查近来有借补充新兵之名赴南雄各边界招募者,难保无敌人乘间阑入,土匪借军滋事,于防务关系极大,亟应严行禁止。着由该部长通令各军,嗣后无论何军,不准在南雄各属招募,以重防务,并令行该地防军知照。(《大本营公报》第16号,"训令"第267号)

△ 本月3日,国立广东大学筹备主任邹鲁呈文孙中山,将高师、法大、农专三校合并改为国立广东大学及定下学期成立国立广东大学情形暨大学预科招生章程,高师、法大、农专三校归并国立广东大学办法各一份,备文呈报察核。本日,孙中山指令国立广东大学筹备主任邹鲁,准如所拟办理。(《大本营公报》第16号,"指令"第558号)

△ 香山公民大会郑雨初等呈文孙中山等,邑属沙甫归回人民自筹自卫,卓有成效。乃许龄筠竟在香设立护沙行营,妄夺自卫权,现又派队落东海十六沙。即开公民大会,群情愤殴,恐生冲突,请求撤销。(《香山公民争沙田自卫权》,《广州民国日报》1924年6月5日)

△ 林若时与许崇智交恶,请孙中山下令将海防舰队收归孙直辖,以与许氏脱离关系。

海防司令林若时,以"江固"舰长张德恩屡违抗命令,不肯将舰驶近省河听候差遣,遂乘张氏抵省,密禀大本营,请孙中山饬公安局将其拘捕。查张氏此次来省,原系道贺许崇智就职。林之恨张氏,则以其自接事后未有进谒,故指张氏将舰驶往西江,密与西江某某等军潜谋反抗。讵事为许氏所悉,即于翌日上午10时赴大本营谒孙,请求释放张氏,孙中山初不允,胡汉民亦从旁为张解释,孙始首肯,仍令许将张氏带回总部细加研讯。林氏闻而大愤,立往面胡,谓许氏之弟许崇实曾于日前擅将商船两艘罚金二千余匿不呈报,尽饱私囊,将以此事面禀孙中山,胡汉民请求林氏息事。林氏始终坚持交出张氏,闻林氏拟请孙下令将海防舰队,收归孙中山直辖,不受任何人节制,以与许氏脱离关系。(《林若时与徐崇智交讧》,《香港华字日报》1924年6月5日)后长沙《大公报》载,孙中山前命西江八舰阳(7日)均驶省归队受辖,"江固"舰长张德恩乃得释。(《快信摘要》,长沙《大公报》1924年6月14日)

△　洛吴遣使调和沈鸿英、陆荣廷。

沈鸿英受编于孙中山,率兵返桂,与陆荣廷宣战,岂知接触至今,已历两月,沈军尚不能越桂林城一步,而孙氏接济饷械,复成画饼,至是沈始知上了大当。然沈虽不能得志于桂省,而手内尚有兵数千,亦堪以作梗于桂江。沈虽投孙,洛吴尚不能忘情于沈,遂有洛吴催促北京政府,发表沈鸿英为两粤边防督办之任命,及划出平乐昭平等属,为沈军防地。近日桂江战况,日趋岑寂。接桂林确信,洛方已派遣专使到桂林,向陆沈两方调停,双方现已停战,磋商条件。(《沈陆携手图粤又闻》,《香港华字日报》1924年6月5日)

△　曾西盛呈文孙中山,"现奉湘军总司令谭委任西盛为湘军东江别动司令,遵于本月2日就职,启用关防"。(《湘军东江别队成立》,《广州民国日报》1924年6月6日)

6月6日　卸西江善后督办李济深致电孙中山,于6月6日遵令将西江善后督办署完全结束,所有一切事宜概移送粤军许崇智总司令办理。(《大本营公报》第16号,"公电")

△　饬大本营秘书处致函滇军范石生,传谕嘉奖其亲出督师。(《帅谕嘉奖范石生》,《广州民国日报》1924年6月6日)

△　路透社访员黄某,因误报孙中山逝世被捕,定监禁十年,中外营救,已释放。(《快信摘要》,长沙《大公报》1924年6月6日)

△　有关孙陈议和,各方意见不一。

广东6日电云,"孙陈调和派杨希闵、范石生、黄明堂等,确于昨日会见孙文,面陈孙陈调和之必要并提出理由书。孙尚未与明确之

回答,但言明如陈炯明真正披沥诚意求和,亦非绝对无商议之余地,
目下所称为调和派者以文治派居多,实力派比较的尚属少数。除滇
军各将领外,桂派刘震寰,闽军梁鸿楷等俱表赞成。李济深、郑润琦
等,闻暗中与陈军有联络。谭延闿亦谓如□军多数赞成。则湘军亦
必不表反对。但元老派如胡汉民许崇智等,今尚持反对态度。因此,
此种形势,果进展至若何程度,尚未可臆断。国民党机关报最近关于
此事之论调,谓此次和议说,与去年稍异其趣,而表示相当之赞成。
此次和议运动,有相当反响,且可窥知一般意图,果在何方云"。(《驻
粤将领与孙陈议和问题》,长沙《大公报》1924年6月13日)又据长沙《大公
报》14日载,"孙陈将领,倾向和议,据闻确属事实,联合方面,杨希
闵、范石生、黄明堂等军人,及陈派之部,有此意见。而陈派主由政客
从中运动,但在表面尚未现何等征候。本日东方通信记者,访问胡
汉民,询以此事,据其谈曰,客军将领,赞成此运动,向孙氏要求和议,
殊非事实。最近陈炯明曾派代表访问谭延闿,关于和议问题,请其从
中斡旋,外闻谣言,或即从此而起。滇军及其他客军,弃从来之关系,
而与陈军握手,当无其事。又孙氏及予等,对于谋叛人之陈炯明,除
非披沥诚意,改悔前非,俯首投降,不能与以容赦,如和议云云者,到
底不成问题云云。但以省长及市长问题为中心,因胡氏之归来。酿
成元老派资本派相持之暗潮,政界大现紧张,难免不惹起□外之变
化"。(《胡汉民否认孙陈合议》,长沙《大公报》1924年6月14日)

又据《香港华字日报》载,最近广州各报及民党某报连日载孙陈
调和之消息。记者特因此走访大本营某要人,询以此说之由来,据云
孙中山"见东江相持年余,劳师糜饷。颇欲与竞存复修旧好,某君遂
转告汪精卫,汪氏乃约吴稚晖等联名致陈竞存,大意南方仍设总裁
制,大元帅改称总裁主席,段芝泉则为副主席,陈竞存、唐绍仪等为总
裁,但去信许久,并未得复,且此种条件,中山亦不甚同意,此事仍在
搁浅中,故汪氏日前本欲南回,继闻东江粤军方面,有如中山下野赴
沪休养,则无事不可商量之说,精卫认为万万办不到,故中止南回。

至外间所传林虎单独求和,大与事实相反,陈氏始终未有派人来商量。惟吾人曾派陈少白赴汕,亦未得要领。记者以探诸广州人民方面对于陈、孙复合之意见。又无不谓孙中山年来祸粤,苛征重捐,视人民生命财产如草芥,人民早已痛心疾首,故此次有大罢市之决心,其积怒可知。且现在别的不同,只观省垣报纸每日所载,无非政府苛抽,军队随意抢杀,满纸愁云惨状,令人目不忍睹。人民所以近表同情于东江方面者,以其能打孙,希望其能早日倒孙。今若言和,则一年相持,杀人盈万,所为何事? 视人民如何物? 岂人民生命供其儿戏耶? 吾人须知调和可暂免战争之祸,但忽和亦可忽战,殊非根本解决之道。吾人宁忍痛一时,借报一年以来之积愤,不愿见彼辈弄无意识之把戏也"。(《孙陈调和之面面观》,《香港华字日报》1924 年 6 月 5 日)长沙《大公报》则载,"最近当地民间有识者,以孙陈两军,如长此取对峙之形势,不仅广东疲弊,人民困苦,抑且两败俱伤。由此种见地,于是孙陈议和,俾便收拾时局之运动复起。滇军及其他客军各将领闻多向孙劝告,此际宜与陈言和,此事进展之若何,一般人颇感兴味云"。(《孙陈复合说议起欤》,长沙《大公报》1924 年 6 月 11 日)又据上海《民国日报》载:"陈炯明代表语人,竞存对时局确已悔悟,力求孙中山许其归附,近日陈系求和声浪又大盛。"(《电讯》,上海《民国日报》1924 年 6 月 7 日)

6月7日　任命林直勉为大本营秘书,王懋功为大本营参军。(《大本营公报》第 16 号,"命令")

　　△　令将广东兵工厂厂长马超俊所呈岁出概算书交军政部审核。

　　令大本营军政部长程潜,据广东兵工厂厂长马超俊呈称,"其于12 月 2 日接任后,将职员略为编改,计薪水一项添设洋工程师、制药技师二名,办理炸药事宜。故每月增多一千八百七十九元,由民国12 年 12 月起,至 13 年 6 月底止,共一万三千一百五十三元,作为追加之数。至于包工、点工、工食、材料、杂支等项,皆未增减,一仍其旧,理合编造追加岁出概算书呈缴察核。令交该部长,即审核呈复"。
(《大本营公报》第 16 号,"训令"第 272 号)

　　△　令各县筹解国立广东大学开办经费。

　　5 月 31 日,国立广东大学筹备主任邹鲁呈文孙中山,将原有高师改为文科、理科,原有法大改为法科,原有农专改为农科,并拟加设工科。惟开办经费所差尚远,统计非有四十万元,不足以敷开办之用。拟请孙中山令行广东省长分令各县筹解,务于一个月解足。此项解款除绅商捐款外,准在征收粮税项下拨足,由县径解大学筹备处取具印收,呈请财政厅抵解。设遇交卸,由后任继续承认,庶期迅速集事。将摊派各县应解数目开具清折一扣、劝捐章程一份,呈请鉴核。本日,孙中山指令国立广东大学筹备主任邹鲁,准如所请办理,候令广东省长通令各县按照所派数目,依限筹足解缴,以资开办。
(《大本营公报》第 16 号,"指令"第 561 号)是日,孙中山又令广东省长杨庶堪按国立广东大学筹备主任邹鲁拟呈之《国立广东大学劝捐章程》,通令各县按所派款数目筹足国立广东大学经费,以资开办。(《大本营公报》第 16 号,"训令"第 271 号)

　　△　广州婺源会馆被卖一案,安徽同乡会函请评议长柏文蔚就近在粤调查。"昨接复函云,径复者,前准来函,请调查广州婺源会馆是否被人变卖等因,当经派员调查,兹据复称,婺源会馆正诚堂尚存,惟会馆分立之归原堂公产,约值三万元,于民国 4 年,被值理俞鹤琴等六家私自霸占,经旅粤婺人屡次诉讼,未获争回,佥谓公产与其被人霸占,不如捐助军饷,尚可以纾困难,因是开会公举汪啸崖等为代表,以投变官产组织党军为由,具呈各当道,旋奉大元帅批交财政厅依法办理矣,所有调查详情,除前已函复汪禹丞、许伯龙两兄外,相应函复,即希查照。"(《柏烈武复皖同乡会函》,上海《民国日报》1924 年 6 月 7 日)

　　6 月 8 日　令□军司令军长速返前敌。(《快信摘要》,长沙《大公报》1924 年 6 月 8 日)

△ 滇军第四师师长朱淮,请缨率部向海陆丰方面进攻,迭经通电表示。日前已亲行近省,向孙中山请示机宜,并领出大帮饷弹,准于日内返前敌督战。(《朱淮返省请示机宜》,《广州民国日报》1924年6月8日)

6月9日 致函苏联驻北京全权代表加拉罕,派邹鲁任处理俄国部分庚款委员会成员之一。

致函苏联驻北京全权代表加拉罕,现派广东大学校长邹鲁任处理俄国部分庚款委员会成员之一。邹鲁在途期间,由北京国立大学易培基教授代行其职。(《致加拉罕函》,《孙中山全集》第10卷,第260页)惟《时事新报》所载,与此并不一致,该报云:"孙文电加拉罕,谓粤方派邹鲁为管理俄退庚款委员长,邹未到以前,以李煜瀛暂代,加昨将孙电交顾维钧,今日阁议决置不理。"(《电讯》,《时事新报》1924年6月18日)但据加拉罕后复函来看,邹鲁未到以前,应确为易培基代行。7月,加拉罕在致孙中山函中提及此事,函称:"我已经会见了奉派前来北京就庚子赔款俄国部分基金问题与同我保持联系的广州大学易培基教授。关于如何保证南方教育的利益,我们已交换过几次意见。至于将南方代表算作三方委员会成员数内,此事恐不可能,因为北京内阁必然持反对意见。所以只剩下一条可靠的途径能保护南方学校的利益,即通过参加上述委员会的苏联代表。我同易培基教授正是在这方面达成了协议。我将与他保持经常联系。很感激您向我们派来了这位教授,在庚款基金问题上(这个问题因北京内阁制造许多困难而相当复杂)他会提出自己的意见,对我们很有裨益。"(李玉贞:《孙中山与共产国际》,第439页)

《邹鲁年谱》一书对此事说法为:邹鲁向孙中山建议请易培基代理自己调查北京政府是否进行内外勾结。自国民党实行联俄容共政策后,苏联政府屡次向国民党表示,不准备承认北京政府。但《中苏解决悬案大纲协定》于5月31日在外交部正式签字,意味着苏联与北京政府正式建立大使级外交关系。7月31日,苏联第一任大使加拉罕向北京政府递交国书。孙中山为明了当时北京政府内外勾结的真相起见,想用接洽苏联退还庚子赔款补助教育经费的名义,派邹鲁到北京去调查。但时逢准备北伐,觉得邹鲁到北京去,恐怕不妥。于是,邹鲁建议在自己去北京之前,派易培基代理自己出任这个职务,因为当时易为邹鲁派驻北京的国立广东大学代表,这样可以避免引起北京政府的注意。后来,段祺瑞组织政府,寻觅国民党人参加,加之易培基有此任务,便顺理成章地做了教育总长。(冯双编著:《邹鲁年谱》,第 216 页)

△　下午 4 时,大元帅府开特别政务会议,孙中山亲自主席,讨论军政等四大问题,均有具体结果。(《电讯》,上海《民国日报》1924 年 6 月 12 日)惟初时因许崇智未能到会,会议实际延至下午 7 时许始开会,至 11 时许散。(《帅座召集特别会议》《大本营重要会议纪略》,《广州民国日报》1924 年 6 月 9、11 日)

△　派张继赴南洋接洽党员。

国民党要员张继、谢持由沪抵粤,旋赴大本营向先生报告上海党务及国内现状。(《张继来粤报告党务》《张继谢持抵粤之任务》,《广州民国日报》1924 年 6 月 10、11 日)又据报载,此次张继回粤,孙决委张赴南洋接洽党员。(《国内专电》,《申报》1924 年 6 月 12 日)又上海《民国日报》载,"张溥泉(继)谢慧僧(持)于 9 日联袂抵粤,当即趋往大本营,谒见孙中山,报告上海党务甚详,当晚即出席中央执行委员会,闻溥泉先生言,此次来粤,其主因为上海大学募捐款项,尚须转往南洋各埠募捐"。(《羊城要事短报》,上海《民国日报》1924 年 6 月 19 日)至于张继赴南洋,究竟是顺道接洽党员或是以募捐为名孙中山授意接洽党员为实,尚不得而知。

△　许崇智积极办理军队移郊。

前经孙中山令饬军政等部调查各军移防郊外情形,各军颇为不愿,惟粤军总司令许崇智积极响应。本日,许崇智特将办理军队移郊,及交还民房各事,呈报察核。(《许崇智办理移郊呈报》,《广州民国日报》1924 年 6 月 11 日)又据《时事新报》载,许崇智曾通电各军,请遵孙中山令,移驻郊外。(《电讯》,《时事新报》1924 年 6 月 13 日)

△　将永济药库废址拨为天葬场所。

大本营建设部长林森前曾呈请将永济药库废址拨为天葬场所①。本日,孙中山指令林森,准如所请,候令行军政部、广东省长遵照移拨备案。(《大本营公报》第16号,"指令"第564号)同日,又训令大本营军政部长程潜、广东省长杨庶堪,大本营建设部长林森呈请将永济药库废址拨为天葬所,令军政部、广东省长遵照移拨备案。(《大本营公报》第16号,"训令"第274号)

△　广西总司令沈鸿英致电孙中山,据何师长才杰、邓参谋长右文电话,8日何部已抵柳州东门,邓部暨卫戍独立两团本日已抵喇嗒三隍,遮断敌人桂柳交通,攻克柳州只在指日,桂城在包围之中,各路敌援已绝,当可不战自溃。(《大本营公报》第16号,"公电")

△　大本营部分要人欲以高级委员制为孙陈调和入手办法。

报载孙陈调和之说,日来颇为盛倡,传段祺瑞派员来粤,调和孙陈。(《快信摘要》,长沙《大公报》1924年6月9日)汪精卫等在沪亦进行颇力,委员政府制,亦渐见诸事实。此事陈炯明尚未正式赞同,而国民党方面,已着着进行,大有实现之势,桂豫等客军,以孙陈一和,于己大有不利,故根本反对委员制,谓有碍军事之进行,现此事因之无形中止,孙陈调和前途,固不易成为事实。(《客军将领反对孙陈调和》,《香港华字日报》1924年6月9日)11日,《香港华字日报》又载,"最近甚嚣尘上之高级委员制,查此制为李烈钧、程潜、古应芬主张最力。闻此为孙陈调和之入手办法。高级委员制,即前此总裁制之变相,诚以调和一问题,若单独取决于孙文一人,在孙文为自己面子计,容纳则损失大元帅之威严,拒绝则饷糈无法应付。况辖下复分赞成与反对两派,驾驭尤形棘手,故有高级委员制之议应时而生。盖此见果见诸实行,则调和问题提出讨论,若多数可决,交孙文执行,则上述困难,可

①　所谓"天葬",即指"火葬"。该呈日期仅属"民国十三年六月",孙中山以"指令"回复日期为6月9日,故该呈日期应为1至9日之间。

迎刃而解。惟闻杨希闵、刘震寰对于调和虽非根本反对,而对于高级委员制,则表示不赞成,因杨刘之调和论,主张陈炯明亲谒孙文认错,始有商量之余地。李烈钧现蛰居以太花园,亦因受杨、刘打击之故,但程潜等依然设法进行委员制。按诸现在联军内部形势,尚有反对调和最力之胡汉民与许崇智,两人为自身前途利益计,确不愿与陈炯明调和。调和派之急欲议和者,固因财政困难,而孙文脑病绵缠,迄今未愈,万一不起,则全局瓦解,此时粤军长驱直进,绝对无调和之可言,故不得不早为之"。(《高级委员会制酝酿之内容》,《香港华字日报》1924年6月11日)12日《香港华字日报》又载:"据省报云,大本营政务会议拟采用高级委员制,其动议颇久,现因有部分人士对此持慎重态度,未遽予赞同。惟闻赞成者尚进行颇力,故此问题仍在辩论研究中。昨晤政界中某君述及此事,据云高级委员制说之产生,原因有二:(一)大元帅脑病新痊,医生殷殷以静养为请,勿遽再理及军国大事,有碍精力之复原,故某某要人遂主张将大本营政务会议,改用高级委员制,对于军国大事,以合议之形式出之,共同负责,则大元帅可以安心静养若干时日。(二)东江调和问题非常重要,现既有人动议,自当征集各方意见,以凭应付,但分别向各方征集,手续未免太繁,改用委员制,则萃集各方面人士而组成之,是不啻全体意见所在。赞成者固持此理由,而怀疑者亦有相当之论据,以为帅座须稍为静养,此为偶然的状况。目下有总参议胡汉民代拆代行,非极重要之事件,已无须大元帅之处理,本无碍于大元帅之静养,是第一种之障碍,似已不成问题。至调和问题,倘欲得知各方面之意见如何,尽可召集特别会议解决之,是第二种之障碍,亦□由发生。闻怀疑派中之重要人物为杨希闵及刘震寰,仍以为果行委员制,专权不统一,将来感困难之处只多,故俱以仍旧贯为较适宜。"(《省报所述政务会议改制之面面观》,《香港华字日报》1924年6月12日)

尽管孙中山政府对于调和与否,尚存分歧,但据报载,近日滇军已秘密与粤军谋和,但滇军内部尚不融和,内讧风潮,随时皆可发生,故日前滇军已经一度大会议，对于时局决定一致主张，而其最重要之计划有二：一为停止东江战事；二为进行北伐回滇。而其中内幕，先与陈炯明谋和，为第一要着。此次东江战事，滇军不肯卖力，亦原因于此，范石生既握有筹饷局实权，仍向胡汉民讨款百万，且声言为回滇之用，蒋光亮内部近又有变化，李根沄辞去第七师长职，胡思舜得回右翼总指挥，而胡氏亦非主战者，孙中山知蒋部最不可靠，乃命豫军樊钟秀部向右翼进展。闻滇军与东江粤军接洽之条件，将以广州地盘，让与粤军，但尚未得具体办法。大本营方面亦已知此项消息。滇军态度，将日见明了，其所持理由，亦谓欲谋广东和平，解决东江战局，以救粤民于水火。一说则谓滇军只与北方接洽，闻已有头绪，接洽既妥，则与粤军一致行动。(《滇军谋广东和平之近讯》，《香港华字日报》1924 年 6 月 9 日)

　　△　任命邹鲁为国立广东大学校长。

　　国立广东大学筹备主任邹鲁，自受任后，对于各项筹备事宜，均积极进行，现将经过情形，备文呈报孙中山察核，文云，"奉大元帅令，着将国立高等师范、广东法科大学、广东农业专门学校合并改为国立广东大学，并设国立广东大学筹备处，派鲁为国立广东大学筹备主任。计下学年成立广东大学除将现有三校学生改并外，亟应添招预科学生。原有三校在学学生归入大学后，其待遇照旧，至各校原定毕业时期为止，如不愿履修大学课程者，得仍照未改大学以前各校之课程修业，其修业时仅得广东大学某学院某科毕业证书，不给学位。另文呈报以昭慎重，谨将高师海大农专三校合并改为国立广东大学，及下学期成立国立广东大学情形，暨大学预科招生章程，高师法大农专三校归并国立广东大学办法各一份，理合备文呈报大元帅察核"。(《邹鲁呈报筹备广大》，上海《民国日报》1924 年 6 月 9 日)又邹鲁本日被任命为国立广东大学校长。(《大本营公报》第 16 号，"命令")

　　△　汪精卫前屡接孙中山来电，嘱还粤面商要公，现又因党中编辑革命史等事件，有赴粤接洽之必要，特于 7 号晚乘轮赴粤，闻本月

月底可以返沪。(《汪精卫氏赴粤》,上海《民国日报》1924 年 6 月 9 日)上海
《民国日报》载,汪精卫 11 日抵粤,旋谒孙中山,报告上海党务,商编
辑革命史等事宜。(《电讯》,上海《民国日报》1924 年 6 月 14 日)

△　孙中山以廖仲恺为广东省长,不日将发布。

粤讯,"杨庶堪离粤后,胡汉民以万目睽睽,谓其取杨而代,于是
不敢上场,许崇智亦以各客军高级长官反对,不敢担任此咸鱼头之省
长,遂竟为陈树人所代理。但孙文现以军饷亟须速筹,否则滇桂两
军,均不愿出战,但现在筹款之法,除借外债之外,别无他法,但现时
广东省长,并无一切实负责之人,必难令外人信用,焉肯冒昧投资?
是以日来孙文有先解决粤省长问题,然后始及其他之概。日前廖仲
恺入府,孙文特以此事语廖,令其复任省长,廖正求之不得,于是假意
推辞一番,闻现胡许两人,将极力拥廖上场,以增长元老派势力,故廖
省长一职,现经在大本营内定,不日即可见诸命令,至将来廖上场后,
即进行向与东邻某国借款五百万,以为军饷,至借款条件,将以造币
厂铸造权全部让与为条件"。(《粤长解决后即借外债》,《时事新报》1924 年
6 月 9 日)

6 月 10 日　着刘震寰等将留落石龙部队悉数调离。

令谓:"着刘震寰(新塘厘厂)、卢师谛(新塘)、周之贞(中堂)将留
落石龙省城沿途之部队,限五日悉数调离该处,免滋事端。"(《中山墨
宝》编委会编:《中山墨宝》第 9 卷,第 229 页)

△　着广州市公安局核给广州商团团军枪证。吴铁城奉命后饬
广州商团将团军姓名、枪支于 20 日以前送公安局验给枪照。(《速缴
枪支名册》,《广州民国日报》1924 年 6 月 10 日)

△　电京粤议员,否认与陈炯明议和。(《电报》,《时报》1924 年 6 月
11 日)吴稚晖复陈炯明电则云:"君既觉悟,只有悔过可言,不能说调
和,如有意拥护孙中山先生,请即通电讨伐曹吴,敬恒当为君释怨。"
(《广东文史资料》第 43 辑,第 197 页)

△　大本营内政部部长徐绍桢以该部科长陈庆森积劳成疾,本

年4月26日身故,且身后萧条。特于本月3日向孙中山呈请一次给予该故员两个月俸额恤金四百元,以示体恤。本日,孙中山指令徐绍桢,如呈给恤,候令财政部照拨。(《大本营公报》第16号,"指令"第566号)又训令大本营财政部部长叶恭绰,令如数发给已故科长陈庆森两个月俸额恤金四百元,以示体恤。(《大本营公报》第16号,"训令"第275号)

△ 令催收田土业佃保证费。

本月2日,国立广东大学筹备主任邹鲁呈文孙中山,适本年早稻收获期近,农有余裕,措缴匪难,亟应及时催收,用资接济。拟恳请令行广东省长转饬广东全省田土业佃保证局认真进行,并令各县县长极力协助。并由省署布告全省田土业佃一体遵照,务尽早稻登场扫数缴纳。倘有疲玩,仍前观望,应由该管县局从严罚办,以示警戒而维学款。(《大本营公报》第16号,"指令"第565号)本日,孙中山训令广东省省长杨庶堪转饬广东全省田土业佃保证局认真进行,并令各县协助。(《大本营公报》第16号,"训令"第276号)并指令国立广东大学筹备主任邹鲁,所请令广东省长转饬催收田土业佃保证费事,准予令行广东省长查照办理。(《大本营公报》第16号,"指令"第565号)

△ 任范石生为中路总指挥,督率各军围攻惠州。(《电讯》,上海《民国日报》1924年6月12日)

△ 南路粤军第一师谢毅,第二师徐汉臣,第三师陈章甫,会衔布告反对孙中山。(《快信摘要》,长沙《大公报》1924年6月10日)

△ 因统一马路业权案失败,无款可筹,积极推行民产保证,取偿各属,财政局长陈其瑗现变立名目,掠夺民产甚多,黄绍竑近日阅兵甚忙,闻将助沈鸿英攻南宁。(《电讯》,《时事新报》1924年6月11日)

△ 陈友仁发表关于美领事移运兵工厂机器美使署解释此事如下:"美使署如再注意我政府所发之公报,当知所述禁运军火契约,即

所谓禁运军火条约,是公报中之结语,意谓美国在华出售军火及制造军火机器即为违背契约,此非对中国言,乃对签字改约之各方面言,至称该约乃自制之具,此种牵终之词,实类出诸不谙交术之口",陈又谓孙中山现愿将此事公允之条款解决,目下正依此基础与售货者谈判。(《粤省扣留美机案近讯》,《时事新报》1924 年 6 月 11 日)

△　日前令财政委员会,着即酌议发给何成濬所部给养费二万元。经财政委员会于 6 月 10 日提出常会议决指定各机关分期筹付,(《指拨何成濬部给养费》,《广州民国日报》1924 年 6 月 16 日)于 11 日午前先付一万五千元,其余一万五千元于三日内全数交付,不得延误。又饬筹给军政部一万五千元以度节关,并自 6 月起,遵照拟定二万元实足拨给。(中国第二历史档案馆编:《中华民国史档案资料汇编》第 4 辑下册,第 1283—1284 页)

6 月 11 日　准大元帅行营军用票监督黄隆生辞职。(《大本营公报》第 17 号,"命令")黄隆生前被任命为大元帅行营军用票监督,但该军用票始终未尝发行,实无事可办,故黄于本月 3 日呈请辞去大元帅行营军用票监督兼职。(《大本营公报》第 17 号,"指令"第 569 号)本日,孙中山明令准黄隆生辞去该兼职。

△　本月 7 日大本营军政部长程潜呈文孙中山,"查已故东路讨贼军总司令所部第一旅第二团营长李奎仙积劳病故,核与《陆军战时恤赏章程》第六章事实相符,拟请准给予少校恤金以示矜恤。上尉副官时伯萼等九员,由职部分别查照第一表、第四表照原级另案呈请给恤"。本日,孙中山指令大本营军政部长程潜,如呈给恤,即转行知照。(《大本营公报》第 17 号,"指令"第 570 号)

△　广西总司令沈鸿英呈文孙中山,据该部何师长才杰报称,本晨 9 时,入柳州城,敌人由一都方面溃退,除派队追击外,城厢内外商民安堵,秩序井然。(《沈鸿英克复柳州捷电》,《广州民国日报》1924 年 6 月 14 日)

△　湘军内部有准备回湘之拟议。

宋鹤庚参谋长日前曾拍一电致前方湘军各将领，报告后方现在之情况，及询问准备回湘情形，内容约分五项："（一）广州方面刻下确无法筹款，本军给养费已无着落，须就地筹饷以维军食。（二）中山病状仍未痊愈，总座（谭延闿）进谒，多次未获接见。（三）闻前方将士拟取道赣边，转回湘南，现在准备如何？（四）照现在情形观察，我军除回湘外，确无生存之可能。（五）如前方将士一致主张回湘，须预先通知后方各办事处，俾将各机关同时撤销，免罹险境。"（《联军内部暗潮之剧烈》，《香港华字日报》1924 年 6 月 11 日）

△　关于孙陈调和，滇军居于第三者地位，湘军谭延闿主和甚力，豫军抱无所谓态度，桂军刘玉山坚决反对。

报载"孙陈调和的空气，省中宣传甚力，查联军内部主张，各有不同，而在中山之意，攻惠主张，已知不易成功，讨陈论调，声势已软，确无去年联军踏平东江强硬声势，太子派近以胡、邹跋扈，大有陈炯明尚贤于胡汉民之感想，而胡汉民对孙陈复和说，自然绝对反对，胡陈势不两立，十三年之过去事实，有目共睹。刻下孙陈两方，对于调和问题，能否成为事实，于此可见一斑。今将联军内部各将领对此事之态度分述于下：（一）滇军态度：蒋光亮早与京洛两方分头接洽，而间接地对陈主退让。范石生对所部久未发进战命令，经孙文多次促进，范氏亦似掩耳不闻，杨希闵亦绝不言战，对于和议问题，滇军虽未明白宣示，而滇军对于东江战事，早已坐观胜败。对孙对陈，又似已居于第三者地位。（二）湘军态度：谭延闿近来主和甚力。谭氏近据东江将领之回省者，报告战区沿线，千里农田荒芜。谭氏曾语其部下军官曰：倘孙陈复和能实现，自愿捧陈为上官，故谭氏现拟亲赴东江，为对陈和议与各军官面议也，讵为主战派胡汉民等所阻，谭氏遂不能急速东行。（三）豫军态度：樊钟秀对孙对陈既无历史上关系，是以无所谓拥孙，亦无所谓反陈。胡汉民近以湘军与太子派接近，滇军对胡派向无好感，刘震寰军又非能战，胡氏乃竭力为樊氏筹划军饷，使豫军归自己指挥，成为主战派的重要角色。（四）桂军态度：第七军刘玉山,自西江被李、黄、郑缴械后,刘军已不能成军。惟刘震寰能借助于元老派,绝无与粤军结合之可能,因刘氏是反陈第一名好汉也"。(《孙陈和议的面面观》,《香港华字日报》1924年6月11日)

△　伍廷芳纪念会成立,已有干事十六人,孙科为之长,认定捐款十七万元,经孙中山认捐二万元,杨庶堪二万元,孙科一万元,广州市捐四万,各县捐两万,香港两万,省外两万,国外两万。(《羊城要事短报》,上海《民国日报》1924年6月19日)

6月12日　再令各军移驻郊外。

侵日(12日)再令各军,限十日将驻省各军移驻郊外,否则缴械解散。(《快信摘要》,长沙《大公报》1924年6月21日)此令6月14日之《广州民国日报》亦有报道,该报载:前经通令各军队机关于文到十日内,一律迁出郊外在案。乃迄今逾月,市内各军虽间有迁移,而玩视法令、横行如故者,仍复不少。合亟重申前令,并规定各军迁驻或解散办法随令附达,限于文到十日内,会同军政部、各军总司令、卫戍司令、公安局分别妥慎办理。倘再宕延,即着分别缴械解散,决不再事宽容。(《重申军队移郊之帅令》,《广州民国日报》1924年6月14日)惟孙虽再次下令,但滇桂湘豫等军亦仍未遵办。(《电讯》,《时事新报》1924年6月17日)《香港华字日报》16日载,滇军占据广州市,每月有三十余万元之收入,早已招各军之嫉视,尤以许崇智为甚。孙中山亦因势利导,知滇军必不肯舍弃广州地盘,乃委以卫戍司令之职,冀其约束部下。不意两年以来,市内杀人越货,几无虚日,范石生屡请裁撤卫戍司令一职,许崇智以为有机可乘,力请中山再下移军郊外之令,又自通电请各军遵令移出市区,计划待各军离市后,即收回市内各种捐项,以张民达所部七八二旅驻白云山控制市区。滇军闻此大为愤激,纷纷由前敌调回省垣。许崇智又赴大本营请禁前方军队退回,但禁者自禁,滇军对许之感情愈恶,即其余零星小部队,所谓中央直辖大元帅讨贼军等,亦莫不恨许入骨。盖12日所下限十日移军郊外之令,所附各军迁出郊外地点册,未有包括滇桂湘豫各军在内。中央直辖第七军某团长,谓"滇湘豫等军逗留省垣者到处皆是,且占据民房,难道大本营不知,今则专向我们后方办事处下手,反置占据民房者不问,堂堂大元帅之命令,原来专保护强者"。(《移军郊外之内幕与暗潮》,《香港华字日报》1924年6月16日)嗣后,据长沙《大公报》载,孙限各军迁郊外之期将届,各军仍未遵行。孙怒,饬公安局于17日强制执行,将仍驻城各军缴械。(《快信摘要》,长沙《大公报》1924年6月24日)25日,该报又载:孙中山再限各军移郊外之期限已过。惟遵令迁移者,皆弱小军队,其强有力者,仍弗迁。由公安局派员劝谕,则以难觅地点对,18日卫戍司令部公安局会衔布告,限各军21日离市。(《快信摘要》,长沙《大公报》1924年6月25日)

　　△ 致函美国亨利·福特(Henry Ford),强调对列强不能有过多的奢望与幻想,欢迎精干实业家来中国发展。

　　此函原件藏美国福特图书馆,目前已见数种不同译文。吴开斌译、金应熙校的译文如下:

亲爱的福特(Ford)先生:

　　持送此函的黄任凯(Ng Jim Kai)先生通知我说,你很可能于不久的将来访问中国。如果你能成行,我将非常愉快地在华南欢迎你。人们通常说,我国的许多智慧、能量和财富,都见之于华南。

　　我知道你在美国的出色工作并曾读过有关的报道。我认为你在中国可以更广泛更有成效地从事同类工作。你在美国的工作,从某种意义上可说是个人和私家的,反之,在中国这里,你将有机会以新的工业体系的持久方式来表达和体现见解和理想。

　　如果中国仍然在经济上不发达,并由此成为列强剥削和国际纷争的对象的话,我认为中国可能成为另一次世界大战的起因。由此,一俟欧洲签署了停战协定,我就立即制定国际开发中国的计划,希望列强在1919年的和会上对此加以考虑。这项计划见于我的《实业计划》一书:该书于1921年在上海,1922年在纽约由普特曼公司出版。

　　我现在认识到,对列强的现政府期待很多,是不大有希望的。依我之见,倒是可以寄更多希望于象你本人这样的有生气有效率的工作者;这也是何以我邀请你到华南来访问我们,以便亲身研究无疑地是二十世纪最重大之一的问题。

极忠实于您的孙逸仙

1924 年 6 月 12 日于广州中华民国政府本部①

谢淑媛译文如下:

中华民国政府广东总本部

1924 年 6 月 12 日

敬爱的福特先生拜启:

这封信的传送者,黄仁嘉先生告诉我您想在不久的将来访问中国。真的您会来的话,我一定觉得非常荣幸地欢迎您到中国的南方来。一般地说,南方是我们整个国家的人才、精力、物质最丰富的地方。

我知道,同时也看到您在美国所表现的工业上与农业上的卓越实绩。而我想您在中国也可以有同样的成就——可能在规模上更浩大,更有效。因为在美国的工作,只注重在私人单独方面的进展,但是您在中国会有美好的机会在一种持久性的新工业制度中尽量地发挥您的心意与理想。

由我自己的观点来看,如果中国之经济继续不发达,更受国际间列强之压迫与剥削,那么中国将是第二次世界大战的起因。

为了这个原因,我早于 1919 年欧洲休战条约签订时就写好了一篇中国工业发展之计划,准备向列强在和平会议时提出。这个计划已详细记叙在我的新著作《国际共同发展中国实业计划》一书中。中文本在 1921 年出版于上海,英文本则在 1922 年出版于纽约。

我现在已感受到目前的各列强政府不会给中国任何希望。可是一位像您这样坚强有为的企业家反而会给我们有无限的期待与信

———————

① 《致福特函》,《孙中山全集》第 10 卷,第 269—270 页。

心。这就是我邀请您亲自来中国细察研究一个第二十世纪中最艰难之问题的理由。

您的忠实的　孙逸仙敬启

据译者附言:孙中山是信在途中近半年,是年11月底才送到福特公司总公司。当时,福特外出不在公司,没有机会阅及此信,而不久孙中山又北上赴北京,企望解决时局。不幸因病辞世。以致这封信也可以说发生效力:证明孙中山并不专信赖俄国。(吴相湘:《孙逸仙先生传》,第1588—1589页)

△ 准广东省长杨庶堪辞职,任廖仲恺为广东省长。(《大本营公报》第17号,"命令")廖仲恺奉命后,于本月18日就职视事,并与19日呈报就职日期,孙中山于23日指令廖仲恺,呈悉所报就职日期。(《大本营公报》第18号,"指令"第622号)

△ 准由粤军总司令部请领转发各部伙食。

大本营军政部长程潜于6月5日呈文孙中山,查统一饷糈为整军经武之要图,粤军总司令许崇智呈请将第二军军长黄明堂、虎门要塞司令廖湘芸、长洲要塞司令马伯麟、海防司令林若时、东江缉匪司令徐树荣各部,向由大本营所领伙食概由该部请领转发,自属可行,呈复孙中山察核施行。(《大本营公报》第17号,"指令"第571号)本日,孙中山训令粤军总司令许崇智,自奉令日起,第二军军长黄明堂、虎门要塞司令廖湘芸、长洲要塞司令马伯麟、海防司令林若时、东江缉匪司令徐树荣各部向由大本营所领伙食,概行改由该总司令请领转发,以归划一。(《大本营公报》第17号,"训令"第278号)并指令大本营军政部长程潜,黄明堂等部应领伙食,概行改由粤军总司令部请领转发,以归划一。(《大本营公报》第17号,"指令"第571号)

△ 本月9日,大本营军政部长程潜呈请追赠东路讨贼军总司令许崇智所部第十二旅旅长兼前敌总指挥郑咏琛、总参议蒋国斌为陆军中将,照积劳病故例给恤;照因公殒命例给恤中央直辖广东讨贼军第四军军长梁鸿楷所部上尉副官兼少校团附廖有权。孙中山于

11 日明令追赠蒋国斌和郑咏琛为陆军中将,照积劳病故例给恤。于本日指令程潜,已明令追赠东路讨贼军故旅长兼前敌总指挥郑咏琛、总参议蒋国斌为陆军中将,照例给恤;准照因公殒命例给恤中央直辖广东讨贼军第四军副官兼少校团附廖有权。(《大本营公报》第 17 号,"命令"、"指令"第 578、579、580 号)

△　指令禁烟督办鲁涤平,所呈 4 月份预算及另造全年预算书均悉。既据陈明该署经费除将办公费每月遵令减半一千四百余元外,其余碍难减少,应准照表开支。除将全年预算书及 4 月份支付预算书各提存一份外,候将其余一份令发审计处备查。(《大本营公报》第 17 号,"指令"第 583 号)是日,又训令大本营审计处处长林翔,令将禁烟督办鲁涤平所呈 4 月份支出预算书及全年支出预算书存案备查。(《大本营公报》第 17 号,"训令"第 280 号)

△　本月 5 日,大本营军政部长程潜呈文孙中山,东路讨贼军所部故参谋处长杨子明去年为敌所杀,核与《陆军战时恤赏章程》事实相符,拟请准予援照陆军少将因公殒命例给予一次恤金,以慰英魂而励来者。本日,孙中山指令大本营军政部长程潜,准如所请照陆军少将例给予东路讨贼军故参谋处长杨子明一次恤金。(《大本营公报》第 17 号,"指令"第 572 号)

△　本月 7 日,财政委员会主席委员叶恭绰、杨庶堪呈文孙中山,爰以各委员之同意,将原设各职员改组干事处掌理会务,当将该会原定章程加以修正,并拟订干事处组织规程,于 5 月 27 日第四十一次常会提出会议议决,呈请鉴核。本日,孙中山指令财政委员会主席委员叶恭绰、杨庶堪,所呈修正该会章程及拟定干事处组织规程尚属妥协,准予备案。(《大本营公报》第 17 号,"指令"第 573 号)

△　本月 5 日,大本营财政部长兼盐务督办叶恭绰呈文孙中山,查赵前运使租借"澄清"轮船用以缉私,尚非捏饰,且租价、薪饷据实开支,亦无浮滥,应准免予置议。本日,孙中山指令大本营财政部长叶恭绰,既查明并非捏造,又无浮滥,应准免予置议。(《大本营公报》第

17号,"指令"第574号)

　　△　本月7日,大本营财政部长叶恭绰呈文孙中山,现据广东造币厂监督梅光培、总办劳勉、会办蔡炳等呈称,已召集员司工匠于6月先行开铸广东通用之双毫银币,并声明于钢模内用"民国13年"字样。当经指令核准并布告,呈报孙中山鉴核备案。本日,孙中山指令大本营财政部长叶恭绰,准予备案。(《大本营公报》第17号,"指令"第575号)

　　△　本月7日,两广盐务稽核所经理宋子文呈文孙中山,将所有东汇关造程船配盐比较表,照钞二分,呈请鉴核备案。本日,孙中山指令两广盐务稽核所经理宋子文,所呈东汇关程船配盐比较表准予备案。(《大本营公报》第17号,"指令"第577号)

　　△　传汪精卫加入运动孙陈调和,恐与事实不符。

　　报载孙陈调和,最近某报有段吴唐汪主动一说,段祺瑞之联孙反直,不欲孙陈失欢,本在两年前之事,与吴稚晖之主和论,非至今日始行发见。唐绍仪对孙陈两方面,老早立于第三者地位,若加入和议席上,唐氏当乐有此举。但谓汪精卫加入孙陈和议,以作调人,则恐未必。民国11年孙中山改道北伐,陈炯明下野,汪精卫尝以教育会长资格谒陈,疏通孙陈双方意见,而以复陈氏总司令职为条件。其时有谓汪氏将粤军情形函告韶关行营,胡汉民认为粤军不足一战,故主武力解决,于是孙陈双方实行决裂,粤军中人尝谓汪精卫是胡汉民的私家侦探,足见粤军之不信汪。他报所称汪氏加入调和,似与事实不对。陈少白以中兴会民党老前辈,出而周旋于孙陈两方面。胡汉民既任总参议,孙中山久卧病榻中,其主张亦得胜利,陈少白之和议进行,当有重大阻力。惟滇湘各军,皆表同情,不能谓完全无望。今次之议和,粤军将领,目击桑梓被客军蹂躏,亦有赞成之者,与孙方接近之黄大伟亦参与其间,曾赴汕谒陈炯明磋商,黄氏以为进行和议,当以去胡去许为第一问题。(《孙陈和议内幕续志》,《香港华字日报》1924年6月12日)

6月13日 准广东治河督办姚雨平辞职。派大本营建设部长林森兼理广东治河督办事宜。(《大本营公报》第17号,"命令")林森奉命后,于本月19日就职视事并呈报就职日期,孙中山23日指令林森,呈悉所报就职日期。(《大本营公报》第18号,"指令"第623号)

△ 任命李济深为军校教练部主任,王柏龄为军校教授部主任,戴季陶为军校政治部主任,何应钦为军校总教官。任命高杞、陈贞瑞为大本营咨议。(《大本营公报》第17号,"命令")

△ 财政部所拟《短期军需库券基金委员会章程》及办事细则表式、拟办糖类销场税等情,准予备案。

7日,财政部部长叶恭绰呈文孙中山,粤省每年糖类销场为数甚多,拟办糖类落地税以济军用。其税率暂定为值百抽五,岁约可得一百万元。嗣经财政委员会决议通过,除一面派钟锡鎏先行设局开办、容将简章另文呈缴外,应将拟办糖类落地税暨大概办法各缘由备文呈报察核备案。再财政委员会通过原案系称落地税,此项名称各省或有用之,然名实未甚妥协,拟改为销场税以符通例,合并陈明。9日,叶恭绰复呈文孙中山,"短期军需库券本息基金应由职部函请大本营审计处长、广州市公安局长及广州总商会、银业公会暨各军军需,各推举代表一人,于星期一、星期四两日会同前往裕广银号,考核其基金存款账目。并于开始还本、付息后,查验其库存备还本息之现款。现亟应由部约集各该员及函请各该团体,推举代表组织基金委员会,以便执行条例所规定之职务,并将裕广银号经理加入该会为委员,用资接洽。爰即报据条例,拟订基金委员会章程及其办事细则,除由职部分行查照外,将前项章程细则及表式抄附清折,呈请鉴核备案"。本日,孙中山分别指令叶恭绰,所呈《短期军需库券基金委员会章程》及办事细则表式,准予备案;呈报拟办糖类销场税等情,准予备案。(《大本营公报》第17号,"指令"第585、586号)

△ 饬缉私主任张民达立遣营队,驰赴九江登陆搜查私盐。

《《筹饷讨逆先缉私盐》,《广州民国日报》1924年6月15日) 又训令各军总司令,着饬告诚所部一体知照,切勿有包庇贩私等不法行为。一经查出,从严处办。(《查禁军队包私》,《广州民国日报》1924年6月14日)

△　令交通局应即裁撤,所有输送船只交滇军兵站接收。(《帅令裁交通局》,《广州民国日报》1924年6月14日)

△　令广东善后委员会继续招募夫役以利运输。至所需款项暨以前积欠之款,究应如何指拨,着军政部会商财政委员会核酌办理。(《帅令募夫团继续办理》,《广州民国日报》1924年6月13日)

△　广西总司令沈鸿英致电报捷。

电云:"真(11日)日何师长才杰克复柳州府城,当将捷报飞电查核。顷据邓参谋长右文真电称,本晨5时,攻凤凰墟,克复古化。获枪俘虏约数百。查四路敌援,数达七百余人,经我军节节猛攻,大受惩创,尚复顽强抗抵,所幸将士用命,能于数日之内,分克柳州古化中渡各名城。现在敌援均已分窜来宾庆达等处,西路一律肃清,陆韩死守桂林孤城,确无能为。理合飞电查核。"(《沈鸿英电告占领古化》,《广州民国日报》1924年6月18日)

△　邓泽如以孙中山病重,请元老派诸人取消撤换市长孙科之提案。

报载"广州政局自元老派卷土重来,即酝酿极大的变化,省长、市长、财政厅长皆同时有更动消息,务将太子派势力完全推倒。杨庶堪被赶走后,适广州发生大罢市风潮,撤换市长之声浪更高唱入云,孙科以马路业权案既惹起市民之恶感,己派势力又赶不上对手方,态度亦日趋消极,故有出洋留德之拟。迨至最近,始稍为沉寂,闻其原因有一:一为邓泽如居间调停;二为杨希闵担任保镖。据闻邓泽如素得中山之信任,以胡汉民此次之图倒孙科,大不谓然,曾于大本营政务会议,临时动议,谓孙科为中山先生亲子,先生近患脑病,最忌有所刺激,医生之令其静养,即为此故,日昨本会议曾提出市长人选问题讨论,泽如以为此事暂宜搁置,因先生既在病中,自应有一关系较密切之人,为之侍奉汤药,若撤换市长,孙科交卸后,无论如何,必不再留粤,此不便者一。先生现虽在休养时期,然有要事亦不能不向之请示,如撤换市长,亦属重要事情,当然须待其决断,但孙科究属其亲子,忽有主张撤其亲子之职,无论谁何,必不能无所感触,诚恐因此致令其病势增加,此其不便者二。泽如因此敢请诸公一致主张取消此案。列席者除胡汉民、廖仲恺两人,对此均无异议,而胡、廖虽与孙科为敌,此时亦不便明白反对,于是邓氏之议,遂无形通过"。(《市长问题沉寂之两因》,《香港华字日报》1924 年 6 月 13 日)

△　大本营某要人否认孙陈议和说。

《香港华字日报》访员就孙陈议和之说,特向大本营某要人采访,某要人谓,"调和之议不自今始,当去年东江战事发生后,即有人奔走于两方间。调和声浪,在香港方面唱得甚盛。但在大本营以内则不特绝无此项意思,且亦无所闻也"。日前北京同志曾有以此事电叩孙中山,孙复电否认。前数月某外国通讯社社长晋谒总参议胡汉民,欲探此事之究竟,亦经胡氏否认。胡又谓联军将领除樊钟秀已出发外,谭、杨、刘、许各司令仍在省,可往一询。某记者乃与辞而出,后有以此事询及各总令者,咸一笑置之。(《省报谓大元帅否认议和》,《香港华字日报》1924 年 6 月 13 日)

6 月 14 日　派许崇灏管理粤汉铁路事务,准原任陈兴汉辞职。(《大本营公报》第 17 号,"命令")

此前,《香港华字日报》即载,管理粤路事务陈兴汉,原非该路股东,去岁因军事吃繁,许崇灏总理未回,孙中山以陈曾任该路职员,故为一时权宜计,派陈氏管理粤路事宜,现因陈氏以大局已定,呈请辞职,闻已定许崇灏复任总理。(《许崇灏复任粤路总理》,《香港华字日报》1924 年 6 月 11 日)但《大本营公报》又载,陈兴汉似并未正式辞职,而仅请假。5 月 30 日,管理粤汉铁路事务陈兴汉呈请给病假两月,俾资调养,并请准派该路前总理许崇灏兼理粤汉铁路事务。孙中山接呈,于 16 日指令陈兴汉,已有明令照准,即知照。(《大本营公报》第 17 号,

"指令"第594号)陈兴汉与许崇灏奉命后,于16日交接相关事务,陈兴汉亦于该日呈报移交印信日期。孙中山于20日指令陈汉兴,所呈报移交日期准予备案。(《大本营公报》第17号,"指令"第612号)嗣后,陈兴汉于24日以脑病遽发,再请辞去财政委员会委员一职。(《大本营公报》第18号,"指令"第636号)许崇灏就职后,旋因牵涉商团陈廉伯私运军械案,孙中山于8月25日着其停职,听候查办,并即派陈兴汉复任该职。(《大本营公报》第24号,"命令")

△　任命粤军各军、师、旅长。

任命梁鸿楷、李福林分别为粤军第一、第三军军长,李济深、张民达、郑润琦分别为粤军第一、第二、第三师师长,许济、杨锦龙分别为粤军第七、第八旅旅长。又任命冯轶裴、冯祝万、陈可钰、邵元冲、万黄裳分别为粤军总司令部参谋处处长、军务处处长、副官长、秘书长、军需监等职;关道代理粤军总司令部军需处处长,俞飞鹏代理粤军总司令部审计处处长,江维华为西江财政整理处处长。(《大本营公报》第17号,"命令")此任命系粤军总司令许崇智于本月10日呈中所请,孙中山本日颁布任命,旋于17日分别指令许崇智,已另有明令任命该军各军长、师长、旅长等;已有明令任命冯轶裴等为该部参谋处处长等职。(《大本营公报》第17号,"指令"第599、600号)

△　任命卢善矩为"江固"舰舰长。(《大本营公报》第17号,"命令")该任命系广东海防司令林若时于12日呈中所请,孙中山本日正式任命,并于16日指令广东海防司令林若时,已明令任命卢善矩为"江固"舰舰长。(《大本营公报》第17号,"指令"第598号)

△　10日,陆军军官学校校长蒋介石、驻校国民党代表廖仲恺联名呈文孙中山,前拟定教练部主任李济深、教授部主任王柏龄、政治部主任戴季陶、总教官何应钦均经到校任事,确能尽职,现造具履历,备文呈请给予任状。本日,孙中山指令陆军军官学校校长蒋介石、党代表廖仲恺,已明令李济深等为该校各部主任。(《大本营公报》第17号,"指令"第589号)

△　准高师第十一届各部学生举行毕业试验。

11日,国立广东大学筹备主任邹鲁呈文孙中山,查该校高师第十一届文史部四年级生三十五名、英语部四年级生二十名、数理化部四年级生十七名、博物部四年级生二十七名,至本年6月修业期满。所有各科功课均已教授完竣,照章由校先行呈请考试毕业。将第十一届各部学生名籍表一份,备文呈请察核,准予举行毕业试验。本日,孙中山指令国立广东大学筹备主任邹鲁,该校高师第十一届各部学生既经修业期满,所有学科均已教授完竣,应准举行毕业试验。(《大本营公报》第17号,"指令"第590号)

△　11日,大本营内政部长徐绍桢呈文孙中山,据琼山县民陈道五等呈称,琼山县寿妇陈黄氏年登百岁,例合褒扬。核其事状,与现行褒扬条例尚属相符,拟请题颁"共和人瑞"四字,并给予银质褒章以示褒扬。本日,孙中山指令徐绍桢,准予题颁"共和人瑞"四字匾额,余如所议办理。(《大本营公报》第17号,"指令"第591号)

△　修订陆军军官学校开学典礼训词。

陆军军官学校筹备就绪,校长蒋介石呈报择定于孙中山广州蒙难之第三周年纪念日,即6月16日,举行开学典礼,恭请孙中山届时莅临主持并颁校训。孙氏即于呈文上批示:陆军军官学校校训为"亲爱精诚"四字。另批:大本营总参议拟定黄埔军校开学典礼之"总理训词"呈核。总参议胡汉民奉示后,即于本日,将所拟"三民主义,五权宪法……咨尔多士,为民前锋……一心一德,贯彻始终"四言体训词呈核。孙中山当修正为:"三民主义,吾党所宗,以建民国,以进大同。咨尔多士,为民前锋,夙夜匪懈,主义是从。矢勤矢勇,必信必忠,一心一德,贯彻始终。"并于另一训词底稿上批:"交大本营秘书长用红纸楷书缮正交我备用。"秘书长谭延闿乃于陆军军官学校开学前一日下午,面呈孙氏。孙氏当即赞赏其楷书颇有工力,所书颜体尤为美观。

"嗣于民国十七年,始由戴传贤提议以此四言体之训词为中国国民党党歌歌词,经会议一致通过并公开征求曲谱,嗣由程懋筠之作品入选。民国十九年，政府曾公开征求国歌歌词，惟于一千多件应征作品中，竟无一能达入选标准。民国二十五年，国民政府公布以《中国国民党党歌》暂代国歌。民国三十二年复公布为正式国歌。盖三民主义既为中华民国立国基础，全国国民自应实行；而歌词文句精简，意义深远，且曲调庄严和平，以之为国歌，甚为适宜。"（罗刚编著：《中华民国国父实录》第 6 册，第 4671—4672 页）

△　闽溃兵臧致平、杨化昭两部，由浙督卢永祥收容。（《时事日志·中国之部》，《东方杂志》第 21 卷 13 号，第 155 页）

6 月 15 日　致函张人杰（即张静江——引者注），向其介绍西医李其芳以诊治腿疾。

函曰："内子回粤，称兄病近来反剧，行动更不自由，殊用为念。兹有医生李其芳，新由德国回来，医学甚深。据称近日德国发明新法，用药注射，可愈此病。彼曾亲见一病十二年不能行动者，不过一月便已医愈。今请李君前来诊视兄病，设法医治。如能于一两月内全愈，则请兄与李君一齐来粤为荷。至于医金药费，由此间担任，兄不必再给也。弟与李医生详谈半日，深信其法为合理而妥善，想必能奏奇效，望兄亦深信而一试之，幸甚。此致，即候时祉，并祝速愈速愈。"①（《中山墨宝》编委会编：《中山墨宝》第 8 卷，第 9—10 页）

后李其芳抵粤，先于 7 月 12 日被孙中山任命为大本营医官。（《中山墨宝》编委会编：《中山墨宝》第 9 卷，第 233 页）至 7 月 30 日，蒋介石、廖仲恺呈文孙中山，请任命李其芳为军校军医部主任②。（《大本

---

①　原函未署日期。《中山墨宝》、《国父全集》第 3 册等书均判定该函形成时间为 6 月 15 日。《孙中山文史图片考释》一书根据报纸所载宋庆龄赴沪、返省的记载，对该函形成日期进行了考证，认为日期应在 1924 年 4 月 11 日至 18 日之间，而非 6 月 15 日。参阅余齐昭：《孙中山文史图片考释》，246—247 页；中国国民党中央委员会党史委员会编订：《国父全集》第 3 册，第 946 页。

②　该呈时间一作 7 月 29 日。参阅中国第二历史档案馆编：《蒋介石年谱（1887—1926）》，第 197 页。

营公报》第22号,"指令"第847号)孙中山乃于8月1日正式任命李其
芳为黄埔军校军医部主任,并准该校原医部主任宋荣昌免职。(《大
本营公报》第22号,"命令")2日,孙中山又令医官李其芳往驻黄埔军
官学校,训练救护队。(《中山墨宝》编委会编:《中山墨宝》第9卷,第235
页)

△ 惠夜基分部部长刘林等致函孙中山,分部自设立以来,被陈
信棠阴谋破坏,生端扰乱,无所不用其极,请孙中山及本党海外埠稽
奸局等核查纠办,以期挽救其分部。(《刘林致孙总理函》,中国国民党汉
口档案第7584.5号)

△ 中国国民党中央委员会及广州特别市党部联合公宴军校
师生。

中国国民党中央执行委员会及广州特别市党部特于陆军军官学
校开学之前夕,联合公宴军校全体师生,本日下午7时许,在该校风
雨操场举行。主持公宴者,中央执行委员会为胡汉民、汪精卫、廖仲
恺、张继、谭延闿、林森、柏文蔚、邹鲁、戴季陶、彭素民、谭平山、徐苏
中;市党部为孙科、吴铁城、马超俊、陈其瑗、邓演达、黄季陆。军校官
生六百余人由校长蒋介石率领入席。宴叙之目的,一为庆祝明日开
学,一为表示相依为命之精神。席间委员汪精卫代表中央致词。
("中华民国"史事纪要编辑委员会编:《中华民国史事纪要(初稿)——一九二四
年一至六月》,第1140—1142页)

△ 15日香港电云,广州日内似将有事,鲁涤平13日托疾赴
港,孙中山又限令各军依限离省。而滇军将领忽开紧急会议,决下令
将已离省之军队调回,许崇智将所部集中白云山。范石生致书各界,
言不敢担任卫戍。孙中山已于13日下令,以廖仲恺任省长,商团亦
纷纷购械,谋自卫。万一滇粤两军有事,湘军或将暂守中立。故谭延
闿忽于此时将出发东江,已饬广九路备军。(《广州滇粤军决裂欤?》,长
沙《大公报》1924年6月21日)

6月16日 国民党中央执行委员会会议决定增设联络、实业两

部,由胡汉民任联络部部长。

联络部之任务,盖为执行民族国际之事。据胡汉民云,民族国际原为孙中山之主张,惟系由其提出。他曾向孙中山说:"我们中国民族实在太大,所以中国民族的革命一定要得到国际的联络和帮忙,我们中国民族自己对于革命当然负责甚重,而对于一般的弱小民族也应该扶植起来。为扩大革命势力确定革命基础起见,应有民族国际的组织。同时我们对于共产党的态度,固然以我们自己能造成自己的力量和他们离开为首要,但此时我们不可不知他们的内容。"

孙中山答:"你所举的第一点是对的,我们应该向着这个目标去做,譬如菲列宾的革命,我们是联络他并且帮助他的,对于其他的民族也是这样。至于第二点所说的,我们要商量一下才行。"胡汉民即申述第二点理由:"商量也是很好的,不过我总觉得这件事总不可少……此时我们实在不可不自己主动,自己把民族国际组织起来。"

孙中山同意胡汉民建议,乃约鲍罗廷谈话,告以组织国际联络机构之必要,鲍表赞同并谓要胡汉民担此责任,而孙亦望胡负此责任。胡因提出具体办法,并对鲍云:"第一步我们就要组织国际局,首先就是要和你们联络。你们把材料随时供给我们,我们可以随时来找材料。同时呢,更希望你们共同来参加。"鲍亦表同意并允派人参加。惟胡汉民待之多日,终无答复,此事遂无结果。(蒋永敬:《民国胡展堂先生汉民年谱》,第305—307页)

△　大本营开紧急会议,孙中山亲自出席。谭延闿云,北军来桂,名为调和沈陆,实系谋粤,讨论甚久,结果派谍查专员四人,驻江西探沈陆消息。(《电讯》,《时事新报》1924年6月17日)

△　参加黄埔军校开学典礼并发表讲话。

上午6时,偕夫人宋庆龄等,乘"江固"舰由大本营出发赴黄埔,7时40分抵达黄埔军校,受到军校校长蒋介石、党代表廖仲恺率领该校校员生在校前码头列队奉迎。孙中山等在校长室小憩时,浏览学校教职员及教学计划各图表,先后接见由教授部主任王柏龄和教练部主任李济深分别带来觐见之各教官、各学生队长等。8时50分,孙中山巡视该校讲堂及寝室等半小时。9时20分,孙在党政军官员胡汉民、汪精卫、林森、张继、伍朝枢、许崇智、谭延闿、杨希闵、刘震寰、孙科、吴铁城等陪同下至礼堂会场演说约一小时。勉励学生做革命党,做革命军的骨干,创造革命事业,挽救中国危亡。

11时半,全体师生集合至操场行开学式。下午1时典礼毕,于食堂午膳后小憩至3时,至操场举行阅兵式及分列式。下午5时,孙中山离校。(《帅座赴军校开幕盛况》《帅座对军校开学演词》,《广州民国日报》1924年6月17、20—24日)并顺道至长洲要塞检阅军队。(《大元帅检阅长洲要塞》,《广州民国日报》1924年6月17日)为纪念广州烈士蒙难两周年,返帅府后,又召集前年6月15日护驾拒敌最力之人马湘、黄惠龙、宋煊等数十人举行茶会,传谕嘉奖,谓:"设非诸君忠勇出死力拥护拒敌,今日之日,正不知是何景象,不可不留纪念。"当即合摄一影。事毕,孙谕饬盐运使邓泽如,在运署设宴招待当日护驾各勇士,以酬殊勋。(《纪大元帅蒙难纪念日》,上海《民国日报》1924年6月22日)

△　遣大本营建设部长林森参加夏重民殉难二周年纪念会,并致祭。

祭文为:乌乎!元霜霄物,松筠后凋。旃檀经热,芬烈弥昭。宙合茫茫,材贤烟阒。繄惟英名,千祀不没。觥觥吾粤,革命先河。黄岗先烈,花邑尤多。君生是邦,气同沆瀣。始露风棱,不辞犴狴。十年奔走,党谊宣扬。刲心暗口,正论斯昌。壬岁屯蒙,变生肘腋。獥□纵横,磨牙吮血。君播其罪,笔伐口诛。卒撄毒焰,茹愤捐躯。天心助顺,重光日月。存尚有为,亡不可作。乌乎烈士,蕴蓄未施。崧山岳泽,倘或助予。岁星再周,追悼兹日。英灵有知,来歆来格。尚飨。(《大元帅祭夏烈士文》,《广州民国日报》1924年6月16日)

△　面谕中央银行行长宋子文,嗣后无论何项军队,或何种机关,一概不准迁入驻扎,妨害银行业务。倘敢故违,呈准请令行广州

卫戍总司令部及广州市公安局驱逐。(《中央银行筹备开办》,《广州民国日报》1924 年 6 月 16 日)

△ 训令广东省长廖仲恺,查香山县属护沙事宜,前经该县绅民等呈请自筹自卫,此事有关人民自治起点,自应准其试办,以观后效。至东海十六沙地隶香山,亦应准其统筹办理。惟现在用兵之际,军需孔亟,当饬该属业佃依照前案,于民国 13 年缴纳特别军费,每亩四毫,分上下两造征收。其他有沙田之县分亦照案征缴,以济军需。粤军总司令、广东省长分饬广东沙田清理处及该管各县长遵照办理。至香山属沙田,既听人民自筹自卫,其每年应缴之沙捐,即责令该属护沙自卫局,帮同清佃局切实督催,勿令短欠。所有护沙事宜,并责该属县长监督整理,务使农民得所,军需有赖,是为至要。(《照案征收沙田特别军费》,《广州民国日报》1924 年 6 月 16 日)

△ 本月 12 日,军政部部长程潜呈文孙中山,粤军总司令许崇智部参议兼四军驻江行营主任李天霖,于东江战役积劳致疾,于本年 5 月 23 日病故。本月 12 日,军政部长程潜就此呈请准予追赠李天霖为陆军少将,照积劳病故例给予恤金。(《大本营公报》第 17 号,"指令"第 597 号)14 日,孙中山明令追赠李天霖为陆军少将,并照积劳病故例给恤。(《大本营公报》第 17 号,"命令")本日,孙中山指令程潜,已有明令追赠给恤。(《大本营公报》第 17 号,"指令"第 597 号)

△ 报载豫军大败,几至全军覆灭,粤军闻将趁势反攻。联军于此,并无进战的勇气,而"孙陈和"的高调,反为大吹大唱,湘滇尤其赞成。闻孙中山尚未大愈,在病榻中,闻报非常震怒。(《豫军败后之林海山》,《香港华字日报》1924 年 6 月 16 日)

△ 方镇致电孙中山:"铣(16 日)申葆藩率大队,由阳江进占恩平之那隆那吉,即率队向之围攻,现敌退出约百里之遥,据探报敌有反攻势。"(《国内专电》,《申报》1924 年 6 月 22 日)

6 月 17 日　任命姚雨平为大本营参议。任命刘成禺为大本营参议,免宣传委员职。(《大本营公报》第 17 号,"命令")

△　任命林震雄、周骏彦、宋荣昌分别担任陆军军官学校管理部、军需部、军医部主任;梁广谦为学校上校教官,钱大钧、胡树森、陈继承、顾祝同、文素松、沈应时、严重为中校教官,王俊、刘峙为少校教官;邓演达为总队长;俞飞鹏、张松年分别担任学校军需部副主任、政治部副主任;张家瑞为学校中文秘书。任命吕梦熊、茅延桢、金佛庄、李伟章分别为陆军军官学校第一、第二、第三、第四队队长。(《大本营公报》第 17 号,"命令")其中,对吕梦熊、茅延桢、金佛庄、李伟章四人之任命,系陆军军官学校校长蒋介石于本月 15 日呈中所请。(中国第二历史档案馆编:《蒋介石年谱(1887—1926)》,第 182 页)

△　任命古应芬为经界局督办,兼办广东沙田清理事宜。(《大本营公报》第 17 号,"命令")并训令广东省长杨庶堪,查现已设立经界局,掌管厘定全国经界事宜,所有广东沙田清理处,应即归并该局,以一事权而便整理①。(《帅令沙田归并经界局》,《广州民国日报》1924 年 6 月 21 日)

△　本月 9 日,两广盐运使邓泽如呈文孙中山,两广盐务缉私主任张民达设法垫发各舰赎取机件及修理、购煤等费,可否由运使于盐税项下拨还归垫,呈请鉴核。本日,孙中山指令两广盐运使邓泽如,准如所请,即于盐税项下拨还垫款。(《大本营公报》第 17 号,"指令"第 601 号)

△　马济会同湘军叶琪旅入桂援陆荣廷,孙中山已令黄绍竑攻南宁以援在桂之沈鸿英。(《时事日志·中国之部》,《东方杂志》第 21 卷 14 号,第 155 页)

△　滇军军心不稳,杨希闵乃向孙中山要款以安军心。

报载自蒋光亮所辖第七师师长李根沄辞职后,该军部分军队改投粤军,其他各军亦倡言放弃防地回省。留省滇军各将领得报,大为恐慌,特于广九站杨希闵住宅谢庐召开紧急会议,众谓事势万急,断

————————

①　据《大本营公报》所载之大元帅"训令"第 288 号,此令日期为 6 月 17 日。

非空言所能慰藉，应即向大本营讨款，由杨氏携往散发，始能消弭风潮。闻散会后，杨氏亲往见孙，陈述上项情况，要求立拨款项以安军心，孙见情形如此，立向各方搜括，闻共得四万余元，已全数交付杨氏，杨乃于 12 日下午赶往石龙散发。（《桂滇两军内部之暗潮》，《香港华字日报》1924 年 6 月 17 日）

6 月 18 日　中央监察委员会委员邓泽如、张继、谢持提出弹劾共产党案。

自邓泽如于去年 11 月间，联合广东支部诸同志上书孙中山弹劾共产党，经孙中山批示后，行将半载。本年 6 月 1 日又有广州市党部执行委员孙科、黄季陆向中央提案请"制裁"共产党。中央监察委员谢持居沪，得其婿曹四勿在欧接受曾琦慎托携返之中共文件，继又获《专刊第七号》，遂与张继初步审查，在本月 15 日一起抵广州，即向孙中山报告此事。时中央监察委员共五人，除李煜瀛（石曾）外，均在广州。本日，邓泽如、张继、谢持联名提出弹劾书，其上孙中山云："职会本日向中央执行委员会提出弹劾书一件，兹谨依照原文缮具一份，备函缴呈钧座，请为察阅，督促中央执行委员会从速严重处分，以维根本，本党幸甚。"

邓泽如等提出的弹劾书以《中国社会主义青年团第二次大会议案及宣言》（1923 年 8 月 25 日刊）、《团刊第七号，即扩大执行委员会特号》（1924 年 4 月 11 日刊行）等印刷品为证据，指责中共"不忠实于本党"，"于本党之生存发展，有重大妨害"。在此基础上，张继等人要求中央执行委员会"从速严重处分"，随后更列举中共"阴谋事实"进行诬蔑。

张继等于举发"事实"后，复提出五项结论，节略如下：一，为中国国民党之生存发展起见，绝对不宜党中有党。而共产党员、社会主义青年团团员之加入中国国民党为党员者，纯系共产党在中国国民党中之一种党团作用；既有党团作用，则已失其为中国国民党党员之实质与精神，完全是"不忠实"。二，中国国民党总理允共产党党员、社会主义青年团跨党,系为联络世界革命起见,然界限极明。观李大钊在中国国民党第一次全国代表大会所发表之意见书,足见当时彼等之陈说者,亦确如此。在彼等之计,以为共产党之议决,社会主义青年团之议决,皆属秘密;既被查得,"谋诈"毕露,与准其跨党之旨完全相反……三,共产党员及社会主义青年团员,既全体加入中国国民党,彼等时欲以其对时局之主张,强中国国民党办理(如中俄交涉主张北京签字恢复邦交一事)。彼等只知有第三国际共产党,未尝计及中国国民党。四,彼等既为中国国民党党员,竟对党之主义政策,"妄加"指击或批评,甚至有"国民革命为资产阶级不彻底之革命"之"诬蔑",此种不利之宣传,实动摇中国国民党之根本。五,即退一步言,不课彼等以加入中国国民党为党员所应具之义务与责任,而但言合作,此种行动,已摧破合作之界限,而妨害合作之精神,非速求根本解决不可。据邹鲁追述曰:"总理宽大为怀,仍望其觉悟,未加深究。"("中华民国"史事纪要编辑委员会编:《中华民国史事纪要(初稿)——一九二四年一至六月》,第1191—1200页)

实际上,邓泽如、谢持等大肆攻击共产党,与不满元老派把持政权大有关联。据本日《香港华字日报》载:"相持数月之省长问题,现已告一段落,廖仲恺今日就职。然而太子派情不甘也。谢持原属不满于共产党者,此次来粤,初不过欲观察广东之形势,不意一至广州,见中央执行委员会权力极巨,中山仍极偏向,大本营亦为胡汉民一派所把持,省长一席,又为廖仲恺所得,广东势力俱在共产党手里,孙科更向谢持谓'共产党破坏国民党'。谢持于是大怒,亲自起草对于共产党之警告一文,本拟于15日提出于中央监察委员会,乃届期开会,只得张继、谢持二人,此会自然开不成。冯自由、刘成禺迭在南堤开会,决联合华侨党员,作'大规模反对共产派之运动',务令共产党人'不得在广东境内活动',张继闻此,颇不以为然,谓'现在汪精卫、胡汉民、廖仲恺、戴季陶、邹鲁俱……占政府重要任置,试问有何法可以驱去?即以谭平山论,此次改组国民党,几乎系他一手经理,在党中已有后来居上之势……中山此时已全为彼辈包围,结果只有你们失败,长此相持,尤非吾党之福,故主张调和'。"(《廖仲恺就职中之国民党》,《香港华字日报》1924年6月18日)

△　刘玉山呈报收容部队情形,并请孙电各友军,以免误会。

中央直辖第七军军长刘玉山呈文孙中山,"敝军前奉帅令,集中都城候命南征之部队,为黄、李、郑等暗袭大坡山,被迫解散,曾经通电存案。惟当时自行逃窜小部队,为数尚众,迭经派员密赴收容。兹据派出员报称:奉令收容部队,现计人枪约得六百余,各官兵异常感激,金誓尽力图报。即于上月中旬,分部偷渡北岸,间道东下,业于删日抵达花县属之三江墟,请电各友军查照,以免误会,而资效命等情。据此,除已令韩旅长宝球,督率该部,暂在原地休息候命开拔,并派员前往安慰外,谨电奉达"。(《刘玉山收容散兵通电》,《广州民国日报》1924年6月20日)

△　收到停付支票一张,计毫银六千一百八十元。此据孙中山着市政厅长发还。(许师慎:《国父全集未刊载之重要史料》,黄季陆:《研究中山先生的史料与史学》,第173页)

△　豫军欲再进龙岗焚杀报复。

报载豫军败回平湖,鉴于前次之损失,迄不敢遽进。闻樊钟秀因前次受创,立意再与粤军决一雌雄,并闻樊氏迁怒乡民协助粤军,决定再进龙岗,大施焚杀,曾派员以此请示于孙中山,孙氏对樊氏此项请求,尚无明确之答复,仅云看其相机办理,但言外已不啻默许。查右翼联军,孙中山全恃豫军为主力,现受此大挫,似已失却发展之机会,倘粤军不大举而突出铁路,亦不外长此彼此相持而已。(《日趋棘手之联军形势》,《香港华字日报》1924年6月18日)

6月19日　令撤销乐昌、坪石一带水路征收厂、卡。

坪石盐业公所等呈文孙中山,请孙令饬中央直辖第一军军长朱培德所部驻防坪石、乐昌军队,将先后重抽各款,并遵帅令,立予撤销,以维法令,而苏民困。再坪石商会会长邓锡光,"因请求豁免苛抽,被王师长驻防坪石所部扣留后，愤而辞职，不得已，各行联合举代表，恳求前来"。（《坪石商民之呼吁声》，《广州民国日报》1924 年 6 月 24 日）孙中山知悉此事，即令中央直辖第一军军长朱培德将乐昌、坪石、田头、虎口湾、九峰等处新设之水陆征收厂、卡撤销。（《乐昌加抽厂卡分别撤留》，《广州民国日报》1924 年 6 月 19 日）嗣后，7 月 1 日，财政委员会主席委员叶恭绰、廖仲恺复呈文孙中山，请令朱培德将所重抽乐昌、坪石之百货捐撤销，以维统一而恤商艰。孙中山乃于 7 月 12 日指令财政委员会，所请令饬朱培德撤销乐昌、坪石重抽百货捐等事，据两广盐运使暨广东商会联合会据乐昌、坪石各行商皓电转呈前来，当经令饬驻防该处部队，立将重抽之百货捐及盐捐取消，以纾商团而维正税。至警署抽收猪牛捐，事属地方行政范围，已饬商联会呈请广东省长查明核办。（《大本营公报》第 20 号，"指令"第 728 号）孙指令中"皓电转呈前来""当经令饬"等语，所指应为《广州民国日报》所载《坪石商民之呼吁声》《乐昌加抽厂卡分别撤留》之内容。据 7 月 4 日《广州民国日报》载，孙中山后复令朱培德停收各种苛捐，并要求朱将实行停抽日期具报查考。（《帅令朱培德停抽各捐》，《广州民国日报》1924 年 7 月 4 日）

又 6 月 18 日《广州民国日报》载有孙中山对杨希闵之命令，该令似亦与此相关，至于时间究竟在此前或此后，则难以判断。该令云：令滇军总司令杨希闵，查北江毗连数省，水陆交通，商旅纳捐，自有旧例。若苛细征敛，病商累民，商旅不前，贻误滋大。所有北江方面及乐昌、坪石等处新设之水陆各卡，着即一律取消，以恤民艰而利商旅。即遵照办理，具报为要。（《北江水陆各卡已一律取销》，《广州民国日报》1924 年 6 月 18 日）

△　谕令大本营秘书处即通告各参议，着每星期在大本营会议一次，由胡汉民总参议主席，商议政略及各参议与各方接洽之重要事宜。（《大本营参议之会议期》，《广州民国日报》1924 年 6 月 19 日）

△　准停发各军定造枪支，将每日所制枪支拨归民团备价请领，以还购机款。

下午 1 时,广东兵工厂厂长马超俊面谒孙中山,报告讨论还款购机、组织广东兵工厂还款委员会等一切经过情形①。(《马超俊因购机谒帅座》,《广州民国日报》1924 年 6 月 20 日)21 日,马超俊呈文孙中山,兵工厂与罗拔洋行提取机器一案需款甚巨,故拟将每日所制枪支拨归民团备价请领,所得款项专拨作提取机器及赠建工厂之用。各军定造枪支一律暂行停发。恳请孙中山转饬各军一体遵照。25 日,孙中山指令马超俊,呈悉,照准,候令行各军长官一体遵照。(《大本营公报》第 18 号,"指令"第 630 号)并据此训令各军总司令、各军长、司令,各军定造枪支一律暂行停发。各军总司令、各军长、司令便转饬所部遵照。(《大本营公报》第 18 号,"训令"第 305 号)

△ 令将封用之轮渡发还。

训令各军总司令、军长、司令,"查军兴以来,各军借商人轮渡运输兵械,逼迫之际情非得已,至运输完竣应即将轮渡交还原商。嗣闻有少数轮渡为军队霸占久不发还者,该总司令、军长、司令即转饬所属各军知照。如有封借商人轮渡尚未发还者,应即克期发还;如敢抗违,准该原商来府呈控,本大元帅定饬海防司令将原有轮渡查起发还,以恤商艰"。(《大本营公报》第 17 号,"训令"第 292 号)

△ 本月 16 日,湘军总司令谭延闿以出发前方故,将该部一切事宜委参谋长岳森代拆代行,并于同日呈请孙中山备案。本日,孙中山指令湘军总司令谭延闿,所有该部事宜由参谋长岳森代拆代行一事,准予备案。(《大本营公报》第 17 号,"指令"第 607 号)

△ 孙陈调和说甚嚣尘上,东江左翼战事已停。

报载汪精卫回粤运动孙陈调和一事,已有成效。闻胡汉民亦已有转机,或可赞成,且知徒令陈军北伐,难以成功,非对等会议并有条件的和议不可。东江陈军中之一部分文治派亦有赞成者,一俟汪氏到港,即开会磋商条件。但孙陈两派中反对调和者势亦不弱,即口中

---

① 日期据报纸日期与文中"昨日 1 时"之言酌定。

赞成而非彻底觉悟者实居多数,故即表面上调和成功,两派断难根本合作,时时可以复行分裂,许崇智持此理由,力向孙中山反对调和,孙中山方面亦不以对待和议说为然。又另一专访员来函云,孙陈和议之说,甚嚣尘上,查联军方面,各司令一以饷款困难,二以孙中山近日多病,万一半途发生变故,则前途非常危险,三以各军团俸不坚,意见参差,终无作战决心,故经派员与林虎磋商,近日东江左翼方面已停战,亦与此事有关。(《运动孙陈调和之面面观》,《香港华字日报》1924 年 6月 19 日)

　　△　潮梅筹饷局长马育航,通令所辖各县,筹十八次特捐二十万,富室尽逃,人民怨声载道,旅省潮梅人民,请孙中山速令联军进剿,出人民于水火。(《羊城要事短报》,上海《民国日报》1924 年 6 月 19 日)

　　△　前为团结西南内部起见,特派大本营秘书宋君辑先入滇,与唐继尧磋商国是,现宋秘书已回粤,唐特派财政厅长王九龄,随宋来粤报聘,携有唐亲笔函,愿竭诚拥护孙中山合作。(《羊城要事短报》,上海《民国日报》1924 年 6 月 19 日)

　　△　许崇智奉孙中山令,嘱咐粤军加入东江作战,现已派定张民达全师、莫雄一旅加入左翼,助湘军作战,张师、莫旅部队,已由江门,输运来省,即日乘车转赴前线,兵工厂马超俊奉许命已解弹二十万发,交张莫收解前方。(《羊城要事短报》,上海《民国日报》1924 年 6 月 19 日)

　　△　因各军纷纷回省,不肯赴战,怒极,谓"大家如此灰心,索性任陈炯明返省,看彼时尚有争地盘者否"。(《电讯》,《时事新报》1924 年6 月 20 日)

　　△　张继以弹劾共产党案未得满意处理,乃质问鲍罗廷。

报载 19 日惠州会馆国民党中央执行委员会,监察人谢持、张继、邓泽如等,召集共产党弹劾大会,到会者谢、张、邓三人外,尚有廖仲恺、汪精卫、戴季陶、彭素民四人。事缘谭平山因被反共产派检去社会主义青年团出版之"团刊"一册,诬蔑为国民党反对共产之"有力凭证"……当开会时,谢持拍案大骂,要将共产党员弹劾,戴季陶先避席退出。张继骂戴氏为保皇党余孽。谢持将桌上茶杯向某共产党员头部掷去，一掷再掷，惟共产党员并未还手。是日胡汉民未出席，廖仲恺则不发一言。后由汪精卫起立，摇手作劝息状，谓"有办法"等语，以期息谢等之怒。邓泽如亦请谢、张二人从长计议，张继谓大势已去，无法挽救。共产党人连夕在东山廖仲恺住宅开会，商议对策。戴季陶恐于己不利，已先行赴港，廖仲恺、汪精卫跟踪挽留戴氏，请其勿遽灰心。闻俄国对粤宣传，数月来共汇到宣传费十余万元，孙科谓若将共产党势力排去，仍召集旧国民党员，彼能担任党费十万元，盖以旧党员不满共产党员之缘故。现邓泽如欲不惜重资购买"团刊"，惟此印刷物并非卖品，故市面绝无沽出。是晚开会冲突，达两句钟之久。（《中央执行委员会反共产的大武剧》，《香港华字日报》1924 年 6 月 23 日）

又 26 日《香港华字日报》载，19 日张继、谢持、邓泽如等三人，以中央执行委员监察名义，联赴大本营，谒见孙中山，弹劾共产党，原文计万字。孙中山谓："你们苦苦要我严办共产党员，我对于俄国人体面甚难过，今鲍罗廷抵粤矣，你们可直接向他质问，至于应邀请何人帮忙担任传译，亦可由你等自择其适当之人。"张、谢、邓三人公定邀孙科为传译，定期 20 日下午 7 时，在南堤俱乐部开弹劾大会，促鲍罗廷出席质问，迨因孙科突报大热症兼下痢，卧病家中不果来。张继对人言，"此次提出弹劾案者，若孙中山仍然左袒共产党，决于两星期内离去广州，从此不问党务"。（《走马灯式的广州大政潮》，《香港华字日报》1924 年 6 月 26 日）

又 30 日《香港华字日报》载，国民党内讧，谢持等以反共产党不得结果，乃向中央执行委员会提出辞职。又此次谢持、张继等人，关于反共产事，向鲍罗廷质问。据鲍氏答复，亦无非专为共产党辩护，提出理由三点：（一）共产党加入国民党，是赞助国民党党务进行，共产党员实为国民党之好助手。（二）劳农莫斯科政府党务，近有左倾派、右倾派，两派竞争，非常剧烈，此党派竞争，各国皆然。若国民党革命成功后，当然分为左派右派，左派为共产党员，右派为国民党旧党员,任由党员良心上主张,自由加入,只可名之左派或右派。(三)谭平山自行印刷之"团刊"是中国文字,鲍氏不识,或非用以寄送于劳农政府。(《谢持引咎辞职》,《香港华字日报》1924 年 6 月 30 日)

6 月 20 日 命谭延闿赴前敌督师,以胡汉民兼任大本营秘书长①。(毛思诚编纂:《民国十五年以前之蒋介石先生》,转引自广东省立中山图书馆、广州市社会科学院、中山大学图书馆编:《黄埔军校史料汇编》第 3 辑第 55 册,第 51 页)

△ 将前兵站总监所呈送之各种流水簿二十本发交大本营审计处查算。

孙中山前曾令东路讨贼军总司令许崇智查办兵站总监供给军需受人指责一案,惟查办历久而无回复,后孙中山转令大本营审计处处长林翔查办,并令前兵站总监罗翼群即将前经许崇灏派员加盖图记之各项流水簿据,克日检齐呈缴来府。林翔亦于 5 月 23 日呈文孙中山,谓各报销表册及单据尚未准许总司令移送到处,俟送到时,当遵照办理。(《大本营公报》第 15 号,"指令"第 523 号)后经前兵站总监罗翼群(徐伟代)遵令将许崇灏派员加盖图记之各种流水簿二十本呈缴,孙中山当即将该流水簿转发审计处查算。本日,孙中山指令罗翼群,候将所缴流水账簿发交审计处彻底查算,则前此兵站有无舞弊情事,自不难剖白。(《大本营公报》第 17 号,"指令"第 609 号)并训令大本营审计处处长林翔,候将前兵站总监罗翼群所送之许崇灏派员加盖图记之各项流水账簿二十本发交该处,即遵照先令彻底查算呈复,勿稍徇隐。(《大本营公报》第 17 号,"训令"第 294 号)

△ 训令经理大本营军需事宜胡谦、郑洪年,现当作战时期,军需所关至重。该员等或久历戎行,或才擅度支,即随时秉承军政部长、财政部长之命,妥为经理,以利戎机。(《大本营公报》第 17 号,"训令"

---

① 《蒋介石年谱(1887—1926)》一书载:孙中山命谭延闿赴前敌督师,以胡汉民兼任大本营参谋长。按谭延闿当时兼代大本营秘书长,故该书此处应为谬误。参阅中国第二历史档案馆编:《蒋介石年谱(1887—1926)》,第 183 页。

第 296 号）

△　本月 16 日，大本营军政部长程潜呈文孙中山，查中央直辖滇军第三军军长蒋光亮所部第五师第一独立旅第一团第一营已故营长林鼎甲，积劳病故。拟请准予援照中校积劳病故例给予中校恤金。本日，孙中山指令大本营军政部长程潜，准如所拟给恤。（《大本营公报》第 17 号，"指令"第 614 号）

△　上午 10 时出席廖仲恺省长召集的财政厅会议，各军政要员与会，商讨移军郊外与市内治安善后办法等，历两小时将各事议决。（《帅座亲临财厅会议》，《广州民国日报》1924 年 6 月 21 日）

△　湘军第六军长蔡钜猷派代表刘锦文晋谒孙中山，并请接济饷项，孙中山以蔡氏"苦战经年，不忘国事"，深为嘉许。除饬蔡部协助沈鸿英速定桂局外，着财政委员会从速筹拨给蔡部军饷十万元。本日，该会将此事提出讨论。（《帅令准发蔡军军饷》，《广州民国日报》1924 年 6 月 23 日）

△　中国国民党中央执行委员戴季陶向孙中山恳辞中执会秘书及宣传部长职。

戴季陶以受共产党"排挤"为由，本日请辞。孙中山批示："着中央执行委员会酌量办理。"戴旋于 28 日离粤赴沪，至 6 月 30 日中执会第三十九次会议讨论通过，调戴为上海执行部常务委员及宣传部长。（"中华民国"史事纪要编辑委员会编：《中华民国史事纪要（初稿）——一九二四年一至六月》，第 1207－1208 页）嗣后，国民党中央委员会复屡次电促戴季陶返粤[1]。

△　前湖北自治总监蒋作宾抵广州，谒孙中山。（《电讯》，上海《民国日报》1924 年 6 月 22 日）又报载，李烈钧前曾向孙中山请辞，惟孙不准。（《快信摘要》，长沙《大公报》1924 年 6 月 20 日）嗣后则有报道称：孙中山因李烈钧辞大本营参谋长，以蒋作宾继任。（《快信摘要》，长沙《大公

_____

[1] 参见 7 月 10 日条。

报》1924年6月28日)

　　△ 孙陈议和条件,闻已决定四款,惟孙要求陈通电悔过,故尚须讨论。(《电讯》,《时事新报》1924年6月21日)

　　△ 本月12日,《申报》载,"孙对此次中俄协定,以苏俄太瞧不起南方,表示不满"。(《国内专电》,《申报》1924年6月12日)26日,长沙《大公报》又云,张继曾邀于右任谒孙,指责苏俄。谓中俄协定第六条,显损害南方政府国际地位,请与俄绝交,孙言俟鲍罗廷来粤后再说。(《快信摘要》,长沙《大公报》1924年6月26日)

　　△ 中执会致函孙中山,由委员柏文蔚报告称,夏次岩"死难于今九年,坏土未安,遗孤未抚,其女漱□以沉冤莫雪,即区区葬坟一事,亦人财两乏,不能自举,请由本会呈报孙中山,明令表彰,从优议恤等情前来。查夏次岩为国捐躯,停枢未葬,固所以慰遗裔而安先灵,恳准照上将阵亡例从优给恤"。(《中执会上总理函》,中国国民党汉口档案第16152号)

　　6月21日 将中央直辖第三军、湘军病院所驻扎番禺学宫之堂屋,及其他军队移驻郊外所腾出之堂屋,拨为国立广东大学宿舍。

　　17日,国立广东大学筹备主任邹鲁呈文孙中山,"职校于暑假招考预科学生,所有新招学生无宿舍可住。谨拟将第三军卢军长所部及湘军病院驻扎番禺学宫之堂屋腾出,及将其他所部军队移驻郊外所腾出之堂屋,一并拨定为国立广东大学宿舍,理合备文呈请察核"。本日,孙中山指令邹鲁,准如所请。候令行广东省长转饬广州市政厅、番禺县遵照备案,并令行谭延闿、卢师谛即将各该部所驻堂屋让移,以备各生寄宿。(《大本营公报》第18号,"指令"第616号)同日,并训令广东省长廖仲恺、湘军总司令谭延闿、中央直辖第三军军长卢师谛,准国立广东大学邹鲁呈请将第三军所部及湘军病院驻扎之番禺学宫堂屋腾出,将其他军队移驻郊外所腾出之堂屋一并拨定为国立广东大学宿舍。令广东省长转饬广州市政厅、番禺县分别遵照备案,并令行谭延闿、卢师谛,即将各该部所驻堂屋让移,以备各生寄宿。

（《大本营公报》第 18 号，"训令"第 298 号）

　　△　令大本营会计司发给大本营参军处录事熊阳钰积薪，俾得奔父丧营葬。

　　本月 18 日，参军长张开儒呈文孙中山，该处录事熊阳钰系出寒儒，离乡千里，猝遭父丧而囊空如洗。综计该录事自 12 年尾至 13 年 5 月份止，共存薪金一百八十四元，拟恳给逾格恩施，令行会计司将该录事积薪特予清发，俾得奔丧营葬。（《大本营公报》第 18 号，"指令"第 619 号）本日，孙中山令大本营会计司长黄昌谷，据大本营参军长张开儒呈称，该处录事熊阳钰陈词恳请给假奔丧，以全职事，且该录事自 12 年尾至 13 年 5 月份止，共存积薪一百八十四元，仰该司长即便查照发给，俾得奔丧营葬。（《大本营公报》第 18 号，"训令"第 300 号）并指令大本营参军长张开儒，已令行会计司查照发给。（《大本营公报》第 18 号，"指令"第 619 号）

　　△　本月 17 日，军政部长程潜呈文孙中山，奉令将中央直辖讨贼军第一师师长李济深呈拟之《梧州善后处暂行条例》各条详加考核，略予修改，呈复鉴核公布施行。本日，孙中山指令大本营军政部长程潜，所呈《梧州善后处暂行条例》既经该部审查修正，应准照行。（《大本营公报》第 18 号，"指令"第 620 号）

　　△　任免财政委员会各职员。

　　本日，财政委员会主席委员叶恭绰、廖仲恺呈文孙中山，拟请简任财政部参事兼财政委员会秘书长廖朗如为财政委员会总干事，其原充财政委员会秘书长一职并请明令准免。至副干事一职拟请简派财政部泉币局局长李承翼兼任，其秘书四员查有姜和椿、陆仲履、金轩民、林继昌堪以胜任，荐请任命为财政委员会秘书。23 日，叶恭绰再次呈文孙中山，谓金事陆仲履既已调任财政委员会秘书，其原任金事一职，应请明令准免。24 日，孙中山发布命令，派姜和椿、陆仲履、金轩民、林继昌等为财政委员会秘书。免廖朗如秘书长职，派廖朗如为财政委员会总干事，李承翼为财政委员会副干事。6 月 25 日，孙中山就此指令叶恭绰、廖仲恺，廖朗如等已分别任免；金事陆仲履职另有任用一事，已明令照准免其本职。（《大本营公报》第18号，"命令"、"指令"第631、632号）至陆仲履担任财政委员会秘书后，所空缺佥事一职，叶恭绰乃于28日呈请由财政部职员金汉生担任。亦得孙中山应允。（《大本营公报》第19号，"指令"第682号）

△　派员调查"飞鹰"军舰19日炮击新洲一案①。（《帅座查究炮击新洲案》，《广州民国日报》1924年6月21日）

△　派总参议胡汉民为代表在广东大学之师范、法学、农学三院合行毕业礼上致训词，曰："学海汪洋，毓仁作圣，大学毕业，此其发轫。植基既固，建业立名，登峰造极，有志竟成。为社会福，为邦家光，勖哉诸君，努力自强。"②（《广大毕业纪盛》，《广州民国日报》1924年6月23日）

△　令航空局长陈友仁，拨飞机二架，助左翼湘军作战。（《电讯》，上海《民国日报》1924年6月23日）

△　方本仁部陆续开拔，准备攻粤。

赵成樑呈文孙中山，"顷据赣南探报：方本仁以援粤军总司令名义，在赣州开军事紧急会议，决定7月1日开始动员，部众约二万余人，由南安、信丰、新城三路寇粤。洪逆常师专任先锋，其主力军为邓、雷、张、王诸旅，梅岭现已增兵等语。据此，查北敌请兵运械，增设粮台，种种布置，已成箭在弦上之势。务恳帅座促许总司令率师北上，专任北防，并调何总指挥、苏师长、董指挥各部，及朱军长连乐之师克日发动，会师韶石，共策应守。翌日，赵成樑复发一电称，据侦探报告，赣军方本仁部连日陆续开拔，向安南〔南安〕方面前进，前锋部队已达南安者，已达一旅人数以上，三数日后，当可完全集中，想必系图粤等语。除再电令该探慎密前往侦探外，理合电开，并乞指示机

---

①　6月19日，"飞鹰"舰水兵在广州河南新洲与赌徒冲突，多人被殴，返舰后即向新洲连发数炮，以泄私愤，致引起民愤。孙中山获报，即派人前往调查此案经过。

②　6月21日，广东大学举行校长就职礼暨学生毕业式，这是孙中山写的训词，由胡汉民宣读。

宜"。(《粤省北江军事近讯》,《申报》1924年7月2日)

　　△　报载大本营中以胡派势力为最雄厚,林直勉任机要主任,李烈钧之参谋处大权旁落,谭延闿出发东江,胡汉民又兼任其秘书长,并于每星期开一胡派清一色之参议会。孙中山近日高卧后楼,不问政事,与去年农林试验场时代,被杨希闵包围时同一样式,但较觉自由。而大本营中人每闻孙中山长嗟短叹之声,达于户外。(《大本营之清一色参议会》,《香港华字日报》1924年6月21日)

　　△　令将驻墨国华侨甄桂枪决,指为在墨时唆使墨政府逐国民党。(《快信摘要》,长沙《大公报》1924年6月29日)

　　6月22日　致电李济深、黄绍竑,令迅速验放所扣留筹拨沈鸿英之子弹。

　　电谓:"据沈总司令鸿英呈报,围攻桂林,迭告克捷情形,并恳接济饷弹,俾早竟功。当经令饬有司筹拨子弹二十万,饷洋十万,并着邓代表士瞻先行解运子弹十万发赴桂,以应急需,由军政部给予护照及通行西江军队关卡查验放行各在案。顷据该部驻粤代表陈贞瑞呈称,子弹行经梧州被扣留。即迅速验放,俾该代表赶运赴桂,以利戎机,勿延为要。"(《帅令验放沈军子弹》,《广州民国日报》1924年7月5日)

　　△　李福林22日抵港,与陈觉民抵省,闻均与孙陈和议有关。(《孙陈调和行将实现之港讯》,长沙《大公报》1924年6月30日)陈觉民至粤之任务,26日上海《民国日报》报道称,陈觉民代表陈炯明来省求和,称陈已令前线停战,静待解决。汪精卫前日应马育航、金章之请,赴港接洽此事。杨希闵返省时,亦因陈军请停战,曾与孙中山面商应付办法。(《电讯》,上海《民国日报》1924年6月26日)

　　6月23日　本日下午,与菲律宾劳动界代表谈话,强调国家独立必须赖陆海军之实力。

　　是日,菲律宾劳动界参加广州国际劳动会议代表五人,由廖仲恺陪同至大元帅府谒见孙中山。孙中山和代表进行交谈,并回答菲代表所提对菲律宾独立之看法、意见。孙中山大意略谓,"独立必赖陆海军之实力,若徒有自治之智慧,恐不足以救一国家……弱国未有不遭强国侵陵之险者。苟无一强国拥卫君等,则君等必恒在他强国之侵略中。中国将来能否达到充分强大地位,足以保护东方诸弱小国,乃一疑问……时势至此,东方各民族非结一坚固同盟不可。东方人民多于欧洲,倘吾人能团结一致,则力量亦必更强。今之北京政府,与吾人从前经三十年之奋斗而推倒者正复相同。其犹能保其地位者,纯因他国为其后援,给与金钱、军器之故。君等斐岛人民只有美国一个主人,美人且优待君等,而我中国人有十八个主人,其地位之困难实远过于斐列滨。吾人如欲脱离一切羁绊,必须经过许多实力之奋斗,并须同时对付每一国家也"。"日本之欲占斐岛以及爪哇、婆罗洲、澳洲及中国,固无疑义,但彼此时有许多困难阻其进行。若美国目下许斐岛独立,日本或未必占领该岛;但若斐岛未得独立之前,日美两国间发生战争,则我敢断言日本必攻击该岛。彼拥有强大海军,大与斐岛接近,尽能惟意所欲,而使君等为最初牺牲者。""君等斐人,尤其劳动阶级,必须努力工作,以图进步。目下美国武力强盛,斐人不能以力敌,只得以和平方法要求独立耳。""君等必须努力研究,增进学问,使国民地位益加进步。全国同心协力,随时准备,一致对外。"(《中山先生与斐岛代表之谈话》,上海《民国日报》1924 年 8月 1 日)

　　△　为伍廷芳殉国两周年纪念会撰写祭文,派胡汉民代祭。

　　伍廷芳于民国 11 年 6 月 23 日病逝广州,享年八十一岁。上月,广州善后委员会发起举行纪念会,所需经费孙中山除令财政委员会筹拨两万外,复以孙中山名义发起劝募,此发起文曰:"士有特立独行,砥砺名节,举世非之而不顾,威武临之而不屈。生作霖雨,死重泰山,起后人无限之敬仰,历千百世而不没者。嗟夫,嗟夫,若伍秩庸博士当之无愧已。博士吾国耆硕,留学先觉,其道德志节,功业文章,灿然烂然,国之人类能道之,不俟余一二谈也。顾余独有感焉:民六之复,武人乱政,迫散国会,博士时应总揆,拒绝副署以争,争之不得,襆被出都门,间关南下,思所以维大法,而存正气。余亦躬率舰队来粤,博士昕夕与共,主持国军大计,兴师义举,老而弥笃。中经蹉跌,曾不少衰,如是者亘五年。会十一年六月十六之变,余仅以身免。博士时兼领粤省长,春秋高,不胜忧愤,遂归道山。今粤局再宁,弹指周岁,追念老成,典型犹在,不有纪念,奚供凭吊。爰进国人而告之曰:博士名满天下,功在人间,今殉国二载矣,表彰先进,责在后死,宜为之建铜像、立图书馆、编历史,以信今而传后。矧兹广州,市政刷新,将辟粤秀山为公园,盍树博士铜像于此,使名山名人,互相辉映,而与天地同寿耶。立图书馆、编历史诸举,亦当以次经营,用资钦式,以示来兹;匪第崇报,亦博士之志也。众金曰善。然需费孔多,匪募不成,用集始倡者若而人,发各处以募,而为之序其首。邦人君子有崇敬博士者,将不爱其金,如其量以输将。民国十三年夏,发起人孙文。"

　　本日,假高等师范大礼堂公祭,派胡汉民致祭文曰:"呜呼!南纪奥区,扶舆磅礴,笃生哲人,树立岳岳。艰难国步,天弗愁遗,老成殂谢,日月不居。追念勋贤,岁星再阅,尚有典型,九原可作。呜呼博士,学究人天,昔持旄节,遍历瀛寰。樽俎折冲,中外仰止,笑却熊罴,神完有恃。中原多故,护法南来,崎岖险阨,赞我宏规。落落其神,温温其貌,铁石肺肝,强不可挠。壬岁之变,忧愤填膺,一瞑不视,巷哭相闻。爰整义师,重奠百粤,艰巨纷投,谁与商榷。后死之责,敢告英灵,馨香用荐,祈偿来歆。尚飨。"并致挽联曰:"革命未成功,扶植邦基思硕德;善邻应有道,绸缪国际赖贤郎。"("中华民国"史事纪要编辑委员会编:《中华民国史事纪要(初稿)——一九二四年一至六月》,第1218—1221页)

　　△ 20日,大本营粮食管理处督办赵士觐呈文孙中山,依式编造开办费支出计算书一份,一个月份经常、临时费支出计算书一份,随文呈请察核备案。至该处自奉令筹办起至裁撤止,收支比对计不敷毫洋四百五十六元五毫三仙,经由督办向外借垫清支,呈准核销在案。"现查两广盐运使署税收充裕,应否由该署于税收项下拨还归垫俾清手续,伏乞指令祗遵。"本日,孙中山指令赵士觐,所呈支出计算

书准予备案。(《大本营公报》第 18 号,"指令"第 621 号)

△　广西讨贼军第一军总指挥黄绍竑呈报讨陆军情。

电云:"陆氏荣廷苦我桂民久矣,十载以还,据广西为私有,摧残教育,蔑视工商,滥用私人,排除异己。去年归来,又复伪托民意,再窃兵权。绍竑仰承帅令,用伸挞伐之威,谨于 6 月东日(1 日)誓师梧郡,直指邕龙,左右两军业经先后克复横州、永淳、宾阳、迁江等处,南宁即在包围,龙州指日可下,芟夷戡定即在目前。谨电驰闻。"(《大本营公报》第 19 号,"公电")

△　廖仲恺赴港迎接鲍罗廷归粤。

20 日,廖仲恺代表孙中山前往香港,迎接由北京归粤的鲍罗廷,并挽留离穗抵港准备赴沪的戴季陶。22 日,廖仲恺与鲍罗廷一起返抵广州。([美]陈福霖、余炎光:《廖仲恺年谱》,第 262 页)本日上午 9 时,鲍罗廷赴省署会见廖仲恺之后,即赴大本营谒见孙中山,交谈两点多钟。是晚,孙中山设宴于帅府,为鲍罗廷及其夫人接风洗尘。汪精卫、胡汉民、廖仲恺三人及各自的夫人并蒋介石等出席作陪。(《大元帅设宴款鲍罗廷》,《广州民国日报》1924 年 6 月 25 日)对于廖仲恺赴港,亦有不同说法,据 28 日长沙《大公报》云:廖仲恺翌日(20 日)来港,闻有特别任务。一说与孙陈调和有关。(《快信摘要》,长沙《大公报》1924 年 6 月 28 日)

△　滇军总司令杨希闵 21 日返省,谒孙中山,除筹商东江战事外,因广西桂平藤县等处,尚有旧部队伍分驻,拟派员前往召集,拨队来粤,孙中山准交陆部转电梧州肇庆等处放行。杨今日仍返前线督师。(《电讯》,上海《民国日报》1924 年 6 月 25 日)

△　沪学生党员大会中播放孙中山演说三民主义之留声片。

中国国民党青年部长叶楚伧,本日在沪主持上海学生党员大会,到各大学学生四百余人,叶勉各生为革命奋斗,并有吴稚晖演说,复通过呼吁全体国民从事救国运动宣言。会中播放孙中山演说三民主义之留声片。(罗刚编著:《中华民国国父实录》第 6 册,第

4683—4684 页)

　　△　湘军暗中运动回湘,孙中山为此诘问谭延闿,谭承允打消湘军此议。

　　据东江前方传来战讯,"粤联两军,自旬前双方曾经一度死力冲击,战斗颇剧,两有损伤,后彼此均顿形沉寂,在粤军方面,则密云不雨,显有蓄精养锐准备林(虎)洪(兆麟)返至前线,即行猛扑联军乘机展动之势。联军则再衰三竭,士气已大为沮丧,据某军佐由前线回,谈及前月后方传来孙文逝世之谣,当时各军颇为震骇,虽经长官再三解释,证为讹说,而士兵三五聚首,愈传愈广。竟有联同请求长官,罢战返省借观究竟,以免沦于群龙无首出师无名者。湘军方面,尤多赞成此说。固有返旆回湘之密议,上级将官,对于此种提议,不为制止,似有默许之意。不过对孙文方面,遂难反汗担任东江战局之成言,更授意各军将佐令其互相联结,暗中传播湘军回湘之义理,务使全军了解回籍之必要,然后一致向长官申请,并由各军举出代表,联向孙文请愿,恳请资助饷械,俾全师回籍,以轻粤人负担,为孙文发展权威,减免东江人民战祸,转向长江湘鄂发展,闻此议已将成熟,经中级将官几次密会,已将种种措词拟妥,并由某幕僚拟就回湘宣言,颇为扬扬洒洒。大约再经一度秘密联会后,即将通电宣布,闻某军长力主事前极端严守秘密,以免横生阻力,俟达到时机已至,即将此项电文发布全国,届时箭在弦上,宗旨词章,均极正大,不虑孙氏阻挠,深恐事前泄漏,被政府所知,致令谭延闿重受责成,强以打销此议。不料前数日有湘籍滇军某军官,无意中与范石生等谈及,遂辗转传入孙氏耳中,认为于大局有莫大危险,因立在大本营召集会议,谭延闿到会,孙即以此诘问,谭当时面红耳热,颇为不安,应一力承允打销此议。闻湘军中要人,均预此谋,惟谭尚未直接与闻,现因各军长大生意见,后经某政客(湘人)停调,对于此事拟暂缓置三星期,以敷衍谭对孙氏之面子,一面暗为积极准备,将某部酌移向赣湘边境,俟达到某项程序,即以迅雷不及掩耳手腕,发布宣言,务使联军无从制止"。(《驻粤湘军

秘议回湘》,《时事新报》1924 年 6 月 23 日)

△　苏俄与北京政府签订中俄协定,国民党员方瑞麟、陈古廉等函请向苏俄抗议、取消中俄协定大纲,张继亦以该协定质问孙中山。

方瑞麟、陈古廉等函云:"我革命政府,自从新建设以来,以推翻军阀,援助世界一切被压迫民族为宗旨,恰与苏俄所宣言之主旨相符,所以粤政府对于外交方面,实以苏俄为比较的亲善,故俄政府今年特派鲍罗廷氏来粤,表示友好,而粤政府优礼待鲍氏,盖国际上的友谊,固应如是也。乃近阅京沪各报,载有苏俄代表加拉罕,与北京政府顾维钧,正式签字,于中俄协定大纲,其签约中,第六条了明规定云,两缔约国政府,互相担保,在各该国境内,不准为图谋反对对方政府而成立之各种机关团体存在及举动,并允诺彼此不为与对方国公共秩序、社会组织相反对之宣传云。党员等阅之,不胜诧异,查俄代表加拉罕前次与北京政府交涉破裂时,鲍氏曾由北京致电总理,谓与北京政府磋商条文,一切根据国民党全国代表大会宣言,与吾党主义不背,并求总理施以援助等语,党员等察其语义,似对于吾党异常尊重,以为俄代表与北京政府协定条款,必于革命政府,有利无害,今据该协定第六条云,实增高北京政府国际地位,而丧失我革命政府对内对外之信用,盖粤政府与北京政府,向立于反对地位,且所谓反对对方政府之机关云者,在赤俄为白党,在北京政府即为国民党也,夫俄政府既与我革命政府表示友谊,则与北京政府立约,自不应有妨碍我革命政府之明文,党员等为尊重我革命政府,理合将苏俄与北京政府协定条约有碍于我政府各缘由,具文呈请总理察核,恳克日向俄政府提出抗议,并要求取消中俄协定,以保持政府国际之地位及信用,民国幸甚,吾党幸甚,谨呈孙总理,中央执行监察委员会,党员方瑞麟、陈古廉、黎炎新、陈廷诗、郭渊谷、曾冠武同上。"(《孙文向苏俄提抗议》,《时事新报》1924 年 6 月 30 日)

又 25 日《香港华字日报》载,中俄交涉停顿时,鲍罗廷致电孙中山,申明中俄交涉,根据于国民党政纲,欲孙为之应声,促成中俄协约,早日完成。"孙氏以此举系受俄罗斯利用,并不回电,鲍再电廖仲恺促孙。当时广州政府,对于中俄协约,取冷静的态度。协约成立后,俄人大呼胜利,视广州政府为一种傀儡式的工具,张作霖尚有否认俄约之表示,而广州政府绝不表示主张。谢持、张继专为此事谒见孙文,张继持协约全文第六项,对孙文朗诵解释。孙文谓我信苏俄政府,对于广州友谊上极好,此次第三国际与北京政府协约,虽有该点,我当考虑。孙氏只有促鲍接济广州宣传费,及黄埔军官学校经常费,不管加拉罕与北京政府如何协约,但求我广州特许俄国宣传共产主义而已。孙氏与张继辩论两句钟之久。孙氏因被张继质问,乃促鲍氏来粤解释一切。又广州中央执行委员会宣传费无着,黄埔军官学校经费支绌,有待于苏俄接济,不得不促鲍氏携款南来。张继以孙中山左祖共产党员,此次来粤,既无分毫效果,广州所有要职,亦由共产党员主持,因谓孙中山曰:'若事事祖庇共产党,将必失去全国国民党员之助力,杨①为全国铁路工会委员长,若要共产党员,则可不要全国工人助力。'"(《走马灯式的广州大政潮》,《香港华字日报》1924 年 6 月 25 日)

6 月 24 日　任命萧炳章为大本营参议,林赤民、彭堃、练炳章为大本营咨议。(《大本营公报》第 18 号,"命令")

△　令盐务督办叶恭绰,据两广盐务缉私主任张民达呈称,现已拿获盐务缉私巡舰"平南"舰,拨交该主任供缉私之用,令该督办即便转饬知照。至案内在逃人犯,应由该督办通行各军及地方官一体严缉,务获究办,以肃法纪。(《大本营公报》第 18 号,"训令"第 303 号)

△　18 日,军政部长程潜分别呈文孙中山,广东讨贼军别动队第一路已故司令孙之虑殒命疆场,情殊堪悯。拟请准予追赠陆军上校,并照《陆军战时恤赏章程》第一表给予上校恤金。已故烈士刘景双矢志杀贼,遇害身亡。拟请准予援照陆军少将因公殒命例,给予少

――――――――――

①　即杨德甫。

将恤金。本日,孙中山分别指令程潜,孙之虑、刘景双准如所请追赠并给恤。(《大本营公报》第18号,"指令"第625、626号)另孙中山已于23日明令照陆军少将因公殒命例给予刘景双恤金。(《大本营公报》第18号,"命令")

△ 粤军总司令许崇智呈文孙中山,拟具《广东海防司令部暂行组织条例》十二条,呈请鉴核备案①。本日,孙中山指令粤军总司令许崇智,《广东海防司令部暂行组织条例》准予备案。(《大本营公报》第18号,"指令"第627号)

△ 中国国民党中央执行委员会呈文孙中山,该会以为欲实现本党对内政策所列举之农民政策,一方固应由政府以政治的设施为贫苦之农民实行解放,一方尤赖贫苦之农民能建立有组织有系统之团体,以自身之力量而拥护自身之利益,爰为拟定《农民协会章程》,建议于政府批准施行。(《大本营公报》第18号,"公函"第344号)孙中山批准该章程。([美]陈福霖、余炎光:《廖仲恺年谱》,第264页)

△ 严令广东省署注意各县县长考成,而考成中,尤应注意各县发生盗案。如各县长有蔑视盗案,放弃职守者,即行撤职查办。(《大元帅注意治盗》,《广州民国日报》1924年6月24日)

△ 报载孙中山有致加拉罕一电,被电局扣留,送曹锟处。(《电讯》,上海《民国日报》6月25日)

△ 令财政委员会,迅速筹款交广东兵工厂赶制子弹,接济广西沈鸿英军;克日请发积欠滇军兵站部给养费十一万余元;按期如数支给各部子弹费每月三万元、滇军兵站部运输费每月二万元。又将湘军总司令谭延闿呈请拨给第六军援桂军费十万元、兵工厂制弹欠款二万七千元、修理枪械费一万一千三百七十九元,以及法国驻广州领事请速还欠韬美医院留医伤兵费三千二百二十八元等案,交财政委员会议办。(中国第二历史档案馆编:《中华民国史档案资料汇编》第4辑下

---

① 呈文日期不详。

册,第1287—1289页)

△ 24日香港电云:孙陈调和之说喧传益盛。接近孙派之报纸,亦公认之谓因双方前敌将领多赞或据香港粤军机关部消息,调和内容,陈军驻东北江,杨希闵驻西北江,许崇智谭延闿两部随孙向外发展,大元帅名义仍留,不日将由双方将领先行通电。(《孙陈调和行将实现之港讯》,长沙《大公报》1924年6月30日)

△ 李烈钧奉命赴日,已抵达东京。

11日,《台湾民报》曾刊处孙中山将派李烈钧访日消息。孙中山有鉴于本年5月31日美国排日法案之通过,使得日本声威大落,有与中国同受列强之苦,乃提倡大亚洲主义,并即派遣李烈钧赴日本为发起亚洲大同盟展开宣传。("中华民国"史事纪要编辑委员会编:《中华民国史事纪要(初稿)——一九二四年一至六月》,第1123—1124页)《时事新报》本日载:据东京消息,广州大本营参谋长李烈钧,奉孙中山命,已由粤起程抵东京,同行者有粤政府军事顾问井上大佐。据东报云,"中山提倡亚洲人同盟已多年,此次美国排日移民律发生,日人方面大倡此说,李协和此次赴日,拟与日人协同发起一种亚洲人同盟之大运动,中山之政治顾问山田氏,现在东京,已得李氏来东之报告,闻李氏到东京后,将与日政府有所协商,日内阁中阁员某某对于李之来日,颇为欢迎"。(《孙文派代表赴东》,《时事新报》1924年6月24日)上海《民国日报》29日则报道:孙中山以讨逆、北伐均在进行,参谋总长职务关系重要,嘱李烈钧暂缓赴日。(《电讯》,上海《民国日报》1924年6月29日)

6月25日 下午3时至5时半,中央监察委员张继、谢持在广州东山于鲍罗廷寓所与鲍谈话,谈及共产党在国民党内的党团问题、共产国际对中国革命的态度究竟是否"只求友国民党,抑同时扶助共产党双方并进"的问题。鲍罗廷指出,"党中分派是不能免","共产党加入国民党三个月之后,见国民党不振作,中央执行委员会提不起来,并有许多右派分子加杂其中,乃不得不组织党团"。(邓泽如:《中

国国民党二十年史迹》,第324—328页)

　　△　中央直辖滇军第三军军长蒋光亮呈文孙中山,查三五眼桥芳村花地等处筵席捐,前据福利公司商人何作云,月认饷银五百元,呈请承办。嗣据该商呈称,该处捐务,原为省河永春公司批承,现因省河减饷,仅能收及半数,恳请退办等情。查该处收款为数既属无多,照承办地点,与永春公司范围抵触,已令将该福利公司撤销,交还永春公司办理,将各情形呈报鉴核。(《呈报交还筵捐》,《广州民国日报》1924年6月25日)

　　△　准财政委员会委员陈兴汉,法制委员会委员邵元冲、林云陔辞职。(《大本营公报》第18号,"命令")

　　△　令追赠浙江讨袁军司令夏尔玙为陆军中将,并照阵亡例第一表给予中将恤金。(《大本营公报》第18号,"命令")夏尔玙曾任中华革命军浙江司令长官,不幸阵亡,孙中山于本日追赠其为陆军中将。至7月,大本营军政部长程潜又呈文孙中山,谓夏尔玙早在安徽服务时,已授为陆军中将,今命追赠中将,与事实有所出入,请改正追赠夏尔玙为上将。孙中山从其所请,又于7月24日追赠夏尔玙为陆军上将。(《大本营公报》第21号,"命令")并于7月25日复函程潜,已明令追赠故中华革命军浙江司令长官夏尔玙并给恤。(《大本营公报》第21号,"指令"第804号)

　　△　令东江缉匪司令徐树荣,陈翕文应由粤军总司令交军法处讯明究办,不得越级枪决。

　　本月21日,东江缉匪司令徐树荣呈文孙中山,"查职部'象宝'巡舰舰长兼军事委员陈翕文,私藏炮械,接济匪徒,据此即派队将陈翕文拿获,解部讯究,并搜出炮械多件。又奉粤军总司令部令饬查明番禺县民陈赞清等所控曾判徒刑、通缉有案之陈翕文即陈务平,借勒索、私擅逮捕、标封商店各节,亦经查证属实,拟将其提出枪决以昭炯戒"。本日,孙中山指令东江缉匪司令徐树荣,陈翕文果有不法,亦应由该司令呈请粤军总司令交军法处讯明究办,不得

越级妄渎。所请枪决犯官陈翕文着不准行。(《大本营公报》第18号，"指令"第629号)

△　广西讨贼军第一军总指挥黄绍竑电呈孙中山，其经于6月有日(25日)进克南宁，左右两江亦指日可定，惟广西频年多故，力竭财穷，亟宜善后。(《大本营公报》第19号，"公电")

△　谕大本营秘书处，转饬兼代广九铁路局长陈兴汉，从军车管理处撤销之日起，按日将该处应领之款五百元拨交广九铁路公司，以充该公司购煤费用①。(中国第二历史档案馆编：《中华民国史档案资料汇编》第4辑下册，第1509页)

△　将召各军将领来省讨论对东江战事问题。杨希闵、谭延闿、范石生、鲁涤平、刘震寰等均赞成谋和。(《快信摘要》，长沙《大公报》1924年6月29日)

△　《向导》发表题为《孙陈调和》的文章。

文谓："什么孙陈调和的声浪，近又在各报纸上闹起来了，任他是真是假，但我们国民对此总宜有一个明确的观念！陈炯明叛党误国，破坏中山先生之北伐革命大计，勾结曹吴向国民党攻打数年，尚有何调和可言？"(为人：《孙陈调和》，《向导》，第71期)

△　李大钊在《向导》上就孙中山逝世谣言发表《新闻的侵略》一文。

文中略谓："前此北京及全国，一时均轰传中山先生逝世，于是全国震惊，京中有数家报纸且为文哀悼。造中山先生逝世之谣言的，是路透社与广州中国银行，可是后者的电报仅达于北京，而路透社之谣言则传播于全世界。自此项消息传出以后，除各地都受影响外，一时广州市面顿呈扰乱不安之象，人心惶惶。造谣者得此结果，自然是心满意足，乐不可支。而中国人的无事自扰，不能不说是食造谣者之赐了。"②

---

①　此为大本营秘书处发文饬陈兴汉之日期，非孙中山谕示日期。

②　原文署名为"TC"，实为李大钊，故该文被收入《李大钊文集》，参阅李大钊：《李大钊文集》(下)，第774页。

(李大钊:《新闻的侵略》,《向导》第71期)

6月26日　令财政委员会拨款交兵工厂赶制子弹。

刻值联军并力肃清东江之际,前敌各军所需子弹均赖兵工厂制造供给,而雇工购料在在非款莫办。嗣后凡经孙中山核准发给各军子弹,财政委员会务须迅即筹定的款,拨交兵工厂加工赶制,源源解往前方,以资补充。付款愆期,责在筹款之人,出弹短少,则责在工厂。此为军事利钝所关,务须特加注意,各负责成,勿稍玩忽干咎。除分令外,合行令遵照。(《接济各军子弹之权责》,《广州民国日报》1924年6月26日)

△　何成濬呈请辞职,孙中山勉其仍奋志立功,不准辞职。

本月20日,何成濬因病呈请辞职,呈云:"为呈请辞职谨祈鉴情俯准事,窃成濬于11年奉总司令许委任为福建兴泉永等属前敌总指挥,攻取泉州,迨总司令许回粤,留守兴泉,上年奉令讨伐陈逆,顿遭挫败,兴泉同时亦告不守,是时统兵将领强半逃亡,仅现任金旅长龙彰率所部到厦,丧师失地,咎无可辞,迭次呈请总司令许解职,并请处分,仰荷宽宥,未蒙批示,顾责一日未卸,即心力不敢或懈,乃复协同闽军反攻,血战数日,幸克漳州,成濬即率所部与中央直辖各军,向龙严攻击前进,冀与我东江联军夹击潮梅,远仗德威,亦幸占领龙严城,入城三日,即奉到钧座委任为中央直辖福建各军总指挥之令,因为指挥直辖各军起见,遂宣布就职,是时漳厦不守,闽军返浙,职乃率所部回粤,冀稍事补充,加入东江以讨累年不靖之寇,奈两年以来,扶病驰驱,体质日削,正气不伸,邪疗〔瘴〕环起,竟事与愿违,如不稍为休养,势必公私交失,且军队既经抵粤,所有附兼各军总指挥名义,当然取消,除兴泉永总指挥一职,另呈请总司令许解除外,理合将闽率部回粤经过情形,及辞职各缘由,备文呈请钧座察核俯允,不胜感激屏营之至,谨呈大元帅孙。"[①](《何成濬辞职慰

---

① 据大元帅"指令"第633号,呈文请辞日期为5月20日。

留》,上海《民国日报》1924年7月4日)本日,孙中山指令何成濬,该总指挥统率所部转战闽南,历时年余,所遭愈困,励志弥坚。现逋寇方待薊除,部众尤资统驭。即因跋涉过劳,偶抱微痾,稍事修养,不难就瘳。仍奋志立功,勉副厚期,所请解职之处,应无庸议。(《大本营公报》第18号,"指令"第633号)

　　△　蒋介石就粤军总司令参谋长职。

　　蒋介石于5月2日被任命为陆军军官学校校长,兼粤军总司令参谋长,陆军军官学校校长一职已于5月12日就职视事。本月19日,蒋介石就兼粤军总司令参谋长一职,粤军总司令许崇智于20日将蒋呈报就职日期之呈文转呈孙中山,本日,孙中山指令许崇智,呈悉此令。(《大本营公报》第18号,"指令"第634号)

　　△　广西总司令沈鸿英电呈孙中山,据参谋长右文电呈,奉令赴兴全方面御敌,漾日(23日)在唐家市与敌接触,士卒用命,敌势不支,向全县溃退[1]。(《大本营公报》第20号,"公电")

　　△　黄绍竑电告占领南宁。

　　黄绍竑电云:"广西第一军陈主任译呈孙中山,职部已于今晨占领南宁,所需饷弹,至为孔急,恳速令筹拨。"(《黄绍雄〔竑〕攻克南雄〔宁〕详纪》,上海《民国日报》1924年7月5日)又《东方杂志》载,"广西首府南宁,为孙文系之李宗仁占领,桂林沈陆实行媾和停战"。(《时事日志·中国之部》,《东方杂志》第21卷14号,第156页)翌日,又有广西第一军驻粤主任陈雄赴大本营谒见孙中山,呈报捷电并报告战事经过,及目下广西政局情况。孙中山据此,当令参谋处拟电嘉奖。(《黄绍雄〔竑〕攻克南雄〔宁〕详纪》,上海《民国日报》1924年7月5日)

　　△　广九路债权监督兼总工程师以解决前任债项问题作为承认

---

　　[1]　此件标题为"广西总司令沈鸿英呈大元帅宥电",似为宥日(26日),文末亦有"呈叩宥印"之说,且电文中有"漾日"字样,应为26日致电无疑,但电文最后有一日期为"中华民国13年7月12日",且出自《大本营公报》7月20日第20号。据此判断,该电应为6月26日发出。至于文末7月12日,或为文到之日。

陈兴汉为广九路局长之条件。

报载广九铁路因有英债关系,故孙中山屡欲收回用人权,将该路置诸其支配,以便提取款项,供给战费,亦有所顾虑,迟迟未敢实行。"无如战事延长,罗掘已尽,乃思及广九铁路之款,但欲达此目的,非先更换局长不可,于是有陈兴汉任广九铁路局长之事。陈奉孙命后,再三向该路洋总工程师交涉,以冀实行接事,无如英国因有债权关系之故,曾由英领声明否认陈兴汉之局长。当时陈氏方任粤路总理,对于广九一职,尚无接收之决心。迩者粤路总理一职,已为许崇灏攫去,乃决意接任广九路局长职。但此事为该路债权监督兼总工程师保庇氏反对最力,于是托由粤路总工程师容祺勋向保庇氏疏通,请其将广九路局事务交与陈兴汉接收。闻保氏提出意见,谓须解决前任债项问题。查一年来路务受军事影响,积欠三百万元。该工程师提出之办法,陈兴汉绝对办不到,彼果有筹措三百万元款项之力量,在孙文方面,何项职务不可任?"(《陈兴汉接收广九路之风波又起》,《香港华字日报》1924 年 6 月 26 日)

△　吴佩孚以义理卦象断定孙中山非死不可。

"据某方面消息,孙文因病逝世之谣传早已平息。乃闻吴佩孚,迄今仍确信孙定已不在人间,指各种证明孙氏未死之事实为民党分子所假造。盖据京中某方面而近□洛阳有人来书,称数日前洛吴曾与面谈。据云吴数年研究易经,已豁然贯通,凭义理以推算时事,均能先知,今就义理卦象论断,广东之孙文实已非死不可,并无从幸免,因此,我对粤之种种军事布置,均已孙已死为标准,可信平粤不久便能建功。统一亦终有希望。"(《吴佩孚算定孙文非死不可》,长沙《大公报》1924 年 6 月 26 日)

△　长沙《大公报》本日载:传孙陈和议近成熟。(《专电》,长沙《大公报》1924 年 6 月 26 日)但粤海关情报称:孙中山于星期六(26 日)举行会议,讨论国民党内的纷争及同陈炯明和谈等问题。会议结果未悉。据当地报纸称,孙坚持和谈条件为:陈炯明整个部队必须成为一支讨

贼军去反对北方政府。(广东省档案馆编译:《孙中山与广东——广东省档案馆库藏海关档案选译》,第 526 页)

6月27日　本月 24 日,粤军总司令许崇智呈请孙中山分令财政部及财政厅,将应发海军舰队及军乐队伙食饷项照发以便领给。本日,孙中山指令许崇智,候分令概行拨交该部转发。(《大本营公报》第 18 号,"指令"第 639 号)并训令大本营财政部长叶恭绰、广东财政厅长郑洪年,将应发海军舰队、军乐队伙食饷项,概行拨交粤军总司令部转发,以归划一。(《大本营公报》第 18 号,"训令"第 308 号)

△　本月 9 日,邹鲁被明令任为国立广东大学校长,21 日,邹鲁就该校长职并呈报就职日期,本日孙中山指令国立广东大学校长邹鲁,呈悉就职启用关防日期。(《大本营公报》第 18 号,"指令"第 640 号)

△　23 日,两广盐运使邓泽如呈文孙中山,查原有缉私扒船一、二、三、四号,各艘日久失修,一、二、三号各船遂至木质朽腐不堪驶用。惟查四号扒船船身尚好,拟留为差遣之用,以利缉私。具文呈请察核备案。本日,孙中山指令两广盐运使邓泽如,呈悉,准予备案。(《大本营公报》第 18 号,"指令"第 644 号)

△　孙陈议和正在进行中。

汪精卫日前由沪返省,以鲁仲连自任,对于孙陈和议事向中山请示。"中山以陈军愿和亦无不可,但须先行通电表示议和诚意为先决问题,换言之,须陈竞存来电声明悔过,方能从条件上磋商;而陈氏方面则主对等和议方易入手。双方因此争持,遂致调和空气乍浓乍淡,故具体条件历久尚未提出。最近陈军方面主和派之马育航、金章等,又在香港大倡孙、陈调和之议,以为东江战事相持不决,徒受老〔劳?〕师糜饷之痛苦,而战区难民之惨祸盖无已时,不如索性双方略为让步,使东江前敌之双方军队向外发展。汪氏遂挺身任奔走之劳,香港陈军代表马育航、金章等相约汪氏赴港加入接洽……而津门之段合肥、浙江之卢永祥亦劝和于外。此次民党要人张继、谢持等联翩来粤,实衔段氏调和孙、陈之使命。张氏抵粤后,与中山论和议之事毕,即于日昨由粤转赴汕头,与陈氏为切实之磋商。和议条件若得双方答允,将来拟以段、卢二人出面,任调停之责,并以段、卢所派之代表作保证人,于是调和之进行,又加一方之运动矣。至于联军中之实力派,如湘军总司令谭延闿、滇军总司令杨希闵均于日前相继赴东江前敌,持和议之说,向各军军长征求同意。"(《孙、陈和议开始进行》,《申报》1924 年 6 月 27 日)

△　任命胡公冕为管理部卫兵长。(中国第二历史档案馆编:《蒋介石年谱(1887—1926)》,第 185 页)

6 月 28 日　令湘军、滇军、桂军总司令取消组织战时军需筹备处举办劝捐之议。

本月 23 日,湘军总司令谭延闿、桂军总司令刘震寰、滇军总司令杨希闵呈文孙中山,拟共设战时军需筹备处,举办劝捐以筹款而济军需。其劝捐之范围,无论水陆,凡不病国害民、不妨碍政府财政者皆属之。拟先从外海、内河入手办理。特具文并拟定简章十条先行呈报。本日,孙中山指令桂军、湘军、滇军总司令刘震寰、谭延闿、杨希闵,战事方殷,饷需困绌,该总司令等久历艰辛,共图补救,自有不得已之苦衷。核阅来呈及劝捐简章,范围达于内江外海,征取及于航客渔船,事涉烦苛,必多窒碍。且从前军队抽收各项捐费业经通令一律停止,今复更张,在政府既为反汗,在人民未必乐从。若操切行之,于劝捐本旨已属乖违,于财政前途更滋纷扰,利未著而害已形。宜即取消组织战时军需筹备处举办劝捐之议,而另策良图。(《大本营公报》第 18 号,"指令"第 650 号)

△　委派廖仲恺、古应芬、许崇灏为财政委员会委员。(《大本营公报》第 18 号,"命令")

△　本月 14 日,盐务督办叶恭绰(署长郑洪年代)呈文孙中山,报告两广盐运使与盐务稽核所权限争执一案经过情形,并附具详细调查报告书。本日,孙中山指令大本营财政部长兼盐务督办叶恭绰,准如所议办理,附件存此。(《大本营公报》第 18 号,"指令"第 651 号)

△ 本月25日，大本营财政部长叶恭绰呈文孙中山，"广州华商银行猝然停业，所负商民债额甚巨，职部现拟派定监理员六人，由广东财政厅选派二人，广州市财政局选派二人，职部选派二人，共同组织监理处，实行监理该行账目，详细调查该行资产，妥为保管。其分配偿还债项及处理该行资产等事，则另设监督清理委员会，经其议决后交监理员执行。所有情形呈请鉴核备案"。本日，孙中山指令大本营财政部长叶恭绰，呈悉所报处理广州华商银行停业一案情形，所附《广州华商银行监督清理委员会章程》《监理广州华商银行章程》，准予备案。(《大本营公报》第18号，"指令"第653号)

△ 大本营军政部长程潜前曾呈请孙中山准予援照少校积劳病故例，给予已故三等军需正欧阳鐩少校恤金，并按照原级给恤已故上尉副官成圣琨等三员，本日，孙中山指令大本营军政部长程潜，所呈复核议抚恤已故三等军需正欧阳鐩等情形，准如所拟办理。(《大本营公报》第19号，"指令"第654号)

△ 指令大本营军政部长程潜，《军人宣誓词》及《宣誓条例》准如所拟施行。该宣誓词及条例系由程潜于本月24日呈送孙中山察核公布。(《大本营公报》第19号，"指令"第655号)

△ 湘军第四军长谢国光，前因病请假，赴沪就医，已痊可。适大本营秘书兼湘军秘书长吕苾筹，公毕返沪。28日，谢吕联袂晋谒孙中山，报告一切经过情形。(《谢吕联谒大元帅》，《广州民国日报》1924年6月30日)

△ 孙陈调和，全属孙政府制成之空气。

报载"日来孙陈调和之声浪，弥漫省港社会中，而省报则鼓吹尤力，今日言汪精卫来港与马育航面商，明日言陈觉民赴省与民党要人接洽。访员昨晤粤军要人，特以此事相询。据云，汪精卫日前曾否来港，则不可知，惟马育航则确未见过汪氏，汪氏亦绝未有派人或致函粤军中人接洽调和之事，至陈觉民则每日在陶隐俱乐部坐谈，尤无赴省之举。此种传说，实系孙派中人一种宣传作用，盖孙政府所有之军队,主要为湘、滇两军,其次则为豫军,滇军恐湘军夺其省城地盘,在东江已毫无斗志,数月以来,杨希闵频赴石龙,均随来随去,且亦未遣其本部军队,与粤军开过一仗。日前占苏村、博罗,均系刘震寰之西路军当前锋,滇军惟蒋光亮部之李根沄协同作战,其余并未有移动过。湘军自河源一蹶,精锐消亡,近更因饷械窘乏,众心离散。最近宋鹤庚、鲁涤平各主将,更有离叛谭延闿之志。至豫军自龙冈败后,至今元气未复,尚不能有再举之望。此情形直可下一断语,谓孙政府今日,只有被粤军攻进羊城之忧,孙陈调和之举,在孙方面,可视为至急至要之务。粤军倾向统一,岂系三数个无聊调人之甜言蜜语所能打动?事理至显,安有老于经历之孙中山,独不明此者?故孙之不主调和,非所不欲,固知事势有所不能也。即如陈少白日前之作调人,亦陈氏个人自动,非衔孙之命而来,今日汪精卫纵有此主张,亦未必轻于尝试。孙方之鼓吹调和,实为一种宣传作用。盖孙政府知自己军队,众心离散,惟有宣传和议,离间粤军将士之心"。(《喧传孙陈调和之内幕》,《香港华字日报》1924年6月28日)

又30日《香港华字日报》载,联军对粤军屡次作战失利,前方望和,后方无款,纸币政策又缓不济急,于是由屡次败仗之刘震寰、黄明堂等,联合文治派之邹鲁等,大唱和陈论调。"事前曾讨论此中有无利益,认为当北军不日南下、陈军不日反攻之时,若将和议一倡,大足扰乱其耳目,一可以懈敌方不进兵,二可以令北庭怀疑陈军,三可以慰前敌之军心。遂以告孙中山,孙颔之,许以私人资格进行,不碍政府体面为止,刘等乃一面令前敌第七师李海□回台山,以示不战;一面托汪精卫、廖仲恺、李福林赴港,与陈军要人接洽,一面令其通讯机关,日日制造议和事实。汪氏三人抵港,曾向陈方拉拢。然陈系人物,拒而不见,不得已返省报告。其后凡来客以调和消息叩汪廖者,皆谓赴港之因为挽留戴季陶,并非调和陈炯明。"(《制造调和空气之大写真》,《香港华字日报》1924年6月30日)

6月29日 在北校场检阅广东警卫军、广州武装警察、粤省商团,并举行授旗仪式。

由邓彦华宣读训词,勉励军警团团结合作,加强训练,捍卫邦家。是日上午,广东警卫军、广州武装警察、广州商团,以及滇军干部学校学生、陆军讲武堂学生,齐集广州北校场联合会操。10时28分,孙中山在副官、侍卫等陪同下抵达北较场时,全场军乐大作。随即,孙中山在广东警卫军司令吴铁城及会操总指挥欧阳驹引导下,由西至东检阅军、警、团各队一周,复登检阅坛阅兵。尔后,孙中山下坛行授旗式,亲手将军旗三面分授警卫军、警察、商团。

11时10分授旗毕,军团警举行分列队式操练,孙中山及廖仲恺、程潜、张开儒、林森、伍朝枢等登检阅坛检阅。检阅毕,复召集各部连排长以上军官到坛前,由廖仲恺代表孙中山宣述训词。

是日参加大会的尚有各军政要员,以及苏联顾问鲍罗廷等和日本、法国驻广州的武官、军人、外交官等多人。(《大元帅检阅军警团并举行授旗礼式》,《广州民国日报》1924年6月30日)闻孙中山检阅商团军会操后,极满意。将颁发多数奖品,并印发训词,以资鼓励。(《电讯》,上海《民国日报》1924年7月2日)

关于孙中山此次检阅,《香港华字日报》早有相关报道,称孙意欲纳商团入国民党,或没收其枪支,该报道略谓:"孙文以商团拥有实力,久已思游说商团加入国民党。日前曾邀陈廉伯、区克明到大本营磋商,仅区氏一人趋谒,对于入党一事表示拒绝。政府此次召集军警团会操,在商团方面认为政府此举为非怀好意,以为前此缴验商团枪支,即欲乘势施行其没收手段,迫为商团拒绝,又以会操为名,希图攫取枪支,但又不能不参与,惟有一面前赴会操,一面严为之防而已。顷闻商团是日决定遣派八百人赴会,各分团则集合大队,枕戈以待,以防不测,并雇定汽车二十四辆,装载巡查队,以资策应,又向各处搜集机关枪多架,配置于各分团,俾壮声势。现政府方面,亦已有所闻,故决定是日军警之演习,仅试演变换队形等操练,所有立射、跪射、伏射等动作,一概免演习,以防误会。"(《官民互相猜疑之广州》,《香港华字

日报》1924年6月19日)

　　△　令李福林搜剿行劫"江大"舰之海贼。(《电讯》,上海《民国日报》1924年7月1日)

　　△　亲临国民党宣传讲习所致词,勉以言语文字为主义奋斗。

　　孙中山谓:"本党自改组后,我们便着手开办一个陆军军官学校。今天晚上在此地又开办一个宣传讲习所。这两件事,都是为本党主义来奋斗的事业。军官学校是教学生用枪炮去奋斗,这个讲习所是教学生用语言文字去奋斗。这两种奋斗事业,究竟是那一种更为重要呢?讲到这一层,两种都是很重要的……现在我们应该晓得,初期的革命十分重要的是枪炮奋斗;后来的革命更加重要的还是宣传奋斗。如果我们没有宣传的奋斗,那末我们用枪炮奋斗得来的结果便不能保持,这就是十三年来革命失败的重要原因。我们这一次革命,想要补足从前的缺憾和从前的过失,故今晚便开设这个宣传讲习所,想各位同志在这个讲习所学得多少智识,然后更将所学的心得向民众去宣传。讲起效力来,宣传事业同军人事业实在是一样的大和一样的重要。向民众宣传,就是同向敌人猛烈的进攻一样。古人说:'攻心为上,攻城为下。'攻心就要用宣传的方法。从前专注意攻城,忽略了攻心,所以我们以后便应该注意攻心,把本党的主义宣传到民众。诸位同志到这个讲习所来学习,讲习所自然要把本党的三民主义教授到各位同志,俾同志知道了以后,用这种道理去宣传……至于我们宣传主义,不特是要人知,并且要感化民众,要他们心悦诚服。我们若果能感化民众,民众能够心悦诚服,那才算是我们宣传的结果,那才算是达到了我们宣传的目的……本党自改组之后,知道要想革命彻底成功,便要注重宣传。所以本总理今晚来同诸君讲话,便望诸位同志把这个责任担负起来……就是要诸位同志以'至诚'立心,来做宣传一方面的革命工夫。"(《讲习所要教学生用语言文字去奋斗》,黄彦编:《孙文选集》下册,第495—498页)

△　任命程滨为大本营参谋处少校参谋,王景龙为大本营参谋处少校电务员,黄远宾、汪培实为大本营参谋处少校副官。(《大本营公报》第18号,"命令")

△　旅沪广东自治会呈文孙中山,"沪报载林逆俊廷,穷窜无方,寇我钦廉,妄称尊号,拓省广南,图作匪巢。伏祈派兵征剿,肃清余孽"。(《旅沪粤人请讨林俊廷》,《广州民国日报》1924年7月8日)

△　孙陈调和,许崇智亦奔走甚力,日前许谒孙中山,谈一时许,结果虽不知。惟许退出时,颇露喜色。(《快信摘要》,长沙《大公报》1924年6月29日)

6月30日　国民党中央执行委员会召开第三十九次会议。

通过《农民运动第一步实施方案》,规定:组织农民运动讲习所,以一个月为讲习期间。讲习完毕后,选充为农民运动特派员。(中国社会科学院近代史研究所中华民国史研究室编:《中华民国史资料丛稿·大事记》第10辑,第95页)会议还决议:以阳历3月29日作为黄花岗纪念日;以青天白日旗为党旗、军旗,以青天白日满地红旗为国旗。(罗刚编著:《中华民国国父实录》第6册,第4688页)

△　任命陆军军官学校顾问及教官。

26日,陆军军官学校校长蒋介石、驻校党代表廖仲恺呈文孙中山,"拟聘请俄人铁里沙夫、波拉克、赤列巴罗夫、哈罗们四君为职校顾问,现均已到校,呈请给予委任。再职校现又加聘国文教官王南微,系中校衔;技术教官郑炳垣,系少校衔;并前次请委之教官王俊,现改为中校衔,均请给予委任,合并陈明"。(《大本营公报》第18号,"指令"第661号)28日,孙中山明令任王南微为陆军军官学校国文教官,郑炳垣为陆军军官学校技术教官。(《大本营公报》第18号,"命令")本日,孙中山指令陆军军官学校校长蒋介石,俄顾问四员由该校函聘,王南微等二员已有明令照准。(《大本营公报》第18号,"指令"第661号)

△　着滇军兵站部长张鉴藻向米行赊借军米。

指令滇军总司令杨希闵,着滇军兵站部长张鉴藻向米行赊借军米,以六万元为限。该款由财政厅负责于 7 月 1 日起分期付交。并令财厅先行酌予拨款。(《大元帅关心前方军食》,《广州民国日报》1924 年 6 月 30 日)《时事新报》就此有更详实之报道:"粤讯,东江联军饷需,久无接济,以致发生种种问题,屡志本报,现各财政征收机关,自前次发生酝酿全省大罢市风潮后,若凡举抽各□杂捐,均为市民反对拒绝,遂陷筹无可筹,抽无可抽之绝境,收入顿形短绌,各军制定每日领取之给养费,亦已停顿,现滇军兵站部长张藻鉴〔鉴藻〕,以领取火食为难。且东江战事,复趋紧张,大有弓弦待发之势,而军食一项,缺乏堪虞,若不设法维持,有误戎机,特召集该部各军官会议,联请杨希闵据情呈报孙文。孙以粮食最关重要,即令杨希闵着该兵站长,暂向米行赊借米粮,以六万元为限,随时交货,该款由财政厅负担,分期摊还,闻米行方面已表示不允意,又以财厅负债累累,入不敷出,深虑血本无归,如或忍痛赊出,难保各军不无相率效尤,难以应对,如孙政府实行强迫,不恤商艰,则惟有消极之抵抗云。"(《孙文向米行赊米》,《时事新报》1924 年 7 月 5 日)

△　泰戈尔定次晨由港抵省访孙中山,此间已准备欢迎。(《电讯》,上海《民国日报》1924 年 7 月 2 日)

△　第一届中央执行委员会第三十九次会议召开,特别讨论由孙中山下发的两件议案。

一是朱和中建议反对德发债票为北廷朋分事。决议组织特种委员会;派廖仲恺、汪精卫、谭平山、伍朝枢、朱和中五人,组织特种委员会,讨论对付方法。二是朱乃斌等请撤惩办理对俄外交执行委员电,又方瑞麟等函以俄与北京政府协约,有碍于该政府,请对俄提出抗议案。决议:党员不经党部许可,擅发对外言论及登报,认为有违纪律;推廖仲恺、汪精卫、谭平山委员起草警告书。(〔美〕陈福霖、余炎光:《廖仲恺年谱》,第 265 页)

是月　为黄埔军校题"亲爱精诚"四字校训。(刘望龄辑注:《孙中

山题词遗墨汇编》,第305页)

△ 致函粤军总司令许崇智,不可再设舰务处。

函曰:"对于海务,以少设机关为宜,故舰务处不可再设,当以海防司令统一之,直接归兄统驭便可。若多一机关,必多一弊端,而防范愈难,刻正拟取消江防,并收束海军,可废舰务,要使海上机关愈少愈好。因海务人员皆无才而多坏,陈策已然,其他尤甚。故非从新再设学校,如陆军官校,以练过新人才不可。故对于此方面,望兄须格外谨慎。我所排去之人,不再得我许可,不得再用。而海上机关则于未大改革以前,只准减,不准加,此必当注意,否则现在稍有可用之人员、船长,亦必因方针错乱,而变为无用之物也。故对海军方针,当要与我一致乃可。又'江固'向为我坐船,竟被此辈骑去西江,竟不交还我用,以致出入皆无船可用,此辈可恶,一至于此,其他作弊可想而知,故望兄事事须慎也。至好对于海上一方面,兄要设机关并用人,须先告我知,方免彼辈之弊端再为复活也。"①(中国国民党中央委员会党史委员会编印:《国父全集》第3册,第946—947页)

7月

7月1日 北京党员王文彬等致函孙中山,上陈对国民党之希望六条。

函称:"北京首要之区,半年以来竟弊窦丛生,祸乱频作,不闻有对外之进行,只见有党内之纷争。初则如前次北京执行部之委任干事时争权夺利,激成风潮,继则如此次市党部之选举更违法舞弊,文彬等目击种种,万难缄默,爰起而为主义之拥护,半月以来奔走呼号,

---

① 原件无日期,日期根据中国国民党中央委员会党史委员会编订《国父全集》第3册酌定。

声嘶力竭,无非望其反省,岂意忠言逆耳,以善为恶,变本加厉,愈后愈甚。盖文彬等揭破彼辈黑幕之时,即函告北京执行部请其饬令市党部筹备会即日停止进行,彻查严究,而执行部竟置若罔闻。文彬等不得已,始于 6 月 20 日对本党同志发出宣言,列举弊端,否认选举。而执行部仍不察曲直,不顾是非,强以筹备会之舞弊为合法。夫以处最高地位,握最高职权之执行部而如是抑善庇恶,则何由而得其直,爰冒昧上言为我总理屡陈于左,幸垂察焉。溯自共产党加入本党之后,即有所谓青年团者,在党内独树旗帜,俨成一派,大有为本党主人翁之势,继而其他党员争相效尤,集会结社、别立门户,以图对抗,一年之间,风起云涌小团体之多,成立竟至数起之多。而推源祸始,其原因固在团体之分立,根本则在主义之参差。团体间时有冲突不相能者,莫不由共产党之直接间接影响而来。长此以往,势非将本党破坏而至于瓦解不已。总理三十年奔走及我先烈铁血造成之本党,竟为彼辈宰割瓜分而不知,故特垂涕上言,敬陈已往种种,并条陈今后文彬等所希望之各项如下。

"(一)此次北京市党部选举,于选举之前既有扣押登记之事,于选举时又有种种舞弊情形,当然根本无效,此北京党部选举应请即行宣告无效,重行委任筹备者一。(二)谭熙鸿身为筹备会主任,事前任筹备员,舞弊营私,事后亦不引咎辞职,且当群情愤激,弊端举发之时,复力主开票,铸成大错,违法失职,咎有应得,此北京市党部筹备会主任谭熙鸿应请先行革职,听候处罚者二。(三)北京执行部职司机要,为本党中枢所系,筹备会违法舞弊,事前不加监督,事后亦不制止,最终又不能秉公处置,再如中央下令解散各种小团体,亦故不执行,其他事务,类多放弃,且内部意见分歧,各走极端,无形瓦解,居执行之名,无执行之实,此北京执行部应请立行改组者三。(四)此次选举舞弊,根本错误即在团体分立,党中有党,三五鼎立,互相秦越,各人均间接为本党党员,只知有团体,不知有本党,以此组党,不亦有等于无。文彬等早鉴及此,奔走劝告,已非一日，只因少数无赖，以团体为护符，把持坚执，不肯取消。最近文彬等悲愤所集，忍无可忍，乃于 6 月 25 日，以大多数自动的连名，向本党同志宣言将'少数建国团''民权社'完全解散，以副我总理解散团体，协力为党之至意。此除'少年建国团''民权社'业已解散外，应请解散其他各种团体者四。（五）一党不容有两种不同之主义存在，更不容有两党名称之对立，此乃至明之理，况共产党……久已不利于吾党，长此迁延，危险更甚，窃以现今情形言，吾党仅有与共产党合作之必要，而无与之合并之可能，为彼此便利计，名义上似宜仍分疆界，事实上不妨共同进行，此应请澄清内部以固人心者五。（六）争权夺利已为本党莫大之耻辱，前所以有执行部委任干事之纠纷，皆因在党职员有支薪之举，彼无知之辈，以为入党有利可图，不惜牺牲个人名誉及团体道德，而互相争夺。窃以往来昔同志皆因革命而杀身毁家，今则以党而图衣食富贵，言念及此，何胜痛心，况今国贼未除，内部未安，血战方酣，罗掘俱穷之际，何可以千辛万苦所得，轻以豢养宵小……北京党员学生教员居多，非以党为事之徒，正不必另给薪金，以资生活，此举实有百害而无一利，故谓凡属同志，应刻苦自励，共效前驱，此一切职员领薪制度，应请立刻裁撤者六。

"上列六端，或为目前利害，或关本党盛衰，务乞我总理乾纲独断，正本清源，一一解决。再文彬等在北京市党部选举舞弊案未决以前，所有该市党部命令及一切行动，概不负责，并此陈明。"（《北京党员王文彬呈总理文》，中国国民党汉口档案第 9165 号）

△　手令财政委员会提前筹款二万元，交赣军董福开部，以济军用。（《董福开部领饷二万元》，《广州民国日报》1924 年 7 月 1 日）

△　顺德县自治筹备会会长龙建章呈文孙中山，其邑十区联团自卫，办理数载，进筹自治，特设立顺德县自治筹备会，举龙建章为会长。筹备会于本月 25 日开幕，26 日开成立大会，呈报察核备案，并敬乞孙中山令军队移出郊外，勿派军队驻顺，以完成其邑地方自治。

(《龙建章电请移军城外》,《广州民国日报》1924 年 7 月 1 日)

△　令军政部草拟禁止私铸条例。

6 月 21 日,《广州民国日报》载,孙中山上月曾面谕财政部,着财政部会同军政部布告禁止私铸银币。(《严拿私铸之认真》,《广州民国日报》1924 年 6 月 21 日)本日,孙中山又指令大本营军政部,查禁止私铸,刑律虽有明条。但值此金融紧迫、伪币充斥之际,揆以治乱用重之义,允宜特定专律,加重治罪,庶足以示惩创而涤弊风。即由该部从速妥拟草案,呈候核定颁行①。(《特定私铸专律之咨文》,《广州民国日报》1924 年 7 月 8 日)

△　孙陈调和说甚嚣尘上之原因,在于"陈仅癣疥之疾,曹吴乃心腹之患,不灭曹吴,国终不安"。

据闻,在东线的非广东籍将领及其士兵鉴于自他们入粤参战以来,广东政府的情况一直令人担忧,一致倾向与陈炯明息兵罢战。尽管孙中山坚持陈炯明不交认罪书就不停火,交战双方的前线指挥官却在暗中磋商一项和平解决局势的办法。据香港《大光报》载,非广东籍将领不愿继续作战的原因是薪饷不足和弹药不济。(广东省档案馆编译:《孙中山与广东——广东省档案馆库藏海关档案选译》,第 526 页)前线军官不愿交战的同时,孙陈调和说甚嚣尘上。7 月 1 日,上海《民国日报》刊文分析孙陈调和说产生之原因。文曰:"陈炯明叛国反党,荏苒二年,此二年中陈军窃局东江,献媚洛□,致北伐大计未能实行,曹吴窃国久稽显讨,忧国之士,乃谓陈仅癣疥之疾,曹吴乃心腹之患,不灭曹吴,国终不安,于是乃有倡所谓孙陈调和说(此说实不成理由,孙先生为总统大元帅总理,断无与已叛之党徒对等言和之理)",其理由谓"陈炯明未必无悔悔心,特时机未至,降之一字,无从着手耳,苟大元帅真有赦陈决心,许陈自新,陈氏必能幡然来归,'败子回头金不换',陈既重隶帅座,必能改痛为非,杀贼立功,以补赎前愆,以大元帅

————————

①　1924 年 7 月 8 日《广州民国日报》称此件为大元帅"指令"第 666 号,未署日期。按大元帅"指令"第 664 号和第 668 号发令日期均为 7 月 1 日,今据此定之。

平日宽洪大量测之,得一二帅座信任之人,在帅座前慨切言之,其事不难立成",此调和说甚嚣尘上。(《陈炯明求降急进之原因》,上海《民国日报》1924年7月1日)

△ 滇军第二军长范石生呈报将广州士敏土厂交归政府,俟伙食有着,当续奉还其余收入,以符统一。孙中山在范函中批示:"着财政委员会派员接收,酌量办法。前香港士敏土厂有承买灰石之意,较之自制士敏土之利加倍。此事可着陈友仁再向港厂磋商,如港厂仍有意承买灰石,即将此厂停办而另设新厂于北江。否则,另议办法。并作答嘉奖。"①(杨政知等选编:《孙中山先生墨迹》,第89—90页)

△ 国民党中央执行委员会通过对于农民运动宣言,由孙中山核准发布。(《电讯》,上海《民国日报》1924年7月3日)

本月15日,《广州民国日报》刊载了《政府对农民运动宣言》,宣言列举广大农民所受压迫与痛苦,进而指出,农民欲达到解除上述种种压迫,应即时组织农民协会。此种农民协会之性质,为不受任何约束、完全独立之团体。特许其在一定条件之下,组织农民自卫军,并规定了具体办法。宣言最后强调对于农民运动,"本政府唯有根据正义,作切实之辅助及诚恳之指导,使我全国农民从痛苦压迫之中,达于自治自立之地位"。(《政府对农民运动宣言》,《广州民国日报》1924年7月15日)

△ 6月27日,陈兴汉曾向孙中山呈请免去广九铁路局局长兼职。(《大本营公报》第19号,"指令"第697号)本日,孙中山明令任周自得兼广九铁路局局长,准原代局长陈兴汉辞职。广九铁路护路司令着即裁撤。(《大本营公报》第19号,"命令")

△ 因财政紧张,令各机关裁减冗员。

孙中山前曾训令各机关,谓"现在前方作战,需款孔殷,罗掘俱

---

① 日期为范石生呈文日期。

穷，尚不足以资供养，自非将各行政机关力求撙节，以裕度支不可。查自军兴以后，各行政机关一切开支视前不啻倍蓰，其冗员之多不问可知，即克日裁减。其民国 10 年已成立之机关应参照该年度预算切实减除，不得超过，其成立于 10 年以后者，亦应力加节省。限本月10 日以前将所拟定减省之数呈报核夺"①。各机关受后，纷纷办理减员并呈报遵办情况，孙中山接报，于本日分别指令回复。

6 月 10 日，大本营建设部长林森呈文，"本部成立以来，因事置人，尚少见滥。职接任之后，先后裁去科长一员，一等科员一员，办事员六员，现有人仅供办事之用。前奉钧帅令核准成立商标注册及权度检定所，为节省起见，除添雇杂差两名外，所需职员，商标注册所分三科应设科长、科员等，权度检定所应设检定员、事务员等，均就部员委派兼充，实难再行裁减"。本日，孙中山指令林森，该部原定经费及现在实支数目，并已裁员薪，未据报明详细数目，无凭备案，应再分别声叙呈候核办。（《大本营公报》第 18 号，"指令"第 664 号）

6 月 13 日，外交部长伍朝枢呈称，该部自去岁成立，部中只设一厅两局，部员不及十人。每月实支经费统计仅六千余元，犹未违原额八千元之数。6 月 20 日，复具陈该署及附属机关经费微薄、公事繁多、未便裁员减薪等情。本日，孙中山指令伍朝枢，该部及所属广东交涉署月支各项经费并未超过预算，准照现在实支数目支给。（《大本营公报》第 18 号，"指令"第 662 号）

6 月 9 日，审计处处长林翔呈文，为节省开支，拟裁去协审官一员、一等核算一员，计每月共减薪俸一百六十五元。本日，孙中山指令林翔，据称该处月支经费三千四百一十七元，现经裁撤协审官、核算各一员，共减薪俸一百六十五元。以后应准按照此次减定数目支给。（《大本营公报》第 18 号，"指令"第 668 号）

---

① 此为大元帅"训令"第 256 号。按第 251 号、261 号"训令"发出时间分别为 5 月 31日、6 月 4 日，故此令时间应在此之间。

军政部长程潜呈报，"职部经常、临时经费每月约需四万二千余元，经财政委员会减为一万八千元。举凡机关及人员再无可减。至于参议、咨议虽有设立，但除有特别任务酌给津贴外，其余例不支薪"①。本日，孙中山指令程潜，该部月支经费，准仍照财政委员会减定数目支给。(《大本营公报》第18号，"指令"第663号)

△ 报载迩来东江战局，绝少变化，而北路则乘时紧张。赣南北军，迭接吴佩孚催促进兵密电。孙中山拟着许崇智抽调所部开赴北江协防，但闻许氏有所未愿，盖以南路粤军，现方进逼四邑，若台山、开平一失，则新会、江门行将不保，影响及于全局。(《吃紧中之北路军事应付难》，《香港华字日报》1924年7月1日)

△ 准郑洪年辞去广东财政厅长兼职，令陈其瑗兼任。

6月23日，大本营财政部次长兼任广东财政厅长郑洪年呈文孙中山，恳准免去其广东财政厅长兼职，并建议简任陈其瑗兼任。(《大本营公报》第18号，"指令"第624号)孙中山准如所请，于6月24日明令准郑洪年辞此兼职，任命陈其瑗为广东财政厅厅长。(《大本营公报》第18号，"命令")本日，郑洪年再次呈文，报告于7月1日，将印信文卷各件，逐一移交新任陈厅长点收，交卸厅长职务各事宜。(《郑洪年呈报交卸清楚》，《广州民国日报》1924年7月2日)而陈其瑗虽就职视事，但时局紧张，以财政尤甚，更兼财权不一，饷逋难筹，故仅允暂任，仍要求孙中山"物色继人，用维久远"。(《陈其瑗就职通电与呈报》，《广州民国日报》1924年7月3日)

△ 日本外相币原在国会演说，发表对华政策，即所谓"币原四原则"。

具体内容是："（一）尊重中国主权，不干涉中国内政。（二）中国国民之合理要求，以诚意与同情接受之。（三）日本在中国之权益，以合理方法保护之。（四）日、中两国经济提携，共存共荣。"

①　原呈日期为"7月□日"，孙中山批复程潜此函时间为7月1日，故此函呈送时间或者有误，或者亦为7月1日。

当时传到中国者实为"币原三原则",第四项并未列入。("中华民国"史事纪要编辑委员会编:《中华民国史事纪要(初稿)——一九二四年七至十二月》,第3页)

△ 据《中华民国史事纪要》载,外蒙古受苏俄胁迫,成立所谓"蒙古人民共和国"。上月21日,外蒙古通告苏俄政府将行共和。本日,遂成立所谓"蒙古人民共和国",并公布《宪法》,一切以苏俄为样本,被迫成为苏俄之附庸。("中华民国"史事纪要编辑委员会编:《中华民国史事纪要(初稿)——一九二四年七至十二月》,第3页)

△ 琴华(李大钊)在参加共产国际第五次代表大会讨论民族与殖民地问题会议上发言,叙述了几个重大事件。其中提及广州的关税:"广州国民党政府,为使广州的关税收入不致落入北京政府的腰包,开始自行征税。为了对此事进行报复,英国派了二十艘军舰去广州,要求取消税收。但由于孙中山的态度坚决和人民的示威,这一要求未获满足。"(中国社会科学院近代史研究所翻译室编译:《共产国际有关中国革命的文献资料(1919—1928)》第1辑,第90页)

7月2日 任赵超为大本营参军(着当三楼侍卫)。(《中山墨宝》编委会编:《中山墨宝》第9卷,第232页)

△ 准免杨子毅参事、李景纲赋税局长职。任命李景纲为大本营财政部参事,杨子毅为大本营财政部赋税局长,任命金汉生为金事。准陆军军官学校校长蒋介石所请,任命徐坚、吴崑、季方、黄为材为陆军军官学校特别官佐。(《大本营公报》第19号,"命令")其中,杨子毅、李景纲、金汉生等人之调动暨任命系据大本营财政部长叶恭绰上月28日呈中所请。嗣后,孙中山于7月4日指令叶恭绰,告知已分别任命杨子毅等为该部赋税局局长等职。(《大本营公报》第19号,"指令"第682号)

△ 6月28日,广东无线电报局局长冯伟因生母病逝,特呈文孙中山,请假二十天在寓守制,并拟假期内局长职务,委报务总管司徒莹代拆代行。本日,孙中山指令冯伟,所请丁忧守制及局务委报务

总管司徒莹代拆代行各事,准如所请实行。(《大本营公报》第 19 号,"指令"第 672 号)

　　△　货船协会会长黄耀等呈请明定封船条例,孙中山令各军将所封商人轮渡克期发还。

　　中央秘书处致函孙中山,据货船协会会长黄耀等称,封船肆虐,兵匪难分,特呈请规定封船条例。查军兴以来,借用商民船只以资运输,为政府不得已之举,惟任务既毕,自当迅予退还,所陈借端封用,捣毁勒索,饱受痛苦,谅属实情。理应备文呈请孙中山察核,恳令军政部规定封船条例,明令公布,转知各军遵守①。(中国国民党汉口档案第 14490.2 号)有关请规定封船条例一事,《广州民国日报》曾载,7 月 4日,公安局长吴铁城亦据黄耀等所报,呈文孙中山,呈称:"据货船协会会长黄耀呈称,封船肆虐,兵匪难分,恳准明定条例,通令各军,此后凡有出发,需船多寡,先由该军饬知敝会,俾得分配指拨,各船如命载运,并按月发给伙食,以恤民艰。可否俯如所请,明定封船条例,通行各军,俾资遵守,转请鉴夺。"(《公安局请明定封船条例》,《广州民国日报》1924 年 7 月 7 日)至于究竟系黄耀等人分呈公安局、中央秘书处,或是公安局转送秘书处,尚不得而知。孙中山知悉此情,特通行各军长官转饬所属各军知照:"如有封借商人轮渡,尚未发还者,应即克期发还,如敢违抗,准该原商来府呈控。"内河商船公会会长何乔汝旋将被封未还轮渡列具清册,呈请孙中山饬令发还。孙中山据此,日前特将被封轮渡船只清册与呈文发交军政部长办理。(《帅令发还所封轮船》,《广州民国日报》1924 年 7 月 18 日)

　　△　令广东财政厅裁撤所设经界局、经界分局,统交经界局督办办理。

　　经界局督办古应芬呈请令行广东省长转令财政厅裁撤所属经界局及经界分局,俾权限划一。孙中山令云,"呈悉,候令行广东省长转

———————
　　①　该件标示 7 月 2 日送稿,3 日判行,4 日缮发。

饬广东财政厅遵照裁撤可也"。(《裁撤财厅所属经界局》,《广州民国日报》1924年7月3日)7月19日,《广州民国日报》刊载孙中山就此对广东省长廖仲恺之训令。令云:"据经界局督办广东沙田清理事宜古应芬呈称,该局开办伊始,所有广东经界事宜暂由职该直接办理,至财政厅所设之经界局及各县分局,自应一并裁撤。令该省长即便遵照,饬广东财政厅将所设经界局、经界分局一律裁撤,其有未完事件,统交由经界局督办继续办理,仍将裁撤情形详细报告。"(《帅令统一经界事权》,《广州民国日报》1924年7月19日)

△　指令军政部长程潜,仓促招募,难收实效,且现财政奇绌,经费尤不易筹,所请恢复粤汉铁路警备司令一职,应从缓议。(《粤路警备队暂缓恢复》,《广州民国日报》1924年7月4日)

△　令卢师谛部担任东江中、右两路后方警戒,俾前方各军作战无后顾之患。卢部于本日已分别出发。(《卢师谛部出发东江》,《广州民国日报》1924年7月3日)随后,孙中山又令卢师谛部进驻鸭仔埗、黎村一带,保护惠石①交通,以靖地方,严防匪徒滋扰。(《卢师谛防守鸭仔埗》,《广州民国日报》1924年7月4日)

△　旅日华侨请向日本政府交涉,取消取缔华工入境苛例八条。

日本制定排华苛律,是日,驻日华侨联合会会长林文绍呈文孙中山,日本海岸各警署制定苛例,排斥华侨,恳请孙中山提出严重交涉和抗议,促使苛例取消②。(《日本颁布排斥华工入境苛例》,《广州民国日报》1924年7月3日)5日,旅日华侨代表赫兆先谒孙中山,并代递联合会长林文绍呈文,请抗议取缔华工入境苛例八条,孙中山允致电日政府抗议。(《电讯》,上海《民国日报》1924年7月7日)嗣后,8月7日,国民党中央执行委员会为日本政府推行取缔华工苛例发表《中国国民党忠告日本国民宣言》。(萧继宗主编:《革命文献》第69辑,第102—104页)

---

①　指惠州—石龙路段。

②　日期系据报纸日期与文中"日昨"之语酌定。

△ 令顺德县长周之贞赴前敌，顺德各界呈文挽留。

闻县长周之贞将卸任，顺德龙眼商会长梁孔惠、商团长叶国亮等，顺德县教育会会长龙建章、陈器范等，顺德第一区区长罗邦翊、顺城自治局长龙光等，分别呈文孙中山，内容均为挽留周县长之贞，罗邦翊等更于呈中赞周之贞"履任以来，整军恤民，维持地方，人心爱戴"，故请孙中山收回成命。(《挽留周之贞之各电》，《广州民国日报》1924年7月2日)所谓周之贞去任，似奉命开赴前方。据《广州民国日报》载，孙中山曾于6月23日电令周之贞，令周于该部未赴前方应战前，克日将该部驻扎容桂及马宁之军队，先行集中大良或陈村，听候许崇智命令。惟周尚未开拔，李福林奉命办理香顺南三属剿匪事宜，拟开赴顺德。周之贞闻讯，即请求孙中山令李福林缓进，俟周部离防，再行进入。孙中山遂致电李福林，谓周之贞第二师未离防前，着该军长所部，暂勿进驻大良、陈村。(《关于李周换防之帅令》，《广州民国日报》1924年7月10日)

△ 令财政委员会速筹豫军出发费三万元，军衣费一万二千五百元；火速筹给何成濬部出发费与一个月伙食款共三万五千元，不得延误。(中国第二历史档案馆编：《中华民国史档案资料汇编》第4辑下册，第1295页)

△ 陈炯明部叛军陈章甫、苏廷有、伍于骝等，分三路袭占恩平，粤军梁鸿楷部退却。(毛思诚编纂：《民国十五年以前之蒋介石先生》，转引自广东省立中山图书馆、广州市社会科学院、中山大学图书馆编：《黄埔军校史料汇编》第3辑第55册，第56页)

△ 粤省战局形势紧急，孙中山怨杨希闵不肯卖力。

粤省战局，自湘军单独与粤军媾和，赣军动员入粤、闽军孙传芳向东江进兵后，形势骤形紧急，连日大本营召开军事会议筹商应付方略。据大本营某参军言，自东南北三路同时告急，孙中山极为忧闷，尤怨杨希闵之不肯卖力。"前数晚曾于军事会议席上面责杨氏，诘其前方滇军何以俱不肯进兵，对于友军作战亦不予以援应(指豫军进攻龙冈失败一事),若谓军饷伙食不继,则赌饷已完全划归滇军,看待已不可谓薄,乃竟如此,试问何以对我。杨氏当时几无词以答,嗣乃诿诸参谋长周自得。"孙中山遂答谓"周既不忠于其职,且又永不出发前敌,常留居广州,此等人亟应撤职,你既身任一军之总帅,明知之而故纵之,亦不能卸责"。杨氏回到谢庐后,立即下令改委卢思泰为总指挥部参谋长,周氏亦自行提出辞呈,但杨氏之气仍无从消,乃借部员泄忿,复下一令饬裁冗员,凡非滇籍者,无论现居何职,一律裁撤。对于广东人尤为注意,谓广东人不特不能尽职,且常泄漏军情。孙中山连日依然召集各要人到府会议,及昨夕消息尤为不佳,闻湘军确已准备退兵北江,现已有二千余人退至龙门,将绕道清远。现孙氏拟派许崇智率队前往堵截。(《某参军之战局谈》,《香港华字日报》1924年7月2日)

△ 鲍罗廷重回广州,与孙中山密订条件。

鲍罗廷近以中俄协定,目的既达,重来广州。"闻关于共产进行事仍与孙中山密订条件,其内容:(一)宣传共产,积极进行。(二)关于粤俄建交,凡不明大势之反共产党员,设法疏解或消除之。(三)宣传费之支配,另定细则。(四)军官学校之维持办法。(五)对北京中俄协定,认为第三者地位。(六)未详。以上六项,闻已经孙、鲍二人当面商订,凡有以共产事项询问孙文者,孙即云对俄人仍注意于友谊上之互助,及将来之合作,目下无反对共产之必要。"(《孙文与鲍罗廷之新密约》,《香港华字日报》1924年7月2日)

7月3日 国民党中央执行委员会农民部所办第一届广州农民运动讲习所开学,农民部秘书、共产党员彭湃担任主任。(中国社会科学院近代史研究所中华民国史研究室编:《中华民国史资料丛稿·大事记》第10辑,第98页)

△ 中央执行委员会议讨论邓泽如等之弹劾共产党案,决议发表宣言。

上月18日,中国国民党中央监察委员会委员邓泽如、张继、谢持列举证据提出弹劾共产党案。本日,中央执行委员会第四十次会议讨论,决议是:(一)须有表示态度宣言。(二)开中央执行委员会全体会议。(三)呈请孙中山决定。并说明:"以国民党第一次全国代表大会之政纲宣言为准。凡入党者,如具有革命决心及信仰三民主义之诚意者,不问其从前属于何派,均照党员待遇。有违反大会宣言及政纲者,均得以党之纪律绳之。党中同志不必怀疑,仍须依前奋斗。同时并请先生召集中央执行委员会全体会议,讨论办法。推定汪精卫、邵元冲担任起草宣言。"本月7日,发表关于党务宣言。(罗刚编著:《中华民国国父实录》第6册,第4691页)13日,张继、谢持以提出弹劾共产党案后,国民党中央未有有效处理,故联袂离粤赴沪。("中华民国"史事纪要编辑委员会编:《中华民国史事纪要(初稿)——一九二四年七至十二月》,第57—58页)

△　大本营财政部长兼盐务督办叶恭绰呈文孙中山,荐任林君复、黄元彬等担任盐务署秘书。孙中山本日明令任命林君复、黄元彬等为秘书,并于7月9日就此指令叶恭绰,林君复、黄元彬等已明令任命。(《大本营公报》第19号,"命令","指令"第709、710号)

△　令中央直辖第一军军长朱培德勿再截留省河筵席捐。

6月26日,广州市市长孙科呈文孙中山,"永春公司承办省河筵席捐务,因积欠饷项,迭呈退办,经我厅招商接办,亦无商人认饷包承。又该公司承办筵席捐,系朱军长以划拨积欠军饷关系介绍该公司商人张希明认饷承办,该公司应缴按预饷十一万余元。查抵缴军费议决原案系按月指拨,朱军长一次过先提缴十一万余元,已与原案歧异。至来函所云该款实未收到,更与发出印收及职厅抵销饷额手续不符。职厅惟有根据印收划抵,计第一军积欠军费,前经财政委员会议决定,拨二十二万元。除收过十一万余元外,只欠十万余元。照案似应由职厅在该捐项下月拨一万元,其余悉数分拨省市教育经费,以免摧残教育而符原案。除一面另行招商承办,并函请财政委员会切实维持外,谨将办理此案情形备文,呈请鉴核。俯赐令行中央直辖第一军朱军长勿再截收以维教育"。本日,孙中山函复广州市市长孙科:准如所请,候令行朱培德勿再截留收省河筵席捐。(《大本营公报》第 19 号,"指令"第 674 号)同日,又训令中央直辖第一军军长朱培德勿再截留省河筵席捐,以维教育。(《大本营公报》第 19 号,"训令"第 316 号)

有关朱培德截留省河筵席捐事,本月 2 日,广州市市长孙科另有呈文,一面请孙中山令饬朱培德,所积欠该军军费依照原案,按月匀摊收缴,赴厅领收,勿再截留省河筵席捐以维教育经费。一面提议拟由广州市政厅派总办一员经理省河水陆酒菜筵席捐事宜。孙中山据此,于 7 月 8 日指令广州市长孙科,照准,候令行朱培德勿再截留此项捐款。(《大本营公报》第 19 号,"指令"705 号)并于同日训令中央直辖第一军军长朱培德,省河水陆酒菜筵席捐由广州市政厅派总办一员经理其事,嗣后如未有商人认饷包承前,应责成该总办遵照征收筵席捐原定章程代收、代缴,准在收入项下提二成为办公经费。令该军长即便遵照,嗣后毋得截留此项捐款,所有积欠该军军费,仍照原案按月匀摊收缴赴厅领取。(《大本营公报》第 19 号,"训令"第 332 号)

△　免陆军军官学校第一队队长吕梦熊职务,并令各军嗣后勿得录用。

训令广东省长廖仲恺及各军总司令、司令、军长等,陆军军官学校第一队队长吕梦熊不知奋勉,私开会议要求加薪,并欲联名要挟,引起同盟罢职,故免去吕梦熊职务,永除党籍,并令该总司令、省长、军长、司令遵照并转饬所属遵照,嗣后勿得录用。(《大本营公报》第 19 号,"训令"第 318 号)同时,指令陆军军官学校校长蒋介石、驻校党代表廖仲恺,准如所请通饬军、政各机关不准录用该校第一队队长吕梦熊。(《大本营公报》第 19 号,"指令"第 678 号)吕梦熊前于 6 月 15 日由蒋介石呈请孙中山任命为军校第一队队长,(中国第二历史档案馆编:《蒋介石年谱(1887-1926)》,第 182 页)6 月 17 日《大本营公报》刊载了孙中山对其之正式任命。(《大本营公报》第 17 号,"命令")嗣后,因吕私开会议,以同盟罢职要挟加薪。蒋介石、廖仲恺遂于 25 日联名呈文孙中山,(中国第二历史档案馆编:《蒋介石年谱(1887-1926)》,第 185 页)谓吕梦熊不遵命令,违犯纪律,学术平庸,性情跋扈。并言已将该队长吕梦熊看守,拟即免其职务,永除党籍,请通饬军政各机关不准录用、驱逐出境。(《大本营公报》第 19 号,"指令"第 678 号)始有本日孙中山对广东省长、各军长官之训令及对蒋介石、廖仲恺之指令。吕梦熊被免职后,军校第一队队长之职遂告空缺,蒋介石旋于 7 月 9 日呈请调任区长童锡坤为军校第一队队长。(中国第二历史档案馆编:《蒋介石年谱(1887-1926)》,第 193 页)

　　△　中国国民党为德发债票案,发表宣言反对,并揭露其真相。

　　6 月 18 日,上海《新闻报》透露北京政府国务院致吴佩孚、齐燮元等之寒(14 日)电,谓德发债票可得现款四千万余元,因此,显示北京政府办理之经过诡秘,用途叵测。中国国民党本日发表宣言反对,并主张应由民意机构组织合议机关接办,使其用途有裨国计民生。

　　中国国民党为德发债票案宣言云:"比年以来,北洋军阀盘踞北京,盗窃政府名义,以遂其卖国殃民之欲。本党为保护国家及人民利益计,一面宣言所有伪北京政府之行为,概不承认。一面对于伪北京政府声罪致讨,务使城狐社鼠,无所凭借。耿耿此志,凡我国民,当所共喻。最近所传德发债票案,据本党调查观察之结果,仍不外伪北京政府卖国殃民之一种行为,用抉真相,以告国人,惟垂察焉。

　　"我国在欧洲战争及对德宣战期内所受各种损失,应由德国赔偿者,据册报总数为一万万二千二百余万元,而参战军费一万万零五十余万元尚不在内。其间如间接损失、赔偿标准等等问题,虽尚有讨论之必要,然此事关于赔偿国家及国民损失,且为数之巨以万万计,其关系既甚重大,其性质又无须秘密。伪北京政府果无执法作弊之意存于其间,当即以此案完全公开,以求适当之解决。乃伪北京政府办理此案,绝端诡秘。

　　"以上所言,尤专意于赔偿方法,至于赔偿之用途,尤有当为国民所注意者。案庚子赔款对德部分为数一万零八百万元早已退还,而退还之后作何用途,至今无人过问……北京伪政府甘为军阀鹰犬,以残虐国民,久为历年昭著之事实。以国家及国民利益所关之事,付之彼辈,其为危险宁可思议! 必与庚子对德赔款,及前次德国对我赔款四百万元,同葬送于黑暗罪恶之中,不特无以弥补国民之损失,且适以增加国民之负担已耳。况寒电所传,犹为表面之语,据近日各报馆所载,伪北京政府已与各省军阀协定分赃计划,数目分配,灿然已备。然则此四千余万之赔款用途,小则饱军阀之私囊,以供无餍之欲,大则以之为摧残异己之用,其结果适足以增长内乱,蔓延兵祸,此不独本党所极端否认,亦国民所同声反抗,抑亦有友谊关系诸国所不能坐视者也。

"综之,伪北京政府对于德发债票案,其办理经过之诡秘,方法之糊混,用途之叵测,皆足以构成其卖国殃民之罪状。本党对伪北京政府早已不屑与言,惟我国民对此利益所关,危机所伏之德发债票案,实不宜漠视。本党以为全国以内,各国民团体,如省议会、教育会、商会、农会、工会等,宜及时奋起,对于此案,一致主张应共同组织合议机关,直接处理一切,办理务使公开,方法务使正当,用途务使其有裨于民生国计。庶几国家及国民利益,不致为少数军阀垄断以尽。其他于此案有相类之性质者,如金佛郎案,如各国退还庚子赔款案,国民亦当以同一态度而处理之。若犹疑不决,或少尝辄止,则国民不啻自暴其弱点,终必为军阀所乘。在军阀固得以纵其卖国殃民之欲,而国民亦不能辞姑息养奸之诮。是非利害,惟国民知所从事焉。"(萧继宗主编:《革命文献》第 69 辑,第 94—96 页)

△　林虎谓孙中山"可与共患难,不可与共安乐"。

报载近有某外国传教士,询问林虎对孙中山之真态度如何。林虎答谓,"中山,革命前辈,但可与共患难,不可与共安乐。昨年李烈钧抵汕,劝我投孙,许以种种权利。又滇军朱培德投函于我,历述孙文爱我之热忱,杨希闵、范石生亦尝直接通函,我均未尝答复。惟此次湘军谢国光投入粤军,特接纳之。我不欲戴中山之高帽子,惟与李协和之友谊,是永不可忘,因对李未尝绝交,对孙则确无议和之可言"。(《林虎对孙之真态度》,《香港华字日报》1924年7月3日)

△　联军内部因财政问题暗潮愈烈。

报载广州政府之财政状况,日趋紊乱,迄为有枪阶级从中阻梗,故至今仍苦无整理之法。拮据情形,与时俱增,联军内部暗潮,因此益烈,樊钟秀之索款大发牢骚,竟有卖枪撒手而去之愤言。最近盐运使署支给各军伙食费外,存有现款一千一百元,邓泽如乃暗中通知刘震寰部,谓该处有现款,倘欲提取,可急向孙中山取手令来,刘部遂急为照办。讵此事竟为郑洪年侦悉,为先发制人计,急急提出财政委员会处分该款,即席将该款分发各部。迨刘部拿孙中山手令到署提取,邓氏谓该款已为郑洪年等处分,刘氏以此事转告胡汉民,胡氏大愤,当即致函郑洪年,深表不满之意。(《捉襟见肘之联军财政》,《香港华字日报》1924年7月3日)

7月4日　训令滇军总司令杨希闵,即饬所属嗣后对于禁烟督办设施禁烟事宜,务须协助进行,毋得侵越权责。(《帅令协助禁烟事宜》,《广州民国日报》1924年7月5日)

△　师长周之贞呈文孙中山,"职部驻防顺属九区江尾地方游击队,于江日晨被匪首曾带、李顺、陈榜等纠党千余,蜂拥扑攻,我军分头抵御,血战数时。因子弹告竭,统领黎桐身中九枪阵亡,全部军械、服装、辎重、旗帜及本月奉发之口令,悉被劫夺。请先将本月口令通饬各军更换,以防流弊。除设法派队进剿外,谨先电陈,详情续呈"。(《股匪劫夺江尾驻军》,《广州民国日报》1924年7月8日)

△　令第三军军长李福林,清剿顺德、香山、南海属内之海盗,着即负完全责任,速即督队前往。所到地方,无论防军、乡团,不得有阻抗行为,违者以通匪论,准其严行剿办。(《令李福林剿南顺香土匪》,《广州民国日报》1924年7月5日)

△　指令调中央直辖第一军朱培德部开赴湘边抄袭马济部,协定桂局。(《朱培德部出防湘边》,《广州民国日报》1924年7月4日)任命谢

英伯、丁象谦、叶农生为大本营参议,任命丁超五、鲁鱼、杲海澜、林骨为大本营咨议。(《大本营公报》第 19 号,"命令")

　　△　广东农业专门学校四年级生二十一名,于 6 月修业期满,符合毕业要求。国立广东大学校长邹鲁于上月 27 日呈请准予举行毕业试验。本日,孙中山指令邹鲁,准广东农业专门学校四年级生举行毕业实验。(《大本营公报》第 19 号,"指令"第 681 号)

　　△　上月 26 日,大本营经界局督办兼办广东沙田清理事宜古应芬呈文孙中山,已于 6 月 23 日派员将广东全省沙田清理处接收,并于 26 日就职任事,启用印信。本日,孙中山指令古应芬,呈悉所报就职及接收日期,准予备案。(《大本营公报》第 19 号,"指令"第 683 号)7 月 23 日,古应芬将其所拟《经界局组织条例》十九条,呈送孙中山核定,并乞公布施行。26 日,孙中山指令古应芬,所呈《经界局组织条例》准如所拟施行。(《大本营公报》第 21 号,"指令"第 814 号)

　　△　本月,广东财政厅长郑洪年呈文孙中山,拟令各县组织包征钱粮处,选派专员酌收保证金。当经发交整理田赋委员会共同讨论,酌拟包征简章,察核似属可行。特将简章呈请察核。孙中山收悉该呈及简章,于本日指令郑洪年,准予备案,简章存此。(《大本营公报》第 19 号,"指令"第 685 号)

　　△　东江缉匪司令徐树荣呈文孙中山,据侦缉长徐华湛报称,新编"泰和"巡舰,江日(3 日)保护大来公司货船数艘,行至距增城县地下游十里沙塘墟地方,突被袁虾九匪党数百人三面袭击。该处河窄水浅,卒因众寡不敌,匪党将"泰和"巡舰骑劫以去。现自舰长以下各员水兵,未知下落,闻各货船亦有湘军十余名驻护,当被劫时,均不知生死。该部随加派水陆大队会同该部湘军、防军、县警、民团严加痛剿,先行略报,详情续呈。(《电告股匪劫货船》,《广州民国日报》1924 年 7 月 7 日)

　　△　指令财政委员会,7 月 1 日起,按日拨付湘军医院经费五百

元;即发滇第三军雇夫经费一千五百元;先行筹拨湘第六军援桂经费三万元。(中国第二历史档案馆编:《中华民国史档案资料汇编》第4辑下册,第1297—1299页)

　　△　粤军参谋长蒋介石致书谭延闿,言及当前战事,并请谭于伙食问题,勿庸过虑。

　　书云:"顷奉手教……张师①约日内可出发,惟加入何翼,尚未决定。在汝兄之意,视何翼前进较速,则加入何翼。中正主张,以加左翼②为宜。而张师实力……助战则可,若使其单独前进担任一面,则恐牵累友军。倘贵军能抽二千以上之枪,与之共进,则临敌庶有把握。如以为可,请即来电催发……赣方北军将来之谣甚盛,中正之意,只要东江方面能有一翼前进,则各方隐忧可以立消,北军更不必惧。如果北军由梅岭入南雄,则贵军以一部由连平入三南以捣其后,不须多兵即可抵制江西之敌……仲恺、展堂诸先生,对于贵军尤为关切。伙食一项,可弗过虑,近日情报,林(虎——引者注)、洪(兆麟——引者注)二逆,相轧益烈,当林逆未到汕以前,陈逆在汕会议,已派定黄强、陈觉民等接近黄业兴、黄任寰等部,将欲实行改编时,而林逆忽到汕,故陈逆之计不得遂,此为逆部秘密消息之一。据此可知,林、洪、陈水火之状矣。"(毛思诚编纂:《民国十五年以前之蒋介石先生》,转引自广东省立中山图书馆、广州市社会科学院、中山大学图书馆编:《黄埔军校史料汇编》第3辑第55册,第58—59页)

　　7月5日　令财政委员会不得再向粤汉铁路派担款项。

　　上月30日,商办广东粤汉铁路总理许崇灏、协理张少棠因铁路负担过重,财力枯竭,特呈文孙中山,请嗣后勿再向该路派担各机关各军队款项。本日,孙中山因此指令管理粤汉铁路事务许崇灏:该处力陈财力枯竭,自属实情。除仍遵前令担任西路每日五百元外,候再

---

　　①　或指粤军张民达之第二师。
　　②　谭军处左翼方面。

令财政委员会,嗣后无论何项机关、何项军队,均不得再向该路派担款项。(《大本营公报》第19号,"指令"第686号)同日,并训令财政委员会,粤汉铁路除仍担任西路每日五百元外。嗣后无论何项机关、何项军队,均不得再向该路派担款项。(《大本营公报》第19号,"训令"第320号)

△　任命大本营军需处职员,并令各机关将直接支付之款,解交军需处按数指拨。

为便利统一筹划军需,大本营特成立军需处,上月19日,孙中山发布命令,派胡谦、郑洪年经理大本营军需处事宜。(《大本营公报》第17号,"命令")经胡、郑悉心筹办,军需处拟于7月7日成立,本日,孙中山就此训令禁烟督办鲁涤平,广东省长廖仲恺,桂、滇、湘、粤、豫军总司令刘震寰、杨希闵、谭延闿、许崇智、樊钟秀,广东财政厅长陈其瑗,两广盐运使邓泽如,广州市政厅市长孙科,公安局长吴铁城,大本营军政部长程潜,财政委员会等,大本营军需处定于7月7日成立,所有前令各机关直接支付之款,应照前令指拨数目解交军需经理处,按数支配给领。至以前所欠各军给养等款,责成军需处另行设法清理,呈候核办。(《大本营公报》第19号,"训令"第321号)嗣后,胡谦、郑洪年呈文孙中山,请准派曾镛为参事,派黄启元、宋梁为副官,黄伯诚为会计科科长,欧阳濂为会计科副科长,余辉照为出纳科科长。(《大本营公报》第20号,"指令"第747、748号)孙中山乃于12日正式公布任命,(《大本营公报》第20号,"命令")并于15日复函告知胡谦、郑洪年。此外,军需处曾将所拟该处章程呈报孙中山察核,孙经收悉审查后,指令军需处,所拟章程尚属妥协,惟参事、科长、副科长、副官均应改为荐派,科员、书记官改为委派,即照此修正,呈候核准施行①。办理大本营军需事宜军政部次长胡谦、财政部次长郑洪年奉令,将该处章程

---

①　据大元帅"指令"第810号原呈载,此件为大元帅"指令"第750号,大本营军需处于7月16日接收。

中参事、科长、副科长、副官改为荐派，科员、书记官改为委派，并将修正另缮章程一份，于 7 月 22 日具文呈送，以资鉴核备案。26 日，孙中山指令胡谦、郑洪年，所呈修正之《大本营军需处章程》准予备案。（《大本营公报》第 21 号，"指令"第 810 号）

　　△　6 月 28 日，广东高等审判厅厅长陈融、广东高等检察厅检察长林云陔联名呈文孙中山称，经审、检长会商，拟将警监学校改设法官学校。原有警监各班仍附设其中，一俟各班毕业后即行停止。至该校经费，除由收学费项下开支外，倘有不足，仍由审、检厅筹拨。并将所拟法官学校规程、课程呈报察核。本日，孙中山函复陈融、林云陔，所拟规程、课程、预算尚属可行，应予照准。（《大本营公报》第 19 号，"指令"第 687 号）

　　△　大本营特别出入证改用手折。

　　大本营出入证，原使用金色方形青天白日出入证，但已多至六百七十余枚，孙中山为郑重出入起见，令改制手折以救冒滥。故有《广州民国日报》6 月 25 日报道，谓孙中山令大本营参军处，大本营特别出入证改用手折。（《通告换出入证》，《广州民国日报》1924 年 6 月 25 日）外间闻改用，多有援例请换之举，参军长张开儒恐旧证换新折难免重蹈覆辙，故拟具办法，各部总次长各部局长各总司令军师长参谋长省长市长各厅长各督办财政委员会委员秘书处科员以上参谋处参军处校官以上照换新折，其他人员非经孙中山批准概不发给。并于本月 4 日将此办法具文呈报孙中山察核。本日，孙中山指令张开儒，准如所拟办理。（《大本营公报》第 19 号，"指令"第 691 号）

　　△　报载孙中山前以北军着着进迫，北江形势紧急，已令许崇智派兵赴援。讵许部以开拔费无着，迟迟未出发。日前孙中山特下严令催促，许氏不得已，于 3 日令驻白云山、观音山、燕塘三处之张民达旅出发。（《北江军事日趋紧急》，《香港华字日报》1924 年 7 月 5 日）

　　△　法国当局要求大元帅府驱逐在粤越南人，为孙中山拒绝。

　　越南志士范鸿泰在广州法租界谋炸途经中国的法国印度支那总

督马兰,炸死法国领事等四人,重伤二人,被法警追捕时投珠江自沉。事后,法国当局要求广东大元帅府驱逐在粤越南人,赔偿损害并道歉,均为孙中山和省长胡汉民所拒。孙中山说:"余未闻有越南人,脱使有之,亦皆好人,无一凶手。"(杨天石:《孙中山与民初政局》,第 437 页)后英、法以马兰被炸为借口,于沙面租界制定侮辱中国工人之"新警律"十二条,旋引起沙面工人大罢工①。

7 月 6 日　中央执行委员会致函孙中山,据陆军军官学校校长蒋介石,党代表廖仲恺等呈缴学生详细调查表计二份共八本,除存案外,理应备文连详细调查表一份共四本呈请睿鉴备考。(《中执会致陆海军大元帅函稿》,中国国民党汉口档案第 13067 号)

△　派大本营建设部长林森代表出席国民党广州特别市党部成立大会,并致训词。

本日下午,广州特别市党部在广东高等师范学校礼堂举行成立大会,孙中山派林森代表参加并代致训词,略谓:"本党改组,总理抱一大志愿,将总理从前全权,付托于大众同志,各同志受此付托后,须努力担任此重大职务,党员个人如有意见,可循组织逐级反映,而中央议决后,即分令省市各区分部执行,党员个人要遵守纪律,此总理对于各同志之厚望。"("中华民国"史事纪要编辑委员会编:《中华民国史事纪要(初稿)——一九二四年七至十二月》,第 29-30 页)

△　中国国民党旅法同志举行全体党员大会,决议在巴黎设总支部,扩展在欧组织。

"早在本年 1 月间,旅法同志即成立巴黎中国国民党通讯处。支部长王京岐于 3 月间归国,与粤、沪两地领导同志接洽甚多,至 6 月间返法,即提议将支部改组。巴黎中国国民党通讯处遂于 6 月 25 日集会,决定召开全体党员大会讨论支部改组事宜。本日,大会假巴黎地理学会举行一天,由王京岐主席,决议在巴黎设总支部,并筹设华

---

①　参见 7 月 15 日条。

工义务学校及募集基金等项,同时推定二十八人为出席总支部代表。"(罗刚编著:《中华民国国父实录》第6册,第4697页)7月20日,中国国民党驻法总支部成立,举行第二次代表大会,通过《致海内外同志书及革命将士书》。(罗刚编著:《中华民国国父实录》第6册,第4707页)

　　△　奉张对中俄协议不满,派代表杨大实来粤刺探孙中山对俄真意。

　　杨大实经于5日抵省,携有张作霖送来满洲出品如鹿茸、人参、獭皮、貂皮,及其他贵重物品,赠与孙中山和高级重要军官,计各物价值五六千元之巨。另附有公函,关于中俄协议,声明东三省表示反对。6日杨氏亲到大本营入谒孙中山①。关于两人之谈话如下:"杨谓,奉天态度,以曹锟所订之中俄协议,于东三省大为不利,且协约中之第六项,有协助北政府摧残国民救国运动之痕迹。今自命为谋世界民族幸福之俄罗斯,竟与北京订立此项欺人之条款,实属破坏正义之保障。若北京与其他各国引中俄协议之成例,而继续产生此项条款时,则吾人此后若再遇贿选或复辟卖国等举动,均无可反对,惟有坐视国家灭亡,故对此项协定,不特奉天及已有革命行为者方面,应为合理的否认,而打破其为单方面谋利益的作用,即全国人民,亦宜一致注意,故东三省人民对此项条件,已具同一的决心,而奉当局为服从民意起见,亦已有表示。杨又谓我们民党,当清季革命时代,尝亡命于俄罗斯,因为政治犯尚得俄国政府保护,若中俄协议第六项规定,我们党人,设因国事亡命俄国,亦不能得俄国保护,北京政府倘与别国订此同样条约,我们所受的影响,必非浅鲜,故俄国之谋不利于我,可于协约中见之。孙中山答谓,苏维埃政府,确与我广东政府为友,主义同精神同,彼此确心心相印,其所以与北京政府订约者,因双方立于对待地位,不得已订此表面上之中俄协约,此实苏俄外交上应

_____

　　① 《中华民国史资料丛稿·大事记》第99页将杨大实与孙中山谈话的日期定为7月5日。

采之态度,不足为奇。又谓我国民党员中之不明共产党真意,至起反抗,及共产党以我国民党作宣传活动,我皆乐有此小孩子为党事效力。此盖隐示国民党武力失败,今后当利用青年份子,主张共产,以图补救,党员即有反对,结果亦必一致拼命。杨氏再问及东江战事,及今后广州政府之施政方针。孙中山谓我决意不管东江战事如何,决定先筹备北伐。杨氏问,东江未肃清,陈炯明打到广州,将以何法拒之。孙中山哈哈大笑曰:设使陈炯明打到广州市,我亦不必下命令叫他们拒陈,我当敛手旁观,走上城楼睇马打,不忧滇、湘、桂各军不来应敌,彼等饭碗所关,兵临城下,当必为自己出死力也。"(《广州政局近势与其施政方针》,《香港华字日报》1924年7月10日)

7月7日　中国国民党发表关于党务宣言,声明容纳共产党人的原则。

宣言曰:"吾党自提倡革命运动以来,内审本国之国情,外按世界之趋势,几经斟酌,始确定三民主义为中国革命运动唯一之根据。三民主义之革命,为中国革命运动中唯一之途径,而最适合于中国之国情及环境,奋斗既久,信守弥笃。惟以向者组织未善,运用之际,效力遂减。本年全国代表大会,即根据吾党固有之三民主义,而改善其组织运用之方法,俾革命事业得以早成。同时又以中国现在之大多数人民,皆陷于压迫苦痛之中,则革命之基础,自以联合全民共同奋斗,始能益显其效力。故凡有革命勇决之心及信仰三民主义者,不问其平日属何派别,本党无不推诚延纳,许其加入,态度本极明显。

"惟数月以来,党内党外间多误会。以为已加入本党之共产派党人,其言论行动尚有分道而驰之倾向。于是反动派得借此而肆其挑拨,同志间遂由怀疑而发生隔阂。社会群众之莫明真相者,更觉无所适从,减少其对革命运动之同情及赞助。此种情状,若不亟事矫正及补救,恐直接影响于党务之进行者,间接亦影响于全民革命之发展,关系实至深且巨。中央执行委员会,负有指导党务及解释党义之责任。兹为解免党内外之误会及隔阂起见,不能不再为郑重之声明;即本党既负有中国革命之使命,即有集中全国革命分子之必要。故对于规范党员,不问其平日属何派别,惟以其言论行动能否一依本党之主义政纲及党章为断。如有违背者,本党必予以严重之制裁,以整肃纪律。同时又为谋慎重的及周密的解决起见,特呈请总理,在短期内召集中央执行委员会全体委员会议,以期讨论周详,妥筹解决。仍望我诸同志在此时期中继续努力,本革命之精神,为主义而奋斗,摒除疑惑,奋励进行,以静待全体委员会议之解决,俾革命工作不致中顿。此则本委员会同人殷殷相企者也。特此宣言。"(萧继宗主编:《革命文献》第69辑,第97—98页)

　　△　派林森为太平洋粮食保存会委员。(《大本营公报》第19号,"命令")

　　太平洋粮食保存会议预定本月31日至8月14日在檀香山举行。2月间,美国夏威夷总督兼该会会长福林登,向大本营发出邀请通知。与会者皆太平洋沿岸各国代表。会议名称一译为"联太平洋民食维持大会"。本日,孙中山派林森为该会会员,代表前往出席。林森已在7月5日离穗赴沪候船,并于会后访问美洲各地,为"党立贫民生产医院"向侨胞募集基金。("中华民国"史事纪要编辑委员会编:《中华民国史事纪要(初稿)——一九二四年七至十二月》,第38页)

　　△　准长洲要塞司令马伯麟辞职,令蒋介石接任。

　　任命蒋介石兼长洲要塞司令,(毛思诚编纂:《民国十五年以前之蒋介石先生》,转引自广东省立中山图书馆、广州市社会科学院、中山大学图书馆编:《黄埔军校史料汇编》第3辑第55册,第60页)并赐军校《二十四史》《四库备要》各一部。(中国第二历史档案馆编:《蒋介石年谱(1887—1926)》,第193页)前长洲要塞司令马伯麟,因要塞经费无着,士兵嗷嗷索食,于7月5日向孙中山呈请辞职,(《大本营公报》第20号,"指令"第717号)孙准其辞职,并以蒋介石继任。蒋介石遂于15日正式就长洲要塞司令职,就职日期并由粤军总司令许崇智于19日呈报孙中山,孙中山则于23日指令粤军总司令许崇智,呈悉所报兼长洲要塞司令蒋介石视事及

启用印信日期。(《大本营公报》第21号,"指令"第793号)

　　△　本月3日,广东高等检察厅检察长林云陔呈文孙中山,请其饬令新任广东财政厅长陈其瑗将该厅与广州地检厅及两监一所经费,每月额支毫银九千六百八十七元六毫提前拨支。孙中山收悉后,于本日指令林云陔,候令行广东省长转饬广东财政厅提前拨支该厅经费。(《大本营公报》第19号,"指令"第698号)并于同日训令广东省长廖仲恺,令其转饬新任广东财政厅长陈其瑗提前拨支林云陔所请经费。(《大本营公报》第19号,"训令"第326号)

　　△　准发行地方短期抵纳券,并准财政厅在各属乡镇繁盛地点添设契税分局。

　　因财政短绌,广东财政厅决定发行总额毫银三十万元短期抵纳券,经广东省长提交财政委员会议决后,财政厅长郑洪年于6月27日呈文孙中山,报告发行短期抵纳券事,谓该抵纳券定于6月21日开始发行,并请一个月后除加二加五厘税专款外,凡各属钱粮契税及各厘税厂、各承商税捐厘金等一切饷项,均准抵纳。再此次举办短期抵纳券款巨期迫,应请另派员办理,俾专责成,所有印刷纸张笔墨及员司薪水,并请在实收项下开支以应急需。29日,郑洪年复呈报,拟查照该厅原有税验契局办法,于各属乡镇繁盛地点添设契税分局,遴派局长前往就近征收,并厉行查催。本日,孙中山指令郑洪年,所呈请发行地方短期抵纳券、办理各属繁盛乡镇契税分局各事,准如所拟施行。(《大本营公报》第19号,"指令"第695、696号)

　　△　因军需收支每日相差过巨,财政委员会前曾致函孙中山称,拟自本月7日起,除有防地各军队令其自行维持给养外,其无防地各军队,一律按现收入数目加以分配,暂期收支适合。孙中山本日指令财政委员会,准如所请办理,并令财政委员会径行分咨各军队知照。(《大本营公报》第19号,"指令"701号)

　　△　中国国民党决定汉口执行部暂告结束,派刘成禺北上办理湘鄂豫军政事宜,在刘行前,与其谈论联俄联共问题。

据刘成禺述:7月7日……孙中山谓刘成禺曰:"……吾知汝与共产党人水火,故派汝全权办理湘、鄂、豫军政大事,此后党务,可不必问。予自莅粤设立政府以来,英、美、日三国无事不与我为难;英尤甚! 如沙面事件、派兵舰抢海关事件,皆汝所亲见,我可谓无与国矣。今幸苏俄派人联络,且帮助一切重要物质,彼非厚于我,欲借国民党以实行其在华政策耳。吾则以外交政策联俄,以威胁英美日……"

孙中山曰:"吾向以诚意待人。……故吾谓三民主义,其中能包括共产主义;共产主义不能代表三民主义,代表大会开会,言之綦详。汝当竭其全力完成派汝之任务,党事不必过问……"

……

孙中山曰:"共产党能守吾党范围……"

刘成禺曰:"有先生在,吾党当然无忧。人无百年之寿,设先生一旦不讳,环顾吾党,谁能继先生负此责任者? 有之,则事以横决,纵能收拾,不过保存一部,星星之火,可以燎原。继先生者,终难畅行其志,不如先事预防之为要耳。"

孙中山睁目视之曰:"刘禺生! 汝以我为不久即死乎?"

孙中山对刘成禺所讲此段话,已清楚说明了他对共产党的基本态度。("中华民国"史事纪要编辑委员会编:《中华民国史事纪要(初稿)》——一九二四年七至十二月,第34—35页)

另据《中华民国国父实录》载,中国国民党汉口执行部暂告结束后,所有湘、鄂、陕党务,概归上海执行部办理。(罗刚编著:《中华民国国父实录》第6册,第4698页)

7月8日 任命黄桓为广东电政监督兼广州电报局局长,并令按月拨给电报局补助费。

命黄桓为广东电政监督兼广州电报局局长,原任何家猷免职。委任陆志云为广东电话总局局长,原任黄桓免职。(《大本营公报》第19号,"命令")7月7日,大本营建设部长林森呈文孙中山,据广东电政监督兼广州电报局局长何家猷呈称,孙中山饬令财厅按月拨助五千元,屡次到领未蒙照给,恳孙中山令行省长转饬照案拨给。另何家猷欲辞去广东电政监督及广州电报局兼职,查前充汕头电报局长、现充交通局长陈润棠留学奥国,实习电报电话并历充交通司司长、汕头潮州电报局长,尚堪任用,希鉴核示遵。(《大本营公报》第20号,"指令"第771号)对于请照案拨助款项,孙中山于19日训令广东省长廖仲恺,因商报减少,广州电报局所收电费不敷开支,自属实情。候令行该省长转饬财政厅,以后务将补助费五千元按月拨足给广州电报局,以维电政。(《大本营公报》第20号,"训令"第368号)至于所请陈润棠接任一事,由于孙中山本日已明令黄桓任广东电政监督兼广州电报局局长,故林森所荐由陈润棠接任广东电政监督兼广州电报局局长一事,自毋庸议。(《大本营公报》第20号,"指令"第771号)何家猷亦遵令于11日与黄桓办理交接,并将交接情形呈报孙中山。(《大本营公报》第20号,"指令"第757号)

　　△　派谢瀛洲为法制委员会委员。(《大本营公报》第19号,"命令")

　　△　批准马超俊所呈民团备价请领枪弹变通办法。

　　马超俊前因兵工厂与罗拔洋行提取机器一案需款甚巨,故呈请孙中山准予将兵工厂所生产枪支拨归民团备价请领,而暂停各军定造枪支,得孙中山应允[1]。但因民团备价请领枪支程序繁琐,不利实行,马超俊为筹款迅速起见,特拟变通办法,即各县民团、商团有备价请领枪弹直接由厂长呈奉孙中山核准者,暂由厂长呈请省长填发护照,连同请领枪弹,径发交各该县长转发领用。其余办法仍照章程及细则办理。并于6月28日将此变通办法具文呈报。本日,孙中山指令马超俊,候令行广东省长查照办理。(《大本营公报》第19号,"指令"703号)同日,并令广东省长廖仲恺遵照办理。(《大本营公报》第19号,"训令"第331号)

　　△　朱培德以该部上尉排长陈荣光战伤残废,请求发给恤金四

──────────

[1]　参见6月19日条。

百元。经军政部长程潜核察，与《陆军战时恤赏章程》事实相符，故呈文孙中山，请准给陈荣光一等伤恤金并令饬广东财政厅提前拨给恤金四百元，(《大本营公报》第19号，"指令"706号)本日，孙中山训令广东财政厅长陈其瑗，据军政部长程潜呈称，中央直辖第一军第三混成旅第六团第三营第十连上尉排长陈荣光，因战伤已成残废，令该厅提前筹拨该上尉恤金四百元[①]。(《大本营公报》第19号，"训令"第333号)

　　△　令内政部仍设法裁减经费。

　　应孙中山削减经费之训令，本月2日，大本营内政部长徐绍桢呈报该部人员经费削减情况，谓该部经费、人员已减无可减，并请孙中山令行财政部每月按该部额支经费如数支拨，俾维现状而资办公。(《大本营公报》第19号，"指令"708号)但孙中山对内政部经费开支情况不甚满意，故于本日训令大本营财政部长叶恭绰，谓当此财政艰绌之时，自应力求撙节，内政部虽积欠各员司薪俸为数甚巨，但仍请设法裁减，呈候核定。(《大本营公报》第19号，"训令"第335号)并将设法裁减之决定以指令下达徐绍桢知照。(《大本营公报》第19号，"指令"708号)

　　△　令财政委员会，按日拨给兵工厂制造子弹经费，以免贻误戎机；发蒋作宾旅费一千元、蔡济民运枢费一千元；将广东高等检察、地方检察两厅经费及监狱看守所囚粮，改由广东盐运使属照额拨给，即查照办理。(中国第二历史档案馆编:《中华民国史档案资料汇编》第4辑下册，第1299—1302页)

　　△　巴甫洛夫请求苏联政府给孙中山政府运送武器，并建议成立军事委员会。

　　巴甫洛夫一到广州，就仔细研究和深入了解军队情况，他得出结论:军队的弹药武器十分缺乏，经费拮据，因此，许多将领和兵士各行其是，孙中山的命令有时得不到执行。兵工厂太小，不敷使用。空军

---

　　①　原令未署日期。按大元帅"训令"第332号和第335号发令日期均为7月8日，今据此酌定。

力量薄弱。针对这种情况,巴甫洛夫首先给苏联政府拍了电报,请求立即给孙中山政府运送急需的武器。这是 7 月 8 日。仅仅过了一天,苏联领导人就据巴甫洛夫的急电做了安排,准备马上启运武器。他做的第二件事就是整顿孙中山军队的纪律,改组广州政府的军队,使之成为政治上可靠的武装力量。为此,巴甫洛夫建议成立军事委员会,建议得到鲍罗廷的支持,孙中山也表示同意。于是成立了以孙中山为主席和有胡汉民、廖仲恺、杨希闵、许崇智、刘震寰、蒋介石、伍朝枢、谭延闿、樊钟秀等九人为委员的军事委员会。巴甫洛夫担任该委员会的军事顾问。(李玉贞:《孙中山与共产国际》,第 398—399 页)

△　英、法、日驻华使节抗议孙中山政府组织征收盐税机关。

英、法、日驻华使节向北京外交部抗议广东革命政府组织征收盐税机关,广州该三国领事亦向当地政府为同样之抗议。(《时事日志·中国之部》,《东方杂志》第 21 卷第 15 号,第 154 页)《时事新报》7 月 10 报道亦载,英日法使向外交部正式抗议孙中山设立广州盐政处事,并令广州领事团亦向孙中山提出抗议。按粤滇川三省数年来由北京盐务署所派之员征收盐税,而地方官截留自用,孙中山将盐务人员易以自派之人。(《粤省自设盐署之抗议》,《时事新报》1924 年 7 月 10 日)

△　中俄协定签订,粤政府内只有共产党员额手相庆,其余各方均有反对之意。

广州通信云,苏俄代表加拉罕与北京政府订立之中俄协定,业已多日,此项消息,到粤之初,只共产党员额手相庆,其余各方面,虽有反对之意,然无统系之态度可见,及至最近,反对同情两者之意思,已渐显明,而奉天代表杨大实,亦关于此问题来粤,分别征询各方面主张,孙中山之意思,更得了然,因亟将各方面态度,略为公布,以谂粤中对此问题之空气。

中俄协定签字之说到粤时,张继、谢持以此协定不利于南方政府及国民党,"乃谒见中山,请示主张,中山对于俄人鲍罗廷氏甚为尊崇,不欲否认该协定,乃答以此为平常之事,就依第六条言,莫斯科及海参崴并无中国党人所设之政治机关,当然无所拘束,至各条件,表面上与北政府订立,实际上与我主义相同云云,及昨奉天代表杨大实谒中山,闻杨来意,系奉张作霖命,征求各方与奉一致反对中俄协定,因亦以中俄协定问题,询诸中山意旨,中山亦略答谓此乃无关轻重之事项,可不必多所注意"。(《广州对中俄协定之各面观》,《时事新报》1924年7月15日)

　　△　陈军由开平趋公益埠,联军坚守单水口,阻陈军渡河,保持赤礖与台山、新会等联络线,但梁鸿楷部多叛变,闻陈军已占赤礖,台山亦危,联军援队只到新昌止,许崇智未允亲赴指挥,孙中山拟于必要时调滇军往援,据陈军言,此次非积极作战,联军屡败如此,实非所料。(《电讯》,《时事新报》1924年7月9日)

　　7月9日　蒋光亮致电拥护财政统一并交出征收机关,孙中山复电嘉勉。

　　蒋光亮曾于本月7日致电孙中山,表示拥护财政统一并交出征收机关。其电略谓:"我滇军执役东下,以求真正之和平。迭经通电倡言财政统一,冀得专意整军,无如时机未熟。现奉元首意旨,先从各军内部统一着手,杨总司令力膺艰巨,慨允负责。亮既遂初衷,欣喜过望,当经令饬所辖征收各机关漏夜结束,准备7月8日完全交由军需总局接管。此后用人行政,以及本军一切供给,胥听总司令卓裁支配。"①(《大本营公报》第20号,"公电")孙中山接电后,复电蒋光亮,嘉勉其交还财政。(《大元帅嘉勉蒋光亮》,《广州民国日报》1924年7月12日)

　　△　令滇军总司令杨希闵转饬第三军军长蒋光亮,将去年在正果惨杀西路军旅长王兴中部官兵邹振武等多命一案之滇军旅长谢愤生及与案有关人员解交军部,组织临时高等军法处会审裁判,以明是非而肃军纪。(《审讯谢旅长案之慎重》,《广州民国日报》1924年7月9日)

---

　　①　《中国国民党汉口档案》中存有一电,与此内容一致,唯所属日期为"民国13年7月11日"。参阅中国国民党汉口档案第8059号。

△ 训令广东省长廖仲恺,据南越公司呈称,官市产审查委员会议决维持双山寺僧敬慈挽领旧案,勒销市厅正式给领新案,绝无理由。令该省长即将该官市产审查委员会第七次第二十八号决案全案撤销,仍照广州市政厅财政局原案办理。(《大本营公报》第19号,"训令"第337号)廖仲恺受此训令,旋于7月14日呈文孙中山,称官市产审查委员会第七次会议第二十八号决案已全案撤销,并照广州市政厅、财政局原案办理。18日,孙中山复廖仲恺,呈悉撤销官市产审查委员会七次会议二十八号决案。(《大本营公报》第20号,"指令"第767号)

△ 6月30日,军政部长程潜呈请暂免造军械收发日报表。本日,孙中山准程潜所请。(《大本营公报》第19号,"指令"711号)程潜所请,或与上月25日孙中山准兵工厂暂行停发各军定造枪支有关。

△ 本月1日,军政部长程潜呈文孙中山,已故"永丰"舰长冯肇宪拱卫帅驾卓著辛劳,疮发身亡。拟请准予追赠海军少将,并照积劳病故例,给予少将恤金。(《大本营公报》第20号,"指令"第723号)本日,孙中山明令追赠冯肇宪为陆军少将,并准照少将积劳病故例给予恤金,以彰忠勤。(《大本营公报》第20号,"命令")12日,孙中山将准予追赠冯肇宪事函复程潜。(《大本营公报》第20号,"指令"第723号)

△ 叶恭绰请免裕广银号代理军需收款业务、查封广东储蓄银行。

大本营财政部长叶恭绰(大本营财政部次长郑洪年代)呈文孙中山,裕广银号当时受部委托,本系代理军需经理处一部分收付现款事务。现因该号业务繁忙,无暇兼顾,具函请免其代理,已由部函复照准。至发行兑换券,为格外慎重起见亦尚未发行。一俟定期发行时,当再呈报察核及分行知照。(《大本营公报》第20号,"指令"第729号)又叶恭绰(大本营财政部次长郑洪年代)呈文孙中山,查广东储蓄银行此次闭门停业,据查明有迹近卷逃情事,该部为维护债权人利益,自应先将该行行址及一切物业令由广州市公安局悉予查封,听候核办,一面调查该行负债情形,再行查照定章秉公处理。所有查明广东储蓄银行停业情形,先行调查该行所负债务及查封其财产,以凭查照定章清理各缘由,备文呈请鉴核备案。(《大本营公报》第20号,"指令"第737号)孙中山于7月12日、14日分别指令叶恭绰,所呈裕广银号已免其代理金库等情,准予备案。(《大本营公报》第20号,"指令"第729号)令查封广东储蓄银行等各情,准予备案。(《大本营公报》第20号,"指令"第737号)

△ 广西总司令沈鸿英呈文孙中山,西人被掳一案,除登即起回翟辅氏、李惠民二名外,其余李力善一名,于6月间起出,康建健德一名,于7月鱼日(6日)起出,此案被掳西人共四名,现已悉数出险,并派队护送至梧。(《广西被掳西人已出险》,《广州民国日报》1924年7月21日)

△ 下午3时,孙中山在邹鲁及廖仲恺等人陪同下,出席国立广东大学欢送孙中山北上大会。张农代表学生会致欢送辞,之后孙中山发表了长达两个小时的演说。大会由广东大学学生会组织。(冯双编著:《邹鲁年谱》,第210页)

△ 陈独秀在《向导》周报发表《假革命党》一文。

文谓:"中山先生说:'升官发财,畏难苟安,这是假革命党。普通国民以为这就是革命人才,所以革命的名誉,被他们弄坏了。我们一定要排斥这种假革命党。'凡属中国国民党,每日至少要自问一次是不是中山先生所指摘的假革命党!"(陈独秀:《假革命党》,《向导》第73期)

7月10日　中国国民党就各国退还庚子赔款发表宣言,主张全部用于教育。

上月13日,吴佩孚发表通电主张各国退还庚子赔款用于筑路,并函北京政府采纳其主张。本月8日,北京政府提出,决定由外交、内政、教育、交通等部开联席会议研讨。本日,中国国民党发表宣言,主张应由教育团体组一委员会严格保管退还之庚款,用于教育事业。

宣言曰:"庚子之役,赔款四百五十兆两,分三十九年摊付本息,合计九百兆两有奇。比者英、俄、美、日等国,均以退还赔款见告,他如法、比等国,亦有退还之议,盛意良可感谢。退款之数目不一,综而计之,凡数万万元,使不幸而落军阀官僚之手,则中饱私囊,或败坏政治,或助长内乱已耳。是各国退还赔款,不独不能造福于吾民,反以祸吾民,岂各国之本意哉!夫庚子赔款,取诸全国四百兆人民者也,故本党主张今之退款,应举而措诸为四百兆人民谋幸福之教育事业,此本党全国代表大会所列之政刚也。数月以来,国中舆论对此主张多表赞同,足见公道在人,无间南北。

"惟最近竟有持异议者,以为退款筑路、导淮,或办其他实业,营不直接有益于民,或再以筑路、导淮及其他实业之收入以兴学,似属一举两得。殊不知筑路、导淮,工难事巨,其收效恒在十年二十年之后。必俟筑路、导淮之收效而始议兴学,不知俟之何时。况京汉、津浦等路每年赢利何啻数千万,曾有些须用之于兴学否耶?惟见军阀任意截留,以为其招兵买马、荼毒吾民之具耳。欲以退款筑路、导淮等说,直是自欺欺人之谈。吾人惩前毖后,决不为所绐也。

"且实业为生利之营业,可以借款兴办,外人以有利可图,亦乐于投资。教育则不然。吾国兴学垂数十年矣,然多具形式而乏精神,有空名而无实际。欲求一规模宏敞,设备完全,名实相副者,环顾国中,殆不数觏。此其故不一端,而经费缺乏则其惟一之致命伤也。军兴以还,此弊尤著,教育命脉久已奄奄一息,不绝如缕矣。维持现状,已觉万难,改善扩充,云胡可望。今何幸得各国退还之款,为学界馈贫之粮,揆诸情理,名至正而言至顺。

"若夫教育用途,非一言所能尽,应由教育团体组成一番定用途委员会,调查设计,假以全权,积极进行,务各适应潮流,振兴文化之旨。并应由教育团体,组织一保管退款委员会,对于退款严格保管,一分一文不得移作别用,以免军阀、官僚穷兵侵蚀之弊。至于收入支出,务取公开,理所当然,无待赘述。凡此种种,本党熟思审定,一秉

至公。福国利民，胥赖乎是。邦人君子，幸采择焉。"（萧继宗主编：《革命文献》第69辑，第98—99页）

△ 中央执委会迭电戴季陶促其来粤。

中央连日致电戴季陶促其来粤。9日电曰："总理决定在中央执行委员会内设政治委员会，兄被任为委员之一，请即回粤就职。再宣传部长仍由芦隐代理，以待兄回。"本日又电曰："此间纠纷，双方渐已谅解，先发宣言，后集扩委，以求根本解决。目下诸待策行，我兄万难契置，否则障碍更生，或致停顿，党国皆蒙不利。无论如何，请速返粤，共肩艰巨。"后因戴执意暂不返粤，至8月14日汪精卫正式出任中央宣传部长。（罗刚编著：《中华民国国父实录》第6册，第4702—4703页）

△ 中国国民党东京支部成立大会闭幕，发表宣言。墨西哥总支部成立并开始办公。（罗刚编著：《中华民国国父实录》第6册，第4703页）

△ 任命蒋作宾、李根沄、何天炯为大本营参议。任命张拱辰、陈保群为大本营咨议。派朱道南为大本营出勤委员。（《大本营公报》第19号，"命令"）

△ 指令大本营军政部长程潜，所拟《军队点验令》尚属妥协，仰即由该部通行各军遵照。《军队点验令》经军政部拟就，由程潜于6月28日呈送孙中山察核①。（《大本营公报》第19号，"指令"712号）

△ 令保留测量局地址，由财政厅另择相当地段抵偿借款。

6月27日，大本营内政部长徐绍桢、军政部长程潜呈文孙中山，讲武堂当日筹垫之款皆系息借而来，现为债权人林成德堂催迫。陆军测量固属重要局所，理宜保留，而财政厅所拟办法因一时未得相当

---

① 中国第二历史档案馆编《中华民国史档案资料汇编》第4辑下册中，《程潜关于军队点验令呈》中所署日期为"6月2日"，且于点验令末尾注《陆海军大元帅大本营公报》1924年第19号"，但《大本营公报》第19号程潜关于军队点验令呈所属时间为"6月28日"，故疑《中华民国史档案资料汇编》一书中此处时间有误。

地点转移,抵还债款一事似亦未便久延无着。再四思维,恳饬令财政厅赶速设法另觅相当地段交换,或照该地价值筹款发还,俾得两方兼顾。本日,孙中山指令徐绍桢,应将测量局地址保留,并让广东财政厅另择相当地段拨给林成德堂抵偿借款,以期兼顾。即分别转饬遵照,仍咨军政部知照。(《大本营公报》第 19 号,"指令"713 号)

△　4 日,大本营建设部长林森呈文孙中山,以该部职员刘通、伍大光二人,曾充简任官职,资历亦稍深,故请孙允许依照成案照旧给俸,俟官制、官规颁布之后再行按照办理。本日,孙中山指令大本营建设部长林森,既据声明该部秘书俸给系依据历任成案办理,应准暂行照旧开支,即行知照。(《大本营公报》第 19 号,"指令"第 714 号)

△　指令广东省长廖仲恺,准台山田土业佃保证局不交县接管。

本月 3 日,廖仲恺曾呈文孙中山,谓台山县自治前,折陈办法五条,其第三条拟将全县财政除原属县署直接征收管理外,其余一切征收机关及征收委员等之隶属于中央政府管辖者,一律划归县署办理。后杨庶堪奉孙中山面谕,该县自治只能经理地方财政,凡属国库省库之征收机关,不得妄行条例,致碍统一。现田土业佃保证局经理保证收入,系由前国立大学筹备处邹主任呈奉孙中山核准,专拨大学经费,非属地方财政范围,故不能交县管理。(《大本营公报》第 19 号,"指令"第 716 号)孙中山乃从其言,本日特指令廖仲恺,准台山田土业佃保证局不交县接管。

△　任命张鉴藻为中央直辖滇军军需监,易应乾、李希舜为军需副监。(《大本营公报》第 20 号,"命令")7 月 1 日,滇军军需总局组织成立。8 日,中央直辖滇军总司令杨希闵呈请孙中山任命该军兵站部长张鉴藻为军需监,任命该军第二军军需处长易应乾、第三军军需处长李希舜为军需副监。本日,孙中山公布任命。12 日,孙函复杨希闵,谓已任命张鉴藻为该军军需监,易应乾、李希舜为副监,并颁发关防。(《大本营公报》第 20 号,"指令"第 726 号)

△　中央执行委员会上呈孙中山,请通令各机关关于规定黄花

岗纪念日、国党旗之解释，及征求党歌等案①。（一般档案第 432/24 号）

7月11日　成立中央政治委员会。

为集思广益，孙中山特提议设立一辅佐计划政治方针的指导机构政治委员会。是日中央政治委员会正式成立，孙中山自任主席，并指定胡汉民、汪精卫、廖仲恺、瞿秋白、伍朝枢、邵元冲为委员，聘请鲍罗廷为该会顾问。（蒋永敬：《民国胡展堂先生汉民年谱》，第307页）本日，中央政治委员会举行首次会议，孙中山主持，胡、汪、廖、伍、鲍五人与会。会议决议：派许崇智、杨希闵、谭延闿、刘震寰、樊钟秀、胡汉民、廖仲恺、蒋介石、伍朝枢等九人为军事委员，组成军事委员会，以俄顾问巴甫洛夫为顾问；派古应芬、彭湃、甘乃光为农务调查委员，组成农务调查委员会，以鲍罗廷为顾问；派廖仲恺、汪精卫、伍朝枢为商务调查委员；会议推举伍朝枢为该会秘书。并决定了关于发布摒除排外宣言之要旨。（陈锡祺主编：《孙中山年谱长编》下册，第1945页）据李玉贞书中所言，成立军事委员会，似为俄国人巴甫洛夫之建议②。且此时，国民党的所有重要工作部门几乎都有苏联顾问的参与和帮助。各项工作开展，自然也因政治观点不同而难免出现龃龉。只有军事委员会的工作开展还算顺利，矛盾也不太突出。（李玉贞：《孙中山与共产国际》，第399页）至于政治委员会，《联共（布）、共产国际与中国国民革命运动（1920—1925）》一书中一份记录记载，由于孙中山提出邀请鲍罗廷担任政治局组织顾问，引发张继等人强烈不满，在7月3日国民党中央执行委员会第四十次会议上，张继坚持认为，鲍罗廷无论如何不能当国民党的顾问。对此，谭平山表示反对，两人为此进行了激烈的论战。（《国民党中央执行委员会第四十次会议情况通报》，中共中央党史研究室第一研究部：《联共（布）、共产国际与中国国民革命运动（1920—1925）》，第497—503页）该"政治局组织顾问"，疑即为政治委员会顾问。

---

①　仅有提要，无全档。
②　参见7月8日条。

△ 令兼职薪水以两成发给。

训令各部、处、署、局、司、会长官[1]，兼差不兼薪向有规定，既必不得已而为事择人，凡兼差人员亦只酌给津贴，或只领兼差薪水之若干成。所以重公帑，节糜费，用意至善，诚恐日久玩生，用特重申诰令，限文到之日起，所有大本营直辖各部、处、署、局、司、会，应即查明有无在大本营及在大本营直辖各部、处、署、局、司、会兼职人员，如有上项兼职人员，除原职仍照现支额数支薪外，其所兼职之薪水，应即以二成发给。(《大本营公报》第 20 号"训令"第 338 号)此训令下发后，各机关纷纷遵照并陆续呈报办理情形。

大本营审计处处长林翔于 7 月 14 日呈报该处遵办兼差不兼薪令情形。(《大本营公报》第 21 号，"指令"第 828 号)7 月 16 日，广东电政监督兼广州电报局局长黄桓呈报该处职员并无在大本营及大本营直辖各部、处、署、局、司、会兼职情况，惟黄本人尚担任大本营技师一职，故呈请免支大本营技师职务薪水。(《大本营公报》第 21 号，"指令"第 833 号)同日，广东省长廖仲恺亦呈文孙中山，谓已遵照办理并分行所属各机关一体遵照兼差不兼薪令。(《大本营公报》第 21 号，"指令"第 839 号)7 月 19 日，大本营军政部长程潜呈报，该部兼职人员仅军法科长兼理军法处长一职，自应遵令办理。(《大本营公报》第 21 号，"指令"第 827 号)财政委员会主席委员叶恭绰、廖仲恺呈报，该会干事处各职员除专任秘书三员由会照章支薪外，余自总干事以次均由财政部及财政厅分别调派兼任，向不支领兼薪。(《大本营公报》第 21 号，"指令"第

---

① 具体包括大本营军政部长程潜、大本营建设部长林森、大本营内政部长徐绍桢、大本营外交部长伍朝枢、大本营财政部长叶恭绰、大本营参谋长李烈钧、大本营参军长张开儒、大本营秘书长谭延闿、大元帅行营秘书古应芬、大本营审计处长林翔、禁烟督办鲁涤平、国立广东大学校长邹鲁、陆军军官学校校长蒋介石、中央执行委员会、广东省长廖仲恺、大理院长兼管司法行政事务吕志伊、广东电政监督黄桓、盐务督办叶恭绰、广东治河督办林森、大本营航空局长陈友仁、经界局督办古应芬、大本营会计司长黄昌谷、管理粤汉铁路事务许崇灏、经理大本营军需处事宜胡谦与郑洪年、广东兵工厂厂长马超俊、财政委员会、法制委员会。

829 号)法制委员会代理委员长刘芦隐呈报,该会委员原定兼职薪水以三成发给。(《大本营公报》第 21 号,"指令"第 838 号)7 月 21 日,禁烟督办鲁涤平呈报,该署厅处各科职员均只在该署供差,并无在各部、处、署、局、司、会兼职。(《大本营公报》第 21 号,"指令"第 826 号)翌日,经理大本营军需事宜军政部次长胡谦、财政部次长郑洪年将该处办事人员额数、姓名、俸薪分别是否兼差,列表备文呈报。(《大本营公报》第 21 号,"指令"第 830 号)25 日,大本营财政部长兼盐务督办叶恭绰(署长郑洪年代)呈报该部遵办兼职人员减薪情形。(《大本营公报》第 21 号,"指令"第 831 号)28 日,大本营建设部长林森呈称,该部所有职员均属本职人员,所需办事人员由其委派部员兼充,并无另定俸给,拟俟办有成效再行酌予津贴。此外,有无在大本营及在大本营直辖各部、处、署、局、司、会兼任职务,其应受俸给即属兼职薪水,应由兼职机关按照发给,业经通令该部职员自向兼职机关声明办理,毋得稍违。(《大本营公报》第 21 号,"指令"第 825 号)由于林森尚有广东治河督办之兼职,7 月 29 日,林再将治河督办署遵办兼差不兼薪令情形报核。(《大本营公报》第 21 号,"指令"第 837 号)

孙中山呈悉各机关所报后,亦陆续以指令回复。7 月 30 日,孙中山指令大本营建设部长林森、禁烟督办鲁涤平、大本营军政部长程潜、大本营审计处处长林翔、经理大本营军需处事宜胡谦与郑洪年、财政委员会、大本营财政部长兼盐务督办叶恭绰,呈悉所部兼职人员减薪情形,应再遵照第三九一号训令①办理呈核。(《大本营公报》第 21 号,"指令"第 825、826、827、828、829、830、831 号)31 日,复指令广东治河督办林森、法制委员会、广东省长廖仲恺,呈悉该部遵办兼差人员减薪情形,应再遵照第三九一号训令办理呈核。(《大本营公报》第 21 号,"指令"第 837、838、839 号)同日,指令广东电政监督兼广州电报局局长黄桓,所请免支大本营技师薪水一节,候令会计司知照。(《大本营公报》

---

① 参见 7 月 29 日条。

第 21 号,"指令"第 833 号)并训令大本营会计司司长黄昌谷,令其遵照办理黄桓免支大本营技师薪水事。(《大本营公报》第 21 号,"训令"第 394 号)

△ 准大本营财政部长兼盐务督办叶恭绰呈请免去盐务署秘书陈敬汉兼职。(《大本营公报》第 20 号,"命令")

△ 令大本营军政部长程潜,准照海军上校积劳病故例,给恤已故"永丰"军舰副舰长梁文松。前"永丰"军舰副舰长梁文松,于白鹅潭讨陈之役不幸为流弹击伤,因之病故。广东海防司令林若时曾就此呈文,请照海军上校积劳病故例,给予梁文松恤金。经军政部察核与例相符。军政部长程潜遂于 7 月 2 日呈文孙中山,请孙准予照例给恤。(《大本营公报》第 19 号,"指令"第 718 号)此为孙中山就此复程潜之指令。

△ 加拉罕致函孙中山,强调反帝斗争与反军阀斗争是中国爱国力量的战斗任务。

加拉罕致函孙中山,谓国民党做的工作还不够深入,尚不能成为国民革命的总司令部,建议国民党在进行组织工作的同时,进行广泛的政治思想工作,以提高国民党在全中国的威信。他说:中国的某些官吏、个别省的督军和军阀根本不谋求中国人民的解放,他们把中国出卖给帝国主义,因此"反帝斗争是与反对这些人的斗争密切交织在一起的"。这是中国一切爱国力量的战斗任务。(李玉贞:《孙中山与共产国际》,第 436 页)

△ 令财政委员会,"永丰"舰饷项、伙食与别种军队不同,着照原定之数,提前发给;海防司令部之经费,应照旧发给不得照有防地相待。(中国第二历史档案馆编:《中华民国史档案资料汇编》第 4 辑下册,第 1303—1304 页)

7 月 12 日 令西路讨贼军第七师师长李海云,专任台山属下三都乡一带剿匪事宜,务将该地匪党克日肃清,免为后患。(《李海云专任剿匪事宜》,《广州民国日报》1924 年 7 月 12 日)

△　令北伐讨贼军第四军军长顾忠琛赶办军部教导团大队。

令饬北伐讨贼军第四军顾军长忠琛，从速赶办该军部教导团大队，以养下级干部基础。(《北伐第四军拟办讲武学校》,《广州民国日报》1924 年 7 月 12 日)尽管《广州民国日报》所载孙中山令顾忠琛办教导团大队的时间为 7 月 12 日，但实际下令时间，应在 7 月 10 日之前，因据《大本营公报》所载,7 月 10 日，顾忠琛曾呈文孙中山，请孙氏准将教导大队更名为"讲武学校"，孙后于 16 日指令顾忠琛，准其将教导大队更名，并令其即将该校编制及办理程序详细条呈核夺。(《大本营公报》第 20 号,"指令"第 753 号)

△　任命陆福廷为陆军军官学校军事学教官，甘乃光为陆军军官学校英文秘书。(《大本营公报》第 20 号,"命令")对陆、甘之任命，系陆军军官学校校长蒋介石、驻校党代表廖仲恺于 9 日呈中所请,15 日，孙中山就此指令蒋介石，所请任命已明令颁布。(《大本营公报》第 20 号,"指令"第 752 号)

△　任命郭敏卿为少校副官。准大本营财政部长兼盐务督办叶恭绰呈请任命李之腴为盐务署秘书。(《大本营公报》第 20 号,"命令")张开儒以郭敏卿身具无线电知识，故向孙中山推荐，由郭出任少校副官，专任无线电事务。15 日，孙中山指令张开儒，已有明令任郭敏卿为少校副官。(《大本营公报》第 20 号,"指令"第 749 号)

△　是月 9 日，军政部长程潜呈文孙中山，查湘军总司令谭延闿所部第九师东征以来迭战克捷，此次夺获敌人械弹尤堪嘉许。拟请准犒赏毫洋二千元，发交湘军谭总司令转给，以示鼓励。本日，孙中山指令程潜，湘军于河源、新丰两役，夺获敌人械弹，准予犒劳毫洋二千元。即由部提出财政会议迅即筹款，拨交湘军总司令转给承领。仍先录令咨知湘军总司令。(《大本营公报》第 20 号,"指令"第 722 号)

△　本年 4 月 29 日，禁烟督办署巡缉队部侦缉员毛协丞因缉拿私烟被匪枪击毙命，侦缉员谈锡达被匪枪伤。禁烟督办鲁涤平特于 7 月 9 日呈文孙中山，恳请照章给予毛协丞恤金五百元，将谈锡达医

药费银二百元如数给还。孙中山本日指令鲁涤平,准如所请分别给以恤金及医药费事。(《大本营公报》第 20 号,"指令"第 725 号)

△　指令中央直辖滇军总司令杨希闵,准如所请惩办该军第二师滋事官兵蒋复生等,及赔偿中国国民党中央执行委员会屏门等物。7 月 7 日,杨希闵曾呈报第二师惩办滋事官兵及赔偿屏门等物情况,此为孙中山复杨希闵该呈之指令。(《大本营公报》第 20 号,"指令"第 734 号)

△　6 月 27 日,大本营内政部长徐绍桢呈文孙中山,恳请褒扬中央直辖第一军第六旅第十一团营长兼教导团教官徐桂芳之母徐李氏,题颁"懿行可风"四字,并给予银质褒章。本日,孙中山指令大本营内政部长徐绍桢,准予题颁贤妇徐李氏"懿行可风"四字,余着照所议办理。(《大本营公报》第 20 号,"指令"第 735 号)

△　加拉罕致信鲍罗廷,指出国民党在反帝宣传方面做的太少。

信云:"现把我写给孙中山的几封信的副本寄给您。有一封长信,主要是谈帝国主义。您可佯作不知此信的内容。如果他愿意,就让他给您看,这样您可了解其内容。有趣的是,您不得不迂回前进,让他自己去揣度,您虽然不知道此信内容,但您反复强调的却是同一码事。

"为了说明他们在反帝鼓动宣传方面做的太少,我建议您介绍他看看北京的报刊。我们每天给您寄去英文和中文报刊简报。请留心中国的报刊,尤其是《京报》。我相信,国民党的报纸不是这种风格,他们从不像那份无党派资产阶级报纸那样,强烈抨击外国列强。您最好让他们自惭形秽。

"由于广州发生了公使团团长致函廖仲恺的事件,明天北京这里要在中央公园举行集会,我已建议他们通过一项决议,并电慰孙中山和廖仲恺。这样做应让孙中山明白,我们北京这里正在努力做一些有利于他的工作,以期把这项工作与北方的国民革命力量联合起来。如果孙中山回函对此电报做出反应,那就可用来广为宣传。

"各公使致函广东省长一事,应予大造声势。我写信给孙中山就是为了此事。我想您与廖关系很好,您不难影响和启发他写出更为有力的文章。不言而喻,这不是要铤而走险,不是要做出挑战性的姿态,致使公使团派遣舰队前来,而是要在语气上极其克制,答复中柔中有刚,以扩大南方政府的名声。我想,您明白怎样利用这一事件。"(《加拉罕致鲍罗廷的信》,郭恒钰、M. L. 基塔连科等编,李玉贞译:《联共、共产国际与中国(1920—1925)》第 1 卷,第 413—414 页)

7月13日 北京教育界成立"反帝国主义大同盟"。(陈锡祺主编:《孙中山年谱长编》下册,第 1946 页)

△ 各方函请派陈策赴琼,驱逐邓本殷。

令许崇智派兵会剿邓本殷部。(中国科学院近代史研究所中华民国史组、广东省哲学社会科学研究所历史研究室编:《孙中山年谱》,第 343 页)邓本殷占据琼崖,为祸一方,6 月间迭被逼属各部致函孙中山,请孙派陈策返琼驱邓善后。6 月 7 日,逼彭世洛分部郭南唐等呈文孙中山、许崇智,"窃琼民久受邓贼荼毒,惨状难堪,老少被其掳掠,妇女遭其奸淫,蹂躏地方,变坏风俗,闻之凄恻,言之发指,虽三尺童子,恨不得食其肉而寝其皮也。且巧立名目,非理勒索,无微不至,今日五万,明日十万,刻期迫缴,稍不如意即行查封逮捕,叹有限之民脂,填无底之欲海,何能了日? 自去岁以来,琼崖被邓贼剥削之财不下千数百万,现民穷财尽,日度为艰。设循是以往,吾等侨民亦将无家可归矣。想侨等生长乡梓,关系痛切,何忍坐视。再四思维,总觉以先去庆父,然后鲁难得平,查有防海司令陈策,素来拥护帅座,贤能冠世,始终一志,乃琼人思慕之切,若大旱之望云霓也,使之讨贼治琼,必能造福桑梓,裨益国家。愿我大元帅暨许总司令关心民瘼,俯顺民情,准予迅任前海防司令陈策率师讨贼,扶绥琼崖,办理善后,即救民于水火之中也"。(《郭南唐等上孙大元帅等呈》,中国国民党汉口档案第 14491.1 号)6 月 12 日,国民党逼属西势初贝分部部长杨建周等致函孙中山,谓"邓逆本殷苛求无厌,为祸琼崖,言之伤心,闻之泪下。查前任海防司令陈策为吾党巨子，亦为琼崖人士爱戴，乞准陈策返琼办理善后"。
（《林毓英等上总理等函》，中国国民党汉口档案第 14492.1 号）13 日，旅南洋
暹属通扣埠呈文孙中山称，"窃我国自改革以来十三载于兹，而十三
年之痛苦，首推我琼洲，前有龙贼济光蹂躏，民不聊生，今邓逆本殷盘
踞，为虎作伥，视我琼洲为征服地，以致壮者散四方，老者转沟壑，言
之痛心。兹幸帅座威震五羊，许总司令提兵南征，正我琼民返苏之
日，惟是我琼洲系富源之区，非有始终拥护帅座，为国为党热心桑梓
之人，难免有虎退狼进之患，侨者虑及于斯，再四思维，惟有联合旅扣
埠同侨，上书请愿，望帅座体念我琼民受龙邓二逆压迫之痛苦，任命
前海防陈司令策回琼办理善后，以慰琼民之望"。（《南洋暹属通扣埠上
总理呈》，中国国民党汉口档案第 13932 号）14 日，暹属西势初贝埠商团学
校亦致函孙中山及许崇智，谓"邓逆本殷为祸琼崖，琼崖同志久欲揭
干灭彼，恨无后援，屡起屡仆。查前任海防司令陈策，宗旨坚定，经验
丰富，久为琼崖人士爱戴，伏乞大元帅暨许总司令恤体民意，令陈君
率师返琼，协同地方工民军驱逐邓逆以苏民困"。（《暹罗西势初贝埠商
团学校上孙大元帅等代电》，中国国民党汉口档案第 14492.2 号）暹属初贝分
部及商团学校讨伐邓逆，改委陈策办理琼州善后事宜之请求，经中央
秘书处函达孙中山，惟陈策前在香山与朱卓文军发生冲突，后亦不遵
孙中山令，被孙中山明令免海防司令职。陈虽被免职，但海军内部，
支持陈策者甚众，以致《香港华字日报》曾报道海军内部有陈策派与
林若时派之争，孙中山更极力抵制启用陈策，（《海防内部之暗潮》，《香港
华字日报》1924 年 4 月 18 日）故孙中山虽派许崇智剿邓本殷，但对于以
陈策赴琼善后一事，并无回应。

　　△　国民党中央决定于 8 月 10 日举行会议，讨论与共产党的关
系问题。

　　国民党中央监察委员会及各地支分部屡次向国民党中央执行委
员会及孙中山呈文弹劾共产党，国民党中央乃决定于 8 月 10 日举行
会议，讨论与共产党的关系问题。陈独秀在给维经斯基的信中，谈及

此事云:"8 月 10 日,国民党中央执行委员会将在广州举行会议。会议将讨论和决定所谓的共产党问题。据说,孙中山虽不会马上抛弃我们,但根本无意制止反动派对我们的攻击。至于国民党目前的状况,孙中山和另外几个领导人是中派,而不是左派(即便戴季陶也不过是左翼理论家),所以现在支持国民党,就只会是支持国民党右派,因为他们掌握着党的所有机构。"(《陈独秀给维经斯基的信》,中共中央党史研究室第一研究部:《联共(布)、共产国际与中国国民革命运动(1920—1925)》,第 507 页)

　　△　《政治生活》第三号刊出《东方民族的觉醒》一文。

　　该文在概述时势之后写道,"此外还有一件值得大书的事,就是'东方同盟'运动开始,这个同盟内容是谋中日俄三国缔结同盟,切实携手,以谋民族间真正平等之实现,此事由中国国民党发起,拟派李烈钧氏访日"。该刊在这里所介绍的情况,与孙中山致犬养毅函中所述,是一致的。不过是在形势发展到适合的时候,重新提出来罢了。(李吉奎:《孙中山与日本》,第 573 页)

　　7 月 14 日　中国国民党中央执行委员会对 5 月 31 日签定之中俄协定发表宣言。

　　宣言正式表示支持中俄协定,拥护中苏建交。宣言的基调是从民族主义角度肯定苏联放弃沙皇侵略所得,"中俄协定成立,其中俄国对于放弃其从来获得之特权,及废除从来破坏中国主权之条约,皆俄国根据其革命主义所自愿抛弃"。(李玉贞:《孙中山与共产国际》,第435 页)"故就中俄协定而论,对于俄国一方面,国人诚当感其正义与友谊……对于北京伪政府一面,则虽其目前盗窃名器,未为国民所搐击以去,犹处于国际间被承认之地位,因得以承受此中俄协定。推此协定在北京伪政府存在期内,决无实行之希望……故本党以为国民关于中俄协定,对俄国一方面,当感其厚意,此后两国人民,益当互相了解,以共同努力于互尊主权、互助利益之途。对北京伪政府一方面,当知名器之不可久假,大任之不可虚悬,此后益当以国民之

力,锄而去之。"(《国民党对中俄协定宣言》,《广州民国日报》1924 年 7 月 17 日)

△ 谕航空局长陈友仁,预拨飞机为俄国各军官凌空巡视惠州、东江各处。陈奉令后,备机于 15 日出发。(《俄国军官拟巡视东江》,《广州民国日报》1924 年 7 月 15 日)

7 月 15 日 沙面租界英、法工部局制定侮辱中国工人的"新警律",引发沙面大罢工。

日前,沙面租界英、法工部局,借口法驻越南总督马兰于 6 月 19 日在租界内被炸一事,特制定出侮辱中国工人的"新警律"十二条,规定自 8 月 1 日起,凡出入沙面租界的华人必须持有照片之通行证,而外国人则不必持证可以自由出入。此事激起沙面华工之反对。广州市各工团及沙面工人,成立了由二十一人组成的"取消沙面苛例委员会",领导工人进行斗争。"取消沙面苛例委员会"经派人与英国领事交涉无效后,发起罢工,参加者达八百余人,是为沙面工人大罢工。

7 月 12 日,崇海旅沪工商学会呈文孙中山,"沙面英领无端颁布取缔华人苛例,华人激于义愤,全体罢工,事经多日,尚未解决。且沙面属我国土租借,并非割让,彼英领事蔑视我主权,侮辱我国体。务恳迅即提出严重抗议,以保国体而争人格"。(《崇海旅沪工商学会电》,《广州民国日报》1924 年 8 月 5 日)13、14 两日,各工联团体假长堤茶居工会为地点,召集联席大会议,并当场举出委员二十一人,全权担任抗争取消苛例一切事务,14 日下午会务毕后,由洋务联合工会名义,派人到沙面,按户分给襟章于各工人,以使罢工时易于标识,二十一委员中并推出四人,访英国领事要求取消苛例,并告以"如今日不取消,明日要实行,吾人惟有全体总罢工以保国体人格"。英国领事视为要挟,坚执不允取消,各委员代表乃退出,连夜召集紧急会议,议决 15 日决全体罢工。(《沙面华工全体罢工风潮》,上海《民国日报》1924 年 7 月 22 日)

面对工人罢工的打击,英国领事致函某氏转请求孙中山出面调解。孙中山获某氏报告后,本日,谕陈友仁向各国领事接洽,又派马超俊赴各界联合反对沙面苛例大会洽谈办法。下午4时,陈友仁奉孙中山命亲往沙面,向英领事提出取消苛例。大要以为华人方面对于维持沙面治安事,非绝对反对。惟此次颁布之新警律,专为苛待华人而设,华人方面绝难承认。故华人对于此事,非条例颁布问题,实系因待遇不平等,非根本取消不可。(《沙面华人反对苛例之大风潮》,《广州民国日报》1924年7月16日)7月18日,上海《民国日报》亦有相关报道,略谓各工团联合会假茶居工会开力争取消苛例大会,决坚持到底。孙中山派马超俊出席调解,先由陈友仁赴沙面,商英领事取消,如无效,即听众罢工,各工人皆表示服从孙中山令,遂由陈访英领事,"谓沙面本中国领土,外人无排斥华人权。今新警律使华人独受拘束,其他各国人皆否,待遇不平等,太蔑视,华人忍难受,非取消不可,如真欲维持沙面治安,须另定中外人平等待遇之法例。当时英领颇谅解,允16日商议办法。17日英领事忽改变态度,无转圜意,调陆战队义勇队巡守东西桥,各荷枪实弹,如临大敌,华工益愤激,风潮扩大"。(《沙面罢工风潮益扩大》,上海《民国日报》1924年7月18日)

至17日晚,各界联合反对沙面苛例大会发出通电,电云:"陆海军大元帅各部长各总司令廖省长孙市长总商会总工会各团体各报馆绅商学善工界诸父老兄弟姊妹均鉴,沙面英领事,强横无理,以炸弹案架词向我国政府提出交涉,诚非我国政府及人民所甘忍受者,故我沙面华工为争国体起见,召集同人开会议决,与内地国民,一致否认,以作政府后盾,此固我华工之天职,所以促其觉悟。讵英领事不知自谅,反迁怒我华工,突于日前颁发苛例十二条,其中种种不平等压制,凡有血气,莫不愤懑,该英国领事,既视我国体如无物,又视我华工如俘虏,我华工认为不可与同生活,惟有忍痛牺牲,全体罢业,相率离去沙面,倘领事仍不觉悟取消十二条,则誓不回沙面复业,以争我团体,以全我人格。为此电告各界诸君,尚望加以援手,人之爱国,谁不如

我,临电迫切,不知所云。"(《沙面华人反抗苛例罢工第三日》,上海《民国日报》1924 年 7 月 24 日)

△　派蒋介石为各军军事筹备委员长,由各军总司令选上中级军官一人为委员;汪精卫为政治训练筹备委员长,由各军总司令各选委员一人;许崇智为筹划广州防卫委员长,滇桂豫各军总司令派参谋长或高级军官为委员。(《军事委员长之派定》,《广州民国日报》1924 年 7 月18 日)

△　任命庄庶管为大本营咨议,陈玉麟为大本营出勤委员。(《大本营公报》第 20 号,"命令")

△　令湘军取消拟在增城县发行抵借证二十万元一案。

湘军拟在增城县发行抵借证二十万元,财政委员会于 7 月 8 日呈文孙中山,请其令饬湘军所部将发行抵借证一案取消,以恤民艰。孙中山于本日指令财政委员会,候令行湘军谭总司令转饬遵照即行取消。(《大本营公报》第 20 号,"指令"第 740 号)同日,连发两道训令致湘军总司令谭延闿,其一令湘军总指挥部取消拟在增城县发行抵借证二十万元一案。(《大本营公报》第 20 号,"训令"第 346 号)其二则谓,湘军总司令前拟在增城发行之抵借证,与广东财政厅已发行之抵借证性质相同,应归财政厅办理。湘军总指挥派员到从化设立临时筹饷处,发行抵借证,事同一律,自应一并撤销。至各军自由抽取杂捐,迭经命令禁止,不应违令,令该总司令即便转饬概行取销,如该军在别县尚有此种行动,并应由该总司令查明一律禁止。(《大本营公报》第 20号,"训令"第 347 号)

△　训令各部、处、署、局、司、会长官,限于文到十日内,所有大本营直辖各处部、处、署、居、司、会,即将该部、处、署、局、司、会职员等级、额数、俸给,备文分别列具详表呈送,以凭制定官制、官规,并公布实施。(《大本营公报》第 20 号,"训令"第 350 号)

△　本月 3 日,广东省长廖仲恺将教育厅、公路处、美术展览会筹备处、广州市审计处、广州市政厅及所属各局拟核减数目暨无可再

减情形列表具文,呈请孙中山鉴核备案。本日,孙中山指令廖仲恺,所属教育厅等机关核减经费情形准予备案。(《大本营公报》第20号,"指令"第739号)

　　△　令发给经费维持输送团。

　　善后委员会因输送团饷项无着,被迫停办,故呈请孙中山令行民产保证局、公安局照数拨款,以资维持。孙中山指令广东善后委员会,候令行广东省长转饬民产保证局、公安局照数清给。(《帅令拨给输送团经费》,《广州民国日报》1924年7月16日)19日《广州民国日报》载,孙中山训令广东省长廖仲恺,据广东地方善后委员会呈称,输送夫役饿毙堪虞,前后已积欠一万六千余元。善后委员会并非收入机关,所有该团经费全赖各处补助,吁请孙中山迅令上列各机关,即日如数发给,并不得停止拨付,或另行指拨的款,俾饷项不至无着。令该省长转饬广东民产保证处、广州市公安局遵照如数发给经费。(《帅令拨款供给输送团》,《广州民国日报》1924年7月19日)

　　△　粤军总司令许崇智呈请变卖旧舰"广海"号,以所得价值为修理其他各舰费用。(《变卖广海兵舰》,《广州民国日报》1924年7月15日)

　　△　令财政委员会,提前筹还樊钟秀部旧欠伙食三万元,并加给伙食费一万元;每月筹拨许卓然公费五百元;送蒋雨岩旅费一千元;筹拨何成濬部截止7月15日不敷伙食款项一万一千八百元;查照前军政府暨广东督军署拨款补助程故总长璧光铸像成案,照数拨给"伍公纪念馆",供立伍廷芳铜像之用。(中国第二历史档案馆编:《中华民国史档案资料汇编》第4辑下册,第1305—1307页)

　　△　湘、桂军总司令谭延闿、刘震寰联袂于下午3时晋谒孙中山,陈述计定解决东江各计划,并请示一切进行方针①。(《谭刘昨日联赴大本营》,《广州民国日报》1924年7月16日)

　　△　拟召谭延闿,杨希闵,许崇智,刘震寰,樊钟秀等,开解决东

---

　　①　日期据文中"昨日"字样酌定。

江大会议。(《电讯》,上海《民国日报》1924 年 7 月 17 日)

　　△　冯自由离粤,临行致函孙中山,指责其偏袒共产党人。

　　国民党党员冯自由离粤,临行致函孙中山,为自己及张继等人的错误言论辩解,诬蔑孙中山偏袒共产党人,并要求:"一请公毅然向党员引咎道歉,以平多数党员之公愤;二应将共产党员一律除名,并将引狼入室之汉民、仲恺、精卫等严重惩办,以为循私害公者戒。"冯称该函是托宋庆龄转呈。(《冯自由致孙中山先生函稿》,《档案与历史》1986 年第 1 期)嗣后,冯自由赴沪,继续其反对共产党之主张与行为,并卷入上海第三区党部、第四临时区党部非法召集会议排挤共产党员并殴打黎磊、邵力子之事①。(《上海市一、二、五、九区执委会致孙总理函》,中国国民党汉口档案第 9112 号)8 月 30 日,孙中山于国民党中央全会上公开宣布开除冯自由出党。(《孙逸仙在国民党中央全会最后一次会议上的讲话》,中共中央党史研究室第一研究部:《联共(布)、共产国际与中国国民革命运动(1920—1925)》,第 525 页)

7 月 16 日　国民党中央政治委员会召开第二次会议。

　　此次会议孙中山、汪精卫、邵元冲、胡汉民、伍朝枢、鲍罗廷均出席。会议批准谭平山辞去委员职,派瞿秋白为政治委员会委员。决议国民党南下之国会议员,令其回京奋斗,将讨伐陈炯明理由编成小册,经该会审定后发布,作为宣传资料。([美]陈福霖、余炎光:《廖仲恺年谱》,第 268—269 页)并派宋子文、邹鲁、邓召荫、朱则、陈其瑗、鲍罗廷为税制整理委员会委员,陈其瑗任该会秘书。(《税制整理委员会之设置》,《广州民国日报》1924 年 7 月 19 日)

　　△　李宗仁在南宁通电请陆荣廷下野,自称"定桂讨贼联军总指挥",以张一气为广西临时省长。(《时事日志·中国之部》,《东方杂志》第 21 卷第 16 号,第 141 页)

　　△　令大本营特派东江安抚委员罗俊、邹炳煌出发东江,安抚民

———————

①　参见 8 月 13 日条。

众,使军民绥洽,以助联军进行。(《东江之安抚情形》,《广州民国日报》1924年7月16日)

△　广东东、西、北三江水灾,派建设部监理治河事宜,令军政部保护赈灾商团。

9日,徐绍桢曾向孙中山呈文,以连日广州各报迭载东西两江濒告水灾,请筹急赈,而此次水灾固应亟筹赈济,根本问题却在治河处之如何筹划。为便利筹划治河,徐绍桢以内政部掌理河防水利之责,请将广东治河事宜收归管辖,并拟将原定官制酌加删改修正。本日,孙中山指令大本营内政部长徐绍桢,广东治河处事宜已明令派大本营建设部长林森兼理,所请收归该部管辖应从缓议。(《大本营公报》第20号,"指令"第754号)

又孙中山本日训令大本营军政部长程潜,据广东全省商团联防总部总团长陈廉伯电称,近日,东、西、北三江同时水涨,哀鸿遍野,灾情极惨。商团军联防总部拟先行前往西江各乡散赈,定期7月13日出发,每帮派团军十八名,配备全副武装随船保护。令该部长转饬西江一带驻军,切实保护,勿得误会。(《帅令军队保护散赈员》,《广州民国日报》1924年7月18日)商团私运军械案发生后,8月30日《广州民国日报》所载《侨港工团对扣械案之通电》中,曾提及陈廉伯赈灾事,但其中言陈廉伯系"假借赈灾为名,借端敛财","以慈善之财,作谋乱之资"。(《侨港工团对扣械案之通电》,《广州民国日报》1924年8月30日)

△　训令大本营财政部长叶恭绰、广东省长廖仲恺,将士敏土厂收拨归省署管理,以所得余利连同前拨北江石矿收入,悉数拨充广东大学经费,以宏教育。(中国国民党中央委员会党史委员会编印:《国父全集》第4册,第1200页)此训令乃根据邹鲁7月7日呈文而发,故孙中山本日又指令国立广东大学校长邹鲁,候令行财政部、广东省长遵照办理。(《大本营公报》第20号,"指令"第758号)

△　训令粤军总司令许崇智,海军练习舰队司令兼管海军三舰

整理事宜潘文治猝遭父丧,准给假二十日,俾得回籍治丧,其职务暂由参谋长田炳章代拆代行。许总司令转饬知照。(《大本营公报》第20号,"训令"第358号)

△　湘军总司令谭延闿以该部第九师第一旅旅部少校副官陈焕冕积劳病故,曾呈文请恤,经程潜查核,与例相符,故程潜于9日呈文孙中山,请孙批准将陈焕冕追赠陆军中校,照少校积劳病故例给恤。本日,孙中山指令程潜,准如所请办理。(《大本营公报》第20号,"指令"第755号)

△　指令内政部长徐绍桢,呈悉该部办理陈耀垣等函称有人到李玉渠家勒索屋税,及黄滋等控告黄友笙两案情形。此前,孙中山曾令徐绍桢办理陈耀垣、黄滋两案,后徐奉令办理,并将办理情形具文呈报孙中山①。(《大本营公报》第20号,"指令"第756号)

△　指令经理大本营军需处事宜胡谦、郑洪年,所呈职务规则准予备案。此"职务规则"系由胡谦、郑洪年于14日呈送孙中山鉴核备案。(《大本营公报》第20号,"指令"第760号)

△　郑润琦呈文孙中山,"寒(14日)晨逆敌吕春荣、邓本殷、苏慎初等部率众分两路来犯,幸琦及早察觉,率部迎头痛击,战至下午四时,敌势不支,分途溃退。现拟稍事补充,即行追击,以歼丑类"。(《大本营公报》第21号,"公电")

△　湘军总司令谭延闿前曾呈文孙中山,谓拟筹办战时军需筹备处,并拟定章程、简章呈请鉴核。本日,孙中山指令湘军总司令部,筹办战时军需筹备处章程、简章均悉。所拟办法,果确无妨碍纷扰等情,应准予试办。仍将办理情形随时布告财政委员会稽核,并咨行杨、刘两总司令查照。(《战时军需筹备处准开办》,《广州民国日报》1924年7月19日)

△　国民党中央执行委员会为解免近时党内外各种误会起见,

---

①　日期不详。

发表宣言,大致谓三民主义为革命惟一途径。除呈请孙中山特开中央执行委员会全体会议外,应请各同志屏除疑惑,奋励进行。(《电讯》,上海《民国日报》1924 年 7 月 18 日)

△ 邹鲁父亲邹应森七十八岁寿庆,孙中山命人送去题写"硕德高年"四字的匾额。(冯双编著:《邹鲁年谱》,第 211 页)

7 月 17 日 令程潜更正金竹坝战役阵亡官兵人员表并备案。

本月 11 日,湘军总司令谭延闿呈文孙中山称,前次所呈金竹坝战役阵亡官兵人员表中,有二营七连正兵陈楚俊,该兵奋勇杀敌,虽当时中弹落水,但并未阵亡,后凫水护枪,得救未死,但已被列入阵亡官兵人员表,先拟由职酌给慰劳奖金以示激励,并请察核更正。孙中山呈悉前情,于本日指令湘军总司令谭延闿,候令行军政部检查原表更正备案。(《大本营公报》第 20 号,"指令"第 762 号)并训令大本营军政部长程潜,令其检查原表更正备案。(《大本营公报》第 20 号,"训令"第 360 号)程潜奉令后,即遵照将陈楚俊从"金竹坝战役阵亡官兵人员表"内抽出,并呈报孙中山[①]。(《大本营公报》第 21 号,"指令"第 811 号)

△ 广东海防司令林若时呈文孙中山,其于本日经率舰队暨陆战队开至容奇登陆,即分令"江汉""龙骧""东彝""光华""新安"保卫各舰巡梭河道,以靖寇氛而安行旅。仍望随时指示机宜,俾知遵守。(《林若时电报率舰出巡》,《广州民国日报》1924 年 7 月 18 日)

7 月 18 日 谕令大本营秘书处函知财政委员会,董福开总指挥所请补给 6 月份公费伙食洋五千九百五十元及维持现在伙食两项,请财政委员会速议办法。(中国第二历史档案馆编:《中华民国史档案资料汇编》第 4 辑下册,1309 页)

△ 沙面罢工团体提出复工四条件,内有取消"新警律"十二条、恢复华工原有职守、罢工期内工资照发等。(《沙面华人罢工第三日》,《广州民国日报》1924 年 7 月 19 日)

---

① 该呈日期不详。

△ 指令湘军总司令谭延闿,呈悉所报办理增城县公会会长刘巨良等电呈各节一案情形。孙中山前曾将增城县工会会长刘巨良及全属联团总局单孔仪、钟庆桐,商会会长刘伯耀等电呈各一件发交谭延闿办理,谭延闿于 10 日收悉,旋于 14 日呈文孙中山,谓日前他经过该县,据全属联团总局等呈请,当即令该知事立予释放,并严饬筹饷分处召集士绅剀切婉商劝导办理手续,毋得操之太切,致伤民感。(《大本营公报》第 20 号,"指令"第 766 号)此外,12 日,大本营秘书处亦将增城全属联团总局单孔仪、钟庆桐,商会会长刘伯耀等代电一件发交谭延闿,谭延闿复于 15 日呈文孙中山称,此案前据该县公民赖考祥等呈请省释前来,当已令饬该县知事暨筹饷分处将林朗臣立予释放在案。19 日,孙中山指令湘军总司令谭延闿,呈悉所报已令增城知事暨筹饷分处释放林朗臣一案。(《大本营公报》第 20 号,"指令"第 772 号)

7 月 19 日 国民党中央执行委员会第四十二次会议通过广州市党部提出的颁布工会条例案及农民部提出的出版《农民半月刊》案。推定廖仲恺、汪精卫、邵元冲、戴季陶、刘芦隐为工会条例起草委员。(《中央委员会会议纪》,《广州民国日报》1924 年 7 月 21 日)

△ 应军事当局的要求,警察局已知照本地报社,未经大元帅府的同意和许可,不得擅自披露军事消息。(广东省档案馆编译:《孙中山与广东——广东省档案馆库藏海关档案选译》,第 527 页)

△ 大本营与英国驻广州领事谈话,强调政府不能取缔罢工。

7 月 15 日,广州沙面工人为反对英帝国主义颁行的新警律,举行大罢工。英领事为解窘境,于 19 日渡海,谒见孙中山。要求孙中山派员持手令劝告华工先行复职,再改条例。孙中山答语:"华人此次因争人格,发生合理循轨的罢工,政府实不能加以取缔,苟或有之,即为剥夺人民自由之违法行为,革命政府,绝不敢出此。且贵领此次毅然颁布此苛例,其中侮辱国体人民之处实多。沙面为中国领土之一,外人以居留资格,实无取缔华人权。今幸苛例尚未实行,解铃系铃,还须贵领觉悟。至于调停一节,政府自应赞助,但不能接受贵领意思。"①(《沙面华人罢工之第五日》,上海《民国日报》1924 年 7 月 26 日)

△　任命陈肇英为虎门要塞司令,原任廖湘芸准免职。(《命令》,《大本营公报》第 20 号)18 日,粤军总司令许崇智呈文孙中山称,"现任虎门要塞司令廖湘芸奉刘总司令震寰令,亲率所部第六师出发前方,故请辞去要塞兼职"。拟请孙中山任命前浙军师长陈肇英为虎门要塞司令。本日,孙中山正式发布任命,旋于 22 日函知许崇智。(《大本营公报》第 21 号,"指令"第 781 号)

△　令广东电政监督设法接济石龙电报局。

7 月某日,湘军总司令谭延闿呈文孙中山,据石龙电报局长卢崇章电称,何监督任内积欠公费及员役工役等薪水共一千七百余元,函电催发均无接济,尤以 5、6 两月为甚,所领仅小洋百四十元,支出火食及公费修线费已不敷支。送电请领扎线修理石龙至广州湘军专线及飞鹅岭之线路,亦延不发给,迫于就近向滇军行营及西路行营暂借得电线十余斤,先行饬工修理飞鹅岭线路。目下工丁已星散一半,各员司亦暂自筹火食。请孙中山令行电政监督对于电报局经费、薪水、材料各项设法接济,以维电务而利军戎②。据此,孙中山于本日指令湘军总司令谭延闿,候令行广东电政监督遵照办理。(《大本营公报》第 20 号,"指令"第 770 号)并训令广东电政监督黄桓,令该监督对于石龙电报局所请经费、薪水、材料等必要费料,应予设法接济,以维电务而利军戎。(《大本营公报》第 20 号,"训令"第 367 号)黄桓受命后,即遵照办理,并于 7 月 18 日将遵办接济石龙电局情形呈报孙中山察核。孙收悉接济情形,于 23 日复指令黄桓,谓石龙电局通报各军讯息,关系极

---

①　《孙中山全集》第 10 卷第 423 页之《与英国驻广州领事的谈话》一文认为谈话时间在 7 月 19 日,陈锡祺主编《孙中山年谱长编》下册第 1951—1952 页则将日期定为 7 月 20 日。

②　该呈所署日期为 7 月 27 日,但孙中山复谭延闿及训令电政监督之文均为 7 月 19 日,显然所署日期有误。

为重要,仍遵照前令将该局经费先行筹拨,以利戎机。(《大本营公报》第 21 号,"指令"第 787 号)

△　指令大本营参军长张开儒,"江固"舰所有人员、军械、服装、器物,既据派员分别点验清楚,官兵均无缺顿额。候将所造薪册令发财政委员会照数筹拨的款,由大本营军需处提前发给。其余各册及原呈分别归档。此前,孙中山曾令张开儒派员点查"江固"舰,张开儒奉命派人清查后,即向孙报告清查情形,并呈上点查清册及舰长卢善矩原呈清册。(《大本营公报》第 20 号,"指令"第 768 号)遂有今日孙对张开儒此指令。

7 月 20 日　中国国民党广州市特别党部召开青年党员大会并发表宣言,"称孙总理为中华民国国父,呼吁国人团结革命,以救中国"。("中华民国"史事纪要编辑委员会编:《中华民国史事纪要(初稿)——一九二四年七至十二月》,第 81—85 页)

△　旅粤湘籍人谭延闿、程潜通电请求助赈湖南水灾。

湘省今年水灾浸及三十余县,灾情之重,不胜缕数,旅粤湘籍要人谭延闿程潜等,于 20 日召集旅粤各界湘人,假国立广东大学开会,会帅府有事,谭、程不能到,谭派姜济寰、马骧为代表,两代表宣告开会理由,后公众讨论,佥为援急方法惟有筹赈,宜即组织一会,名曰旅粤湘南水灾筹赈会,公推谭、程两人为总理,下设评议执行两部执行责任,计是日到会者三百余人。自下午一时开会,四时闭会,闻已即日进行筹款,并由谭程发出通电:"大元帅睿鉴,(馀衔略)湘省不幸,淫雨为灾,自衡宝以下,暨泊于滨湖地方,咸被水患,化为泽国,堤完崩溃,田庐荡析,漂流人畜,无虑万计,遍野哀鸿,嗷嗷待哺,被灾区域之广,受害人民之众,百年以来兹为仅见,迭据地方人士函电交驰,请求设法助赈,某等奉职此邦,眷怀故里,救灾捍患,义无可辞,援集旅粤乡人,成立湘灾筹赈会,从事募捐,伏惟大元帅拯济群生,我军政学商工界诸公,胞与民物,念及全湘灾黎,谅必同声闵惜敢求赐颁帑金,分润廉俸,或节衣食余资,嘘枯起瘠,活孑遗于沟壑之中,输粟泛舟,

扬仁于江汉,谨电呼吁,无任顶礼。"(《旅粤湘人筹赈湘灾》,上海《民国日报》1924年8月2日)

△ 因统一财政无法实行,大本营无款可筹,乃停止发饷。

广州特约通讯云,孙中山自提出统一财政以来,百方运动,将及一年,而各客军霸占之财权,始终竟未交出,反日日向大本营闹粮索饷,使偌大一宗军费,悉取诸广州一带之市民,千抽万剥,弄得鬼哭神号,天昏地暗。近孙氏以非设法挽救,无可维持,遂决定各军各自统一财政之办法,凡据有防地者,即不再发给养费,由该军自行分别支配,无防地者,则将大本营每日收入若干,尽数匀派,以充各军伙食。讵知滇军竟因此,内部发生绝大意见,杨希闵虽拥有滇军总司令之名,而财政大权实操于范石生、蒋光亮之手,范除据有筹款总局赌饷外,所有航政局烟酒公卖局等,均归其管辖,蒋则除据有广三铁路及佛山各税捐之外,南番顺各属航政分局及清远烟酒公卖分局等,亦由其委任,"从前以本军收入,专供本军给养,绰有余裕,况且财政又非公开,收入支出不须造册报销,更可为所欲为"。杨以孙氏既有迭次明令,即欲借以统一滇军财政,迭经召集会议,成立滇军军饷总局,由杨派委张鉴藻为总监、范派委易应乾、蒋派李希舜为副监,蒋等虽未便公然反抗,然从前为该军私有之款,今则要公之全军,心实有所不甘,以为与其公之全军,不如径行公之全省,以实行全省财政之统一。"故蒋乃于日前发一通电,谓本军所管财政收入各机关,已于7日结束,倘十日内尚未派员到来接收,则惟有洁身避地,听候解决等语,其中措辞,实含有种种不平之意,但迄今尚未见派出接收之员。滇军内部因此发生重大之意见,将来究竟能否接收,及接收时有无意外风潮,且听下回分解。"惟顷又得一重要消息,日前大本营开紧急财政会议,各军政要人皆列席,孙氏亲提一议案,谓"各军不将财权交出,想必有难言之隐,惟各军一面收地方之税,一面仍向大本营要饷,前令各军自行统一财政,迄未遵照办理,大本营非金山,从何处得如许金钱,供养各军,现在全无收支,纸币政策,商民又极反对,本大元帅亦无法可设,只有由今日起,所有各军伙食一律暂停支给,俟本大元帅想出筹款方法,再行核定办理"等语,当场各政界人物,鼓掌赞成,军界人物则默默无言,此案遂作通过,日前已由中央财政委员会备函通知各军知照,现各军以大本营忽然停止发饷,咸觉疑诧,已纷纷研究就地筹款之策。(《孙军忽停止发饷》,《时事新报》1924年7月26日)

△　上海大学毕业生程永言等致函孙中山,诬称中共的决议案"非但无补于本党,且阻止本党军事政治之妥协,国民劳动之改良",故请孙取缔共产党。(《程永言等上总理呈》,中国国民党汉口档案第8990号)

△　马素遵嘱在华盛顿接待访美之梁士诒。

梁士诒以私人身份访问欧洲,旋由欧转赴美国访问,本日晚7时由纽约抵华府,寓中国驻美公使馆。梁氏甫抵,大本营驻美代表马素接孙中山电,嘱由其沿途随行保护。早于民国10年5月起,孙中山即以非常大总统名义聘任马素为顾问,并以代表名义派驻美国。(凤冈及门弟子编:《三水梁燕孙先生年谱》,第352页)

7月21日　中央执行委员会决议,训令上海党部禁止一切躁急的排外举动。

顷接上海党员报告,7月3日上海公共租界工部局公报载有工部局总董费信惇6月20日复领袖领事意总领事罗西公函,其中辞意,显系欲应伪北京政府之请求,加害于国民党。上海国民党员非常愤激,至有主张要求国民党取消历来禁止排外之命令,放任青红帮等自由回复庚子以前之活动者;又有主张要求中国国民党鼓励在租界内为总罢工之运动者。国民党对于此等要求,不能许可。特发训令云:"本党之职务,在根据三民主义,以实现独立平等的国家,对于狭隘酷烈的排外思想,认为对于世界及人道有害,于国家及民族之独立平等,亦有害而无利,故常努力防止之。当庚子之岁,满洲太后及王公大臣,提倡义和拳,揭扶清灭洋之旗帜,以实现虐杀外国人。其时本党起革命军于惠州,则依照国际公法,对于留居境内之外国人民生命财产加以保护，证明满洲政府野蛮之行为，为本党所反对。自是以后，凡各处崛起之革命军，莫不对于外国人民生命财产，加以保护。辛亥之役，革命军遍于各行省，而外国人民生命财产秋毫无犯，此皆本党主张足以转移国人之心理，而党员能受本党约束之明效大验也。

"十三年来，北洋军阀窃据北京政府，此辈为营私罔利见，不恤与帝国主义者相勾结，以售其卖国之谋，国人常以媚外而诟病之。然此辈脑中满贮复古、帝制、迷信诸思想，此诸思想与排外思想相胶附，其媚外行动，适有思想与手段相矛盾之象，证之近来北方秘密结社，到处流行，皆以北洋军阀为中坚，而腐败官僚从而依附之。此等结社，其目的及性质，均与庚子义和拳相同，本党对之，正谋从事芟夷。因此结社，为复古、帝制、迷信诸思想所寄托，危及国本，不独排外思想有妨国际已也。凡本党势力所及之地，此等思想自然绝迹。反之，本党势力所不及之地，此等思想即潜滋暗长。故本党今日当自知其历史的使命，有指导全国从事革命活动之责任。对于革命军向来约束及本党向来宣传宗旨，不宜抛弃，宜继续禁止一切不文明之排外举动。所有党员，皆当本此意旨，以指导国民，使勿入于歧途。即使外国人方面不能深知本党主张所在，至于扶助北京政府，以加危害于本党，对于本党为以怨报德之举动，对于伪北京政府承认敌为友之错误，致使本党不能不采用种种自卫手段，而本党终欲放弃其禁止排外之主张，以保其对于国际始终一致之态度。至于运动租界以内总罢工之提议，本党认为过为已甚，亦不能许可。"①（中国国民党中央委员会党史委员会编订：《国父全集》第 4 册，第 1205—1207 页）

　　△　任命大元帅参军黄实为中央直辖第一军参谋长。（《大本营

---

　　①　是日到会者有胡汉民、汪精卫、廖仲恺、谭平山等二十余人，胡主持大会，谭担任记录。关于中央第四十五次会议时间，一作 7 月 25 日。据 7 月 29 日《广州民国日报》之《委员会会议录》载："昨 25 日，国民党中央执行委员会第四十五次会议。""中央执行委员会对上海同志训令草案，决议照案通过。"

公报》第 21 号,"命令")此任命系为中央直辖第一军军长朱培德 7 月 17 日呈文所请,孙中山亦于 7 月 22 日指令朱培德,告知已明令任黄实为该军参谋长。(《大本营公报》第 21 号,"指令"第 782 号)

　　△ 驻九江滇军在当地抽收茧捐、丝捐,引发军队与商团之冲突。

　　驻九江滇军保荣光所部,在九江征收茧捐、丝捐,九江商会会董曾炎初、关荫常、曾作辉等于 6 月 28 日联名致函孙中山,谓"近年蚕丝失收,洋商又复止办,价格大跌,亏累已深,丝业凋零之至。且出口之丝,经有正税、府税、厘金、台费,重重捐税,负担不为不重,且保旅长昨始将茧捐征收,每百元抽至一员二毫之多,实为该埠所无。伏恳大元帅省长暨滇军各长官,体念敝镇丝业凋零,不堪再担特别捐务,俯顺民意,立饬保旅长荣光,将该丝捐刻日撤销,并恳维持"。(《九江商会请免抽丝捐》,《广州民国日报》1924 年 7 月 1 日)7 月初,保旅更与当地商团发生冲突。5 日,九江公会为此致电孙中山称,驻九江滇军保荣光所部,现与商团发生误会,查该部扰商病民,请饬即日撤防。(《国内专电》,《申报》1924 年 7 月 8 日)旅省九江人士亦公举大本营建设部工商局局长李卓峰谒见孙中山,详陈保荣光部与镇内商团因误会发生军事流血冲突之情况,恳请明令撤去军队。孙中山当即批准,令饬滇军退出九江,并令以后无论何项军队,均不得在九江驻扎。(《九江军团风潮近讯》,《广州民国日报》1924 年 7 月 7 日)嗣后,16 日,财政委员会主席委员叶恭绰、廖仲恺将九江商会会董请令保荣光撤销抽收九江出口土丝捐、茧捐事转呈孙中山。17 日,中央直辖滇军总司令杨希闵(总参谋长周自得代)呈文孙中山,谓"据滇军第三军总指挥胡思舜称,今日九江匪首吴三镜利用商团抵抗防军,相持多日迄为解决,查保旅长荣光在九江防地一切处置,间有不合舆情之处,地方人士尽可诉诸本军高级军官,军法俱在,绝无偏徇,乃昧于大义,借土匪以抗军队。恳帅座令饬商团立时撤退,并派员查办,以明曲直而保治安"。(《大本营公报》第 21 号,"指令"第 777 号)言下之意,保旅与商团之冲突,实为土匪借商团滋事,地方借土匪抗军队。本日,孙中山一面训令中央直辖滇军第三军军长蒋光亮,令该军长迅饬保荣光,将抽收九江出口土丝捐、蚕捐撤销,以顺舆情。(《大本营公报》第21号,"训令"第370号)一面训令广东省长廖仲恺,此案应由滇军总司令杨希闵转饬蒋军长、胡师长严约所部,将所抽一切苛捐实行停收,屏绝谣言,令该省长转饬商团遵照,并开导该地绅民,驻军果有骚扰,只宜诉诸军民长官,听候解决,不宜受人煽惑,妄思利用团军、土匪,以图一逞,致酿变故,自取损害,是为至要。(《大本营公报》第21号,"训令"第369号)同时,孙中山亦指令杨希闵,复据呈各情,候再令行广东省长转饬商团,务须严守自卫范围,不得稍有越轨之举,尤不得援助土匪以抗军队,致干究办。一面仍应由该总司令转饬蒋军长严约部队,不得扰害地方,将所抽一切苛捐实行停收,屏绝谣言,勿生疑虑。(《大本营公报》第21号,"指令"第777号)至22日,孙中山又指令财政委员会,所请饬撤销九江出口土丝捐、蚕捐事,候令行蒋光亮迅予转饬实行。(《大本营公报》第21号,"指令"第779号)

△ 北京政府外交部因中俄已决定互遣大使,即派员访使团,商请将各国公使一同升为大使,各公使允请示各本国政府,再行决定。(刘绍唐主编:《民国大事日志》第1册,第262页)

△ 令发给川资助汪逢鼗回里。

皖籍党员毕靖波呈文孙中山,汪汲青为接洽豫军事,劳苦功高,不幸于吉安死于逆军之手。其弟汪逢鼗由皖入赣遍求,杳不得踪迹,资尽沿途几至乞食。于3月间复由赣辗转来粤。靖波及旅粤同乡均无力为助,既已悲死者不可复生,更何堪生者欲归未得,迫得沥陈汪氏遇难经过情形,请察核酌给恤金,以便令其借资回里,并恳准予存案列入党史,以慰英魂而诏来者。嗣后,孙中山将此呈发交中央执行委员会议决存案,并同意发给川资助汪逢鼗回里,然因广东政府财政短绌,该款延至8月10日尚未发下。汪逢鼗苦等无着,遂于8月10日再次致函孙中山,谓"汪汲青为接洽豫军,在赣遇难情形,已由毕靖波同志禀呈请恤在案,蒙钧座应允,感戴莫名,惟至今多日,尚未发下。窃逢翥来粤已经半载,旅况莫支,兼之家贫亲老,在外不敢久留,用特奉禀,恳饬该委员会迅予川资,俾早日回里,以免合家悬望"。(《毕靖波上总理呈》,中国国民党汉口档案第15831号)

△　香港陈党机关新闻报,忽发布宣言,已有觉悟,悔为陈军效力,其社长陈秋霖以三策劝陈炯明,上策为向孙中山投诚,中策抛弃军事出洋游历,下策投降北方,并称愿与陈同拥护三民主义。(《电讯》,上海《民国日报》1924年7月22日)

△　报载北京政府将派夏清贻往港,商粤海关,拨存余交叶举,以浚河督办名义签字收款,暗即运动陈炯明派中止与孙中山议和。(《电讯》,《时事新报》1924年7月22日)

7月22日　巴甫洛夫将军溺水身亡。

巴甫洛夫将军于1924年5月受苏俄政府排遣,率军事顾问团抵广州,旋被孙中山聘为大本营高等军事顾问,数月间,对东征陈炯明的军事斗争与黄埔军校的建设,多有贡献。7月18日晚,巴将军在石龙江面勘察时,失足落水,抢救不及而殉职。孙中山闻耗,深为惋惜,特定于23日上午10时,在东校场开追悼大会,即谕令公安局通谕各军各机关一体知照①。(《追悼俄军官之大会》,《广州民国日报》1924年7月23日)据《孙中山与共产国际》一书中所载,巴甫洛夫的灵车,系于20日运回广州,是时,孙中山率领广东军政长官、中国共产党和青年团的代表、学生会、工会与其他团体的代表一起在火车站迎候。(李玉贞:《孙中山与共产国际》,第401页)巴甫洛夫溺毙后,外间有传闻谓溺毙者为鲍罗廷。(《电讯》,《时事新报》1924年7月24日)

△　着各军民长官饬属一体严缉率部降敌的前湘军第六师师长王得庆,务获解办,以伸国法而儆叛逆。(《大本营公报》第21号,"命令")

---

①　此件所标时间系据7月23日《广州民国日报》云"本月22日,公安局奉大本营通告内开:本日奉大元帅谕"确定。

△ 戴恩赛被委任为梧州关监督兼外交特派交涉员,但任职后多日,并未到署视事,以致梧州外交事件无人负责,梧州善后处长李济深据此呈禀孙中山。孙遂于本日训令大本营外交部长伍朝枢,令伍朝枢即便转饬戴恩赛克日回署,勿荒职守,贻误外交。(《大本营公报》第21号,"训令"第371号)

△ 指令经界局督办兼办广东沙田清理事宜古应芬,呈悉所复办理五邑业佃公会有代征沙田费存放港号,请提充军用一案情形。古应芬曾于本月19日向孙中山呈报所查五邑业佃公会有代征沙田费存放港号请提充军用一案情形,并附缴10年、11年征信录一本以供考核。(《大本营公报》第21号,"指令"第780号)此为孙中山复古应芬之指令。

△ 指令粤军第三军军长李福林,呈报枪决匪犯吴锐日期准予备案。本月16日,粤军第三军军长李福林呈文孙中山,称本年5月10日有日商两广公司金刚电船在沙面河边被匪骑劫,经该部派队拿获案犯吴锐一名,起获电船一艘。于本月16日提出案犯吴锐,验明正身,派队押往宝冈地方执行枪决,将决匪日期备文呈报,察核备案。(《大本营公报》第21号,"指令"第783号)此为孙中山之复文。

△ 报载林虎誓言要驱逐孙中山及客军出粤境,把粤省归还陈炯明。(段云章、沈晓敏编著:《孙文与陈炯明史事编年(增订本)》,第803页)

7月23日 偕夫人宋庆龄等出席巴甫洛夫将军追悼会,担任主祭。

是日上午,国民党中央及广州革命政府在广州东校场为大本营高等军事顾问、苏联将军巴甫洛夫举行追悼会,孙中山及夫人宋庆龄、俄国顾问代表鲍罗廷和党政军要员胡汉民、汪精卫、廖仲恺、谭延闿、许崇智、杨希闵、刘震寰、樊钟秀、程潜、伍朝枢、徐绍桢、邓泽如、孙科、吕志伊等,以及中央、省、市各机关长员与代表、工会、军队、警察等各界人员万余人出席追悼大会。11时,追悼会开始,由孙中山担任主祭,外交部长伍朝枢代为宣读祭文。

祭文曰:"维天生材,辅佐斯民,郁郁高君,百战奇英。来佐我华,羽扇纶巾,运谋设策,颇见经纶。方冀辅弼,克缵乃勋,何期无命,中途殂殒。渺渺水天,绵绵长恨,英灵不昧,默启后人。呜呼哀哉!尚飨。"

11时半祭毕即出殡,孙中山及夫人等亲送巴将军灵柩到天字码头。12时50分,巴将军灵柩由忓工移置"江固"轮时,孙中山及夫人、鲍罗廷与各总司令等军政要员均揭帽行礼。下午1时,"江固"轮在鲍罗廷、廖仲恺、马超俊等人护送下,将巴将军遗体运至广州南石头坟场火葬。巴甫洛夫之骨灰后由俄舰"波罗夫斯基"号于同年11月初运回苏联。(《追悼俄高将军之详情》,《广州民国日报》1924年7月24日)除举行追悼会外,孙尚就巴甫洛夫在中国以身殉职事致电苏联人民委员会主席。电谓:"巴甫洛夫将军是俄国为中国自由而捐躯的第一位先烈。今殉职,本人不胜悲痛。他是邻邦的英勇、高尚的儿子,死得其所。他增进了俄中两国间的联系,使国民党愈加坚定其决心——不将争取民族自决权的斗争进行到最后时刻,誓不罢休!"([苏]卡尔图诺娃著、中国社会科学院近代史研究所翻译室译:《加伦在中国(1924—1927)》,第33页)

△　致续西峰函,勉其勇猛前进,协力讨贼。

函曰:"吾兄好义,努力不怠,尤佩忠诚。今吾国祸乱至矣,人民之受苦深矣。奋不顾身出而救民救国者,能有几人?伪廷群寇,窃踞北方,只图一己之私。不顾天下之大。妖氛弥漫,久而未靖,良用痛心! 振臂高呼,协力讨贼,吾兄其图之。宝珊邓君、虎臣李君勇于赴义,策画一切,当能为兄助。与邓、李二君相晤,幸望为致意。北望无任驰系。惟勇猛前进,以副厚期。"(中国国民党中央委员会党史委员会编订:《国父全集》第5册,第520—521页)

△　大本营美国顾问那文偕夫人子女向孙中山辞行归国。(《那文顾问辞行返美》,《广州民国日报》1924年7月23日)

　　△　法制委员会奉孙中山令,修改该会处务规则及会议规则。

　　关于修改法制委员会处务规则及会议规则案,经该会第十三次会议提出讨论,将处务规则第八条第二项改为:委员长有事故时由副委员长代理。正、副委员长均有事故时,得托委员一人代理。会议规则第二条第二项改为:委员长因事缺席时,由副委员长主席。正、副委员长均因事缺席时,由委员公推一人主席。第七条改为:该会议以有过半数委员之出席,方能开会。法制委员会会长刘芦隐于本月 19 日将修改情形呈报孙中山,并请察核备案。本日,孙中山指令刘芦隐,所报修正处务及会议规则准予备案。(《大本营公报》第 21 号,"指令"第 785 号)

　　△　本月 21 日,国立广东大学校长邹鲁以该校法科学院法律本科学生六十四名、政治经济本科丁班学生四十名,本年 8 月修业期满,所有各科功课均已教授完竣,特呈文孙中山,请批准举行毕业试验。本日,孙中山指令邹鲁,准予举行毕业试验。(《大本营公报》第 21 号,"指令"第 786 号)

　　△　指令广东省长廖仲恺,呈悉令饬广东财政厅减定经费各情。

　　广东省长廖仲恺前曾将省署所属各机关核减经费数目情形呈报鉴核,经孙中山察核后指令,所有表列警务处、烟酒公卖局、矿物处、民产保证处、田土业佃保证局、高等审判检察两厅,月收经费暂准照数支给,惟财政厅经费与原定十年预算超过仍属太巨,应不得超过二万五千元之数。廖仲恺奉此指令,即饬财政厅切实裁减。嗣据财政厅长郑其瑗呈称,该厅经常经费十年度预算虽属月支一万六千六百余元,当时事实上不敷甚多,均系另行补发,数年来事务既日益增加,如强为撙节,则办事诸形窒碍,难免因噎废食之虞。前厅长任内月支经费四万四千余元,前奉令,惟有于无可裁减之中再设法撙节,每月减为二万五千元,实已撙节万分。廖仲恺收悉郑之呈文,于 7 月 18 日备文具报孙中山。(《大本营公报》第 21 号,"指令"第 788 号)本日,孙中山指令廖仲恺,呈悉令饬广东财政厅减定经费情形。

　　△　本月 19 日,兼盐务督办叶恭绰(署长郑洪年代)呈文孙中

山,谓盐务缉私署主任张民达已派处员将"平南"舰接收,并将舰上公物及枪炮子弹点收列单存案,随委曾飞鸿为"平南"舰舰长,该舰长已于 6 月 18 日到舰视事,所有情形理应备文呈请察核备案。本日,孙中山指令叶恭绰,办理"平南"舰一案情形准予备案。(《大本营公报》第21 号,"指令"第 789 号)

7 月 24 日　国民党中央执行委员会根据邹鲁提议,函询鲍罗廷,请其答复俄国退还庚款办法。

青年部部长邹鲁提出对于俄国退回庚子赔款组织委员会应力争参加案,提案谓:"俄国退回庚子赔款为数几一万万元,其支配用途,即在委员会。委员会之组织共三人,俄一、中二,若中国之二人,悉由北方军阀指派,非特用途堪虞,即吾党政府亦至失地位,故总理用大元帅名义,致电俄代表加拉罕,派鲁为委员,俄国与吾党政府趋一致,应由本党切告加拉罕、鲍罗廷二位代表,中俄委员会吾党政府须占一人,否则中国二人当悉由国立大学联合会选举,万不能由北方军阀任意派人也。"本日会议根据邹鲁之提案函询鲍罗廷,请其答复。(罗刚编著:《中华民国国父实录》第 6 册,第 4711 页)

△　大本营政务会议讨论孙中山交议的开辟台山铜鼓商埠案。

日前,宁阳铁路总办陈宜禧上呈孙中山,请求将开辟台山铜鼓商埠批准立案。孙中山交政务会议讨论。本日,政务会议议决此案先交外交、内政、建设三部审查。(《廿四日政务会议记》,《广州民国日报》1924 年 7 月 26 日)嗣后,8 月 30 日,大本营建设部长林森、大本营内政部长徐绍桢、大本营外交部长伍朝枢、广东省长廖仲恺呈文孙中山称,"8 月 7 日第十三次政务会议议决,案铜鼓开埠由建设、内政、外交三部会同广东省长设立筹备委员会。森等公同商酌,经各遴派委员二人,理合照列名单会衔呈荐,伏乞明令派充铜鼓开埠筹备委员。再,此呈由建设部主稿,会同内政部、外交部、广东省署办理,合并陈明"。(《大本营公报》第 25 号,"指令"第 986 号)

△　追赠故前福建讨贼军总司令部参谋长吴斌为陆军少将,并

照少将阵亡例给恤。(《大本营公报》第21号,"命令")22日,大本营军政部长程潜呈文孙中山,经查核,福建讨贼军总司令所部参谋长吴斌在闽遇难身死,事实相符,拟请明令追赠该故参谋长吴斌为陆军少将,并照阵亡例给予少将恤金。本日追赠给恤命令即为孙中山据程潜所请发布,嗣后,孙于25日指令程潜,已有明令追赠吴斌为陆军少将并照少将阵亡例给恤。(《大本营公报》第21号,"指令"第806号)

△　取消对连县议会议长叶其森、商会会长刘剑虹之通缉。

何克夫率部围攻连县,经旬不下,而城中居民粮食已尽,为图生路,公举议长叶其森代表缒城往见何克夫,请其顾全城中生灵。不意甫出城外,即遭何克夫旅长率队逮捕,后经连县商会会长刘剑虹具保省释。8月间,叶其森和刘剑虹因事远出,何克夫疑为串通逃匿,呈请一并通缉。连县公民冯祖尧等见此,特将前因后果具文呈报直辖第一军第一师师长王均,并力言前议长和会长秉性公正,夙负声望,向未投身军界,其无通敌行为,全县人士可保可结,并乞王转呈孙中山暨省长,取消对叶其森、刘剑虹之通缉。王乃将该呈转呈第一军军长朱培德,朱于7月18日复将该呈转送孙中山,孙中山于23日指令朱培德,准予取消连县县议会议长叶其森等之通缉,候令行广东省长通行知照,(《大本营公报》第21号,"指令"第794号)本日,孙中山令广东省长廖仲恺即便查照办理,取消叶其森、刘剑虹通缉。(《大本营公报》第21号,"训令"第379号)

△　本月19日,兼盐务督办叶恭绰(署长郑洪年代)以该署人员不足,经费短绌,特呈请孙中山,拟请酌增员司、指拨经费。孙中山于本日指令叶恭绰,现正厉行减政,盐务署事务应仍由该部派员兼办,所请酌增员司、指拨经费之处,着无庸议。(《大本营公报》第21号,"指令"第798号)

△　本月21日,大本营内政部长徐绍桢呈文孙中山,滇军第二师师长廖行超呈请颁发团长李春华之母沈氏匾额,核其事状与现行褒扬条例第一条第二款尚属相符,拟请题颁"节励松筠"四字,并给予

银质褒章。本日,孙中山指令徐绍桢,准予题颁"节励松筠"四字匾额,并给予银质褒章,以示褒扬,即转给承领。(《大本营公报》第21号,"指令"第799号)

△　晚间召许崇智、谭延闿、杨希闵、樊钟秀、刘震寰等开军事会议,孙中山演说应贯彻主义,为民众奋斗,现东江潦水尽退,不日将有剧战。(《电讯》,上海《民国日报》1924年7月26日)

△　筹办中央银行之宋子文呈报孙中山,准8月15日恢复,迁入中国银行旧址,发行纸币,准备金充足。(《电讯》,上海《民国日报》1924年7月26日)

7月25日　令各机关办理职员薪俸减成发给事。

训令大本营部长、秘书长、参谋长、参军长、处长、省长、督办、监督、局长、司长、委员会、校长、院长、厂长、市长、运使、管理、经理等,曾令行大本营会计司,将大本营参议、咨议、委员及秘书处、会计司人员等所有薪俸,从8月1日起,概行减成发给在案。惟查各机关人员薪俸,其已经减成发给者固多,其未经减成发给者亦复不少。限自8月1日起,所有大本营直辖各机关以及各民政、财政机关,除职员薪俸已经减成发给者,仍照旧支给外,此外各职员凡俸薪在五百元以上者概以七成发给,在三百元以上者以八成发给,在二百元以上者以九成发给。(《大本营公报》第21号,"训令"第382号)此外,尚有训令致大本营财政部长叶恭绰、大本营会计司司长黄昌谷,内容并无二致。(《大本营公报》第21号,"训令"第381号)

29日,大本营经界局督办兼办广东沙田清理事宜古应芬、广东省长廖仲恺分别将所属机关遵令自8月起分别减成领支薪俸情形呈报孙中山。(《大本营公报》第21号,"指令"第840号;《大本营公报》第22号,"指令"第843号)30日,财政委员会主席委员叶恭绰、廖仲恺呈文孙中山,该会干事处各职员,除专任秘书四员由会支薪外,余自总干事以次均由财政厅分别调派兼任,向不支领兼薪,将该会专任秘书等薪俸从8月1日起遵以九成发给,所有遵办情形呈报睿鉴。(《大本营公报》第22号,"指令"第855号)同日,两广盐运使邓泽如亦具文呈报该署遵令减薪情形。(《大本营公报》第22号,"指令"第854号)31日,大本营审计处处长林翔呈文孙中山,查该处俸薪,除处长及主任审计官外,均在二百元以下。处长每月五百元,主任审计官每月二百八十元。自应于8月1日起遵照训令办理减成支给。呈报察核。(《大本营公报》第22号,"指令"第857号)航空局局长陈友仁呈文孙中山,查该局各员俸薪向来均系减成支给,比之现奉规定之减成办法尤为低下,且在二百元以下之俸薪亦一律减支。(《大本营公报》第22号,"指令"第851号)大本营军政部长程潜呈文孙中山,查该部经费,前4月间奉训令每月暂先发二万元,较之原定预算不及二分之一。所有职员薪俸概定五成发给。惟因拨款机关时有更易,五成薪俸亦未能发给,曾将经过困难情形一再呈报在案。呈请察核。(《大本营公报》第22号,"指令"第852号)大本营行营秘书长古应芬呈文孙中山,查行营秘书长所辖者仅秘书一员,余均由大本营秘书厅调用。孙中山由东江返省后,所辖秘书李蟠经委香山县县长,其余均回大本营秘书厅供差。自秘书长兼就经界局督办兼办广东沙田清理事宜,当经面陈孙中山不领秘书长薪俸。至兼办沙田清理事宜,其处长原薪亦不兼领。(《大本营公报》第22号,"指令"第853号)8月8日,大本营财政部长兼盐务督办叶恭绰(署长郑洪年代)呈报遵办减成发薪情形。(《大本营公报》第23号,"指令"第897号)9日,广东教育厅厅长许崇清呈文孙中山,奉所有俸薪自8月1日起概行减成发给之训令,将遵办情形连同该厅职员月薪在二百元以上者,列表呈缴孙中山察核。(《大本营公报》第23号,"指令"第896号)11日,大理院长兼管司法行政事务吕志伊呈文孙中山,查该院各员俸薪向系依照规定,原额一百元以上者减为五成发给,六十元以上者减为六成发给,六十元以下者理行给足。理应备文具报,呈请鉴核。(《大本营公报》第23号,"指令"第914号)8月14日,大本营财政部长叶恭绰(次长郑洪年代)呈文孙中山,所有该部应发薪俸遵自8月份起概遵照训令分别折发,具文呈报鉴核。(《大本营公报》第24号,"指令"第936号)同日,大本营建设部长林森呈文孙中山,广东电政电话局除局长月支薪水三百元,工程师月支薪水二百三十元,应依照核定8月份起分别减成发给外,其余各职员薪水均未及二百元,应在免予减发之列。(《大本营公报》第24号,"指令"第938号)19日,陆军军官学校校长蒋介石、驻校党代表廖仲恺呈文孙中山,遵令于8月1日起所有俸薪减成发给,将办理情形具报备查。(《大本营公报》第24号,"指令"第947号)

8月,大本营建设部长林森、法制委员会代理委员长刘芦隐分别具文呈报所属职员(委员)俸薪减成发给情形①。(《大本营公报》第22号,"指令"第865、866号)广东兵工厂厂长马超俊呈文孙中山,该厂所有职员每月薪俸如在五百元或三百元或二百元以上者,自应遵照训令于8月1日分别减成发给②。(《大本营公报》第22号,"指令"第856号)

本月31日,孙中山指令大本营经界局督办兼办广东沙田清理事宜古应芬,所呈报遵办职员减成发薪情形准予备案。(《大本营公报》第21号,"指令"第840号)8月1日,指令广东省长廖仲恺,呈悉所报职员减成发薪情形。(《大本营公报》第22号,"指令"第843号)4日,孙中山复大本营行营秘书长古应芬,呈悉该处遵办兼职减薪情形,据称各节甚属核实。候令行会计司知照。(《大本营公报》第22号,"指令"第853号)同日,孙中山训令大本营会计司司长黄昌谷,古应芬不领支秘书长、处长职务薪水,令即便知照。(《大本营公报》第22号,"训令"第399号)孙中山分别指令航空局局长陈友仁、大本营军政部长程潜、两广盐运使邓泽如、财政委员会、广东兵工厂厂长马超俊、大本营审计处处长林翔,呈悉遵办减成支薪情形。(《大本营公报》第22号,"指令"第851、852、

---

① 呈文时间为八月,具体日期不详。

② 此件日期不确,孙中山复马超俊"指令"日期为8月4日,故此件日期应在7月25日至8月4日之间。

854、855、856、857号)6日,孙中山分别指令建设部长林森、法制委员会代理委员长刘芦隐,呈悉遵办职员减薪情形。(《大本营公报》第22号"指令"第865、866号)11日,指令广东教育厅厅长许崇清、兼盐务督办叶恭绰,呈悉遵办减成发薪情形。(《大本营公报》第23号,"指令"第896、897号)13日,指令大理院长兼管司法行政事务吕志伊,呈悉该院职员减成发薪情形。(《大本营公报》第23号,"指令"第914号)21日,指令财政部长叶恭绰,呈悉该部职员减薪情形。(《大本营公报》第24号,"指令"第936号)指令大本营建设部长林森,呈悉广东电政、电话各机关减薪情形。(《大本营公报》第24号,"指令"第938号)23日,指令陆军军官学校校长蒋介石,呈悉该校办理减薪情形。(《大本营公报》第24号,"指令"第947号)

△　本月23日,军政部长就粤军总司令许崇智所部第一师第四团团长缪培堃积劳病故,拟请准予追加陆军少将衔,仍照上校积劳病故例给予上校恤金事;(《大本营公报》第21号,"指令"第812号)中央直辖滇军第二军军长范石生、所部少将参谋张荣光,积劳成疾,染瘴身故,拟请追赠陆军少将并照积劳病故例,给予少将恤金事,分别呈文孙中山。(《大本营公报》第21号,"指令"第813号)孙于本日明令追赠已故滇军第二军参谋张荣光陆军少将,并照少将积劳病故例给恤,追加已故粤军团长缪培堃陆军少将衔,照上校积劳病故例给恤。(《大本营公报》第21号,"命令")并于26日以指令告知程潜。(《大本营公报》第21号,"指令"第812号)

△　训令大本营财政部长叶恭绰,大本营审计处处长林翔呈送该处13年度岁出经常费编造全年度预算书,令将预算书发下一份与财政部汇编13年总预算,命该部长遵照。(《大本营公报》第21号,"训令"第383号)

△　令中央直辖福建各军总指挥何成濬造册呈报现实有兵额,暨必需火食数目。

大本营军政部长程潜呈文孙中山,孙所发下许崇智所呈中央直辖福建各军总指挥处按月预算书,核与新定甲种军司令部编制大致相符。惟该处实有官兵、枪炮未造册上报,所报预算是否相符无案可稽,应由粤军总司令部先行点验。是日,孙中山指令大本营军政部长程潜,日前已谕令粤军总司令许崇智转饬总指挥何成濬,将现在实有兵额,暨必需火食数目,报由该总司令复核转报,以凭饬财政委员会筹拨的款。复据呈各情,何总指挥应准照上将支薪,余仍遵前谕办理。候令行粤军总司令转饬知照①。(《大本营公报》第 21 号,"指令"第 808 号)据程潜所呈,孙中山训令粤军总司令许崇智,所呈报中央直辖福建各军总指挥处按月预算书大致无误,惟该实有官兵、枪炮未造册上报。令该司令转饬总指挥何成濬,将现实有兵额,暨必需火食数目,报由该总司令复核转报,以凭饬财政委员会筹拨的款。(《大本营公报》第 21 号,"训令"第 384 号)

△ 广东省长廖仲恺呈文孙中山,广东图书馆、东兴洋务局各将核减经费情况呈复前来,查核属实,呈复孙中山鉴核②。本日,孙中山指令廖仲恺,所有广东图书馆暨东兴洋务局经费,均准照所拟减定数开支。(《大本营公报》第 21 号,"指令"第 803 号)

△ 梧州善后处处长李济深前曾呈文孙中山,已于本月 15 日将广西抚河招抚使署取消③。本日,孙中山指令李济深,呈悉所报广西抚河招抚使署取消日期。(《大本营公报》第 21 号,"指令"第 805 号)

△ 大本营审计处处长林翔呈文孙中山,12 年度业已终结,将该处 13 年度岁出经常费编造全年度预算书,缮呈孙中山备案。再该处规编预算遵照本年 7 月 1 日奉孙中山令核准呈减经费办理,比较 12 年计减一千九百八十元。同日,孙中山复大本营审计处处长林翔,候将预算书发交一份与财政部汇编 13 年度总预算,呈候核定施

---

① 按此"指令"内容,时间应与第 384 号"训令"相差一日,但《大本营公报》日期均为此日,故日期实不确。
② 呈文时间为 7 月,具体日期不详。
③ 呈文时间为 7 月,具体日期不详。

1924 年 7 月(民国十三年　甲子)五十八岁 /5559

行。(《大本营公报》第21号,"指令"第807号)

△　令饬保留安徽义地,令曰:"饬将美侨公司抵领原案撤销,依照徽地契,管十亩零五,如数保留。"随由市厅指令财局办理。(《安徽义地准予保留》,《广州民国日报》1924年7月25日)

△　着财政委员会,筹拨焦易堂特别费三千元;按"江固"舰舰长卢善矩所造送舰内任职官兵薪饷清册,迅予每月筹拨一千九百七十六元,由军需处提前发给;提前筹给特别军费五万元,三日内缴交大本营。(中国第二历史档案馆编:《中华民国史档案资料汇编》第4辑下册,第1313—1314页)

△　国民党上海市第四区第一区分部南方大学学生全体党员诬陈共产党"罪状"。

国民党上海市第四区第一区分部南方大学学生全体党员致函孙中山,其中列举共产党"罪状"九条,并称:"凡此种种,不过举其荦荦大者,其余细小罪状,指不胜屈,伏维本党在初改组之时……我总理在当时,大公无我,毅然决然准其加入。党员等钦佩之余,何敢渎论?惟是一年以来,事实昭著……宽大之怀,反遭反噬,此诚不能不为党痛,而为我总理惜者也,以我总理之明,想已明鉴及此矣……薰莸之气,既不相同,泾渭之分,尤须立辨。为此,迫切呈请,恳即当机立断……以维党义而固党本。"(《上海四区一分部南方大学呈总理文》,中国国民党汉口档案第8991号)

△　中央执行委员会通告云,该会第四十五次会议关于孙中山讲演案决议:(一)除照前月办法办理外,并通知行政机关及教育机关派员听讲。(二)听讲证由各军各机关自制,先将样式分送该会及广大(即高师)。(三)党员凭党证入场。(四)讲题及时间再行通知。(《中执会致各机关函》,中国国民党汉口档案第25号)

△　上海工商联合会致电反对沙面租界新颁十二条苛例。

函云:"广州大元帅伍外交总长暨全国各工会钧鉴,广州沙面租借华人为反对租界新颁十二条苛例,一律罢工,退出租界,此等反抗帝国主义的行动,确含有民族独立的精神与意义,我们现在应该怎样援助,使他们战斗力能够持久,庶不致使这有意义的罢工功亏一篑,还有一事我们不能不深刻觉悟者,此次暗杀法总督,明为安南人范鸿泰的报仇行为,乃被沙面十二条苛例取缔者反为华人,这是帝国主义者已认识东方一切被压迫民族俱是兄弟关系,我们要赶快联合东方被压迫民族,造成统一的战线,向着帝国主义奋攻,本会为践履这神圣使命,已准备种种应援,用特电驰全中国工人农夫市民有志,希即振臂呐喊,奋起潮涌,雪涤奴隶生活的耻辱。"(《援助沙面案两电》,上海《民国日报》1924年7月27日)

7月26日　中央执行委员会致函大本营秘书处,查7月28日上午9时,系该会农民部假座广东大学开广州市郊农民党员联欢会,先经编定时间,呈请孙中山莅临演讲,至于8月3日开始演讲民生主义,尚未指定时刻,该会函待通告,是否仍依从前下午2时时刻,用特专函奉达,转请孙中山训示具复,以便通告为盼。(《中执会致大本营秘书处函》,中国国民党汉口档案第63号)同日,中央执行委员会尚有关于孙中山演讲事复农民部长函,函称"前由本会函请总理按照编定时间赴广东大学及本会演讲一案,现准大本营秘书处函开,顷奉大元帅交下贵会函请莅临广东大学及贵会演讲一件,奉手谕7月28日可到,8月3日拟开始讲演民生主义,特此奉达,即希查照"。(《中执会秘书处复农民部函》,中国国民党汉口档案第14号)

△　新加坡《新国民日报》经理谢文进等就黄花岗纪念日时间问题致函孙中山。

函称:"查民国纪元,前一年阴历3月19日,据阴阳历对照表为公历4月27日,为此,应请规定以4月27日为黄花岗纪念日。据中央通讯社7月11日通讯国民党上大元帅呈文,有请大元帅规定黄花岗阳历纪念日拟用阳历3月29日。据此,虽未明其理由,然揆度似有未洽。窃阳历原为世界公历,而阴历实为中国数千年专制之遗传。况是项纪念重在黄花岗一役,而不重在3月29之日期,此3月29

日,原为专制势力下阴历之产物,既欲改用阳历,则亦何惜于此3月29日之日期,而不为极端彻底之更改耶?再文进、叔耐自任敝报职务后,即努力提倡以4月27日为黄花岗纪念日,南洋各埠各界对于此项更改,多表同情。自民国8年起,至今年盛一年,届期一律休业,现象极佳,今若重行更改,不特于侨情有所未便,即在南洋本党各报之言论信仰,亦有所妨碍。仰恳可否将此情由饬下该委员会复议办理。"(《谢文进等上总理呈》,中国国民党汉口档案第16607号)

7月27日　大元帅府召开政务会议讨论通过自8月1日起各机关实行减薪、维持粤省纸币以及造币厂暂时停铸等案。(中国社会科学院近代史研究所中华民国史研究室编:《中华民国史资料丛稿·大事记》第10辑,第115页)

△　拟划一银币。

7月14日,《广州民国日报》曾载,孙中山为整改市面货币之混乱,并杜绝私铸,拟划一银币,将13年以前之贰毫银币一律改铸,并拟布告商民,8月1号后,所有征收机关一概不用旧毫。(《划一银币流通之办法》,《广州民国日报》1924年7月14日)7月17日,大本营政务会议亦专门讨论商讨并议决关于推广新铸银币及各军给养均摊等案。(《十七日政务会议纪要》,《广州民国日报》1924年7月19日)嗣后,据《字林报》7月27日香港通信云,孙中山已于日前发出命令,8月1日起,广州各项捐税,概用民国13年制造之银币完纳,官厅有收受13年以前之银币者处五十元以上五百元以下之罚金,人民有不以法定银币完纳捐税者,处十元以上,一百元以下之罚金。(《孙文强制使用新币》,《时事新报》1924年8月5日)为落实孙中山此项命令,政府会议特拟定《各征收机关收解新币暂行章程》,并由大本营财政部长叶恭绰、广东省长廖仲恺布告并分行各征收机关一体查照办理,同时呈送孙中山察核备案①。7月29日,孙中山指令叶恭绰、廖仲恺,所呈会同规定之《征

---

①　呈文时间为7月,具体日期不详。

收机关收解新币章程》准予备案。(《大本营公报》第 21 号,"指令"第 822 号)

△ 令粤路总理许崇灏,赶紧筹筑由小坪至兵工厂之铁路一段,定期告竣,以利运输。(《拟筑直通兵工厂铁路》,《广州民国日报》1924 年 7 月 28 日)

△ 殷实华侨多人,联名呈孙中山,请开黄埔为商港。(《电讯》,上海《民国日报》1924 年 7 月 29 日)

7 月 28 日 莅临广州市农民联欢大会,发表演讲,勉励农民组织起来同革命政府合作,做国家的主人翁。

孙中山谓,"现在政府帮助农民,提倡农民结团体,农民如果利用政府的帮助去实行结团体,就可以恢复自己的地位,谋自己的幸福……我们革命党是建立民国的人,实行三民主义,今日第一件事便留心到农民,便是要救济这种农民痛苦,要把农民的地位抬高,并且要把农民在从前所受官吏和商人的痛苦,都要消除。我们要做成这件事,根本上还要农民自己先有觉悟,自己知道自己的地位是重要的,要有这个思想,然后大家才能联络起来。今日本党开这个会,就是提醒你们,想用政府帮助你们大联络起来,占一个头等地位,做一个说话有力的主人翁。如果你们在各村、各乡、各县都联络了之后,政府还有新方法来指导,要你们每年收获的谷米不致被人侵夺,不致受商人、工人的欺负,有种种大利益。要达这种大目的,就要农民同政府合作。农民同政府合作之后,便可以一致实行民生主义,为大众谋幸福。今日开这个农民联欢会,是中国政府同农民见面的第一次,是政府为农民谋幸福的第一日,为农民争利益的第一日。你们到这个会的人,知道了办法,回去乡村之后,第一步奋斗的工夫是要大家联络,结成真团体。大家做到第一步的工夫,有了好团体之后,才可以做第二步的工夫。第二步工夫是什么呢? 就是为农民争利益。要得一个很好的结果,就要大家去奋斗。大家能够奋斗,就可以成大功"。(《总理对农民联欢会之训词》,

《广州民国日报》1924 年 8 月 1—5 日）会议中，孙中山看到许多衣衫褴褛的赤脚农民走了好些里路来广州参加联欢会，孙中山深受感动，对宋庆龄说："这是革命成功的起点。"（宋庆龄：《为抗议违反孙中山的革命原则和政策的声明》，《宋庆龄选集》上卷，第 46—47 页）是日联欢会，廖仲恺建议由彭湃等五人组织大会主席团。孙中山在训词中号召结成团体，成立农团军。大会以后，成立广州市郊农民协会，选出职员。（［美］陈福霖、余炎光：《廖仲恺年谱》，第 270 页）

　　30 日《时事新报》报道称，孙中山宣传三民主义于农民阶级，欲于此树立基础，以确立国民党之地位。此计划近已渐具体化，28 日为进行第一步，在高等师范学校讲堂开国民党农民联合会，孙中山演说中国农民之地位及国民党与农民之关系，促农民觉醒，谓欲打破军阀推倒帝国主义，农民阶级间应互相团结，又此次国民党决定在广州市东部新设置农民协会，盖国民党着目于农民阶级，欲于农民间扶植势力之计划，并编农民军计划，一般人士对孙中山此举，极为注目。（《孙文联络农民》，《时事新报》1924 年 7 月 30 日）

　　△　沙面罢工大会委员赴大本营陈述罢工情况。（《沙面工潮第十三日纪》，《广州民国日报》1924 年 7 月 29 日）

　　△　任命余和鸿为大本营咨议，派汪啸涯为大本营出勤委员。（《大本营公报》第 21 号，"命令"）

　　△　准予核销行营庶务科支出计算书。

　　训令大本营会计司长黄昌谷，前据该司长转呈行营庶务科长邓彦华 12 年 9 月起至 12 月底止支出计算书连同单据呈请核销前来。经发交审计处审查，据复收支各数尚属相符，惟杂支栏内凉茶三元，未便以公款开支。10 月份蔬菜一单，浮支五毫，应即核减。其余准如数核销。（《大本营公报》第 21 号，"训令"第 389 号）黄昌谷所呈行营庶务科计算书、单据薄，经发交大本营审计处审查完毕，由营审计处长林翔于本月 24 日向孙中山具文呈报审查情况，孙据此而有上述对黄昌谷之训令，并同时指令林翔，所呈复审核会计司转呈行营庶务科

12年9月份至12月份支出计算书等,应照准核销,已令行会计司查照转知。(《大本营公报》第21号,"指令"第820号)

△　7月25日,大本营军政部长程潜呈文孙中山,查第一师步兵第四团第二营营长李时钦奋勇杀敌,殒命疆场,恳准援照少校阵亡例,给予少校一次恤金八百元。本日,孙中山指令程潜,准从优给予粤军故营长李时钦恤金,由该部行知大本营军需处查照办理,并咨行粤军总司令转知。(《大本营公报》第21号,"指令"第819号)

7月29日　着总参议、参军长、李医官、卫士队长、庶务科长会同审判李根生致死之由。(《中山墨宝》编委会编:《中山墨宝》第9卷,第234页)

△　重申禁止兼职兼薪,兼薪一律以二成发给。

训令大本营部长、秘书长、参谋长、参军长、处长、经理、督办、监督、司长、局长、省长、委员会、校长、院长、厂长等,重申严禁兼职兼薪,"所有在大本营直辖各部、处、署、局、司、会、校,应再饬知各人员,自行声报现任职务系属原职抑系兼职,除原职仍照现支额数支薪外,其兼职薪水概以二成发给。倘有隐匿不报,一经查觉,即将各该员分别加以惩戒,并限于文到十日内,将各人员现任职务、分别系属原职抑系兼职、现支薪俸若干列具详表,呈报查核"。(《大本营公报》第21号,"训令"第391号)

奉孙中山此令,31日,大本营审计处处长林翔呈文孙中山,"查职处仅职处长兼财政委员会及审查财政委员不另支薪俸,夫马主任审计官汪彦平系以广州登记局长兼本职,以经费支绌向未支过薪俸,其余人员均非兼职,呈报察核"。(《大本营公报》第22号,"指令"第873号)广东治河督办林森8月4日呈文孙中山,"查职处除职系奉钧帅命令兼理外,又坐办一员由职委建设部交通局局长江屏藩兼任,秘书一员委建设部秘书刘通兼任,其余人员并无他兼、兼他,呈报鉴核"。(《大本营公报》第22号,"指令"第879号)8月7日,大本营建设部长林森、大本营外交部长伍朝枢分别将该部人员原兼各职暨现支薪俸数目列具详表,随文呈报察核。(《大本营公报》第23号,"指令"第902、904号)8日,法制委员会、参军长张开儒分别呈文孙中山,现将其会(处)各员现支薪水分别原职、兼职、实支数目开列详表,备文呈报察核。(《大本营公报》第23号,"指令"第898、899号)广东兵工厂厂长马超俊呈文孙中山,查该厂副官长江天柱、副官王为庄均系兼中央直辖第一军副官,据称原系兼差并未兼薪。差遣曾汉平系兼任广东省长公署稽查员,原兼薪水已由厂长饬令该差遣向省长公署具领二成以符功令。其余各职人员均未兼职,呈复察核。(《大本营公报》第23号,"指令"第901号)11日,财政委员会主席叶恭绰、廖仲恺呈文孙中山,奉兼职不兼薪令,计专任秘书四员及书记官一员系属原职,由会支薪。余自总干事以次均由财政部财政厅分别调派兼任,向未支领兼薪。(《大本营公报》第23号,"指令"第916号)13日,大本营军政部部长程潜呈文孙中山,将原职、兼职列具职务薪俸一览表,备文呈请察核。(《大本营公报》第24号,"指令"第935号)19日,陆军军官学校校长蒋介石、驻校党代表廖仲恺呈文孙中山,据所属各员声报前来,除原职人员仍照额数支薪邀免列表外,理应将兼职各员列具表式备文呈请鉴核施行。(《大本营公报》第24号,"指令"第948号)

8月,大本营会计司司长黄昌谷呈文孙中山,该司各职员并无兼任外差者①。(《大本营公报》第23号,"指令"第900号)大本营参谋处呈文孙中山,"查职处各职员散居各处,且多奉派出勤,文报往复或需时日,似应俟声复到齐方足以资汇案而昭核实。除再严催具报另文汇转外,兹已届十日期满,先将遵办情形具文呈请鉴核"②。(《大本营公报》第23号,"指令"第908号)广东省长廖仲恺呈文孙中山,将该署现任职员姓名及现支薪俸数目,列表具文,呈请鉴核③。(《大本营公报》第23号,"指令"第909号)大理院长兼管司法行政事务

---

① 该呈时间为8月,具体日期不详。
② 该呈时间为8月,具体日期不详。
③ 该呈时间为8月,具体日期不详。

吕志伊呈文孙中山,查该院全体职员向因经费短绌,概于原职上减成支薪。原定薪额在一百元以上者减为支给五成,六十元以上者减为支给六成,六十元以下者照额支足,其有兼职者均仅支薪二成。列具原兼各职薪额及实支数目简表备文呈报①。(《大本营公报》第 23 号,"指令"第 917 号)大本营内政部长徐绍桢呈文孙中山,遵将该部各人员现任职务分别原职、兼职暨现支薪俸实数列具详表呈请鉴核②。

　　孙中山接呈后,分别指令回复。8 月 6 日,指令审计处处长林翔,呈该处职员兼差人数。(《大本营公报》第 22 号,"指令"第 873 号)8 月 7 日,孙中山指令林森,呈悉所送兼职人员减薪表。(《大本营公报》第 22 号,"指令"第 879 号)11 日,指令法制委员会,呈悉该会兼职人员遵令减成发薪情形。(《大本营公报》第 23 号,"指令"第 898 号)指令大本营参军长张开儒,呈悉该处参军、副官曾否兼职情形。(《大本营公报》第 23 号,"指令"第 899 号)指令大本营会计司司长黄昌谷,呈悉该司职员并无兼差。(《大本营公报》第 23 号,"指令"第 900 号)12 日,指令广东兵工厂厂长马超俊,呈悉该厂兼职人员减薪情形。(《大本营公报》第 23 号,"指令"第 901 号)指令大本营外交部长伍朝枢,查阅该部职员薪俸表,兼职减薪既甚核实,编列亦甚详明,足见该部长办事认真,即知照。(《大本营公报》第 23 号,"指令"第 904 号)指令大本营建设部长林森,查阅该部现任职员分别原兼各职及现支薪俸减表,除该部在商标注册所暨权度检定所兼职人员曾经说明均未支给薪俸外,其余兼职人员并未声列在兼职机关薪俸是否以二成支领,应再明白列表呈核,原表发还。(《大本营公报》第 23 号,"指令"第 902 号)13 日,指令财政委员会,呈悉该会兼职人员向未支领兼薪情形。(《大本营公报》第 23 号,"指令"第 916 号)指令大本营参谋长李烈

① 该呈时间为 8 月,具体日期不详。
② 该呈时间为 8 月,具体日期不详。

钧,该处职员兼差,以各员多奉派出勤,准俟声复到齐汇案再行呈复。(《大本营公报》第23号,"指令"第908号)指令广东省长廖仲恺,查阅所呈该署人员兼职情形表册,尚属核实,惟查技士周少游名下并未列明有无兼差,亦未列现支薪水若干,秘书黄季陆名下亦未列明有无兼差,应再明白声叙呈核,原表发还①。(《大本营公报》第23号,"指令"第909号)指令大理院长兼管司法行政事务吕志伊,呈悉该院职员原兼各职薪额及实支数目情况。(《大本营公报》第23号,"指令"第917号)21日,指令大本营军政部长程潜,呈悉该部职员减薪情形。(《大本营公报》第24号,"指令"第935号)23日,指令陆军军官学校校长蒋介石,呈悉该校人员兼职情形。(《大本营公报》第24号,"指令"第948号)26日,指令大本营内政部长徐绍桢,呈悉该部人员原、兼各职情形,现支薪俸实数表已存。(《大本营公报》第24号,"指令"第958号)

△ 报载总工会呈文孙中山等人,"酒业工人调查工友,原属依法行动,乃竟被东鬼基恒茂店商团军放枪狙击,商团仇工,莫此为甚。若不严办,将来工人倍受摧残。伏乞迅拿归案,从严核办,以儆凶横,工人幸甚"。(《商团狙击酒工之援声》,《广州民国日报》1924年7月31日)

△ 中央执行委员会通告,奉孙中山谕,8月3日起每星期日上午9时半在广东大学(即高师——引者注)讲演民声主义。(《中执会通告(第六十五号)》,中国国民党汉口档案第64.1号)

△ 九江人民请令滇军移防,并治不法军人罪。

九江商团前与滇军保荣光旅发生冲突后,孙中山一面派人查办冲突,一面令饬保荣光取消苛捐。事态渐趋缓和,遽料自本月28日起,九江滇军与吴三镜手下乡团重新交火。尽管孙中山已发布命令,但滇军将领蒋光亮仍声称吴三镜手下的人不解散,就决不撤兵。(广

---

① 原令未署具体日期。按大元帅"指令"第908号和910号,发令日期均为8月13日,今据此酌定本件时间。

东省档案馆编译:《孙中山与广东——广东省档案馆库藏海关档案选译》,第 528 页)29 日晨,九江滇军分十一路向北方民团攻击,纵火焚太平六约民房,黑烟敝空。(《国内专电》,《申报》1924 年 8 月 1 日)九江人 29 日夕由江门电省,谓今早被滇军焚抢,请速救。(《国内专电》,《申报》1924 年 7 月 31 日)30 日,旅省九江人亦致电孙中山,请立撤滇军,并治不法军人罪。(《国内专电》,《申报》1924 年 8 月 1 日)据《申报》7 月 31 日所载,尚有旅港九江人亦呈文孙中山,请令滇军移防。(《国内专电》,《申报》1924 年 7 月 31 日)

7 月 30 日 训令大本营军政部长程潜,令由军政部遴派部员兼管理军车事宜,并由该管理员遴委广九铁路人员数员兼军车委员。(《大本营公报》第 21 号,"训令"第 392 号)后军政部派次长胡谦暂行兼理广九军车处事宜。(《胡谦兼任军车管理处》,《广州民国日报》1924 年 8 月 8 日)

△ 主持中央政治委员会第三次会议。本次会议于本日在大本营举行,孙中山亲临主持,胡汉民、汪精卫、邵元冲、伍朝枢、鲍罗廷出席。(罗刚编著:《中华民国国父实录》第 6 册,第 4713 页)

△ 蒋介石对陆军军官学校首期学生讲明党员对三民主义不能有怀疑批评的态度。(毛思诚编纂:《民国十五年以前之蒋介石先生》,转引自广东省立中山图书馆、广州市社会科学院、中山大学图书馆编:《黄埔军校史料汇编》第 3 辑第 55 册,第 64 页)

△ 上海金银工人互助会呈文孙中山,自沙面华人抵抗英领苛例,迄今数日尚未解决。已激起全国国民公愤。事关国权人格,恳政府向英领事提出严重交涉。(《上海金银工人互助会电》,《广州民国日报》1924 年 8 月 5 日)

△ 派大本营秘书林直勉赴香港迎接川军将领代表①。(《川军将领联袂来粤》,《广州民国日报》1924 年 7 月 31 日)

△ 大元帅府颁布中央银行条例十五条,对于政府借垫各款,限

① 日期根据文中"昨日"之说酌定。

制极严,以重商民信用。(《电讯》,上海《民国日报》1924 年 8 月 1 日)

7 月 31 日　中国国民党对金佛朗案发表反对宣言。

"金佛郎案"是法帝国主义加紧掠夺中国人民财富的无理提案。自 1921 年以中法名义合办的"中法实业银行"倒闭后,法国政府从 1922 年起就与北洋军阀政府秘密协商,以退还一部分庚子赔款恢复"中法实业银行"为饵,要求中国方面以实际上并不存在的"金佛郎"(即法郎,当时法郎纸币贬值)偿付对法庚子赔款。这样,中国就须多付给法国关银六千二百万余两。该提案遭中国人民一致反对后,法政府联合比利时、意大利、西班牙,要求四国庚子赔款皆以金法郎偿付,同时它又串通英、美等国,以扣留关余税款来压逼中国北京的军阀政府。在法国的威迫下,北京曹锟政府不惜加重人民负担与痛苦,拟向法国屈服。是日中国国民党为此发表宣言,从法理、政治、财政等方面分析法国政府的要求无理及北京政府之失策病民,坚决反对金佛郎案。并发表声明:"尤望国民知名器之不可久假,太阿之不可倒持,速以全体国民之力,锄北京伪政府而去之,庶内政整理,而外交亦无虞丛脞。"(中国国民党中央委员会党史委员会编订:《国父全集》第 1 册,第 897—899 页)1925 年 4 月间,段祺瑞政府向法国屈服,当月 12 日与法国签订中法金佛郎案协定,并正式换文。(中国社会科学院近代史研究所中华民国史研究室编:《中华民国史资料丛稿·大事记》第 11 辑,第 56—57 页)

△　中央执行委员会致函孙中山,请下令通缉军官学校逃生四名[①]。(《中执会上总理函》,中国国民党汉口档案第 8842.1 号)

△　本月 27 日,广东省长廖仲恺呈文孙中山,前据广州总商会会董李颂韶呈请维持前广东省立银行纸币,拟设广东维持纸币联合会,并拟具章程及办法请予鉴核备案,恳通令各军民长官一体知照。本日,孙中山指令廖仲恺,所呈广东维持纸币联合会章程及

---

①　原件 7 月 31 日送稿,8 月 1 日判行,缮发。

办法准予备案，由该省长通行知照。（《大本营公报》第 21 号，"指令"第 834 号）

△ 经大本营财政部长叶恭绰（次长郑洪年代）呈报依照条例指拨印花税款充军需库券本息基金情形①。本日，孙中山指令叶恭绰，所呈指拨印花税充军需库券本息基金情形，准予备案。（《大本营公报》第 21 号，"指令"第 835 号）

△ 蒙古教育界代表抵粤考察广州教育。

31 日晨，呼伦贝尔蒙古教育界总代表福龄及呼伦贝尔蒙古学务监督郭濬黄两人，由港搭轮到粤，考察广州教育，由商务印书馆派员招待，于是日上午联赴教育厅，谒见许教育厅长，由秘书温仲良接见，福黄两氏陈述来意，略云"余等为蒙古国民党员及中华教育促进社社员，日前由蒙古赴江苏，出席中华教育促进社大会，事毕，赴沪考察上海各学校状况，得见张溥泉先生，指导来粤，视察广州教育之新气象。因即搭轮赴香港，于 30 日抵港，是晚即乘搭来粤，此来一考察广州新教育，二来襄助蒙古国民党之进行，来粤展觐孙总理孙市长吴局长等接洽"，谈论许久，即与辞而出，是日福龄等次第至市厅公安局及中央执行委员会等处接洽。（《蒙古两代表抵粤》，上海《民国日报》1924 年 8 月 7 日）

是月 旅沪中国国民党党员施承谟等函请驱逐共产党员。（《施承谟等上总理呈》，中国国民党汉口档案第 8992 号）

△ 《张溥泉先生回忆录·日记》一书记载：7 月，他偕谢持赴广州，与邓泽如检举国民党中的共产党员。"另有与鲍尔廷谈话之单行本可查。未检举之先，问介公游俄所得，伊亦赞成余等之质问。介公嘱余居长堤黄埔军校办事处楼上。与总理谈此事，甚不悦。惟总理目已发红，久不退，余已不忍多辩，不久返沪。"（张继：《张溥泉先生回忆录·日记》，第 15 页）

---

① 呈文时间为 7 月，具体日期不详。

8月

8月1日 命革除《广州民国日报》"响影录"栏目记者。

是日,《广州民国日报》"响影录"栏刊载了《少谈主义》一文,孙中山阅后,当即批示:"编辑与记者之无常识一至于此,殊属可叹! 汝下段明明大登特登我之'民权主义',而上面乃有此响影录,其意何居? 且引胡适之之言,岂不知胡即为辩护陈炯明之人耶? 胡谓陈之变乱为革命。着中央执行委员会将此记者革出,以为改良本报之一事。"①(中国国民党中央委员会党史委员会编订:《国父全集》第4册,第1216页)7日,广州特别市党部致函中央执行委员会,"昨奉贵会函开,案奉总理批词一道,载在8月1日《广州民国日报》,请烦查照办理,并将批词抄录缴还存案,及将办理情形具复,以便转呈总理察核等因。查编辑《学汇》主任邹敬芳当即具函辞职,业由编辑委员会照准矣,相应将批词随函缴还贵会,希烦查照,并请转呈总理察核为荷"。(《广州特别市党部上总理呈》,中国国民党汉口档案第15536.1号)中央执行委员收悉后,于8月14日致函孙中山,"8月1日奉谕着本会将《广州民国日报》编辑,《学汇》记者革出,以为改良本报之一事。奉此,当即函知广州特别市执行委员会查照办理具复。兹准复函内开,查编辑《学汇》主任邹敬方当即具函辞职,业由编辑委员会照准矣,希烦查照并请转呈总理察核"。(《中央秘书处上总理呈稿》,中国国民党汉口档案第15536.2号)

△ 上海各区联合大会致孙中山快邮代电,请孙令共产党员退出国民党,又上海发生反共党员殴打附共党员事件。

---

① 原批示未署日期,所标时间据中国国民党中央委员会党史委员会编订《国父全集》第4册。

代电称:"查共产党破坏本党事实,经监察委员会及各处党员提出弹劾在案,现中央执行委员会定期8月10日开会,代表等自应静候解决。惟此事关于本党存亡至巨,而中央执行委员中颇多共产党员及倾向该党之人,以之解决此案,万无正当办法。望请我总理念本党数十年缔造之艰难,不容少数人破坏于一旦,毅决主持,命令该共产党员全数退出本党,并予倾向共产党者以严重制裁,本党旧有精神庶可恢复,民国前途利赖实多。代表等追随总理为党为国,宣力有年,既不忍见本党之瓦解,尤不忍见民国之覆亡,设中央执行委员会,犹曲予优容,是该执行委员会等自绝于党,代表等因爱党而有自决之举动,当亦蒙我总理之鉴谅。"(《上海各区联合大会致总理代电》,中国国民党汉口档案第8993号)

又本日,上海反共党员周颂西、喻育之、曾贯五、石克士等在南方大学召集各区党部代表会议,讨论处置共产党员问题,由曾贯五主席,石克士纪录。会议未完,即起冲突,遂发生黎磊等人被殴事件。("中华民国"史事纪要编辑委员会编:《中华民国史事纪要(初稿)——一九二四年七至十二月》,第144页)次日,喻育之等复赴上海执行部,请叶楚伧致电中央排除共产党员,并痛殴仍具共产党籍之邵力子。嗣后,上海执行部内之共产党员毛泽东、恽代英、施存统、邓中夏、沈泽民、韩觉民、王基永、杨之华、李成、刘伯伦等联名上书孙中山,谓叶楚伧"主持不力,迹近纵容"。(李云汉:《从容共到清党》上册,第323页)

△　任命陶澄孝、余鹤松为大本营咨议。(《大本营公报》第22号,"命令")

△　指令大本营军政部长程潜,准追赠湘军阵亡副官漆兆为陆军少校,并照例给恤。据程潜7月29日呈中称,漆兆系往金竹坝侦查敌情地形时,奋勇冒险突入前线,被敌人机关枪弹洞穿头部,当即殒命。(《大本营公报》第22号,"指令"第844号)

8月2日　任命宋子文为中央银行行长,黄隆生为中央银行副行长。(《大本营公报》第22号,"命令")

吴铁城《忆述总理言行二三事》中云:"初,总理拟在粤创办中央银行,已发表林云陔为行长,宋子文同志从沪由美学成归国,孙科、陈友仁、伍朝枢及我商及以为宋子文为宜。由我等陪同孙夫人赴石龙见总理,子文亦偕行。时总理在石龙督师,以车厢作行辕。总理曰:子文为一初归国留学生,对革命未有功勋,俟有劳绩再说。后林云陔未就行长职,始由宋子文主其事,惨淡经营,遂有以后基础。开办之时,总理谕知我由公安局借拨三千元,今手谕尚存中央银行。"(吴铁城:《忆述总理言行二三事》,王云五等:《我怎样认识国父孙先生》,第93页)

△ 依粤军总司令许崇智所请,派定大本营参谋处主任蒋尊簋赴西江,为本月7日西江陆海军讲武堂学员毕业典礼大会监礼。(《蒋尊簋奉命赴西江》,《广州民国日报》1924年8月2日)

△ 以徐汉臣在恩平战争贡献甚大,令取消对徐之通缉。

徐汉臣前被大本营以嫌疑犯身份通缉在案,日前在恩平战争,潜为内应,率部起义投孙,致众敌军军心涣散,仓皇遁走,于是役贡献甚大。第一军军长梁鸿楷特快邮代电致粤军总司令许崇智,谓徐汉臣已有改过自新之意,现更有此将功折罪之举,故请许转呈孙中山,取消对徐汉臣之通缉。许崇智遂于7月26日将梁之请求转呈孙中山,孙乃于本日指令许崇智,准予取消通缉徐汉臣,候令各军民长官饬属一体知照。(《大本营公报》第22号,"指令"第849号)并训令大本营军政部长程潜、广东省长廖仲恺及各军总司令、司令、军长,告知取消徐汉臣通缉之缘由,令各军民长官转饬所属一体遵照办理。(《大本营公报》第22号,"训令"第398号)

△ 中央执行委员会致函孙中山,第六区党部函报滇军第六师第十二旅奸淫抢虐蹂躏地方,请孙中山核办。(《中执会上总理函稿》,中国国民党汉口档案第13933.2号)又中央秘书处致函孙中山,中央监察委员会经审查决定,请免予深究并开复张秋白①等五人所有党职党权,

---

① 张秋白等人因控告柏文蔚事,奉谕停止党职党权。

请予训示。(《中央秘书处上总理呈》,中国国民党汉口档案第 8740 号)

△ 定本月 3 日起,每星期日赴广东大学大讲堂讲演民生主义,军民荐任以上各官一律听讲。(《电讯》,上海《民国日报》1924 年 8 月 3 日)

△ 中央直辖山陕讨贼军司令路孝忱呈文孙中山,认为统一财政,为当今之急务,而嗣后理财政者,当预筹军饷为前提。(《公电》,《广州民国日报》1924 年 8 月 4 日)

8 月 3 日　在广东大学礼堂开讲三民主义中的民生主义。

自 5 月上旬起,孙中山政躬欠佳,延缓了开讲的时日。三个多月后,本日开始演讲民生主义第一讲。(张益弘:《三民主义之考证与补遗》,第 52 页)民生主义原计划讲七讲[①],孙中山于是月讲完前四讲之后,由于当时政治形势的变幻——广州商团叛乱,江浙战争爆发后督师韶关北伐,冯玉祥北京政变后又匆匆离粤北上等等,后几讲因事繁而未进行。孙中山本拟抵北京后再续讲民生主义,终以重病未能如愿。

孙中山在整个民生主义的演讲中,从学理上阐明了民生及民生主义的含义、民生主义与社会主义的关系等,并试图从食、穿、住、行等方面(实际只讲了前二者)来说明民生问题是社会历史的重心,孙中山谓:

"什么叫做民生主义呢……我今天就拿这个名词来下一个定义,可说民生就是人民的生活——社会的生存、国民的生计、群众的生命便是。我现在就是用民生二字,来讲外国近百十年来所发生的一个最大问题。这个问题就是社会问题。故民生主义就是社会主义,又

---

① 关于民生主义到底应是几讲,各家说法不一致:据黄昌谷忆述,1924 年 11 月 3 日,孙中山曾对他说过:"民生主义还有四讲,两讲是居、行,一讲是民生主义的总论,一讲是三民主义的总论。"任卓宣认为是六讲,尚有住、行两讲未讲完。杨粹肯定只有四讲,已全部讲完。邹鲁则谓:"民生主义据云将演讲七次,仅讲四次。"黄昌谷证实从孙中山北上所携带的资料来看,尚有住、行等问题要讲。综邹、黄之忆述,民生主义或为七讲,最后尚有民生主义之总论。孙中山前四讲的时间是 8 月 3 日、10 日、17 日、24 日,因天气炎热之故,每次皆改在星期天上午演讲。(张益弘:《三民主义之考证与补遗》,第 64—66 页)

名共产主义,即是大同主义……社会主义的范围,是研究社会经济和
人类生活的问题,就是研究人民生计的问题。所以我用民生主义代
替社会主义,始意就是在正本清源……今天我所讲的民生主义,究竟
和社会主义有没有分别呢? 社会主义中的最大问题,就是社会经济
问题。这种问题,就是一班人的生活问题。因为机器发明以后,大部
分人的工作都是被机器夺去了,一班工人不能够生存,便发生社会问
题。所以社会问题之发生,原来是要解决人民的生活问题。故专就
这一部分的道理讲,社会问题便是民生问题,所以民生主义便可说是
社会主义的本题。

　　"民生主义的办法,国民党在党纲里头老早是确定了。国民党对
于民生主义定了两个办法:第一个是平均地权,第二个是节制资本。
只要照这两个方法,便可以解决中国的民生问题……我们国民党所
提倡的民生主义,不但是最高的理想,并且是社会的原动力,是一切
历史活动的重心。民生主义能够实行,社会问题才可以解决;社会问
题能够解决,人类才可以享很大的幸福。我今天来分别共产主义和
民生主义,可以说共产主义是民生的理想,民生主义是共产的实行。
所以两种主义没有什么分别,要分别的还是在方法……我们国民党
的旧同志,现在对于共产党生出许多误会,以为国民党提倡三民主义
是与共产主义不相容的……为什么我敢说我们革命同志对于民生主
义还没有明白呢? 就是由于这次国民党改组,许多同志因为反对共
产党,便居然说共产主义与三民主义不同,在中国只要行三民主义便
够了,共产主义是决不能容纳的。然则民生主义到底是什么东西
呢……民生主义就是共产主义,就是社会主义。所以我们对于共产
主义,不但不能说是和民生主义相冲突,并且是一个好朋友,主张民
生主义的人应该要细心去研究的……我们要解决中国的社会问题,
和外国是有相同的目标。这个目标,就是要全国人民都可以得安乐,
都不致受财产分配不均的痛苦。要不受这种痛苦的意思,就是要共产。
所以我们不能说共产主义与民生主义不同。我们三民主义的意思,

就是民有、民治、民享。这个民有、民治、民享的意思,就是国家是人民所共有,政治是人民所共管,利益是人民所共享。照这样的说法,人民对于国家不只是共产,一切事权都是要共的。这才是真正的民生主义,就是孔子所希望之大同世界。"(《民生主义》,孙中山:《孙中山选集》,第802—879页)

邹鲁回忆,孙中山对于三民主义演讲十分重视,演讲后由邹鲁对笔记进行读校。当时孙中山住在广州河南士敏土厂,所有交邹鲁读校的演讲稿,都是由住处派专差送到学校来。凡是上午送来的,当日就要派专差送回去。假使到时还没有收到,孙中山就要叫人来取。因此邹鲁读校完毕一段,便送检阅一段。每次演讲,常有两三次的修正。于是学校和士敏土厂的道上,送稿或取稿的专差,不绝于途。(邹鲁:《邹鲁回忆录》,第111页)

又据《邹鲁年谱》一书载:孙中山赴原高师礼堂第一次讲民生主义,邹鲁率学生先期恭候,上午10时,孙中山轻车简从抵达国立广东大学,随即开讲。当时,鲍罗廷也在座听讲。由于孙中山在演讲中批评马克思的理论,引起鲍罗廷的异议,在孙中山历时两小时结束演讲后到校长室休息,鲍罗廷即跟着进入校长室,邹听到"鲍罗廷向总理争论得很厉害,总理对鲍罗廷所提出的许多问题,总理均一一解答,大约有半小时之久,临走时都互无笑容"。(冯双编著:《邹鲁年谱》,第214页)

△　北江商民呈文孙中山,因滇军在乌石抽运米照费之故,停办米石来省。(《国内专电》,《申报》1924年8月3日)

△　广东商办广关铁路有限公司发起人联名致电孙中山等,请求维护广关铁路利益,勿准他商攘夺承办同路线铁路。

广东商办广关铁路有限公司发起人邓少铭暨上海全体股东致广州电云,"广州孙大元帅胡总参议各部长许总司令廖省长孙市长吴处长钧鉴,近阅沪报载有何某拟集资建筑省城至香山之铁路,查其所定路线,完全与我广关铁路公司所定干线首段相同,路线既属相同,其为攘夺广关固有权利,蒙混政府,希冀侥幸,可无疑义,查省香铁路之名称,前已有商人易仁厚者呈请承办,经省政府查悉底蕴,立予驳斥不准,并声明其因与广关同线,故尔注销原案,事隔不远,当可复按,况政府既已照准广关于前,而何某复更名重提于后,绝不顾政府信用,他人血本,其宅心何堪顾问,为此特电声明,知其所定路线,确与广关相同者,同人等誓不承认,尤望当局群公一秉大公,毋使商人自相攘夺"。(《广关铁路股东争路权》,上海《民国日报》1924 年 8月 3 日)

8 月 4 日 黄埔军校举行追悼巴甫洛夫顾问暨两名病故学生大会,孙中山在鲍罗廷、廖仲恺、程潜等人的陪同下,乘船莅校,并担任主祭官。孙中山亲书挽幛两幅,一为"急邻之难",系挽巴将军者;一为"遗恨何如",系挽吴、毛二生者。(《补述军校追悼会详情》,《广州民国日报》1924 年 8 月 7 日)

△ 指令经界局督办古应芬,已明令任李思辕为经界局总务处处长。对李思辕之任命,系由古应芬于 7 月 30 日致孙中山呈中所请,(《大本营公报》第 22 号,"指令"第 858 号)孙于 8 月 1 日已正式颁布任命。(《大本营公报》第 22 号,"命令")本日指令古应芬。

△ 7 月 31 日,广东邮务管理局邮务长阿良禧到大本营建设部面谒部长林森,谓广州市新范围来往平常信件自本年 8 月 1 日起减收一分本应遵照办理,但因期限匆迫,宣布手续未能完备,请求准予宽限十天。林森考虑其所请为实情,故权宜处理,准其所请。1 日,林森将此事呈报孙中山,本日,孙中山指令林森,呈悉该部办理邮信减资经过情形。(《大本营公报》第 22 号,"指令"第 859 号)

△ 上海市第五、第二区党部致函孙中山暨中央执行委员会,报告上海第三、第四党部非法组织会议反对共产党及黎磊等被殴经过。

本日,上海第五区党部执行委员杨剑虹等致函孙中山暨中央执行委员会,函谓:7 月 29 日,杨剑虹等人接到周颂西亲送第三、四区党部执行委员会来函，约于 8 月 1 日在南方大学开会讨论国民党内共产党作党团活动问题，并派全权代表列席。当以兹事体大，未可轻率，特于 31 晚召集各区分部全体执行委员会会议，议决关于共产党问题，静候 8 月 10 日广州中央执行委员会之解决。惟 8 月 1 日之会不可不到，防其有盗用全体名义之非法行为。届时衔该区党部使命到会者有梁绍文、黎磊、赵超常等。及开会到会人数约三十余人，主席曾贯吾，书记石克士，开会时主席派印刷品两纸，诬蔑"共产党挟持俄国金钱以破坏国民党，吾人须驱逐之"等语。"旋命喻育之宣布共产党破坏国民党之过去事实，所言似皆意气用事，并无充分理由。喻氏说毕，主席即手持电稿，强在场之三十余人签字。梁绍文乃起立请主席予众人以讨论机会然后付表决签字，而主席竟置之不理，匆促即付表决，梁绍文同志以彼内幕必有不可告人之私，故为此违法之举，乃当堂宣布本区各区分部执行委员 31 日晚之议决案，并即退出会场。继梁绍文同志而退者，有黎磊、赵超常、灵子光等。讵黎磊同志行至会场门首被彼等爪牙横加拳打，卒被截回，逼令签字。独黎磊同志宁死不从，不为所屈。此皆 8 月 1 日该会之实在情形也，细忖吾人既同隶革命旗帜之下，同戮〔勠〕力于三民主义之发扬，不论何事均须容纳众意，岂可蔑理逞强，如此作事焉能折服众人，兹恐其盗用全体名义，特此声明本区党部之态度，敬希察核并乞示遵。"（《上海市五区党部执委致孙总理函》，中国国民党汉口档案第 9108 号）

6 日，上海第二区全区代表大会亦就此事致函孙中山暨中央执行委员会，函称"8 月 1 日第三第四两区党部在南方大学召集代表会议既不合法定手续，又违反本党纪律。当此外受帝国主义之侵略，内受军阀之摧残之中国，吾党员积极讨敌之不暇，何可煮豆燃萁，自相仇视。莫非此辈受敌党利用而出此下策，以分散本党之团结力，总之此事关系本党存亡，代表等难以缄默，特呈请总理暨中央执行委员会提出惩戒办法数则如下：一，此次主使者根据总章七十一条应开除党籍；二，解散第三第四两区党部执行委员会另行改组。以上所云实为维持本党纪律起见,惟望总理及中央执行委员会依法惩戒"。(《上海第二区全区代表大会上总理暨中执会呈》,中国国民党汉口档案第9299号)

8月5日　派陆嗣曾为法制委员会委员。(《大本营公报》第22号,"命令")

△　指令大本营建设部长林森,来往佛山及省佛间各处邮费减收办法,窒碍难行。应准免予减收。余如所拟办理①。佛山及省佛间各处邮费减收办法,系上月25日,由林森呈报孙中山,即将佛山至广州及省佛中间各地来往邮件,准予仍旧照二分收纳,并请孙准将广州市新范围以内划入就地投送资费一类,一律收费一分。(《大本营公报》第22号,"指令"第860号)

△　在帅府会见日本驻广州总领事天羽英二。

天羽英二与孙中山畅谈良久,闻对于日本最近取缔华工条例,及对华文化事业,颇有所陈办。(《日领事晋谒帅座》,《广州民国日报》1924年8月6日)据上海《民国日报》载,天羽同孙中山所谈内容为,"报告日本取缔华工条件已有改订意,对沙面罢工事件,主张从速和解。又谈日本对华北文化事业,主联络中国有学识者公开办理"。(《电讯》,上海《民国日报》1924年8月8日)此外,天羽英二日记中称,谈话内容尚有关于孙中山与陈炯明和解之事。(段云章编著:《孙文与日本史事编年(增订本)》,第671页)《孙中山与日本关系研究》一书中则指出,天羽英二与孙中山亦商谈了有关调解政府与商团对立的问题。(俞辛焞:《孙中山与日本关系研究》,第591页)

△　直隶临时省执行委员会致函孙中山,"顷阅本月2日上海商报载许可亭等致总理电,不胜诧异,吾党国民革命工作端赖国中各派革命势力之合作,今一部分同志无端主张排斥革命分子,不特根本违反本党之精神,且徒滋组织上纷乱,事近破坏团体。想我公明达,必

---

①　原令未署日期。按大元帅"指令"第859号和第862号,发令日期分别为8月4日、8月6日,故暂置于5日条下。

能洞察隐微"。(《直隶临时省委会上总理函》,中国国民党汉口档案第 8994
号)

△　皖同乡会致电孙中山,"查安徽旅粤同乡,昔年在广州建置
义勇祠及义庄,以为乡人生聚死葬之所,前曾有人意图押卖,比经留
粤同乡设法阻止,近闻皖人中不顾大义者,仍欲盗卖此种公产,消息
传来,群情骇愤,务乞钧座俯体民意,迅饬该管官厅出示禁止,德泽仁
施,存殁均感"。(《皖同乡会请留粤公产》,上海《民国日报》1924 年 8 月 5 日)

△　纷传沈鸿英将攻梧,沈请邓士瞻向孙中山辟谣。

近日纷传沈鸿英将攻梧,一时社会颇致疑惑,本月 5 日沈有电辟
谣,并请驻粤代表邓士瞻据情转呈孙中山。原电云,"广州邓司令瞻
鉴,所传攻梧一节,殊多误会,此次洛吴助陆,湘军压境,适值梧州有
扣留子弹之事,功亏一篑,迫而停战,大非英之本心,然已不能见谅于
西南,诚如来电所云,知者谓为梧局变化所致,不知者或疑我别有所
图也。黄绍竑系大元帅任命之人,前已通电讨陆,规复进克省会,我
若攻彼后方,则附北更属显然矣。设因此而惹起当道之注意,南方政
府谁复信我,即谭朱两公为我分谤,无所置词,古语云,出师无名,事
故不成,现时攻梧实无名之尤者,岂敢孟浪从事以贾祸耶,至来电谓
英欲俟陆韩履行和约,始定关南大计,尤为离间之词,传闻之误,英与
陆韩不两立,此次战衅再启,仇隙愈甚,焉有调和之可言。如闻此种
言论,乞为我解不,并请据情呈报大元帅为要"。(《沈鸿英通电辟谣》,
上海《民国日报》1924 年 8 月 23 日)

8 月 6 日　出席中央政治委员会第四次会议,决议设统一训
练处。

中央政治委员会第四次会议决议设立统一训练处,将陆军军官
学校、滇军干部学校、陆军部讲武堂、西江陆海军讲武堂、警卫军讲武
堂、警卫军学兵营及航空局归其训练管理。训练处由孙中山任主席,
杨希闵、许崇智、蒋介石、宋子文、程潜、鲍罗廷为委员。("中华民国"
史事纪要编辑委员会编:《中华民国史事纪要(初稿)——一九二四年七至十二

月》,第167页)13日,孙中山又谕令中央政治委员会即刻撤销统一训练处:"8月6日政治委员会决议设立统一训练处案撤销,仍以蒋介石办理军事训练,汪精卫办理政治训练,俱以鲍罗庭为顾问,其军需供给则另设供给部。"①("中华民国"史事纪要编辑委员会编:《中华民国史事纪要(初稿)——一九二四年七至十二月》,第215页)

△ 许崇智转呈蒋介石所陈整饬长洲要塞四条,孙中山令许崇智妥订办法。

指令粤军总司令许崇智,所转呈长洲要塞司令蒋介石详陈长洲应兴革时宜各节,均中肯要,即由该总司令妥订办法,分别各由关系机关办理。(《大本营公报》第22号,"指令"第862号)7月22日,黄埔军校校长兼长洲要塞司令蒋介石呈文粤军总司令许崇智,提出改良整饬长洲要塞四条办法。包括:将长洲要塞周围划定为黄埔特别区、整修道路以利交通、统一管理职权、派员协助整顿等。并请许转呈孙中山核夺。(毛思诚编纂:《民国十五年以前之蒋介石先生》,转引自广东省立中山图书馆、广州市社会科学院、中山大学图书馆编:《黄埔军校史料汇编》第3辑第55册,第61—62页)许于8月2日致函孙中山,将蒋介石所提"应兴应革及须改造整理各事宜数端",抄录并具文汇呈察核。(《大本营公报》第22号,"指令"第862号)孙中山本日之指令,即针对许崇智2日之呈文所发。

△ 恩开台长塘垌联团总局局长司徒概呈文马超俊称,台山、虎兜山等处股匪,往往集合千百成群入境侵掠。团内枪支缺乏,不足以御外匪而守境界。由团内绅耆集议,拟遵照《民团请领枪弹暂行章程》备价请领七九步枪三百杆,以防外匪而卫闾阎。马超俊接此呈,于8月3日呈请孙中山察核。孙中山本日就此指令马超俊,所呈报恩开台长塘垌联团总局局长司徒概照章请领七九步枪三百杆,既与《民团请领枪弹暂行章程》相符,应予照准。(《大本营公报》第22号,"指

---

① 此为孙中山于8月13日在中国国民党中央政治委员会第五次会议上所作的指示。

令"第863号)

　　△　令各军不得截收财政厅新增商捐加二专款。

　　本月2日,广东省长廖仲恺呈文孙中山,查财政厅征收钱粮厘税饷捐,多由各军各就防地拨留充饷,以致省库收入日形短绌,即争回之款亦属无多。现拟援案就各行商捐增收加二加五,以期拨支要需,对于各军划定充饷各款并无影响,恳准分行各总司令各军长严饬各路军队嗣后不得截收。本日,孙中山指令廖仲恺,准予通令各军严饬一体遵照,不得截收财厅新增商捐加二专款。(《大本营公报》第22号,"指令"第870号)并训令大本营军政部长程潜及各军总司令、军长、司令,新增商捐加二专款系属特别另筹,对于各军划定充饷各款无影响,应由各该商人直接解厅核收,各处军队不得借口稍有截留。令该部长、总司令、军长、司令查照,严饬所部一体知照。(《大本营公报》第22号,"训令"第404号)

　　△　令奖励慷慨捐饷及筹款得力人员。

　　前经中央筹饷会邓泽如、林直勉以该会开办以来,筹款不下七十余万元,多有慷慨捐巨饷及筹款得力人员,且各埠侨胞热心国事,慷慨捐输者现仍源源不绝,故特呈请按照筹奖章程给予奖励,照捐额颁发嘉禾章暨金银各等奖章以奖殊绩。本日,孙中山指令邓泽如、林直勉,"自中央筹饷会开办以来,裨益国计,实属不少。该干事等急公好义,办事得力,深堪嘉许。所请颁发筹饷得力人员嘉禾章暨金银各等奖章,自应照章分别优奖,以资鼓励。各等奖章,该会按照名册具领转发"。(《大本营公报》第22号,"指令"第871号)奉孙中山此令,邓泽如、林直勉乃着手核察各捐款人捐款多少,筹饷人员筹饷几何,并应获何等奖章。于核察中,查明意基忌等分部及人员所捐之款项系属驻在国之纸币,每元折合仅值广东通用银二三毫左右,按照筹奖章程以毫银为本位之规定相差过远。故于8月14日呈文孙中山,报告此情。孙中山获悉后,即于次日指令邓泽如、林直勉,意基忌分部聚义堂梁品三、梁士让等之奖章,着照所拟分别更正。其有与筹奖章程之规定

不符者四十二员，自应一律免予给奖。(《大本营公报》第23号，"指令"第919号)

△　本月2日，大本营经界局督办兼办广东沙田清理事宜古应芬呈文孙中山，护沙费为游击队饷项所关，与征收特别军费各为一事，且就原有捕费分拨，并非加增业佃负担。孙中山所发下香山县全属自卫总局局长李蟠呈请饬令将加抽护沙费一案撤销，呈称各节殊非事实，所请撤销征收护沙费之处，自应毋庸置议。孙中山收悉古之呈文，深以为然，本日乃指令古应芬，该李蟠等所称各节既与事实不符，所请撤销征收护沙费，应毋庸议。即由该督办转饬知照。(《大本营公报》第22号，"指令"第872号)

△　大本营财政部长兼盐务督办叶恭绰呈文孙中山，遵令将核减经费数目编列简表，具文呈请鉴核。又于7月间据两广盐务稽核所呈称，为遵造俸薪经费清册报请察核分别存转，又表内黄沙验放局系收回自办后本年1月呈奉孙中山令准设局办事，该局经费亦系奉准照支，合并声明，呈报察核。8月9日，孙中山指令叶恭绰，所呈复盐运署暨稽核所裁减经费情形各节尚属核实，应准照办。(《大本营公报》第23号，"指令"第892号)

△　天羽英二陪同英、法两领事面见孙中山，磋商解决沙面工潮办法。

天羽英二陪同英、法两领事先见广州政府外交部长伍朝枢，旋同见孙中山，磋商解决工潮办法。英、法领事面述"风潮情形，请大元帅令沙面罢工各华人刻日返工"，孙中山答："此次沙面华人离工风潮，系出于工人之自动，政府似未便干涉以压迫民意。倘工人罢工而暴动，政府自应干涉。"在会谈中"彼此对于解决风潮办法，讨论甚详，叙谈良久"。据天羽记载，会谈经过良好。(段云章编著:《孙文与日本史事编年(增订本)》,第671页)上海《民国日报》则称，英法两领事"态度已不如前之坚执，渐有解决希望。"(《电讯》,上海《民国日报》1924年8月8日)

△　番禺南海两县囚犯全体呈孙中山，请愿编为敢死队，努力杀

敌。(《电讯》,上海《民国日报》1924 年 8 月 9 日)

　　△　江西水灾,江西旅粤同乡会呈请助赈。

　　江西旅粤同乡会李烈钧、胡谦、卢师谛、伍毓瑞等呈文孙中山及各省军政学商工农各诸公,呈称,"运际阳九,灾罹兀二,沧海横流,洪水泛滥,狂澜沸于章贡,巨浸汨及匡庐,势有甚于河决,祸无殊于陆沉。里闾杰鲸鲵之窟,人民与鱼鳖为群。伏维我大元帅量宏胞与,奉律骈襟,饥溺犹视一身,抚绥动逾万里。我军政学商工农各界诸公,爱国情殷,扶危念切悯天灾之流行,作人力之互助。共谋祍□之登,何有畛域之见,倘承巨款,用感洪施"。(《公电》,《广州民国日报》1924 年 8 月 8 日)

　　8 月 7 日　广东省长公署发布训令,禁止广州商团擅自改组,重申该团未经核准前不得改换名称。(《商团不得任意改组》,《广州民国日报》1924 年 8 月 8 日)

　　△　大本营举行政务会议,胡汉民任主席,徐绍桢、邓泽如、孙科、伍朝枢、郭泰祺等到会。会议讨论苏联在广州设立领事署等案,伍朝枢报告情况,谓日前俄国与北京政府签订之中俄协定,为其政府所绝对否认,依据中俄协约而在广州设立俄国领事署,似未能遽予正式承认设署。(《大本营政务会议》,《广州民国日报》1924 年 8 月 9 日)

　　△　天津俄租界由中国依约收回。(刘绍唐主编:《民国大事日志》第 1 册,第 263 页)

　　△　国民党中央执行委员会为日本政府推行取缔华工苛例发表《中国国民党忠告日本国民宣言》,指出日本排斥华工非人道主义,劝日本国民致力于实现亚洲人民的大团结。

　　宣言略曰:"迩来迭据驻日华侨联合会暨华侨团体及个人报告:日本自去岁震灾而后,强用种种方法实行取缔华工入境。其内务省所发布之命令,对于劳动者入境之限制已极苛酷,而东京、横滨、神户、长崎、门司各海岸警察,复将内务省命令所指之劳动者,变更其界说,扩大其范围,竟将厨师、理发师、裁缝师等,悉数纳入,屡次拒绝登岸,遣送归国,或被拘留。本年 3 月间,神户兵库县厅外事课复订苛例八条,关于华侨商店之店员及雇主所雇之佣人,入国之际,应具身许引受书,其中规定非常严酷。则取缔不止于华工,华商亦在限制之列。推此以往,势必至日本境内无华人之足迹然后已……日本国民于震灾之际,曾有虐杀华工情事。今又以震灾为口实,禁止华工入境,则吾国人民感情方面所受影响,当较各国人民为尤深。日本国民之侨于中国者,以劳动者占多数,若吾国以同样之手段为报复,未识日本国民对之又将如何? 凡此皆本党所薪日本国民之反省者也。抑有进者,日本国民对于美国新订移民法律,举国一致表示反抗,岂不以人种之限制,非人道主义所宜尔……日本朝野感于美国之移民法律,方盛倡亚洲人种大团结之论,亚洲人种闻而感动……然一证之日本排斥华工之事实,则不能有疑于日本所倡亚洲人种大团结之论为别有作用,或绝无诚意。故本党以为日本国民而果欲实行亚洲人种大团结之抱负者,则不可以不留意于此,毋以小而失大也。中国与日本壤地密接,历史上精神物质之关系至深且切,论其情谊,俨如兄弟。迩来感受人种间歧视之影响,两国人民方将相与努力以谋亲善,本党认此为东亚大势之转机,故对于足为此转机之阻梗者,不能不思有以消除之。故对于日本国民进此忠告。惟明察焉。"(萧继宗主编:《革命文献》第 69 辑,第 102—104 页)

△　中央妇女部长廖冰筠提请将三民主义印成专册并定为各学校必修课程。(罗刚编著:《中华民国国父实录》第 6 册,第 4723 页)

△　指令中央银行行长宋子文,所拟《中央银行条例》尚属可行,应准予公布。《中央银行条例》系 7 月 31 日政务会议详加审查修正并通过,8 月 3 日由中央银行筹备员宋子文呈请孙中山鉴核并公布施行。(《大本营公报》第 22 号,"指令"第 874 号)

△　令前北江商运局长韦荣熙,所呈任内开办费及收支计算书准予核销。

7 月 16 日,前北江商运局长韦荣熙呈文孙中山,将所造具收入计算书、开办费清册暨各月份支付计算书及附属表、单据粘存簿共十九册,呈请核销。并所欠员司各月份薪俸暨各办事处主任及荣熙筹垫之款,请核准指拨发还。孙中山收悉后,即将该计算书、表册单据发交审计处审核。经审计处核察完毕,审计处长林翔于8月5日呈报孙中山,韦荣熙所呈送计算书及附属表薄,尚属相符,各项开支亦颇核实,请准其核销。(《大本营公报》第22号,"指令"第877号)本日,孙中山训令前北江商运局长韦荣熙,该前局长呈送任内开办费及收支计算书准予核销,该局长知照。至经垫各款,俟政府财政充裕再行发给。(《大本营公报》第22号,"训令"第405号)并指令大本营审计处长林翔,所呈审核前北江商运局长韦荣熙呈送该局开办费及支付各计算书等尚属相符,请准予核销一事,已如呈令饬知照。(《大本营公报》第22号,"指令"第877号)

　　△　海防司令一职,前由林若时担任,林于7月25日呈文请辞,(《大本营公报》第22号,"指令"第878号)后得孙中山应允。本日,粤军总司令许崇智呈请裁撤海防司令部,将海防司令部原辖各舰归由该部直接管辖以节糜费。至粤军原设舰务处处长一职,则荐招桂章担任。(《大本营公报》第23号,"指令"第881号)本日,孙中山明令发布对招桂章之任命。(《大本营公报》第22号,"命令")并指令许崇智,招桂章已明令任命为舰务处处长,余如所议办理。(《大本营公报》第23号,"指令"第881号)

　　△　调任广东兵工厂工程师邓士章为广东兵工厂公务处处长、广东兵工厂审验处处长陈荣贵为广东兵工厂工程师、广东兵工厂工务处处长汤熙为广东兵工厂审验处处长。(《大本营公报》第23号,"命令")该任命系大本营军政部长程潜于本月4日呈中所请,8日,孙中山指令程潜,已明令照准。(《大本营公报》第23号,"指令"第884号)

　　△　因大本营各职员奉令不准兼差,大本营会计司司长黄昌谷于8月6日呈文孙中山,谓统计科主任赵士养原兼任两广盐运使署都城查缉厂委员,现呈请准予辞去统计科主任兼职,自应照准。所遗

统计科主任一职,查有张子丹堪以接充。呈请鉴核明令委任。(《大本营公报》第23号,"指令"第883号)孙中山准其所请,于本日明令准统计科主任赵士养辞职,并任命张子丹为统计科主任。(《大本营公报》第23号,"命令")旋于8日指令黄昌谷,已明令任命张子丹为该司统计科主任,原主任赵士养准辞职。(《大本营公报》第23号,"指令"第883号)

△　广州市郊石牌、龙眼洞乡民去岁协助政府军队击溃进犯之陈炯明逆军。孙中山以该乡人等,甚属可嘉,日前特制朱地金字匾二方。一送石牌乡局,文曰:"为国杀贼";一送龙眼洞乡局,文曰:"保卫桑梓"。另给每乡送花红金百元,并美酒金猪等,交由福军军部今日护送至各该部,犒奖乡民。(《大元帅奖励义民》,《广州民国日报》1924年8月7日)

△　香山县农会兼香山公会会长郑雨初、李干宸呈文孙中山等,"查属内沙田,自去年风灾五遭,劳农受害已深。本年禾甫丰稔,讵意正登场□际,西潦暴至,北潦复来,四顾田庐,悉成泽国。加以霪雨兼旬,放晴绝少,尤以属内东西两海灾情为甚。恳请迅派专员下县,协同调查,以救灾黎而纾农困"。(《香山农会报告灾情》,《广州民国日报》1924年8月7日)

8月8日　派胡汉民、叶恭绰、廖仲恺、邓泽如、林云陔、孙科、宋子文为中央银行董事。(《大本营公报》第23号,"命令")

△　任命陆耀文为经界局调查处处长,林凤生为经界局测丈处处长。(《大本营公报》第23号,"命令")该任命系由大本营经界局督办古应芬于8月6日呈文中所请,经明令发布,孙中山于9日指令古应芬,已有明令照准。(《大本营公报》第23号,"指令"第886号)

△　中午赴旧皮革公司视察广东警卫军讲武堂,并向该堂各学员演讲民生主义,历两点余钟之久,始命驾回府。(《帅座巡视警军讲武堂》,《广州民国日报》1924年8月9日)

△　本月7日,粤军总司令许崇智呈请仍将广东陆军测量局准由该部统属管理,该局经费亦由该部领取转发。本日,孙中山指令许

崇智,准如所拟办理,仍由该总司令分行知照。(《大本营公报》第 23 号,
"指令"第 882 号)并训令大本营参谋长李烈钧,粤军总司令许崇智呈请
仍将广东陆军测量局由该部统属管理,该局经费亦由该部领取转发。
令该参谋长即便遵照办理。(《大本营公报》第 23 号,"训令"第 407 号)

　　△　香山县农会会长兼业佃公会会长郑雨初、李干宸呈文孙中
山,该会为农民办事总枢,恳请令饬粤军总司令转饬该局,将护运谷
石办事处撤销,以恤艰困而维民食。(《香山农会请撤谷石费》,《广州民国
日报》1924 年 8 月 14 日)

　　△　中央执行委员会通告,奉孙中山谕,8 月 10 日(星期日)上
午 9 时半仍在广东大学(即高师)讲演民生主义,饬该会通告各同志,
并函约各军民政教育各机关派员出席听讲,希即转知所属党员届时
概凭党证入场听讲,以资识别。(《中执会通告(第七十号)》,中国国民党汉
口档案第 66 号)

　　△　中国国民党澳门分部党员联名呈请查办共产党。

　　国民党澳门分部以国民党代表大会秘书处所发布的中国国民
党第一次全国代表大会宣言印本中,两段内容与大会通过的原文
有三百九十六字不符为由诬蔑共产党,并希望孙中山"毅然决断",
严拘重办破坏国民党者。(《林炽南等呈总理文》,中国国民党汉口档案第
8995 号)

　　8 月 9 日　商团私运军械入粤,孙中山令扣留运械之"哈佛"轮。

　　广州商团头目、英国汇丰银行买办陈廉伯在广东全省商乡团联
防会议之后,私自向香港南利洋行德商山打士订购各式长短枪九千
余杆,子弹三百多万发,分装一千一百二十九箱(一说一千一百二十
七件)。雇丹麦商轮"哈佛"号,悬挂挪威国旗,由比利时的丹华港出
口潜运广州。半个月前,该"哈佛"轮过锡兰科伦坡港时,因偷运军火
违例,被罚款五百元。科伦坡港并将此事电香港方面,谓有大帮军火
运至广州。为了偷运入口,陈廉伯等于 8 月 4 日通过粤汉铁路总理
许崇灏,向大本营军政部蒙领得购运枪械入口护照一张。8 日,"哈

佛"轮驶抵香港口外,南利洋行鉴于科伦坡港之罚,不让船入港停泊,遂一面派人抵广州商团报告和坐候,一面派领航人员领"哈佛"轮直驶来省。轮至虎门时,一度被搁浅于沙角炮台附近。当时,广州沙面某英人得知内情,即密告广东革命政府,谓即有大批军火装运抵省。(《扣留私运军火案四志》,《广州民国日报》1924年8月15日)

孙中山闻知此消息,本日致函廖仲恺、胡汉民、汪精卫等,告已着大本营副官邓彦华率同"江固"舰截缉丹麦商船私运的商团枪械。(刘大年主编:《孙中山书信手迹选》,第175-176页)并致函蒋介石,函曰:"截缉那威商船私运军械事,今晚着邓彦华率同'江固'舰来长洲之后,更约英国兵船来黄埔协助。如遇有事,可协商共同一致行动可也。"(《中山墨宝》编委会编:《中山墨宝》第8卷,第11页)

《蒋介石年谱》一书中云,"初杨、刘军队之在粤也,假揭革命旗帜,横征暴敛,商民不堪其苦,迁怒于政府。商团会长陈廉伯(广东英商汇丰银行买办),因受陈炯明暨英帝国香港政府(英酋深嫉政府与苏俄亲善)煽惑,密组中国反动党,托言商民自卫,向香港德商顺全隆洋行订购大批枪械(九千余杆),于本月四日蒙领军政部护照一张,越四日,即以'哈佛'轮悬挪威旗装运入口"。(中国第二历史档案馆编:《蒋介石年谱(1887-1926)》,第202-203页)孙中山得港探报,立派蒋介石办理此事。蒋介石奉令后,于本日晚即偕大本营副官邓彦华,乘"江固"舰往虎门沙角巡弋截缉。(毛思诚编纂:《民国十五年以前之蒋介石先生》,转引自广东省立中山图书馆、广州市社会科学院、中山大学图书馆编:《黄埔军校史料汇编》第3辑第55册,第69页)而孙中山令蒋介石处置商团军私运军械,此举激怒了商团军,8月12日,商会代表前来向孙中山交涉,要求发还被扣的军械,但遭孙拒绝,双方对峙,矛盾越演越烈。关键时刻鲍罗廷出面相助。鲍罗廷和苏联顾问担当起帮助孙中山和平定商团叛乱的双重任务。从8月上旬到10月中旬,鲍罗廷几乎参加了国民党中央执行委员会和政治委员会的所有会议,为这时期孙中山和国民党的所有重大决策提出建

议。(李玉贞:《孙中山与共产国际》,第 404—405 页)

△　准发行中央银行基金债票,以偿还开办中央银行之借款。

中央银行开办,其基本金系向洋商借款一千万元,借款合同并规定,年息六厘,每年 6 月 1 日付息一次,自债款交付后,前五年只付利息,第六年起开始还本,每年摊还十分之二,第十年本息还清。为按约偿还,中央银行行长宋子文拟请发行中央银行基金债票,并拟具债票条例草案,定名为《中央银行基金公债条例》。于 8 月 6 日呈送孙中山鉴核,并请孙饬下主管机关分别照制交由中央银行转发。孙中山收悉宋子文之呈,于本日指令中央银行行长宋子文,所拟《中央银行基金公债条例》应准照办,候令行财政部照制发给。(《大本营公报》第 23 号,"指令"第 885 号)并训令大本营财政部长叶恭绰,谓宋行长所拟《中央银行基金公债条例》,尚属妥洽,应准照办。该部长即便查照办理。(《大本营公报》第 23 号,"训令"第 409 号)

△　船民自治联防公署暨所属省河分局开办经常费支出计算书、附属表册有种种不合情形,故令卸任广东船民自治联防督办伍学熀另行编造。

卸任广东船民自治联防督办伍学熀前曾呈缴船民自治联防督办公署暨所属省河分局开办经常费支出计算书、附属表册,经孙中山发交审计处审查,8 月 4 日,审计处处长林翔呈文孙中山,称该计算书内开办费,多项均未缴有商铺盖印单据。此外各单据未贴印花者不少,月津贴、稿费似不应在公费内开支;至省河分局计算附属表册内,开办费与经常费并未分别编列,单据复强半不完。种种未合,实属无从核计。拟请令发该署,切实另行编造。本日,孙中山指令林翔,候令饬该卸任督办伍学熀严饬该署人员及所属分局另行编造,具报再核[①]。(《大本营公报》第 23 号,"指令"第 891 号)并训令卸任广东船民自治联防

---

①　原令未署具体日期,按大元帅"指令"第 889 号和 892 号,发令日期均为 8 月 9 日,故此"指令"发出时间应亦为 8 月 9 日。

督办伍学熀，所报审核广东船民自治联防督办公署暨所属省河分局一案，有种种不合情形，该卸任督办严饬该署人员及所属分局，认真清理，另行编造，具报再核，以清手续。(《大本营公报》第23号，“训令”第410号)

△　令广东省长派员接办邮电、报纸等检查事宜。

程潜以军政部经费困难，于8月6日呈文孙中山，请准裁撤邮电报纸检查委员。嗣因邮电报纸检查委员会裁撤，邮电、报纸检查等事，自应由他机关办理。故孙中山于本日指令程潜，准如所请，所有邮电等检查事宜，候令行广东省长派员接办。(《大本营公报》第23号，“指令”第889号)并训令广东省长廖仲恺，以后所有邮电、报纸检查等事宜，该省长派员查照办理。(《大本营公报》第23号，“训令”第412号)

△　大本营军政部部长程潜以湘军总司令谭延闿所部制弹厂会计主任周道勤慎从公，积劳病故，特于8月4日请孙中山准照少校积劳病故例，给予周道少校恤金。本日，孙中山指令大本营军政部长程潜，准如所请给予湘军制弹厂积劳病故之会计主任周道恤金。(《大本营公报》第23号，“指令”第887号)

△　5月11日，湘军总司令谭延闿所部第一纵队司令廖家栋部及第五路司令蒋隆棻部，进攻新丰，阵亡官佐八员，阵亡兵夫八十四名。8月5日，大本营军政部长程潜呈文孙中山，谓已故上尉连长刘慎等八员为国捐躯，拟请分别追赠，并照阵亡例分别给恤。至阵亡兵夫八十四名，由军政部查照《陆军战时恤赏章程》第一表，分别照原级另案呈请给恤。本日，孙中山指令程潜，准如所请追赠给恤。(《大本营公报》第23号，“指令”第888号)

△　广州市党员谭达三等联名函请革除国民党内中共党员之党籍。

谭达三等诬称，共产党员既加入国民党，便应“绝对信仰总理之主义，绝对服从本党之党纲，与本党合作，共底革命之成功”，但“竟于本党之内另组共产党团(社会主义青年团团刊第七号)","而复有组织本党军事行动之议决书(去年8月者),直欲使举国皆愤之……为此,请我总理当机立断,将本党之共产党员革除党籍,以示惩戒而利党务之进展,吾党幸甚"①。(《谭达三等上总理文》,中国国民党汉口档案第8996号)

　　△　杭州凤凰寺董事会因财政局已撤销桂花岗等处墓地投承案,特驰电孙中山,以表谢忱。(《大本营公报》第24号,"公电")

　　△　指令管理粤汉铁路事务许崇灏,既据陈明该路夫力工人经已批准和济公司续办,应予照准备案,并候令行广东地方善后委员会知照。(《粤路夫力核准续办》,《广州民国日报》1924年8月9日)

8月10日　手令军政部:"着取销前项护照,当即遵令通知海关,并批令该商团知照。"②(《扣留私运军火案九志》,《广州民国日报》1924年8月21日)并令广东省长廖仲恺,私运军火之挪威轮船饬海关扣留,查明此外有无他种危险品物运载到省外,并饬该挪威商船,移泊黄埔,听候查明核办。(《扣留私运军火案详情》,《广州民国日报》1924年8月12日)

　　△　续讲民生主义第二讲,指出平均地权及节制资本为解决民生问题之办法。

　　本日讲述民生主义第二讲,阐述民生主义之具体办法。其主要内容为:(一)解决社会问题的方法。(二)民生主义的精义,及其与共产主义的差异。(三)民生主义解决社会问题的根据。(四)解决土地问题的办法:照地价收税及收买;土地的增值归公。(五)解决资本问题的原则:节制私人资本与预防独占。(罗刚编著:《中华民国国父实录》第6册,第4725页)

　　△　国民党中央执行委员会第四十九次会议,批准妇女部长曾

---

①　该函送达日期为8月9日,发出日期不确。

②　此件所标时间系据8月21日《广州民国日报》云军政部"于本月10日奉大元帅手令"确定。

醒辞职,以廖冰筠继任递补;并讨论廖仲恺提出的工会法草案,议决呈孙中山核准公布①。(《廖冰筠继任妇女部长》《工会法已呈请公布》,《广州民国日报》1924 年 8 月 12 日)

　　△　侨港中国国民党党员李自强等呈请取消共产党员在国民党内之组织。

　　李自强等在呈文中诬称中共在国民党中"另组共产党团","宣传共产主义","作中俄协定运动","双五庆祝之时,间而替以马克思生诞庆祝宣传共产主义",并请求孙中山"当机立断,即令本党之共产党员刻速取消其在本党内之种种组织,并同时矢誓以后绝对服从本党主义及党纲,否则唯以本党总章第七十二条处治之,以儆效尤而整纲纪"。(《李自强等上总理呈》,中国国民党汉口档案第 542 号)

　　△　泉币局拟定禁止外币办法,俟交由财政委员会通过后,请孙中山颁令执行。(《电讯》,上海《民国日报》1924 年 8 月 12 日)

　　△　孙中山就农民问题与国民党中央执委会农民部顾问弗兰克交谈②。

　　孙中山与弗兰克谈及农民问题时曾说,"对于中国革命,我向来认为,中国强大的民族革命运动和摆脱外国帝国主义压迫的斗争,应当靠广大的人民群众去进行,首先是依靠农民。迄今我和国民党都还没有能够同农民建立联系。这是国民运动中的一大疏忽,主要原因在于本党党员的成分"。他微笑着说,"我本人是资产阶级出身,敝党的多数学员是学生,城市知识分子,在一定程度上是些商人。所以我们没有合适的人去深入农村并在那里扎根。在第一届农民讲习班结业前,我曾经很想去给学员们讲几次课。通过这些毕业的学员和将来办的其他一些学校,我们就能够把中国农民组织起来,成立劳动农民协会。届时国民党在广东就会有三百个受过农村鼓动工作培训

---

　　①　《廖冰筠继任妇女部长》一文中,有"于昨 10 日函知该新部长",故任命日期在 10 日之前。

　　②　谈话时间不详,发表时间为 8 月 10 日。

的干部"。

孙中山说:"我对农民问题的政治路线是:我决定将迄今为止地主占有的土地给农民,为农民所有。但是由于地主在一些地方,在政治和经济方面势力很大,影响也大,所以我认为下面的方法是唯一可行的。你们拟定了一个组织广东农会的计划和章程,据我所知,在一些地方已经开始实际建立农会了。我们应该在广东全省建立这样的农会,以便就此铸造一个反对地主的强大的武器。只有当我们建立起这些农会,待农民武装起来的时候,才能实行解决土地问题的激进措施。至于说达到什么目标,那我与你们意见一致。不过,我认为,在目前农会的组织状况下,进行任何反对地主的鼓动都是策略上的错误,否则地主会先于农民组织起来。"

尽管弗兰克激烈反对这样的策略,孙中山还是坚持己见,并且得到廖仲恺的有力支持。廖仲恺举了一个例子,说"在广宁地区,我们组织的一些农会几乎将近就绪了,可是,发生了几次军事冲突,豪绅们把一部分农民争取过去,这个区的区长(国民党员)就站在地主和豪绅们一边,政府被迫派出了一个师多的兵力,前去镇压地主的动乱,这才把形势绥靖下来。至今政府再也没有能力往广宁派出军队了。如果其他地区再出现这样的骚乱,政府的存在就将受到威胁"。廖仲恺用这个例子作为有力的论据,来说明他何以反对宣布在农村进行阶级斗争。

廖仲恺对弗兰克反唇相讥并且得到孙中山的支持,但孙对此事说话不多,廖仲恺解释说"中国农村情况非常特殊,宗法关系还没有打破,地主、豪绅和农民都沾亲带故,姓同一个姓。由于农村结构的宗法性质还强于封建性,所以其阶级矛盾相当和缓,地主与农民的矛盾更像是叔侄间的矛盾,而不像敌我那样,不共戴天"。

尽管弗兰克一再反驳,孙中山和廖仲恺还是坚持自己的看法:在农会处于刚刚组织的时期,不应该进行任何公开的反对地主的宣传鼓动。

孙中山当即说明,他的故乡就是一个最为富有的地区,那是一个适合于开始建立农会的地区,因为它是中国少有的地区,这里有大地主,土地集中在为数不多但非常富有的地主手里。大地主掌握七分之六的土地,四十万农夫中两万人有枪。

弗兰克问孙中山,按照孙的看法,何时能在香山县实行没收大地主土地的政策,孙中山说"有组织上的充分准备工作,那么有半年的时间就可以着手土地改革了"。(《孙中山廖仲恺鲍罗廷就中国农民问题的谈话》,郭恒钰、M. L. 基塔连科等编,李玉贞译:《联共、共产国际与中国(1920—1925)》第1卷,第423页)

8月11日　派杜墨林为大本营出勤委员。(《大本营公报》第23号,"命令")

△　本月6日,大本营军政部长程潜呈文孙中山,拟请追赠豫军讨贼军总司令樊钟秀所部阵亡团长王维汉为少将,仍照上校阵亡例给予上校恤金,阵亡连长马占标等一百四十八员照原级另案呈请给恤。阵伤团长赵天清等一百三十六员俟军医诊治后证明受伤等次再行分别办理。(《大本营公报》第23号,"指令"第910号)本日,孙中山明令追赠豫军故团长王维汉陆军少将,照上校阵亡例给恤,以彰忠烈。(《大本营公报》第23号,"命令")13日,孙中山指令程潜,豫军团长王维汉已有明令追赠给恤。拟请赠恤豫军阵亡将官、兵士等准如所拟办理。(《大本营公报》第23号,"指令"第910号)

△　谕大本营秘书处,将北京万国道德总会上月27日请详示广东水灾灾情邮电一件,交广东省署核办。(《廖省长为灾黎请命书》,《广州民国日报》1924年8月11日)

△　训令大本营财政部长叶恭绰,限文到三日内,将该部职员等级、额数、俸给分别编造详表呈报,以凭汇发制定官制、官规,勿稍延误。(《大本营公报》第23号,"训令"第413号)

△　严查私造军械。

据8月12日上海《民国日报》载,兵工厂马超俊呈孙中山,请下令严禁私造军械。(《电讯》,上海《民国日报》1924 年 8 月 12 日)孙中山遂训令大本营军政部长程潜,"据广东兵工厂厂长马超俊呈称,查近有不法之徒,假借军队名义,私制七九步枪,并冒刊广东兵工厂制造字样,或卖与民间,或接济匪徒,殊属胆大妄为,伏乞明令禁止。该部长通行各军严拿究办,以儆效尤。并令饬该厂长知照"。(《大本营公报》第 23 号,"训令"第 415 号)

△ 本月 8 日,军政部长程潜以少校飞行员陆露斯因国事积劳病故,呈请孙中山准予援照《陆军战时恤赏章程》积劳病故例,给予少校恤金。本日,孙中山批准程潜所请。(《大本营公报》第 23 号,"指令"第 894 号)

△ 将通敌之滇军第三军军长蒋光亮撤职查办,令胡思舜接任。

胡思舜系在粤滇军第三军第五师师长,7 月 29 日,胡思舜部在南海之九江墟与民、商团冲突,因其军长蒋光亮勾结广东商团,复因滇军内讧,胡思舜乃退出九江墟防地。本日,孙中山以蒋光亮勾结商团将其撤职查办,该军第七师师长李根沄因所部助蒋谋叛,亦一并查办。胡思舜受命为第三军军长。("中华民国"史事纪要编辑委员会编:《中华民国史事纪要(初稿)——一九二四年七至十二月》,第 184、201 页)据广东省档案馆库藏海关档案载,蒋光亮辞职之后,即前往香港,但其部队尚有部分士兵不服新任军长胡思舜,起而闹事,遂造成 8 月 14 日晨广东东郊激战。(广东省档案馆编译:《孙中山与广东——广东省档案馆库藏海关档案选译》,第 529—530 页)又本日《申报》电讯载:九江人呈文孙中山,请严惩滇军。(《国内专电》,《申报》1924 年 8 月 11 日)

△ 大本营参谋长李烈钧将已脱稿的《大元帅戡乱记》呈孙中山审定。(《大元帅戡乱记已脱稿》,《广州民国日报》1924 年 8 月 11 日)

△ 接见日本佐佐木领事。(段云章编著:《孙文与日本史事编年(增订本)》,第 672 页)

△ 蒋介石拟定革命军募练计划,以策广州安全。

本日,军事统一训练处委员蒋介石致函政治委员会,提出募练干部三营、预备步兵三团及炮兵工兵各一营之计划。如照计划进行,三营干部能于三个月之内成立,则广州根据地可策安全。革命军三团成立以后,不特可肃清广东全局,即底定中原亦易着手。(毛思诚编纂:《民国十五年以前之蒋介石先生》,转引自广东省立中山图书馆、广州市社会科学院、中山大学图书馆编:《黄埔军校史料汇编》第3辑第55册,第69—70页)

△　中央执行委员会呈文孙中山,"雷州公民代表吴汉生等呈称,陈怀琦甘受雷州伪善后处参谋兼海康分庭伪检察官要职,既帮助伪善后处长陈匪学谈在雷残杀雷民,复又潜来省城刺探军情,祸国害乡。金以罪大恶极之陈怀琦万难宽宥,应将其执行枪决。除函省长令饬公安局查照办理外,理合备文呈请鉴核"。(《中执会上大元帅呈》,《中国国民党汉口档案》,第11503号)

△　商团要求政府发还军械,以罢市相威胁。

佛山商团致电孙中山,请发还扣械。某要人提议,将扣械中属商团者发还,金以私运论。(《国内专电》,《申报》1924年8月15日)商团订购之军械,自被政府监视后,商团闻报,即于10日晚召集紧急会议,分团团长等均列席,金以此帮军械,曾经呈准政府订购,并无违法之可言,必须力争,否则实行全体罢市,以资对待。当场决定举代表谒见孙中山,请求下令放行。11日代表等即赴大本营谒见孙中山提出上述之请求,孙氏当面答应,下令放行。故该运械之商轮即日由虎门驶进省河。讵省署方面仍不准商团起运。(《扣留商团军械风潮之趋势》,《香港华字日报》1924年8月13日)陈廉伯与商团副团长李颂韶、邓介石,以"此项军械系全省备资购置,为辅助军警图谋自卫之用"为由,呈请孙中山准予卸货,并附大本营军政部护照。(《省报纪孙政府扣留商团军火事》,《香港华字日报》1924年8月13日)

8月12日　在大本营操场接见商团代表发表演说,说明扣械原因,告诫其不可受人煽动。

孙中山下令扣留商团枪械后,该团副团长邓介石于8月12日中午组织商团及商团军代表数百人到大元帅府请愿。孙中山在大本营操场接见商团代表发表演说。

孙中山谓:"你们今天来请愿的意思,我刚才和各位代表讲话,已经很明白了。你们想得回这些枪支,是很心急的,但是这件事你们不必担忧,政府一定是给还你们的……这件事本来应该要你们团长来讲话才可以明白了的。但是,你们团长不到。所以你们要明白为甚么政府要扣留你们枪支的道理,你们听了我的话,明白这件事的道理之后,回去讲过大家知道,都要心平气和来互相考究这个问题,决不可感情用事,从中鼓噪,扰乱大家的治安。政府对于这批枪支的疑点,第一是你们团长前几日到军政部领一张护照,声明这帮枪支最快也要四十日之后才可以到广州。所以,那张护照的用场,当然要四十日才发生效力……现只有四日便到了。枪到的时候,又鬼鬼祟祟,私下和李福林交涉,许他二百支驳壳枪做酬劳,叫他去替你们起枪。李福林不肯私相授受,没有答应。你们又私向江防司令部交涉,拜托滇军,要滇军用'宝璧'兵舰去替你们起枪……他们这次所运的枪就是顶包,现在顶包已经是穿了。因为这个原故,政府便要查究。第二是你们所买的枪之外,更有其他许多的枪,究竟是甚么人的呢?政府现在扣留那只船,是要查明甚么人来偷运这么多的枪支,这样多的枪支究竟是甚么来历。还有第三个疑点,就是你们现在要领枪支的商团军亦〔只〕有一千多人,这次所买的枪有八九千支。这样多的枪,又有甚么用处呢?还要交到什么人呢?现在你们急于要枪,如果枪不能要到手,便要罢市,来要挟政府。若是真做这件事,便要你们上了当,便是你们不明白道理……总而言之,这件疑案,经政府查明之后,如果知道你们不是要利用这些枪支来打政府,政府一定把枪交还你们……今日所扣留的不是枪,是那条船,是扣留那威国私运军火的船,要等到这条船的问题解决了,枪的问题才可以解决。只要查明这些枪没有别的黑幕,一定是照数交还你们……可见现在政府的用意,是保卫人民的。但是你们如果听一两个野心家来利用,来反抗政府,政府当然有政府办法,你们当谨慎,不可受人煽动,上人家的大当。"①(《大元帅对商团代表演说词》,《广州民国日报》1924年8月14日)

△ 晨8时40分,致电蒋介石,令曰:"黄埔蒋介石司令鉴:□密。械船昨日因潮水不合,今日可来,由'永丰''江固'押送。到后即促'永丰'回省勿延,留'江固'监视可也。孙文。侵。中华民国13年8月12日晨8点40分。"("中华民国"各界纪念国父百年诞辰筹备委员会学术论著编纂委员会主编、中国国民党中央党史史料编纂委员会编:《国父墨迹》,第247页)

△ 令"哈佛"号开回黄埔,否则将发炮攻击。"哈佛"号被押到黄埔军校附近江面,孙中山下令把船上枪械扣留于军校。据宋希濂回忆,军校派学生分乘小木船前往提取,用了差不多一天的时间,才把全部枪弹等运完。(宋希濂:《参加黄埔军校前后》,中国人民政治协商会议全国委员会文史资料研究委员会编:《第一次国共合作时期的黄埔军校》,第250页)

△ 广州商团准备罢市要求发还军火,长洲要塞区域内宣布戒严。(毛思诚编纂:《民国十五年以前之蒋介石先生》,转引自广东省立中山图书馆、广州市社会科学院、中山大学图书馆编:《黄埔军校史料汇编》第3辑第55册,第72页)

△ 派员调解并调查九江滇军与商团民团之冲突。

九江地区防军与商团民团屡起冲突,且风潮越激越大,为免引起变故,孙中山前令南海县长李宝祥竭力调解制止,李奉命去查明原委。前并致电大本营,谓九江风潮已停止,现双方退离阵地俟商,(《国内专电》,《申报》1924年8月8日)愿听候孙中山解决。9日上午,孙中山召滇军长官代表及九江旅省公会会长李卓峰等到帅府,磋商善后办法。孙先问两方意见如何。李卓峰以九江永不驻军为请,滇军代表则以换防为请,意见不一。后经胡汉民调解,双方均表示愿服从帅令。孙乃立下解决办法:自8月9日以后,无论何军,均不能驻扎

---

① 《广州民国日报》8月14日报道此演讲,实际演讲时间为12日。《国父全集》第2册载有讲话全文,但时间标注为8月14日,或是据《广州民国日报》时间而来。参阅中国国民党中央委员会党史委员会编订:《国父全集》第2册,第704页。

九江。九江治安,完全由九江人负责。众皆听命行事。(《帅座对九江风潮办法》,《广州民国日报》1924 年 8 月 11 日)此外,当九江风潮起时,孙中山曾将该案交由军政部彻查①。军政部派员查明事件真相后,军政部长程潜向孙中山呈明解决九江风潮之意见,呈文谓:"查现驻九江滇军,既与地方不相融洽,似应调离,应由滇军杨总司令,另派部队填驻。其吴三镜匪党,既未投军收编,此次因民团投诚,遂公然与防军对抗,殊属胆玩,应通缉归案究办。其党徒现既具报,业已自行解散,应饬该管营县,随时认真防范,毋俾再行聚集,并拟请通令各军,不得招抚收编,以免再兹〔滋〕事端。"(《军部解决九江风潮意见》,《广州民国日报》1924 年 8 月 8 日)

孙中山据程潜所呈及与滇军长官代表、九江旅省公会会长李卓峰等人商议之结果,发布对九江冲突问题处理之训令,令曰:"南海县属九江地方自治素称完善,其地亦非防守地点。前因该处西北两乡械斗,西乡为求外援,遂招致滇军保旅②前往驻扎。此次军团互战,焚杀死伤,军民哀号相告,实非本大元帅所忍闻。仰杨总司令希闵克日将现驻九江军队悉行撤退,无庸派兵再往接防。并分行各军,嗣后无论何项军队,非奉大元帅命令,不得擅往九江驻扎。并仰廖省长仲恺,立饬南海县转饬该乡,迅即整理民团,以维治安。此次开衅,保旅系以剿捕匪首吴三镜为名,致令地方蹂躏。吴三镜应由该省长严缉归案究办。令仰该省长即便遵照。"(《九江不得驻兵之帅令》,《广州民国日报》1924 年 8 月 12 日)

△　令治河督办署所聘外国工程师及订有合同者,薪俸毋庸减成发给。

因财政紧张,薪饷不足,孙中山前曾令各机关人员薪俸减成发给,各机关纷纷奉令办理。然广东治河督办署为粤省特设机关,所聘

---

①　据报载,李宝祥系受孙中山命令查办九江风潮,至于军政部所派之人究竟是谁,则不得而知。

②　即保荣光旅。

外国工程师经订有合同,薪俸发给受契约之拘束,不能随财政状况为变更。其余帮理工程及测绘等中国人员亦均属于雇佣关系,与普通服务之官吏亦有区别。对于执行减成发薪,殊为不便,治河督办林森于本月 4 日呈文孙中山,报告外国工程师及雇佣人员未便减成发薪情形,并请指示如何办理。孙中山本日指令林森,该督办所聘外国工程师,经订有合同者,薪俸应毋庸照减。其他人员薪水仍遵照前令,以照一律。(《大本营公报》第 23 号,"指令"第 903 号)

△ 派专员招待四川总司令刘成勋的代表(参谋长)邱致云,邱此番前来,禀商恢复川局事宜,关系极巨,孙中山对邱优礼异常。(《帅府招待川代表》,《广州民国日报》1924 年 8 月 12 日)

△ 张德惠上书诬蔑共产党"欺害劳工"。

六月间有中央监察委员邓泽如、张继、谢持提案弹劾共产党,给予反共党员、学生及工人鼓舞甚大。京汉铁路总工会干事代理委员长张德惠,因此赴粤。本日分别向孙中山暨中央执行委员会呈文诬蔑共产党,要求孙中山驱除共产党。(《京汉铁路总工会上总理呈》,中国国民党汉口档案第 8999 号)

孙中山接获张之控诉书后,即批交监察委员会审查。16 日,监察委员会提出审查报告,认为须对不忠实本党且为京汉铁路劳工所愤恨之党员严加惩处。(李云汉:《从容共到清党》上册,第 317—318 页)

8 月 13 日 本日,中央监察委员会根据中央执行委员会移来孙中山发下审查要案六宗提出报告,谓"……合作之初心既已违背,则合作之效果终不可期。是以认为有严重处置,急图救济之必要"。(蒋永敬:《鲍罗廷与武汉政权》,第 8 页)

△ 国民党中央工人部在广东大学礼堂召开欢送广州沙面罢工工友返工茶话会,汪精卫、廖仲恺、何香凝等人出席并演说。(《沙面工潮结束之详情》,《广州民国日报》1924 年 8 月 14 日)

△ 命令公布《大学条例》八条。(《法规》,《大本营公报》第 23 号)并训令国立广东大学校长邹鲁,查《大学条例》业经制定公布,令该校长

查照遵行。(《大本营公报》第23号,"训令"第420号)

　　△　公布《中央督察军组织条例》九条。

　　规定由粤、滇、桂、湘、豫五军各派兵一团(每团计枪一千杆)编成,直隶于军事委员会,择定广州市附近为驻扎地点,负监督各机关及各军队严切奉行孙中山所有命令之责。(《大本营公报》第23号,"命令")

　　△　中央银行发行货币,孙中山令所有捐税、公款,一律收受该货币。

　　8月11日,中央银行行长宋子文呈文孙中山,"职行奉政府特准发行货币,现拟自8月15日起发行,计分为壹圆、伍圆、拾圆、伍拾圆四种。所有公私款项出纳自应一律通用,在公家征收机关尤应专收职行货币以示提倡,事关提倡职行货币信用,应请钧座明令各征收机关所有征收田赋、厘捐、租税及其他公款均一律收受职行货币。其报解公款者,非职行货币概不收受。至商民交易,应准其照额通用,视与现金相等。并请令行财政部暨广东省长通饬各征收机关,并布告商民一律遵照"。孙中山接收此呈,于本日指令中央银行行长宋子文,候令行财政部长及广东省长遵照办理。(《大本营公报》第23号,"指令"第915号)并训令大本营财政部长叶恭绰、广东省长廖仲恺,据中央银行行长宋子文呈报,该行定期发行货币,计分为壹圆、伍圆、拾圆、伍拾圆四种。所有征收田赋、厘捐、租税及其他公款,均一律收受该货币。其报解公款者,非该行货币,概不收受,至商民交易,应准其照额通用,视与现金相等。应通饬各征收机关及商民,交易一律通用。该部长、省长即便遵照。(《大本营公报》第23号,"训令"第419号)

　　△　准香山黄梁镇田心、沙田、新村三乡保卫团备价领取枪弹。

　　香山县黄梁镇田心、沙田、新村三乡保卫团局长林善承等前曾呈文广东兵工厂厂长马超俊,拟照民团、商团备价请领枪弹章程,请领七九步枪三十支俾资自卫。马超俊乃于本月10日将其所请呈请孙中山察核。本日,孙中山指令马超俊,香山黄梁镇田心、沙田、新村三乡保卫团局长林善承等请领枪支七九步枪卅支,既与《民团请领枪弹暂行章程》相符,应予照准。(《大本营公报》第23号,"指令"第911号)

△ 大本营内政部长徐绍桢前曾呈文孙中山,请为滇军总司令杨希闵部警卫第二团长刘廷珍之祖母刘王氏题颁"懿行可风"四字以示褒扬。本日,孙中山指令徐绍桢,准予褒扬贤母刘王氏,题颁"懿行可风"四字,即转给承领。(《大本营公报》第23号,"指令"第912号)

△ 军政部长程潜呈文孙中山,拟请准予援照《陆军战时恤赏章程》因公殒命例,给予湘军总司令谭延闿所部第五军第十六旅团长刘志上校恤金,三等军医正陈魁少校恤金①。据此,孙中山本日指令程潜,准将湘军遇害团长刘志等照因公殒命例分别抚恤。(《大本营公报》第23号,"指令"第913号)

△ 中央银行行长宋子文就职视事。

中央银行行长宋子文本日呈文孙中山,中央银行筹备经已完备,奉令就职视事,并定于本月15日正式开幕。(《大本营公报》第23号,"指令"第920号)又因正式印信尚未颁下,故暂由该行先行刊就木质行印一颗,牙质行长小章一颗,即于本日暂行启用。俟正式印信奉颁下行,再行呈报注销。(《大本营公报》第23号,"指令"第924号)又"为偿还欠款,请明令拨造币厂余利为职行借款还本付息之基金,由该厂按月拨交职行,列收政府存款,以备届期付息还本之用"。(《大本营公报》第24号,"指令"第926号)8月15日,孙中山指令中央银行行长宋子文,呈悉所报就职及该行开幕日期;(《大本营公报》第23号,"指令"第920号)呈悉暂行启用自刊木质印章日期,附缴印章模型准予备案。(《大本营公报》第23号,"指令"第924号)8月16日,孙中山训令大本营财政部长叶恭绰,准如中央银行行长宋子文所请,将造币厂余利明令指拨为该行借款还本付息之基金,候造币厂收获余利即可照办,令该部长知照。(《大本营公报》第24号,"训令"第422号)同日,并指令中央银行行长宋子

---

① 该呈时间为8月,具体日期不详。

文,所呈准予先行立案,候造币厂收获余利即可照办,已令行财政部知照。(《大本营公报》第 24 号,"指令"第 926 号)

另《中央银行条例》前经孙中山核准公布,(《大本营公报》第 22 号,"指令"第 874 号)中央银行行长宋子文特遵照条例,拟定《中央银行章程》三十八条、《中央银行组织大纲》十二条,经于 8 月 12 日提交第一次董事会议决,于本日呈请孙中山鉴核并准予公布。孙中山收悉该章程及大纲,于 15 日指令宋子文,谓《中央银行组织条例》应改为《中央银行组织规程》,至该件及章程各条间有未妥之处,亦经更正。原件发还,即遵照另缮,呈候公布。(《大本营公报》第 23 号,"指令"第 918 号)宋子文遵将该行章程及组织规程依改正各条缮具清折,于 18 日再次呈请孙中山明令公布。22 日,孙中山指令宋子文,准予公布。(《大本营公报》第 24 号,"指令"第 941 号)

△　中央执行委员会致函孙中山,本月 11 日,秘书处提出中央全体委员会议,请指定会议日期时间及地点案,当经决议,日期定 8 月 15 日开始,会议时间为每日下午 7 时,地点在大本营,每日下午 6 时 30 分在东堤陆军军官学校筹备处集合,录呈孙中山鉴核施行。(《中执会呈总理函稿》,中国国民党汉口档案第 4827 号)

△　南洋太平埠琼侨致函孙中山许崇智请驱逐邓本殷。

函云:"大元帅、许总司令,窃闻救国必先救民,救民必先去贼,贼不去则民不安,民不安则国何以立?邓逆本殷自盘踞琼崖以来,苛税暴敛,掘罄民财,残杀无辜,草菅人命,竟且招募土匪,施其以毒攻毒之诡计,致不肖之徒有所凭依,横行乡里,肆无忌惮,日则为兵,夜则为匪,奸淫劫掠,掳人勒赎,种种罪恶,擢发难数。甚至劫及教堂,枪毙牧师,惹起国际交涉。案情重大,邓逆自知难辞其咎,遂出其嫁祸之策,妄说地方不靖,胥因乡民庇匪。假借清乡之名,行敲剥民膏之实,遽令其人面兽心之部下,率领半兵半匪之走卒,到处骚扰,指良为盗,任其鱼肉,为所欲为。现琼民受官匪交迫,已成腹背受敌之势。侨等忍不可忍,开会议决公举前海防司令陈策带兵讨伐驱逐此獠,不揣冒昧,伏乞钧座俯察舆情,体念民意,允为所请,迅令陈前司令早日率兵回琼,以逐邓逆而定国是。"①(《南洋太平埠琼侨上总理呈》,中国国民党汉口档案第 13934 号)

　　△　中国国民党临时浙江宁波市执行委员会致函广州大本营转孙中山,谓《上海商报》所载共产党"操纵"国民党之宣传及一切动作,实为破坏国民党在国际上之好感。

　　函称:"《上海商报》所载共产党加入本党后,'操纵'本党之宣传及一切动作,并谓本党所宣传之反帝国主义,乃共产派所主张,其作用,在破除本党在国际上之好感,一方面则注重打破本党与国内各实力派之合作,而期打消粤皖奉三派之共同讨贼运动。但反帝国主义之主张,明白载在本党第一次大会宣言中,三民主义,首为民族,欲民族解放与独立,自应反抗帝国主义之侵掠,总理本此主义奋斗三十年,历史具在,□可妄指为共产派'破坏'本党之主张。如共产党员'破坏'本党主张确有实据,请总理依党章与以相当之处置,如系小数不进步同志居心欲与帝国主义妥协,尤请总理坚持革命精神,勿为所惑。又邵仲辉②同志热心党务,向为本党诸同志所推服,□以嫌怨,横被摧残,除另电慰问外,请总理主持公道,与以相当之慰藉。"(《宁波市临执委会上总理函》,中国国民党汉口档案第 9002 号)

　　△　中国国民党上海市第一、二、五、九区执委会函请开除冯自由等人,重组第三、四两区党部。

　　函云:"8 月 1 日,上海市本党第三区党部及第四区临时区党部曾贯吾、凌铁安、石克士等违法召集各区党部及各区所属之各区分部委员及党员讨论所谓共产党在本党作党团运动问题。8 月 1 号依时赴会,梁绍文同志抵南方大学会场时,石克士即询以何事到此,由谁接洽,有传单带到来等语。明明今日系由彼派接洽到会出席,何以又

────────────

① 8 月 13 日为函到日期,发函日期不确。
② 即邵力子。

有此鬼怪现象发生？迨入会场,与会者不过三十余人。喻育之、周颂西等人均在前列,主席曾贯吾发出印刷物二纸,一为'共产党破坏国民党之铁证',一为致孙总理之电稿。喻演说毕,主席即拿起电稿,着各代表签名。梁绍文同志以该电稿不啻下一哀的美敦书于孙总理,谓须审慎周详,讨论各方理由后,方可令人签字,否则,与强迫何异？况关于解决该问题,中央已有8月10号付表决之消息,在理宜静听中央之解决为是。乃主席硬谓在场各代表皆有全权可以签字,梁绍文同志见其不可理喻,遂宣告第五区党部不能参加,并即离席。梁绍文同志开门而出,黎磊、赵超常诸同志稍慢,竟为彼等截回痛殴,逼令签字。此8月1日第三第四两区党部非法召集会议,强迫他人背叛党章,及恃众逞凶之情形也。迨8月8日,彼辈复纠合三十余人,拥至环龙路四十四号上海执行部,捣乱殴侮本党中央执行农工部秘书邵力子情形,已由上海执行部电呈,兹不再赘。似此横暴,不顾违背纪律,不惜絮乱组织,更复一再殴人,此与叛国叛党,究有何别？考其所以穷凶至此,有恃无恐之源,亦有蛛丝马迹足资证明。查冯自由广州悻然返沪,即四处散布流言攻击孙总理,又与凌毅具各于7月29日私自召集党员会议,后即有8月1日南方大学之会及邵力子被打之事。近更超越总章而外,组织所谓国民党上海市各区代表大会,任意滥发新闻,造谣惑众。今冯自由之谋叛已有目共睹,应请我总理迅将冯自由等勾结曾贯吾、何世桢等叛党谋乱,借反共产派名义鼓动内部分裂之罪明令申斥,并开除叛徒冯自由等,再组第三、第四两区党部。复恳训示党员,严守大会宣言及总纲。"(《上海市一、二、五、九区执委会致孙总理函》,中国国民党汉口档案第9112号)

△　湖南民党巨子覃振,现因出席国民党执行委员大会,由沪来粤,已抵省,即赴大本营谒孙中山,"关于党务相谈一句余钟"。(《覃振因党务来粤》,《广州民国日报》1924年8月14日)

△　广州工代会特别会议黄党、施卜等上呈孙中山,报告本日特别紧急会议决定组织"中国劳工同盟救国会",以为政府效力。至于

陈廉伯等私自运入之械,应请孙中山按律没收,以申国纪。(《扣留私运军火案四志》,《广州民国日报》1924 年 8 月 15 日)

8 月 14 日　国民党中央执行委员会第五十一次会议议决以汪精卫为宣传部长,以甘乃光代理实业部长,以何香凝代理妇女部长,原妇女部长廖冰筠准辞职。(陈锡祺主编:《孙中山年谱长编》下册,第 1972 页)

△　准在《中国国民党周刊》上刊登病殁之中国国民党中央常务委员、农民部长彭素民生平事迹,任命李章达接任农民部长。

中国国民党中央常务委员、农民部长彭素民于 8 月 3 日病殁。中央执行委员会呈请孙中山批准在《中国国民党周刊》上刊登其生平事迹,并乞准给予恤金一次暨准设法维持其遗属给养经常费。孙中山据呈,令大本营秘书处函告中央执行委员会谓:"彭素民生平事迹,应准由《周刊》登载,仰即转行知照。所请给予恤金一次,暨设法维持彭素民家族给养经常费,均着由该会议定数目及办法,呈候核夺。"(《抚恤与褒扬之帅令》,《广州民国日报》1924 年 8 月 14 日)彭素民病逝后,农民部长一职空缺,中央秘书处遂致函孙中山,呈请核定李章达任农民部长[①]。(《中央秘书处上总理呈稿》,中国国民党汉口档案第 2011 号)嗣后,孙中山据此谕大本营秘书处致函国民党中央执行委员会,以总理名义照准李章达继任农民部长。(《李章达继任农民部长》,《广州民国日报》1924 年 8 月 25 日)

△　主持大本营政务例会,到会者有胡汉民、廖仲恺、程潜、徐绍桢、邓泽如、蒋尊簋、孙科等人。会议依据法律商约及事实,讨论研究处置商团私运军火案办法。又讨论徐绍桢提出的筹款赈济广州、梧州、湖南等水灾案。(《扣留私运军火案四志》,《广州民国日报》1924 年 8 月 15 日;《政务会议提议赈灾》,《广州民国日报》1924 年 8 月 16 日)

△　陈廉伯借商团颠覆政府未成,为广东省署下令通缉。

---

① 　该函 8 月 14 日送稿,15 日判行,17 日缮发。

前一两月,香港、上海、天津各西报已透露,陈廉伯欲借商团之力以颠覆大本营,而沙面领事团亦证明陈廉伯有图谋不轨之意向。幕后策划者系英人。计划于本日推翻政府,以陈廉伯为广东督军,取消独立,投附北京政府。并拟先一日以庆祝"广东商团联防总部"成立,集合各地商团于广州,已预备容纳一万余人之场所,各街搭建牌楼,张贴对联、标语,隐含异图。惟其阴谋已遭识破,广东省长廖仲恺即批驳商团联防总部之申请立案,仅准以筹备处暂时维持,并派人拆去街头不妥之牌楼。但至本月 13 日,陈廉伯赖商团军武装保护下,仍举行庆祝活动。此时,军校校长蒋介石徇廖仲恺电请,派军校教官文素松率领第三、四学生队抵达省城,维持治安,镇压谣言。同时,省府即宣布陈廉伯谋乱,下令通缉,遂使陈计划于本日肇事之阴谋无以得逞。陈廉伯乃逃匿沙面,继窜香港。("中华民国"史事纪要编辑委员会编:《中华民国史事纪要(初稿)》——一九二四年七至十二月,第 222—223 页)

△ 任命梁龙为大理院庭长。(《大本营公报》第 23 号,"命令")

△ 高雷绥靖处处长林树巍呈文孙中山,经于去岁向广州地方审判厅先后挪借公款一千元,但该处伙食现尚不敷,实无余款可以归还。理应备文呈请察核,准饬令广州地方审判厅将该款报销,俾清手续。(《大本营公报》第 25 号,"指令"第 994 号)

△ 旅粤同乡会呈文孙中山,请求政府严重抗争,今后中国扬子江内,不得停泊任何外舰。英美团公使,须向中国政府道歉,无理逼杀中国船户之英国海军司令官,须律以杀人抵罪,被害之向国源等,应给优厚之抚恤,及养家费。并通电全国公团,为一致之进行,统祈不屈强权,争此国体人格。(《公电》,《广州民国日报》1924 年 8 月 19 日)

8 月 15 日 国民党中央执行委员会送"厚生乐群"横匾祝贺广州市郊第一区农民协会成立。(《市郊农协会开幕纪》,《广州民国日报》1924 年 8 月 18 日)

△ 出席中央银行开幕典礼,并致训词,热切希望军政界及广大人民竭力扶持①。

是日,中央银行在广州南堤原省银行旧址举行开行典礼,孙中山及政府各军政要员等亲临贺其开始营业。中央银行行长宋子文宣读开业宣言之后,孙中山发表训词。(陈锡祺主编:《孙中山年谱长编》下册,第1973页)

孙中山谓:"今日是中央银行成立的第一日,中央银行又是革命政府第一次开办的一个银行,所以今日是革命政府第一次开办银行的第一日。今日政府要开办这个银行,就是政府要经营商业,所以今日又是政府第一次经营商业的第一日。

"大家知道,这个政府在广东,现在有许多军队,军饷都是不足,政府因为担负这样多的军饷,财政是很困难的。在这样财政困难情形的时候,政府怎么样还能够发起开办这个银行呢? 这个银行之所以能够开办,就是因为借了外国资本一千万。因为有了一千万的外国资本,这个银行才能够成立……在这个军、政两费极拮据的时候,政府还有方法借得外资一千万开办这个银行,一般军官和行政官吏,对于这件事有什么感想呢……如果军官总是想这个银行的资本去发饷,民政官吏总想提这个银行的资本去做行政经费,那便是一次吃完,以后便再没有希望。

"本来银行事业,对于社会上的经济关系是很大的……我们所办的这个中央银行,便与普通的银号不同,这个银行在今日虽然是开始营业,但是已经办好了一种债票,财政部还没有印成,等到财政部把那种债票印成了之后,寄到伦敦,这个银行和伦敦汇兑,每次不但是可以汇十万,并且可以汇几十万或者是几百万。有了这个汇兑机关,便是中国的银业界别开生面……这个银行的资本,固

---

① 中央银行开幕时间一作8月16日,参阅罗刚编著:《中华民国国父实录》第4731—4733页。

然是不小,至于办理和营业,尤其是很谨慎,都是照极好的银行规则来进行。并且这个银行受了政府一种特权,可以发行纸币,这种纸币的基本金有一千万,和从前政府银行所发行的纸币不同……这个银行发行纸币的方法,是先有现然后才兑,所以说是'现兑'。因为是'现兑',并且又有大宗基本金,所以这种纸币的信用,一定是很高的,一定没有从前省立广东银行纸币的毛病。要维持这种纸币的信用,便要商界、工界、农界,和政界、军界同力来合作,来培植这种鸡雌和谷种的发达,便可以生出许多鸡蛋和新谷……如果大家都来维持这个银行,这个银行的经济力便可以大发展,中国商场上的经济力,便不致为外国银行所操纵。所以这个银行之成立,关系中外经济权力的成败。大家既是明白了政府开办这个银行的意思,便应该维持这个银行去进行;维持这个银行去进行,就是维持政府去进行;维持政府去进行,就是维持革命来成功;维持革命来成功,就是令贫弱之中国变成富强。"(《大元帅对中央银行开幕训词》,《广州民国日报》1924 年 8 月 16 日)嗣后,孙中山面谕省长廖仲恺,"中央银行今日开始营业,所有省署辖属各机关之出纳,应严令纯用中央银行纸币,收支一切存款,应转存中央银行"。此前已令饬广东省长公署,中央银行定于本月 15 日始业,所有发行纸币,应饬征收各机关及布告各商民一体通用。(《流通中央银行纸币之省令》,《广州民国日报》1924 年 8 月 18 日)

　　△ 中国国民党第一届中央执行委员会第二次全体会议,自本日起至 25 日在广州举行。(罗刚编著:《中华民国国父实录》第 6 册,第4731 页)

　　△ 准禁烟督办鲁涤平辞职,令谢国光接任。

　　本月 5 日,鲁涤平向孙中山呈请辞职,本日,孙中山指令鲁涤平,现禁烟事宜政府正筹统一办法,著仍勉为其难,毋庸遽请辞职。即知照。(《大本营公报》第 23 号,"指令"第 922 号)鲁涤平因辞职未准,勉为继续担任。至 8 月 29 日,复向孙中山请辞。(《大本营公报》第 25 号,"指令"第979号)孙中山因鲁屡次请辞，心意甚坚，未便再加挽留，遂于8月30日明令准鲁涤平辞职，并任谢国光为禁烟督办。(《大本营公报》第24号，"命令")

　　△　商民陈惠民呈文内政部长徐绍桢，条陈举办慈善奖券并缴章程及办事细则。内政部长徐绍桢于13日将陈惠民所呈章程及办事细则呈送孙中山察核备案。本日，孙中山指令徐绍桢，《赈灾慈善奖券章程》及细则准予备案。(《大本营公报》第23号，"指令"第925号)

　　△　本日，大本营审计处处长林翔呈文孙中山，拟请令行各机关克日查照前定预算书书式编造13年度预算书，仍送财政部汇呈核定，交存该处，以重度支而便审计。孙中山获悉此呈，于8月21日指令审计处处长林翔，候令行各机关查照办理。(《大本营公报》第24号，"指令"第940号)并训令大本营各级军官及部门长官，令行各机关转饬所属迅行依式编造13年度预算书送财政部汇呈候核。(《大本营公报》第24号，"训令"第432号)

　　△　李秀然等煽惑"制裁"共产党。

　　李秀然以8月国民党内反共分子所制两种印刷品[1]，诬蔑中共在国民党内"组织团体"，不合主义。并"恳我总理详为鉴察，加以制裁，勿使我党三十年之精神丧于少数携贰党员之手"。(《李秀然等上总理呈》，中国国民党汉口档案第9004号)

　　△　14日，工界万人列队，燃爆竹，先送英法捕房华捕复职。讵英法领事忽推翻原议，拒绝华捕复工，合约完全决裂。(《时事日志·中国之部》，《东方杂志》第21卷第17号，第155页)全体工友愤激异常，风潮较前更烈。孙中山饬外交部长伍朝枢向英法领事交涉，严责其失信背约。(《电讯》，上海《民国日报》1924年8月16日)

　　△　商团代表请发还枪械，油业工会请组织工团军，削减商团

---

　　① 名为《请看共产党对付国民党之证据》《京汉铁路总工会宣布中国共产党欺害劳动者的真相》。

势力。

广东各属商团代表公推胡沛云、郑杏圃、潘适存三人为代表，赴省属及大元帅府请愿。"其请愿大旨：（一）请准立案；（二）发还枪械。"其到省属时，由政务厅长陈树人代见，"彼此为长时间之讨论"。既而复往大元帅府要求答复。（《扣留私运军火案五志》，《广州民国日报》1924 年 8 月 16 日）又广州商团陈廉伯等私运军械，证据确凿，犹复四出运动发还，并以大罢市为挟制，因此各界多抱愤怒，而工人以平日饱受商团压迫，故反感尤烈。（《粤工农痛斥商团》，上海《民国日报》1924 年 8 月 23 日）油业工会特于本日通电，电文云："孙大元帅睿鉴（余略），帝国主义走狗陈廉伯等，在陈炯明踞粤时，与陈逆共同为恶，组织商团军，借口防御土匪，保护商场，实则用以摧残工人，反抗革命政府。查商团军自成立以来，对于工人，时加摧残。近该商团长等，见我革命政府，实行劳工保护政策，以不能逞其残杀劳工之故，遂深恶革命政府，时谋反抗。凡政府为人民福利而奋斗之一切大计，动加梗阻。此次瞒蒙政府，勾结英商，购买大批军械，运抵广州，企图颠覆革命政府，可以为所欲为，凶恶横行，可谓已极。请将扣留商团之枪械，全数没收，发给工人组织工团军，以减削反动商团之势力，而利国民革命之进行。"（《油业工会之通电》，《广州民国日报》1924 年 8 月 18 日）

△　主持召开了国民党一届二中全会，专门讨论维护国共合作问题。会议就张继、谢持、邓泽如等人的"弹劾案"进行了辩论。（林友华：《林森年谱》，第 148 页）

8 月 16 日　派胡汉民、伍朝枢、廖仲恺、卢兴原、傅秉常审查挪威舰运载军火案。（陈锡祺主编：《孙中山年谱长编》下册，第 1975 页）

△　令不得承认陈炯明所设高等审检分厅之判决。

陈炯明盘踞潮汕，并在该地区设立高等审检分厅以受理上诉案件，孙中山政府自难坐视。大理院长兼管司法行政事务吕志伊遂于本月 4 日呈文孙中山，谓除由该院布告各该属人民，嗣后诉讼案件仍应向广东高等审判厅上诉,及通令所属各厅庭对于陈炯明所设分厅判决各案件不得认为有效外,并请孙中山颁布明令,宣布陈所设分厅非法无效,以一法权。孙中山于本日指令吕志伊,呈悉所报陈炯明在潮州非法设立高等审检分厅及经布告无效事,该院长通令各司法机关,并再布告人民周知。(《大本营公报》第24号,"指令"第927号)并据此训令各军政长官,"陈逆盘踞潮汕,不图自新,近又竟敢在潮汕设立高等审检分厅,受理上诉,希图破坏司法统一。此等非法机关,凡各该属人民稍知大义者,决不能向此非法分厅上诉。该院长及所属各厅庭,以后对于非法分厅判决各案件,自不得认为有效。令军政各长官转饬所属及人民一体遵照"。(《统一司法权之帅令》,《广州民国日报》1924年8月16日)

　　△　中央执行委员会通告,奉孙中山谕,8月17日上午9时半仍在广东大学讲演民生主义,饬该会通告各同志并函约各机关派员出席听讲。(《中执会通告(第七十一号)》,中国国民党汉口档案第65号)

8月17日　派廖仲恺赴广州工代会执行委员会会议代致训词。

　　上午,广州工代会执行委员会在省教育大礼堂开会,与会者三百多人。孙中山因要往广东大学演讲《民生主义》,遂派廖仲恺代致训词。训词大意略谓,"此会为工人代表会,在社会上为一有力之团体。我们用力量方法有二:一为罢工,以谋达到加薪减时目的。但此种举动,不过消极的力量。有必要时,还须行其积极的力量,即直接管理,如各事由工人直接管理是也。最近沙面工潮,仍未完结。而又忽发生陈廉伯私运大批军火案。陈廉伯、陈恭受等欲借此帮军火,一方以反抗政府,一方以压迫工人。须知政府为保护工人农民起见,将其没收,其理由大部分为工人谋利益,一部分为农民谋利益,亦为商人谋幸福"。(《工人代表会开幕之详情》,《广州民国日报》1924年8月18日)

　　△　面谕大本营军政部程潜,以后凡请领护照购运大批枪械,应由帅府审慎核发,以杜奸宄[①]。(《发给购订枪照之限制》,《广州民国日报》

---

　　①　日期据文中"日昨"字样酌定。

1924 年 8 月 18 日）

△　接见广州沙面英、法领事，派马超俊约沙面罢工大会各委员磋商解决工潮办法。

是日为英、法领事翻约之第四日，两领事以众怒难犯，往大本营见孙中山，道歉一切，请着离工各华工、华巡捕一齐返工。孙中山答谓："贵领事此次既与离工华人经已妥商协约，现在不过手续争执问题。贵领事准可直接与工人方面磋商。"英、法两领事离帅府后，再联衔致函孙中山，孙接函后"将原函交马超俊再约大会委员磋商解决办法"。马奉命后于当天召集黄荣、黄昌远等十二人到兵工厂商定办法。（《沙面工潮翻约之三四日》，《广州民国日报》1924 年 8 月 18 日）英法领事见工潮转剧，工界团结甚坚，遂致函孙中山，承认令华捕签字辞职证为误会，非有意悔约，请求斡旋，并定 16、17 两日亲谒孙中山剖解。（《电讯》，上海《民国日报》1924 年 8 月 19 日）

△　在广州高等师范学校礼堂演讲民生主义第三讲。

本日，孙中山讲述民生主义第三讲，食的问题。主要内容为："（一）问题的重要。（二）中国食的问题——粮食不够的原因。（三）食的重要与食料的种类。（四）解决粮食问题必须先实施耕者有其田，增加粮食生产。（五）增加粮食生产的方法——必须解决机器问题、肥料问题、换种问题、除害问题、制造问题、运送问题、防灾问题。（六）分配问题与生产问题同时解决。（七）解决吃饭问题与分配问题的要义。"

在民生主义前两次演讲中，着重于理论之阐述，自本次演讲起，即就民生之食衣住行等实际需要问题，提出解决方法。邹鲁于《国父讲演三民主义经过》一文中追述："当民生主义第三讲之前，总理向我说：'民生主义，渊源难博，我须亲来自著，才得圆满，因此现在我暂不讲理论，因为理论是各有见解不同，往往引起无谓的争执，所以我从民生主义第三讲，先讲解求衣食住行问题的办法。但是理论方面，你却不要放弃研究，因为你这次读校，非常小心。所以我撰著完毕后，再交你来读校。'国父在此次演讲之最后,谓:'我们国民党主张三民主义来立国,现在讲到民生主义,不但是要注重研究学理,还要注重实行事实。在事实上头一个重要的问题,就是吃饭。我们在解决这个吃饭问题,是先要粮食的生产很充足,次要粮食的分配很平均,粮食的生产和分配都解决了,还要人民大家都尽义务。人民对于国家能够大家尽义务,自然可以得到家给人足,吃饭问题才算是真解决。'"(罗刚编著:《中华民国国父实录》第6册,第4733—4734页)

8月18日　广州银钱业在商团胁迫下罢业,拒收中央银行发行之纸币。(陈锡祺主编:《孙中山年谱长编》下册,第1976页)

△　英法领事致函孙中山,表示愿遵从原约,请劝工人复工。

英法领事致函孙中山,称"本月13日巡捕单独回沙面一事,似系由于误会。为迅速结束此次罢工风潮,建议全体罢工人员,所有公共雇员(巡捕包括在内)、私家雇员,公同订定回沙面日期,至好以下礼拜一上午10时为妙,届时当由英法两领事,与两工部局依照前次双方所订原约,切实履行"。(《英法两领致大元帅函》,《广州民国日报》1924年8月18日)上海《民国日报》亦载,英法领事谒孙中山后,自认误会,愿遵从原约,请劝导工人回工,孙中山令马超俊与工人接洽,反对苛例大会以英领果有诚意悔祸,亦不为已甚,要求再有切实保障即返工,如无波折,明日可望结束。(《电讯》,上海《民国日报》1924年8月20日)次日,沙面罢工风潮因华捕自动辞职,华工由马超俊率领复职,完全了结。(《时事日志·中国之部》,《东方杂志》第21卷第18号,第155页)

8月19日　国民党中央执行委员会全体会议讨论《国民党内之共产党派问题》。

本日,中央执行委员会举行全体会议,由廖仲恺主席。首由监察委员张继说明中央监察委员弹劾书旨趣及其意见:"(一)共产派在党中为党团活动之事实及其刊物;(二)海内外党人与共产派分子冲突之真相;(三)共产派分子加入本党之始,原以信义为指归,现在发生纠纷,应负其责;(四)第三国际共产党是否适宜于中国社会情形；(五) 革命党人应有自尊精神，以俄为挚友则可，以俄为宗主则不可；(六) 党人应尊重情感，为共患难之要件；(七) 最后办法，主张实际的协同工作，名义上跨党徒滋纷扰。应注意以上各点，以分立为要。"此外委员恩克巴图复就监察委员报告书中诬称共产党员"公然登报鼓吹蒙族独立"一节，声明："库伦对北方伪政府宣告独立，对于本党采取一致行动，并不与俄国共产党合作。"又由委员覃振报告在汉口执行部实际观察所得，认为非速谋救济方法恐纠纷愈形愈大，因提出办法两点："(一) 纪律上之必要：国民党员不得任意加入其他政党，凡共产党员加入本党者，应专从事本党工作，不得援引本党党员重行加入共产党为共产党征求党员；(二) 组织上之必要：在中央党部加设国际宣传委员会，由总理指派组织之。以本党三民主义贡献于国际，国际主张亦得输入中国。凡关于第三国际与本党共产派之一切任务，均由本委员会为中心，以期共济，庶几成为有实力有系统之进行，一切骈枝故障自然消除。"共产党方面瞿秋白则对上述意见提出意见："(一) 三民主义之政党，是否能容纳马克斯派，即是否能容思想上的派别；(二) 国民党是否必要容纳一切思想上虽有异同对于现时中国之政见相同之革命分子；(三) 共产派即马克斯派加入本党，完全为参加国民革命促进行，此派是否有党团行动，此种党团行动是否有害，抑系有害于本党之发展；(四) 若有类似于党团之行动，则是否不问其对于本党之利害，即因此而不容纳；(五) 因监察委员会提出'好好的分家'，即分立问题，故提出上列数点，请会议注意。"(罗刚编著《中华民国国父实录》第 6 册，第 4734—4735 页)

△　派大本营秘书林直勉、连声海及副官邓彦华等作为政府代表，向商团送达告广州商团书，并述发还扣械办法。

"当局扣留枪械后，迭经商团派代表请愿，均无结果，惟现闻帅座决定 19 日答复处置枪械之办法。又觉悟社云，18 日闻帅府已谕知商团军届时仍赴大本营听候晓示，据闻政府之意，对商团军甚愿扶植，惟商团之编配及指挥，不能漫无限制。"(《扣留私运军火案七志》，《广

州民国日报》1924年8月19日)8月21日上海《民国日报》载,"19日广
州电,商团私运军械案,大元帅谕令分别发还扣留,商团亦须依法改
组,领械以有正式收条者为限,仍照兵工厂所定枪价缴足"。(《电讯》,
上海《民国日报》1924年8月21日)

　　是日,孙中山派大本营秘书林直勉、连声海及副官邓彦华等充任
政府代表,赴广州商团总公所,将孙中山告广州商团书送给商团代
表。广州商团派出叶子刚、黄叔明、冯星垣、陈荫佳四人接待。孙中
山在告商团书中云,"陈廉伯所私运之军火,其一部分为诸君集资而
购者,政府已可承认,行当令省长按照民国条例,交给诸君,故对于诸
君之枪支问题,已可作为解决矣。此外,尚有二事,必须诸君协助政
府以解决之。近日由商团本体及各方面发现出陈廉伯有极大阴谋,
欲借商团之力,以倾覆政府,而步意国墨素连呢①之后尘。闻其中策
画者有外国人,定期8月14日推翻政府,取而代之,以陈廉伯为广东
督军,取消独立,投降北方。近日陈廉伯派代表往洛阳勾结吴佩孚,
乃用商团名义,此等事实彰彰,中外人民皆知。政府宽大为怀,不忍
株连,故除廉伯一人外,分作两层办法:其一,其知情而悔悟者,能自
行检举,政府当宥其既往,不事深究。其二,尚有执迷不悟,仍欲图谋
不轨者,则责成诸君自行指出,送交政府惩办。吾信诸君中大多数为
深明大义,拥护共和之人,必不容有败类混迹商团中,假借名义而危
害政府也。此事关于民国存亡、革命成败,必当彻底查究"。(《扣留私
运军火案八志》,《广州民国日报》1924年8月20日)林直勉、连声海、邓彦华
等述发还扣械办法为:商团所购枪支,准照民团领枪章程,已缴价一
百元者,补缴六十元,未缴价者照缴一百六十元,向省署请领。商团
代表们答谓:此事须交大会议决,此时未能遽行答复。(《扣留私运军火
案九志》,《广州民国日报》1924年8月21日)

　　又上海《民国日报》载,"商团为陈逆诱惑,有谋变状态,暗提现

―――――――――

　　①　今译意大利墨索里尼。

金,储沙面外国银行,密定 23 日罢市,公安局长吴铁城派队扣押运入沙面之现金。某公建议,以武力解散商团,免后患,大元帅仍主张再事劝导,使其觉悟,并一面委胡汉民廖仲恺伍朝枢办理商团私运军械案,一面训令商团,陈廉伯附吴佩孚谋乱,政府已查有确证,着速自检举,既往不咎,除陈一人外政府不愿追究"。(《电讯》,上海《民国日报》1924 年 8 月 22 日)

△　广东造币厂监督梅光培将该厂新铸刻有孙中山肖像之贰毫银币模型,呈孙中山鉴核。经孙核准开铸后,25 日即铸出第一批贰毫银币解缴帅府。(《币厂铸造二毫纪念币》《帅像纪念币已铸出》,《广州民国日报》1924 年 8 月 20、26 日)

△　福建省长兼民军总司令方声涛谒孙中山,请示闽省军事进行方略,叙谈甚久。(《方声涛来粤请示方略》,《广州民国日报》1924 年 8 月 23 日)

△　黄绍竑致电告捷。

电谓:"自入邕后分途追击陆、谭残部,适其时韩彩辉、韩绍绚等犯我柳州,何师长才杰又负创身亡。绍竑派兵进击。经于鱼(6 日)入柳,寒日(14 日)日韩逆彩凤,又亲率精锐,联合韩彩辉等残部,由中渡来犯。经我军分途迎击,业经铣日(16 日)日将该敌击散,俘获甚多。韩逆彩凤仅以身免。现广西除桂林庆远尚为陆谭盘踞外,其余各属,均次第弾平。谨电奉闻。"(《黄绍雄〔竑〕报告战事经过》,《广州民国日报》1924 年 8 月 29 日)

△　本月 16 日,大本营内政部长徐绍桢呈文孙中山,"职部总务厅已故科员谢揩政绩卓著,现以部员在职病故,身〔后〕萧条。拟恳比照前案给与一次过恤金三百元"。本日,孙中山指令徐绍桢,准如所请给恤,候令行财政部查照发给。(《大本营公报》第 24 号,"指令"第 930 号)并训令大本营财政部长叶恭绰,准给大本营内政部长徐绍桢所部已故总务厅科员谢揩一次恤金三百元,该部长遵照即予发给。(《大本营公报》第 24 号,"训令"第 426 号)

△　为实行兵工政策,先筑附郊公路三段,经指定各军担任,市厅即日绘图,并拨款购置工具。(《电讯》,上海《民国日报》1924 年 8 月 21日)

8 月 20 日　中共中央《向导》周刊就商团事件发表文章,指出反革命的广州商团军是"革命政府真正心腹之患……我们以为革命政府军事计划:第一步是解散商团军;第二步是讨伐陈炯明;第三步才说得上北伐"。(陈独秀:《反革命的广东商团军》,《向导》第 79 期)

△　派兵入市示威。

自 19 日答复还械办法后,孙中山明知商团必不屈服,又明知必以大罢市为要求,因亦急于派兵入市,以武力示威。特令豫军总司令樊钟秀部,派队入西关。20 日,大队豫军奉命分往广州桨栏街宁波会馆、一德路马玉山工场、十七甫爱育善堂、太平路之新建洋楼麒兴号楼上、扬仁里柴行会馆,暨西堤沙基一带。(华字日报馆编:《扣械潮》第 1 卷,第 29 页)

△　令各征收机关将收入解由中央银行存储。

训令大本营财政部长叶恭绰、大本营建设部长林森、兼盐务督办叶恭绰、广东省长廖仲恺、两广盐运使邓泽如,中央银行成立,嗣后所有各财政机关收入,应解由该银行存储,随时提用。令该部长、督办、省长、运使即便遵照办理,并转饬所属一体遵照办理。(《大本营公报》第 24 号,"训令"第 427 号)嗣后,23 日,大本营财政部长叶恭绰(次长郑洪年代)即呈文孙中山称,"钧座第 427 号训令,下部自应遵令办理,除再分行各征收机关切实遵办并由部规定解款支款各日期,分别列表通行并定自 9 月份即 8 月 26 日起计算外,理合将遵办情形备文呈复"。27 日,孙中山指令大本营财政部长叶恭绰,呈悉所报遵办各征收机关收入解存中央银行情形。(《大本营公报》第 24 号,"指令"第 964号)

△　曾以前两广盐运使伍汝康办理补恤各程船一案,轻率补偿,有违向章,故令盐务署责成该卸盐运使如数缴还其所有折发二万〇

六百二十元准单,并由两广盐运使严行查办该卸盐运使借词恤商擅抵公款,其中有无情弊。经两广盐运使邓泽如查明,该案实情与赵前使呈报大元帅情形大致相同,所令查询有无情弊事,亦查无实据。至如数缴还折发准单,经查,伍前使所给补恤协成堂等准单照其时市价,实不及八成五,故令协成堂等将前领准单以八五折呈缴。邓泽如旋将查办情形呈报盐务督办署,兼盐务督办叶恭绰(署长郑洪年代)遂将邓泽如查办情形转呈孙中山①。本日,孙中山指令大本营财政部长兼盐务督办叶恭绰,呈悉所报遵办前两广盐运使伍汝康办理补恤各程船损失一案情形。缴款准先列收,仍饬由伍前运使迅将办理情形咨由盐运使详查转呈核办。(《大本营公报》第 24 号,"指令"第 932号)

　　△　西路讨贼军总司令刘震寰以军饷短绌,给养困难,于 8 月15 日呈文孙中山,请孙令禁烟督办署照拨给养费。本日,孙中山指令刘震寰,准如所请令行禁烟督办照拨给养费。(《大本营公报》第 24号,"指令"第 933 号)

　　△　军政部长程潜、财政部长叶恭绰呈文孙中山,拟私铸银币治罪条例草案,缮具清折,呈请鉴核。(《请公布私铸治罪例之呈文》,《广州民国日报》1924 年 8 月 20 日)此私铸银币治罪条例草案,经孙中山核准并颁布施行,其内容共十一条,对于私铸国币,分处死刑或一等有期徒刑。(《电讯》,上海《民国日报》1924 年 8 月 21 日)

　　△　呈请任命朱棠为军校少校教官。(中国第二历史档案馆编:《蒋介石年谱(1887—1926)》,第 206 页)

　　8 月 21 日　国民党中央执行委员会全体会议决议解决"党内共产派问题"。

　　中央全体委员会议继续讨论"党内共产派"问题,针对消除共产派在国民党内之秘密党团作用,决议接受中央政治委员会所提《国民

---

　　①　该呈时间为 8 月,具体日期不详。

党内之共产派问题》及《国民党与世界革命运动之联络问题》两草案，以解决中共负责国际联络问题。至此，轰动一时之弹劾共产党案，遂告解决。会后，中央执行委员会根据决议，对全体党员发表关于容纳共产党员之训令①。（"中华民国"史事纪要编辑委员会编：《中华民国史事纪要（初稿）——一九二四年七至十二月》，第256—259页）

李云汉在其著作中论析，当时中国国民党未即时采取断然行动处理党内共产党员，主要原因有三：首先……孙中山信心坚强，其他领导干部完全信赖其决定，大家觉得以党纪加诸共产党员，建立与第三国际直接联络，较驱之于党外更为有利。其次当时国民党局促广东，北有吴佩孚，东有陈炯明，皆虎视广州革命基地，而香港之英国当局，亦处心积虑对革命政府进行破坏，商团事件亦发展至空前严重之际，处此环境，实不容许党内因排除共产党员而发生分裂现象，故讨论弹劾共产党一案，党内领导者内心之痛苦与用心，不难想象，因而全体会议未作与共产党决绝之决议。再次是时国民党一则须进剿东江陈逆，又须对付商团及与其勾结之恶势力，并要积极准备北伐曹、吴，在这些军事行动中，苏俄之军械军需援助，实为关系成败重要因素之一，故也不适宜因驱逐共产党员而与苏俄发生纠葛。（李云汉：《从容共到清党》上册，第332—333页）

△　出席广州农民运动讲习所第一届学员毕业典礼大会，并作演讲，勉励学员们深入农村，将广东农民组织起来同革命政府合作，以便进行国民革命和实现耕者有其田。

是日，广州农民运动讲习所举行第一届学员毕业暨第二届学员入学典礼大会，到会者新旧学员二百余人，农民部长李章达主持会议。上午10时许，孙中山在鲍罗廷等偕同下到会祝贺并发表演说。（陈锡祺主编：《孙中山年谱长编》下册，第1980页）

演说略谓，"你们这次毕业，到各乡村去联络农民，这是我们革

---

①　《中华民国国父实录》认为本次会议时间为20日。参阅罗刚编著：《中华民国国父实录》第6册，第4736—4737页。

命党做农民运动所办的第一件事。农民是我们中国人民之中的最大多数，如果农民不参加来革命，就是我们革命没有基础。国民党这次改组，要加入农民运动，就是要用农民来做基础。要农民来做本党革命的基础，就是大家的责任。我们革命是要根据三民主义，大家到各乡村去宣传，便要把三民主义传到一般农民都觉悟……现在俄国改良农业政治之后，便推翻一般大地主，把全国的田土都分到一般农民，让耕者有其田。我们现在革命，要仿效俄国这种公平办法，也要耕者有其田，才算是彻底的革命。要农民将来可以享幸福，便要望诸君赶快去宣传联络，农民都联络了之后，我们的革命，才可以成功"。（《帅座对农民运动讲习所训词》，《广州民国日报》1924年8月23—28日）

△　广东省长廖仲恺、大本营建设部长林森呈报补列各职员兼职情况。

本日，孙中山分别指令广东省长廖仲恺、大本营建设部长林森，呈悉所补列各员兼职情形。（《大本营公报》第24号，"指令"第937、939号）广东省长廖仲恺前奉孙中山第三九一号训令，呈上省署现任职员名单并现支薪俸表，经查核，技士周少游名下并未列明有无兼差，亦未列现支薪水若干，秘书黄季陆名下亦未列明有无兼差。孙中山遂发下第九○九号指令，令广东省长再明白声叙呈核。（《大本营公报》第23号，"指令"第909号）廖仲恺奉命于15日呈文孙中山，谓原表所列技士周少游、秘书黄季陆名下未经列明各项，实系缮写遗漏，自应查照原案分别列明，以昭核实。（《大本营公报》第24号，"指令"第937号）林森则系在遵孙中山第三九一号训令呈报时，"除该部在商标注册所暨权度检定所兼职人员曾经说明均未支给薪俸外，其余兼职人员并未声列在各兼职机关薪俸是否以二成支领，应再明白列表呈核"。（《大本营公报》第23号，"指令"第902号）林遂于16日再行呈文，补叙兼职人员减薪情形，呈送现任职员分别原兼各职及月支薪俸并兼职机关薪俸以二成支领详表一份。（《大本营公报》第24号，"指令"第939号）此即本日孙中山对廖仲恺、林森指令之由来。

△ 准任胡奂为大本营财政部秘书、周骏声为佥事,免该部秘书沈欣吾、佥事徐承燠等职。(《大本营公报》第24号,"命令")本月19日,大本营财政部长叶恭绰曾呈文孙中山,谓该部秘书沈欣吾、佥事徐承燠另有任用,请免去本职。该部办理秘书事务胡奂堪荐任秘书,科员周骏声堪升充佥事。孙中山于本日明令任免,并于8月22日指令叶恭绰,已有明令分别任命该部秘书、佥事。(《大本营公报》第24号,"指令"第942号)

△ 令将糖、桑田、酒精、火柴各捐,由广东财政厅征收,准裁撤中央捐税整理处。

训令大本营财政部长叶恭绰、广东省长廖仲恺,查前次政务会议提议:一切税捐仍交地方主管管厅直接办理,除印花税应归财政部经理外,其余糖捐、桑田、酒精、火柴各捐,均由广东财政厅征收。业经议决,应即实行。除分令广东省长转饬财政厅,财政部照办外,该部长、省长即便遵照,转饬广东财政厅遵照,仍各将交收日期分报查核。(《大本营公报》第24号,"训令"第430号)

糖捐、桑田、酒精、火柴等各捐,原系由大本营财政部内设之中央捐税整理处办理,据此训令,中央捐税整理处实已无捐可办。有鉴于此,大本营财政部长叶恭绰(次长郑洪年代)特于本月25日呈文孙中山,谓"中央捐税整理处所办税捐既经交厅,则中央税捐整理处即不必进行,拟请将该处一并裁撤,本月库〔底?〕一律结束,其处长副处长应一并免职。呈请鉴核施行"。孙中山接呈,于27日指令叶恭绰,准予裁撤中央税捐整理处。(《大本营公报》第24号,"指令"第967号)

△ 陈炯明、陈廉伯派探多人,潜来省城,煽动商人罢市,政府除劝谕全体商界毋信谣言被煽惑外,并已严密防范。又闻商团已有服从孙中山命令消息,罢工暴动不致实现。但对于孙中山谕,有收证者每枪补缴六十元发给一层,尚未答复。孙中山则已派胡汉民、伍朝枢、廖仲恺、卢兴原、傅秉常,会审挪威"哈佛"轮船员。(《电讯》,上海

《民国日报》1924 年 8 月 23 日)

　　△　呈请任命陈焯为军校中校教官。(中国第二历史档案馆编:《蒋介石年谱(1887－1926)》,第 206 页)

8 月 22 日　函复大本营咨议廖百芳处置缉获军火之建议。

　　本月 18 日,大本营咨议廖百芳上呈孙中山,建议将扣留之商团私运枪械,拨为用以组织一支革命党指挥的、贯彻三民五权主义的万人革命军,作为革命政府的基干队伍。孙中山函复曰:"函悉。所称各节,惩前毖后,切中肯窍,实为先得我心。可知该咨议关怀党国,无微不至,诚属难得。除已将该项军械在黄埔全数起卸外,应采取所拟办法,酌量进行。"(陈锡祺主编:《孙中山年谱长编》下册,第 1982 页)另 19日,孙中山答复商团还械要求以前,广东省长廖仲恺即奉命下令通缉商团团长陈廉伯,通缉令指出"此系陈廉伯个人谋乱,与商团无涉,不得稍事株累,借示宽大"。(华字日报馆编:《扣械潮》第 1 卷,第 32 页;第 2卷,第 43－44 页)而商团联防总部在广州被禁止后,即迁至佛山,召集全省商团开会,号召罢市,佛山等地先后实行罢市,并与防军接战。(《时事日志·中国之部》,《东方杂志》第 21 卷第 18 号,第 156 页)自 21 日佛山及各属罢市后,省署即下令通缉佛山商团长陈恭受。(华字日报馆编:《扣械潮》第 1 卷,第 32 页;第 2 卷,第 43－44 页)又有广东全省商民之罢市宣言,刊派各处,声明 8 月 22 日全省商店一律罢市,以促政府之觉悟,而要求政府答允三条件:(一)联防总部自由成立;(二)联防总副长安全就职;(三)枪械无条件发放。(华字日报馆编:《扣械潮》第 1 卷,第 31－32 页)因商团刊派罢市宣言,并散布传单,孙中山乃令广州市公安局长吴铁城,"查广州市近日发觉各种诋毁政府传单,日有数起。各区警察事前既不能防闲,临时又不能制止。甚至任由奸人随街分送,或乘汽车飞派,均若视无睹,殊属有乖职守。该局长毋得再行玩视,即饬警察侦缉,分队四处巡逻。如见有此种行为,应即拘拿根究出处,从严惩办,以遏乱萌"。(《昨日市内商店复业情形》,《广州民国日报》1924 年 8 月 27 日)

△　广州商业维持会召开会议,并派代表调解扣械案。

是日,广州商业维持会函请七十二行商及善团开会讨论扣械案,彭楚立、杨公卫担任大会主席。会议推举伍平一、彭楚立、杨公卫、陆卓卿、李芝畦等十四人为代表,赴省署和大本营进行调停扣械之请愿与磋商。代表们先到省署,陈树人政务厅长代省长廖仲恺接待。5时许,各代表赴大本营,孙中山派连声海、邓彦华代为接见。邓宣述孙氏意旨,孙中山对于所扣留之枪械,经已核准发还。孙中山致商团函已可明证。无如商团迄今数日之久,未见答复,实无诚意以谋解决。须商团方面先有表示,然后始有解决办法。大约可分三项:(一)商团应答复孙中山日前之信;(二)由商团正式派全权代表或本身与政府接洽;(三)检举答复近日佛山商团煽动罢市等法外举动。

随后,连、邓将与各代表磋商之情况报告孙中山,旋复出答复各代表,略谓孙中山对于各代表调停此事,维持地方安宁,甚为欢慰。对于枪械之发还,商团须先行发表宣言,俾政府洞悉真相,始可进行第二步办法。且政府探悉陈廉伯在各乡煽惑无知商乡团暴动,谋叛政府。此时当不能将械发还。随将孙中山所述之三项问题再行宣读,即请各代表将此意转告各商民,说明此中真相。代表始告辞出府。(《扣留私运军火十一志》,《广州民国日报》1924 年 8 月 23 日)

据上海《民国日报》载,各工团亦对扣械案十分关注,并于本日假商会联集会议,磋商扣械案调停办法,政府派徐绍桢出席说明孙中山主张,会众请求全数发还。由全省商会盖印请领。并担保以后绝无暴动,徐允转禀孙中山定夺。(《电讯》,上海《民国日报》1924 年 8 月 24 日)

△　中央执行委员会通告,奉孙中山谕,8 月 24 日上午 9 时半仍在广东大学讲演民生主义,届时概凭党证入场听讲,以资识别。(《中执会通告(第七十四号)》,中国国民党汉口档案第 67 号)

△　转令军官学校校长蒋介石,招募精壮之兵士三千名,实施训练,俾成为模范军,以为将来效力国家。(《蒋介石招募模范军》,《广州民国日报》1924 年 8 月 23 日)

△ 国立广东大学校长邹鲁呈文孙中山,将所议决之《国立广东大学规程》《国立广东大学特别会计规程》《国立广东大学预科各科组课程》暨《国立广东大学本科各系课程》备文呈报鉴核。(《大本营公报》第 25 号,"指令"第 983 号)

8 月 23 日 佛山罢市后,孙中山派滇军第三军一部、粤军警卫军一营、豫军一团、湘军一营,联赴佛山制止罢市。(华字日报馆编:《扣械潮》第 1 卷,第 37—38 页)

△ 特派杨希闵、许崇智、谭延闿、刘震寰、樊钟秀、胡汉民、廖仲恺、伍朝枢为大本营军事委员会委员。(《大元帅命令》,《广州民国日报》1924 年 8 月 23 日)

△ 训令蒋介石,"着蒋校长将扣留之械内,交李糜将军驳壳枪一百七十五支、手机关枪十八支及两项足用之子弹,为甲车队之用"。(《中山墨宝》编委会编:《中山墨宝》第 9 卷,第 236 页)

△ 任命邓彦华为大本营卫士队队长,原任卢振柳另有任用,准免兼职。28 日,复任命邓彦华为大本营参军。(《大本营公报》第 24 号,"命令")

△ 追赠已故上校参军杨朝元为陆军少将,仍照上校阵亡例给恤。(《大本营公报》第 24 号,"命令")杨朝元系中央直辖滇军第二军军长范石生所部上校参军,前以拒敌北江,身受重创,伤发殒命。经大本营军政部长核查,死事与《陆军战时恤赏章程》规定相符,故于本月 18 日呈请孙中山准予追赠陆军少将,并照阵亡例给予上校恤金。本日,孙中山明令准予追赠给恤,并于 25 日指令程潜,已明令追赠杨朝元为陆军少将并给恤。(《大本营公报》第 24 号,"指令"第 955 号)

△ 训令军政部长程潜,财部次长胡谦转呈广九铁路总工程师蒲素柏所请规复来往广九通车一节应予照准,即转令该次长遵照,并转饬沿路各防军不得骚扰或扣留车辆及延误行车时间。(《大本营公报》第 24 号,"训令"第 433 号)

△ 令所有政府收入机关限收中央银行纸币,不收各银号凭单

及各种银毫。

训令大本营财政部长、各总司令、司令、各军长、广东省长、两广盐运使、各督办等,中央银行已开始营业,所有政府收入机关应限于收中央银行纸币,不准收各银号凭单及各种银毫。但各机关所收得之中央银行纸币,亦不得直接支用,务即将该项纸币交还中央银行兑换现洋,然后支给军饷及各种政费,使收入必收纸币,而支出则必支现洋,庶人民不致借口政府滥发纸币而有所怀疑。该部长、总司令、军长、省长、运使、督办、司令转饬所属一体遵照。(《大本营公报》第24号,"训令"第434号)

△　指令大本营财政部长叶恭绰,所呈库券付息事宜改归中央银行办理,准予备案。本月19日,大本营财政部长叶恭绰曾(次长郑洪年代)呈文孙中山,谓中央银行既经开业,自应将该部所发库券还本付息各事移归中央银行办理,(《大本营公报》第24号,"指令"第945号)孙中山本日故有此令。

8月24日　广州市召开声讨陈廉伯等市民大会,大会通过《为陈廉伯私购外械事敬告全体市民书》,揭露陈等七大罪状,号召市民"悟陈奸谋,协力御侮。去害马以善群,除稂莠以植嘉禾"。(《为陈廉伯私购外械事敬告全体市民书》,《广州民国日报》1924年8月25日)

△　南海莲华各团体呈请中止调军驻境。

南海莲华保卫团全体存院团十八局长孔修、魁永十一乡局长陈毓秀、深村十乡局长周措史、石湾榕洲六约局长庞永钊等呈文孙中山,"查莲华境内团众,素来安分守法,陈恭受赴港已久,并无在石湾等处招匪谋乱。顷闻政府调动大军驻境镇压,除诏勉各乡子弟,不得妄信谣言,自相惊扰外,伏乞我大元帅暨军民长官,迅予中止调军驻境,以免误会"。南海莲华四十七乡旅省同人江孔殷、招桂章、霍玉麒等亦呈文孙中山,"自佛山商团罢市后,孔殷等迭据乡人奔走相告,以广三铁路一带,调驻大军。经孔殷、桂章等先后确查,石湾各乡,现尚安靖如常。乡团恪守法纪,并无越轨行动。陈恭受实已于本月20日越港,并无在乡纠集土匪事。尤虑土匪乘机,政党播弄,挑拨官民。用特通电陈明,伏乞迅赐维持,将已开动之军队,明令中止,静候解决,以免误会"。(《扣留私运军火十三志》,《广州民国日报》1924 年 8 月 26 日)《申报》8 月 27 日亦载,江孔殷、佛山商会与附近各乡电孙中山,恳停派军队来佛,并将前派各军撤回。(《国内专电》,《申报》1924 年 8 月 27 日)

△　在广州高等师范学校礼堂讲述民生主义第四讲。

上午 9 时,孙中山抵校,旋即登堂演讲,到会听讲者包括谭延闿、廖仲恺、邓泽如、吴铁城、邹鲁等人。11 时 50 分,演讲结束。邹鲁在礼堂楼上宴请孙中山等要员。12 时余,孙中山与谭延闿离校回府。(冯双编著:《邹鲁年谱》,第 220－221 页)

嗣后因北方曹锟贿选为总统,倒行逆施,乃以孙中山准备北伐,亲临韶关,故本日以后未再演讲。孙中山当时曾告邹鲁:"民生主义未讲完部分(住、行、育、乐等),只好等待有机会时再继续讲。"

"民生主义之四讲,第一讲民生主义之原理,第二讲平均地权与节制资本,第三讲预定讲民生之食、衣、住、行四大需要,但第三讲及第四讲只讲了食与衣两项。但住、行两大问题与解决办法,虽未能继续讲完,但在《实业计划》里可以看出一个轮廓,做我们研究的基础。但是我们从总理在本年以前关于民生主义的演讲和论著里,还是可以看出民生问题,除食、衣、住、行外,还有育和乐。总理说过:'民生主义要做到少年的人有教育,壮年的人有职业,老年的人有养活,全国男女,无论老小,都可以享安乐。'所以对于'育幼、养老、济灾、医病、与夫种种公共之需',都要筹划办理。'把中国变成一个安乐国家',才是民生主义的完成。所以,其后有蒋介石之《民生主义育乐两篇补述》之提出。"

三民主义之民族主义于本年 4 月间出版单行本,民权主义亦在 8 月中旬付印刊行,时孙中山尚在广州,均经亲为校订,上项单行本皆由上海民智书局出版。("中华民国"史事纪要编辑委员会编:《中华民国

史事纪要（初稿）——一九二四年七至十二月》，第271—272页）

8月25日 勾销江孔殷等与广州商团调停七条件，着外交部长伍朝枢重新另订磋商条件。（华字日报馆编：《扣械潮》第1卷，第42—43页）

△ 指令广东省长廖仲恺，准台山县坑堡叶族乡乡长叶鸣君等照章请领密底五排枪五十支。（《帅令准台山属民团领枪》，《广州民国日报》1924年8月25日）

△ 管理粤汉铁路事务许崇灏有牵涉此次陈廉伯私运军械案嫌疑，着即停职，听候查办。派陈兴汉管理粤汉铁路事务。（《大本营公报》第24号，"命令"）嗣后，陈兴汉遵令于25日就职视事，并于26日向孙中山呈报就职日期。（《大本营公报》第26号，"指令"第1000号）

△ 准予核销会计司庶务科本年1月份暨2月份收支各项数目清册对照表及收据粘存薄。

大本营会计司司长黄昌谷前呈送该司庶务科13年1月份暨2月份收支各项数目清册对照表及收据粘存薄，请准核销。经孙中山发交大本营审计处审计，8月19日，审计处处长林翔呈文孙中山，谓黄昌谷所送庶务科册列各数尚无浮滥，各数核与单据均属相符，拟请准予如数核销。本日，孙中山指令林翔，准予核销，候令行会计司知照。（《大本营公报》第24号，"指令"第952号）并训令黄昌谷，所呈送庶务科13年1月份暨2月份收支各项数目清册对照表及收据粘存薄，经审查尚无浮滥，准予如数核销。令行该司长知照。（《大本营公报》第24号，"训令"第438号）

△ 本月20日，西路总司令刘震寰呈文孙中山，该部补充军实，特由上海购办驳壳枪八百支，分四期运省，每期计运二百支。请批饬军政部照给护照四张以利戎机。（《大本营公报》第24号，"指令"第953号）据此，孙中山本日令大本营军政部长程潜照给护照四张。（《大本营公报》第24号，"训令"第440号）并指令西路总司令刘震寰，准予饬部照给护照，所有该项枪支于每期运到时，仍先行呈报备查。（《大本营

公报》第 24 号,"指令"第 953 号)

　　△　本月 20 日,大本营"江固"舰舰长卢善矩呈文孙中山,请将该舰所有薪饷、煤炭以后归由粤军总司令部拨交。本日,孙中山指令"江固"舰舰长卢善矩,准如所请,候令行粤军总司令查照。(《大本营公报》第 24 号,"指令"第 954 号)并据此训令粤军总司令许崇智,"江固"舰所有薪饷、煤炭,以后归由粤军总司令部拨交,该总司令查照办理。(《大本营公报》第 24 号,"训令"第 441 号)

　　△　8 月 19 日,粤军第三军军长李福林呈文孙中山,现将著匪黎乃钧一名拿获,提讯该逆匪,并检出立胜堂、叙义堂打单图章部据一箱。业将该犯验明正身,于本日午时提出军前正办以除大盗。至嫌疑犯黎桥伯、黎淦桓、邵惠进等三名,经研讯确无为匪情事,自应准予保释以免拖累无辜。将枪决著匪黎乃钧日期备文呈报察核,恳发交军政部备案。本日,孙中山指令粤军第三军军长李福林,所呈枪毙著匪黎乃钧及交保省释黎桥伯等嫌疑犯事,准交军政部备案。(《大本营公报》第 24 号,"指令"第 950 号)

　　△　指令禁烟督办鲁涤平,所呈派兵驻所,协助禁烟事,候令行李福林军长转饬所属一体遵照,随时协助进行。(《大本营公报》第 24 号,"指令"第 951 号)

　　△　胡汉民、伍朝枢提出对商团四条件。

　　外交部长伍朝枢调停罢市潮,商伙感动,25 日晚由伍絜、冯星垣、杜琯英等谒孙中山,孙派胡汉民接洽。胡、伍对商团提出四条件:(一)由商团通电声明罢市系受少数人愚惑,非商界本意。(二)推定正副团长负责办事。(三)商团改组,须照省颁统率处条例。(四)省商团速改选职员,冯、杜回报各商,认有转圜希望,26 日午后 1 时渐开市,至 4 时已开九成,仅茶金银三业未开,料 27 日可全开。(《电讯》,上海《民国日报》1924 年 8 月 28 日)

　　8 月 26 日　是日晚,召集军政要人在大本营开重要会议,并接见各团体代表。

孙中山以连接报告,江浙已经发生战事,正实行出师北伐之绝好时机,故 26 日晚 8 时,特召集军政要人,在大本营开重要会议,讨论一二进行方略,关于扣械案及罢市潮,亦为连带之讨论。(《昨晚大本营之重要会议》,《广州民国日报》1924 年 8 月 27 日)晚 8 时 30 分,广州总商会、地方善后委员会、商联会、善团总所、自治公所、商业维持会等六团体,举出代表彭础立等六人,赴大本营谒见孙中山。孙中山接见各代表,"将陈廉伯购械破坏倾覆政府的种种证据,尽情演述,对于处置军械案,亦将日前意见详述一遍"。(《扣留私运军火十四志》,《广州民国日报》1924 年 8 月 28 日)

△ 令公布《考试院组织条例》二十六条、《考试条例》六十四条、《考试条例实施细则》十八条。(《大本营公报》第 24 号,"法规")并指令法制委员会,所拟《考试院组织条例》及《考试条例》暨《考试条例实施细则》应予照准,已明令公布。《考试院组织条例》草案二十六条、《考试条例》草案六十四条及《考试条例施行细则》草案一十八条经由法制委员会决议通过,由法制委员会代理委员长刘芦隐于 8 月 20 日呈送孙中山核定施行。(《大本营公报》第 24 号,"指令"第 960 号)

△ 训令广东省长廖仲恺,转饬南海县长代收九江烟酒两税,解送给中央直辖滇军第三军充饷糈,以符原案而济军食①。(《令南署收缴九江烟酒税》,《广州民国日报》1924 年 9 月 2 日)

△ 令大本营航空局长陈友仁派飞机巡视广州市面。(《各军维护市内治安纪》,《广州民国日报》1924 年 8 月 28)

△ 南海大沥四堡九十六乡保卫团局局长谢聘珍,副长黄兆鹏呈文孙中山,查省会商团购械一事,四堡乡团,绝未预闻。各乡奉令办团,只图自卫,乡间安居无事,无越轨行动。用特电陈。又小吕宋华侨呈文孙中山,商团私运军械,证据确凿。呈请收没,严厉查办,以

---

① 1924 年 9 月 2 日《广州民国日报》称,此令为大元帅"训令"第 443 号,按大元帅"训令"第 440 号及 445 号发令日期,分别为 8 月 25 日和 27 日,故此"训令"日期应在 25 日至 27 日间。

傲效尤。(《扣留私运军火十三志》,《广州民国日报》1924 年 8 月 26 日)

　　△　决定先打商团后打陈军。

　　《香港华字日报》本日载,"闻 23 晚大本营开文武大会议,对付罢市问题。所谓总司令、军长、师长等等,多谓饷源一绝,军心哗散,东江敌人乘隙而起,恐无抵抗之余力,请用平和调解方法。惟孙文独怀异议,谓潮陈兵力有限,断不能与我十数省民党为敌;独商团、民团根蒂抵固,声势浩大,而又不肯入党;若一长其威焰,则革命党十余年根据地,必颠覆无余……故今日政府宜速改目标,先打商团,后打陈军"。(《孙政府与人民宣战》,《香港华字日报》1924 年 8 月 26 日)

　　8 月 27 日　训令大本营军政部长程潜,该部次长兼理广九铁路军车处事宜胡谦呈拟《维持广九铁路办法》九条,尚属可行,该部长转饬该军车处遵照办理为要。至原呈所称,俟将来整理有效,除煤费办公费,尚有剩余时,请准每日尽先拨给三百元为北伐第三军给养一节,应俟整理就绪,再行呈报核夺。(《整理广九路案之部令》,《广州民国日报》1924 年 8 月 30 日)

　　△　兼盐务署署长郑洪年准免兼职。任命黄建勋为盐务署署长,其原大本营参事职准免。任命黄仕强为大本营财政部参事,原中央税捐整理处处长职准免。(《大本营公报》第 24 号,"命令")此职务调整及任免系由大本营财政部长兼盐务督办叶恭绰于 25 日呈请孙中山核准,孙于本日明令任免,并指令叶恭绰,已明令分别任免黄建勋、黄仕强职务,准郑洪年辞盐务署长职。(《大本营公报》第 24 号,"指令"第 965 号)

　　△　令各军约束军队,保护商店复业。

　　孙中山训令滇、桂、湘、粤、豫五总司令及广东省长,"查此次商店罢市,系由奸人愚弄,且并未停业,现已分令各军民长官严谕一律照常复业,应由该总司令转饬所部切实保护,并严令各带兵官长约束军队,恪守纪律,实行保护,并由该总司令立即布告晓谕商民。该总司令、省长即便遵照、知照,并布告晓谕一体知照"。(《大本营公报》第 24

号,"训令"第 445 号)各团体则在总商会会议,商团坚持须先发还枪械,公举代表偕县长李开祥,谒孙中山请愿。但本日商店已多开市。(《电讯》,上海《民国日报》1924 年 8 月 29 日)省署发布布告则云:罢市商店如仍执迷不悟,则将以军法处置。吴铁城以巨炮置装甲车,威迫商民开市。(中国社会科学院近代史研究所中华民国史研究室编:《中华民国史资料丛稿·大事记》第 10 辑,第 135 页)

△　委派蒋介石、马超俊、李章达、谭平山、宋子文、孙科、甘乃光七人为平籴局委员[①]。(一般档案第 051/152.34 号)

△　旅沪广东自治会请广州当局以武力制止商店罢市。

电云:"孙大元帅廖省长钧鉴,陈廉伯密受吴佩孚主使,私运军械,谋叛粤疆,反我革命政府,甘作北寇虎伥,案发有据。钧座既许正商依价请领备作商民自卫之武器,而于粤人治粤之宗旨,亦殊相符,惩办者又只陈逆一人,体恤商民,胁从罔治,已属优容法外,乃胁从者助桀心坚,执迷不悟,犹复怂恿罢市,竟成事端,要挟政府,居心狡猾,破坏治安,使我庄严灿烂之商场,变为阴霾凄惨之危地,更闻该逆于事前遍发枪械于各乡之民团,限械到两日即须成立军团,以策应在粤之商团总部,此实确闻,其为有心违反革命,可见一斑,似此危害闾阎,扰乱国家,殊属罪大恶极,凡有维持地方除内乱之责者,对兹乱民,自当摧陷廓清,以除败群之害马,而扶商民之正气,事急矣,纯正商民,受罢市之影响,已在水深火热之中,待救孔殷,万难缓视,伏乞帅座省长,立断乾纲,强制开市,以维商业。"(《电请粤当局制止罢市》,上海《民国日报》1924 年 8 月 28 日)

△　26 日晚召集军政要人会议大局,孙中山亲任主席。因江浙战事发动,多主先下赣。27 日孙中山又召胡汉民、廖仲恺、汪精卫、谭延闿等开军政联席大会,再议陈军退出惠州,联军北伐入赣饷械问题,并出兵先后,结果甚佳。(《电讯》,上海《民国日报》1924 年 8 月 29 日)

---

①　仅有提要,无全档。

△　陈独秀在《向导》发表题为《革命党和农民第一次见面》的文章。

文谓："中山先生在广东农民联欢会演说：'革命党为民族、民权两个主义，奋斗了十三年，民生主义十三年总没理过……今日开这个农民联欢大会，这是革命党和农民的第一次见面……就是从今日起，要实行民生主义……民生主义若是不能实行，民权主义不过是一句空话。'国民党改组后，几个老党员竟有'亡党'之痛，照中山先生这般演说，不但党未曾亡，并且三民主义的党如今才第一次完全叫人看见。"（陈独秀：《革命党和农民第一次见面》，《向导》第 80 期）

8 月 28 日　英国军舰干涉商团事件。

外国驻广州沙面领事团会同英法海军士官为商团事件开会，决定向广州革命政府提出抗议与警告。当夜，沙面领事团首席领事日领天羽英二在樱井偕同下谒广东省长廖仲恺等，提出所谓抗议，并询问政府是否打算开炮轰击西关等地。谓果有此事，领事团决不能漠视。（段云章编著：《孙文与日本史事编年（增订本）》，第 673 页）英国两艘军舰应翟比南（英国驻南京总领事——引者注）要求，从香港驶到广州白鹅潭，监视预备开炮轰击商团的"永丰"舰，迫得"永丰"舰避回东堤。但英舰穷追不舍，以致"永丰"无法开炮。（《孙文以狂威逼扣械案解决之续讯》，《香港华字日报》1924 年 9 月 1 日）

△　豫军奉令回驻市内，担负维持广州市治安。（《各军维护市内治安纪》，《广州民国日报》1924 年 8 月 28 日）由于军队受命入驻市内，广州总商会因而电孙中山，请饬各军离市，以免误会。（《国内专电》，《申报》1924 年 8 月 28 日）

△　范石生与廖行超入见孙中山，请接受商团条件，和平解决，孙中山严词拒绝，廖仲恺、汪精卫、蒋介石均主彻底解决，务须缴械。范石生自恃实力，公然向孙中山报告："本人只能再负责两天，期后请总统自行斟酌，如有其他军队敢于开入市内，本人决下令痛击！"（平子：《记广州商团之变》，《现代史料》第 3 集，第 10 页）

△　中央执行委员会致函孙中山,滇军第三师第三团第二营第一连排长李成功之妻李陈氏已由妇女部发起劝捐,集得粤银六十二元,经交李陈氏作为川资回里。查李陈氏既由妇女部设法资助回里,所有该会前时呈请给恤一层,应请注销①。(《中执会上总理函》,中国国民党汉口档案第 16143 号)

△　杨希闵警告商民,"本总司令秉承大元帅命令,本卫戍职权,取必要处置,断不容此极少数暴徒,扰乱广州治安,祸福从违,其各自择"。(《电讯》,上海《民国日报》1924 年 8 月 30 日)

△　发布解决扣械案之帅令。

令云:"查逆匪陈廉伯甘心从逆,阴谋叛乱,经政府查获证据与该逆党自行宣传,逆迹昭然,中外共见。迨事机败露,该逆潜逃,竟敢密遣党羽散布谣言,愚弄商团,诱胁商人罢市,不惜牺牲商民之生业,扰害市面之安宁。本大元帅素以宽大为怀,不忍株累。故前此再三晓谕,准商团自行检举,允为发还所购枪支。不意其受人挟持,公然有罢市之举。在商人素明大义,利害所迫,或系一时被其迫胁,受其欺蒙。政府为保全治安,伸张法纪,惟有实行正当之解决,以维大局而遏乱源。除一面分令军民长官,严谕商家一律照常复业,切实保护外,所有商团订购之枪支,查系此次实行罢市抵抗政府者,应即分别收没;其未罢市者仍准发还。如仍有执迷不悟,抗不开市,并有叛乱行为者,惟有将该市区内商团枪支,按数勒缴,并将首要严拿惩办,决不宽贷。"(《解决扣械案之帅令》,《广州民国日报》1924 年 8 月 29 日)又《申报》载,孙中山因广州罢市,决下令将扣械全部没收,其理由系以文日(12 日)商团请愿时,曾声明不得罢市,今商团不遵令,故出此策。(《国内专电》,《申报》1924 年 8 月 28 日)

△　工团军农团军及国民党团军八百余人,请孙中山下讨伐商团明令。(《电讯》,上海《民国日报》1924 年 8 月 30 日)

----

①　8 月 28 日送稿,29 日判行、缮发。

8 月 29 日　中国国民党对广州罢市事件发表宣言。

中国国民党为澄清谣言特发表宣言,宣言中分析商民心理:(一)坚决主张罢市者为最少数。(二)坚决反对罢市主张者,较主张罢市者为多。(三)本无主张而俯仰随环境者。(四)本不主张罢市但受胁迫而不得已者。此(三)(四)两者乃最大多数。

宣言并云:"近来发见'政治定国军'一种宣言,不署负责任者之名氏,等于匿名揭帖,本无足论。有谓为商团军一部分人所为者,亦姑不必究。但就其宣言而寻绎之,不能不叹国人政治识力之幼稚。对于今日政治之现象而求救济,当有系统的研究,确立主义,整列政纲,然后可以有为。断非枝枝节节举行一二有利于某种阶级之事件即可以奏功。国人挟此见解与政治相周旋,无怪政治之无起色……须知本党为代表各阶级之利益而奋斗,对于工人、农人两阶级,素与其他阶级平等同视……至于实行共产云云,则本党主义政纲其在,无从误会。若有意挑拨以资利用,亦适见其心劳日拙而已。党员于此,尤宜以各阶级共同尽力于国民革命之必要,昭示国民。"(中国国民党中央委员会党史委员会编订:《国父全集》第 1 册,第 900-904 页)

△　三次致函范石生、廖行超,表示调停条件可以考虑,强调解决问题之关键在商团要有诚意。

第一函云:"商团数来调和,每次皆以事故中变,此其故意延长时间,以待东江敌人反攻,而为夹击之计已无疑义,我等不可尚在梦中也。今日若尚无解决,则非死中求生不可……明日须悉将商团缴枪,勒令商户开市,如有不从,则由有纪律之军队协同学生工人,将西关全市之米粮布匹悉数征发,以为战时军用,如此则吾军前后方可免饿寒之忧,乃可持久,此为战时必要之举……在此望两兄速决而力行之,大局幸甚。"

第二函云:"此次民心之愤激实因恨客军而起……所幸工人农团犹向政府,若两兄不能为政府立威信,则工人农团将必有畏势而退缩,则人心尽去,而大局更危矣……陈廉伯已助东江之敌人以大款,不日当有大反攻,若吾人不先清内患,则前方危矣。如明日尚无解决,则吾人非与彼辈决一生死不可,此时正要由死中求生,不可一误再误……务望与绍基及樊军一致行动,速下万钧之威,不顾一切死里求生乃可,否则追悔无及矣。"

第三函云:"所拟各节尚无碍难之处,今后办法不独陈廉伯之表示悔悟措辞如何,尤当察其诚意如何,如真有诚意服从政府,则何事不可通融办理?所以千头万绪,都在一'诚'字而已。故于开市之后,请两兄约同各签字之人到来面谈一切,以观其诚意之所在。如明开市,则请午后4点到来可也。"(刘大年主编:《孙中山书信手迹选》,第177—184页)

△　特令中央银行,由30日起,至再有命令之日止,将所发出之纸票,每百元加税一元,此税款每日交大本营会计司收。(《帅令中央纸币加税》,《广州民国日报》1924年8月30日)

△　港商何世光电孙中山,请发还扣械。(《国内专电》,《申报》1924年8月29日)

△　训令财政委员会,据大本营财政部长呈称,省河及各属普通烟酒两项印花税,已指定为短期军需库券还本付息基金,预计尚属不敷,现各项税收既奉令改归财厅接办,则该部对于指拨各机关经费及其他军费,已无此财力应付,以后无从担任。该会查照。(《大本营公报》第24号,"训令"第450号)同日,指令大本营财政部长叶恭绰,已令行财政委员会查照。(《大本营公报》第24号,"指令"第975号)

△　指令大本营军政部长程潜,准追赠已故湘军所部队长岳云宾陆军少校,并照例给恤。岳云宾原系湘军总司令谭延闿所部警卫司令部警卫大队少校队长,因积劳病故,军政部长程潜乃于本月25日呈请照营长阶级追赠岳云宾陆军少校,并照《陆军战时恤赏章程》积劳病故例给予少校恤金。孙中山本日批准程潜所请。(《大本营公报》第24号,"指令"第968号)

△　8月23日,军政部长程潜呈文孙中山,"查任前旅长鹤年经

钧部羁押已久,前以患病沉重交保在外医治,现病已就痊,该旅长深知愧悔,亟欲以身许国,效死疆场。兹湘军第六军第十三师师长刘文锦呈请省释,并据函报即带同首途驰赴军前效力,理合据情转呈恳予俯赐察核训示施行"。本日,孙中山指令大本营军政部长程潜,所呈湘军师长刘文锦请省释任鹤年交该部效力,应照准。(《大本营公报》第24 号,"指令"第 969 号)

△ 8 月 27 日,大本营内政部长徐绍桢呈文孙中山,督饬员司将中西医生领照征费数目分期别类,造具统计表,并造具西医出身学校资格统计表,均分别加以详细说明。再该部经费向无的款,经将收过医生照费拨支部费外,计尚欠七个月之多,深感困难。所有拨过数目,列入计算书,容另按月报核,合并陈明。本日,孙中山指令大本营内政部长徐绍桢,呈悉所报征收中、西医生照费,及该款拨充部费等情。(《大本营公报》第24 号,"指令"第 971 号)

△ 本月 27 日,粤军总司令许崇智呈请将大本营中流砥柱制弹厂改为粤军第一制弹厂,以符名实而便整理。本日,孙中山指令粤军总司令许崇智,准将大本营中流砥柱制弹厂改为粤军第一制弹厂。(《大本营公报》第 24 号,"指令"第 976 号)

△ 大本营内政部长徐绍桢呈文孙中山,拟请褒扬新会县耆绅李曜蓉,题颁"砚德纯行"四字,并给予银质褒章。(《大本营公报》第 25 号,"指令"第 980 号)拟请褒扬文昌县节妇陈符氏,题颁"懿德贞型"四字,并给予银质褒章。(《大本营公报》第 25 号,"指令"第 982 号)

△ 大本营军政部长程潜呈文孙中山,查湘军总司令谭延闿所部第五路司令部已故中校参谋蒋楚卿,积劳殁。拟请准予追赠陆军上校,仍照《陆军战时恤赏章程》积劳病故例,给予中校恤金。(《大本营公报》第 25 号,"指令"第 985 号)

△ 令杨、谭、许、刘、樊五总司令切实保护商民。(《电讯》,上海《民国日报》1924 年 8 月 30 日)

△ 浙奉两方连日来电,商共同出兵讨贼计划,孙中山已命令各

要人积极筹备征赣。(《电讯》,上海《民国日报》1924 年 9 月 1 日)

　　△　商团以认捐军饷五十万为调停条件。

　　商团早托谭延闿、范石生出任调停,议定条件系政府发还枪械,由全体商界签名保证,决不谋乱,誓服从政府,商团改组,亦遵守省署所定民团统率处章程,政府取消陈廉伯、陈恭受通缉令,由商众自认捐助军饷五十万元,此约由商团副团长邓介石及范签名。(《电讯》,上海《民国日报》1924 年 9 月 1 日)又据上海《民国日报》所载 31 日广州电,商团报效北伐军费五十万,定于一星期内缴纳,大本营因军费有着,特筹备北伐军进行策略,亦略拟妥,即日再召集特别军事会议,切实决定,孙中山将亲任主席。(《电讯》,上海《民国日报》1924 年 9 月 2 日)

　　据《廖仲恺年谱》一书载,鉴于国民党右派的“调停”活动加剧并即将成为现实,严惩商团的主张无法贯彻,廖仲恺向孙中山提出辞去广东省长职务。([美]陈福霖、余炎光:《廖仲恺年谱》,第 280 页)《廖仲恺与广东革命政府》一书则云:廖仲恺自愿随同北伐,便向孙中山请辞省长职,执意交由胡汉民负责,连财政部长、财政厅长等职也未就任,专心于党务与黄埔军校。(林玲玲:《廖仲恺与广东革命政府(1911－1925)》,第 395 页。)

　　8 月 30 日　接见范石生、廖行超及商团代表邓介石等,晓谕解决扣械办法。

　　是日 20 时,商团代表邓介石、杜琯英等六七人在滇军军长范石生及师长廖行超带领下,至大本营谒见孙中山,孙亲自接见。范石生报告调停经过,邓介石说明此案内幕,并述商民之希望。孙中山对各代表晓谕一番,对于履行条件手续,着商团请范石生、廖行超办理;关于联防改组事宜,并谕省长核办。各代表于 9 时离去。(《扣械案完全解决》,《广州民国日报》1924 年 9 月 1 日)

　　《香港华字日报》则载:“30 日,市中商店依照商会布告,开市营业者,亦只得五成之数。惟至是日下午,范石生已挟商团七代表往见孙文,孙口口声声,尚谓有‘三百罐火水即可尽焚广州市’。其示威恐

吓之大炮腔调，仍不脱于口。"（《孙文以狂威逼迫扣械案解决之续讯》，《香港华字日报》1924 年 9 月 2 日）

△　大本营经界局督办兼广东沙田清理事宜古应芬呈文孙中山，"迭据该属农民、旅外侨商纷纷公电，指摘劣绅、沙棍之荼毒，怜恤劳农之苦况。拟乞明令先行撤销其假借之自卫，一面由督办慎选党员组织党军，注重沙面宣传。一以实力扶助劳农之自立，一以维持劳农之地位，排除劣绅、沙棍，永为世法。并将原有自卫勇由职处改编发给饷项，免致奸人逆党利用，为患边陲。为此特详细陈明，为农请命"。（《大本营公报》第 25 号，"指令"第 1001 号）

△　沈鸿英电告帅府，本月 25 日已克复桂林，敌向全州退去。（《沈鸿英已克复桂林》，上海《民国日报》1924 年 8 月 31 日）

△　各团体对是否发还扣械态度不一。

上海粤侨商业联合会、潮州会馆、大埔同乡会、肇庆同乡会、南海会馆、顺德会馆、香山同乡会等致电孙中山，"连日上海《申》《新》两报载广东特电，知扣械一事尚未解决。省外相继罢市。旅沪粤侨开会集议，仰乞我帅座与省长，准将扣留枪械，编验烙印，全数发还，责成全市商店，盖章保结，并按照原购价值，报效一二成，以充军饷。省外商场，即行复业，现驻省、佛军队，应即调回原防，所有市内治安，归警察、商团担任，免生冲突。至联团章制，由各属商团代表，悉心拟定。陈廉伯、陈恭受因公获咎，实非其罪，恳请撤销通缉、封产命令，以示宽大。侨商等远居海上，无法斡旋，所望省港各社团协力排解，救此危局"。（《粤团体为粤商团事致广州电》，《申报》1924 年 8 月 31 日）

侨港工团总会之呈文，则与上海粤侨商业联合会、潮州会馆等持截然相反之态度，其呈文云："内乱匪首陈廉伯、陈恭受等，假借商团名义，私运大宗军械，谋倾我革命政府，扰我全粤市民。罪戾恣横，莫此为甚。此次三江水涨，该陈廉伯等假借赈灾为名，借端敛财。省港各界，一时不察，为其所愚。竟将赈灾款项数十万元，交托代赈。岂知其用心阴险，以慈善之财，作谋乱之资，其罪一。此次私运军械入粤,既不依合法手续,被我护法政府扣留。在陈廉伯等,非图谋乱,自应静候法律解决,而胆敢耸动市民罢市要挟,其罪二。陈等既逃匿外方,复敢愚弄乡团民团,负隅抵抗,其罪三。陈等此次谋叛,远则勾结北洋军阀,近则勾通土匪,立心不轨,荼毒市民,其罪四。近更蹂躏报界,殴打派报工人,并禁止市民阅报,此等行为,虽极野蛮之帝国主义者,亦无此举,其罪五。其余对于工人方面,尤为毒手。即如广州酒业工人、江门油业工人、陈村革履工人、新会葵业工人、佛山米业工人、大良辗谷工人,无不被商团任意压迫,任其截杀。如此类者,罪大恶极。希望以谋乱之罪治之。"(《侨港工团对扣械案之通电》,《广州民国日报》1924 年 8 月 30 日)

△ 中央执行委员通告,奉孙中山谕,本月 31 日上午 9 时半仍在广东大学讲演,届时概凭党证入场听讲。(《中执会通告(第七十七号)》,中国国民党汉口档案第 68 号)

△ 本日下午 2 时,国民党中央全会在广州大学大礼堂召开,正式宣布开除冯自由出党。

孙中山在致闭幕词时先问与会者:"你们能否确信,在全会通过决议后同共产党员就不会再有摩擦和争论了呢?"部分委员发表意见后,孙中山说:"我认为这种冲突不是这么容易消除的。我的看法是,关于国民党内共产党员问题的争论不是局部问题,而是原则问题。在重审全部文件时,我明白了,问题不在于似乎一些人(共产党员)有错误行为或写了反对我们政策的文章,另一些人因此而与共产党员斗争,绝对不是这样。那些反对共产党员的人根本不了解我们自己的主义。我们从事革命工作已三十多年,革命尚未成功,根本原因就在于此。同志们不了解自己党的主义。俄国革命之所以完成得那么快,那么彻底,就是因为革命党党员的自觉性和训练有素,他们了解自己党的主义。因此,俄国组织的方法对我们来说是最好的典范。因而我请鲍罗廷同志担任我们的顾问,任命他为我党教练员……起初,当党作出决定:党要进行改组时,冯自由同志并不反对,两个月内他从未讲过任何反对改组的话,当时他是临时中央委员会委员。但是,当中央委员会刚选出,他因未能入选,就向我们的敌人供出了他所知道的关于改组和党的全部情况。冯自由因为未被选为中央委员而煽动一伙人反对共产党。我相信冯自由一个人不可能煽动很多人,但他入党已二十多年,在同志们中有一定影响,有一些同志不自觉地附和他。现在我以党主席的名义宣布开除冯自由出党。"

接着孙中山说明民生主义与共产主义的共通处:"同志们说我的民生主义不是共产主义。他们不了解民生主义与共产主义原则上不存在任何差别,差别只在于其实现目的的方法不同。"

"起初共产党员是反对民族主义和民权主义的,但是俄国革命的经验告诉他们,俄国革命所从事的大部分工作是民族主义的工作。因此,中国共产党根据共产国际的决定承认民族主义和民权主义,并决定加入我党。另一方面,民生主义和共产主义基本上是一样的,因此我们决定接受共产党员加入我党。现在如果有人说我的民生主义不是共产主义,那么这位同志的'民生主义'可能与我的民生主义不同。如果在全会以后还有同志说不了解我的主义,再无端挑起事非,我们就将采取对冯自由一样的方法来对待他们。"

讲话后张继称不理解民权主义的党员与华侨大有人在,他本人也与冯自由持有同样立场,请求孙中山予以处罚。孙中山回答说:"您只是不了解和不明白,您的立场与冯自由的立场是完全不同的。至于谈到华侨,他们大多数人在美国、英国,他们在那里被帝国主义的宣传所欺骗,认为俄国革命是危害人类的洪水猛兽……我们党不需要那些参加革命是为了追求个人利益的党员。三民主义中的民族主义只是手段,而民生主义才是革命的最终目的。如果我们抛弃了这个目的,那么我们还要革命干什么呢?"

张继在孙中山讲述革命历史时打断了他的讲话,说:"过去主席您宣传的思想是先统一中国,在此之后才开始实现三民主义,现在我们反对民生主义正是基于这个思想。"孙中山反驳说:"我们甚至连党都统一不起来，就更谈不上国家了！党员应绝对服从自己的领袖和他的领导，因此我们在过去组织了中华革命党，那时每一个党员都宣誓，但后来表明，宣誓归宣誓，党员根本不尊重我的指示。我们的同志，还有我们的军队只有当命令对他们有利时才服从，反之往往拒绝服从。如果所有的国民党员都这样，那我将抛弃整个国民党，自己去加入共产党。"

最后孙中山提出："我们革命运动的目的是民生主义，而现在广州的工人和农民的情况非常严重，应予以重视。最后陈廉伯与帝国主义联系密切，反对革命。甚至我军的某些将领也附和陈廉伯。这些将领与陈廉伯签署了停战条件，但我不承认这些条件……现在外国人与商人携手共同反对革命，政府已经收到英国总领事的最后通牒，通牒中说：'如遇中国政府向城市开火，我们（英国的）驻广州的军队将全力对付政府。'"（《孙逸仙在国民党中央全会最后一次会议上的讲话》，中共中央党史研究室第一研究部：《联共（布）、共产国际与中国国民革命运动(1920—1925)》，第524—527页）

8月31日　莅临军校视察，并与蒋介石面商所扣商团枪械之处理事宜。

本日午间，孙中山抵黄埔，军校官生齐集校门欢迎。孙中山面容严肃，入校门后，由蒋介石陪侍，径至总理室休息并与蒋介石密谈。盖因商团偷运之枪械被扣置于军校内，滇、桂等客军纷求分配，而广州之罢市亦影响革命基地甚巨。孙中山只得以视察为名，与蒋介石面商机宜。（冷欣：《三次恭迎总理记》，《传记文学》[台北]第7卷第5期）

△　自罢市风潮解决后，其执行条约问题，颇为一般人士所注意，"记者特因此事叩郑君杏□。据云，伊等于31日晚协同范军长、廖师长之代表谒孙中山，对于六条约中之报效军费五十万一条，概予取消。谓商团既愿帮助政府，政府断不受重金，但商团须遵令改组，始能将械发还"。（《扣械案尚有波折》，《香港华字日报》1924年9月3日）

△　在国民党中央会议上斥责范石生、廖行超不服从政府命令，

并声明绝对否认范、廖订立之"调和条件"。(巨缘:《帝国主义与反革命压迫下的孙中山政府》,《向导》第 85 期)

△ 湘军总司令谭延闿呈文孙中山,查湘军第一军军长宋鹤庚所部已故少将黄辉祖忠勇性成,历著战功。于役东江积劳殒命。请求照阵亡例追赠中将并给恤金。(《大本营公报》第 25 号,"指令"第 988 号)

△ 禁烟督办鲁涤平呈文孙中山,拟请准该署总务厅厅长雷飙、督察处处长缪笠仁、督察处第一科科长龙廷杰、秘书朱剑凡、鲁岱等辞去厅处科长、秘书各职。(《大本营公报》第 25 号,"指令"第 991 号)

△ 汪精卫致函孙中山,陈述应时方策。

函称:"惠、潮、梅已□□□〔成鸡肋〕,食之无味,弃之可惜。然为今日计,保全广州,则大兵入赣后路无虞,较之在惠、潮、梅与敌相恃,实为尤要,故不如抽回湘、桂军大举入赣,令滇军集中石龙一代,保障广州;更可明谕商团,既能买枪万余以资自卫,则保障广州之责,当与滇军共任之……但此时浙□动,奉必随之……奉浙而胜,我虽失广州,无害;奉浙而败,则陈军势壮,我军势孤,困守广州,外无以援,内有隐患,终亦不守……北伐而败,不失为有名之师;若在广州为叛兵与商民所困,失败均也,价值则异。"[1](李穗梅主编、李兴国等整理:《古应芬家藏未刊函电文稿辑释》,第 145 页)

是月 令裁撤大本营医官一职[2]。(中国国民党中央委员会党史委员会编订:《国父全集》第 4 册,第 1236 页)

△ 告诫傅秉常,罢工需适可而止。

据傅秉常回忆,沙面罢工事件,傅以交涉员身份参与其事。起初

---

[1] 原件仅署"31 日",无具体年月,《古应芬家藏未刊函电文稿辑释》一书认为该件时间为 10 月 31 日,但察其内容,应为 8 月,《孙文与陈炯明史事编年(增订本)》一书中,即将之"揆情定为 1924 年 8 月 31 日"。参阅段云章、沈晓敏编著:《孙文与陈炯明史事编年(增订本)》,第 806—807 页

[2] 原令未署日期,所标时间据中国国民党中央委员会党史委员会编订《国父全集》第 4 册。

傅坚持警察复职,而罢工首领不许,傅遂以为罢工不妨再拖延数日,即可解决。孙中山诫不可,谓:"罢工虽为一有效武器,但其运用应适可而止,多罢工一日,工人们实际上多受苦一日,故不宜拖延过头,目前汝可偕超俊,以总理之名义,召集工人至海珠戏院讲话解决一切,至于少数警察可调至粤海关任职,待遇且较警察薪津为优,如此则各方均能满意。"(沈云龙访问、谢文孙纪录:《傅秉常先生访问纪录》,第45页)

△　因军校缺少枪械,孙中山政府扣留商团军械。

据傅秉常忆述,民国13年8月,适有广州汇丰银行买办陈廉伯,购进军火一批以扩充广州商团。原曾正式办妥报关手续,获得许可,但军校缺乏军械,该批军械抵广州时,傅秉常即奉孙中山令,予以扣押,解送黄埔。商团闻讯大哗。陈廉伯与傅原为熟人,即向傅交涉。此时孙中山已下令缉捕陈廉伯。傅力劝陈廉伯同往面谒孙中山,从长计议,或则以九千余支枪械中,部分发还商团,部分留归黄埔,盖此时军校学生仅数百人,所需枪支亦有限也。廉伯初表同意,熟料次日竟潜离广州,逃往香港,遂无转圜地,商团即策动罢市,局面愈益僵化,终至吴铁城率军弭平商团之武力。(沈云龙访问、谢文孙纪录:《傅秉常先生访问纪录》,第55—56页)

△　省长公署召开秘密会议讨论解决扣械案问题。

据罗翼群忆述,当时曾在省长公署召开秘密会议,参与会议者有谭平山、蒋介石、李章达等,时罗翼群任省属总参议,亦出席该次会议,苏联顾问鲍罗廷亦被邀参加。会议决定首先收集全市存粮,以防商人罢市,粮食供应发生问题,并决定成立"革命委员会",内定由罗翼群担任该会秘书。孙中山对此次会议决定表示同意,但却为主张和平解决之文武人员所反对,当时胡汉民、古应芬等认为和平可得商团报效费百万元为北伐军之补助,许崇智、范石生、刘震寰等则企图分得没收的枪械,以补充自己的实力,他们出面调停,结果以械四成发还商团,六成充公,罢市者即日开始为条件,与商团方面取得协议,此事遂告一段落。(罗翼群:《记孙中山南下护法后十年间粤局之演变

(1917—1926)》,《广东文史资料》第 25 辑《孙中山史料专辑》,第 147－148 页)

△　天羽英二紧密注视国共关系问题。

为清除国民党改组后之内部分歧,国民党中央政治委员会举行第五、第六次会议,以解决国共矛盾。日本驻广州总领事天羽英二紧密注视这一事态,他从孙中山顾问井上谦吉和李烈钧口中探听到的国民党的左、右派斗争和孙中山裁决左派胜利的情况,向币原外相报告,认为共产派确获成功,广东政府的政策将进一步联俄,共产党联合国民党势力扩大,天羽寄希望于少壮派孙科、吴铁城和在广东活动的冯自由到北京游说。并称:孙中山及元老派与俄国显然日益接近,党内动摇又甚,内讧必将爆发。(段云章编著:《孙文与日本史事编年(增订本)》,第 672－673 页)

△　在广州大本营接见美国教会在广州所办的广州基督教学院英文教授布瑞汉女士,谈论外交问题时,涉及日本的谈话内容如下。孙中山曰:"日本现正展开亚细亚运动。欧美各国正欲发动另一次战争……我对这些文明大国大为不满。""当日本一旦团结起来,强国也要怕他。相反,他们不愿见中国团结统一。"(段云章编著:《孙文与日本史事编年(增订本)》,第 673 页)

检
2